MANESSE BIBLIOTHEK DER WELTGESCHICHTE

FRIEDRICH SCHILLER

Geschichte des Dreißigjährigen Kriegs

Vollständiger Nachdruck der Erstfassung aus dem
«Historischen Calender für Damen
für die Jahre 1791–1793»

Mit der Vorrede von
Christoph Martin Wieland von 1791
und den Kupferstichen von D. Chodowiecki,
H. Lips und J. Penzel, nebst den dazu-
gehörenden Erläuterungen

Mit einem Nachwort
von Golo Mann

MANESSE VERLAG
ZÜRICH

Die beiden Karten auf dem Vorsatz, «Teutschland» und «Bohemia», sind von Matthias Merian gezeichnet und wurden dem Band «Theatrum Europaeum oder Historische Beschreibung aller Vornembsten und Denkwürdigsten Geschichten, so sich hin und wieder in Europa sonderlich im Reich Teutscher Nation von Anno 1642 biß Anno 1647 zugetragen. Fünffter Theil. Franckfurt 1707» entnommen.

Vorrede

CHRISTOPH MARTIN WIELAND

Vorrede

Selten ist in Deutschland eine Schrift mit lebhafterem und allgemeinerem Beifall gelesen worden als die erste Hälfte der «Geschichte des dreißigjährigen Krieges», womit Herr Hofrat *Schiller* dem «Historischen Kalender für Damen 1791» einen Wert gegeben hat, dessen wohl noch kein anderes Taschenbuch dieser Art sich rühmen konnte.

Denn wiewohl diese Geschichte vorzüglich und namentlich für *Leserinnen* bestimmt war, so glaube ich doch ohne Übertreibung sagen zu können, daß sie so viele *Leser* gehabt habe, als es in dem ganzen Umfang unsrer Sprache Personen gibt, die auf einigen Grad von Kultur des Geistes Anspruch zu machen haben. Von einem Schriftsteller verfaßt, dessen frühere Werke in der dramatischen Dichtkunst sowohl, als in derjenigen, die sich mehr dem eigentlichen Gebiete der historischen Muse nähert, große Erwartungen von dem, was sein Geist in dem Zeitpunkte seiner völligen Reife leisten könnte, erweckt hatten, übertraf sie selbst diejenigen, zu welchen man sich durch seinen ersten Versuch in dem historischen Fache berechtigt hielt; einen Versuch, der bereits alles, was unsre Literatur in dieser Art aufzuweisen hatte, hinter sich zurückließ und natürlicherweise in allen, denen der Ruhm der Nation nicht gleichgül-

---

Diese Vorrede stand ursprünglich am Beginn des dritten Buches im Kalenderjahrgang 1792, bezieht sich jedoch auch und vor allem auf die im Jahrgang 1791 erschienenen ersten beiden Bücher der «Geschichte des Dreißigjährigen Kriegs».

tig ist, den Wunsch erregen mußte, daß ein Schriftsteller, der bei seinen ersten Schritten in dieser neuen Laufbahn ein so entschiedenes Talent, sich zu einem Platze neben den *Hume, Robertson* und *Gibbon* emporzuarbeiten, gezeigt hatte, sich, wo nicht gänzlich, doch hauptsächlich der Geschichte unsers Vaterlandes widmen möchte.

Herr *Schiller,* nachdem er seine Bearbeitung des dreißigjährigen Krieges bis zu dem entscheidenden Treffen bei Leipzig (1631) fortgeführt, mußte gerade da abbrechen, wo der Schauplatz (nach seinem eigenen Ausdruck) immer reicher an schimmernden Taten, reicher an unsterblichen Männern, überraschenden Wechseln des Glücks, verworrenen Schicksalen und wundervollen Krisen wurde: und natürlicherweise war das Verlangen nach der Fortsetzung dem Vergnügen gleich, womit der Anfang dieses Werkes aufgenommen worden, und die Erwartung, daß der Verfasser den abgerißnen Faden, seinem Versprechen gemäß, im nächstfolgenden Jahre wieder aufnehmen würde, um so gewisser, da er die Erfüllung derselben von einer Bedingung hatte abhangen lassen, welche auf seiten seiner Leserinnen und Leser aufs vollkommenste erfüllt worden war.

Je ungeduldiger also das Verlangen des Publikums und je gegründeter seine Erwartung war, desto unangenehmer muß es demselben sein, anstatt der gehofften Vollendung dieser Geschichte nur ein abermaliges Bruchstück zu erhalten. Aber gewiß schmeichle ich meinem vortrefflichen Freunde (der unter der Unmöglichkeit sein gegebenes Wort zu erfüllen selbst am empfindlichsten leidet) nicht zu viel, wenn ich sage, daß die – bereits allgemein bekannte – Ursache dieser Unmöglichkeit den Liebhabern seiner Schriften noch weit schmerzlicher fallen werde als ihre getäuschte Hoffnung; und dies um so mehr, da es nur zu gewiß ist, daß eben der zu sehr angestrengte Eifer, womit er in letztverwichnem Winter sich mit der Fortsetzung dieses so mühevollen, eine so aufmerksame Aufsuchung, Durchlesung, Vergleichung und Prüfung aller Quellen, und in Bearbeitung der gesammelten und geordneten Materialien eine ununterbrochne Spannung aller Geisteskräfte erfordernden Werkes beschäftigte, am meisten dazu beigetragen, ihm eine Krankheit zuzuziehen, deren außerordentliche Zufälle und allen Hilfsquellen der Heilkunst Trotz bietende Hartnäckigkeit sein Leben mehr als einmal in die größte Gefahr gesetzt, und, selbst nachdem sie endlich durch die glückliche Kunst seines berühmten Arztes und den Gebrauch des Karlsbader Wassers gedämpft worden, seinen Körper doch so sehr geschwächt hat, daß die Hoffnung, ein Leben, das allen, die ihn kennen, so teuer ist, zu erhalten, vor der Hand lediglich auf gänzlicher Abziehung von allen, mit anhaltender Aufmerksamkeit verbundenen Arbeiten beruhet.

So gewiß Herr Hofr. Schiller bei so bewandten Umständen auf die Teilnehmung und Nachsicht des Publikums, welchem er seiner Talente wegen nicht weniger, als seinen Freunden wegen seines Herzens, teuer ist, zu rechnen hat: so gewiß darf sich auch der Herr Verleger (wie ich in seinem Namen hoffe) zu der Billigkeit des Publikums versehen, daß es diese nicht vorherzusehenden Zufälle ihn um so weniger entgelten lassen werde, da er, wie der Augenschein zeigt, weder Mühe noch Kosten gespart hat, diesem dritten Jahrgange seines mit so gütiger Aufnahme begünstigten Damen-Kalenders in allen von ihm abhangenden Stücken eine Vollkommenheit zu geben, die ein Beweis ist, daß er bei dieser kostspieligen Unternehmung weniger seinen eigenen Vorteil als sein Verlangen, den Geschmack der schönen Kunstliebhaberinnen möglichst zu befriedigen, und, soviel an ihm ist, der Nation Ehre zu machen, zu Rate gezogen habe. Ich meines Ortes, indem ich, den Wünschen der Freundschaft nachgebend, mich gegenwärtiger Anrede an das Publikum unterziehe, tue es mit desto froherem Mute, da ich die Versicherung hinzufügen kann, daß wir uns, allen Anscheinungen nach, gegründete Hoffnung machen dürfen, der vortreffliche Mann, von welchem bisher die Rede war, und von dessen Genie, Talenten und edlem Eifer sich um die Nation verdient zu machen, noch soviel Schönes und Gutes zu erwarten ist, werde uns völlig wiedergegeben, und, nach hinlänglicher Erholung seiner Kräfte, wieder in den Stand gesetzt werden, nicht nur dieses angefangene Werke glücklich zu Ende zu bringen, sondern auch sein übriges Leben ähnlichen Ausarbeitungen anderer, nicht minder wichtiger Stücke der deutschen Geschichte zu widmen, deren Darstellung auf seine Meisterhand wartet.

Auch bloß in dieser Rücksicht werden sich, wie ich nicht zweifle, alle Freunde unsers allgemeinen Vaterlandes mit mir vereinigen, demselben zu dieser Hoffnung Glück zu wünschen. Denn gewiß (oder ich müßte mich sehr irren) sind es gerade solche Gemälde allgemein interessanter, aus der deutschen Geschichte ausgehobener Stücke – mit diesem viel umfassenden Scharfblick, mit dieser Unparteilichkeit und Freiheit von Vorurteilen, aber auch mit dieser Humanität, Billigkeit und Schonung, selbst gegen diejenigen, deren Denkart man nicht billigen kann oder deren Handlungen man zu verabscheuen gezwungen ist – mit dieser beständigen Rücksicht auf das allgemeine Vaterland und das wahre Beste desselben, und (was nicht weniger wesentlich ist) mit soviel Wärme, Stärke, Beredsamkeit und Geschmack, kurz, *so* ausgeführt, wie *Schiller* sie auszuführen fähig ist – gewiß sind es *solche* historische Gemälde aus unsrer Geschichte, was eines der wirksamsten Mittel wäre, unter den so zahlreichen und so ungleichartigen Völkerschaften, aus welcher die Deutsche Nation zusammengesetzt ist, diesen *Gemeingeist* wieder anzufachen und zu unterhalten, der in unserm Jahrhundert mehr ab- als zugenommen zu haben scheint, und gleichwohl zur Erhaltung, und noch mehr zu möglichster Vervollkomm(n)ung unserer ebenso glücklichen als in ihrer Art einzigen Verfassung so unentbehrlich ist.

Vorausgesetzt, daß alle bisherige Staatsverfassungen großer Völker nicht als Kunstwerke menschlicher Weisheit nach *einem* festen, ganz durchdachten und mit sich selbst durchaus übereinstimmenden Plan entworfen und gleichsam mit einem Guß hervorgebracht, sondern als langsam und stückweise zusammengefügte und ausgebildete Produkte des *Schicksals* und der *Zeit* zu betrachten sind – wird jeder unbefangene Weltbürger (deucht mich) gestehen müssen, daß die dermalige Organisation des gesamten deutschen Staatskörpers die beste ist, die ihm unter allen stattfindenden Umständen von jener berühmten *Nationalversammlung zu Osnabrück** gegeben werden konnte. Sie gewährt, im ganzen genommen, der Nation alle Vorteile einer durch Gesetze beschränkten, milden und väterlichen Regierungsform und sichert selbst diejenigen unmittelbaren und mittelbaren Stände, deren Verfassung mehr oder

---

* Zur gleichen Zeit wie der Friede von Münster wurde als Teil des Westfälischen Friedens am 24. 10. 1648 in Osnabrück der Friedensvertrag zwischen Kaiser Ferdinand III. und seinen Verbündeten einerseits sowie zwischen Königin Christine von Schweden und ihren Alliierten andererseits abgeschlossen. Dieser Vertrag war für die deutsche Geschichte von einschneidender Bedeutung, indem er neben umfangreichen territorialen Veränderungen auch eine tiefgreifende Umgestaltung der Reichsverfassung festschrieb. Danach wurde den Ständen das Bündnisrecht und den Städten das Stimmrecht zuerkannt und somit den Territorien auf Kosten von Kaiser und Reich der Aufstieg zu fast uneingeschränkter Souveränität gebahnt. Außerdem wurden den ausländischen Vertragspartnern durch die internationale Garantie des Vertrages massive Eingriffsmöglichkeiten in die deutsche Politik eröffnet. Einem Urteil des bedeutenden Staatsrechtlers Samuel von Pufendorf (1632-1694) zufolge glich das Reich nach diesen Verträgen einem staatsrechtlich nicht mehr zu beschreibenden Monstrum. (Anmerkung des Verlags Göschen, 1792)

weniger republikanisch ist, wo nicht vor allen Nachteilen, die mit dieser Form verbunden sind, doch wenigstens vor der unerträglichsten aller Tyranneien, vor Unterdrückung von demokratischem oder aristokratischem Despotismus.

Es ist wahr, unsre allgemeine Rechtsverfassung kann, um den Wohlstand und die Glückseligkeit der Nation zu bewirken, so wenig und vielleicht weniger als irgendeine andere der *freien moralischen Ursachen* entbehren, welche zu diesem Zweck in ihr harmonisch zusammenwirken müssen; und es kommt also bei uns, wie überall, sehr viel auf die Denkart, die Gesinnungen, den Grad der Kultur und Aufklärung, kurz, auf den Charakter, die Tugenden oder Untugenden der Regenten und Obrigkeiten an. Aber auch in dieser Rücksicht ist vielleicht keine Nation des Erdbodens, die sich einer glücklichern Lage rühmen könnte, als unsere dermalige ist. Der größere Teil unserer Regenten (ich will lieber weniger sagen, als mich auch nur dem Schatten des Verdachts aussetzen, daß ich schmeicheln wolle, wo ich nur die Wahrheit zu sagen wünsche) zeichnet sich durch eine ihres hohen Berufs würdige Denkart, durch den Willen, das Wohl ihrer Untergebenen und das Gute überhaupt zu befördern, durch Talente, Kenntnisse, Tätigkeit, Schätzung der Wissenschaften und Künste, kurz, durch Eigenschaften des Geistes und Herzens aus, wodurch sie sich auch im Privatstande der öffentlichen Hochachtung würdig machen würden. Beinahe durch alle Teile des Deutschen Reiches verbreitet sich – schneller oder langsamer, aber doch unaufhaltbar – der wohltätige Geist der Aufklärung über angeerbte Irrtümer und Vorurteile, und ein immer zunehmendes Bestreben nach Verbesserungen, nach Abstellung alter Mißbräuche, Erleichterung der Lasten des Volkes, Aufmunterung und Beförderung aller Arten gemeinnütziger Unternehmungen. Nie ist der Zustand der Wissenschaften in Deutschland so blühend, die öffentliche Erziehung nie so gut, die Freiheit, zu denken und laut zu sagen, was man für wahr und recht hält (das Palladium der Menschheit), nie in einem so großen Teile von Deutschland respektiert und von den Regenten selbst geschützt und begünstigt worden als in unsern Tagen. Und was gewiß jeder deutsche Patriot mit mir unter die vornehmsten Glückseligkeiten unsrer Zeit rechnen wird, seit mehrern Jahrhunderten haben die Fürsten und Stände des Deutschen Reichs kein Oberhaupt an ihrer Spitze gesehen, welches die großen Eigenschaften und Tugenden, die des ersten Thrones der Welt würdig und das Glück der Nation zu fördern und zu befestigen am geschicktesten sind, in einem so hohen Grade besessen hätte als *Kaiser Leopold der Zweite,* und nie hat Germanien von dem Einflusse des Geistes seines Königs und von dessen, in einträchtiger Verbindung mit seinen übrigen Fürsten, zum *gemeinen Besten* wirksamen Tätigkeit sich soviel Gutes zu versprechen gehabt.

Noch zähle ich es zu den besondern Vorteilen unsrer gegenwärtigen Lage, daß *die Aufklärung* (ich hoffe, der Sinn, worin ich dieses Wort gebrauche, könne keiner Zweideutigkeit unterworfen sein) bei uns *von oben herab* zu wirken anfängt und durch *diesen* Gang vieler noch wünschenswürdigen und nötigen Verbesserungen den gefährlichen Folgen eines entgegengesetzten Gangs – welche ohnedies bei uns weniger als bei irgendeinem europäischen Volke zu fürchten sind – um so gewisser zuvorkommen werde.

Der Zweck und die Schranken dieser Vorrede erlauben mir nicht, das wenige, was ich hier im Vorbeigehen von den besondern Vorteilen sowohl unsrer allgemeinen Verfassung als unsrer dermaligen Lage berührt habe, weiter, geschweige nach der Wichtigkeit und dem Reichtume des Gegenstandes auszuführen. Ich weiß sehr gut, was mir diejenigen entgegensetzen können, die mit dem Zustande ihres *besondern* Vaterlandes (vielleicht nur für den Augenblick) wenig zufrieden zu sein Ursache haben und dadurch um so aufgelegter sind, auch die Mängel unsrer *allgemeinen* Verfassung in einem strengern Lichte zu sehen. Aber wer unterm Monde keine *platonische Republiken* und *utopische Monarchien* realisiert zu sehen verlangt; wer mit der Natur und dem Lauf der menschlichen Dinge bekannt genug ist, um zu wissen, wie Gutes und Böses einander kompensiert, wie fast immer ein großes Gut mit beträchtlichen Ungemächlichkeiten, und sogar mit Übeln, die für sich allein betrachtet nicht gering sind, unvermeidlich verbunden ist, und kurz, wer einsehen gelernt hat, daß ein *leidlicher Zustand* das höchste ist, was die Sterblichen sich hienieden vernünftigerweise versprechen dürfen, wiewohl uns (durch eine weise Veranstaltung der Natur) die *Hoffnung* immer mit größern Erwartungen von der Zukunft, als diese erfüllen kann, schmeichelt: der wird – nach billiger Schätzung dessen, was wir *haben* und was wir *entbehren,* was wir durch unsre Konstitution gewinnen und worauf wir, weil es damit unverträglich ist, willig Verzicht tun müssen – finden, daß wir Ursache haben, mit unserm Lose zufrieden zu sein. Man hört – um z. B. nur *eines* Punkts zu erwähnen – nicht selten die *Zerteilung des Deutschen Reichs* in etliche hundert größere und kleinere, ja großenteils sehr winzige, *unmittelbare,* mit Landeshoheit begabte und voneinander unabhängige *Stände* als die Ursache angeben, warum Deutschland, solange diese Verfassung dauern werde, niemals zu dem hohen Gipfel von innerlicher Stärke, nie zu dem blühenden Wohlstand und dem Ansehen und Gewicht unter den europäischen Mächten, woran es unter einer andern Verfassung Anspruch zu machen hätte, gelangen werde.

Man kann, wie ich glaube, diesen Vorwurf so viel gelten lassen, als er nur immer gelten mag, und doch mit gutem

Grunde behaupten, daß demungeachtet die Vorteile, welche aus dieser Zerteilung im ganzen für uns entspringen, das Nachteilige bei weitem überwiegen; oder vielmehr, daß *sie* es gerade ist, der wir diese Vorteile zu verdanken haben.

Man muß, wenn man den Wohlstand und die Vorzüglichkeiten der deutschen Nation in Vergleichung mit andern berechnen will, nicht vergessen, daß die mittelländische Lage der meisten deutschen Provinzen und andere von der Natur des Bodens und Klimas abhangende Umstände uns, auch bei jeder andern monarchischen oder republikanischen Verfassung, gewisse unüberschreitbare Grenzen setzen würden. Auch muß billig mit in den Anschlag kommen, daß wir, durch eine Verkettung vormaliger Umstände und Ursachen, woran unsre dermalige Verfassung sehr unschuldig ist, in der Kultur hinter den südlichern und westlichern Nationen von Europa notwendig zurückbleiben mußten; und daß vornehmlich der so langwierige und blutige Kampf unsrer Vorfahren gegen die despotischen Unternehmungen Karls V. und Ferdinands II. das dadurch äußerst entkräftete Deutschland in dieser Rücksicht um mehr als hundert Jahre zurückgeworfen hat. Und gleichwohl, wo ist das europäische Reich, welches – alle physischen Verschiedenheiten gehörig gegeneinander ausgeglichen und alle Vorteile der frühern Kultur und günstiger Zufälle abgerechnet – bei gleicher Größe der unsrigen (ich sage nicht in einzelnen Teilen, sondern *im Ganzen*) an Volksmenge, an Anbauung des Bodens und Benutzung aller Geschenke der Natur, an Anzahl nicht sowohl großer und reicher als an Menge mittelmäßiger, aber wohl polizierter, betriebsamer und nach Verhältnis ihrer Lage und Mittel wohlhabender Städte dem Deutschen Reich den Vorzug streitig machen könnte? In den meisten andern Ländern gibt es zwischen übermäßigem Reichtum und drückender Armut, äußerstem Luxus und äußerster

Dürftigkeit, höchster üppigster Verfeinerung und tierischer Roheit wenig Mittelgrade: in Deutschland hingegen ist die Anzahl dieser Stufen, die Menge einzelner Personen und Familien, die sich verhältnismäßig wohl befinden, die Menge der Aussichten, Wege und Hilfsmittel, die den Bürgern des Deutschen Reichs allenthalben offenstehen, sich durch Talente, Wissenschaft, Geschicklichkeit und Brauchbarkeit empor zu helfen oder wenigstens eine Existenz, womit ein jeder in seiner Klasse und Art bei mäßigen Wünschen zufrieden sein kann, zu verschaffen, unleugbar größer als in irgendeinem andern Lande. Wenn jene Mittelmäßigkeit, die uns so oft mit mehr übler Laune als Billigkeit vorgeworfen wird, uns in gewissen Künsten, in Sachen des Geschmacks überhaupt und in jenem höchst verfeinerten Lebensgenuß (der ohne eine ungeheure Hauptstadt, worin sich der ganze Nationalreichtum konzentriert, nicht stattfinden und auch in *dieser* nur das Los weniger glücklicher Müßiggänger sein kann) mehr oder weniger enge Schranken setzt: so ist es hingegen ebendiese goldene Mittelmäßigkeit, der wir Vorzüge von unendlich größerm Wert, der wir, im ganzen genommen, mehr Gesundheit des Leibes und der Seele, unverdorbnere Sitten und, durch die Menge wohl eingerichteter Erziehungsanstalten, Schulen und Universitäten, wodurch sich Deutschland, vermöge seiner Verfassung, vor allen andern Reichen auszeichnet, eine ungleich weiter und über eine größere Anzahl Menschen ausgebreitete Aufklärung, Ausbildung und Veredlung schuldig sind.

Es bedarf keines Beweises, da es einem jeden bei der flüchtigsten Überdenkung in die Augen springen muß, daß alle diese Vorzüge natürliche Folgen jener Zerteilung in eine so große Anzahl kleinerer und in ihren besondern Verfassungen beinahe alle mögliche Verschiedenheit darstellender Staaten sind.

Es ist wahr, diese Art von Organisation des germanischen Körpers gibt ihm eine gewisse politische Schwere und Unbehilflichkeit in seinen Bewegungen, die in verschiedenen Rücksichten nachteilig ist; er kann sich, vermöge derselben, weniger in die Angelegenheiten andrer Mächte mischen, keine Eroberung machen und sogar sich selbst gegen auswärtige Angriffe nicht so bequem verteidigen als bei einer andern Konstitution: aber dafür versichert sie ihm auch eine *innerliche Ruhe* und – insofern (wie zu hoffen ist) die ziemlich erschlafften Bande, wodurch die Stände des Reichs untereinander und mit ihrem Oberhaupte zusammenhangen, unter einem so weisen und tätigen Kaiser als Leopold II. immer fester zusammengezogen werden – eine *äußerliche Sicherheit,* die unser unaufhaltbares Fortschreiten in allem, was unsern Wohlstand noch um manche Stufen erhöhen kann, unendlich begünstigen wird. Glücklicherweise hat uns die Französische Revolution von der Seite, die uns immer die gefährlichste war, auf Jahrhunderte sichergestellt: wir haben keinen Ludwig XIV. mehr zu fürchten; die Westfranken können sich bei ihrer neuen Verfassung nur durch den ewigen Frieden, den sie der Welt angelobt haben, erhalten; und dieser einzige Umstand, deucht mich, sollte den 14. Julius oder vielmehr den 14. *September* auch für alle patriotische Deutsche zu einem allgemeinen Festtag machen. Wenn von nun an irgendeine Gefahr unsre Verfassung erschüttern und uns den unschätzbaren Segen eines ewigen Friedens zu entziehen drohen sollte, so müßte sie *aus unserm eignen Mittel* entspringen. Aber auch hierüber können wir und unsre Nachkommen noch so lange ruhig sein, als es große Mächte in Europa geben wird, denen daran gelegen ist, keine andere auf Kosten des deutschen Reichskörpers größer werden zu lassen.

Indessen ist doch – bei allen Vorteilen, die wir unsrer

Verfassung und besonders der Zerteilung des Deutschen Reichs unter so viele kleinere und größere Landesherren zu danken haben – nicht zu leugnen, daß diese letztere, außer der bereits berührten Unbequemlichkeit, noch ein anderes Übel nach sich zieht, von welchem wir uns nicht verbergen können, daß seine natürliche Folge, die immer zunehmende Erschlaffung des allgemeinen Bandes, das so viele ungleichartige und in so mancherlei Rücksicht dissonierende Teile zusammenhalten soll, uns unaufhörlich, wiewohl unvermerkt, dem Momente der Auflösung des Ganzen nähern würde, wenn nicht entgegenarbeitende Kräfte der Wirkung dieser innern Ursache seiner Zerstörung das Gleichgewicht hielten.

Dieses Übel (worauf diejenigen, die am meisten dabei zu verlieren haben, nicht aufmerksam genug zu sein scheinen) ist die große Schwäche, oder vielmehr (wenn wir uns selbst nicht zu unserm eignen Schaden täuschen wollen), die gänzliche Abwesenheit jenes *Gemeinsinnes* und *Nationalgeistes*, der sich mehr oder weniger bei allen Völkern äußert, die, es sei durch eine rein monarchische oder rein republikanische oder eine aus beiden gehörig zusammengesetzte Verfassung zu einem Ganzen organisiert sind, das aus gleichartigen und in gleicher Maße von den Gesetzen und einem gemeinschaftlichen Oberhaupt abhangenden Teilen besteht. Es ist nur zu wahr, was uns sooft von Ausländern, die uns näher kennenlernen, vorgeworfen wird: wer das Deutsche Reich aufmerksam durchwandert, lernt zwar nach und nach Österreicher, Brandenburger, Sachsen, Pfälzer, Bayern, Hessen, Württemberger usw. mit etlichen hundert kleinern, durch mancherlei Unterabteilungen und unter mancherlei Gestalten immer schmächtiger werdende, nach dem Namen des Reichsstandes, dem sie untergeben sind, benannte Völkerschaften, aber keine *Deutschen* kennen und sucht im ganzen Deutschen Reiche vergebens dieses *Germanien,* dessen *König* der erwählte Kaiser ist. Jeder von dieser ungeheuern Menge *Staaten im Staate* hat seinen *eigenen* kleinen Gemeingeist sowie sein eigenes, ihm selbst sehr erhebliches, aber mit den entferntern Teilen gar nicht oder nur sehr unmerklich zusammenhangendes Interesse: was Wunder also, wenn *Gleichgültigkeit* und *Kälte* gegen *allgemeines Nationalinteresse,* gegen alles, was das Ansehen und den Glanz der deutschen Nation, alles, was den *allgemeinen* Wohlstand, den *allgemeinen* Flor befördert oder befördern könnte, den Fremden als ein *Charakterzug der Deutschen* auffällt und uns, nach ihrer Schätzung, unendlich weit unter den innern Wert herabwürdigen muß, den uns, wenn wir uns selber zu schätzen wüßten, kein anderes Volk der Erde streitig machen könnte!

Es ist hier nicht der Ort zu untersuchen, was für Mittel die unmittelbaren Stände des Reichs als die konstitutionsmäßigen Repräsentanten der Nation vielleicht in den Händen hätten, diesem Übel mit vereinigten Kräften zu steuern und abzuhelfen. Aber wenn sich auch, wie ich glaube, verschiedene *Nationalinstitute* denken ließen, welche mit gutem Erfolg zu diesem großen Zweck in Wirksamkeit gesetzt werden könnten: so wird doch, allem Anschein nach, das einzige Mittel, wozu keine Vereinigung aller Häupter der Nation nötig ist – ein Mittel, welches seiner Natur nach in einem großen und täglich sich immer weiter ausdehnenden Umfang wirkt, vorderhand das Beste tun müssen. Daß die Kraft und Wirkung desselben bloß *moralisch* ist, vermindert seinen Wert so wenig, daß es vielmehr eben darum, weil es auf die Köpfe und Herzen wirkt, seinen heilsamen Zweck zwar langsamer und unvermerkter, aber desto gewisser, kräftiger und dauerhafter erreichen wird.

Und dieses Mittel? – ist, mit *einem* Worte, der *Einfluß der Schriftsteller* – derjenigen nämlich, die durch Genie, Energie der Seele, Imagination, Beredsamkeit und Darstellungskunst auf die Gemüter der Menschen lebhafte Eindrücke zu machen geschickt sind. Sie sind gewissermaßen die eigentlichen *Männer der Nation,* denn ihr unmittelbarer Wirkungskreis ist ganz Deutschland; sie werden überall gelesen, ihre Schriften dringen nach und nach bis in die kleinsten Städte, und durch sie fängt es bereits selbst in solchen Gegenden an zu tagen, auf welchen vor fünfundzwanzig Jahren noch die dickste Finsternis lag. Wenn *diese* erst selbst von echtem Patriotismus begeistert, von aufgeklärter Schätzung der Vorteile unsrer Konstitution geleitet und von reinem Eifer für das allgemeine Beste erwärmt sein werden: gewiß, dann wird und muß es ihnen durch anhaltende Bestrebungen endlich gelingen, die heilige Flamme der Vaterlandsliebe in jedem deutschen Herzen anzufachen und diesen Gemeinsinn zu erwecken, der allein vermögend ist, die durch so vielerlei verschiedene Namen, Dialekte, Lebensweisen, religiöse und politische Verfassungen getrennten Einwohner Germaniens in der Tat in *einen lebendigen Staatskörper* zu vereinigen und diesen gewaltigen Leib mit Gesinnungen zu beseelen, die eines großen, edeln, tapfern und aufgeklärten Volkes würdig sind.

Wenn ich nicht sehr irre, so kann zu diesem schönen Zwecke schwerlich etwas wirksamer sein als diese Art von Anbauung des unermeßlichen Feldes unsrer *vaterländischen Geschichte,* von welcher ich oben bereits gesprochen habe. An Materialien, die nur auf die Bearbeitung des Genies warten, fehlt es, Dank sei dem eisernen Fleiße, der von jeher als eine Tugend der Deutschen gepriesen wurde! keinem Volke weniger als uns; und es wäre nun wohl einmal Zeit, einen so reichen Schatz, durch die geschickteste Anwendung zu jenem Endzweck gemeinnützlich zu machen.

In dieser Rücksicht wäre vielleicht die *dramatische* Behandlungsart eine der schicklichsten Formen für solche *historische Gemälde,* wie ich hier im Sinne habe und womit ich unsre Literatur – die noch erst ein einziges Werk des Genies in diesem Fache aufzuweisen hat – bereichert zu sehen wünsche. Welch eine herrliche Galerie müßte es um eine Reihe solcher Gemälde sein, wozu unsre Geschichte von Karl dem Großen an den Stoff liefert, wenn sie von Meisterhänden ausgeführt würden!

Der große *Marlborough* schämte sich nicht zu gestehen, daß er alle seine Kenntnis der britischen Geschichte aus – *Shakespeares Schauspielen* geschöpft habe. Eine solche historische *Pözile,* zu *unserm* Gebrauch aus *unserer* Geschichte gezogen, würde – ohne die schätzbaren Arbeiten *unsrer* diplomatischen, kritischen und systematischen Historiker unnütz zu machen – für alle Klassen und Arten von Lesern ebenso nützlich als angenehm unterhaltend sein, vornehmlich aber zu Vertilgung so mancher alter Vorurteile, zu Ertötung der Überreste eines unseligen Parteigeistes, zu anschaulichen Begriffen über die allmähliche Entstehung unsrer Verfassung und über die Beziehungen ihrer besondern Teile auf den Charakter und die Umstände der Zeit, worin sie entstanden, und zu Aufklärung über tausend Dinge, woran *allen* gelegen ist, nicht wenig beitragen; und indem sie uns für die merkwürdigsten Epochen, die größten Männer und die wichtigsten Begebenheiten der Nation die lebhafteste Teilnehmung einflößte: wie sollte sie des edeln Zwecks verfehlen können, jenen Gemeingeist, jene warme Liebe des allgemeinen Vaterlandes, jenen Anteil an allem, was auch in entfernten und mit uns nicht unmittelbar zusammenhangenden Teilen desselben auf den Ruhm oder die Schmach, das Wohl oder Weh der Nation Beziehung hat, zu entzünden und zu nähren, der allen noch möglichen und wünschenswerten Verbesserungen und selbst der Erhaltung unsrer glücklichen Verfassung zum Grunde liegen muß.

Da ich mich am Ende dieser Betrachtungen gerade wieder auf dem Punkte, von welchem sie ausgegangen sind, befinde: so bleibt mir diesmal nichts übrig, als die Hoffnung, die wir uns in jener Rücksicht von der historischen Muse meines vortrefflichen Freundes zu machen berechtigt sind, mit meinen wärmsten und aufrichtigsten Wünschen zu begleiten.

Weimar
den 10. Oktober
1791   Wieland.

Geschichte des Dreißigjährigen Kriegs

1791

Historischer CALENDER für Damen

für das Jahr 1791

von

Friedrich Schiller

Leipzig
bey G. F. Göschen.

Das Titelkupfer ist das Bild des Friedens.

Erläuterungen zu den Kupfern im Text finden sich ab Seite 649.

Erstes Buch

Seit dem Anfang des Religionskriegs in Deutschland bis zum Münsterischen Frieden ist in der politischen Welt Europens kaum etwas Großes und Merkwürdiges geschehen, woran die Reformation nicht den vornehmsten Anteil gehabt hätte. Alle Weltbegebenheiten, welche sich in diesem Zeitraum ereignen, schließen sich an die Glaubensverbesserung an, wo sie nicht ursprünglich daraus herflossen, und jeder noch so große und noch so kleine Staat hat mehr oder weniger, mittelbarer oder unmittelbarer, den Einfluß derselben empfunden.

Beinahe der ganze Gebrauch, den das *spanische* Haus von seinen ungeheuern politischen Kräften machte, war gegen die neuen Meinungen oder ihre Bekenner gerichtet. Durch die Reformation wurde der Bürgerkrieg entzündet, welcher *Frankreich* unter vier stürmischen Regierungen in seinen Grundfesten erschütterte, ausländische Waffen in das Herz dieses Königreichs zog und es ein halbes Jahrhundert lang zu einem Schauplatz der traurigsten Zerrüttung machte. Die Reformation machte den *Niederländern* das spanische Joch unerträglich und weckte bei diesem Volke das Verlangen und den Mut, dieses Joch zu zerbrechen, so wie sie ihm größtenteils auch die Kräfte dazu gab. Alles Böse, welches Spaniens Philipp gegen die Königin *Elisabeth* von *England* beschloß, war Rache, die er dafür nahm, daß sie seine protestantischen Untertanen gegen ihn in Schutz genommen und sich an die Spitze einer Religionspartei gestellt hatte, die er zu vertilgen strebte. Die Trennung in der Kirche hatte in *Deutschland* eine fortdauernde politische Trennung zur Folge, welche dieses Land zwar länger als ein Jahrhundert der Verwirrung dahingab, aber auch zugleich gegen politische Unterdrückung einen bleibenden Damm auftürmte. Die Reformation war es großenteils, was die nordischen Mächte, *Dänemark* und *Schweden,* zuerst in das Staatssystem von Europa zog, weil sich der protestantische Staatenbund durch ihren Beitritt verstärkte und weil dieser Bund ihnen selbst unentbehrlich ward. Staaten, die vorher kaum füreinander vorhanden gewesen, fingen an, durch die Reformation einen wichtigen Berührungspunkt zu erhalten und sich in einer neuen politischen Sympathie aneinander zu schließen. So wie Bürger gegen Bürger, Herrscher gegen ihre Untertanen durch die Reformation in andre Verhältnisse kamen, rückten durch sie auch ganze Staaten in neue Stellungen gegeneinander. Und so mußte es durch einen seltsamen Gang der Dinge die *Kirchentrennung* sein, was die Staaten unter sich zu einer engern *Vereinigung* führte. Schrecklich zwar und verderblich war die erste Wirkung, durch welche diese allgemeine politische Sympathie sich verkündigte – ein dreißigjähriger verheerender Krieg, der von dem Innern des Böhmerlandes bis an die Mündung der Schelde, von den Ufern des Po bis an die Küsten der Ostsee Länder entvölkerte, Ernten zertrat, Städte und Dörfer in die Asche legte; ein Krieg, in welchem mehr als dreimal hunderttausend Streiter ihren Untergang fanden, der den aufglimmenden Funken der Kultur in Deutschland auf ein halbes Jahrhundert verlöschte und die kaum auflebenden bessern Sitten der alten barbarischen Wildheit zurückgab. Aber Europa ging ununterdrückt und frei aus diesem fürchterlichen Krieg, in welchem es sich zum erstenmal als eine zusammenhängende Staatengesellschaft erkannt hatte; und diese Teilnehmung der Staaten aneinander, welche sich in diesem Krieg eigentlich erst bildete, wäre allein schon Gewinn genug, den Weltbürger mit seinen Schrecken zu versöhnen. Die Hand des Fleißes hat unvermerkt alle verderbliche Spuren dieses Krieges wieder ausgelöscht, aber die wohltätigen Folgen, von denen er begleitet war, sind geblieben. Eben diese allgemeine Staatensympathie, welche den Stoß in Böhmen dem halben Europa mitteilte, bewacht jetzt den Frieden, der diesem Krieg ein Ende machte. So wie die Flamme der Verwüstung aus dem Innern Böhmens, Mährens und Österreichs einen Weg fand, Deutschland, Frankreich, das halbe Europa zu *entzünden,* so wird die Fackel der Kultur von diesen Staaten aus einen Weg sich öffnen, jene Länder zu *erleuchten.*

Die Religion wirkte dieses alles. Durch sie allein wurde möglich, was geschah, aber es fehlte viel, daß es *für* sie und ihretwegen unternommen worden wäre. Hätte nicht der Privatvorteil, nicht das Staatsinteresse sich schnell damit vereinigt, nie würde die Stimme der Theologen und des Volks so bereitwillige Fürsten, nie die neue Lehre so zahlreiche, so tapfre, so beharrliche Verfechter gefunden haben. Ein großer Anteil an der Kirchenrevolution gebührt unstreitig der siegenden Gewalt der Wahrheit oder dessen, was mit Wahrheit verwechselt wurde. Die Mißbräuche in der alten Kirche, das Abgeschmackte mancher ihrer Lehren, das Übertriebene in ihren Forderungen mußte notwendig ein Gemüt empören, das von der Ahnung eines bessern Lichts schon gewonnen war, mußte es geneigt machen, die verbesserte Religion zu umfassen. Der Reiz der Unabhängigkeit, die reiche Beute der geistlichen Stifter mußte die Regenten zu einer Religionsveränderung lüstern machen und das Gewicht der innern Überzeugung nicht wenig bei ihnen verstärken; aber die Staatsraison allein konnte sie dazu *drängen.* Hätte nicht Karl der Fünfte im Übermut seines Glücks an die *Reichs*freiheit der deutschen Stände gegriffen, schwerlich hätte sich ein protestantischer Bund für die *Glaubens*freiheit bewaffnet. Ohne die Herrschbegierde der Guisen hätten die Calvinisten in Frankreich nie einen Condé oder Coligny an ihrer Spitze gesehen; ohne die Auflage des zehnten und zwanzigsten Pfennings hätte der Stuhl zu Rom nie die vereinigten Niederlande verloren. Die Regenten kämpften zu ihrer Selbstverteidigung oder Vergrößerung; der Religionsenthusiasmus warb ihnen die Armeen und öffnete ihnen die Schätze ihres Volks. Der große Haufe, wo ihn nicht Hoffnung der Beute unter ihre Fahnen lockte, glaubte für die Wahrheit sein Blut zu vergießen, indem er es zum Vorteil seines Fürsten verspritzte.

Und Wohltat genug für die Völker, daß diesmal der Vorteil der Fürsten Hand in Hand mit dem ihrigen ging! Diesem Zufall allein haben sie ihre Befreiung vom Papsttum zu danken. Glück genug für die Fürsten, daß der Untertan für seine eigene Sache stritt, indem er für die ihrige kämpfte! In dem Zeitalter, wovon jetzt die Rede ist, regierte in Europa kein Fürst so absolut, um über den guten Willen seiner Untertanen hinweggesetzt zu sein, wenn er seine politischen Entwürfe verfolgte. Aber wie schwer hielt es, diesen guten Willen der Nation für seine politischen Entwürfe zu gewinnen und in Handlung zu setzen! Die nachdrücklichsten Beweggründe, welche von der Staatsraison entlehnt sind, lassen den Untertan kalt, der sie selten einsieht und den sie noch seltner interessieren. In diesem Fall bleibt einem staatsklugen Regenten nichts übrig, als das Interesse des Kabinetts an irgendein andres Interesse, das dem Volke näher liegt, anzuknüpfen, wenn etwa ein solches schon vorhanden ist, oder, wenn es nicht ist, es zu erschaffen.

Dies war der Fall, worin sich ein großer Teil derjenigen

Regenten befand, die für die Reformation handelnd aufgetreten sind. Durch eine sonderbare Verkettung der Dinge mußte es sich fügen, daß die Kirchentrennung mit zwei politischen Umständen zusammentraf, ohne welche sie vermutlich eine ganz andre Entwicklung gehabt haben würde. Diese waren: die auf einmal hervorspringende Übermacht des Hauses Österreich, welche die Freiheit Europens bedrohte, und der tätige Eifer dieses Hauses für die alte Religion. Das erste weckte die Regenten, das zweite bewaffnete ihnen die Nationen.

Die Aufhebung einer fremden Gerichtsbarkeit in ihren Staaten, die höchste Gewalt in geistlichen Dingen, der gehemmte Abfluß des Geldes nach Rom, die reiche Beute der geistlichen Stifter waren Vorteile, die für jeden Souverän auf gleiche Art verführerisch sein mußten – warum, könnte man fragen, wirkten sie nicht ebensogut auf die Prinzen des Hauses Österreich? Was hinderte dieses Haus und insbesondere die deutsche Linie desselben, den dringenden Aufforderungen so vieler seiner Untertanen Gebühr zu geben und sich nach dem Beispiel andrer auf Unkosten einer wehrlosen Geistlichkeit zu verbessern? Es ist schwer zu glauben, daß die Überzeugung von der Unfehlbarkeit der römischen Kirche an der frommen Standhaftigkeit dieses Hauses einen größeren Anteil gehabt haben sollte als die Überzeugung vom Gegenteil an dem Abfalle der protestantischen Fürsten. Mehrere Gründe vereinigten sich, die österreichischen Prinzen zu Stützen des Papsttums zu machen. Spanien und Italien, aus welchen Ländern die österreichische Macht einen großen Teil ihrer Stärke zog, waren dem Stuhle zu Rom mit blinder Anhänglichkeit ergeben, welche die Spanier insbesondere schon zu den Zeiten der gotischen Herrschaft ausgezeichnet hat. Die geringste Annäherung an die verabscheuten Lehren Luthers und Calvins mußte dem Beherrscher von Spanien die Herzen seiner Untertanen unwiederbringlich entreißen; der Abfall von dem Papsttum konnte ihm dieses Königreich kosten. Ein spanischer König mußte ein rechtgläubiger Prinz sein, oder er mußte von diesem Throne steigen. Den nämlichen Zwang legten ihm seine italienischen Staaten auf, die er fast noch mehr schonen mußte als seine Spanier, weil sie das auswärtige Joch am ungeduldigsten trugen und es am leichtesten abschütteln konnten. Dazu kam, daß ihm diese Staaten Frankreich zum Mitbewerber und den Papst zum Nachbar gaben; Gründe genug, die ihn hinderten, sich für eine Partei zu erklären, welche das Ansehen des Papstes zernichtete – die ihn aufforderten, sich letztern durch den tätigsten Eifer für die alte Religion zu verpflichten.

Diese allgemeinen Gründe, welche bei jedem spanischen Monarchen von gleichem Gewichte sein mußten, wurden bei jedem insbesondre noch durch besondre Gründe unterstützt. Karl der Fünfte hatte in Italien einen gefährlichen Nebenbuhler an dem König von Frankreich, dem dieses Land sich in eben dem Augenblick in die Arme warf, wo Karl sich ketzerischer Grundsätze verdächtig machte. Gerade an denjenigen Entwürfen, welche Karl mit der meisten Hitze verfolgte, würde das Mißtrauen der Katholischen und der Streit mit der Kirche ihm durchaus hinderlich gewesen sein. Als Karl der Fünfte in den Fall kam, zwischen beiden Religionsparteien zu wählen, hatte sich die neue Religion noch nicht bei ihm in Achtung setzen können, und überdem war zu einer gütlichen Vergleichung beider Kirchen damals noch die wahrscheinlichste Hoffnung vorhanden. Bei seinem Sohn und Nachfolger Philipp dem Zweiten vereinigte sich eine mönchische Erziehung mit einem despotischen finstern Charakter, einen unversöhnlichen Haß aller Neuerungen in Glaubenssachen bei diesem Fürsten zu unterhalten, den der Umstand, daß seine schlimmsten politischen Gegner auch zugleich Feinde seiner Religion waren, nicht wohl vermindern konnte. Da seine europäischen Länder, durch so viele fremde Staaten zerstreut, dem Einfluß fremder Meinungen überall offen lagen, so konnte er dem Fortgange der Reformation in andern Ländern nicht gleichgültig zusehen, und sein eigener näherer Staatsvorteil forderte ihn auf, sich der alten Kirche überhaupt anzunehmen, um die Quellen der ketzerischen Ansteckung zu verstopfen. Der natürlichste Gang der Dinge stellt also diesen Fürsten an die Spitze des katholischen Glaubens und des Bundes, den die Papisten gegen die Neuerer schlossen. Was unter Karls des Fünften und Philipps des Zweiten langen und tatenvollen Regierungen beobachtet wurde, blieb für die folgenden Gesetz; und je mehr sich der Riß in der Kirche erweiterte, desto fester mußte Spanien an dem Katholizismus halten.

Freier schien die deutsche Linie des Hauses Österreich gewesen zu sein; aber wenn bei dieser auch mehrere von jenen Hindernissen wegfielen, so wurde sie durch andre Verhältnisse in Fesseln gehalten. Der Besitz der Kaiserkrone, die auf einem protestantischen Haupte ganz undenkbar war (denn wie konnte ein Apostat der römischen Kirche die römische Kaiserkrone tragen?), knüpfte die Nachfolger Ferdinands des Ersten an den päpstlichen Stuhl; Ferdinand selbst war diesem Stuhl aus Gründen des Gewissens und aufrichtig ergeben. Überdem waren die deutsch-österreichischen Prinzen nicht mächtig genug, der spanischen Unterstützung zu entbehren, die aber durch eine Begünstigung der neuen Religion durchaus verscherzt war. Auch forderte ihre Kaiserwürde sie auf, das deutsche Reichssystem zu beschützen, wodurch sie selbst sich als Kaiser behaupteten und welches der protestantische Reichsteil zu stürzen strebte. Rechnet man dazu die Kälte der Protestanten gegen die Bedrängnisse der Kaiser und gegen die gemeinschaftlichen Gefahren des Reichs, ihre gewaltsamen Eingriffe in das Zeitliche der Kirche und ihre Feindseligkeiten, wo sie sich als die Stärkeren fühlten, so begreift man, wie so viele zusammenwirkende Gründe die Kaiser auf der Seite des Papsttums erhalten, wie sich ihr eigner Vorteil mit dem Vorteile der katholischen Religion aufs genaueste vermengen mußte. Da vielleicht das ganze Schicksal dieser Religion von dem Entschlusse abhing, den das Haus Österreich ergriff, so mußte man die österreichischen Prinzen durch ganz Europa als die Säulen des Papsttums betrachten. Der Haß der Protestanten gegen letzteres kehrte sich darum auch einstimmig gegen Österreich und vermengte nach und nach den Beschützer mit der Sache, die er beschützte. Jede Kriegsrüstung des Königs von Spanien oder des Kaisers mußte nun zum Verderben der Protestanten abzielen, jeder Feldzug gegen eines dieser Häuser war ein Krieg gegen das Mönchtum, gegen die Inquisition.

Aber eben dieses Haus Österreich, der unversöhnliche Gegner der Reformation, setzte zugleich durch seine ehrgeizigen Entwürfe, die von einer überlegenen Macht unterstützt waren, die politische Freiheit der europäischen Staaten und besonders der deutschen Stände, in nicht geringe Gefahr. Dieser Umstand mußte letztere aus ihrer Sicherheit aufschrecken und auf ihre Selbstverteidigung aufmerksam machen. Ihre gewöhnlichen Hilfsmittel würden nimmermehr hingereicht haben, einer so drohenden Macht zu widerstehen. Außerordentliche Anstrengungen mußten sie von ihren Untertanen verlangen und, da auch diese bei weitem nicht hinreichten, von ihren Nachbarn Kräfte entlehnen und durch *Bündnisse* untereinander eine Macht aufzuwägen suchen, gegen welche sie einzeln nicht bestanden.

Aber die großen politischen Aufforderungen, welche die Regenten hatten, sich den Fortschritten Österreichs zu widersetzen, hatten ihre Untertanen nicht. Nur gegenwärtige Vorteile oder gegenwärtige Übel sind es, welche das Volk in Handlung setzen; und diese darf eine gute Staatskunst nicht abwarten. Wie schlimm also für diese Fürsten, wenn nicht zum Glücke ein andres wirksames Motiv sich ihnen dargeboten hätte, das die Nation in Leidenschaft setzte und einen Enthusiasmus in ihr entflammte, der gegen die politische Gefahr gerichtet werden konnte, weil er in dem nämlichen Gegenstande mit derselben zusammentraf! Dieses Motiv war der erklärte Haß gegen eine Religion, welche das Haus Österreich beschützte, die schwärmerische Anhänglichkeit an eine Lehre, welche dieses Haus mit Feuer und Schwert zu vertilgen strebte. Diese Anhänglichkeit war feurig, jener Haß war unüberwindlich; der Religionsfanatismus fürchtet das Entfernte, Schwärmerei berechnet nie, was sie aufopfert. Was die entschiedenste Gefahr des Staats nicht über seine Bürger vermocht hätte, bewirkte die religiöse Begeisterung. Für den Staat, für das Interesse des Fürsten würden sich wenig freiwillige Arme bewaffnet haben; für die Religion griff der Kaufmann, der Künstler, der Landbauer freudig zum Gewehr. Für den Staat oder den Fürsten würde man sich auch der kleinsten außerordentlichen Abgabe zu entziehen gesucht haben; an die Religion setzte man Gut und Blut, alle seine zeitlichen Hoffnungen. Dreifach stärkere Summen strömten jetzt in den Schatz des Fürsten, dreifach stärkere Heere rückten in das Feld; und in der heftigen Bewegung, worein die nahe Religionsgefahr alle Gemüter versetzte, fühlte der Untertan die Schwere der Lasten nicht, die Anstrengungen nicht, von denen er in einer ruhigern Gemütslage erschöpft würde niedergesunken sein. Die Furcht vor der spanischen Inquisition, vor Bartholomäusnächten eröffnet dem Prinzen von Oranien, dem Admiral Coligny, der britischen Königin Elisabeth, den protestantischen Fürsten Deutschlands

Hilfsquellen bei ihren Völkern, die noch jetzt unbegreiflich sind.

Mit noch so großen eigenen Anstrengungen aber würde man gegen eine Macht wenig ausgerichtet haben, die auch dem mächtigsten Fürsten, wenn er einzeln stand, überlegen war. In den Zeiten einer noch wenig ausgebildeten Politik konnten aber nur zufällige Umstände entfernte Staaten zu einer wechselseitigen Hilfsleistung vermögen. Die Verschiedenheit der Verfassung, der Gesetze, der Sprache, der Sitten, des Nationalcharakters, welche die Nationen und Länder in ebenso viele verschiedene Ganze absonderte und eine fortdauernde Scheidewand zwischen sie stellte, machte den einen Staat unempfindlich gegen die Bedrängnisse des andern, wo ihn nicht gar die Nationaleifersucht zu einer feindseligen Schadenfreude reizte. Die Reformation stürzte diese Scheidewand. Ein lebhafteres, näher liegendes Interesse als der Nationalvorteil oder die Vaterlandsliebe, und welches von bürgerlichen Verhältnissen durchaus unabhängig war, fing an, die einzelnen Bürger und ganze Staaten zu beseelen. Dieses Interesse konnte mehrere und selbst die entlegensten Staaten miteinander verbinden, und bei Untertanen des nämlichen Staats konnte dieses Band wegfallen. Der französische Calvinist hatte also mit dem reformierten Genfer, Engländer, Deutschen oder Holländer einen Berührungspunkt, den er mit seinem eignen katholischen Mitbürger nicht hatte. Das Glück der niederländischen Waffen, welche für seine Religion geführt wurden, mußte ihn also näher angehen als die Triumphe seines eigenen Landesherrn, welche zum Vorteil des Papsttums erfochten wurden. Er hörte also in einem sehr wichtigen Punkt auf, Bürger eines einzelnen Staats zu sein, seine Aufmerksamkeit und Teilnahme auf diesen einzelnen Staat einzuschränken. Sein Kreis erweitert sich; er fängt an, aus dem Schicksale fremder Länder, die seines Glaubens sind, sich sein eignes zu weissagen und ihre Sache zu der seinigen zu machen. Nun erst dürfen die Regenten es wagen, auswärtige Angelegenheiten vor die Versammlung ihrer Landstände zu bringen, nun erst hoffen, ein williges Ohr und schnelle Hilfe zu finden. Diese auswärtigen Angelegenheiten sind jetzt zu einheimischen geworden, und gerne reicht man dem Glaubensverwandten eine hilfreiche Hand, die man dem bloßen Nachbar und noch mehr dem fernen Ausländer verweigert hätte. Jetzt verläßt der Pfälzer seine Heimat, um für seinen französischen Glaubensbruder gegen den gemeinschaftlichen Religionsfeind zu fechten. Der französische Untertan zieht das Schwert gegen ein Vaterland, das ihn mißhandelt, und geht hin, für Hollands Freiheit zu bluten. Jetzt sieht man Schweizer gegen Schweizer, Deutsche gegen Deutsche im Streit gerüstet, um an den Ufern der Loire und der Seine die Thronfolge in Frankreich zu entscheiden. Der Däne geht über die Eider, der Schwede über den Belt, um die Ketten zu zerbrechen, die für Deutschland geschmiedet sind.

Das Religionsinteresse war es, was diese neue Sympathie der Staaten mit Staaten veranlaßte, aber die Wirkungen derselben wurden bald im politischen gefühlt. Der nämliche Staatenbund, welcher streitfertig dastand, dem Religionszwang seiner Glieder zu steuern, sicherte sie eben dadurch vor politischer Unterdrückung, denn ohne diese war jener nicht möglich. Die Regenten hatten also die Hilfsmittel zu ihrer Selbstverteidigung in Bereitschaft, ohne sie unter diesem Namen aufgeboten zu haben, sie hatten ihre Absicht erreicht, ohne sich mit ihren Völkern darüber verständigt zu haben. Solange eine gewaffnete Macht die Religionsfreiheit in Deutschland verteidigte, solange konnte kein deutscher Kaiser die Konstitution umstoßen und die Stände des Reichs unterdrücken; solange eine gewaffnete Macht die Reichskonstitution bewachte, konnte die Religionsfreiheit nicht umgestürzt werden. Was den Regenten bloß als Mittel zu ihrem Zwecke wichtig war, war der Zweck ihrer Untertanen; was der Zweck der Regenten war, war den Untertanen das Mittel, den ihrigen zu erreichen.

Es ist sehr schwer zu sagen, was mit der Reformation, was mit der Freiheit des Deutschen Reichs wohl geworden sein würde, wenn das gefürchtete Haus Österreich nicht Partei gegen sie genommen hätte. So viel aber scheint erwiesen, daß sich die österreichischen Prinzen auf ihrem Wege zur Universalmonarchie durch nichts mehr gehindert haben als durch den hartnäckigen Krieg, den sie gegen die neuen Meinungen führten. In keinem andern Falle als unter diesem war es den schwächern Fürsten möglich, die außerordentlichen Anstrengungen von ihren Ständen zu erzwingen, wodurch sie der österreichischen Macht widerstanden; in keinem andern Falle den Staaten möglich, sich gegen einen gemeinschaftlichen Feind zu vereinigen.

Höher war die österreichische Macht nie gestanden als nach dem Siege Karls des Fünften bei Mühlberg, nachdem er die Deutschen überwunden hatte. Mit dem Schmalkaldischen Bunde lag die deutsche Freiheit, wie es schien, auf ewig darnieder; aber sie lebte wieder auf in Moritz von Sachsen, ihrem gefährlichsten Feinde. Alle Früchte des Mühlbergischen Sieges gehen auf dem Kongreß zu Passau und dem Reichstag zu Augsburg verloren, und alle Anstalten zur weltlichen und geistigen Unterdrückung endigen in einem nachgebenden Frieden.

Deutschland zerriß auf diesem Reichstag zu Augsburg in zwei Religionen und in zwei politische Parteien; jetzt erst zerriß es, weil die Trennung jetzt erst gesetzlich war. Bis hieher waren die Protestanten als strafbare Überläufer angesehen worden; jetzt beschloß man, sie als Brüder zu behandeln, nicht als ob man sie dafür anerkannt hätte, sondern weil man dazu genötigt war. Die Augsburgische Konfession durfte sich von jetzt an neben den katholischen Glauben stellen, doch nur als eine geduldete Nachbarin mit einstweiligen schwesterlichen Rechten. Jedem weltlichen Reichsstande ward das Recht zugestanden, die Religion, zu der er sich bekannte, auf seinem Grund und Boden zur herrschenden und einzigen zu machen und die entgegengesetzte der freien Ausübung zu berauben; jedem Untertan vergönnt, das Land zu verlassen, wo seine Religion unterdrückt war. Jetzt zum erstenmal erfreute sich also die Lehre Luthers einer positiven Sanktion, und wenn sie auch in Bayern oder in Österreich im Staube lag, so konnte sie sich damit trösten, daß sie in Sachsen und in Thüringen *thronte*. Den *Regenten* war es aber nun doch *allein* überlassen, welche Religion in ihren Landen gelten und welche darniederliegen sollte; für den Untertan, der auf dem Reichstage keinen Repräsentanten hatte, war in diesem Frieden gar wenig gesorgt. Bloß allein in geistlichen Ländern, in welchen die katholische Religion unwiderruflich die herrschende blieb, wurde den protestantischen Untertanen (welche es damals schon waren) die freie Religionsübung ausgewirkt; aber auch diese nur durch eine persönliche Versicherung des römischen Königs Ferdinand, der diesen Frieden zustande brachte – eine Vesicherung, die, von dem katholischen Reichsteile widersprochen und *mit* diesem Widerspruch in das Friedensinstrument eingetragen, keine Gesetzeskraft erhielt.

Wären es übrigens nur Meinungen gewesen, was die Gemüter trennte – wie gleichgültig hätte man dieser Trennung zugesehen! Aber an diesen Meinungen hingen *Reichtümer, Würden* und *Rechte;* ein Umstand, der die Scheidung unendlich erschwerte. Von zwei Brüdern, die das väterliche Vermögen bis hieher gemeinschaftlich genossen, verließ jetzt einer das väterliche Haus, und die Notwendigkeit trat ein, mit dem daheim bleibenden Bruder *abzuteilen*. Der Vater hatte für den Fall der Trennung nichts bestimmt, weil ihm von dieser Trennung nichts ahnen konnte. Aus den wohltätigen Stiftungen der Voreltern war der Reichtum der Kirche innerhalb eines Jahrtausends zusammengeflossen, und diese Voreltern gehörten dem Weggehenden ebenso gut an als dem, der zurückblieb. Haftete nun das Erbrecht bloß an dem väterlichen Hause, oder haftete es an dem Blute? Die Stiftungen waren an die *katholische* Kirche geschehen, weil damals noch keine andre vorhanden war; an den erstgebornen Bruder, weil er damals noch der einzige Sohn war. Galt nun in der Kirche ein Recht der Erstgeburt wie in adeligen Geschlechtern? Galt die Begünstigung des einen Teils, wenn ihm der andre noch nicht gegenüberstehen konnte? Konnten die Lutheraner von dem Genuß dieser Güter ausgeschlossen sein, an denen doch ihre Vorfahren mit stiften halfen, bloß allein deswegen ausgeschlossen sein, weil zu den Zeiten der Stiftung noch kein Unterschied zwischen Lutheranern und Katholischen stattfand? Beide Religionsparteien haben über diese Streitsache mit scheinbaren Gründen gegeneinander gerechtet und rechten noch immer; aber es dürfte dem einen Teile so schwerfallen als dem andern, sein *Recht zu erweisen*. Das Recht hat nur Entscheidungen für *denkbare* Fälle, und vielleicht gehören geistliche Stiftungen nicht unter diese; zum wenigsten dann nicht, wenn man die Forderungen ihrer Stifter auch auf dogmatische Sätze erstreckt – wie ist es denkbar, eine ewige Schenkung an eine wandelbare Meinung zu machen?

Wenn das Recht nicht entscheiden kann, so tut es die Stärke, und so geschah es hier. Der eine Teil behielt, was ihm nicht mehr zu nehmen war; der andre verteidigte, was er noch hatte. Alle *vor* dem Frieden weltlich gemachte Bistümer und Abteien verblieben den Protestanten; aber die Papisten verwahrten sich in einem eigenen Vorbehalt, daß künftig keine mehr weltlich gemacht würden. Jeder Besitzer eines geistlichen Stiftes, das dem Reich unmittelbar unterworfen war, Kurfürst, Bischof oder Abt, hat seine Benefizien und Würden verwirkt, sobald er zur protestantischen Kirche abfällt. Sogleich muß er seine Besitzungen räumen, und das Kapitel schreitet zu einer neuen Wahl, gleich als wäre seine Stelle durch einen Todesfall erledigt worden. An diesem heiligen Anker des *geistlichen Vorbehalts,* der die ganze zeitliche Existenz eines geistlichen Fürsten von seinem Glaubensbekenntnis abhängig machte, ist noch bis heute die katholische Kirche in Deutschland befestigt – und was würde aus ihr werden, wenn dieser Anker zerrisse? Der geistliche Vorbehalt erlitt einen hartnäckigen Widerspruch von seiten der protestantischen Stände, und obgleich sie ihn zuletzt noch in das Friedensinstrument mit aufnahmen, so geschah es mit dem ausdrücklichen Beisatz, daß beide Parteien sich über diesen Punkt nicht verglichen hätten. Konnte er für den protestantischen Teil mehr verbindlich sein, als jene Versicherung Ferdinands zum Vorteil der protestantischen Untertanen in geistlichen Stiftern es für die katholischen war? Zwei Keime der Zwietracht blieben also in dem Frieden zurück, und an diesen entzündete sich auch der Krieg.

So war es mit der Religionsfreiheit und mit den geistlichen Gütern; mit den *Rechten* und *Würden* war es nicht anders. Auf eine einzige Kirche war das deutsche Reichssystem berechnet, weil nur *eine* da war, als es sich bildete. Die Kirche hat sich getrennt, der Reichstag sich in zwei Religionsparteien geschieden – und doch soll das ganze Reichssystem ausschließend einer einzigen folgen? – Alle bisherigen Kaiser waren Söhne der römischen Kirche gewesen, weil die römische Kirche in Deutschland bis jetzt ohne Nebenbuhlerin war. War es aber das Verhältnis mit Rom, was den Kaiser der Deutschen ausmachte, oder war es nicht vielmehr Deutschland, welches sich in seinem Kaiser repräsentierte? Zu dem ganzen Deutschland gehört aber auch der protestantische Teil – und wie repräsentiert sich nun dieser in einer ununterbrochenen Reihe *katholischer* Kaiser? – In dem höchsten Reichsgerichte richten die deutschen Stände sich selbst, weil sie selbst die Richter dazu stellen; daß sie sich selbst richteten, daß eine gleiche Gerechtigkeit allen zustatten käme, war der Sinn seiner Stiftung – kann dieser Sinn erfüllt werden, wenn nicht beide Religionen darin sitzen? Daß zur Zeit der Stiftung in Deutschland noch ein einziger Glaube herrschte, war Zufall; daß kein Stand den andern auf rechtlichem Weg unterdrücken sollte, war der wesentliche Zweck dieser Stiftung. Dieser Zweck aber ist verfehlt, wenn ein Religionsteil im ausschließenden Besitz ist, den andern zu richten – darf nun ein *Zweck* aufgeopfert werden, wenn sich ein *Zufall* verändert? – Endlich und mit Mühe erfochten die Protestanten ihrer Religion einen Sitz im Kammergerichte, aber noch immer keine ganz gleiche Stimmenzahl. – Zur Kaiserkrone hat noch kein protestantisches Haupt sich erhoben.

Was man auch von der *Gleichheit* sagen mag, welche der Religionsfriede zu Augsburg zwischen beiden deutschen Kirchen einführte, so ging die katholische doch unwidersprechlich als Siegerin davon. Alles, was die lutherische erhielt, war – Duldung; alles, was die katholische hingab, opferte sie der Not und nicht der Gerechtigkeit. Immer war es noch kein Friede zwischen zwei gleichgeachteten Mächten, bloß ein Vertrag zwischen dem Herrn und einem unüberwundenen Rebellen! Aus diesem Prinzip scheinen alle Prozeduren der katholischen Kirche gegen die protestantische hergeflossen zu sein und noch herzufließen. Immer noch war es ein Verbrechen, zur protestantischen Kirche abzufallen, weil es mit einem so schweren Verluste geahndet wurde, als der geistliche Vorbehalt über abtrünnige geistliche Fürsten verhängt. Auch in den folgenden Zeiten setzte sich die katholische Kirche lieber aus, alles durch Gewalt zu verlieren, als einen kleinen Vorteil freiwillig und rechtlich aufzugeben; denn einen Raub zurückzunehmen war noch Hoffnung, und immer war es nur ein zufälliger Verlust, aber ein aufgegebener Anspruch, ein den Protestanten zugestandenes Recht verletzte die katholische Kirche an ihrer empfindlichsten Stelle – an ihrer alleinseligmachenden Kraft, die keine andre Kirche neben ihr duldet. Bei dem Religionsfrieden selbst setzte man diesen Grundsatz nicht aus den Augen. Was man in diesem Frieden den Evangelischen preisgab, war nicht unbedingt aufgegeben: alles, hieß es ausdrücklich, sollte nur bis auf die nächste allgemeine Kirchenversammlung gelten, welche sich beschäftigen würde, beide Kirchen wieder zu vereinigen. Dann erst, wenn dieser letzte Versuch mißlänge, sollte der Religionsfriede eine absolute Gültigkeit haben. So wenig Hoffnung zu dieser Wiedervereinigung da war, so wenig es vielleicht den Katholischen selbst damit Ernst war, so viel hatte man demungeachtet schon gewonnen, daß man den Frieden durch diese Bedingung beschränkte.

Dieser Religionsfriede also, der die Flamme des Bürgerkriegs auf ewige Zeiten ersticken sollte, war im Grunde nur eine temporäre Auskunft, ein Werk der *Notwendigkeit* und der *Stärke,* nicht vom Gesetz der Gerechtigkeit diktiert, nicht die Frucht berichtigter Ideen über Religion und Religionsfreiheit. Einen Religionsfrieden von der letzten Art konnten die Katholischen nicht geben, und, wenn man aufrichtig sein will, einen solchen kannten die Evangelischen damals selbst noch nicht genug. Weit entfernt, gegen die Katholischen eine uneingeschränkte Billigkeit zu beweisen, unterdrückten sie, wo es in ihrer Macht stand, die Calvinisten, welche freilich ebenso wenig eine Duldung in jenem bessern Sinne verdienten, da sie ebenso weit entfernt waren, sie selbst auszuüben. Zu einem Religionsfrieden von dieser Natur waren jene Zeiten noch nicht reif und die Köpfe noch zu trübe. Wie konnte ein Teil von dem andern fordern, was er selbst zu leisten unvermögend war? Was eine jede Religionspartei in dem Augsburger Frieden rettete oder gewann, verdankte sie der Gewalt, dem zufälligen Machtverhältnis, in welchem beide bei Gründung des Friedens zueinander gestanden. Was durch Gewalt gewonnen wurde, mußte behauptet werden durch Gewalt; jenes Machtverhältnis mußte also auch fürs künftige fortdauern, oder der Friede verlor seine Kraft. Mit dem Schwert in der Hand wurden die Grenzen zwischen beiden Kirchen gezeichnet; mit dem Schwerte mußten sie bewacht werden – oder wehe der früher entwaffneten Partei! Eine zweifelhafte schreckenvolle Aussicht für Deutschlands Ruhe, die aus dem Frieden selbst schon hervor drohte! –

In dem Reich erfolgte jetzt eine augenblickliche Stille, und ein flüchtiges Band der Eintracht schien die getrennten Glieder wieder in *einen* Reichskörper zu verknüpfen, daß auch das Gefühl für die gemeinschaftliche Wohlfahrt auf eine Zeitlang zurückkam. Aber die Trennung hatte das innerste Wesen getroffen, und die erste Harmonie wieder herzustellen war vorbei. So genau der Friede die Rechtsgrenzen beider Teile bestimmt zu haben schien, so ungleichen Auslegungen blieb er nichtsdestoweniger unterworfen. Mitten in ihrem hitzigsten Kampfe hatte er den streitenden Parteien einen plötzlichen Stillstand auferlegt, er hatte den Feuerbrand zugedeckt, nicht gelöscht, und unbefriedigte Ansprüche blieben auf beiden Seiten zurück. Die Katholischen glaubten zu viel verloren, die Evangelischen zu wenig errungen zu haben; beide halfen sich damit, den Frieden, den sie jetzt noch nicht zu verletzen wagten, nach ihren Ansichten zu erklären.

Dasselbe mächtige Motiv, welches so manche protestantische Fürsten so geneigt gemacht hatte, Luthers Lehre zu umfassen, die Besitznehmung von den geistlichen Stiftern, war nach geschlossenem Frieden nicht weniger wirksam als vorher, und was von mittelbaren Stiftern noch nicht in ihren Händen war, mußte bald in dieselben wandern. Ganz Niederdeutschland war in kurzer Zeit weltlich gemacht; und wenn es mit Oberdeutschland anders war, so lag es an dem lebhaftesten Widerstand der Katholischen, die hier das Übergewicht hatten. Jede Partei drückte oder unterdrückte, wo sie die mächtigere war, die Anhänger der andern; die geistlichen Fürsten besonders, als die wehrlosesten Glieder des Reichs, wurden unaufhörlich durch die Vergrößerungsbegierde ihrer unkatholischen Nachbarn geängstigt. Wer zu ohnmächtig war, Gewalt durch Gewalt abzuwenden, flüchtete sich unter die Flügel der Justiz, und die Spolienklagen gegen protestantische Stände häuften sich auf dem Reichsgerichte an, welches bereitwillig genug war, den angeklagten Teil mit Sentenzen zu verfolgen, aber zu wenig unterstützt, um sie geltend zu machen. Der Friede, welcher den Ständen des Reichs die vollkommene Religionsfreiheit einräumte, hatte doch einigermaßen auch für den Untertan gesorgt, indem er ihm das Recht ausbedung, das Land, in welchem seine Religion unterdrückt war, unangefochten zu verlassen. Aber vor den Gewalttätigkeiten, womit der Landesherr einen gehaßten Untertan drücken, vor den namenlosen Drangsalen, wodurch er dem Auswandernden den Abzug erschweren, vor den künstlich gelegten Schlingen, worein die Arglist, mit der Stärke verbunden, die Gemüter verstricken kann, konnte der tote Buchstabe dieses Friedens ihn nicht schützen. Der katholische Untertan protestantischer Herren klagte laut über Verletzung des Religionsfriedens – der evangelische noch lauter über die Bedrückungen, welche ihm von seiner katholischen Obrigkeit widerfuhren. Die Erbitterung und Streitsucht der Theologen vergiftete jeden Vorfall, der an sich unbedeutend war, und setzte die Gemüter in Flammen; glücklich genug, wenn sich diese theologische Wut an dem gemeinschaftlichen Religionsfeind erschöpft hätte, ohne gegen die eignen Religionsverwandten ihr Gift auszuspritzen.

Die Einigkeit der Protestanten unter sich selbst würde doch endlich hingereicht haben, beide streitende Parteien in einer gleichen Schwankung zu erhalten und dadurch den Frieden zu verlängern; aber, um die Verwirrung vollkommen zu machen, verschwand diese Eintracht bald. Die Lehre, welche Zwingli in Zürich und Calvin in Genf verbreitet hatten, fing bald auch in Deutschland an, festen Boden zu gewinnen und die Protestanten unter sich selbst zu entzweien, daß sie einander kaum mehr an etwas anderm als dem gemeinschaftlichen Hasse gegen das Papsttum erkannten. Die Protestanten in diesem Zeitraume glichen denjenigen nicht mehr, welche fünfzig Jahre vorher ihr Bekenntnis zu Augsburg übergeben hatten, und die Ursache dieser Veränderung ist – in eben diesem Augsburgischen Bekenntnis zu suchen. Dieses Bekenntnis setzte dem protestantischen Glauben eine positive Grenze, ehe noch der erwachte Forschungsgeist sich diese Grenze gefallen ließ, und die Protestanten verscherzten unwissend einen Teil des Gewinns, den ihnen der Abfall von dem Papsttum versicherte. Gleiche Beschwerden gegen die römische Hierarchie und gegen die Mißbräuche in dieser Kirche, eine gleiche Mißbilligung der katholischen Lehrbegriffe würden hinreichend gewesen sein, den Vereinigungspunkt für die protestantische Kirche abzugeben; aber sie suchten diesen Vereinigungspunkt in einem neuen positiven Glaubenssystem, setzten in dieses das Unterscheidungszeichen, den Vorzug, das Wesen ihrer Kirche und bezogen auf dieses den Vertrag, den sie mit den Katholischen schlossen. Bloß als Anhänger der Konfession gingen sie den Religionsfrieden ein; die Konfessionsverwandten allein hatten teil an der Wohltat dieses Friedens. Wie also auch der Erfolg sein mochte, so stand es gleich schlimm um die Konfessionsverwandten. Dem Geist der Forschung war eine bleibende Schranke gesetzt, wenn den Vorschriften der Konfession ein blinder Gehorsam geleistet wurde; der Vereinigungspunkt aber war verloren, wenn man sich über die festgesetzte Formel entzweite. Zum Unglück ereignete sich beides, und die schlimmen Folgen von beidem stellten sich ein. Eine Partei hielt standhaft fest an dem ersten Bekenntnis; und wenn sich die Calvinisten davon entfernten, so geschah es nur, um sich auf ähnliche Art in einem neuen Lehrbegriff einzuschließen.

Keinen scheinbarern Vorwand hätten die Protestanten ihrem gemeinschaftlichen Feinde geben können als diese Uneinigkeit unter sich selbst – kein erfreuenderes Schauspiel als die Erbitterung, womit sie einander wechselseitig verfolgten. Wer konnte es nun den Katholischen zum Verbrechen machen, wenn sie die Dreistigkeit lächerlich fanden, mit welcher die Glaubensverbesserer sich angemaßt hatten, das einzig wahre Religionssystem zu verkündigen? wenn sie von Protestanten selbst die Waffen gegen Protestanten entlehnten? wenn sie sich bei diesem Widerspruche der Meinungen an die Autorität *ihres* Glaubens festhielten, für welchen zum Teil doch ein ehrwürdiges Altertum und eine noch ehrwürdigere Stimmenmehrheit entsprach? – Aber die Protestanten kamen bei dieser Trennung auf eine noch ernsthaftere Art ins Gedränge. Auf die Konfessionsverwandten allein war der Religionsfriede gestellt, und die Katholischen drangen nun auf Erklärung, *wen* diese für ihren Glaubensgenossen erkannt wissen wollten. Die Evangelischen konnten die Reformierten in ihren

Bund nicht einschließen, ohne ihr Gewissen zu beschweren; sie konnten sie nicht davon ausschließen, ohne einen nützlichen Freund in einen gefährlichen Feind zu verwandeln. So zeigte diese unselige Trennung den Machinationen der Jesuiten einen Weg, Mißtrauen zwischen beide Parteien zu pflanzen und die Eintracht ihrer Maßregeln zu zerstören. Durch die doppelte Furcht vor den Katholiken und vor ihren eignen protestantischen Gegnern gebunden, versäumten die Protestanten den nimmer wiederkehrenden Moment, ihrer Kirche ein durchaus gleiches Recht mit der römischen zu erfechten. Und allen diesen Verlegenheiten wären sie entgangen, der Abfall der Reformierten wäre für die gemeine Sache ganz unschädlich gewesen, wenn man den Vereinigungspunkt allein in der Entfernung von dem Papsttum, nicht in Augsburgischen Konfessionen, nicht in Konkordienwerken gesucht hätte.

So sehr man aber auch in allem andern geteilt war, so begriff man doch einstimmig, daß eine Sicherheit, die man bloß der Machtgleichheit zu danken gehabt hatte, auch nur durch diese Machtgleichheit allein erhalten werden könne. Die fortwährenden Reformationen der einen Partei, die Gegenbemühungen der andern unterhielten die Wachsamkeit auf beiden Seiten, und der Inhalt des Religionsfriedens war die Losung eines ewigen Streits. Jeder Schritt, den der andre Teil tat, mußte zu Kränkung dieses Friedens abzielen; jeder, den man sich selbst erlaubte, geschah zur Aufrechthaltung dieses Friedens. Nicht alle Bewegungen der Katholischen hatten eine angreifende Absicht, wie ihnen von der Gegenpartei schuld gegeben wird; vieles, was sie taten, machte ihnen die Selbstverteidigung zur Pflicht. Die Protestanten hatten auf eine nicht zweideutige Art gezeigt, wozu die Katholischen sich zu versehen hätten, wenn sie das Unglück haben sollten, der unterliegende Teil zu sein. Die Lüsternheit der Protestanten nach den geistlichen Gütern ließ sie keine Schonung, ihr Haß keine Großmut, keine Duldung erwarten.

Aber auch den Protestanten war es zu verzeihen, wenn sie zu der Redlichkeit der Papisten wenig Vertrauen zeigten. Durch die treulose und barbarische Behandlungsart, welche man sich in Spanien, Frankreich und den Niederlanden gegen ihre Glaubensgenossen erlaubte, durch die schändliche Ausflucht katholischer Fürsten, sich von den heiligsten Eiden durch den Papst lossprechen zu lassen, durch den abscheulichen Grundsatz, daß gegen Ketzer kein Treu und Glaube zu beobachten sei, hatte die katholische Kirche in den Augen aller Redlichen ihre *Ehre* verloren. Keine Versicherung, kein noch so fürchterlicher Eid konnte aus dem Munde eines Papisten den Protestanten beruhigen. Wie hätte der Religionsfriede es gekonnt, den die Jesuiten durch ganz Deutschland nur als eine einstweilige Konvenienz abschilderten, der in Rom selbst feierlich verworfen ward!

Die allgemeine Kirchenversammlung, auf welche in diesem Frieden hingewiesen worden, war unterdessen in der Stadt Trient vor sich gegangen; aber, wie man nicht anders erwartet hatte, ohne die streitenden Religionen vereinigt, ohne auch nur *einen* Schritt zu dieser Vereinigung getan zu haben, ohne von den Protestanten auch nur beschickt worden zu sein. Feierlich waren diese nunmehr von der Kirche verdammt, für deren Repräsentanten sich das Konzilium ausgab. – Konnte ihnen ein profaner und noch dazu durch die Waffen erzwungener Vertrag vor dem Bann der Kirche eine hinlängliche Sicherheit geben – ein Vertrag, der sich auf eine Bedingung stützte, welche der Schluß des Konziliums aufzuheben schien? An einem Scheine des Rechts fehlte es also nicht mehr, wenn sich die Katholischen sonst mächtig genug fühlten, den Religionsfrieden zu verletzen – von jetzt an also schützte die Protestanten nichts mehr als der Respekt vor ihrer Macht.

Mehreres kam dazu, das Mißtrauen zu vermehren. Spanien, an welche Macht das katholische Deutschland sich lehnte, lag damals mit den Niederländern in einem heftigen Kriege, der den Kern der spanischen Macht an die Grenzen Deutschlands gezogen hatte. Wie schnell standen diese Truppen im Reiche, wenn ein entscheidender Streich sie hier notwendig machte! Deutschland war damals eine Vorratskammer des Kriegs für fast alle europäische Mächte. Der Religionskrieg hatte Soldaten darin angehäuft, die der Friede außer Brot setzte. So vielen voneinander unabhängigen Fürsten war es leicht, Kriegsheere zusammenzubringen, welche sie alsdann, sei's aus Gewinnsucht oder aus Parteigeist, an fremde Mächte verliehen. Mit deutschen Truppen bekriegte Philipp der Zweite die Niederlande, und mit deutschen Truppen verteidigten sie sich. Eine jede solche Truppenwerbung in Deutschland schreckte immer eine von beiden Religionsparteien auf; sie konnte zu ihrer Unterdrückung abzielen. Ein herumwandernder Gesandte, ein außerordentlicher päpstlicher Legat, eine Zusammenkunft von Fürsten, jede ungewöhnliche Erscheinung mußte dem einen oder dem andern Teil Verderben bereiten. So stand Deutschland gegen ein halbes Jahrhundert, die Hand an dem Schwert; jedes rauschende Blatt erschreckte.

Ferdinand der Erste, König von Ungarn, und sein vortrefflicher Sohn, Maximilian der Zweite, hielten in dieser bedenklichen Epoche die Zügel des Reichs. Mit einem Herzen voll Aufrichtigkeit, mit einer wirklich heroischen Geduld hatte Ferdinand den Religionsfrieden zu Augsburg vermittelt und an den undankbaren Versuch, beide Kirchen auf dem Konzilium zu Trient zu vereinigen, eine vergebliche Mühe verschwendet. Von seinem Neffen, dem spanischen Philipp, im Stich gelassen, zugleich in Siebenbürgen und Ungarn von den siegreichen Waffen der Türken bedrängt, wie hätte sich dieser Kaiser sollen in den Sinn kommen lassen, den Religionsfrieden zu verletzen und sein eigenes mühevolles Werk zu vernichten? Der große Aufwand des immer sich erneuernden Türkenkriegs konnte von den sparsamen Beiträgen seiner erschöpften Erblande nicht bestritten werden; er brauchte also den Beistand des Reichs – und der Religionsfriede allein hielt das geteilte Reich noch in *einem* Körper zusammen. Das ökonomische Bedürfnis machte ihm die Protestanten nicht weniger nötig als die Katholischen und legte ihm also auf, beide Teile mit gleicher Gerechtigkeit zu behandeln, welches bei so sehr widerstreitenden Forderungen ein wahres Riesenwerk war. Auch fehlte viel, daß der Erfolg seinen Wünschen entsprochen hätte: seine Nachgiebigkeit gegen die Protestanten hatte bloß dazu gedient, seinen Enkeln den Krieg aufzuheben, der sein sterbendes Auge verschone. Nicht viel glücklicher war sein Sohn Maximilian, den vielleicht nur der Zwang der Umstände hinderte, dem vielleicht nur ein längeres Leben fehlte, um die neue Religion auf den Kaiserthron zu erheben. Den Vater hatte die Notwendigkeit Schonung gegen die Protestanten gelehrt; die Notwendigkeit und die Billigkeit diktierten sie seinem Sohne. Der Enkel büßte es teuer, daß er weder die Billigkeit hörte noch der Notwendigkeit gehorchte.

Sechs Söhne hinterließ Maximilian, aber nur der älteste von diesen, Erzherzog Rudolf, erbte seine Staaten und bestieg den kaiserlichen Thron; die übrigen Brüder wurden mit schwachen Apanagen abgefunden. Wenige Nebenländer gehörten einer Seitenlinie an, welche Karl von Steiermark, ihr Oheim, fortführte; doch wurden auch diese schon unter Ferdinand dem Zweiten, seinem Sohne, mit der übrigen Erbschaft vereinigt. Diese Länder also ausgenommen, versammelte sich nunmehr die ganze ansehnliche Macht des Hauses Österreich in einer einzigen Hand, aber zum Unglück in einer schwachen.

Rudolf der Zweite war nicht ohne Tugenden, die ihm die Liebe der Menschen hätten erwerben müssen, wenn ihm das Los eines Privatmannes gefallen wäre. Sein Charakter war mild, er liebte den Frieden, und den Wissenschaften – der Astronomie, Naturlehre, Chemie und dem Studium der Antiquitäten besonders – ergab er sich mit seinem leidenschaftlichen Hange, der ihn aber zu einer Zeit, wo die bedenkliche Lage der Dinge die angestrengteste Aufmerksamkeit heischte und seine erschöpften Finanzen die höchste Sparsamkeit nötig machten, von Regierungsgeschäften zurückzog und zu einer höchst schädlichen Verschwendung reizte. Sein Geschmack an der Sternkunst verirrte sich in astrologische Träumereien, denen sich ein melancholisches und furchtsames Gemüt, wie das seinige war, so leicht überliefert. Dieses und eine in Spanien zugebrachte Jugend öffnete sein Ohr den schlimmen Ratschlägen der Jesuiten und den Eingebungen des spanischen Hofs, die ihn zuletzt unumschränkt beherrschten. Von Liebhabereien angezogen, die seines großen Postens so wenig würdig waren, und von lächerlichen Wahrsagungen geschreckt, verschwand er nach spanischer Sitte vor seinen Untertanen, um sich unter seinen Gemmen und Antiken, in seinem Laboratorium, in seinem Marstalle zu verbergen, während daß die gefährlichste Zwietracht alle Bande des deutschen Staatskörpers auflöste und die Flamme der Empörung schon anfing, an die Stufen seines Thrones zu schlagen. Der Zugang zu ihm war jedem ohne Ausnahme versperrt, daß man sich in einen Stallknecht verkleiden mußte, um sich seiner Person nur zu nähern. Unausgefertigt lagen unterdessen die dringendsten Geschäfte; die Aussicht auf die reiche spanische Erbschaft verschwand, weil er unschlüssig blieb, der Infantin Isabella seine Hand zu geben; dem Reiche drohte die fürchterlichste Anarchie, weil er, obgleich selbst ohne Erben, nicht dahin zu bringen war, einen römischen König erwählen zu lassen.

Die österreichischen Landstände sagten ihm den Gehorsam auf, Ungarn und Siebenbürgen entrissen sich seiner Hoheit, und Böhmen säumte nicht lange, diesem Beispiel zu folgen. Die Nachkommenschaft des so gefürchteten Karls des Fünften schwebte in einer mehr als schimären Gefahr, einen Teil ihrer Besitzungen an die Türken, den andern an die Protestanten zu verlieren und unter einem furchtbaren Fürstenbund, den ein großer Monarch in Europa gegen sie zusammenzog, ohne Rettung zu erliegen. In dem Innern Deutschlands geschah, was von jeher geschehen war, wenn es dem Thron an einem Kaiser, oder dem Kaiser an einem Kaisersinne fehlte. Gekränkt oder im Stich gelassen von dem Reichsoberhaupt, helfen die Stände sich selbst, und *Bündnisse* müssen ihnen die fehlende Autorität des Kaisers ersetzen. Deutschland teilt sich in zwei *Unionen,* die einander gewaffnet gegenüberstehen; Rudolf, ein verachteter Gegner der einen und ein ohnmächtiger Beschützer der andern, steht müßig und überflüssig zwischen beiden, gleich unfähig, die erste zu zerstreuen und über die andre zu herrschen. Was hätte auch das Deutsche Reich von einem Fürsten erwarten sollen, der nicht einmal vermögend war, seine eigenen Erbländer gegen einen innerlichen Feind zu behaupten? Den gänzlichen Ruin des österreichischen Geschlechts aufzuhalten, tritt sein eigenes Haus gegen ihn zusammen, und eine mächtige Faktion wirft sich seinem Bruder in die Arme. Aus allen seinen Erbstaaten vertrieben, bleibt ihm nichts mehr zu verlieren als der Kaiserthron, und der Tod reißt ihn noch eben zeitig genug weg, um ihm diese letzte Schande zu ersparen.

Deutschlands schlimmer Genius war es, der ihm gerade in dieser bedenklichen Epoche, wo nur eine geschmeidige Klugheit und ein mächtiger Arm den Frieden des Reichs retten konnte, einen Rudolf zum Kaiser gab. In einem ruhigeren Zeitpunkte hätte der deutsche Staatskörper sich selbst geholfen, und in einer mystischen Dunkelheit hätte Rudolf, wie so viele andre seines Ranges, seine Blößen versteckt. Das dringende Bedürfnis der Tugenden, die ihm fehlten, riß seine Unfähigkeit ans Licht. Deutschlands Lage forderte einen Kaiser, der durch eigne Hilfsmittel seinen Entscheidungen Gewicht geben konnte, und die Erbstaaten Rudolfs, so ansehnlich sie auch waren, befanden sich in einer Lage, die den Regenten in die äußerste Verlegenheit setzte.

Die österreichischen Prinzen waren zwar katholische Fürsten und noch dazu Stützen des Papsttums; aber es fehlte viel, daß ihre Länder katholische Länder gewesen wären. Auch in diese Gegenden waren die neuen Meinungen eingedrungen, und, begünstigt von Ferdinands Bedrängnissen und Maximilians Güte, hatten sie sich mit schnellem Glück in denselben verbreitet. Die österreichischen Länder zeigten im kleinen, was Deutschland im großen war. Der größere Teil des Herren- und Ritterstandes war evangelisch, und in den Städten hatten die Protestanten bei weitem das Übergewicht errungen. Nachdem es ihnen geglückt war, einige aus ihrem Mittel in die Landschaft zu bringen, so wurde unvermerkt eine landschaftliche Stelle nach der andern, ein Kollegium nach dem andern mit Protestanten besetzt und die Katholiken daraus verdrängt. Gegen den zahlreichen Herren- und Ritterstand und die Abgeordneten der Städte war die Stimme weniger Prälaten zu schwach, welche das ungezogene Gespötte und die kränkende Verachtung der übrigen noch vollends von dem Landtag verscheuchte. So war unvermerkt der ganze österreichische Landtag protestantisch, und die Reformation tat von jetzt an die schnellsten Schritte zu einer öffentlichen Existenz. Von den Landständen war der Regent abhängig, weil *sie* es waren, die ihm die Steuern abschlagen und bewilligen konnten. Sie benutzten die Geldbedürfnisse, in denen sich

Ferdinand und sein Sohn befanden, eine Religionsfreiheit nach der andern von diesen Fürsten zu erpressen. Dem Herren- und Ritterstand gestattete endlich Maximilian die freie Ausübung ihrer Religion, doch nur auf ihren eignen Territorien und Schlössern. Den Städten und Märkten eine ähnliche Freiheit bewilligen, wäre ebenso viel gewesen, als die katholische Religion ganz und gar aufzuheben; auch waren diesem Kaiser durch Spanien und Rom die Hände allzu sehr gebunden, um einen so entscheidenden Schritt zum Vorteil der Evangelischen zu tun. Dadurch daß er seine landesherrliche Gewalt gegen die Kommunen behauptete, daß er sie von dem Adel isolierte, daß er die katholische Religion in den Städten und Märkten aufrechterhielt, hoffte er den Fortschritten der andern hinlänglich begegnet zu haben. Der unbescheidne Schwärmereifer der evangelischen Prediger überschritt dieses von der Weisheit gesteckte Ziel. Dem ausdrücklichen Verbot zuwider ließen sich mehrere derselben in den Landstädten und selbst zu Wien öffentlich hören, und das Volk drängte sich scharenweise zu diesem neuen Evangelium, dessen beste Würze Anzüglichkeiten und Schimpfreden ausmachten. Die Herren und Ritter öffneten ihre Kirchen dem überall herzuströmenden Volk, ohne das Verbot Maximilians zu achten, der die Religionsfreiheit doch nur auf sie selbst und auf die Ihrigen eingeschränkt hatte. Durch diese polemischen Kanzelredner wurde dem Fanatismus eine immerwährende Nahrung gegeben und der Haß beider so nahestehenden Kirchen durch den Stachel ihres unreinen Eifers vergiftet.

Mitten unter diesen Mißbräuchen starb Maximilian, und so unter sich selbst entzweit, hinterließ er seinem Thronfolger die österreichischen Lande. Die evangelische Religion, obgleich durch die Gesetze unterdrückt, war in der Tat doch die herrschende, weil sie unter den Landständen herrschte, die dem Regenten Gesetze vorschrieben. Sie war auf dem Wege, immer weiter um sich zu greifen und, von den Protestanten im übrigen Deutschland unterstützt, die katholische endlich ganz zu verdrängen; der Untergang der letztern zog das ganze Haus Österreich in ihren Ruin. Dieser drohenden Gefahr nun setzte sich Rudolph entgegen und arbeitete durch List sowohl als durch Gewalt an einer Gegenreformation. Die von den Protestanten eigenmächtig in Besitz genommenen Kirchen wurden geschlossen, die Religionsfreiheit des Adels, wo man einen Mißbrauch davon gemacht hatte, eingeschränkt, die Evangelischen unvermerkt von den landschaftlichen Stellen entfernt und Katholiken an ihre Plätze geschoben. Jetzt faßten auch die Prälaten wieder Herz, auf den Landtagen zu erscheinen, und das Übergewicht neigte sich aufs neue auf katholische Seite. Zugleich aber kehrte nun auch das vorige Mißtrauen und die Furcht der Evangelischen zurück, und in der gewissen Voraussetzung, daß es auf ihren gänzlichen Untergang abgesehen sei, nahmen sie ihre ganze Wachsamkeit zusammen und blickten schon von weitem nach auswärtigem Beistand umher. Der Zunder einer gefährlichen Empörung lag im Innern des Landes bereit und erwartete nur den Funken, der ihn in Flammen setzte.

Unter den Erbstaaten des Hauses Österreich war Ungarn nebst Siebenbürgen die unsicherste und am schwersten zu behauptende Besitzung. Die Unmöglichkeit, diese beiden Länder gegen die nahe und überlegene Macht der Türken zu behaupten, hatte schon Ferdinand zu dem entehrenden Schritte vermocht, der Pforte durch einen jährlichen Tribut die oberste Hoheit über Siebenbürgen einzugestehen – ein schädliches Bekenntnis der Ohnmacht und eine noch gefährlichere Anreizung für den unruhigen Adel, wenn er Ursache zu haben glaubte, sich über seinen Herrn zu beschweren. Die Ungarn hatten sich dem Hause Österreich nicht unbedingt unterworfen. Sie behaupteten die Wahlfreiheit ihrer Krone und forderten trotzig alle ständischen Rechte, welche von dieser Wahlfreiheit unzertrennlich sind. Die nahe Nachbarschaft des türkischen Reichs und die Leichtigkeit, ungestraft ihren Herrn zu wechseln, bestärkte die Magnaten noch mehr in diesem Trotze; unzufrieden mit der österreichischen Regierung warfen sie sich den Osmanen in die Arme; unbefriedigt von diesen, kehrten sie unter deutsche Hoheit zurück. Aber teuer genug ließen sie ihre deutschen Beherrscher den Vorzug bezahlen, den sie ihnen vor den Ungläubigen gegeben hatten. Der öftere und rasche Übergang von einer Herrschaft zur andern hatte sich auch ihrer Denkungsart mitgeteilt; ungewiß, wie ihr Land zwischen deutscher und ottomanischer Hoheit schwebte, schwankte auch ihr Sinn zwischen Abfall und Unterwerfung. Je unglücklicher beide Länder sich fühlten, zu Provinzen einer auswärtigen Monarchie herabgesetzt zu sein, desto unüberwindlicher war ihr Bestreben, einem Herrn aus ihrer Mitte zu gehorchen; und so wurde es einem unternehmenden Edelmann nicht schwer, ihre Huldigung zu erhalten. Rebell gegen seinen gegenwärtigen Oberherrn, eilte nun dieser, durch eine staatskluge Unterwerfung sich ein Verdienst bei dem andern zu machen und von ihm die Belehnung zu empfangen. Gerne erteilte man ihm diese, weil man als gewonnen ansah, was der Feind verloren hatte. Voll Bereitwilligkeit reichte der nächste türkische Bassa einem Rebellen gegen Österreich Zepter und Krone; ebenso bereitwillig bestätigte man in Österreich einem andern den Besitz der Provinzen, die er der Pforte entrissen hatte, zufrieden, auch nur einen Schatten von Hoheit gerettet und eine Vormauer gegen die Türken dadurch gewonnen zu haben. Mehrere solcher Magnaten, *Báthory, Bocskay, Rakoczy, Bethlen,* standen auf diese Art nacheinander in Siebenbürgen und Ungarn als zinsbare Könige auf, welche sich durch keine andere Staatskunst erhielten als diese: sich an den Feind anzuschließen, um ihrem Herrn desto furchtbarer zu sein.

Ferdinand, Maximilian und Rudolf, alle drei Beherrscher von Siebenbürgen und Ungarn, erschöpften das Mark ihrer übrigen Länder, um diese beiden gegen die Überschwemmungen der Türken und gegen innere Rebellionen zu behaupten. Verheerende Kriege wechselten auf diesem Boden mit kurzen Waffenstillständen ab, die nicht viel besser waren. Verwüstet lag weit und breit das Land, und der mißhandelte Untertan führte gleich große Beschwerden über seinen Feind und seinen Beschützer. Der österreichische Soldat betrug sich als Herr in einem Lande, das er mit seinem Blute verteidigte; den Lebensunterhalt, den man ihm gutwillig nicht reichte, mußte er sich gewalttätig nehmen. Gering war die Hilfe, die er leistete, und unerträglich der Trotz, womit er sich dafür bezahlt machte. Die Nachlässigkeit des Kaisers, der das Land verteidigte, die wichtigsten Ämter unbesetzt, die dringendsten Vorstellungen unbeantwortet ließ, veranlaßte auch in diesen wie in seinen übrigen Ländern die bittersten Klagen, und die Habsucht des Fiskus, der Trotz seiner Offiziere, die Ausgelassenheit seiner Truppen machte das Murren allgemein. Auch in diese Länder hatte sich die Reformation eingedrungen und unter dem Schutze der ständischen Freiheit, unter der Decke des Tumults, merkliche Fortschritte gewonnen. Auch diese tastete man jetzt unvorsichtig an, und der politische Faktionsgeist wurde gefährlicher durch religiöse Schwärmerei. Der siebenbürgische und ungarische Adel erhebt, von einem kühnen Rebellen *Bocskay* angeführt, die Fahne der Empörung. Die Aufrührer in Ungarn sind im Begriff, mit den mißvergnügten Protestanten in Österreich, Mähren und Böhmen gemeine Sache zu machen und alle dieser Länder in *einer* furchtbaren Rebellion fortzureißen. Dann war der Untergang des Hauses Österreich gewiß, der Untergang des Papsttums in diesen Ländern unvermeidlich.

Längst schon hatten die Erzherzoge von Österreich, des Kaisers Brüder, dem Verderben ihres Hauses mit stillem Unwillen zugesehen; dieser letzte Vorfall erschöpfte ihre Geduld. Erzherzog Matthias, Maximilians zweiter Sohn, Statthalter in Ungarn und Rudolfs vermutlicher Erbe, trat hervor, Habsburgs sinkendem Hause sich zur Stütze anzubieten. In jugendlichen Jahren und von einer falschen Ruhmbegierde übereilt, hatte dieser Prinz, dem Interesse seines Hauses zuwider, den Einladungen einiger niederländischen Rebellen Gehör gegeben, welche ihn in ihr Vaterland riefen, um die Freiheiten der Nation gegen seinen eigenen Anverwandten Philipp den Zweiten zu verteidigen. Matthias, der in der Stimme einer einzelnen Faktion die Stimme des ganzen niederländischen Volks zu vernehmen glaubte, erschien auf diesen Ruf in den Niederlanden. Aber der Erfolg entsprach ebenso wenig den Wünschen der Brabanter als seinen eignen Erwartungen, und ruhmlos zog er sich aus einer unweisen Unternehmung. Desto ehrenvoller war seine zweite Erscheinung in der politischen Welt.

Nachdem seine wiederholtesten Aufforderungen an den Kaiser ohne Wirkung geblieben, berief er die Erzherzoge, seine Brüder und Vettern, nach Preßburg und pflog Rat mit ihnen über ·des Hauses wachsende Gefahr. Einstimmig übertragen die Brüder ihm als dem Ältesten die Verteidigung ihres Erbteils, das ein blödsinniger Bruder verwahrloste. Alle ihre Gewalt und Rechte legen sie in die Hand dieses Ältesten und bekleiden ihn mit souveräner Vollmacht, über das gemeine Beste nach Einsicht zu verfügen. Alsobald eröffnet Matthias Unterhandlungen mit der Pforte und mit den ungarischen Rebellen, und seiner

Geschicklichkeit gelingt es, den Überrest Ungarns durch einen Frieden mit den Türken und durch einen Vertrag mit den Rebellen Österreichs Ansprüche auf die verlornen Provinzen zu retten. Aber Rudolf, ebenso eifersüchtig auf seine landesherrliche Gewalt als nachlässig, sie zu behaupten, hält mit der Bestätigung dieses Friedens zurück, den er als einen strafbaren Eingriff in seine Hoheit betrachtet. Er beschuldigt den Erzherzog eines Verständnisses mit dem Feinde und verräterischer Absichten auf die ungarische Krone.

Die Geschäftigkeit des Matthias war nichts weniger als frei von eigennützigen Entwürfen gewesen, aber das Betragen des Kaisers beschleunigte die Ausführung dieser Entwürfe. Der Zuneigung der Ungarn, denen er kürzlich den Frieden geschenkt hatte, durch Dankbarkeit, durch seine Unterhändler der Ergebenheit des Adels versichert und in Österreich selbst eines zahlreichen Anhangs gewiß, wagt er es nun, mit seinen Absichten lauter hervorzutreten und, die Waffen in der Hand, mit dem Kaiser zu rechten. Die Protestanten in Österreich und Mähren, lange schon zum Aufstand bereit und jetzt von dem Erzherzog durch die versprochene Religionsfreiheit gewonnen, nehmen laut und öffentlich seine Partei, und ihre längst gedrohte Verbindung mit den rebellischen Ungarn kommt wirklich zustande. Eine furchtbare Verschwörung hat sich auf einmal gegen den Kaiser gebildet. Zu spät entschließt er sich, den begangenen Fehler zu verbessern; umsonst versucht er, diesen verderblichen Bund aufzulösen. Schon hat alles die Waffen in der Hand; Ungarn, Österreich und Mähren haben dem Matthias gehuldigt, welcher schon auf dem Wege nach Böhmen ist, um dort den Kaiser in seiner Burg aufzusuchen und die Nerven seiner Macht zu zerschneiden.

Das Königreich Böhmen war für Österreich eine nicht viel ruhigere Besitzung als Ungarn, nur mit dem Unterschied, daß hier mehr politische Ursachen, dort mehr die Religion die Zwietracht unterhielten. In Böhmen war ein Jahrhundert *vor* Luthern das erste Feuer der Religionskriege ausgebrochen, in Böhmen entzündete sich ein Jahrhundert *nach* Luthern die Flamme des Dreißigjährigen Kriegs. Die Sekte, welcher Johann Huß die Entstehung gegeben, lebte seitdem noch fort in Böhmen, einig mit der römischen Kirche in Zeremonie und Lehre, den einzigen Artikel des Abendmahls ausgenommen, welches der Hussite in beiden Gestalten genoß. Dieses Vorrecht hatte die Baselische Kirchenversammlung in einem eignen Vertrag (den böhmischen Kompaktaten) Hussens Anhängern zugestanden, und wiewohl es nachher von den Päpsten widersprochen ward, so fuhren sie dennoch fort, es unter dem Schutz der Gesetze zu genießen. Da der Gebrauch des Kelchs das einzige erhebliche Unterscheidungszeichen dieser Sekte ausmachte, so bezeichnete man sie mit dem Namen der *Utraquisten* (der in beiderlei Gestalt Kommunizierenden), und sie gefielen sich in diesem Namen, weil er sie an ihr so teures Vorrecht erinnerte. Aber in diesem Namen verbarg sich auch die weit strengere Sekte der Böhmischen und Mährischen Brüder, welche in weit bedeutenderen Punkten von der herrschenden Kirche abwichen und mit den deutschen Protestanten sehr viel Ähnliches hatten. Bei beiden machten die deutschen sowohl als die schweizerischen Religionsneuerungen ein schnelles Glück, und der Name der Utraquisten, womit sie ihre veränderten Grundsätze noch immer zu bedecken wußten, schützte sie vor der Verfolgung.

Im Grunde war es nichts mehr als der Name, was sie mit jenen Utraquisten gemein hatten; dem Wesen nach waren sie ganz Protestanten. Voll Zuversicht auf ihren mächtigen Anhang und auf des Kaisers Toleranz wagten sie sich unter Maximilians Regierung mit ihren wahren Gesinnungen an das Licht. Sie setzten, nach dem Beispiel der Deutschen, eine eigene Konfession auf, in welcher sowohl Lutheraner als Reformierte ihre Meinungen erkannten, und wollten alle Privilegien der ehemaligen utraquistischen Kirche auf diese neue Konfession übertragen haben. Dieses Gesuch fand Widerspruch bei ihren katholischen Mitständen, und sie mußten sich mit einem bloßen Wort der Versicherung aus dem Munde des Kaisers begnügen.

Solange Maximilian lebte, genossen sie einer vollkommenen Duldung auch in ihrer neuen Gestalt; unter seinem Nachfolger änderte sich die Szene. Ein kaiserliches Edikt erschien, welches den sogenannten Böhmischen Brüdern die Religionsfreiheit absprach. Die Böhmischen Brüder unterschieden sich in nichts von den übrigen Utraquisten; das Urteil ihrer Verdammung mußte daher alle böhmischen Konfessionsverwandten auf die gleiche Art treffen. Alle setzten sich deswegen dem kaiserlichen Mandat auf dem Landtag entgegen, aber ohne es umstoßen zu können. Der Kaiser und die katholischen Stände stützten sich auf die Kompaktaten und auf das böhmische Landrecht, worin sich freilich zum Vorteil einer Religion noch nichts fand, die damals die Stimme der Nation noch nicht für sich hatte. Aber wieviel hatte sich seitdem verändert? Was damals bloß eine unbedeutende Sekte war, war jetzt herrschende Kirche geworden – und war es nun etwas anders als Schikane, die Grenzen einer neu aufgenommenen Religion durch alte Verträge bestimmen zu wollen? Die böhmischen Protestanten beriefen sich auf die mündliche Versicherung Maximilians und auf die Religionsfreiheit der Deutschen, denen sie in keinem Stücke nachgesetzt sein wollten. Umsonst, sie wurden abgewiesen.

So standen die Sachen in Böhmen, als Matthias, bereits Herr von Ungarn, Österreich und Mähren, bei Kolin erschien, auch die böhmischen Landstände gegen den Kaiser zu empören. Des letztern Verlegenheit stieg aufs höchste. Von allen seinen übrigen Erbstaaten verlassen, setzte er seine letzte Hoffnung auf die böhmischen Stände, von denen vorauszusehen war, daß sie seiner Not zu Durchsetzung ihrer Forderungen mißbrauchen würden. Nach langen Jahren erschien er zu Prag wieder öffentlich auf dem Landtag, und um auch dem Volke zu zeigen, daß er wirklich noch lebe, mußten alle Fensterläden auf dem Hofgang geöffnet werden, den er passierte; Beweis genug, wie weit es mit ihm gekommen war. Was er befürchtet hatte, geschah. Die Stände, welche ihre Wichtigkeit fühlten, wollten sich nicht eher zu einem Schritte verstehen, bis man ihnen über ihre ständischen Privilegien und die Religionsfreiheit vollkommene Sicherheit geleistet hätte. Es war vergeblich, sich jetzt noch hinter die alten Ausflüchte zu verkriechen; des Kaisers Schicksal war in ihrer Gewalt, und er mußte sich in die Notwendigkeit fügen. Doch geschah dieses nur in betreff ihrer übrigen Forderungen; die Religionsangelegenheiten behielt er sich vor, auf dem nächsten Landtage zu berichtigen.

Nun ergriffen die Böhmen die Waffen zu seiner Verteidigung, und ein blutiger Bürgerkrieg sollte sich nun zwischen beiden Brüdern entzünden. Aber Rudolf, der nichts so sehr fürchtete, als in dieser sklavischen Abhängigkeit von den Ständen zu bleiben, erwartete diesen nicht, sondern eilte, sich mit dem Erzherzog, seinem Bruder, auf einem friedlichen Weg abzufinden. In einer förmlichen Entsagungsakte überließ er demselben, was ihm nicht mehr zu nehmen war, Österreich und das Königreich Ungarn, und erkannte ihn als seinen Nachfolger auf dem böhmischen Throne.

Teuer genug hatte sich der Kaiser aus diesem Bedrängnis gezogen, um sich unmittelbar darauf in einem neuen zu verwickeln. Die Religionsangelegenheiten der Böhmen waren auf den nächsten Landtag verwiesen worden; dieser Landtag erschien 1609. Sie forderten dieselbe freie Religionsübung wie unter dem vorigen Kaiser, ein eigenes Konsistorium, die Einräumung der Prager Akademie und die Erlaubnis, Defensoren oder Freiheitsbeschützer aus ihrem Mittel aufzustellen. Es blieb bei der ersten Antwort, denn der katholische Teil hatte alle Entschließungen des furchtsamen Kaisers gefesselt. So oft und in so drohender Sprache auch die Stände ihre Vorstellungen erneuerten, Rudolf beharrte auf der ersten Erklärung, nichts über die alten Verträge zu bewilligen. Der Landtag ging unverrichteter Dinge auseinander, und die Stände, aufgebracht über den Kaiser, verabredeten unter sich eine eigenmächtige Zusammenkunft zu Prag, um sich selbst zu helfen.

In großer Anzahl erschienen sie zu Prag. Des kaiserlichen Verbots ungeachtet, gingen die Beratschlagungen vor sich, und fast unter den Augen des Kaisers. Die Nachgiebigkeit, die er anfing zu zeigen, bewies ihnen nur, wie sehr sie gefürchtet waren, und vermehrte ihren Trotz; in der Hauptsache blieb er unbeweglich. Sie erfüllten ihre Drohungen und faßten ernstlich den Entschluß, die freie Ausübung ihrer Religion an allen Orten von selbst anzustellen und den Kaiser so lange in seinen Bedürfnissen zu verlassen, bis er diese Verfügung bestätigt hätte. Sie gingen weiter und gaben sich selbst die *Defensoren,* die der Kaiser ihnen verweigerte. Zehen aus jedem der drei Stände wurden ernannt; man beschloß, auf das schleunigste eine militärische Macht zu errichten, wobei der Hauptbeförderer dieses Aufstands, der Graf von Thurn, als Generalwachtmeister angestellt wurde. Dieser Ernst brachte endlich den Kaiser zum Nachgeben, wozu jetzt sogar die Spanier ihm rieten. Aus Furcht, daß die aufs Äußerste gebrachten Stände sich endlich gar dem Könige von Ungarn in die Arme werfen möchten, unterzeichnete er den merkwürdigen *Majestäts-*

brief der Böhmen, durch welchen sie unter den Nachfolgern dieses Kaisers ihren Aufruhr gerechtfertigt haben.

Die böhmische Konfession, welche die Stände dem Kaiser Maximilian vorgelegt hatten, erhielt in diesem Majestätsbrief vollkommen gleiche Rechte mit der katholischen Kirche. Den Utraquisten, wie die böhmischen Protestanten noch immer fortfuhren sich zu nennen, wird die Prager Universität und ein eigenes Konsistorium zugestanden, welches von dem erzbischöflichen Stuhle zu Prag durchaus unabhängig ist. Alle Kirchen, die sie zur Zeit der Ausstellung dieses Briefes in Städten, Dörfern und Märkten bereits innehaben, sollen ihnen bleiben, und wenn sie über diese Zahl noch neue erbauen lassen wollten, so soll dieses dem Herrn- und Ritterstande und allen Städten unverboten sein. Diese letzte Stelle im Majestätsbriefe ist es, über welche sich nachher der unglückliche Streit entspann, der Europa in Flammen setzte.

Der Majestätsbrief machte das protestantische Böhmen zu einer Art von Republik. Die Stände hatten die Macht kennenlernen, die sie durch Standhaftigkeit, Eintracht und Harmonie in ihren Maßregeln gewannen. Dem Kaiser blieb nicht viel mehr als ein Schatten seiner landesherrlichen Gewalt; in der Person der sogenannten Freiheitsbeschützer wurde dem Geist des Aufruhrs eine gefährliche Aufmunterung gegeben. Böhmens Beispiel und Glück war ein verführerischer Wink für die übrigen Erbstaaten Österreichs, und alle schickten sich an, ähnliche Privilegien auf einem ähnlichen Wege zu erpressen. Der Geist der Freiheit durchlief eine Provinz nach der andern; und da es vorzüglich die Uneinigkeit zwischen den österreichischen Prinzen war, was die Protestanten so glücklich zu benutzen gewußt hatten, so eilte man, den Kaiser mit dem König von Ungarn zu versöhnen.

Aber diese Versöhnung konnte nimmermehr aufrichtig

sein. Die Beleidigung war zu schwer, um vergeben zu werden, und Rudolf fuhr fort, einen unauslöschlichen Haß gegen Matthias in seinem Herzen zu nähren. Mit Schmerz und Unwillen verweilte er bei dem Gedanken, daß endlich auch das böhmische Zepter in eine so verhaßte Hand kommen sollte; und die Aussicht war nicht viel tröstlicher für ihn, wenn Matthias ohne Erben abginge. Alsdann war Ferdinand, Erzherzog von Graz, das Haupt der Familie, den er ebenso wenig liebte. Diesen sowohl als den Matthias von der böhmischen Thronfolge auszuschließen, verfiel er auf den Entwurf, Ferdinands Bruder, dem Erzherzog Leopold, Bischof von Passau, der ihm unter allen seinen Agnaten der liebste und der verdienteste um seine Person war, diese Erbschaft zuzuwenden. Die Begriffe der Böhmen von der Wahlfreiheit ihres Königsreichs und ihre Neigung zu Leopolds Person schienen diesen Entwurf zu begünstigen, bei welchem Rudolf mehr seine Parteilichkeit und Rachgier als das Beste seines Hauses zu Rat gezogen hatte. Aber um dieses Projekt durchzusetzen, bedurfte es einer militärischen Macht, welche Rudolf auch wirklich im Bistum Passau zusammenzog. Die Bestimmung dieses Korps wußte niemand; aber ein unversehener Einfall, den es, aus Abgang des Soldes und ohne Wissen des Kaisers, in Böhmen tat, und die Ausschweifungen, die es da verübte, brachte dieses ganze Königreich in Aufruhr gegen den Kaiser. Umsonst versicherte dieser die böhmischen Stände seiner Unschuld; sie glaubten ihm nicht; umsonst versuchte er den eigenmächtigen Gewalttätigkeiten seiner Soldaten Einhalt zu tun; sie hörten ihn nicht. In der Voraussetzung, daß es auf Vernichtung des Majestätsbriefes abgesehen sei, bewaffneten die Freiheitsbeschützer das ganze protestantische Böhmen, und Matthias wurde ins Land gerufen. Nach Verjagung seiner passauischen Truppen blieb der Kaiser, entblößt von aller Hilfe, zu Prag, wo man ihn gleich einem

Gefangenen in seinem eignen Schlosse bewachte und alle seine Räte von ihm entfernte. Matthias war unterdessen unter allgemeinem Frohlocken in Prag eingezogen, wo Rudolf kurz nachher kleinmütig genug war, ihn als König von Böhmen anzuerkennen. So hart strafte diesen Kaiser das Schicksal, daß er seinem Feinde noch lebend einen Thron überlassen mußte, den er ihm nach seinem Tode nicht gegönnt hatte. Seine Demütigung zu vollenden, nötigte man ihn, seine Untertanen in Böhmen, Schlesien und der Lausitz durch eine eigenhändige Entsagungsakte aller ihrer Pflichten zu entlassen; und er tat dieses mit zerrissener Seele. Alles, auch die er sich am meisten verpflichtet zu haben glaubte, hatte ihn verlassen. Als die Unterzeichnung geschehen war, warf er den Hut zur Erde und zerbiß die Feder, die ihm einen so schimpflichen Dienst geleistet hatte.

Indem Rudolf eins seiner Erbländer nach dem andern verlor, wurde die Kaiserwürde nicht viel besser von ihm behauptet. Jede der Religionsparteien, unter welche Deutschland verteilt war, fuhr in ihrem Bestreben fort, sich auf Unkosten der andern zu verbessern oder gegen ihre Angriffe zu verwahren. Je schwächer die Hand war, welche das Zepter des Reichs hielt, und je mehr sich Protestanten und Katholiken sich selbst überlassen fühlten, desto mehr mußte ihre Aufmerksamkeit aufeinander gespannt werden, desto mehr das gegenseitige Mißtrauen wachsen. Es war genug, daß der Kaiser durch Jesuiten regiert und durch spanische Ratschläge geleitet wurde, um den Protestanten Ursache zur Furcht und einen Vorwand zu Feindseligkeiten zu geben. Der unbesonnene Eifer der Jesuiten, welche in Schriften und auf der Kanzel die Gültigkeit des Religionsfriedens zweifelhaft machten, schürte ihr Mißtrauen immer mehr und ließ sie in jedem gleichgültigen Schritt der Katholischen gefährliche Zwecke vermuten. Alles, was in den kaiserlichen Erblanden zu Einschränkung der evangelischen Religion unternommen wurde, machte die Aufmerksamkeit des ganzen protestantischen Deutschlands rege; und eben dieser mächtige Rückhalt, den die evangelischen Untertanen Österreichs an ihren Religionsverwandten im übrigen Deutschland fanden oder zu finden erwarteten, hatte einen großen Anteil an ihrem Trotz und an dem schnellen Glück des Matthias. Man glaubte in dem Reiche, daß man den längern Genuß des Religionsfriedens nur den Verlegenheiten zu danken hätte, worein den Kaiser die innerlichen Unruhen in seinen Ländern versetzten; und eben darum beeilte man sich nicht, ihn aus diesen Verlegenheiten zu reißen.

Fast alle Angelegenheiten des Reichstags blieben entweder aus Saumseligkeit des Kaisers oder durch die Schuld der protestantischen Reichsstände liegen, welche es sich zum Gesetze gemacht hatten, nicht eher zu den gemeinschaftlichen Bedürfnissen des Reichs etwas beizutragen, bis ihre Beschwerden gehoben wären. Diese Beschwerden wurden vorzüglich über das schlechte Regiment des Kaisers, über Kränkung des Religionsfriedens und über die neuen Anmaßungen des *Reichshofrats* geführt, welcher unter dieser Regierung angefangen hatte, zum Nachteil des Kammergerichts seine Gerichtsbarkeit zu erweitern. Sonst hatten die Kaiser in unwichtigen Fällen für sich allein, in wichtigen mit Zuziehung der Fürsten alle Rechtshändel zwischen den Ständen, die das Faustrecht nicht ohne sie ausmachte, in höchster Instanz entschieden oder durch kaiserliche Richter, die ihrem Hoflager folgten, entscheiden lassen. Dieses oberrichterliche Amt hatten sie am Ende des fünfzehnten Jahrhunderts einem regelmäßigen, fortdauernden und stehenden Tribunal, dem *Kammergericht* zu Speyer, übertragen, zu welchem die Stände des Reichs, um nicht durch die Willkür des Kaisers unterdrückt zu werden, sich vorbehielten, die Beisitzer zu stellen, auch die Aussprüche des Gerichts durch periodische Revisionen zu untersuchen. Durch den Religionsfrieden war dieses Recht der Stände, das Präsentations- und Visitationsrecht genannt, auch auf die Lutherischen ausgedehnt worden, so daß nunmehr auch protestantische Richter in protestantischen Rechtshändeln sprachen und ein scheinbares Gleichgewicht beider Religionen in diesem höchsten Reichsgericht stattfand.

Aber die Feinde der Reformation und der ständischen Freiheit, wachsam auf jeden Umstand, der ihre Zwecke begünstigte, fanden bald einen Ausweg, den Nutzen dieser Einrichtung zu zerstören. Nach und nach kam es auf, daß ein Privatgerichtshof des Kaisers, der Reichshofrat in Wien – anfänglich zu nichts anderm bestimmt, als dem Kaiser die Ausübung seiner *unbezweifelten persönlichen* Kaiserrechte mit Rat an die Hand zu gehen – ein Tribunal, dessen Mitglieder, von dem Kaiser allein willkürlich aufgestellt und von ihm allein besoldet, den Vorteil ihres Herrn zu ihrem höchsten Gesetze und das Beste der katholischen Religion, zu welcher sie sich bekannten, zu ihrer einzigen Richtschnur machen mußten –, die höchste Justiz über die Reichsstände ausübte. Vor den Reichshofrat wurden nunmehr viele Rechtshändel zwischen Ständen ungleicher Religion gezogen, über welche zu sprechen nur dem Kammergericht gebührte und vor Entstehung desselben dem Fürstenrate gebührt hatte. Kein Wunder, wenn die Aussprüche dieses Gerichtshofs ihren Ursprung verrieten, wenn von katholischen Richtern und von Kreaturen des Kaisers dem Interesse der katholischen Religion und des Kaisers die Gerechtigkeit aufgeopfert ward. Obgleich alle Reichsstände Deutschlands Ursache zu haben schienen, einem so gefährlichen Mißbrauche in Zeiten zu begegnen, so stellten sich doch bloß allein die Protestanten, welche er am empfindlichsten drückte, und unter diesen nicht einmal alle, als Verteidiger der deutschen Freiheit auf, die ein so willkürliches Institut an ihrer heiligsten Stelle, an der Gerechtigkeitspflege, verletzte. In der Tat würde Deutschland gar wenig Ursache gehabt haben, sich zu Abschaffung des Faustrechts und Einsetzung des Kammergerichts Glück zu wünschen, wenn neben dem letztern noch eine willkürliche kaiserliche Gerichtsbarkeit stattfinden durfte. Die deutschen Reichsstände würden sich gegen jene Zeiten der Barbarei gar wenig verbessert haben, wenn das Kammergericht, wo sie zugleich mit dem Kaiser zu Gerichte saßen, für welches sie doch das ehemalige Fürstenrecht aufgegeben hatten, aufhören sollte, eine notwendige Instanz zu sein. Aber in den Köpfen dieses Zeitalters wurden oft die seltsamsten Widersprüche vereinigt. Dem Namen Kaiser, einem Vermächtnis des despotischen Roms, klebte damals noch ein Begriff von Machtvollkommenheit an, der gegen das übrige Staatsrecht der Deutschen den lächerlichsten Abstich machte, aber nichtsdestoweniger von den Juristen in Schutz genommen, von den Beförderern des Despotismus verbreitet und von den Schwachen geglaubt wurde. Wie konnte es auch anders sein, da sogar einer der ersten protestantischen Höfe Deutschlands verblendet genug war, eine Meinung zu unterhalten, welche die Grundverfassung des Reichs über den Haufen stürzte?

An diese allgemeinen Beschwerden schloß sich nach und nach eine Reihe von besondern Vorfällen an, welche die Besorglichkeit der Protestanten zuletzt bis zu dem höchsten Mißtrauen spannten. Während der spanischen Religionsverfolgungen in den Niederlanden hatten sich einige protestantische Familien in die katholische Reichsstadt Aachen geflüchtet, wo sie sich bleibend niederließen und unvermerkt ihren Anhang vermehrten. Nachdem es ihnen durch List gelungen war, einige ihres Glaubens in den Stadtrat zu bringen, so forderten sie eine eigene Kirche und einen öffentlichen Gottesdienst, welchen sie sich, da sie eine abschlägige Antwort erhielten, nebst dem ganzen Stadtregiment auf einem gewaltsamen Wege verschafften. Eine so ansehnliche Stadt in protestantischen Händen zu sehen war ein zu harter Schlag für den Kaiser und die ganze katholische Partei. Nachdem alle kaiserlichen Ermahnungen und Befehle zu Wiederherstellung des vorigen Zustands fruchtlos geblieben, erklärte ein Schluß des Reichshofrats die Stadt in die Reichsacht, welche aber erst unter der folgenden Regierung vollzogen wurde.

Von größerer Bedeutung waren zwei andre Versuche der Protestanten, ihr Gebiet und ihre Macht zu erweitern. Kurfürst Gebhard zu Köln, geborner Truchseß von Waldburg, empfand für die junge Gräfin Agnes von Mansfeld, Kanonissin zu Gerresheim, eine heftige Liebe, die nicht unerwidert blieb. Da die Augen von ganz Deutschland auf dieses Verständnis gerichtet waren, so forderten die Brüder der Gräfin, zwei eifrige Calvinisten, Genugtuung für die beleidigte Ehre ihres Hauses, die, solange der Kurfürst ein katholischer Bischof blieb, durch keine Heirat gerettet werden konnte. Sie drohten dem Kurfürsten, in seinem und ihrer Schwester Blut diese Schande zu tilgen, wenn er nicht sogleich allem Umgang mit der Gräfin entsagte oder ihre Ehre vor dem Altar wiederherstellte. Der Kurfürst, gleichgültig gegen alle Folgen dieses Schrittes, hörte nichts als die Stimme der Liebe. Sei es, daß er der reformierten Religion überhaupt schon geneigt war oder daß die Reize seiner Geliebten allein dieses Wunder wirkten – er schwur den katholischen Glauben ab und führte die schöne Agnes zum Altare.

Der Fall war von der höchsten Bedenklichkeit. Nach dem Buchstaben des geistlichen Vorbehalts hatte der Kurfürst durch diese Apostasie alle Rechte an sein Erzstift verloren, und wenn es den Katholiken bei irgendeiner

Gelegenheit wichtig war, den geistlichen Vorbehalt durchzusetzen, so war es bei Kurfürstentümern wichtig. Auf der andern Seite war die Scheidung von der höchsten Gewalt ein so harter Schritt und um so härter für einen so zärtlichen Gemahl, der den Wert seines Herzens und seiner Hand durch das Geschenk eines Fürstentums so gerne zu erhöhen gewünscht hätte. Der geistliche Vorbehalt war ohnehin ein bestrittener Artikel des Augsburger Friedens, und dem ganzen protestantischen Deutschland schien es von äußerster Wichtigkeit zu sein, dem katholischen Teile diese vierte Kur zu entreißen. Das Beispiel selbst war schon in mehreren geistlichen Stiftern Niederdeutschlands gegeben und glücklich durchgesetzt worden. Mehrere Domkapitularen aus Köln waren bereits Protestanten und auf des Kurfürsten Seite; in der Stadt selbst war ihm ein zahlreicher protestantischer Anhang gewiß. Alle diese Gründe, denen das Zureden seiner Freunde und Verwandten und die Versprechungen vieler deutschen Höfe noch mehr Stärke gaben, brachten den Kurfürsten zu dem Entschluß, auch bei veränderter Religion sein Erzstift beizubehalten.

Aber bald genug zeigte sich's, daß er einen Kampf unternommen hatte, den er nicht endigen konnte. Schon die Freigebung des protestantischen Gottesdienstes in den kölnischen Landen hatte bei den katholischen Landständen und Domkapitularen den heftigsten Widerspruch gefunden. Die Dazwischenkunft des Kaisers und ein Bannstrahl aus Rom, der ihn als einen Apostaten verfluchte und aller seiner sowohl geistlichen als weltlichen Würden entsetzte, bewaffnete gegen ihn seine Landstände und sein Kapitel. Der Kurfürst sammelte eine militärische Macht; die Kapitularen taten ein Gleiches. Um sich schnell eines mächtigen Arms zu versichern, eilten sie zu einer neuen Kurfürstenwahl, welche für den Bischof von Lüttich, einen bayerischen Prinzen, entschieden wurde.

Ein bürgerlicher Krieg fing jetzt an, der, bei dem großen Anteil, den beide Religionsparteien in Deutschland an diesem Vorfalle notwendig nehmen mußten, leicht in eine allgemeine Auflösung des Reichsfriedens endigen konnte. Am meisten empörte die Protestanten, daß der Papst sich hatte herausnehmen dürfen, aus angemaßter apostolischer Gewalt einen Reichsfürsten seiner Reichswürden zu entkleiden. Noch in den goldnen Zeiten ihrer geistlichen Herrschaft war den Päpsten dieses Recht widersprochen worden; wieviel mehr in einem Jahrhundert, wo ihr Ansehen bei einem Teile gänzlich gestürzt war und bei dem andern auf sehr schwachen Pfeilern ruhte! Alle protestantischen Höfe Deutschlands nahmen sich dieser Sache nachdrücklich bei dem Kaiser an; Heinrich der Vierte von Frankreich, damals noch König von Navarra, ließ keinen Weg der Unterhandlung unversucht, den deutschen Fürsten die Handhabung ihrer Rechte kräftig zu empfehlen. Der Fall war entscheidend für Deutschlands Freiheit. Vier protestantische Stimmen gegen drei katholische im Kurfürstenrate mußten das Übergewicht der Macht auf protestantische Seite neigen und dem österreichischen Hause den Weg zum Kaiserthron auf ewig versperren.

Aber Kurfürst Gebhard hatte die reformierte und nicht die lutherische Religion ergriffen; dieser einzige Umstand machte sein Unglück. Die Erbitterung dieser beiden Kirchen gegeneinander ließ es nicht zu, daß die evangelischen Reichsstände den Kurfürsten als den Ihrigen ansahen und als einen solchen mit Nachdruck unterstützten. Alle hatten ihm zwar Mut zugesprochen und Hilfe zugesagt; aber nur ein apanagierter Prinz des pfälzischen Hauses, Pfalzgraf Johann Kasimir, ein calvinischer Eiferer, hielt ihm Wort. Dieser eilte, des kaiserlichen Verbots ungeachtet, mit seinem kleinen Heere ins Kölnische, doch ohne etwas Erhebliches auszurichten, weil ihn der Kurfürst, selbst von dem Notwendigsten entblößt, ganz und gar ohne Hilfe ließ. Desto schnellere Fortschritte machte der neupostulierte Kurfürst, den seine bayerischen Verwandten und die Spanier von den Niederlanden aus kräftig unterstützten. Die Gebhardischen Truppen, von ihrem Herrn ohne Sold gelassen, lieferten dem Feind einen Platz nach dem andern aus; andre wurden zur Übergabe gezwungen. Gebhard hielt sich noch etwas länger in seinen westfälischen Landen, bis er auch hier der Übermacht zu weichen gezwungen war. Nachdem er in Holland und England mehrere vergebliche Versuche zu seiner Wiederherstellung getan, zog er sich in das Stift Straßburg zurück, um dort als Domdechant zu sterben; das erste Opfer des geistlichen Vorbehalts, oder vielmehr der schlechten Harmonie unter den deutschen Protestanten.

An diese kölnische Streitigkeit knüpfte sich kurz nachher eine neue in Straßburg an. Mehrere protestantische Domkapitularen aus Köln, die der päpstliche Bannstrahl zugleich mit dem Kurfürsten getroffen hatte, hatten sich in dieses Bistum geflüchtet, wo sie gleichfalls Präbenden besaßen. Da die katholischen Kapitularen in dem Straßburger Stifte Bedenken trugen, ihnen als Geächteten den Genuß ihrer Präbenden zu gestatten, so setzten sie sich eigenmächtig und gewaltsam in Besitz, und ein mächtiger protestantischer Anhang unter den Bürgern von Straßburg verschaffte ihnen bald die Oberhand in dem Stifte. Die katholischen Domherrn entwichen nach Elsaß-Zabern, wo sie unter dem Schutz ihres Bischofs ihr Kapitel als das einzig rechtmäßige fortführten und die in Straßburg Zurückgebliebenen für unecht erklärten. Unterdessen hatten sich diese letztern durch Aufnahme mehrerer protestantischen Mitglieder von hohem Range verstärkt, daß sie sich nach dem Absterben des Bischofs herausnehmen konnten, in der Person des Prinzen Johann Georg von Brandenburg einen neuen protestantischen Bischof zu postulieren. Die katholischen Domherren, weit entfernt, diese Wahl zu genehmigen, postulierten den Bischof von Metz, einen Prinzen von Lothringen, zu dieser Würde, der seine Erhebung sogleich durch Feindseligkeiten gegen das Gebiet von Straßburg verkündigte.

Da die Stadt Straßburg für das protestantische Kapitel und den Prinzen von Brandenburg zu den Waffen griff, die Gegenpartei aber mit Hilfe lothringischer Truppen die Stiftsgüter an sich zu reißen suchte, so kam es zu einem langwierigen Kriege, der, nach dem Geiste jener Zeiten, von einer barbarischen Verheerung begleitet war. Umsonst trat der Kaiser mit seiner höchsten Autorität dazwischen, den Streit zu entscheiden: die Stiftsgüter blieben noch lange Zeit zwischen beiden Parteien geteilt, bis endlich der protestantische Prinz für ein mäßiges Äquivalent an Gelde seinen Ansprüchen entsagte und also auch hier die katholische Kirche siegreich davonging.

Noch bedenklicher war für das ganze protestantische Deutschland, was sich, bald nach Schlichtung des vorigen Streits, mit Donauwörth, einer schwäbischen Reichsstadt, ereignete. In dieser sonst katholischen Stadt war unter Ferdinands und seines Sohnes Regierung die protestantische Religionspartei auf dem gewöhnlichen Wege so sehr die herrschende geworden, daß sich die katholischen Einwohner mit einer Nebenkirche im Kloster des H. Kreuzes begnügen und dem Ärgernis der Protestanten ihre meisten gottesdienstlichen Gebräuche entziehen mußten. Endlich wagte es ein fanatischer Abt dieses Klosters, der Volksstimme zu trotzen und eine öffentliche Prozession mit Vortragung des Kreuzes und fliegenden Fahnen anzustellen; aber man zwang ihn bald, von diesem Vorhaben abzusehen. Als dieser nämliche Abt, durch eine günstige kaiserliche Erklärung ermuntert, ein Jahr darauf diese Prozession wiederholte, schritt man zu offenbarer Gewalt.

Der fanatische Pöbel sperrte den zurückkommenden Klosterbrüdern das Tor, schlug ihre Fahnen zu Boden und begleitete sie unter Schreien und Schimpfen nach Hause. Eine kaiserliche Zitation war die Folge dieser Gewalttätigkeit; und als das aufgebrachte Volk sogar Miene machte, sich an den kaiserlichen Kommissarien zu vergreifen, als alle Versuche einer gütlichen Beilegung von dem fanatischen Haufen rückgängig gemacht wurden, so erfolgte endlich die förmliche Reichsacht gegen die Stadt, welche zu vollstrecken dem Herzog Maximilian von Bayern übertragen wurde. Kleinmut ergriff die sonst so trotzige Bürgerschaft bei Annäherung des bayerischen Heeres, und ohne Widerstand streckte sie die Waffen. Die gänzliche Abschaffung der protestantischen Religion in ihren Mauern war die Strafe ihres Vergehens. Die Stadt verlor ihre Privilegien und wurde aus einer schwäbischen Reichsstadt in eine bayerische Landstadt verwandelt.

Zwei Umstände begleiteten diesen Vorgang, welche die höchste Aufmerksamkeit der Protestanten erregen mußten, wenn auch das Interesse der Religion weniger wirksam bei ihnen gewesen wäre. Der Reichshofrat, ein willkürliches und durchaus katholisches Tribunal, dessen Gerichtsbarkeit ohnehin so heftig von ihnen bestritten wurde, hatte das Urteil gefällt; und dem Herzog von Bayern, dem Chef eines fremden Kreises, hatte man die Vollstreckung desselben übertragen. So konstitutionswidrige Schritte kündigten ihnen von katholischer Seite gewalttätige Maßregeln an, welche sich leicht auf geheime Verabredungen und einen gefährlichen Plan stützen und mit der gänzlichen Unterdrückung ihrer Religionsfreiheit endigen konnten.

In einem Zustande, wo das Recht der Stärke gebietet und auf der Macht allein alle Sicherheit beruht, wird immer der schwächste Teil der geschäftigste sein, sich in Verteidigungsstand zu setzen. Dieses war jetzt der Fall auch in

Deutschland. Wenn von den Katholiken wirklich etwas Schlimmes gegen die Protestanten beschlossen war, so mußte, der vernünftigsten Berechnung nach, der erste Streich vielmehr in das südliche als in das nördliche Deutschland schlagen, weil die niederdeutschen Protestanten in einer langen ununterbrochenen Länderstrecke miteinander zusammenhingen und sich also sehr leicht unterstützen konnten, die oberdeutschen aber, von den übrigen abgetrennt und um und um von katholischen Staaten umlagert, jedem Einfall bloßgestellt waren. Wenn ferner, wie zu vermuten war, die Katholiken die innern Trennungen der Protestanten benutzen und ihren Angriff gegen eine einzelne Religionspartei richten würden, so waren die Calvinisten, als die Schwächern und welche ohnehin vom Religionsfrieden ausgeschlossen waren, augenscheinlich in einer nähern Gefahr, und auf sie mußte der erste Streich niederfallen.

Beides traf in den kurpfälzischen Landen zusammen, welche an dem Herzog von Bayern einen sehr bedenklichen Nachbar und wegen ihres Rückfalls zum Calvinismus von dem Religionsfrieden keinen Schutz und von den evangelischen Ständen wenig Beistand zu hoffen hatten. Kein deutsches Land hat in so kurzer Zeit so schnelle Religionswechsel erfahren als die Pfalz in damaligen Zeiten. In dem kurzen Zeitraum von sechzig Jahren sah man dieses Land, ein unglückliches Spielwerk seiner Beherrscher, zweimal zu Luthers Glaubenslehre schwören und diese Lehre zweimal für den Calvinismus verlassen. Kurfürst Friedrich der Dritte war der Augsburgischen Konfession zuerst ungetreu geworden, welche sein erstgeborner Sohn und Nachfolger, Ludwig, schnell und gewaltsam wieder zur herrschenden machte. Im ganzen Lande wurden die Calvinisten ihrer Kirchen beraubt, ihre Prediger und selbst die Schullehrer ihrer Religion aus den Grenzen verwiesen, und auch noch in seinem Testamente verfolgte sie der eifrig evangelische Fürst, indem er nur streng orthodoxe Lutheraner zu Vormündern seines minderjährigen Prinzen ernannte. Aber dieses gesetzwidrige Testament vernichtete Pfalzgraf Johann Kasimir, sein Bruder, und nahm, nach den Vorschriften der Goldnen Bulle, Besitz von der Vormundschaft und der ganzen Verwaltung des Landes. Dem neunjährigen Kurfürsten (Friedrich dem Vierten) gab man calvinische Lehrer, denen aufgetragen war, den lutherischen Ketzerglauben, selbst, wenn es sein müßte, mit Schlägen, aus der Seele ihres Zöglings heraus zu treiben. Wenn man so mit dem Herrn verfuhr, so läßt sich leicht auf die Behandlung des Untertans schließen.

Unter diesem Friedrich dem Vierten war es, wo sich der pfälzische Hof ganz besonders geschäftig zeigte, die protestantischen Stände Deutschlands zu einträchtigen Maßregeln gegen das Haus Österreich zu vermögen und wo möglich einen allgemeinen Zusammentritt derselben zustande zu bringen. Neben dem, daß dieser Hof durch französische Ratschläge geleitet wurde, von denen immer der Haß gegen Österreich die Seele war, zwang ihn die Sorge für seine eigene Sicherheit, sich gegen einen nahen und überlegenen Feind des so zweifelhaften Schutzes der Evangelischen beizeiten zu versichern. Große Schwierigkeiten setzten sich dieser Vereinigung entgegen, weil die Abneigung der Evangelischen gegen die Reformierten kaum geringer war als ihr gemeinschaftlicher Abscheu vor den Papisten. Man versuchte also zuerst, die Religionen zu vereinigen, um dadurch die politische Verbindung zu erleichtern; aber alle diese Versuche schlugen fehl und endigten gewöhnlich damit, daß sich jeder Teil nur desto mehr in seiner Meinung befestigte. Nichts blieb also übrig, als die Furcht und das Mißtrauen der Evangelischen zu vermehren und dadurch die Notwendigkeit einer solchen

Vereinigung herbeizuführen. Man vergrößerte die Macht der Katholischen; man übertrieb die Gefahr; zufällige Ereignisse wurden einem überdachten Plane zugeschrieben, unschuldige Vorfälle durch gehässige Auslegungen entstellt und dem ganzen Betragen der Katholischen eine Übereinstimmung und Planmäßigkeit geliehen, wovon sie wahrscheinlich weit entfernt gewesen sind. Kein Gerücht war so abenteuerlich, keine Beschuldigung so abscheulich, die man nicht bereitwillig aufgefangen und geltend gemacht hätte. Wäre bei den Katholiken der Wunsch noch so mächtig gewesen, den Religionsfrieden zu verletzen, wie er es auch wohl in der Tat war, so hatte man einen sichern Bürgen an ihrer Schwäche oder Erschöpfung, daß sie ihn heilig halten würden. Aber die Protestanten, scheint es, fürchteten, was – sie verdienten.

Der Reichstag zu Regensburg, auf welchem die Protestanten sich Hoffnung gemacht hatten, die Erneuerung des Religionsfriedens durchzusetzen, hatte sich fruchtlos zerschlagen, und zu ihren bisherigen Beschwerden war noch die neuerliche Unterdrückung von Donauwörth hinzugekommen. Unglaublich schnell kam die so lang gesuchte Vereinigung zustande. Zu Auhausen in Franken traten (1608) der Kurfürst Friedrich der Vierte von der Pfalz, der Pfalzgraf von Neuburg, zwei Markgrafen von Brandenburg, der Markgraf von Baden und der Herzog Johann Friedrich von Württemberg – also Lutheraner mit Calvinisten – für sich und ihre Erben in ein enges Bündnis, die evangelische *Union,* zusammen. Der Inhalt derselben war, daß die unierten Fürsten in Angelegenheiten der Religion und ihrer ständischen Rechte einander wechselweise gegen jeden Beleidiger mit Rat und Tat unterstützen und alle für *einen* Mann stehen sollten; daß einem jeden mit Krieg überzogenen Mitgliede der Union von den übrigen sogleich mit einer kriegerischen Macht sollte beigesprungen, jedem im Notfall für seine Truppen die Ländereien, die Städte und Schlösser der mitunierten Stände geöffnet, was erobert würde aber, nach Verhältnis des Beitrags, den ein jeder dazu gegeben, unter sämtlichen Glieder verteilt werden sollte. Die Direktion des ganzen Bundes wurde in Friedenszeiten Kurpfalz überlassen, doch mit eingeschränkter Gewalt, zu Bestreitung der Unkosten Vorschüsse gefordert und ein Fond niedergelegt. Die Religionsverschiedenheit (zwischen Lutheranern und Calvinisten) sollte auf den Bund keinen Einfluß haben; das Ganze auf zehn Jahre gelten. Jedes Mitglied der Union hatte sich zugleich anheischig machen müssen, neue Mitglieder anzuwerben. Kurbrandenburg ließ sich bereitwillig finden; Kursachsen mißbilligte den Bund. Hessen konnte keine freie Entschließung fassen; die Herzoge von Braunschweig und Lüneburg hatten gleichfalls Bedenklichkeiten. Aber die drei Reichsstädte Straßburg, Nürnberg und Ulm waren keine unwichtige Eroberung für den Bund, weil man ihres Geldes sehr bedürftig war und ihr Beispiel von mehrern andern Reichsstädten nachgeahmt werden konnte.

Die unierten Stände, einzeln mutlos und wenig gefürchtet, führten nach geschlossener Vereinigung eine kühnere Sprache. Sie brachten durch den Fürsten Christian von Anhalt ihre gemeinschaftlichen Beschwerden und Forderungen vor den Kaiser, unter denen die Wiederherstellung von Donauwörth, die Aufhebung der kaiserlichen Hofprozesse und die Reformen seines eignen Regiments und seiner Ratgeber den obersten Platz einnahmen. Zu diesen Vorstellungen hatten sie gerade die Zeit gewählt, wo der Kaiser von den Unruhen in seinen Erbländern kaum zu Atem kommen konnte; wo er Österreich und Ungarn kürzlich an Matthias verloren und seine böhmische Krone bloß durch Bewilligung des Majestätsbriefs gerettet hatte; wo endlich durch die jülichische Sukzession schon von fern ein neues

Kriegsfeuer zubereitet wurde. Kein Wunder, daß dieser langsame Fürst sich jetzt weniger als je in seinen Entschließungen übereilte und die Union früher zu dem Schwerte griff, als der Kaiser sich besonnen hatte.

Die Katholiken bewachten mit Blicken voll Argwohn die Union; die Union hütete ebenso mißtrauisch die Katholiken und den Kaiser; der Kaiser beide; und auf allen Seiten waren Furcht und Erbitterung aufs höchste gestiegen. – Und gerade in diesem bedenklichen Zeitpunkt mußte sich durch den Tod des Herzogs Johann Wilhelm von Jülich eine höchst streitige Erbfolge in den jülich-clevischen Landen eröffnen.

Acht Kompetenten meldeten sich zu dieser Erbschaft, deren Unzertrennlichkeit durch solenne Verträge festgesetzt worden war; und der Kaiser, der Lust bezeigte, sie als ein erledigtes Reichslehen einzuziehen, konnte für den neunten gelten. Vier von diesen, der Kurfürst von Brandenburg, der Pfalzgraf von Neuburg, der Pfalzgraf von Zweibrücken und der Markgraf von Burgau, ein österreichischer Prinz, forderten es als ein Weiberlehen, im Namen von vier Prinzessinnen, Schwestern des verstorbenen Herzogs. Zwei andere, der Kurfürst von Sachsen, albertinischer, und die Herzoge von Sachsen, ernestinischer Linie, beriefen sich auf eine frühere Anwartschaft, welche ihnen Kaiser Friedrich der Dritte auf diese Erbschaft erteilt und Maximilian der Erste beiden sächsischen Häusern bestätigt hatte. Auf die Ansprüche einiger auswärtigen Prinzen wurde wenig geachtet. Das nächste Recht war vielleicht auf der Seite Brandenburgs und Neuburgs, und es schien beide Teile ziemlich gleich zu begünstigen. Beide Höfe ließen auch sogleich nach Eröffnung der Erbschaft Besitz ergreifen; den Anfang machte Brandenburg, und Neuburg folgte. Beide fingen ihren Streit mit der Feder an und würden ihn wahrscheinlich mit dem Degen geendigt haben; aber die Dazwischenkunft des Kaisers, der diesen Rechtshandel vor seinen Thron ziehen, einstweilen aber die streitigen Länder in Sequester nehmen wollte, brachte beide streitende Parteien zu einem schnellen Vergleich, um die gemeinschaftliche Gefahr abzuwenden. Man kam überein, das Herzogtum in Gemeinschaft zu regieren. Umsonst, daß der Kaiser die Landstände aufforderen ließ, ihren neuen Herrn die Huldigung zu verweigern – umsonst, daß er seinen eignen Anverwandten, den Erzherzog Leopold, Bischof von Passau und Straßburg, ins Jülichische schickte, um dort durch seine persönliche Gegenwart der kaiserlichen Partei aufzuhelfen. Das ganze Land, außer Jülich, hatte sich den protestantischen Prinzen unterworfen, und die kaiserliche Partei wurde in dieser Hauptstadt belagert.

Die jülichische Streitigkeit war dem ganzen deutschen Reiche wichtig und erregte sogar die Aufmerksamkeit mehrerer europäischer Höfe. Es war nicht sowohl die Frage, wer das jülichische Herzogtum besitzen und wer es nicht besitzen sollte – die Frage war, welche von beiden Parteien in Deutschland, die katholische oder die protestantische, sich um eine so ansehnliche Besitzung vergrößern, für welche von beiden Religionen dieser Landstrich gewonnen oder verloren werden sollte? Die Frage war, ob Österreich abermals in seinen Anmaßungen durchdringen und seine Ländersucht mit einem neuen Raube vergnügen oder ob Deutschlands Freiheit und das Gleichgewicht seiner Macht gegen die Anmaßungen Österreichs behauptet werden sollte? Der jülichische Erbfolgestreit war also eine Angelegenheit für alle Mächte, welche Freiheit begünstigten und Österreich anfeindeten. Die evangelische Union, Holland, England und vorzüglich Heinrich der Vierte von Frankreich wurden darein gezogen.

Dieser Monarch, der die schönste Hälfte seines Lebens an das Haus Österreich verloren, der nur mit ausdauernder

Heldenkraft endlich alle Berge erstiegen, welche dieses Haus zwischen ihn und den französischen Thron gewälzt hatte, war bis hieher kein müßiger Zuschauer der Unruhen in Deutschland gewesen. Eben dieser Kampf der Stände mit dem Kaiser schenkte und sicherte seinem Frankreich den Frieden. Die Protestanten und Türken waren die zwei heilsamen Gewichte, welche die österreichische Macht in Osten und Westen darniederzogen – aber in ihrer ganzen Schreckbarkeit stand sie wieder auf, sobald man ihr vergönnte, diesen Zwang abzuwerfen. Heinrich der Vierte hatte ein halbes Menschenalter lang das ununterbrochene Schauspiel von *österreichischer Herrschbegierde* und *österreichischem Länderdurst* vor Augen, den weder Widerwärtigkeit noch selbst Geistesarmut, die doch sonst alle Leidenschaften mäßigt, in einer Brust löschen konnten, worin nur ein Tropfen von dem Blute Ferdinands des Aragoniers floß. Selbst in den kleinsten Geistern aus Habsburgs Geschlechte war diese Leidenschaft groß; dieser Trieb grenzenlos in seinen beschränktesten Köpfen; dieser einzige Charakterzug schlimm in der kleinen Zahl seiner vortrefflichen. Die österreichische Ländersucht hatte schon seit einem Jahrhundert Europa aus einem glücklichen Frieden gerissen und in dem Innern seiner vornehmsten Staaten eine gewaltsame Veränderung bewirkt. Sie hatte die Äcker von Pflügern, die Werkstätten von Künstlern entblößt, um die Länder mit ungeheuern, nie gesehenen Heeresmassen, kaufmännische Meere mit feindseligen Flotten zu bedekken. Sie hatte den europäischen Fürsten die unselige Notwendigkeit auferlegt, den Fleiß ihrer Untertanen mit nie erhörten Schatzungen zu beschweren und die beste Kraft ihrer Staaten, für die Glückseligkeit ihrer Bewohner verloren, in einer notgedrungenen Verteidigung zu erschöpfen. Für Europa war kein Friede, für seine Staaten kein Gedeihen, kein Plan von Dauer für der Völker Glück, solange es diesem gefährlichen Geschlecht überlassen blieb, nach Gefallen die Ruhe dieses Weltteils zu stören, und wieviel eher war zu erwarten, daß der Wille die Macht, als daß die Macht den Willen überlebte. Noch damals in seiner tödlich scheinenden Entkräftung kostete dieses Haus der europäischen Staatengesellschaft Tausende an Menschen und Millionen an Gelde, um den Schrecken zu unterhalten, um das Gleichgewicht der Macht fortzusetzen, die seine Anmaßungen in Schranken hielt! Wie viel Großes und Treffliches könnte ausgeführt, wieviel Wohlstand verbreitet werden mit den Kräften, welche sich jetzt ruhmlos und unnütz verzehrten, um das habsburgische Geschlecht zu bewachen!

Betrachtungen dieser Art umwölkten Heinrichs Gemüt am Abend eines glorreich geführten Lebens. Was hatte es ihm nicht gekostet, das trübe Chaos zu ordnen, worin der Tumult eines langwierigen Bürgerkriegs, von eben diesem Österreich angefacht und unterhalten, Frankreich gestürzt hatte! Jeder große Mensch will für die Ewigkeit gearbeitet haben, und wer bürgte diesem König für die Dauer des Wohlstandes, worin er Frankreich verließ, solange Österreich und Spanien eine einzige Macht blieben, die jetzt zwar entkräftet darniederlag, aber nur ein einziges glückliches Ohngefähr brauchte, um sich schnell wieder in *einen* Körper zusammenzuziehen und in ihrer ganzen Furchtbarkeit wieder aufzuleben? Wollte er seinem Nachfolger einen fest gegründeten Thron, seinem Volk einen dauerhaften Frieden zurücklassen, so durfte diese verderbliche Macht nicht mehr sein, so mußte die Wiederherstellung derselben auf immer unmöglich gemacht werden. Aus dieser Quelle floß der unversöhnliche Haß, welchen Heinrich der Vierte dem Hause Österreich geschworen – unauslöschlich, glühend und gerecht, wie Hannibals Feindschaft gegen Romulus' Volk, aber durch einen edleren Ursprung geadelt.

Alle Mächte Europens hatten diese große Aufforderung mit Heinrich gemein; aber nicht alle diese lichtvolle Politik, nicht alle den uneigennützigen Mut, nach einer solchen Aufforderung sich in Handlung zu setzen. Jeden ohne Unterschied reizt der nahe Gewinn, aber nur große Seelen wird das entfernte Gute bewegen. Solange die Weisheit bei ihrem Vorhaben auf Weisheit rechnet oder sich auf ihre eignen Kräfte verläßt, entwirft sie keine andre als schimärische Plane, und die Weisheit läuft Gefahr, sich zum Gelächter der Welt zu machen – aber ein glücklicher Erfolg ist ihr gewiß, und sie kann auf Beifall und Bewunderung zählen, sobald sie in ihren geistreichen Planen eine Rolle für Barbarei, Habsucht und Aberglauben hat und die Umstände ihr vergönnen, eigennützige Leidenschaften zu Vollstreckern ihrer schönen Zwecke zu machen.

In dem erstern Falle hätte Heinrichs bekanntes Projekt, das österreichische Haus aus allen seinen Besitzungen zu verjagen und unter die europäischen Mächte seinen Raub zu verteilen, den Namen einer Schimäre wirklich verdient, womit man immer so freigebig gegen dasselbe gewesen ist; aber verdiente es ihn auch in dem andern? Dem vortrefflichen König war es wohl nie eingefallen, bei den Vollstreckern seines Projekts auf einen Beweggrund zu zählen, welcher demjenigen ähnlich gewesen wäre, der ihn selbst und seinen Sully bei dieser Unternehmung beseelte. Alle Staaten, deren Mitwirkung dabei nötig war, wurden durch die stärksten Motive, die eine politische Macht nur immer in Handlung setzen konnte, zu der Rolle vermocht, die sie dabei zu übernehmen hatten. Von den Protestanten im Österreichischen verlangte man nichts, als was ohnehin das Ziel ihres Bestrebens schien, die Abwerfung des österreichischen Joches; von den Niederländern nichts als einen ähnlichen Abfall von dem spanischen. Dem Papst und allen Republiken Italiens war keine Angelegenheit wichtiger, als die spanische Tyrannei auf immer von ihrer Halbinsel zu verjagen; für England konnte nichts wünschenswürdiger sein als eine Revolution, welche es von seinem abgesagtesten Feinde befreite. Jede Macht gewann bei dieser Teilung des österreichischen Raubes entweder Land oder Freiheit, neues Eigentum oder Sicherheit für das alte; und weil alle gewannen, so blieb das Gleichgewicht unverletzt. Frankreich konnte großmütig jeden Anteil an der Beute verschmähen, weil es durch Österreichs Untergang sich selbst wenigstens zweifach gewann und am mächtigsten war, wenn es nicht mächtiger wurde. Endlich um den Preis, daß sie Europa von ihrer Gegenwart befreiten, gab man den Nachkömmlingen von Habsburg die *Freiheit,* in allen übrigen entdeckten und noch zu entdeckenden Welten sich auszubreiten. Ravaillacs Messerstiche retteten Österreich, um die Ruhe von Europa noch um einige Jahrhunderte zu verspäten.

Die Augen auf einen solchen Entwurf geheftet, mußte Heinrich die evangelische Union in Deutschland und den Erbfolgestreit wegen Jülich notwendig als die wichtigsten Ereignisse mit schnellem, tätigem Anteil ergreifen. Seine Unterhändler waren an allen protestantischen Höfen Deutschlands geschäftig, und das wenige, was sie von dem großen politischen Geheimnis ihres Monarchen preisgaben oder ahnen ließen, war hinlänglich, Gemüter zu gewinnen, die ein so feuriger Haß gegen Österreich beseelte und die Vergrößerungsbegierde so mächtig beherrschte. Heinrichs staatskluge Bemühungen zogen die Union noch enger zusammen, und der mächtige Beistand, wozu er sich anheischig machte, erhob den Mut der Verbundenen zur festesten Zuversicht. Eine zahlreiche französische Armee, von dem König in Person angeführt, sollte den Truppen der Union am Rheine begegnen und zuerst die Eroberung der jülich-clevischen Lande vollenden helfen; alsdann in Vereinigung mit den Deutschen nach Italien rücken (wo Savoyen, Venedig und der Papst schon einen mächtigen Beistand bereithielten), um dort alle spanischen Throne umzustürzen. Diese siegreiche Armee sollte dann, von der Lombardei aus, in das habsburgische Erbteil eindringen und dort, von einem allgemeinen Aufstand der Protestanten begünstigt, in allen seinen deutschen Landen, in Böhmen, Ungarn und Siebenbürgen, das österreichische Zepter zerbrechen. Die Brabanter und Holländer, durch französischen Beistand gestärkt, hätten sich unterdessen ihrer spanischen Tyrannen gleichfalls entledigt, und dieser fürchterlich über seine Ufer getretene Strom, der noch kürzlich gedrohet hatte, Europens Freiheit unter seinen trüben Strudeln zu begraben, rollte dann still und vergessen hinter den pyrenäischen Bergen.

Die Franzosen rühmten sich sonst der Geschwindigkeit; diesmal wurden sie von den Deutschen übertroffen. Eine Armee der Union war im Elsaß, ehe noch Heinrich sich dort zeigte, und ein österreichisches Heer, welches der Bischof von Straßburg und Passau in dieser Gegend zusammengezogen hatte, um es ins Jülichische zu führen, wurde zerstreut. Heinrich der Vierte hatte seinen Plan als *Staatsmann* und *König* entworfen; aber er hatte ihn *Räubern* zur Ausführung übergeben. Seiner Meinung nach sollte keinem katholischen Reichsstande Ursache gegeben werden, diese Rüstung auf sich zu deuten und die Sache Österreichs zu der seinigen zu machen; die Religion sollte ganz und gar nicht in diese Angelegenheit gemischt werden. Aber wie sollten die deutschen Fürsten über Heinrichs Entwürfen ihre eigenen Zwecke vergessen? Von Vergrößerungsbegierde, von Religionshaß gingen sie ja aus – sollten sie nicht für ihre herrschende Leidenschaft unterwegs so viel mitnehmen, als sie konnten? Wie Raubadler legten sie sich über die Länder der geistlichen Fürsten und erwählten sich, kostete es auch einen noch so großen Umweg, diese fetten Triften zu ihren Lagerplätzen. Als wäre es in Feindeslande, schrieben sie Brandschatzungen darinnen aus, bezogen eigenmächtig die Landesgefälle und nahmen, was gutwillig nicht gegeben wurde, mit Gewalt. Um ja die Katholiken über die wahren Triebfedern ihrer Ausrüstung nicht im Zweifel zu lassen, ließen sie laut und deutlich genug hören, was für ein Schicksal den geistlichen Stiftern von ihnen bereitet sei. So wenig hatten sich Heinrich der Vierte und die deutschen Prinzen in diesem Operationsplan verstanden; so sehr hatte der vortreffliche König in seinen Werkzeugen sich geirrt. Es bleibt eine ewige Wahrheit, daß eine Gewalttätigkeit, wenn die Weisheit sie gebietet, nie dem Gewalttätigen darf aufgetragen werden, daß nur demjenigen anvertraut werden darf, die Ordnung zu verletzen, dem sie heilig ist.

Das Betragen der Union, welches selbst für mehrere evangelische Stände empörend war, und die Furcht einer noch schlimmern Begegnung bewirkte bei den Katholiken etwas mehr als eine müßige Entrüstung. Das tief gefallene Ansehen des Kaisers konnte ihnen gegen einen solchen Feind keinen Schutz gewähren. Ihr Bund war es, was die Unierten so gefürchtet und trotzig machte; einen Bund mußte man ihnen wieder entgegenstellen.

Der Bischof von Würzburg entwarf den Plan zu dieser katholischen Union, die durch den Namen der *Ligue* von der evangelischen unterschieden ward. Die Punkte, worüber man übereinkam, waren ohngefähr dieselben, welche die Union zum Grunde legte, Bischöfe ihre mehresten Glieder; an die Spitze des Bundes stellte sich der Herzog Maximilian von Bayern, aber, als das einzige weltliche Bundesglied von Bedeutung, mit einer ungleich größern Gewalt, als die Unierten ihrem Vorsteher eingeräumt hatten. Außer diesem Umstande, daß der einzige Herzog von Bayern Herr der ganzen ligistischen Kriegsmacht war, wodurch die Operationen der Ligue eine Schnelligkeit und einen Nachdruck bekommen mußten, die bei der Union nicht so leicht möglich waren, hatte die Ligue noch den Vorteil, daß die Geldbeiträge von den reichen Prälaten weit richtiger einflossen als bei der Union von den armen evangelischen Laien. Ohne dem Kaiser, als einem katholischen Reichsstand, einen Anteil an ihrem Bund anzubieten, ohne ihm, als Kaiser, davon Rechenschaft zu geben, stand die Ligue auf einmal überraschend, fest und fürchterlich da; mit hinlänglicher Kraft ausgerüstet, um endlich die Union zu begraben und unter drei Kaisern fortzudauern. Die Ligue stritt zwar für Österreich, weil sie gegen protestantische Fürsten gerichtet war, aber Österreich selbst mußte bald vor ihr zittern.

Unterdessen waren die Waffen der Unierten im Jülichischen und im Elsaß ziemlich glücklich gewesen; Jülich war eng eingeschlossen und das ganze Bistum Straßburg in ihrer Gewalt. Jetzt aber war es mit ihren glänzenden Verrichtungen auch am Ende. Kein französisches Heer erschien am Rhein; denn, der es anführen sollte, der überhaupt die ganze Unternehmung beseelen sollte – Heinrich der Vierte war nicht mehr. Ihr Geld ging auf die Neige, neues zuzuschießen, weigerten sich ihre Landstände, und die mitunierten Reichsstädte hatten es sehr übel aufgenommen, daß man immer nur ihr Geld und nie ihren Rat verlangt hatte. Besonders brachte es sie auf, daß sie sich wegen der jülichischen Streitsache in Unkosten gesetzt haben sollten, die doch ausdrücklich von den Angelegenheiten der Union war ausgeschlossen worden; daß sich die unierten Fürsten aus der gemeinen Kasse große Pensionen zulegten; und vor allen Dingen, daß ihnen über die Anwendung der Gelder keine Rechnung von den Fürsten abgelegt wurde.

Die Union neigte sich also zu ihrem Falle, eben als die Ligue mit neuen und frischen Kräften sich ihr entgegenstellte. Länger im Felde zu bleiben, erlaubte den Unierten der einreißende Geldmangel nicht; und doch war es gefährlich, im Angesicht eines streitfertigen Feindes die Waffen wegzulegen. Um sich von *einer* Seite wenigstens sicher zu stellen, verglich man sich schnell mit dem ältern Feinde, dem Erzherzog Leopold, und beide Teile kamen überein, ihre Truppen aus dem Elsaß zu führen, die Gefangenen loszugeben und das Geschehene in Vergessenheit zu begraben. In ein solches Nichts zerrann diese vielversprechende Rüstung.

Eben die gebieterische Sprache, womit sich die Union, im Vertrauen auf ihre Kräfte, dem katholischen Deutschland angekündigt hatte, wurde jetzt von der Ligue gegen die Union und ihre Truppen geführt. Man zeigte ihnen die Fußtapfen ihres Zugs und brandmarkte sie rund heraus mit den härtesten Namen, die sie verdienten. Die Stifter von Würzburg, Bamberg, Straßburg, Mainz, Tier, Köln und viele andre hatten ihre verwüstende Gegenwart empfunden. Allen diesen sollte der zugefügte Schaden vergütet, der Paß zu Wasser und zu Lande (denn auch der rheinischen Schiffahrt hatten sie sich bemächtigt) wieder freigegeben, alles in seinen vorigen Stand gestellt werden. Vor allem aber verlangte man von den Unionsverwandten eine runde und feste Erklärung, wessen man sich zu ihrem Bunde zu versehen habe. Die Reihe war jetzt an den Unierten, der Stärke nachzugeben. Auf einen so wohl gerüsteten Feind waren sie nicht gefaßt; aber sie selbst hatten den Katholischen das Geheimnis ihrer Stärke verraten. Zwar beleidigte es ihren Stolz, um den Frieden zu betteln; aber sie durften sich glücklich preisen, ihn zu erhalten. Der eine Teil versprach Ersatz, der andre Vergebung. Man legte die Waffen nieder. Das Kriegsgewitter verzog sich noch einmal, und eine augenblickliche Stille erfolgte. Der Aufstand in Böhmen brach jetzt aus, der dem Kaiser das letzte seiner Erbländer kostete; aber weder die Union noch die Ligue mischten sich in diesen böhmischen Streit.

Endlich starb der Kaiser (1612), ebenso wenig vermißt im Sarge als wahrgenommen auf dem Thron. Lange nachdem das Elend der *folgenden* Regierungen das Elend der seinigen vergessen gemacht hatte, zog sich eine Glorie um sein Andenken, und eine so schreckliche Nacht legte sich jetzt über Deutschland, daß man einen *solchen* Kaiser mit blutigen Tränen sich zurückwünschte.

Nie hatte man von Rudolf erhalten können, seinen Nachfolger im Reiche wählen zu lassen, und alles erwartete daher mit bangen Sorgen die nahe Erledigung des Throns; doch über alle Hoffnung schnell und ruhig bestieg ihn Matthias. Die Katholiken gaben ihm ihre Stimmen, weil sie von der frischen Tätigkeit dieses Fürsten das Beste hofften; die Protestanten gaben ihm die ihrigen, weil sie alles von seiner Hinfälligkeit hofften. Es ist nicht schwer, diesen Widerspruch zu vereinigen. Jene verließen sich auf das, was er gezeigt *hatte;* diese urteilten nach dem, was er zeigte.

Der Augenblick einer neuen Thronbesetzung ist immer ein wichtiger Ziehungstag für die Hoffnung, der erste Reichstag eines Königs in Wahlreichen gewöhnlich seine härteste Prüfung. Jede alte Beschwerde kommt da zur Sprache, und neue werden aufgesucht, um sie der gehofften Reform mit teilhaftig zu machen; eine ganz neue Schöpfung soll mit dem neuen König beginnen. Die großen Dienste, welche ihre Glaubensbrüder in Österreich dem Matthias bei seinem Aufruhr geleistet, lebten bei den protestantischen Reichsständen noch in frischer Erinnerung, und besonders schien die Art, wie sich jene für diese Dienste bezahlt gemacht hatten, auch ihnen jetzt zum Muster zu dienen.

Durch Begünstigung der protestantischen Stände in Österreich und Mähren hatte Matthias den Weg zu seines Bruders Thronen gesucht und auch wirklich gefunden; aber, von seinen ehrgeizigen Entwürfen hingerissen, hatte er nicht bedacht, daß auch den Ständen dadurch der Weg war geöffnet worden, ihrem Herrn Gesetze vorzuschreiben. Diese Entdeckung riß ihn frühzeitig aus der Trunkenheit seines Glücks. Kaum zeigte er sich triumphierend nach dem böhmischen Zuge seinen österreichischen Untertanen wieder, so wartete schon ein *gehorsamstes Anbringen* auf ihn, welches hinreichend war, ihm seinen ganzen Triumph zu verleiden. Man forderte, ehe zur Huldigung geschritten würde, eine uneingeschränkte Religionsfreiheit in Städten und Märkten, eine vollkommene Gleichheit aller Rechte zwischen Katholiken und Protestanten und einen völlig gleichen Zutritt der letztern zu allen Bedingungen. An mehreren Orten nahm man sich diese Freiheit von selbst und stellte, voll Zuversicht auf die veränderte Regierung, den evangelischen Gottesdienst eigenmächtig wieder her, wo ihn der Kaiser aufgehoben hatte. Matthias hatte zwar nicht verschmäht, die Beschwerden der Protestanten gegen den Kaiser zu benutzen; aber es konnte ihm nie eingefallen sein, sie zu heben. Durch einen festen und entschlossenen Ton hoffte er diese Anmaßungen gleich am Anfange niederzuschlagen. Er sprach von seinen erblichen Ansprüchen auf das Land und wollte von keinen Bedingungen vor der Huldigung hören. Eine solche unbedingte Huldigung hatten ihre Nachbarn, die Stände von Steiermark, dem Erzherzog Ferdinand geleistet; aber sie hatten bald Ursache gehabt, es zu bereuen. Von diesem Beispiel gewarnt, beharrten die österreichischen Stände auf ihrer Weigerung; ja, um nicht gewaltsam zur Huldigung gezwungen zu werden, verließen sie sogar die Hauptstadt, boten ihre katholischen Mitstände zu einer ähnlichen Widersetzung auf und fingen an, Truppen zu werben. Sie taten Schritte, ihr altes Bündnis mit den Ungarn zu erneuern; sie zogen die protestantischen Reichsfürsten in ihr Interesse und schickten sich in vollem Ernste an, ihr Gesuch mit den Waffen durchzusetzen.

Matthias hatte keinen Anstand genommen, die weit höheren Forderungen der Ungarn zu bewilligen. Aber Ungarn war ein Wahlreich, und die republikanische Verfassung dieses Landes rechtfertigte die Forderungen der Stände vor ihm selbst, und seine Nachgiebigkeit gegen die Stände vor der ganzen katholischen Welt. In Österreich hingegen hatten seine Vorgänger weit größere Souveränitätsrechte ausgeübt, die er, ohne sich vor dem ganzen katholischen Europa zu beschimpfen, ohne den Unwillen Spaniens und Roms, ohne die Verachtung seiner eigenen katholischen Untertanen auf sich zu laden, nicht an die Stände verlieren konnte. Seine streng katholischen Räte, unter denen der Bischof von Wien, Melchior Klesl, ihn am meisten beherrschte, munterten ihn auf, eher allen Kirchen gewaltsam von den Protestanten sich entreißen zu lassen, als ihnen eine einzige rechtlich einzuräumen.

Aber unglücklicherweise betraf ihn diese Verlegenheit in einer Zeit, wo Kaiser Rudolf noch lebte und ein Zuschauer dieses Auftritts war – wo dieser also leicht versucht werden konnte, sich der nämlichen Waffen gegen seinen Bruder zu bedienen, womit dieser über ihn gesiegt hatte –, eines Verständnisses nämlich mit seinen aufrührerischen Untertanen. Diesem Streiche zu entgehen, nahm Matthias den Antrag der mährischen Landstände bereitwillig an, welche sich zwischen den österreichischen und ihm zu Mittlern anboten. Ein Ausschuß von beiden versammelte sich in Wien, wo von den österreichischen Deputierten eine Sprache gehört wurde, die selbst im Londoner Parlament und in Cromwellischen Zeiten überrascht haben würde. «Die

Protestanten, hieß es am Schlusse, wollten nicht schlechter geachtet sein als die Handvoll Katholiken in ihrem Vaterland. Durch seinen *protestantischen* Adel habe Matthias den Kaiser zum Nachgeben gezwungen; wo man achtzig Papisten fände, würde man dreihundert evangelische Baronen zählen. Das Beispiel Rudolfs solle dem Matthias eine Warnung sein. Er möge sich hüten, daß er das Irdische nicht verliere, um Eroberungen für den Himmel zu machen.» Da die mährischen Stände, anstatt ihr Mittleramt zum Vorteil des Kaisers zu erfüllen, endlich selbst zur Partei ihrer österreichischen Glaubensbrüder übertraten, da die Union in Deutschland sich aufs nachdrücklichste für diese ins Mittel schlug und die Furcht vor Repressalien des Kaisers den Matthias in die Enge trieb, so ließ er sich endlich die gewünschte Erklärung zum Vorteil der Evangelischen entreißen.

Dieses Betragen der österreichischen Landstände *gegen* ihren Erzherzog nahmen sich nun die protestantischen Reichsstände in Deutschland zum Muster gegen ihren Kaiser, und sie versprachen sich denselben glücklichen Erfolg. Auf seinem ersten Reichstage zu Regensburg (1613), wo die dringendsten Angelegenheiten auf Entscheidung warteten, wo ein Krieg gegen die Türken und gegen den Fürsten Bethlen Gabor von Siebenbürgen, der sich unterdessen mit türkischem Beistand zum Herrn dieses Landes aufgeworfen hatte und sogar Ungarn bedrohte, einen allgemeinen Geldbeitrag notwendig machte, überraschten sie ihn mit einer ganz neuen Forderung. Die katholischen Stimmen waren noch immer die zahlreichern im Fürstenrat; und weil alles nach der Stimmenmehrheit entschieden wurde, so pflegten die evangelischen, auch wenn sie noch so sehr unter sich einig waren, gewöhnlich in keine Betrachtung zu kommen. Dieses Vorteils der Stimmenmehrheit sollten sich nun die Katholiken begeben, und keiner einzelnen Religionspartei sollte es künftig erlaubt sein, die Stimmen der andern durch ihre unwandelbare Mehrheit nach sich zu ziehen. Und in Wahrheit, wenn die evangelische Religion auf dem Reichstage repräsentiert werden sollte, so schien es sich von selbst zu verstehen, daß ihr durch die Verfassung des Reichstags selbst nicht die Möglichkeit abgeschnitten würde, von diesem Rechte Gebrauch zu machen. Beschwerden über die angemaßte Gerichtsbarkeit des Reichshofrats und über Unterdrükkung der Protestanten begleiteten diese Forderung, und die Bevollmächtigten der Stände hatten Befehl, so lange von allen gemeinschaftlichen Beratschlagungen wegzubleiben, bis eine günstige Antwort auf diesen vorläufigen Punkt erfolgte.

Diese gefährliche Trennung zerriß den Reichstag und drohte auf immer alle Einheit der Beratschlagungen zu zerstören. So aufrichtig der Kaiser gewünscht hatte, nach dem Beispiele Maximilians, seines Vaters, zwischen beiden Religionen eine staatskluge Mitte zu halten, so ließ ihm das jetzige Betragen der Protestanten nur eine bedenkliche Wahl zwischen beiden. Zu seinen dringenden Bedürfnissen war ihm ein *allgemeiner* Beitrag der Reichsstände unentbehrlich; und doch konnte er sich die eine Partei nicht verpflichten, ohne die Hilfe der andern zu verscherzen. Da er in seinen eigenen Erblanden so wenig befestigt war, so mußte er schon vor dem entfernten Gedanken zittern, mit den Protestanten in einen öffentlichen Krieg zu geraten. Aber die Augen der ganzen katholischen Welt, die auf seine jetzige Entschließung geheftet waren, die Vorstellungen der katholischen Stände, des römischen und spanischen Hofes erlaubten ihm ebenso wenig, die Protestanten zum Nachteil der katholischen Religion zu begünstigen. Eine so mißliche Situation mußte einen größeren Geist, als Matthias war, niederschlagen, und schwerlich hätte er sich mit eigener Klugheit daraus gezogen. Der Vorteil der Katholiken war aber aufs engste mit dem Ansehen des Kaisers verflochten; und ließen sie dieses sinken, so hatten die geistlichen Fürsten besonders gegen die Eingriffe der Protestanten keine Schutzwehre mehr.

Jetzt also, wie sie den Kaiser unschlüssig wanken sahen, glaubten sie, daß die höchste Zeit vorhanden sei, seinen sinkenden Mut zu stärken. Sie ließen ihn einen Blick in das Geheimnis der Ligue tun und zeigten ihm die ganze Verfassung derselben, ihre Hilfsmittel und Kräfte. So wenig tröstlich diese Entdeckung für den Kaiser sein mochte, so ließ ihn doch die Aussicht auf einen so mächtigen Schutz etwas mehr Mut gegen die Evangelischen fassen. Ihre Forderungen wurden abgewiesen, und der Reichstag endigte sich ohne Entscheidung. Aber Matthias wurde das Opfer des Streits. Die Protestanten verweigerten ihm ihre Geldhilfe und ließen es ihn, den Unschuldigen, entgelten, daß die Katholischen unbeweglich geblieben waren.

Indessen neigte sich der Waffenstillstand mit den Türken zu seinem Ende, ihre Bewegungen wurden immer verdächtiger, eine Ausrüstung gegen sie immer dringender; was der Kaiser von den Reichsständen nicht hatte erlangen können, mußte er nun seinen eignen Landständen zu entlocken suchen. Unter diesen, weiß man, herrschte dieselbe Religionstrennung, derselbe Geist des Mißvergnügens wie unter den Ständen des Reichs; dieselben Schwierigkeiten mußten sich also dem Kaiser entgegensetzen. Die einzelnen Provinzen der österreichischen Monarchie weigerten sich, ohne Zuziehung der andern etwas zu beschließen; ein allgemeiner Landtag all dieser Stände aber konnte so leicht in eine gefährliche Konföderation gegen den Kaiser ausarten. Dennoch gebot ihn jetzt die Not, und die Stände von Österreich, Böhmen, Mähren, usw. wurden in Linz versammelt. Nichts unterließ der Kaiser, die Notwendigkeit eines Türkenkrieges vorzustellen; wie es dazu kam, einen Schluß zu fassen, hatten die Abgeordneten keine Vollmacht. Fruchtlos wie der Reichstag zerschlug sich dieser österreichische Landtag, und nur das Glück rettete den Kaiser aus seinem Bedrängnis. Die Türken selbst zeigten sich geneigt, den Waffenstillstand zu verlängern, und den Fürsten Bethlen Gabor ließ man im ruhigen Besitz von Siebenbürgen. Vor auswärtiger Gefahr war das Reich jetzt gedeckt, und auch im Innern desselben herrschte, bei allen noch so gefährlichen Spaltungen, dennoch Friede. Dem jülichischen Erbfolgestreit hatte ein sehr unerwarteter Zufall eine überraschende Wendung gegeben. Noch immer wurde dieses Herzogtum von dem Kurhause Brandenburg und dem Pfalzgrafen von Neuburg in Gemeinschaft besessen; eine Heirat zwischen dem Prinzen von Neuburg und einer brandenburgischen Prinzessin sollte das Interesse beider Häuser unzertrennlich verknüpfen. Diesen ganzen Plan zerstörte eine – Ohrfeige, welche der Kurfürst von Brandenburg das Unglück hatte, seinem Eidam im Weinrausch zu geben. Von jetzt an war das gute Vernehmen zwischen beiden Häusern dahin. Der Prinz von Neuburg trat zu dem Papsttum über. Eine Prinzessin von Bayern belohnte ihn für diese Apostasie, und der mächtige Schutz Bayerns und Spaniens war die natürliche Folge von beidem. Um dem Pfalzgrafen zum ausschließenden Besitz der jülichischen Lande zu verhelfen, wurden die spanischen Waffen von den Niederlanden aus in das Herzogtum gezogen. Um sich dieser Gäste zu entladen, rief der Kurfürst von Brandenburg die Holländer in das Land, denen er durch Annahme der reformierten Religion zu gefallen suchte. Beide, die spanischen und holländischen Truppen, erschienen; aber, wie es schien, bloß um für sich selbst zu erobern.

Der nahe niederländische Krieg schien sich nun auf

deutschen Boden spielen zu wollen, und welch ein unerschöpflicher Zunder lag hier für ihn bereit! Mit Schrecken sah das protestantische Deutschland die Spanier an dem Unterrhein festen Fuß gewinnen – mit noch größerem das katholische die Holländer über die Reichsgrenzen hereinbrechen. Religionskriege haben das Eigene, daß sie auf jedem neuen Boden sich verneuen, weil auf jedem neuen Boden Feind und Bundesgenosse wächst, und nur die Erschöpfung des ganzen Anhangs den einzelnen Teil entkräftet. Im Westen sollte sich die Mine entzünden, welche längst schon das ganze Deutschland unterhöhlte – nach den westlichen Gegenden waren Furcht und Erwartung hingeneigt – und aus Osten kam der Schlag, der sie in Flammen setzte.

Die Ruhe, welche der Majestätsbrief Rudolfs des Zweiten Böhmen gegeben hatte, dauerte auch unter Matthias' Regierung noch eine Zeitlang fort, bis in der Person Ferdinands von Graz ein neuer Thronfolger in diesem Königreich ernannt wurde.

Dieser Prinz, den man in der Folge unter dem Namen Kaiser Ferdinand der Zweite näher kennenlernen wird, hatte sich durch gewaltsame Ausrottung der protestantischen Religion in seinen Erbländern als einen unerbittlichen Eiferer für das Papsttum angekündigt und wurde deswegen von dem katholischen Teile der böhmischen Nation als die künftige Stütze dieser Kirche betrachtet. Die hinfällige Gesundheit des Kaisers rückte diesen Zeitpunkt nahe herbei, und im Vertrauen auf einen so mächtigen Beschützer fingen die böhmischen Papisten an, den Protestanten mit weniger Schonung zu begegnen. Die evangelischen Untertanen katholischer Gutsherren besonders erfuhren die härteste Behandlung. Zugleich begingen mehrere von den Katholiken die Unvorsichtigkeit, etwas laut von ihren Hoffnungen zu reden und durch hingeworfene Drohworte bei den Protestanten ein schlimmes Mißtrauen gegen ihren künftigen Herrn zu erwecken. Aber nie würde dieses Mißtrauen in Tätlichkeiten ausgebrochen sein, wenn man nur im Allgemeinen geblieben wäre und nicht durch besondere Angriffe auf einzelne Glieder dem Murren des Volks unternehmende Anführer gegeben hätte.

Heinrich Matthias Graf von Thurn, kein geborner Böhme, aber Besitzer einiger Güter in diesem Königreiche, hatte sich durch Eifer für die protestantische Religion und durch eine schwärmerische Anhänglichkeit an sein neues Vaterland des ganzen Vertrauens der Utraquisten bemächtigt, welches ihm den Weg zu den wichtigsten Posten bahnte. Seinen Degen hatte er gegen die Türken mit vielem Ruhme geführt; durch ein einschmeichelndes Betragen gewann er sich die Herzen der Menge. Ein heißer, ungestümer Kopf, der die Verwirrung liebte, weil seine Talente darin glänzten; unbesonnen und tolldreist genug, Dinge zu unternehmen, die eine kalte Klugheit und ein ruhigeres Blut nicht wagt; ungewissenhaft genug, wenn es die Befriedigung seiner Leidenschaften galt, mit dem Schicksale von Tausenden zu spielen, und eben fein genug, eine Nation, wie damals die böhmische war, an seinem Gängelband zu führen. Schon an den Unruhen unter Rudolfs Regierung hatte er den tätigsten Anteil genommen, und der Majestätsbrief, den die Stände von diesem Kaiser erpreßten, war vorzüglich sein Verdienst. Der Hof hatte ihm, als Burggrafen von Karlstein, die böhmische Krone und die Freiheitsbriefe des Königreichs zur Bewahrung anvertraut; aber etwas weit Wichtigeres – *sich selbst* – hatte ihm die Nation mit der Stelle eines Defensors oder Glaubensbeschützers übergeben. Die Aristokraten, welche den Kaiser beherrschten, entrissen ihm unklug die Aussicht über das Tote, um ihm den Einfluß auf das Lebendige zu lassen. Sie nahmen ihm die Burggrafenstelle, die ihn von der Hofgunst abhängig machte, um ihm die Augen über die Wichtigkeit der andern zu öffnen, die ihm übrig blieb, und kränkten seine *Eitelkeit,* die doch seinen *Ehrgeiz* unschädlich machte. Von dieser Zeit an beherrschte ihn die Begierde nach Rache, und die Gelegenheit fehlte nicht lange, sie zu befriedigen.

Im Majestätsbriefe, welchen die Böhmen von Rudolf dem Zweiten erpreßt hatten, war ebenso wie in dem Religionsfrieden der Deutschen ein Hauptartikel unausgemacht geblieben. Alle Rechte, welche der letztere den Protestanten bewilligte, kamen nur den *Ständen* (dem Landesherrn), nicht den Untertanen zugute, und bloß für die Untertanen geistlicher Länder hatte man eine schwankende Gewissensfreiheit ausbedungen. Auch der böhmische Majestätsbrief sprach nur von den Ständen und von den königlichen Städten, deren Magistrate sich gleiche Rechte mit den Ständen zu erringen gewußt hatten. Diesen allein wurde die Freiheit eingeräumt, Kirchen und Schulen zu errichten und ihren protestantischen Gottesdienst öffentlich auszuüben; in allen übrigen Städten blieb es dem Landstande überlassen, dem sie angehörten, welche Religionsfreiheit er den Untertanen vergönnen wollte. Dieses Rechts hatten sich die deutschen Reichsstände in seinem ganzen Umfange bedient, und zwar die weltlichen ohne Widerspruch; die geistlichen, denen eine Erklärung Kaiser Ferdinands dasselbe streitig machte, hatten nicht ohne Grund die Verbindlichkeit dieser Erklärung bestritten. Was im Religionsfrieden ein *bestrittener* Punkt war, war ein *unbestimmter* im Majestätsbriefe: dort war die Auslegung nicht zweifelhaft, aber es war zweifelhaft, ob man zu gehorchen hätte; hier war die Deutung den Ständen überlassen. Die Untertanen *geistlicher Landstände* in Böhmen glaubten daher, eben das Recht zu besitzen, das die Ferdinandsche Erklärung den Untertanen deutscher Bischöfe einräumte; sie achteten sich den Untertanen in den königli-

ERSTES BUCH

Sperrung der protestantisch: Kirche zu Braunau. Siehe Cal.1791 pag:128

chen Städten gleich, weil sie die geistlichen Güter unter die Krongüter zählten. In der kleinen Stadt Klostergrab, die dem Erzbischof zu Prag, und in Braunau, welches dem Abt dieses Klosters angehörte, wurden von den protestantischen Untertanen eigenmächtig Kirchen aufgeführt und, ungeachtet des Widerspruchs ihrer Gutsherren und selbst der Mißbilligung des Kaisers, der Bau derselben vollendet.

Unterdessen hatte sich die Wachsamkeit der Defensoren in etwas gemindert, und der Hof glaubte, einen ernstlichen Schritt wagen zu können. Auf Befehl des Kaisers wurde die Kirche zu Klostergrab niedergerissen, die zu Braunau gewaltsam gesperrt und die unruhigsten Köpfe unter den Bürgern ins Gefängnis geworfen. Eine allgemeine Bewegung unter den Protestanten war die Folge dieses Schrittes; man schrie über Verletzung des Majestätsbriefs, und der Graf von Thurn, von Rachgier beseelt und durch sein Defensor-Amt noch mehr aufgefordert, zeigte sich besonders geschäftig, die Gemüter zu erhitzen. Aus allen Kreisen des Königreichs wurden auf seinen Antrieb Deputierte nach Prag gerufen, um dieser gemeinschaftlichen Gefahr wegen die nötigen Maßregeln zu nehmen. Man kam überein, eine Supplik an den Kaiser aufzusetzen und auf Loslassung der Gefangenen zu dringen. Die Antwort des Kaisers, schon darum von den Ständen sehr übel aufgenommen, weil sie nicht an sie selbst, sondern an seine Statthalter gerichtet war, verwies ihnen ihr Betragen als gesetzwidrig und rebellisch, rechtfertigte den Vorgang in Klostergrab und Braunau durch einen kaiserlichen Befehl und enthielt einige Stellen, welche drohend gedeutet werden konnten. Der Graf von Thurn unterließ nicht, den schlimmen Eindruck zu vermehren, den dieses kaiserliche Schreiben unter den versammelten Ständen machte. Er zeigte ihnen die Gefahr, worin alle Teilnehmer an dieser Bittschrift schwebten, und wußte sie durch Erbitterung und Furcht zu gewaltsamen Entschließungen hinzureißen. Sie unmittelbar gegen den Kaiser zu empören, wäre jetzt noch ein zu gewagter Schritt gewesen. Nur von Stufe zu Stufe führte er sie an dieses unvermeidliche Ziel. Er fand daher für gut, ihren Unwillen zuerst auf die Räte des Kaisers abzuleiten, und verbreitete zu dem Ende die Meinung, daß das kaiserliche Schreiben in der Statthalterei zu Prag aufgesetzt und nur zu Wien unterschrieben worden sei. Unter den kaiserlichen Statthaltern waren der Kammerpräsident *Slawata* und der an Thurns Statt zum Burggrafen von Karlstein erwählte Freiherr von *Martinitz* das Ziel des allgemeinen Hasses. Beide hatten den protestantischen Ständen schon ehedem ihre feindseligen Gesinnungen dadurch ziemlich laut an den Tag gelegt, daß sie allein sich geweigert hatten, der Sitzung beizuwohnen, in welcher der Majestätsbrief in das böhmische Landrecht eingetragen ward. Schon damals drohte man ihnen, sie für jede künftige Verletzung des Majestätsbriefes verantwortlich zu machen, und was von dieser Zeit an den Protestanten Schlimmes widerfuhr, wurde, und zwar nicht ohne Grund, auf ihre Rechnung geschrieben. Unter allen katholischen Gutsbesitzern waren diese beiden gegen ihre protestantischen Untertanen am härtesten verfahren. Man beschuldigte sie, daß sie diese mit Hunden in die Messe hetzen ließen und durch Versagung der Taufe, der Heiraten und Begräbnisse zum Papsttum zu zwingen suchten. Gegen zwei so verhaßte Häupter war der Zorn der Nation leicht entflammt, und man bestimmte sie dem allgemeinen Unwillen zum Opfer.

Am 23. Mai 1618 erschienen die Deputierten bewaffnet und in zahlreicher Begleitung auf dem königlichen Schloß und drangen mit Ungestüm in den Saal, wo die Statthalter Sternberg, Martinitz, Lobkowitz und Slawata versammelt waren. Mit drohendem Tone verlangten sie eine Erklärung von jedem einzelnen, ob er an dem kaiserlichen Schreiben

Graf v. Thurn:
Werft sie zum Fenster hinaus!

einen Anteil gehabt und seine Stimme dazu gegeben. Mit Mäßigung empfing sie Sternberg; Martinitz und Slawata antworteten trotzig. Dieses bestimmte ihr Geschick. Sternberg und Lobkowitz, weniger gehaßt und mehr gefürchtet, wurden beim Arme aus dem Zimmer geführt, und nun ergriff man Slawata und Martinitz, schleppte sie an ein Fenster und stürzte sie achtzig Fuß tief in den Schloßgraben hinunter. Den Sekretär Fabricius, eine Kreatur von beiden, schickte man ihnen nach. Über eine so seltsame Art zu exequieren verwunderte sich die ganze gesittete Welt, wie billig; die Böhmen entschuldigten sie als einen landüblichen Gebrauch und fanden an dem ganzen Vorfalle nichts wunderbar, als daß man von einem so hohen Sprunge so gesund wieder aufstehen konnte. Ein Misthaufen, auf den die kaiserliche Statthalterschaft zu liegen kam, hatte sie vor Beschädigung gerettet.

Es war nicht zu erwarten, daß man sich durch diese rasche Exekution in der Gnade des Kaisers sehr verbessert haben würde; aber eben dahin hatte der Graf von Thurn die Stände gewollt. Hatten sich diese, aus Furcht einer noch ungewissen Gefahr, eine solche Gewalttätigkeit erlaubt, so mußte jetzt die gewisse Erwartung der Strafe und das dringender gewordene Bedürfnis der Sicherheit sie noch tiefer hineinreißen. Durch diese brutale Handlung der Selbsthilfe war der Unentschlossenheit und Reue jeder Rückweg versperrt, und ein einzelnes Verbrechen schien nur durch eine Kette von Gewalttaten ausgesöhnt werden zu können. Da die Tat selbst nicht ungeschehen zu machen war, so mußte man die strafende Macht entwaffnen. Dreißig Direktoren wurden ernannt, den Aufstand gesetzmäßig fortzuführen. Man bemächtigte sich aller Regierungsgeschäfte und aller königlichen Gefälle, nahm alle königlichen Beamten und Soldaten in Pflichten und ließ ein Aufgebot an die ganz böhmische Nation ergehen, sich der gemeinschaftlichen Sache anzunehmen. Die Jesuiten, welche der allgemeine Haß als die Urheber aller bisherigen Unterdrückungen anklagte, wurden aus dem ganzen Königreiche verbannt, und die Stände fanden für nötig, sich dieses harten Schlusses wegen in einem eignen Manifest zu verantworten. Alle diese Schritte geschahen zur Aufrechthaltung der königlichen Macht und der Gesetze – die Sprache aller Rebellen, bis sich das Glück für sie entschieden hat.

Die Bewegungen, welche die Zeitung des böhmischen Aufstandes am kaiserlichen Hofe verursachte, waren bei weitem nicht so lebhaft, als eine solche Aufforderung es verdient hätte. Kaiser Matthias war der entschlossene Geist nicht mehr, der ehedem seinen König und Herrn mitten im Schoße seines Volks aufsuchen und von drei Thronen herunterstürzen konnte. Der zuversichtliche Mut, der ihn bei einer Usurpation beseelt hatte, verließ ihn bei einer rechtmäßigen Verteidigung. Die böhmischen Rebellen hatten sich zuerst bewaffnet, und die Natur der Dinge brachte es mit sich, daß er folgte. Aber er konnte nicht hoffen, den Krieg in Böhmen einzuschließen – in allen Ländern seiner Herrschaft hingen die Protestanten durch eine gefährliche Sympathie zusammen –, die gemeinschaftliche Religionsgefahr konnte alle miteinander schnell zu einer furchtbaren Republik verknüpfen. Was hatte er einem solchen Feinde entgegenzusetzen, wenn der protestantische Teil seiner Untertanen sich von ihm trennte? Und erschöpften sich nicht beide Teile in einem so verderblichen Bürgerkriege? Was war nicht alles auf dem Spiele, wenn er unterläge, und wen anders als seine eignen Untertanen hätte er zugrunde gerichtet, wenn er siegte?

Überlegungen dieser Art stimmten den Kaiser und seine Räte zur Nachgiebigkeit und zu Gedanken des Friedens; aber eben in dieser Nachgiebigkeit wollten andre die Ursachen des Übels gefunden haben. Erzherzog Ferdinand von Graz wünschte dem Kaiser vielmehr zu einer Begebenheit Glück, die jede Gewalttat gegen die böhmischen Protestanten vor ganz Europa rechtfertigen würde. «Der Ungehorsam, hieß es, die Gesetzlosigkeit und der Aufruhr seien immer Hand in Hand mit dem Protestantismus gegangen. Alle Freiheiten, welche von ihm selbst und dem vorigen Kaiser den Ständen bewilligt worden, hätten keine andere Wirkung gehabt, als ihre Forderungen zu vermehren. Gegen die landesherrliche Gewalt seien alle Schritte der Ketzer gerichtet; stufenweise seien sie von Trotz zu Trotz bis zu diesem letzten Angriff hinaufgestiegen; in kurzem würden sie auch an die noch einzig übrige Person des Kaisers greifen. Alles, was man bis hieher von ihnen erlitten, sei eine gerechte göttliche Züchtigung für die Schonung, die man gegen seine schlimmsten Feinde bewiesen; ihr neuester Aufruhr ein ganz unverkennbares Werk des Himmels, um das Maß ihrer Vergehungen voll zu machen und die Geduld der Regierungen zu erschöpfen. In den Waffen allein sei Hilfe gegen einen solchen Feind – Ruhe und Unterwerfung nur über den Trümmern ihrer gefährlichen Privilegien –, nur in dem völligen Untergange dieser Sekte Sicherheit für den katholischen Glauben. Ungewiß zwar sei der Ausgang des Krieges, aber *gewiß* das Verderben bei Unterlassung desselben. Die eingezogenen Güter der Rebellen würden die Unkosten reichlich erstatten, und der Schrecken der Hinrichtungen die übrigen Landstände künftig einen schnellern Gehorsam lehren.» – War es den böhmischen Protestanten zu verdenken, wenn sie sich gegen die Wirkungen solcher Grundsätze in Zeiten verwahrten? – Und auch nur gegen den Thronfolger des Kaisers, nicht gegen ihn selbst, der nichts getan hatte, die Besorgnisse der Protestanten zu rechtfertigen, war der böhmische Aufstand gerichtet. Jenem den Weg zu dem böhmischen Throne zu verschließen, ergriff man die Waffen schon unter Matthias, aber solange dieser Kaiser lebte, wollte man sich in den Schranken einer scheinbaren Unterwürfigkeit halten.

Aber die Böhmen hatten zu den Waffen gegriffen, und unbewaffnet durfte ihnen der Kaiser nicht einmal den Frieden anbieten. Spanien schoß Geld zu der Rüstung her und versprach, Truppen von Italien und den Niederlanden aus zu schicken. Zum Generalissimus ernannte man den Grafen von Buquoy, einen Niederländer, weil keinem Eingebornen zu trauen war, und Graf Dampierre, ein andrer Ausländer, kommandierte unter seinen Befehlen. Ehe sich diese Armee in Bewegung setzte, versuchte der Kaiser den Weg der Güte durch ein vorausgeschicktes Manifest. In diesem erklärte er den Böhmen: «daß der Majestätsbrief ihm heilig sei, daß er nie etwas gegen ihre Religion oder ihre Privilegien beschlossen, daß selbst seine jetzige Rüstung ihm durch die ihrige sei abgedrungen worden. Sobald die Nation die Waffen von sich lege, würde auch Er sein Heer verabschieden.» Aber dieser gnädige Brief verfehlte seine Wirkung – weil die Häupter des Aufruhrs für ratsam fanden, den guten Willen des Kaisers dem Volke zu verbergen. Anstatt desselben verbreiteten sie auf den Kanzeln und in fliegenden Blättern die giftigsten Gerüchte und ließen das hintergangene Volk vor Bartholomäusnächten zittern, die nirgends als in ihrem Kopfe existierten. Ganz Böhmen, mit Ausnahme dreier Städte, *Budweis, Krumau* und *Pilsen,* nahm teil an dem Aufruhr. Diese drei Städte, größtenteils katholisch, hatten allein den Mut, bei diesem allgemeinen Abfalle dem Kaiser treu zu bleiben, der ihnen Hilfe versprach. Aber dem Grafen von Thurn konnte es nicht entgehen, wie gefährlich es wäre, drei Plätze von solcher Wichtigkeit in feindlichen Händen zu lassen, die den kaiserlichen Waffen zu jeder Zeit den Eingang in das Königreich offen hielten. Mit schneller

Entschlossenheit erschien er vor Budweis und Krumau und hoffte beide Plätze durch Schrecken zu überwältigen. Krumau ergab sich ihm, aber von Budweis wurden alle seine Angriffe standhaft zurückgeschlagen.

Und nun fing auch der Kaiser an, etwas mehr Ernst und Tätigkeit zu zeigen. Buquoy und Dampierre fielen mit zwei Heeren ins böhmische Gebiet und fingen an, es feindselig zu behandeln. Aber die kaiserlichen Generale fanden den Weg nach Prag schwerer, als sie erwartet hatten. Jeder Paß, jeder nur irgend haltbare Ort mußte mit dem Degen geöffnet werden, und der Widerstand mehrte sich mit jedem neuen Schritte, den sie machten, weil die Ausschweifungen ihrer Truppen, meistens Ungarn und Wallonen, den Freund zum Abfall und den Feind zur Verzweiflung brachten. Aber auch noch dann, als seine Truppen schon in Böhmen vordrangen, fuhr der Kaiser fort, den Ständen den Frieden zu zeigen und zu einem gütlichen Vergleich die Hände zu bieten. Neue Aussichten, die sich ihnen auftaten, erhoben den Mut der Rebellen. Die Stände von Mähren ergriffen ihre Partei, und aus Deutschland erschien ihnen in der Person des Grafen von Mansfeld ein ebenso unverhoffter als tapferer Beschützer.

Die Häupter der evangelischen Union hatten den bisherigen Bewegungen in Böhmen schweigend, aber nicht müßig zugesehen. Beide kämpften für dieselbe Sache, gegen denselben Feind. In dem Schicksale der Böhmen ließen sie ihre Bundsverwandten ihr eigenes Schicksal lesen, und die Sache dieses Volks wurde von ihnen als die heiligste Angelegenheit des deutschen Bundes abgeschildert. Diesem Grundsatz getreu, stärkten sie den Mut der Rebellen durch Beistandsversprechungen, und ein glücklicher Zufall setzte sie instand, dieselben unverhofft in Erfüllung zu bringen.

Graf Peter Ernst von Mansfeld, der Sohn eines verdienstvollen österreichischen Dieners, Ernsts von Mansfeld, der die spanische Armee in den Niederlanden eine Zeitlang mit vielem Ruhme befehligt hatte, wurde das Werkzeug, das österreichische Haus in Deutschland zu demütigen. Er selbst hatte dem Dienste dieses Hauses seine ersten Feldzüge gewidmet und unter den Fahnen Erzherzog Leopolds in Jülich und im Elsaß gegen die protestantische Religion und die deutsche Freiheit gefochten. Aber unvermerkt von den Grundsätzen dieser Religion oder vielmehr von der Gesetzlosigkeit, wozu sie ihm ihren Namen leihen konnte, gewonnen, verließ er einen Chef, dessen Eigennutz ihm die geforderte Entschädigung für den in seinem Dienste gemachten Aufwand versagte, und widmete der evangelischen Union seinen Eifer und einen siegreichen Degen. Es fügte sich eben, daß der Herzog von Savoyen, ein Alliierter der Union, in einem Kriege gegen Spanien ihren Beistand verlangte. Sie überließ ihm ihre neue Eroberung, und Mansfeld bekam den Auftrag von seinem neuen Gebieter, ein Heer von 4000 Mann, zum Gebrauch und auf Kosten des Herzogs, in Deutschland bereitzuhalten. Dieses Heer stand eben marschfertig da, als das Kriegsfeuer in Böhmen auflöderte, und der Herzog, der gerade jetzt keiner Verstärkung bedurfte, überließ es der Union zu freiem Gebrauche. Nichts konnte dieser willkommener sein, als ihren Bundesgenossen in Böhmen auf fremde Kosten zu dienen. Sogleich erhielt Graf Mansfeld Befehl, diese 4000 Mann in das Königreich zu führen, und eine vorgegebene böhmische Bestallung mußte den Augen der Welt die wahren Urheber seiner Rüstung verbergen.

Dieser Mansfeld zeigte sich jetzt in Böhmen und faßte durch Einnahme der festen und kaiserlich gesinnten Stadt Pilsen in diesem Königreiche festen Fuß. Der Mut der Rebellen wurde noch durch einen andern Sukkurs aufgerichtet, den die schlesischen Stände ihnen zu Hilfe schickten. Zwischen diesen und den kaiserlichen Truppen kam es nun zu wenig entscheidenden, aber desto verheerendern Gefechten, welche einem ernstlichen Kriege zum Vorspiele dienten. Um die Lebhaftigkeit seiner Kriegsoperationen zu schwächen, unterhandelte man mit dem Kaiser und ließ sich sogar die angebotene sächsische Vermittlung gefallen. Aber ehe der Ausgang beweisen konnte, wie wenig aufrichtig man verfuhr, raffte der Tod den Kaiser von der Szene.

Was hatte Matthias nun getan, um die Erwartungen der Welt zu rechtfertigen, die er durch den Sturz seines Vorgängers herausgefordert hatte? War es der Mühe wert, den Thron Rudolfs durch ein Verbrechen zu besteigen, um ihn so schlecht zu besitzen und mit so wenig Ruhm zu verlassen? Solange Matthias König war, büßte er für die Unklugheit, durch die er es geworden. Einige Jahre früher sie zu tragen, hatte er die ganze Freiheit seiner Krone verscherzt. Was ihm die vergrößerte Macht der Stände an Selbsttätigkeit noch übrig ließ, hielten seine eignen Agnaten unter einem schimpflichen Zwange. Krank und kinderlos, sah er die Aufmerksamkeit der Welt einem stolzen Erben entgegeneilen, der ungeduldig dem Schicksal vorgriff und in des Greisen absterbender Regierung schon die seinige eröffnete.

Mit Matthias war die regierende Linie des deutschen Hauses Österreich so gut als erloschen; denn von allen Söhnen Maximilians lebte nur noch der einzige kinderlose und schwächliche Erzherzog Albrecht in den Niederlanden, der aber seine nähern Rechte auf diese Erbschaft an die Gräzische Linie abgetreten hatte. Auch das spanische Haus hatte sich in einem geheimen Reverse aller seiner Ansprüche auf die österreichischen Besitzungen zum Vorteil des Erzherzogs Ferdinand von Steiermark begeben, in welchem nunmehr der Habsburgische Stamm in Deutschland frische Zweige treiben und die ehemalige Größe Österreichs wieder aufleben sollte.

Ferdinand hatte den jüngsten Bruder Kaiser Maximilians des Zweiten, Erzherzog Karl von Krain, Kärnten und Steiermark, zum Vater, zur Mutter eine Prinzessin von Bayern. Da er den ersten schon im zwölften Jahre verlor, so übergab ihn die Erzherzogin der Aufsicht ihres Bruders, des Herzogs Wilhelm von Bayern, unter dessen Augen er auf der Akademie zu Ingolstadt durch Jesuiten erzogen und unterrichtet wurde. Was für Grundsätze er aus dem Umgang eines Fürsten schöpfen mußte, der sich Andachts wegen der Regierung entschlagen, ist nicht schwer zu begreifen. Man zeigte ihm auf der einen Seite die Nachsicht der Maximilianischen Prinzen gegen die Anhänger der neuen Lehre und die Verwirrung in ihren Landen; auf der andern den Segen Bayerns und den unerbittlichen Religionseifer seiner Beherrscher; zwischen diesen beiden Mustern ließ man ihn wählen.

In dieser Schule zu einem mannhaften Streiter für Gott, zu einem rüstigen Werkzeuge der Kirche zubereitet, verließ er Bayern nach einem fünfjährigen Aufenthalte, um die Regierung seiner Erbländer zu übernehmen. Die Stände von Krain, Kärnten und Steiermark, welche vor Ablegung ihres Huldigungseides die Bestätigung ihrer Religionsfreiheit forderten, erhielten zur Antwort, daß die Religionsfreiheit mit der Huldigung nichts zu tun habe. Der Eid wurde ohne Bedingung gefordert und auch wirklich geleistet. Mehrere Jahre gingen hin, ehe die Unternehmung, wozu in Ingolstadt der Entwurf gemacht worden, zur Ausführung reif schien. Ehe Ferdinand mit derselben ans Licht trat, holte er erst selbst in Person zu Loretto die Gnade der Jungfrau Maria und zu den Füßen Clemens' des Achten in Rom den apostolischen Segen.

Es galt aber auch nichts Geringeres, als den Protestantismus aus einem Distrikte zu vertreiben, wo er die überlegene Anzahl auf seiner Seite hatte und durch eine förmliche Duldungsakte, welche Ferdinands Vater dem Herren- und Ritterstande dieser Länder bewilligt hatte, gesetzmäßig geworden war. Eine so feierlich ausgestellte Bewilligung konnte ohne Gefahr nicht zurückgenommen werden; aber den frommen Zögling der Jesuiten schreckte keine Schwierigkeit zurück. Das Beispiel der übrigen, sowohl katholischen als protestantischen Reichsstände, welche das Reformationsrecht in ihren Ländern als ein landesherrliche Regale ohne Widerspruch ausgeübt, und die Mißbräuche, welche die steierischen Stände von ihrer Religionsfreiheit gemacht hatten, mußten dieser Gewalttätigkeit zur Rechtfertigung dienen. Unter dem Schutz eines ungereimten positiven Gesetzes glaubte man ohne Scheu das Gesetz der Vernunft und Billigkeit verhöhnen zu dürfen. Bei dieser ungerechten Unternehmung zeigte Ferdinand übrigens einen bewundernswürdigen Mut, eine lobenswerte Standhaftigkeit. Ohne Geräusch, und man darf hinzusetzen, ohne Grausamkeit, unterdrückte er den protestantischen Gottesdienst in einer Stadt nach der andern, und in wenigen Jahren war dieses gefahrvolle Werk zum Erstaunen des ganzen Deutschlands vollendet.

Aber indem die Katholischen den Helden und Ritter ihrer Kirche in ihm bewunderten, fingen die Protestanten an, sich gegen ihn als ihren gefährlichsten Feind zu rüsten. Nichtsdestoweniger fand das Gesuch des Matthias, ihm die Nachfolge zuzuwenden, in den Wahlstaaten Österreichs keinen oder nur einen sehr geringen Widerspruch, und selbst die Böhmen krönten ihn, unter sehr annehmlichen Bedingungen, zu ihrem künftigen König. Später erst, nachdem sie den schlimmen Einfluß seiner Ratschläge auf die Regierung des Kaisers erfahren hatten, wachten ihre Besorgnisse auf; und verschiedne handschriftliche Aufsätze von ihm, die ein böser Wille in ihre Hände spielte und die seine Gesinnungen nur zu deutlich verrieten, trieben ihre Furcht aufs höchste. Besonders entrüstete sie ein geheimer Familienvertrag mit Spanien, worin Ferdinand dieser Krone, nach Abgang männlicher Erben, das Königreich Böhmen verschrieben hatte, ohne die Nation erst zu hören, ohne die Wahlfreiheit ihrer Krone zu achten. Die vielen Feinde, welche sich dieser Prinz durch seine Reformation in Steiermark unter den Protestanten überhaupt gemacht hatte, taten ihm bei den Böhmen die schlimmsten Dienste; und besonders zeigten sich einige dahin geflüchtete steiermärkische Emigranten, welche ein racherfülltes Herz in ihr neues Vaterland mitbrachten, geschäftig, das Feuer der Empörung zu nähren. In so widriger Stimmung fand König Ferdinand die böhmische Nation, als Kaiser Matthias ihm Platz machte.

Ein so schlimmes Verhältnis zwischen der Nation und dem Thronkandidaten würde auch bei der ruhigsten Thronfolge Stürme erweckt haben – wieviel mehr aber jetzt im vollen Feuer des Aufruhrs, jetzt, da die Nation ihre Majestät zurückgenommen hatte und in den Zustand des natürlichen Rechts zurückgetreten war, jetzt, da sie die Waffen in Händen hatte, da durch das Gefühl ihrer Einigkeit ein begeisterndes Selbstvertrauen in ihr erwacht, ihr Mut durch die glücklichsten Erfolge, durch fremde Beistandsversprechungen und schwindlichte Hoffnungen zur festesten Zuversicht erhoben war? Uneingedenk des an Ferdinand bereits übertragenen Rechts, erklärten die Stände ihren Thron für erledigt, ihre Wahl für völlig ungebunden. Zu einer friedlichen Unterwerfung war kein Anschein vorhanden, und wollte sich Ferdinand im Besitz der böhmischen Krone sehn, so hatte er die Wahl, sie entweder mit allem dem zu erkaufen, was eine Krone wünschenswert macht, oder mit dem Schwert in der Hand zu erobern.

Aber mit welchen Hilfsmitteln sie erobern? Auf welches seiner Länder er seine Augen kehrte, stand alles in hellen Flammen. Schlesien war in den böhmischen Aufstand zugleich mit hineingerissen; Mähren war im Begriff, diesem Beispiel zu folgen. In Ober- und Unterösterreich regte sich, wie unter Rudolf, der Geist der Freiheit, und kein Landstand wollte huldigen. Ungarn bedrohte der Fürst Bethlen Gabor von Siebenbürgen mit einem Überfall; eine geheimnisvolle Rüstung der Türken erschreckte alle östlich gelegenen Provinzen; damit das Bedrängnis vollkommen würde, so mußten auch, von dem allgemeinen Beispiel geweckt, die Protestanten in seinen väterlichen Erbstaaten ihr Haupt erheben. In diesen Ländern war die Zahl der Protestanten überwiegend, in den meisten hatten sie die Einkünfte im Besitz, mit denen Ferdinand seinen Krieg führen sollte. Die Neutralen fingen an zu wanken, die Getreuen zu verzagen, nur die Schlimmgesinnten hatten Mut; die eine Hälfte von Deutschland winkte den Rebellen Ermunterung, die andre erwartete müßig den Ausschlag; spanische Hilfe stand noch in fernen Landen. Der Augenblick, der ihm alles brachte, drohte ihm alles zu entreißen; am Ziele seiner Hoffnungen, an der Schwelle der Größe und des Glücks erwartete ihn der rächende Genius der beleidigten Freiheit.

Was er auch jetzt, von dem harten Gesetz der Not unterjocht, den böhmischen Rebellen anbietet – alle seine Vorschläge zum Frieden werden mit Übermut verschmäht. An der Spitze eines Heeres zeigt sich der Graf von Thurn schon in Mähren, diese einzige noch wankende Provinz zur Entscheidung zu bringen. Die Erscheinung der Freunde gibt den mährischen Protestanten das Signal der Empörung. Brünn wird erobert, das übrige Land folgt freiwillig nach; in der ganzen Provinz ändert man Religion und Regierung. Wachsend in seinem Laufe, stürzt der Rebellenstrom in Oberösterreich, wo eine gleichgesinnte Partei ihn mit freudigem Beifall empfängt. «Kein Unterschied der Religion soll mehr sein, gleiche Rechte für alle christlichen Kirchen. – Man habe gehört, daß fremdes Volk in dem Lande geworben werde, die Böhmen zu unterdrücken. Dieses suche man auf, und bis nach Jerusalem werde man den Feind der Freiheit verfolgen.» – Kein Arm wird gerührt, den Erzherzog zu verteidigen; endlich lagern sich die Rebellen vor Wien, ihren Herrn zu belagern.

Seine Kinder hatte Ferdinand von Graz, wo sie ihm nicht mehr sicher waren, nach Tirol geflüchtet; er selbst erwartete in seiner Kaiserstadt den Aufruhr. Eine Handvoll Soldaten war alles, was er dem wütenden Schwarme entgegenstellen konnte. Diesen wenigen fehlte der gute Wille, weil es an Sold und selbst an Brot fehlte. Auf eine lange Belagerung war Wien nicht bereitet. Die Partei der Protestanten, jeden Augenblick bereit, sich an die Böhmen anzuschließen, war in der Stadt die überwiegende; die auf dem Lande zogen schon Truppen gegen ihn zusammen. Schon sah der protestantische Pöbel den Erzherzog in einem Mönchskloster eingesperrt, seine Staaten geteilt, seine Kinder protestantisch erzogen. Heimlichen Feinden anvertraut und von öffentlichen umgeben, sah er jeden Augenblick den Abgrund sich öffnen, der alle seine Hoffnungen, der ihn selbst verschlingen sollte. Die böhmischen Kugeln flogen in die kaiserliche Burg, wo sechzehn österreichische Baronen sich in sein Zimmer drängten, mit Vorwürfen in ihn stürmten und zu einer Konföderation mit den Böhmen seine Einwilligung zu ertrotzen strebten. Einer von diesen ergriff ihn bei den Knöpfen seines Wams. «Ferdinand!» schnaubte er ihn an, «wirst du unterschreiben?»

Wem hätte man es nicht verziehen, in dieser schrecklichen Lage gewankt zu haben? – Ferdinand dachte nach, wie er römischer Kaiser werden wollte. Nichts schien ihm übrig zu sein als schnelle Flucht oder Nachgiebigkeit; zu jener rieten Männer – zu dieser katholische Priester. Verließ er die Stadt, so fiel sie in Feindes Hände; mit Wien war Österreich, mit Österreich der Kaiserthron verloren. Ferdinand verließ seine Hauptstadt nicht und wollte ebenso wenig von Bedingungen hören. Die Jesuiten, muß man gestehn, hatten ihren Aberglauben in die Brust eines Helden gesät, und der gelehrige Zögling bestand in der Probe.

Der Erzherzog war noch im Wortwechsel mit den deputierten Baronen, als auf einmal Trompetenschall den Burgplatz erfüllte. Unter den Anwesenden wechseln Furcht und Erstaunen – ein erschreckendes Gerücht durchläuft die Burg – ein Deputierter nach dem andern verschwindet. Viele von Adel und der Bürgerschaft hörte man eilfertig in das Thurnische Lager fliehen. Diese schnelle Veränderung wirkte ein Regiment Dampierrischer Kürassiere, welches in diesem wichtigen Augenblick in die Stadt einrückte, den Erzherzog zu verteidigen. Bald folgte auch Fußvolk nach; viele katholische Bürger, durch diese Erscheinung mit neuem Mut belebt, und die Studierenden selbst ergriffen die Waffen. Eine Nachricht, die soeben aus Böhmen einlief, vollendete seine Errettung. Der niederländische General Buquoy hatte den Grafen Mansfeld bei Budweis aufs Haupt geschlagen und war im Anzuge gegen Prag. Eilfertig brachen die Böhmen ihre Gezelte ab, um ihre Hauptstadt zu entsetzen.

Und jetzt waren auch die Pässe wieder frei, die der Feind besetzt gehalten, um Ferdinanden den Weg nach Frankfurt zur Kaiserwahl zu verlegen. Wenn es dem König von Ungarn für seinen ganzen Plan wichtig war, den deutschen Thron zu besteigen, so war es jetzt um so wichtiger, da seine Ernennung zum Kaiser das unverdächtigste und entscheidendste Zeugnis für die Würdigkeit seiner Person und die Gerechtigkeit seiner Sache ablegte und ihm zugleich zu einem Beistande des Reichs Hoffnung machte. Aber dieselbe Kabale, welche ihn in seinen Erbstaaten verfolgte, arbeitete ihm auch bei seiner Bewerbung um die Kaiserwürde entgegen. Kein österreichischer Prinz sollte den deutschen Thron mehr besteigen, am wenigsten aber Ferdinand, der entschlossene Verfolger ihrer Religion, der Sklave Spaniens und der Jesuiten. Dieses zu verhindern, hatte man noch bei Lebzeiten des Matthias dem Herzog von Bayern und, nach der Weigerung desselben, dem Herzog von Savoyen die deutsche Krone angetragen. Da man mit dem letztern über die Bedingungen nicht so leicht einig werden konnte, so suchte man wenigstens die Wahl aufzuhalten, bis ein entscheidender Streich in Böhmen oder Österreich alle Hoffnungen Ferdinands zugrunde gerichtet und ihn zu dieser Würde unfähig gemacht hätte. Die Unierten ließen nichts unversucht, Kursachsen, welches an das österreichische Interesse gefesselt war, gegen Ferdinand einzunehmen und diesem Hofe die Gefahr vorzustellen, womit die Grundsätze dieses Fürsten und seine spanischen Verbindungen die protestantische Religion und die Reichsverfassung bedrohten. Durch Erhebung Ferdinands auf den Kaiserthron, stellten sie weiter vor, würde Deutschland die Privatangelegenheiten dieses Prinzen zu den seinigen machen und die Waffen der Böhmen gegen sich reizen. Aber aller Gegenbemühungen ungeachtet, wurde der Wahltag ausgeschrieben, Ferdinand als rechtmäßiger König von Böhmen dazu berufen und seine Kurstimme, mit vergeblichem Widerspruch der böhmischen Stände, für gültig erkannt. Die drei geistlichen Kurstimmen waren sein, auch die sächsische war ihm günstig, die brandenburgische nicht entgegen, und die entschiedenste Mehrheit erklärte ihn 1619 zum Kaiser. So sah er die zweifelhafteste von allen seinen Kronen zuerst auf seinem Haupte, um wenige Tage nachher diejenige zu verlieren, welche er schon unter seine gewissen Besitzungen zählte. Während daß man ihn in Frankfurt zum Kaiser machte, stürzte man ihn in Prag von dem böhmischen Throne.

Fast alle seine deutschen Erbländer hatten sich unterdessen in einer allgemeinen furchtbaren Konföderation mit den Böhmen vereinigt, deren Trotz jetzt alle Schranken durchbrach. Am 17. August 1619 erklärten sie den Kaiser auf einer Reichsversammlung als den Feind der böhmischen Religion und Freiheit, der durch seine verderbliche Ratschläge den verstorbenen König gegen sie aufgewiegelt, zu ihrer Unterdrückung Truppen geliehen, Ausländern das Königreich zum Raube gegeben und es zuletzt gar, mit Verspottung ihrer Volksmajestät, in einem heimlichen Vertrag an die Spanier verschrieben, aller Ansprüche auf ihre Krone verlustig und schritten ohne Aufschub zu einer neuen Wahl, die angemaßte Wahlfreiheit sogleich durch ihre Ausübung zu bekräftigen. Da Protestanten diesen Ausspruch taten, so konnte die Wahl nicht wohl auf einen katholischen Prinzen fallen, obgleich zum Scheine, vielleicht um zwei Feinde weniger zu haben, für Bayern und Savoyen einige Stimmen gehört wurden. Aber der bittere Religionshaß, welcher die Evangelischen und Reformierten untereinander selbst entzweite, machte eine Zeitlang auch die Wahl eines protestantischen Königs schwer, bis endlich die Feinheit und Tätigkeit der Calvinisten über die überlegene Anzahl der Lutheraner den Sieg davontrug.

Unter allen Prinzen, welche zu dieser Würde in Vorschlag kamen, hatte sich Kurfürst Friedrich der Fünfte von der Pfalz die gegründetsten Ansprüche auf das Vertrauen und die Dankbarkeit der Böhmen erworben, und unter allen war keiner, bei welchem das Privatinteresse einzelner Stände und die Zuneigung des Volks durch so viele Staatsvorteile gerechtfertigt zu werden schienen. Friedrich der

Fünfte war von einem freien und aufgeweckten Geist, vieler Herzensgüte, einer königlichen Freigebigkeit. Er war das Haupt der Reformierten in Deutschland, der Anführer der Union, deren Kräfte ihm zu Gebote standen, ein naher Anverwandter des Herzogs von Bayern, vor dessen gefährlichen Nachbarschaft er das Königreich vielleicht sicher stellte, ein Eidam des Königs von Großbritannien, der ihn mächtig unterstützen konnte. Alle diese Vorzüge wurden von der calvinistischen Partei mit dem besten Erfolge geltend gemacht, und die Reichsversammlung zu Prag wählte Friedrich den Fünften unter Gebet und Freudentränen zum König.

Alles, was auf dem Prager Reichstag geschah, war ein zu vorbereitetes Werk, und Friedrich selbst war bei der ganzen Verhandlung zu tätig gewesen, als daß er von dem Antrage der Böhmen hätte überrascht werden sollen. Dennoch erschreckte ihn der gegenwärtige Glanz dieser Krone, und die zweifache Größe des Verbrechens und des Glücks brachte seinen Kleinmut zum Zittern.

Nach der gewöhnlichen Art schwacher Seelen wollte er sich erst durch fremdes Urteil zu seinem Vorhaben stärken; aber es hatte keine Gewalt über ihn, wenn es gegen seine Leidenschaft ausfiel. Sachsen und Bayern, wo er Rat verlangt hatte, alle seine Mitkurfürsten, alle, welche diese Unternehmung mit seinen Fähigkeiten und Kräften abwogen, warnten ihn vor dem Abgrund, in den er sich stürze. Selbst König Jakob von England wollte seinem Eidam lieber eine Krone entrissen sehen, als die *geheiligte Majestät* der Könige durch ein so schlimmes Beispiel verletzen helfen. Aber was vermochte die Stimme der Klugheit gegen den mächtigen Zwang der Leidenschaft und Ehre? Im Augenblick ihrer höchsten Kraftäußerung, wo sie den geheiligten Zweig eines zweihundertjährigen Regentengeschlechts von sich stößt, wirft sich ihm eine freie Nation in die Arme; auf seinen Mut vertrauend, wählt sie *ihn* zu ihrem Führer auf der gefährlichen Bahn des Ruhms und der Freiheit; von *ihm,* ihrem gebornen Beschützer, erwartet eine unterdrückte Religion Schutz und Schirm gegen ihren Verfolger – soll er kleinmütig seine Furcht bekennen, soll er feigherzig Religion und Freiheit verraten? Eben diese Nation zeigt ihm die Überlegenheit ihrer Kräfte und die Ohnmacht ihres Feindes – zwei Dritteile der österreichischen Macht gegen Österreich bewaffnet und einen streitbaren Bundesgenossen von Siebenbürgen aus bereit, den schwachen Überrest dieser Macht noch durch einen feindlichen Angriff zu teilen. Jene Aufforderungen sollten seinen Ehrgeiz nicht wecken? diese Hoffnungen seinen Mut nicht entzünden?

Wenige Augenblicke gelassenen Nachdenkens würden hingereicht haben, ihm die Größe des Wagestücks und den geringen Wert des Preises zu zeigen – aber die Aufmunterung sprach zu seinen Sinnen und die Warnung nur zu seiner Vernunft. Es war ein Unglück, daß die zunächst ihn umgebenden und hörbarsten Stimmen die Partei seiner Leidenschaft nahmen. Diese Machtvergrößerung ihres Herrn öffnete dem Ehrgeiz und der Gewinnsucht aller seiner pfälzischen Diener ein unermeßliches Feld der Befriedigung. Dieser Triumph seiner Kirche mußte jeden calvinischen Schwärmer erhitzen. Konnte ein so schwacher Kopf den Vorspiegelungen seiner Räte widerstehen, die seine Hilfsmittel und Kräfte ebenso unmäßig übertrieben, als sie die Macht des Feindes heruntersetzten? Den Aufforderungen seiner Hofprediger, die ihm die Eingebungen ihres fanatischen Eifers als den Willen des Himmels verkündigten? Astrologische Träumereien erfüllten seinen Kopf mit schimärischen Hoffnungen; selbst durch den unwiderstehlichen Mund der Liebe bestürmte ihn die Verführung. «Konntest du dich vermessen», sagte die Kurfürstin zu ihm, «die Hand einer Königstochter anzunehmen, und dir bangt vor einer Krone, die man freiwillig dir entgegenbringt? Ich will lieber Brot essen an deiner königlichen Tafel, als an deinem kurfürstlichen Tische schwelgen.»

Friedrich nahm die böhmische Krone. Mit beispiellosem Pomp geschah zu Prag die königliche Krönung; die Nation stellte alle ihre Reichtümer aus, ihr eignes Werk zu ehren. Schlesien und Mähren, Nebenländer Böhmens, folgten dem Beispiele des Hauptstaats und huldigten. Die Reformation thronte in allen Kirchen des Königreichs, das Frohlocken war ohne Grenzen, die Freude an dem neuen König ging bis zur Anbetung. Dänemark und Schweden, Holland und Venedig, mehrere deutsche Staaten erkannten ihn als rechtmäßigen König; und Friedrich schickte sich nun an, seinen neuen Thron zu behaupten.

Auf den Fürsten Bethlen Gabor von Siebenbürgen war seine größte Hoffnung gerichtet. Dieser furchtbare Feind Österreichs und der katholischen Kirche, nicht zufrieden mit seinem Fürstentum, das er seinem rechtmäßigen Herrn, Gabriel Báthory, mit Hilfe der Türken entrissen hatte, ergriff mit Begierde diese Gelegenheit, sich auf Unkosten der österreichischen Prinzen zu vergrößern, die sich geweigert hatten, ihn als Herrn von Siebenbürgen anzuerkennen. Ein Angriff auf Ungarn und Österreich war mit den böhmischen Rebellen verabredet, und vor der Hauptstadt sollten beide Heere zusammenstoßen. Unterdessen verbarg Bethlen Gabor unter der Maske der Freundschaft den wahren Zweck seiner Kriegsrüstung und versprach voller Arglist dem Kaiser, durch eine verstellte Hilfleistung die Böhmen in die Schlinge zu locken und ihre Anführer ihm lebendig zu überliefern. Auf einmal aber stand er als Feind in Oberungarn; der Schrecken ging vor ihm her, hinter ihm die Verwüstung; alles unterwarf sich; zu Preßburg empfing

ERSTES BUCH

Du hast eine Königstochter geheurathet, und besinnest dich eine Krone anzunehmen?

er die ungarische Krone. Des Kaisers Bruder, Statthalter in Wien, zitterte für diese Hauptstadt. Eilfertig rief er den General Buquoy zu Hilfe; der Abzug der Kaiserlichen zog die böhmische Armee zum zweitenmal vor Wien. Durch 12000 Siebenbürgen verstärkt und bald darauf mit dem siegreichen Heere Bethlen Gabors vereinigt, drohte sie aufs neue, diese Hauptstadt zu überwältigen. Alles um Wien ward verwüstet, die Donau gesperrt, alle Zufuhr abgeschnitten, die Schrecken des Hungers stellten sich ein. Ferdinand, den diese dringende Gefahr eiligst in seine Hauptstadt zurückgeführt hatte, sah sich zum zweitenmal am Rande des Verderbens. Mangel und rauhe Witterung zogen endlich die Böhmen nach Hause, ein Verlust in Ungarn rief Bethlen Gaborn zurück; zum zweitenmal hatte das Glück den Kaiser gerettet.

In wenigen Wochen änderte sich nun alles, und durch seine staatskluge Tätigkeit verbesserte Ferdinand seine Sache in eben dem Maße, als Friedrich die seinige durch Saumseligkeit und schlechte Maßregeln herunterbrachte. Die Stände von Niederösterreich wurden durch Bestätigung ihrer Privilegien zur Huldigung gebracht und die wenigen, welche ausblieben, der beleidigten Majestät und des Hochverrats schuldig erklärt. So faßte der Kaiser in einem seiner Erblande wieder festen Fuß, und zugleich wurde alles in Bewegung gesetzt, sich auswärtiger Hilfe zu versichern. Schon bei der Kaiserwahl zu Frankfurt war es ihm durch mündliche Vorstellungen gelungen, die geistlichen Kurfürsten, und zu München den Herzog Maximilian von Bayern für seine Sache zu gewinnen. Auf dem Anteil, den die Union und Ligue an dem böhmischen Kriege nahmen, beruhte der ganze Ausschlag dieses Krieges, das Schicksal Friedrichs und des Kaisers. Dem ganzen protestantischen Deutschland schien es wichtig zu sein, den König von Böhmen zu unterstützen; den Kaiser nicht unterliegen zu lassen, schien das Interesse der katholischen Religion zu erheischen. Siegten die Protestanten in Böhmen, so hatten alle katholischen Prinzen in Deutschland für ihre Besitzungen zu zittern; unterlagen sie, so konnte der Kaiser dem protestantischen Deutschland Gesetze vorschreiben. Ferdinand setzte also die Ligue, Friedrich die Union in Bewegung. Das Band der Verwandtschaft und persönliche Anhänglichkeit an den Kaiser, seinen Schwager, mit dem er in Ingolstadt aufgewachsen war, Eifer für die katholische Religion, die in der augenscheinlichsten Gefahr zu schweben schien, die Eingebungen der Jesuiten, verbunden mit den verdächtigen Bewegungen der Union, bewogen den Herzog von Bayern und alle Fürsten der Ligue, die Sache Ferdinands zu der ihrigen zu machen.

Nach einem mit dem letztern geschlossenen Vertrage, welcher ihm den Ersatz aller Kriegsunkosten und aller zu erleidenden Verluste versicherte, übernahm Maximilian mit uneingeschränkter Gewalt das Kommando der ligistischen Truppen, welche dem Kaiser gegen die böhmischen Rebellen zu Hilfe eilen sollten.

Die Häupter der Union, anstatt diese gefährliche Vereinigung der Ligue mit dem Kaiser zu hintertreiben, wendeten vielmehr alles an, sie zu beschleunigen. Konnten sie die katholische Ligue zu einem erklärten Anteil an dem böhmischen Kriege vermögen, so hatten sie sich von allen Mitgliedern und Alliierten der Union das nämliche zu versprechen. Ohne einen öffentlichen Schritt der Katholischen gegen die Union war keine Machtvereinigung unter den Protestanten zu hoffen. Sie erwählten also den bedenklichen Zeitpunkt der böhmischen Unruhen, eine Abstellung aller bisherigen Beschwerden und eine vollkommene Religionsversicherung von den Katholischen zu fordern. Diese Forderung, welche in einem drohenden Tone abgefaßt war, richteten sie an den Herzog von Bayern als das Haupt der

Katholischen und drangen auf eine schnelle unbedingte Erklärung. Maximilian mochte sich nun *für* oder *wider* sie entscheiden, so war ihre Absicht erreicht: seine Nachgiebigkeit beraubte die katholische Partei ihres mächtigsten Beschützers; seine Widersetzung bewaffnete die ganze protestantische Partei und machte den Krieg unvermeidlich, durch welchen sie zu gewinnen hofften. Maximilian, durch so viele andre Beweggründe ohnehin auf die entgegengesetzte Seite gezogen, nahm die Aufforderung der Union als eine förmliche Kriegserklärung auf, und die Rüstung wurde beschleunigt. Währenddem, daß Bayern und die Ligue sich für den Kaiser bewaffneten, wurde auch mit dem spanischen Hofe wegen Subsidien unterhandelt. Alle Schwierigkeiten, welche die schläfrige Politik des Ministeriums diesem Gesuche entgegensetzte, überwand der kaiserliche Gesandte in Madrid, Graf von Khevenhiller, glücklich. Außer einem Geldvorschuß von einer Million Gulden, welche man diesem Hofe nach und nach zu entlocken wußte, ward noch zugleich ein Angriff auf die untere Pfalz, von den spanischen Niederlanden aus, beschlossen.

Indem man alle katholischen Mächte in das Bündnis zu ziehen suchte, arbeitete man zu gleicher Zeit dem Gegenbündnis der protestantischen auf das nachdrücklichste entgegen. Es kam darauf an, dem Kurfürsten von Sachsen und mehreren evangelischen Ständen die Besorgnisse zu benehmen, welche die Union ausgestreut hatte, daß die Rüstung der Ligue darauf abgesehen sei, ihnen die säkularisierten Stifter wieder zu entreißen. Eine schriftliche Versicherung des Gegenteils beruhigte den Kurfürsten von Sachsen, den die Privateifersucht gegen Pfalz, die Eingebungen seines Hofpredigers, der von Österreich erkauft war, und der Verdruß, von den Böhmen bei der Königswahl übergangen worden zu sein, ohnehin schon auf österreichische Seite neigten. Nimmer konnte es der lutherische Fanatismus dem reformierten vergeben, daß so viele edle Länder, wie man sich ausdrückte, dem Calvinismus in den Rachen fliegen und der *römische* Antichrist nur dem *helvetischen* Platz machen sollte.

Indem Ferdinand alles tat, seine mißlichen Umstände zu verbessern, unterließ Friedrich nichts, seine gute Sache zu verschlimmern. Durch ein anstößiges enges Bündnis mit dem Fürsten von Siebenbürgen, dem offenbaren Alliierten der Pforte, ärgerte er die schwachen Gemüter, und das allgemeine Gerücht klagte ihn an, daß er auf Unkosten der Christenheit seine eigne Vergrößerung suche, daß er die Türken gegen Deutschland bewaffnet habe. Sein unbesonnener Eifer für die calvinische Religion brachte die Lutheraner in Böhmen, sein Angriff auf die Bilder die Papisten dieses Königreichs gegen ihn auf. Neue drückende Auflagen entzogen ihm die Liebe des Volks. Die fehlgeschlagene Erwartung der böhmischen Großen erkältete ihren Eifer, das Ausbleiben fremden Beistandes stimmte ihre Zuversicht herab. Anstatt sich mit unermüdetem Eifer der Reichsverwaltung zu widmen, verschwendete Friedrich seine Zeit in Ergötzlichkeiten; anstatt durch eine weise Sparsamkeit seinen Schatz zu vergrößern, zerstreute er in unnützem theatralischem Prunk und übel angewandter Freigebigkeit die Einkünfte seiner Länder. Mit sorglosem Leichtsinn bespiegelte er sich in seiner neuen Würde, und über dem unzeitigen Bestreben, seiner Krone froh zu werden, vergaß er die dringendere Sorge, sie auf seinem Haupte zu befestigen.

So sehr man sich in *ihm* geirrt hatte, so unglücklich hatte sich Friedrich selbst in seinen Erwartungen von auswärtigem Beistand verrechnet. Die meisten Mitglieder der Union trennten die böhmischen Angelegenheiten von dem Zweck ihres Bundes; andre ihm ergebene Reichsstände fesselte blinde Furcht vor dem Kaiser. Kursachsen und

Hessen-Darmstadt hatte Ferdinand für sich gewonnen; Niederösterreich, von wo aus man eine nachdrückliche Diversion erwartete, hatte dem Kaiser gehuldigt, Bethlen Gabor einen Waffenstillstand mit ihm geschlossen. Dänemark wußte der Wiener Hof durch Gesandtschaften einzuschläfern, Schweden durch einen Krieg mit Polen zu beschäftigen. Die Republik Holland hatte Mühe, sich der spanischen Waffen zu erwehren; Venedig und Savoyen blieben untätig; König Jakob von England wurde von der spanischen Arglist betrogen. Ein Freund nach dem andern zog sich zurück, eine Hoffnung nach der andern verschwand – so schnell hatte sich alles in wenigen Monaten verändert!

Indessen versammelten die Häupter der Union eine Kriegsmacht; der Kaiser und die Ligue taten ein gleiches. Die Macht der letzern stand unter Maximilians Fahnen bei *Donauwörth* versammelt; die Macht der Unierten bei *Ulm* unter dem Markgrafen von Ansbach. Der entscheidende Augenblick schien endlich herbeigekommen zu sein, der diese lange Zwistigkeit durch einen Hauptstreich endigen und das Verhältnis beider Kirchen in Deutschland unwiderruflich bestimmen sollte. Ängstlich war auf beiden Seiten die Erwartung gespannt. Wie sehr aber erstaunte man, als auf einmal die Botschaft des Friedens kam und beide Armeen ohne Schwertschlag auseinandergingen!

Frankreichs Dazwischenkunft hatte diesen Frieden bewirkt, welchen beide Teile mit gleicher Bereitwilligkeit umfaßten. Das französische Ministerium, durch keinen Heinrich den Großen mehr geleitet, dessen Staatsmaxime vielleicht auch auf die damalige Lage des Königreichs nicht mehr anzuwenden war, fürchtete jetzt das Wachstum des österreichischen Hauses viel weniger als die Machtvergrößerung der Calvinisten, wenn sich das pfälzische Haus auf dem böhmischen Throne behaupten sollte. Mit seinen eignen Calvinisten eben damals in einen gefährlichen Streit verwickelt, hatte es keine dringendere Angelegenheit, als die protestantische Faktion in Böhmen so schnell als möglich unterdrückt zu sehen, ehe die Faktion der Hugenotten in Frankreich sich ein gefährliches Muster daran nähme. Um also dem Kaiser gegen die Böhmen geschwind freie Hände zu machen, stellte es sich zwischen der Union und Ligue als Mittelsperson dar und verglich jenen unerwarteten Frieden, dessen wichtigster Artikel war, «daß die Union sich jedes Anteils an den böhmischen Händeln begeben und den Beistand, welchen sie Friedrich dem Fünften leisten würde, nicht über die pfälzischen Länder desselben erstrecken sollte.» Maximilians Entschlossenheit und die Furcht, zwischen den ligistischen Truppen und einem neuen kaiserlichen Heere, welches aus den Niederlanden im Anmarsch war, ins Gedränge zu geraten, bewog die Union zu diesem schimpflichen Frieden.

Die ganze Macht Bayerns und der Ligue stand jetzt dem Kaiser gegen die Böhmen zu Gebote, welche der Ulmische Vergleich ihrem Schicksal überließ. Schneller, als das Gerücht den Vorgang zu Ulm dort verbreiten konnte, erschien Maximilian in Oberösterreich, wo die bestürzten Stände, auf keinen Feind gefaßt, die Gnade des Kaisers mit einer schnellen und unbedingten Huldigung erkauften. In Niederösterreich zog der Herzog die niederländischen Truppen des Grafen von Buquoy an sich, und diese kaiserlich-bayrische Armee, nach ihrer Vereinigung zu fünfzigtausend Mann angewachsen, drang ohne Zeitverlust in das böhmische Gebiet. Alle böhmischen Geschwader, welche in Niederösterreich und Mähren zerstreut waren, trieb sie fliehend vor sich her; alle Städte, welche es wagten, Widerstand zu tun, wurden mit stürmender Hand erobert; andre, durch das Gerücht ihrer Züchtigung erschreckt, öffneten freiwillig ihre Tore; nichts hinderte den reißenden Lauf

Maximilians. Weichend zog sich die böhmische Armee, welche der tapfere Fürst Christian von Anhalt kommandierte, in die Nachbarschaft von Prag, wo ihr Maximilian an den Mauern dieser Hauptstadt ein Treffen lieferte.

Die schlechte Verfassung, in welcher er die Armee der Rebellen zu überraschen hoffte, rechtfertigte diese Schnelligkeit des Herzogs und versicherte ihm den Sieg. Nicht 30000 Mann hatte Friedrich beisammen; 8000 hatte der Fürst von Anhalt ihm zugeführt, 10000 Ungarn ließ Bethlen Gabor zu seinen Fahnen stoßen. Ein Einfall des Kurfürsten von Sachsen in die Lausitz hatte ihm alle Hilfe abgeschnitten, welche er von diesem Land und von Schlesien her erwartete, die Unterwerfung Österreichs alle, welche er sich von dorther versprach. Bethlen Gabor, sein wichtigster Bundesgenosse, verhielt sich ruhig; die Union hatte ihn an den Kaiser verraten. Nichts blieb ihm übrig als seine Böhmen, und diesen fehlte es an gutem Willen, Eintracht und Mut. Die böhmischen Magnaten sahen sich mit Verdruß gegen deutsche Generale zurückgesetzt, Graf Mansfeld blieb, von dem böhmischen Hauptlager getrennt, in Pilsen zurück, um nicht unter Anhalt und Hohenlohe zu dienen. Dem Soldaten, welchem auch das Notwendigste fehlte, entfiel aller freudige Mut, und die schlechte Mannszucht unter dem Heere gab dem Landmann Ursache zu den bittersten Klagen. Umsonst zeigte sich Friedrich in dem Lager, den Mut der Soldaten durch seine Gegenwart, die Nacheiferung des Adels durch sein Beispiel zu ermuntern.

Auf dem weißen Berge, unweit Prag, fingen die Böhmen an, sich zu verschanzen, als von der vereinigten kaiserlich-bayrischen Armee (am 8. Nov. 1620) der Angriff geschah. Am Anfange des Treffens wurden einige Vorteile von der Reiterei des Prinzen von Anhalt erfochten; aber die Übermacht des Feindes vernichtete sie bald. Unwiderstehlich drangen die Bayern und Wallonen vor, und die ungarische

ERSTES BUCH

Der fliehende König nach der Prag. Bataille:
Ich weis nun wer ich bin!

Reiterei war die erste, welche den Rücken wandte. Das böhmische Fußvolk folgte bald ihrem Beispiel, und in der allgemeinen Flucht wurden endlich auch die Deutschen mit fortgerissen. Zehn Kanonen, welche die ganze Artillerie Friedrichs ausmachten, fielen in Feindes Hände. Viertausend Böhmen blieben auf der Flucht und im Treffen, kaum etliche hundert von den Kaiserlichen und Ligisten. In weniger als einer Stunde war dieser entscheidende Sieg erfochten.

Friedrich saß zu Prag bei der Mittagstafel, als seine Armee an den Mauern sich für ihn niederschießen ließ. Vermutlich hatte er an diesem Tage noch keinen Angriff erwartet, weil er eben heute ein Gastmahl bestellte. Ein Eilbote zog ihn endlich vom Tische, und von dem Wall herab zeigte sich ihm die ganze schreckliche Szene. Um einen überlegten Entschluß zu fassen, erbat er sich einen Stillstand von 24 Stunden; achte waren alles, was der Herzog ihm bewilligte. Friedrich benutzte sie, sich mit seiner Gemahlin und den Vornehmsten der Armee des Nachts aus der Hauptstadt zu flüchten. Diese Flucht geschah mit solcher Eilfertigkeit, daß der Fürst von Anhalt seine geheimsten Papiere und Friedrich seine Krone zurückließ. «Ich weiß nun, wer ich bin», sagte dieser unglückliche Fürst zu denen, welche ihm Trost zusprachen. «Es gibt Tugenden, welche nur das Unglück uns lehren kann, und nur in der Widerwärtigkeit erfahren wir Fürsten, wer wir sind.»

Prag war noch nicht ohne Rettung verloren, als Friedrichs Kleinmut es aufgab. Mansfelds fliegendes Kommando stand noch in Pilsen und hatte die Schlacht nicht gesehen. Bethlen Gabor konnte jeden Augenblick sich feindselig erklären und die Macht des Kaisers nach der ungarischen Grenze abrufen. Die geschlagenen Böhmen konnten sich erholen, Krankheiten, Hunger und rauhe

Witterung den Feind aufreiben – alle diese Hoffnungen verschwanden vor der gegenwärtigen Furcht.

Friedrich fürchtete den Unbestand der Böhmen, welche leicht der Versuchung unterliegen konnten, mit Auslieferung seiner Person die Verzeihung des Kaisers zu erkaufen.

Thurn und die in gleicher Verdammnis mit ihm waren, fanden es ebenso wenig ratsam, in den Mauern von Prag ihr Schicksal zu erwarten. Sie entwichen nach Mähren, um bald darauf ihre Rettung in Siebenbürgen zu suchen. Friedrich entfloh nach Breslau, wo er aber nur kurze Zeit verweilte, um an dem Hofe des Kurfürsten von Brandenburg und endlich in Holland eine Zuflucht zu finden.

Das Treffen bei Prag hatte das ganze Schicksal Böhmens entschieden. Prag ergab sich gleich den andern Tag an den Sieger; die übrigen Städte folgten dem Schicksal der Hauptstadt. Die Stände huldigten ohne Bedingung; das nämliche taten die Schlesier und Mährer. Drei Monate ließ der Kaiser verstreichen, ehe er eine Untersuchung über das Vergangene anstellte. Viele von denen, welche im ersten Schrecken flüchtig geworden, zeigten sich, voll Vertrauen auf diese scheinbare Mäßigung, wieder in der Hauptstadt. Aber an *einem* Tage und zu derselben Stunde brach das Ungewitter aus. Achtundvierzig der tätigsten Beförderer des Aufstands wurden gefangengenommen und vor eine außerordentliche Kommission gezogen, die aus gebornen Böhmen und Österreichern niedergesetzt war. Siebenundzwanzig von ihnen starben auf dem Blutgerüste; von dem gemeinen Volk eine unzählige Menge. Die Abwesenden wurden vorgeladen, zu erscheinen, und, da keiner sich meldete, als Hochverräter und Beleidiger der kaiserlichen Majestät zum Tode verurteilt, ihre Güter konfisziert, ihre Namen an den Galgen geschlagen. Auch die Güter schon verstorbener Rebellen zog man ein. Diese Tyrannei war zu ertragen, weil sie nur einzelne Privatpersonen traf und der Raub des einen den andern bereicherte – desto schmerzhafter aber war der Druck, der ohne Unterschied über das ganze Königreich erging. Alle protestantischen Prediger wurden des Landes verwiesen; die böhmischen sogleich, etwas später die deutschen. Den Majestätsbrief durchschnitt Ferdinand mit eigner Hand und verbrannte das Siegel. Sieben Jahre nach der Prager Schlacht war alle Religionsduldung gegen die Protestanten in dem Königreich aufgehoben. Die Gewalttätigkeiten, welche sich der Kaiser gegen die Religionsprivilegien der Böhmen erlaubte, untersagte er sich gegen ihre politische Konstitution, und indem er ihnen die Freiheit des Denkens nahm, ließ er ihnen großmütig noch das Recht, sich selbst zu taxieren.

Der Sieg auf dem weißen Berge setzte Ferdinanden in den Besitz aller seiner Staaten; ja er gab sie ihm sogar mit einer größern Gewalt zurück, als sein Vorgänger darin besessen hatte, weil die Huldigung ohne Bedingung geleistet ward und kein Majestätsbrief seine landesherrliche Hoheit mehr beschränkte. Das Ziel aller seiner gerechten Wünsche war also erfüllt und über alle seine Erwartungen.

Jetzt konnte er seine Bundesgenossen entlassen und seine Armeen zurückrufen. Der Krieg war geendigt, wenn er auch nichts als gerecht war; wenn er großmütig und gerecht war, so war's auch die Strafe. Das ganze Schicksal Deutschlands lag jetzt in seiner Hand, und vieler Millionen Glück und Elend beruhte auf dem Entschluß, den er faßte. Nie lag eine so große Entscheidung in *eines* Menschen Hand; nie stiftete eines Menschen Verblendung so viel Verderben.

ERSTES BUCH

Todesurtheil über die Anführer der
Böhmischen Unruhen S. Cal. 1791. p. 177.

Zweites Buch

Der Entschluß, welchen Ferdinand jetzt faßte, gab dem Krieg eine ganz andre Richtung, einen andern Schauplatz und andre Spieler. Aus einer Rebellion in Böhmen und einem Exekutionszug gegen Rebellen wurde ein *deutscher* und bald ein *europäischer* Krieg. Jetzt also ist es Zeit, einen Blick auf Deutschland und das übrige Europa zu werfen.

So ungleich der Grund und Boden des Deutschen Reichs und die Vorrechte seiner Glieder unter Katholiken und Protestanten verteilt waren, so durfte jede Partei nur ihre eigentümlichen Vorteile nutzen, nur in staatskluger Eintracht zusammenhalten, um ihrer Gegenpartei hinlänglich gewachsen zu bleiben. Wenn die *katholische* die überlegene Zahl für sich hatte und von der Reichskonstitution mehr begünstigt war, so besaß die *protestantische* eine zusammenhängende Strecke volkreicher Länder, streitbare Fürsten, einen kriegerischen Adel, zahlreiche Armeen, wohlhabende Reichsstädte, die Herrschaft des Meers und auf den schlimmsten Fall einen zuverlässigen Anhang in den Ländern katholischer Fürsten. Wenn die katholische Spanien und Italien zu ihrem Beistand bewaffnen konnte, so öffneten die Republiken Venedig, Holland und England der protestantischen ihre Schätze, so fand sie die Staaten des Nordens und die furchtbare türkische Macht zu schneller Hilfe bereit. Brandenburg, Sachsen und Pfalz setzten den drei geistlichen Stimmen im Kurfürstenrate drei bedeutende protestantische Stimmen entgegen, und für den

Kurfürsten von Böhmen wie für den Erzherzog von Österreich war die Kaiserwürde eine Fessel, wenn die protestantischen Reichsstände ihre Wichtigkeit zu benutzen verstanden. Das Schwert der Union konnte das Schwert der Ligue in der Scheide halten oder doch den Ausschlag des Krieges, wenn es wirklich dazu kam, zweifelhaft machen. Aber Privatverhältnisse zerrissen leider das allgemeine politische Band, welches die protestantischen Reichsglieder zusammenhalten sollte. Der große Zeitpunkt fand nur *mittelmäßige* Geister auf der Bühne, und unbenutzt blieb das entscheidende Moment, weil es den Mutigen an Macht, den Mächtigen an Einsicht, Mut und Entschlossenheit fehlte.

Das Verdienst seines Ahnherrn Moritz, der Umfang seiner Länder und das Gewicht seiner Stimme stellten den Kurfürsten von Sachsen an die Spitze des protestantischen Deutschlands. Von dem Entschlusse, den dieser Prinz faßte, hing es ab, welche von beiden streitenden Parteien den Sieg behalten sollte; auch war *Johann Georg* nicht unempfindlich gegen die Vorteile, welche ihm dieses wichtige Verhältnis verschaffte. Eine gleichbedeutende Eroberung für den Kaiser und für den protestantischen Bund, vermied er sorgfältig, sich an einen von beiden *ganz* zu verschenken und durch eine unwiderrufliche Erklärung sich entweder der Dankbarkeit des Kaisers anzuvertrauen oder die Vorteile aufzugeben, welche von der Furcht dieses Fürsten zu gewinnen waren. Unangesteckt von dem Schwindel ritterlicher oder religiöser Begeisterung, welcher einen Souverän nach dem anderen dahinriß, Krone und Leben an das Glücksspiel des Kriegs zu wagen, strebte Johann Georg dem solideren Ruhme nach, das Seinige zu Rat zu halten und zu verbessern. Wenn seine Zeitgenossen ihn anklagten, daß er mitten im Sturme die protestantische Sache verlassen; daß er der Vergrößerung seines Hauses die Errettung des Vaterlands nachgesetzt; daß er die ganze evangelische Kirche in Deutschland dem Untergange bloßgestellt habe, um nur für die reformierte den Arm nicht zu erheben; wenn sie ihn anklagten, daß er der gemeinen Sache als ein *unzuverlässiger Freund* nicht viel weniger geschadet habe als ihre erklärtesten Feinde: so war es die Schuld dieser Fürsten, welche sich Johann Georgs weise Politik nicht zum Muster nahmen. Wenn, dieser weisen Politik ungeachtet, der sächsische Landmann wie jeder andre über die Greuel der kaiserlichen Durchzüge seufzte; wenn ganz Deutschland Zeuge war, wie Ferdinand seinen Bundesgenossen täuschte und seiner Versprechungen spottete – wenn Johann Georg dieses endlich selbst zu bemerken glaubte: desto mehr Schande für den Kaiser, der ein so redliches Vertrauen so grausam hinterging!

Wenn übertriebenes Vertrauen auf Österreich und Hoffnung, seine Länder zu vermehren, dem Kurfürsten von Sachsen die Hände banden, so hielten Furcht vor Österreich und Angst, seine Länder zu verlieren, den schwachen Georg Wilhelm von Brandenburg in weit schimpflicheren Fesseln. Was man diesen beiden Fürsten zum Vorwurf machte, hätte dem Kurfürsten von der Pfalz seinen Ruhm und seine Länder gerettet. Rasches Vertrauen auf ungeprüfte Kräfte, der Einfluß französischer Ratschläge und der verführerische Glanz einer Krone hatten diesen unglücklichen Fürsten zu einem Wagestück hingerissen, dem weder sein Genie noch seine politische Verfassung gewachsen war. Durch Zerteilung seiner Lande und die schlechte Harmonie seiner Beherrscher wurde die Macht des pfälzischen Hauses geschwächt, welche, in einer einzigen Hand versammelt, den Ausschlag des Kriegs noch lange Zeit hätte zweifelhaft machen können.

Eben diese Zerstückelung der Lande entkräftete auch das

Fürstenhaus *Hessen,* und die Verschiedenheit der Religion unterhielt zwischen *Darmstadt* und *Kassel* eine verderbliche Trennung. Die Linie Darmstadt, der Augsburgischen Konfession zugetan, hatte sich unter die Flügel des Kaisers geflüchtet, der sie auf Unkosten der reformierten Linie Kassel begünstigte. Während daß seine Religionsverwandten für Glauben und Freiheit ihr Blut verspritzten, zog Landgraf Georg von Darmstadt Sold von dem Kaiser. Aber ganz seines Ahnherrn wert, der hundert Jahre früher unternommen hatte, Deutschlands Freiheit gegen den furchtbaren Karl zu verteidigen, erwählte Wilhelm von Kassel die Partei der Gefahr und der Ehre. Über den Kleinmut erhaben, der ungleich mächtigere Fürsten unter Ferdinands Allgewalt beugte, war Landgraf Wilhelm der *erste,* der seinen Heldenarm freiwillig dem schwedischen Helden brachte und Deutschlands Fürsten ein Beispiel gab, mit welchem keiner den Anfang machen wollte. So viel Mut sein Entschluß verriet, so viel Standhaftigkeit zeigte seine Beharrung, so viel Tapferkeit seine Taten. Mit kühner Entschlossenheit stellte er sich vor sein blutendes Land und empfing einen Feind mit Spott, dessen Hände noch von dem Mordbrand zu Magdeburg rauchten.

Landgraf Wilhelm ist es wert, neben dem heldenreichen Stamme der *Ernestinen* zur Unsterblichkeit zu gehen. Langsam erschien dir der Tag der Rache, unglücklicher *Johann Friedrich,* edler, unvergeßlicher Fürst! Langsam, aber glorreich ging er auf. *Deine Zeiten* kamen wieder, und auf deine Enkel stieg dein Heldengeist herab. Ein tapfres Geschlecht von Fürsten geht hervor aus Thüringens Wäldern, durch unsterbliche Taten das Urteil zu beschämen, das den Kurhut von deinem Haupte stieß, durch aufgehäufte blutige Totenopfer deinen zürnenden Schatten zu versöhnen. Deine Länder konnte der Spruch des Siegers ihnen rauben; aber nicht die patriotische Tugend, wodurch du sie verwirktest, nicht den ritterlichen Mut, der, ein Jahrhundert später, den Thron seines Enkels wanken machen wird. Deine und Deutschlands Rache schliff ihnen gegen Habsburgs Geschlecht einen heiligen Degen, und von einer Heldenhand zur andern erbt sich der unbesiegte Stahl. Als *Männer* vollführen sie, was sie als *Herrscher* nicht vermögen, und sterben einen glorreichen Tod – als die tapfersten Soldaten der Freiheit. Zu schwach an Ländern, um mit eignen Heeren ihren Feind anzufallen, richten sie fremde Donner gegen ihn und führen fremde Fahnen zum Siege.

Deutschlands Freiheit, aufgegeben von den mächtigen Ständen, auf welche doch allein ihre Wohltat zurückfloß, wurde von einer kleinen Anzahl Prinzen verteidigt, für welche sie kaum einen Wert besaß. Der Besitz von Ländern und Würden ertötete den Mut; Mangel an beiden machte Helden. Wenn Sachsen, Brandenburg u. a. m. sich schüchtern zurückzogen, so sah man die Anhalt, die Mansfeld, die Prinzen von Weimar u. a. ihr Blut in mörderischen Schlachten verschwenden. Die Herzoge von Pommern, von Mecklenburg, von Lüneburg, von Württemberg, die Reichsstädte in Oberdeutschland, denen das *Reichsoberhaupt* von jeher ein gefürchteter Name war, entzogen sich furchtsam dem Kampf mit dem Kaiser und beugten sich murrend unter seine zermalmende Hand.

Österreich und das katholische Deutschland hatten an dem Herzog *Maximilian von Bayern* einen ebenso mächtigen als staatsklugen und tapfern Beschützer. Im ganzen Laufe dieses Krieges einem einzigen überlegten Plane getreu, nie ungewiß zwischen seinem Staatsvorteil und seiner Religion, nie Sklave Österreichs, das für *seine* Größe arbeitete und vor seinem rettenden Arme zitterte, hätte Maximilian es verdient, die Würden und Länder, welche ihn belohnten, von einer bessern Hand als der Willkür zu empfangen. Die übrigen katholischen Stände, größtenteils geistliche Fürsten, zu unkriegerisch, um den Schwärmen zu widerstehen, die der Wohlstand ihrer Länder anlockte, wurden nacheinander Opfer des Kriegs und begnügten sich, im Kabinett und auf ihren Kanzeln einen Feind zu verfolgen, vor welchem sie sich im Felde nicht zu stellen wagten. Alle, entweder Sklaven Österreichs oder Bayerns, wichen neben Maximilian in Schatten zurück; erst in den Händen dieses Fürsten wurde ihre versammelte Macht von Bedeutung.

Die furchtbare Monarchie, welche Karl der Fünfte und sein Sohn aus den Niederlanden, aus Mailand und beiden Sizilien, aus den weitläuftigen ost- und westindischen Ländern unnatürlich zusammenzwangen, neigte sich schon unter Philipp dem Dritten und Vierten zu ihrem Falle. Von unfruchtbarem Golde zu einer schnellen Größe gebläht, sah man diese Monarchie an einer langsamen Zehrung schwinden, weil ihr die Milch der Staaten, der Feldbau entzogen wurde. Die westindischen Eroberungen hatten Spanien in Armut gestürzt, um alle Märkte Europens zu bereichern, und Wechsler zu Antwerpen, Venedig und Genua wucherten längst mit dem Golde, das noch in den Schachten von Peru schlief. Indiens wegen hatte man die spanischen Länder entvölkert, Indiens Schätze an die Wiedereroberung Hollands, an das schimärische Projekt, die französische Thronfolge umzustoßen, an einen verunglückten Angriff auf England verschwendet. Aber der Stolz dieses Hofes hatte den Zeitpunkt seiner Größe, der Haß seiner Feinde seine Furchtbarkeit überlebt, und der Schrecken schien noch um die verlassene Höhle des Löwen zu schweben. Das Mißtrauen der Protestanten lieh dem Ministerium Philipps des Dritten die gefährliche Staatskunst seines Vaters, und bei den deutschen Katholiken bestand noch immer das Vertrauen auf spanische Hilfe wie der Wunderglaube an die Knochen der Märtyrer. Äußerliches Gepränge verbarg die

Wunden, an denen diese Monarchie sich verblutete, und die Meinung von ihren Kräften blieb, weil sie den hohen Ton ihrer goldnen Tage fortführte. Sklaven zu Hause und Fremdlinge uaf ihrem eigenen Thron, gaben die spanischen Schattenkönige ihren deutschen Verwandten Gesetze; und es ist erlaubt zu zweifeln, ob der Beistand, den sie leisteten, die schimpfliche Abhängigkeit wert war, womit die deutschen Kaiser denselben erkaufen mußten. Hinter den Pyrenäen wurde von unwissenden Mönchen und ränkevollen Günstlingen Europens Schicksal gesponnen. Aber auch in ihrem tiefsten Verfalle mußte eine Macht furchtbar bleiben, die den ersten an Umfang nicht wich, die, wo nicht aus standhafter Politik, doch aus Gewohnheit demselben Staatssystem unverändert getreu blieb, die geübte Armeen und treffliche Generale beherrschte, die, wo der Krieg nicht zureichte, zu dem Dolch der Banditen griff und ihre öffentlichen Gesandten als Mordbrenner zu gebrauchen wußte. Was sie gegen drei Weltgegenden einbüßte, suchte sie gegen Osten wieder zu gewinnen, und Europa lag in ihrer Schlinge, wenn ihr der lang vorbereitete Anschlag gelang, zwischen den Alpen und dem Adriatischen Meere mit den Erblanden Österreichs zusammenzufließen.

Zu großer Beunruhigung der dortigen Staaten hatte sich diese beschwerliche Macht in *Italien* eingedrungen, wo ihr fortgesetztes Streben nach Vergrößerung alle benachbarten Souverains für ihre Besitzungen zittern machte. In der gefährlichsten Lage befand sich der *Papst,* den die spanischen Vizekönige zwischen Neapel und Mailand in die Mitte nahmen. Die Republik *Venedig* sah sich zwischen dem österreichischen Tirol und dem spanischen Mailand gepreßt; *Savoyen* kam zwischen eben diesem Lande und Frankreich ins Gedränge. Daher die wandelbare und zweideutige Politik, welche seit Karls des Fünften Tagen von den Staaten Italiens beobachtet wurde. Die doppelte Person, welche die Päpste vorstellten, erhielt sie schwankend zwischen zwei ganz widersprechenden Staatssystemen. Wenn der Nachfolger Petri in den spanischen Prinzen seine folgsamsten Söhne, die standhaftesten Verteidiger seines Stuhls verehrte, so hatte der Fürst des Kirchenstaats in eben diesen Prinzen seine schlimmsten Nachbarn, seine gefährlichsten Gegner zu fürchten. Wenn dem *erstern* keine Angelegenheit näher ging, als die Protestanten vertilgt und die österreichischen Waffen siegreich zu sehen, so hatte der *letztere* Ursache, die Waffen der Protestanten zu segnen, die seinen Nachbar außerstande setzten, ihm gefährlich zu werden. Das eine oder das andre behielt die Oberhand, je nachdem die Päpste mehr um ihre weltliche Macht oder um ihre geistliche Herrschaft bekümmert waren; im ganzen aber richtete sich die römische Staatskunst nach der dringenderen Gefahr – und es ist bekannt, wieviel mächtiger die Furcht, ein gegenwärtiges Gut zu verlieren, das Gemüt zu bestimmen pflegt als die Begierde, ein längst verlornes wiederzugewinnen. So wird es begreiflich, wie sich der Statthalter Christi mit dem österreichischen Hause zum Untergang der Ketzer – und wie sich eben dieser Statthalter Christi mit eben diesen Ketzern zum Untergang des österreichischen Hauses verschwören konnte. Bewundernswürdig verflochten ist der Faden der Weltgeschichte! Was möchte wohl aus der Reformation – was aus der Freiheit der deutschen Fürsten geworden sein, wenn der *Bischof* zu Rom und der *Fürst* zu Rom beständig *ein* Interesse gehabt hätten?

Frankreich hatte mit seinem vortrefflichen Heinrich seine ganze Größe und sein ganzes Gewicht auf der politischen Waage Europens verloren. Eine stürmische Minderjährigkeit zernichtete alle Wohltaten der vorhergehenden kraftvollen Regierung. Unfähige Minister, Geschöpfe der

Gunst und Intrige, zertreuten in wenigen Jahren die Schätze, welche Sullys Ökonomie und Heinrichs Sparsamkeit aufgehäuft hatten. Kaum vermögend, ihre erschlichene Gewalt gegen innere Faktionen zu behaupten, mußten sie es aufgeben, das große Steuer Europens zu lenken. Der nämliche Bürgerkrieg, welcher Deutschland gegen Deutschland bewaffnete, brachte auch Frankreich gegen Frankreich in Aufruhr, und Ludwig der Dreizehnte tritt seine Volljährigkeit nur an, um seine eigne Mutter und seine protestantischen Untertanen zu bekriegen. Diese, durch Heinrichs erleuchtete Politik in Fesseln gehalten, greifen jetzt, durch die Gelegenheit aufgeweckt und von einigen unternehmenden Führern ermuntert, zum Gewehr, ziehen sich im Staat zu einem eignen Staat zusammen und bestimmen die feste und mächtige Stadt *Rochelle* zum Mittelpunkt ihres werdenden Reichs. Zu wenig Staatsmann, um durch eine weise Toleranz diesen Bürgerkrieg in der Geburt zu ersticken, und doch viel zu wenig Herr über die Kräfte seines Staats, um ihn mit Nachdruck zu führen, sieht sich Ludwig der Dreizehnte bald zu dem erniedrigenden Schritt gebracht, die Unterwerfung der Rebellen durch große Geldsummen zu erkaufen. So sehr ihm auch die Staatsklugheit raten mochte, die Rebellen in Böhmen gegen Österreich zu unterstützen, so untätig mußte Heinrichs des Vierten Sohn für jetzt noch ihrem Untergange zusehen, glücklich genug, wenn sich die Calvinisten in seinem Reiche ihrer Glaubensgenossen jenseits des Rheins nicht zur Unzeit erinnerten. Ein großer Geist am Ruder des Staats würde die Protestanten in Frankreich zum Gehorsam gebracht und ihren Brüdern in Deutschland die Freiheit erfochten haben; aber Heinrich der Vierte war nicht mehr, und erst *Richelieu* sollte seine Staatskunst wieder hervorrufen.

Indem Frankreich von der Höhe seines Ruhms wieder heruntersank, vollendete das freigewordene *Holland* den

Bau seiner Größe. Noch war der begeisterte Mut nicht verraucht, der, von dem Geschlecht der Oranier entzündet, diese kaufmännische Nation in ein Heldenvolk verwandelt und sie fähig gemacht hatte, ihre Unabhängigkeit in einem mörderischen Kriege gegen das spanische Haus zu behaupten. Eingedenk, wieviel sie selbst bei ihrer Befreiung fremdem Beistande schuldig waren, brannten diese Republikaner von Begierde, ihren deutschen Brüdern zu einem ähnlichen Schicksal zu verhelfen, und dies um so mehr, da beide gegen den nämlichen Feind stritten und Deutschlands Freiheit der Freiheit Hollands zur besten Brustwehre diente. Aber eine Republik, die noch um ihr eigenes Dasein kämpfte, die mit den bewundernswürdigsten Anstrengungen einem überlegenen Feinde in ihrem eigenen Gebiete kaum gewachsen blieb, durfte ihre Kräfte der notwendigen Selbstverteidigung nicht entziehen, um sie mit großmütiger Politik für fremde Staaten zu verschwenden.

Auch England, obgleich unterdessen durch Schottland vergrößert, hatte unter seinem schwachen Jakob in Europa das Gewicht nicht mehr, welches ihm der Herrschergeist seiner Elisabeth zu verschaffen gewußt hatte. Überzeugt, daß die Wohlfahrt ihrer Insel an der Sicherheit der Protestanten befestigt sei, hatte sich diese staatskluge Königin nie von dem Grundsatz entfernt, jede Unternehmung zu befördern, die auf Verringerung der österreichischen Macht abzielte. Ihrem Nachfolger fehlte es sowohl an Geist, diesen Grundsatz zu fassen, als an Macht, ihn in Ausübung zu bringen. Wenn die sparsame Elisabeth ihre Schätze nicht schonte, um den Niederlanden gegen Spanien, Heinrich dem Vierten gegen die Wut der Ligue beizuspringen, so überließ Jakob – Tochter, Enkel und Eidam der Willkür eines unversöhnlichen Siegers. Während daß dieser König seine Gelehrsamkeit erschöpfte, um den Ursprung der königlichen Majestät im Himmel aufzusuchen, ließ er die seinige auf Erden verfallen. Indem er seine Beredsamkeit anstrengte, um das *unumschränkte Recht* der Könige zu erweisen, erinnerte er die englische Nation an das *ihrige* und verscherzte durch eine unnütze Geldverschwendung sein *wichtigstes Regal,* das Parlament zu entbehren und der Freiheit ihre Stimme zu nehmen. Ein angebornes Grauen vor jeder bloßen Klinge schreckte ihn auch von dem gerechtesten Kriege zurück; sein Liebling Buckingham spielte mit seinen Schwächen, und seine selbstgefällige Eitelkeit machte es der spanischen Arglist leicht, ihn zu betrügen. Während daß man seinen Eidam in Deutschland zugrunde richtete und das Erbteil seiner Enkel an andre verschenkte, zog dieser blödsinnige Alte mit glückseligem Wohlgefallen den Weihrauch ein, den ihm Österreich und Spanien streuten. Um seine Aufmerksamkeit von dem deutschen Kriege abzulenken, zeigte man ihm eine Schwiegertochter in Madrid, und der spaßhafte Vater rüstete seinen abenteuerlichen Sohn selbst zu dem Gaukelspiel aus, mit welchem dieser seine spanische Braut überraschte. Die spanische Braut verschwand seinem Sohne wie die böhmische Krone und der pfälzische Kurhut seinem Eidam, und nur der Tod entriß ihn der Gefahr, seine friedfertige Regierung mit einem Kriege zu beschließen, bloß weil er den Mut nicht gehabt hatte, ihn von weitem zu zeigen.

Die bürgerlichen Stürme, durch sein ungeschicktes Regiment vorbereitet, erwachten unter seinem unglücklichen Sohn und nötigten diesen bald nach einigen unerheblichen Versuchen, jedem Anteil an dem deutschen Kriege zu entsagen, um die Wut der Faktionen in seinem eigenen Reiche zu löschen, von denen er endlich ein beklagenswertes Opfer ward.

Zwei verdienstvolle Könige, an persönlichem Ruhm einander zwar bei weitem nicht gleich, aber gleich an Macht und an Ruhmbegierde, setzten damals den europäischen

Norden in Achtung. Unter der langen und tätigen Regierung *Christians des Vierten* wuchs *Dänemark* zu einer bedeutenden Macht empor. Die persönlichen Eigenschaften dieses Fürsten, eine vortreffliche Marine, auserlesene Truppen, wohlbestellte Finanzen und staatskluge Bündnisse vereinigten sich, diesem Staate einen blühenden Wohlstand von innen und Ansehen von außen zu verschaffen. *Schweden* hatte *Gustav Wasa* aus der Knechtschaft gerissen, durch eine weise Gesetzgebung umgestaltet und den neugeschaffenen Staat zuerst an den Tag der Weltgeschichte hervorgezogen. Was dieser große Prinz nur im rohen Grundrisse andeutete, wurde durch seinen größern Enkel *Gustav Adolf* vollendet.

Beide Reiche, vormals in eine einzige Monarchie unnatürlich zusammengezwungen und kraftlos in dieser Vereinigung, hatten sich zu den Zeiten der Reformation gewaltsam voneinander getrennt, und diese Trennung war die Epoche ihres Gedeihens. So schädlich sich jene gezwungene Vereinigung für beide Reiche erwiesen, so notwendig war den *getrennten* Staaten nachbarliche Freundschaft und Harmonie. Auf beide stützte sich die evangelische Kirche, beide hatten dieselben Meere zu bewachen; *ein* Interesse hätte sie gegen *denselben* Feind vereinigen sollen. Aber der Haß, welcher die Verbindung beider Monarchien aufgelöst hatte, fuhr fort, die längst getrennten Nationen feindselig zu entzweien. Noch immer konnten die dänischen Könige ihren Ansprüchen auf das schwedische Reich nicht entsagen, Schweden das Andenken der vormaligen dänischen Tyrannei nicht verbannen. Die zusammenfließenden Grenzen beider Reiche boten der Nationalfeindschaft einen ewigen Zunder dar; die wachsame Eifersucht beider Könige und unvermeidliche Handelskollisionen in den nordischen Meeren ließen die Quelle des Streits nie versiegen.

Unter den Hilfsmitteln, wodurch Gustav Wasa, der Stifter des schwedischen Reichs, seiner neuen Schöpfung Festigkeit zu geben gesucht hatte, war die Kirchenreformation eins der wirksamsten gewesen. Ein Reichsgrundgesetz schloß die Anhänger des Papsttums von allen Staatsämtern aus und verbot jedem künftigen Beherrscher Schwedens, den Religionszustand des Reichs abzuändern. Aber schon Gustavs zweiter Sohn und zweiter Nachfolger, *Johann,* trat zu dem Papsttum zurück, und dessen Sohn *Sigismund,* zugleich König von Polen, erlaubte sich Schritte, welche zum Untergang der Verfassung und der herrschenden Kirche abzielten. Karln, Herzog von Södermanland, Gustavs dritten Sohn, an ihrer Spitze, taten die Stände einen herzhaften Widerstand, woraus zuletzt ein offenbarer Bürgerkrieg zwischen dem Oheim und Neffen, zwischen dem König und der Nation sich entzündete. Herzog Karl, während der Abwesenheit des Königs Verweser des Reichs, benutzte Sigismunds lange Residenz in Polen und den gerechten Unwillen der Stände, die Nation sich aufs engste zu verbinden und seinem eigenen Hause unvermerkt den Weg zum Throne zu bahnen. Die schlechten Maßregeln Sigismunds beförderten seine Absicht nicht wenig. Eine allgemeine Reichsversammlung erlaubte sich, zum Vorteil des Reichsverwesers von dem Recht der Erstgeburt abzuweichen, welches Gustav Wasa in der schwedischen Thronfolge eingeführt hatte, und setzte den Herzog von Södermanland auf den Thron, von welchem Sigismund mit seiner ganzen Nachkommenschaft feierlich ausgeschlossen wurde. Der Sohn des neuen Königs, der unter dem Namen Karls des Neunten regierte, war Gustav Adolf, dem aus eben diesem Grunde die Anhänger Sigismunds, als dem Sohn eines Thronräubers, die Anerkennung versagten. Aber wenn die Verbindlichkeit zwischen König und Volk gegenseitig ist, wenn sich Staaten nicht wie eine tote Ware von einer Hand zur andern forterben, so muß es einer ganzen, einstimmig handelnden Nation erlaubt sein, einem eidbrüchigen Beherrscher ihre Pflicht aufzukündigen und seinen Platz durch einen Würdigern zu besetzen.

Gustav Adolf hatte das siebzehnte Jahr noch nicht vollendet, als der schwedische Thron durch den Tod seines Vaters erledigt wurde; aber die frühe Reife seines Geistes vermochte die Stände, den gesetzmäßigen Termin der Minderjährigkeit zu seinem Vorteil zu verkürzen. Mit einem glorreichen Siege über sich selbst eröffnete er eine Regierung, die den Sieg zum beständigen Begleiter haben und siegend endigen sollte. Die junge Gräfin von *Brahe,* eine Tochter seines Untertans, hatte die Erstlinge seines großen Herzens, und sein Entschluß war aufrichtig, den schwedischen Thron mit ihr zu teilen. Aber von Zeit und Umständen bezwungen, unterwarf sich seine Neigung der höhern Regentenpflicht, und die Heldentugend gewann wieder ausschließend ein Herz, das nicht bestimmt war, sich in das stille Glück eines einzigen Geschöpfs einzuschließen.

Christian der Vierte von Dänemark, König schon, ehe Gustav das Licht der Welt erblickte, hatte die schwedischen Grenzen angefallen und über den Vater dieses Helden wichtige Vorteile errungen. Gustav Adolf eilte, diesen verderblichen Krieg zu endigen, und erkaufte durch weise Aufopferungen den Frieden, um seine Waffen gegen den Zar von Moskau zu kehren. Nie versuchte ihn der zweideutige Ruhm eines Eroberers, das Blut seiner Völker in ungerechten Kriegen zu verspritzen; aber ein gerechter wurde nie von ihm verschmäht. Seine Waffen waren glücklich gegen Rußland, und das schwedische Reich sah sich mit wichtigen Provinzen gegen Osten vergrößert.

Unterdessen setzte König Sigismund von Polen gegen den Sohn die feindseligen Gesinnungen fort, wozu der Vater ihn berechtigt hatte, und ließ keinen Kunstgriff unversucht, die Untertanen Gustav Adolfs in ihrer Treue wankend, seine Freunde kaltsinnig, seine Feinde unversöhnlich zu machen. Weder die großen Eigenschaften seines Gegners, noch die gehäuftesten Merkmale von Ergebenheit, welche Schweden seinem angebeteten König gab, konnten diesen betrogenen Fürsten von der törichten Hoffnung heilen, den verlornen Thron wieder zu besteigen. Alle Friedensvorschläge Gustavs wurden mit Übermut verschmäht. Unwillkürlich sah sich dieser friedliebende Held in einen langwierigen Krieg mit Polen verwickelt, in welchem nach und nach ganz Livland und Polnisch-Preußen der schwedischen Herrschaft unterworfen wurden. Immer Sieger, war Gustav Adolf immer der erste bereit, die Hand zum Frieden zu bieten.

Dieser schwedisch-polnische Krieg fällt in den Anfang des Dreißigjährigen in Deutschland, mit welchem er in Verbindung steht. Es war genug, daß König Sigismund, ein Katholik, die schwedische Krone einem protestantischen Prinzen streitig machte, um sich der tätigsten Freundschaft Spaniens und Österreichs versichert halten zu können; eine doppelte Verwandtschaft mit dem Kaiser gab ihm noch ein näheres Recht an seinen Schutz. Das Vertrauen auf eine so mächtige Stütze war es auch vorzüglich, was den König von Polen zur Fortsetzung eines Krieges aufmunterte, der sich so sehr zu seinem Nachteil erklärte; und die Höfe zu Madrid und Wien unterließen nicht, ihn durch prahlerische Versprechungen bei gutem Mute zu erhalten. Indem Sigismund in Livland, Kurland und Preußen einen Platz nach dem andern verlor, sah er seinen Bundesgenossen in Deutschland zu der nämlichen Zeit von Sieg zu Sieg der unumschränkten Herrschaft entgegeneilen – kein Wunder, wenn seine Abneigung gegen den Frieden in gleichem Verhältnis mit seinen Niederlagen stieg. Die Heftigkeit, mit der er seine schimärische Hoffnung verfolgte, verblendete ihm die Augen gegen die arglistige Politik seines Bundesgenossen, der auf *seine* Unkosten nur den schwedischen Helden beschäftigte, um desto ungestörter die Freiheit des Deutschen Reichs umzustürzen und alsdann den erschöpften Norden als eine leichte Eroberung an sich zu reißen. Ein Umstand, auf den man allein nicht gerechnet hatte – Gustavs Heldengröße zerriß das Gewebe dieser betrügerischen Staatskunst. Dieser achtjährige polnische Krieg, weit entfernt, die schwedische Macht zu erschöpfen, hatte bloß dazu gedient, das Feldherrngenie Gustav Adolfs zu zeitigen, in einer langen Fechtübung die schwedischen Heere zu stählen und unvermerkt die neue Kriegskunst in Gang zu bringen, durch welche sie nachher auf deutschem Boden Wunder tun sollten.

Nach dieser notwendigen Digression über den damaligen Zustand der europäischen Staaten sei mir erlaubt, den Faden der Geschichte wiederaufzunehmen.

Seine Staaten hatte Ferdinand wieder, aber noch nicht den Aufwand, den ihre Wiedereroberung ihm gekostet hatte. Eine Summe von 40 Millionen Gulden, welche die Konfiskationen in Böhmen und Mähren in seine Hände brachten, würde hinreichend gewesen sein, ihm und seinen Alliierten alle Unkosten zu vergüten; aber diese unermeßliche Summe war bald in den Händen der Jesuiten und seiner Günstlinge zerronnen. Herzog Maximilian von Bayern, dessen siegreichem Arme der Kaiser fast allein den Besitz seiner Staaten verdankte, der, um seiner Relgion und seinem Kaiser zu dienen, einen nahen Verwandten aufgeopfert hatte, Maximilian hatte die gegründetsten Ansprüche auf seine Dankbarkeit, und in einem Vertrage, den der Herzog noch vor dem Ausbruch des Kriegs mit dem Kaiser schloß, hatte er sich ausdrücklich den Ersatz aller Unkosten ausbedungen. Ferdinand fühlte die ganze Verbindlichkeit, welche dieser Vertrag und jene Dienste ihm auflegten; aber er hatte nicht Lust, sie mit eignem Verlust zu erfüllen. Seine Absicht war, den Herzog auf das glänzendste zu belohnen, aber ohne sich selbst zu berauben. Wie konnte dieses besser geschehen als auf Unkosten desjenigen Fürsten, gegen welchen ihm der Krieg dieses Recht zu geben schien, dessen Vergehungen schwer genug abgeschildert werden konnten, um jede Gewalttätigkeit durch den Namen einer gesetzmäßigen Züchtigung zu entschuldigen? Friedrich mußte also weiter verfolgt, Friedrich zugrunde gerichtet werden, damit Maximilian belohnt werden könnte, und ein neuer Krieg ward eröffnet, um den alten zu bezahlen.

Aber ein ungleich wichtigerer Beweggrund kam hinzu, das Gewicht dieses erstern zu verstärken. Bis hieher hatte Ferdinand bloß für seine Existenz gefochten und keine andre Pflichten als die der Selbstverteidigung erfüllt. Jetzt aber, da der Sieg ihm Freiheit zu handeln gab, gedachte er seiner vermeintlichen höheren Pflichten und erinnerte sich an das Gelübde, das er zu Loreto und Rom seiner *Generalissima,* der heiligen Jungfrau, getan, mit Gefahr seiner Kronen und seines Lebens ihre Verehrung auszubreiten. Die Unterdrückung der Protestanten war mit diesem Gelübde unzertrennlich verknüpft. Günstigere Umstände konnten sich zu Erfüllung desselben nicht vereinigen, als sich jetzt nach Endigung des böhmischen Kriegs beisammen fanden. Die pfälzischen Lande in katholische Hände zu bringen, fehlte es ihm weder an Macht noch an einem Schein des Rechts, und unübersehlich wichtig waren die Folgen dieser Veränderung für das ganze katholische Deutschland. Indem er den Herzog von Bayern mit dem Raube seines Verwandten belohnte, befriedigte er zugleich seine niedrigsten Begierden und erfüllte seine erhabenste Pflicht: er zermalmte einen Feind, den er haßte; er ersparte seinem Eigennutz ein schmerzhaftes Opfer, indem er sich die himmlische Krone verdiente.

Friedrichs Untergang war längst im Kabinett des Kaisers beschlossen, ehe das Schicksal sich gegen ihn erklärte; aber erst, nachdem dieses letzte geschehen war, wagte man es, diesen Donner der willkürlichen Gewalt gegen ihn zu schleudern. Ein Schluß des Kaisers, dem alle Formalitäten fehlten, welche die Reichsgesetze in einem solchen Falle notwendig machen, erklärte den Kurfürsten und drei andre Prinzen, welche in Schlesien und Böhmen für ihn die Waffen geführt hatten, als Beleidiger der kaiserlichen Majestät und Störer des Landfriedens in die Reichsacht und aller ihrer Würden und Länder verlustig. Die Vollstreckung dieser Sentenz gegen Friedrich, nämlich die Eroberung seiner Länder, wurde, mit einer ähnlichen Verspottung der Reichsgesetze, der Krone Spanien, als Besitzerin des burgundischen Kreises, dem Herzog von Bayern und der Ligue aufgetragen. Wäre die evangelische Union des Namens wert gewesen, den sie trug, und der Sache, die sie verteidigte, so würde man bei Vollstreckung der Reichsacht unüberwindliche Hindernisse gefunden haben; aber eine so verächtliche Macht, die den spanischen Truppen in der Unterpfalz kaum gewachsen war, mußte es aufgeben, gegen die vereinigte Macht des Kaisers, Bayerns und der Ligue zu streiten. Das Urteil der Reichsacht, welche über den Kurfürsten ausgesprochen war, scheuchte sogleich alle Reichsstädte von dem Bündnis hinweg, und die Fürsten folgten bald ihrem Beispiele. Glücklich genug, ihre eigene Länder zu retten, überließen sie den Kurfürsten, ihr ehemaliges Oberhaupt, der Willkür des Kaisers, schwuren die Union ab und gelobten, sie nie wieder zu erneuern.

Unrühmlich hatten die deutschen Fürsten den unglücklichen Friedrich verlassen, Böhmen, Schlesien und Mähren der furchtbaren Macht des Kaisers gehuldigt; ein einziger Mann, ein Glücksritter, dessen ganzer Reichtum sein Degen war, Ernst Graf von Mansfeld, wagte es, in der böhmischen Stadt Pilsen der ganzen Macht des Kaisers zu trotzen. Von dem Kurfürsten, dem er seine Dienste gewidmet hatte, nach der Prager Schlacht ohne alle Hilfe gelassen, unwissend sogar, ob ihm Friedrich seine Beharrlichkeit dankte, hielt er noch eine Zeitlang allein gegen die Kaiserlichen stand, bis seine Truppen, von der Geldnot getrieben, die Stadt Pilsen an den Kaiser verkauften; von diesem Schlage nicht erschüttert, sah man ihn bald darauf in der Oberpfalz neue Werbeplätze anlegen, um die Truppen aufzufangen, welche die Union verabschiedet hatte. Ein neues, zwanzigtausend Mann starkes Heer entstand in kurzem unter seinen Fahnen, um so furchtbarer für alle Provinzen, auf die es sich warf, weil es durch Raub allein sich erhalten konnte. Unwissend, wohin dieser Schwarm stürzen würde, zitterten schon alle benachbarten Bistümer, deren Reichtum ihn anlocken konnte. Aber ins Gedränge gebracht von dem Herzog von Bayern, der als Vollstrecker der Reichsacht in die Oberpfalz eindrang, mußte Mansfeld aus dieser Gegend entweichen. Durch einen glücklichen Betrug dem nacheilenden bayrischen General Tilly entsprungen, erschien er auf einmal in der Unterpfalz und übte dort an den rheinischen Bistümern die Mißhandlungen aus, die er den fränkischen zugedacht hatte. Während daß die kaiserlich-bayrische Armee Böhmen überschwemmte, war der spanische General Ambros Spinola von den Niederlanden aus mit einem ansehnlichen Heer in die Unterpfalz eingefallen, welche der Ulmer Vergleich der Union zu verteidigen erlaubte. Aber die Maßregeln waren so schlecht genommen, daß ein Platz nach dem andern in spanische Hände fiel und endlich, als die Union auseinander gegangen war, der größte Teil des Landes von spanischen Truppen besetzt blieb. Der spanische General Corduba, welcher diese Truppen nach dem Abzug des Spinola befehligte, hob eiligst die Belagerung Frankenthals auf, als Mansfeld in die

Unterpfalz eintrat. Aber anstatt die Spanier aus dieser Provinz zu vertreiben, eilte dieser über den Rhein, um seinen bedürftigen Truppen in dem Elsaß ein Fest zu bereiten. Zur fürchterlichsten Einöde wurden alle offnen Länder, über welche sich dieser Räuberschwarm ergoß, und nur durch ungeheure Summen konnten sich die Städte von der Plünderung loskaufen. Gestärkt von diesem Zuge, zeigte sich Mansfeld wieder am Rhein, die Unterpfalz zu decken.

Solange ein solcher Arm für ihn stritt, war Kurfürst Friedrich nicht unrettbar verloren. Neue Aussichten fingen an, sich ihm zu zeigen, und das Unglück weckte ihm Freunde auf, die ihm in seinem Glücke geschwiegen hatten. König Jakob von England, der gleichgültig zugesehen hatte, wie sein Eidam die böhmische Krone verlor, erwachte aus seiner Fühllosigkeit, da es die ganze Existenz seiner Tochter und seiner Enkel galt und der siegreiche Feind einen Angriff auf die Kurlande wagte. Spät genug öffnete er jetzt seine Schätze und eilte, die Union, die damals die Unterpfalz noch verteidigte, und, als diese dahin war, den Grafen von Mansfeld mit Geld und Truppen zu unterstützen. Durch ihn wurde auch sein naher Anverwandter, König Christian von Dänemark, zu tätiger Hilfe aufgefordert. Der ablaufende Stillstand zwischen Spanien und Holland beraubte zugleich den Kaiser alles Beistandes, den er von den Niederlanden aus zu erwarten gehabt hätte. Wichtiger als alles dieses war die Hilfe, die dem Pfalzgrafen von Siebenbürgen und Ungarn aus erschien. Der Stillstand Gabors mit dem Kaiser war kaum zu Ende, als dieser furchtbare alte Feind Österreichs Ungarn aufs neue überschwemmte und sich in Preßburg zum König krönen ließ. Reißend schnell waren seine Fortschritte, daß Buquoy Böhmen verlassen mußte, um Ungarn und Österreich gegen Gaborn zu verteidigen. Dieser tapfere General fand bei der Belagerung von Neuhäusel seinen Tod; schon vorher war der ebenso tapfere Dampierre vor Preßburg geblieben. Unaufgehalten drang Gabor an die österreichische Grenze vor; der alte Graf von Thurn und mehrere geächtete Böhmen hatten ihren Haß und ihren Arm mit diesem Feind ihres Feindes vereinigt. Ein nachdrücklicher Angriff von deutscher Seite, während daß Gabor den Kaiser von Ungarn aus bedrängte, hätte Friedrichs Glück schnell wiederherstellen können; aber immer hatten die Böhmen und die Deutschen die Waffen aus den Händen gelegt, wenn Gabor ins Feld rückte; immer hatte sich dieser letztere erschöpft, wenn jene anfingen, sich zu erholen.

Friedrich hatte indessen nicht gesäumt, sich seinem neuen Beschützer Mansfeld in die Arme zu werfen. Verkleidet erschien er in der Unterpfalz, um welche Mansfeld und der bayrische General Tilly sich rissen; die Oberpfalz hatte man längst überwältigt. Ein Strahl von Hoffnung ging ihm auf, als aus den Trümmern der Union neue Freunde für ihn erstanden. Markgraf Georg Friedrich von Baden, ein ehemaliges Mitglied derselben, fing seit einiger Zeit an, eine Kriegsmacht zusammenzuziehen, welche sich bald zu einem ansehnlichen Heere vermehrte. Niemand wußte, wem es galt, als er unversehens ins Feld rückte und sich mit dem Grafen Mansfeld vereinigte. Seine Markgrafschaft hatte er, ehe er in den Krieg zog, seinem Sohne abgetreten, um sie durch diesen Kunstgriff der Rache des Kaisers zu entziehen, wenn das Glück etwas Menschliches über ihn verhängen sollte. Auch der benachbarte Herzog von Württemberg fing an, seine Kriegsmacht zu verstärken. Dem Pfalzgrafen wuchs dadurch der Mut, und er arbeitete mit allem Ernste daran, die Union wieder ins Leben zu rufen. Jetzt war die Reihe an Tilly, auf seine Sicherheit zu denken. In größter Eile zog er die Truppen des spanischen Generals Corduba an sich. Aber indem der

Feind seine Macht vereinigte, trennten sich Mansfeld und der Markgraf von Baden, und der letztere wurde von dem bayrischen General bei Wimpfen geschlagen (1622).

Ein Aventurier ohne Geld, dem man selbst die rechtmäßige Geburt streitig machte, hatte sich zum Verteidiger eines Königs aufgestellt, den einer seiner nächsten Verwandten zugrunde richtete und der Vater seiner Gemahlin im Stich ließ. Ein regierender Prinz begab sich seiner Länder, die er ruhig beherrschte, um für einen andern, der ihm fremd war, das ungewisse Glück des Kriegs zu versuchen. Ein neuer Glücksritter, an Staaten arm, desto reicher an glorreichen Ahnen, übernimmt nach ihm die Verteidigung einer Sache, welche er auszuführen verzweifelte. Herzog Christian von Braunschweig, Administrator von Halberstadt, glaubte dem Grafen von Mansfeld das Geheimnis abgelernt zu haben, eine Armee von zwanzigtausend Mann ohne Geld auf den Beinen zu erhalten. Von jugendlichem Übermut getrieben und voll Begierde, sich auf Kosten der katholischen Geistlichkeit, die er ritterlich haßte, einen Namen zu machen und Beute zu erwerben, versammelte er in Niedersachsen ein beträchtliches Heer, welchem die Verteidigung Friedrichs und der deutschen Freiheit den Namen leihen mußte. *Gottes Freund und der Pfaffen Feind* war der Wahlspruch, den er auf seinen Münzen von eingeschmolzenem Kirchensilber führte und dem er durch seine Taten keine Schande machte.

Der Weg, den diese Räuberbande nahm, war wie gewöhnlich mit der schrecklichsten Verheerung bezeichnet. Durch Plünderung der niedersächsischen und westfälischen Stifter sammelte sie Kräfte, die Bistümer am Oberrhein zu plündern. Von Freund und Feind dort vertrieben, näherte sich der Administrator bei der mainzischen Stadt Höchst dem Mainstrome, den er nach einem mörderischen Gefechte mit Tilly, der ihm den Übergang streitig machen wollte, passierte. Mit Verlust seines halben Heers erreichte er das jenseitige Ufer, wo er den Überrest seiner Truppen schnell wieder sammelte und mit demselben zu dem Grafen von Mansfeld stieß. Verfolgt von Tilly, stürzte sich dieser vereinigte Schwarm zum zweitenmal über das Elsaß, um die Verwüstungen nachzuholen, die bei dem ersten Einfall unterblieben waren. Während daß der Kurfürst Friedrich, nicht viel anders als ein flüchtiger Bettler, mit dem Heere herumzog, das ihn als seinen Herrn erkannte und mit seinem Namen sich schmückte, waren seine Freunde geschäftig, ihn mit dem Kaiser zu versöhnen. Ferdinand wollte diesen noch nicht alle Hoffnung benehmen, den Pfalzgrafen wieder eingesetzt zu sehen. Voll Arglist und Verstellung, zeigte er sich bereitwillig zu Unterhandlungen, wodurch er ihren Eifer im Felde zu erkälten und das Äußerste zu verhindern hoffte. König Jakob, das Spiel der österreichischen Arglist, wie immer, trug durch seine törichte Geschäftigkeit nicht wenig dazu bei, die Maßregeln des Kaisers zu unterstützen. Vor allem verlangte Ferdinand, daß Friedrich die Waffen von sich legte, wenn er an die *Gnade* des Kaisers appelliere; und Jakob fand diese Forderung äußerst billig. Auf sein Geheiß erteilte der Pfalzgraf seinen einzigen wahren Beschützern, dem Grafen von Mansfeld und dem Administrator, den Abschied und erwartete in Holland sein Schicksal – von der Barmherzigkeit des Kaisers.

Mansfeld und Herzog Christian waren bloß eines neuen Namens wegen verlegen; die Sache des Pfalzgrafen hatte sie nicht in Rüstung gesetzt, also konnte sein Abschied sie nicht entwaffnen. Der Krieg war ihr Zweck, gleichviel, für wessen Sache sie kriegten. Nach einem vergeblichen Versuch des Grafen Mansfeld, in die Dienste des Kaisers zu treten, zogen sich beide nach Lothringen, wo die Ausschweifungen ihrer Truppen bis in das innerste Frankreich

Schrecken verbreiteten. Eine Zeitlang harrten sie hier vergebens auf einen Herrn, der sie dingen sollte, als die Holländer, von dem spanischen General Spinola bedrängt, ihnen Dienste anboten. Nach einem mörderischen Gefechte bei Fleurus mit den Spaniern, die ihnen den Weg verlegen wollten, erreichten sie Holland, wo ihre Erscheinung den spanischen General sogleich vermochte, die Belagerung von Bergen op Zoom aufzuheben. Aber auch Holland war dieser schlimmen Gäste bald müde und benutzte den ersten Augenblick von Erholung, sich ihres gefährlichen Beistandes zu entledigen. Mansfeld ließ seine Truppen in der fetten Provinz Ostfriesland zu neuen Taten sich stärken. Herzog Christian, voll Leidenschaft für die Pfalzgräfin, die er in Holland hatte kennenlernen, und kriegslustiger als je, führte die seinigen nach Niedersachsen zurück, den Handschuh dieser Prinzessin auf seinem Hut und die Devise: *Alles für Gott und sie!* auf seinen Fahnen. Beide hatten ihre Rolle in diesem Kriege noch lange nicht geendigt.

Alle kaiserlichen Staaten waren jetzt endlich von Feinden gereinigt, die Union aufgelöst, der Markgraf von Baden, Mansfeld und Herzog Christian aus dem Felde geschlagen und die pfälzischen Lande von den Truppen der Reichsexekution überschwemmt. Mannheim und Heidelberg hatten die Bayern im Besitze, und bald wurde auch Frankenthal den Spaniern geräumt. In einem Winkel von Holland harrte der Pfalzgraf auf die schimpfliche Erlaubnis, durch einen Fußfall den Zorn des Kaisers versöhnen zu dürfen; und ein sogenannter Kurfürstentag zu Regensburg sollte endlich sein Schicksal bestimmen. Längst war dieses am Hofe des Kaisers entschieden; aber jetzt erst waren die Umstände günstig genug, mit dieser ganzen Entscheidung an das Licht hervorzutreten. Nach allem dem, was bis jetzt von dem Kaiser gegen den Kurfürsten geschehen war,

ZWEITES BUCH

Herzog Christian von Braunschweig, verspricht der Königin Elisabeth, für Gott und sie, alles zu wagen.

glaubte Ferdinand keine aufrichtige Versöhnung mehr hoffen zu können. Nur indem man die Gewalttätigkeit vollendete, glaubte man sie unschädlich zu machen. Verloren mußte also bleiben, was verloren war; Friedrich durfte seine Länder nicht wieder sehen, und ein Fürst ohne Land und Volk konnte den Kurhut nicht mehr tragen. So schwer sich der Pfalzgraf gegen das Haus Österreich verschuldet hatte, so ein herrliches Verdienst hatte sich der Herzog von Bayern um dasselbe erworben. So viel das Haus Österreich und die katholische Kirche von der Rachbegierde und dem Religionshaß des *pfälzischen* Hauses zu fürchten haben mochten, so viel hatten beide von der Dankbarkeit und dem Religionseifer des *bayrischen* zu hoffen. Endlich wurde, durch Übertragung der pfälzischen Kurwürde an Bayern, der katholischen Religion das entschiedenste Übergewicht im Kurfürstenrate und ein bleibender Sieg in Deutschland versichert.

Dieses letzte war genug, die drei geistlichen Kurfürsten dieser Neuerung günstig zu machen; unter den protestantischen war nur die einzige Stimme Kursachsens wichtig. Konnte aber Johann Georg dem Kaiser ein Recht streitig machen, ohne welches er sein eignes an den Kurhut dem Zweifel aussetzte? Einem Fürsten zwar, den seine Abkunft, seine Würde und seine Macht an die Spitze der protestantischen Kirche in Deutschland stellten, hätte, wie es schien, nichts heiliger sein sollen, als die Rechte dieser Kirche gegen alle Angriffe der katholischen zu behaupten; aber die Frage war jetzt nicht sowohl, wie man das Interesse der protestantischen Religion gegen die Katholiken wahrnehmen, sondern welcher von zwei gleich gehaßten Religionen, der calvinischen oder der päpstlichen, man den Sieg über die andre gönnen, welchem von zwei gleich schlimmen Feinden man die pfälzische Kur zusprechen sollte; und im Gedränge zwischen zwei entgegengesetzten Pflichten war es ja wohl natürlich – dem Privathaß und dem Privatnutzen den Ausschlag heimzustellen. Der geborne Beschützer der deutschen Freiheit und der protestantischen Religion ermunterte den Kaiser, über die pfälzische Kur nach kaiserlicher Machtvollkommenheit zu verfügen und sich im geringsten nicht irren zu lassen, wenn man von seiten Kursachsens, der Form wegen, sich seinen Maßregeln entgegensetzen sollte. Wenn Johann Georg in der Folge mit seiner Einwilligung zurückhielt, so hatte Ferdinand selbst durch Vertreibung der evanglischen Prediger aus Böhmen zu dieser Sinnesänderung Anlaß gegeben – und die Belehnung Bayerns mit der pfälzischen Kur hörte auf, eine gesetzwidrige Handlung zu sein, sobald der Kaiser sich dazu verstand, dem Kurfürsten von Sachsen für eine Rechnung von sechs Millionen Taler Kriegskosten die Lausitz einzuräumen.

Ferdinand belehnte also, mit Widerspruch des ganzen protestantischen Deutschlands, mit Verspottung der Reichsgrundgesetze, die er in der Wahlkapitulation beschworen, den Herzog von Bayern zu Regensburg feierlich mit der pfälzischen Kur, doch, wie es hieß, unbeschadet der Ansprüche, welche die Agnaten und Nachkommen Friedrichs darauf geltend machen möchten. Dieser unglückliche Fürst sah sich jetzt unwiderruflich aus dem Besitz seiner Staaten vertrieben, ohne vor dem Gerichte, das ihn verdammte, zuvor gehört worden zu sein – eine Gerechtigkeit, welche die Gesetze auch dem geringsten Untertan, auch dem schwärzesten Verbrecher vergönnen.

Dieser gewaltsame Schritt öffnete endlich dem König von England die Augen, und da um eben diese Zeit die Unterhandlungen zerrissen wurden, welche wegen einer Heirat seines Sohnes mit einer spanischen Tochter angesponnen waren, so nahm endlich Jakob mit Lebhaftigkeit die Partei seines Eidams. Eine Revolution im französischen

Ministerium hatte den Kardinal Richelieu zum Herrn der Geschäfte gemacht, und dieses tiefgesunkene Königreich fing bald an zu fühlen, daß ein Mann an seinem Ruder saß. Die Bewegungen des spanischen Statthalters in Mailand, sich des Veltlins zu bemächtigen, um von hier aus einen Vereinigungspunkt mit den Erbstaaten Österreichs zu finden, erweckten wieder die alte Furcht vor dieser Macht und mit ihr die Staatsmaximen Heinrichs des Großen. Eine Heirat des Prinzen von Wallis mit Henrietten von Frankreich stiftete zwischen diesen beiden Kronen eine engere Vereinigung, zu welcher auch Holland, Dänemark und einige Staaten Italiens traten. Der Entwurf wurde gemacht, Spanien mit gewaffneter Hand zur Herausgabe des Veltlins und Österreich zu Wiederherstellung Friedrichs zu zwingen; aber nur für das erste wurde einige Tätigkeit gezeigt, Jakob der Erste starb, und Karl der Erste, im Streit mit seinem Parlamente, konnte den Angelegenheiten Deutschlands keine Aufmerksamkeit mehr schenken. Savoyen und Venedig hielten ihren Beistand zurück, und der französische Minister glaubte, die Hugenotten in seinem Vaterlande erst unterworfen haben zu müssen, ehe er es wagen dürfte, die Protestanten in Deutschland gegen den Kaiser zu beschützen. So große Hoffnungen man von dieser Allianz geschöpft hatte, so wenig entsprach ihnen der Erfolg.

Graf Mansfeld, von aller Hilfe entblößt, stand untätig am Unterrhein, und Herzog Christian von Braunschweig sah sich nach einem verunglückten Feldzug aufs neue vom deutschen Boden vertrieben. Ein abermaliger Einfall Bethlen Gabors in Mähren hatte sich, weil er von Deutschland aus nicht unterstützt ward, fruchtlos wie alle vorigen, in einen förmlichen Frieden mit dem Kaiser geendigt. Die Union war nicht mehr, kein protestantischer Fürst mehr unter den Waffen, und an den Grenzen von Niederdeutschland stand der bayrische General Tilly mit einem sieggewohnten Heer – auf protestantischem Boden. Die Bewegungen Herzog Christians von Braunschweig hatten ihn nach dieser Gegend und einmal schon in den niedersächsischen Kreis gezogen, wo er Lippstadt, den Waffenplatz des Administrators, überwältigte. Die Notwendigkeit, diesen Feind zu beobachten und von neuen Einfällen abzuhalten, sollte auch noch jetzt seinen Aufenthalt auf diesem Boden rechtfertigen. Aber Mansfeld und Christian hatten aus Geldmangel ihre Heere entlassen, und die Armee des Grafen Tilly sah weit und breit keinen Feind mehr. Warum belästigte sie noch das Land, in dem sie stand?

Schwer ist es, aus dem Geschrei erhitzter Parteien die Stimme der Wahrheit zu unterscheiden – aber bedenklich war es, daß die Ligue sich nicht entwaffnete. Das voreilige Frohlocken der Katholiken mußte die Bestürzung vermehren. Der Kaiser und die Ligue standen gewaffnet und siegreich in Deutschland, und nirgends eine Macht, die ihnen Widerstand leisten konnte, wenn sie einen Versuch wagen sollten, die protestantischen Stände anzufallen oder gar den Religionsfrieden umzustürzen. Wenn Kaiser Ferdinand auch wirklich von dem Gedanken weit entfernt war, seine Siege zu mißbrauchen, so mußte die Wehrlosigkeit der Protestanten den ersten Gedanken in ihm aufwecken. Veraltete Verträge konnten kein Zügel für einen Fürsten sein, der seiner Religion alles schuldig zu sein glaubte und jede Gewalttätigkeit durch die religiöse Absicht für geheiligt hielt. Oberdeutschland war überwältigt, und Niederdeutschland allein konnte seiner Alleingewalt noch im Wege stehen. Hier waren die Protestanten die herrschende Macht, hier waren der katholischen Kirche die meisten Stifter entrissen worden, und der Zeitpunkt schien jetzt gekommen zu sein, diese verlornen Besitzungen wieder an die Kirche zurückzubringen. In diesen von den niederdeutschen Fürsten eingezogenen Stiftern bestand zugleich ein nicht geringer Teil ihrer Macht, und der Kirche zu dem Ihrigen zu verhelfen, gab zugleich einen trefflichen Vorwand her, diese Fürsten zu schwächen.

Unverzeihliche Sorglosigkeit würde es gewesen sein, in dieser gefahrvollen Lage sich müßig zu verhalten. Das Andenken an die Gewalttätigkeiten, die das Tillysche Heer in Niedersachsen ausgeübt hatte, war noch zu neu, um die Stände nicht zu ihrer Selbstverteidigung zu ermuntern. In möglichster Eilfertigkeit bewaffnete sich der *niedersächsische Kreis*. Außerordentliche Kriegssteuern wurden gehoben, Truppen geworben und Magazine angefüllt. Man unterhandelte mit Venedig, mit Holland, mit England wegen Subsidien. Man beratschlagte, welche Macht man an die Spitze des Bundes stellen sollte. Die Könige des Sundes und des Baltischen Meers, natürliche Bundesgenossen dieses Kreises, konnten nicht gleichgültig zusehen, wenn ihn der Kaiser als Eroberer betreten und an den Küsten der nordischen Meere ihr Nachbar werden sollte. Das doppelte Interesse der Religion und der Staatsklugheit forderte sie auf, die Fortschritte dieses Monarchen in Niederdeutschland zu begrenzen. Christian der Vierte, König von Dänemark, zählte sich als Herzog von Holstein selbst zu den Ständen dieses Kreises; durch gleich starke Gründe wurde Gustav Adolf von Schweden zu einem Anteil an diesem Bündnis bewogen.

Beide Könige bewarben sich wetteifernd um die Ehre, den niedersächsischen Kreis zu verteidigen und die furchtbare österreichische Macht zu bekriegen. Jeder bot sich an, eine wohlgerüstete Armee aufzustellen und in eigner Person anzuführen. Siegreiche Feldzüge gegen Moskau und Polen gaben dem Versprechen des schwedischen Königs Nachdruck; die ganze Küste des Belt war von dem Namen Gustav Adolfs erfüllt. Aber der Ruhm dieses Nebenbuhlers nagte am Herzen des dänischen Königs, und je mehr

Lorbeern er sich selbst in diesem Feldzuge versprach, desto weniger konnte Christian der Vierte es von sich erhalten, sie seinem beneideten Nachbar zu gönnen. Beide brachten ihre Vorschläge und Bedingungen vor das englische Ministerium, wo es endlich Christian dem Vierten gelang, seinen Mitwerber zu überbieten. Gustav Adolf forderte zu seiner Sicherheit die Einräumung einiger festen Plätze in Deutschland, wo er selbst keinen Fußbreit Landes besaß, um seinen Truppen im Fall eines Unglücks die nötige Zuflucht zu gewähren. Christian der Vierte hatte Holstein und Jütland, durch welche Länder er sich nach einer verlornen Schlacht sicher zurückziehen konnte.

Um seinem Nebenbuhler den Rang abzulaufen, eilte der König von Dänemark, sich im Felde zu zeigen. Zum Obersten des niedersächsischen Kreises ernannt, hatte er in kurzem ein 60000 Mann starkes Heer auf den Beinen; der Administrator von Magdeburg, die Herzoge von Braunschweig, die Herzoge von Mecklenburg traten mit ihm in Verbindung. Der Beistand, zu welchem England Hoffnung gemacht hatte, erhöhte seinen Mut, und mit einer solchen Macht ausgerüstet, schmeichelte er sich, diesen Krieg in *einem* Feldzuge zu endigen. Nach Wien berichtete man, daß die Bewaffnung nur zur Absicht habe, den Kreis zu verteidigen und die Ruhe in dieser Gegend aufrechtzuerhalten. Aber die Unterhandlungen mit Holland, mit England, selbst mit Frankreich, die außerordentlichen Anstrengungen des Kreises und die furchtbare Armee, welche man aufstellte, schienen etwas mehr als bloße Verteidigung, schienen die gänzliche Wiederherstellung des Kurfürsten von der Pfalz und die Demütigung des zu mächtig gewordenen Kaisers zum Endzweck zu haben.

Nachdem der Kaiser Unterhandlungen, Ermahnungen, Drohungen und Befehle fruchtlos erschöpft hatte, den König von Dänemark und den niedersächsischen Kreis zu

Niederlegung der Waffen zu vermögen, fingen die Feindseligkeiten an, und Niederdeutschland wurde nun der Schauplatz des Krieges. Graf Tilly folgte dem linken Ufer des Weserstroms und bemächtigte sich aller Pässe bis Minden; nach einem fehlgeschlagenen Angriff auf Nienburg und seinem Übergange über den Strom überschwemmte er das Fürstentum Calenberg und ließ es durch seine Truppen besetzen. Am rechten Ufer der Weser agierte der König und verbreitete sich in den braunschweigischen Landen. Aber durch zu starke Detachements hatte er sein Hauptheer geschwächt, daß er mit dem Überrest nichts Erhebliches ausrichten konnte. Der Überlegenheit seines Gegners bewußt, vermied er ebenso sorgfältig eine entscheidende Schlacht, als der ligistische Feldherr sie suchte.

Bisher hatte der Kaiser bloß mit den Waffen Bayerns und der Ligue in Deutschland gestritten, wenn man die spanisch-niederländischen Hilfsvölker ausnimmt, welche die Unterpfalz überfielen. Maximilian führte den Krieg als Oberster der Reichsexekution, und Tilly, der sie befehligte, war ein bayrischer Diener. Alle seine Überlegenheit im Felde hatte der Kaiser den Waffen Bayerns und der Ligue zu danken; diese hatten also sein ganzes Glück und Ansehen in Händen. Diese Abhängigkeit von dem guten Willen Bayerns und der Ligue vertrug sich nicht mit den weit aussehenden Entwürfen, denen man nach einem so glänzenden Anfang am kaiserlichen Hofe Raum zu geben begann.

So bereitwillig die Ligue sich gezeigt hatte, die Verteidigung des Kaisers zu übernehmen, an welcher ihre eigne Wohlfahrt befestigt war, so wenig war zu erwarten, daß sie diese Bereitwilligkeit auch auf die kaiserlichen Eroberungsplane erstrecken würde. Oder wenn sie auch ihre Armeen künftig zu Eroberungen hergab, so war zu fürchten, daß sie mit dem Kaiser nichts als den allgemeinen Haß teilen würde, um für sich allein alle Vorteile davon zu ernten. Nur eine ansehnliche Heeresmacht, von ihm selbst aufgestellt, konnte ihn dieser drückenden Abhängigkeit von Bayern überheben und ihm seine bisherige Überlegenheit in Deutschland behaupten helfen. Aber der Krieg hatte die kaiserlichen Lande viel zu sehr erschöpft, um die unermeßlichen Kosten einer solchen Kriegsrüstung bestreiten zu können. Unter diesen Umständen konnte dem Kaiser nichts willkommener sein als der Antrag, womit einer seiner Offiziere ihn überraschte.

Graf Wallenstein war es, ein verdienter Offizier, der reichste Edelmann in Böhmen. Er hatte dem kaiserlichen Hause von früher Jugend an gedient und sich in mehreren Feldzügen gegen Türken, Venezianer, Böhmen, Ungarn und Siebenbürger auf das rühmlichste ausgezeichnet. Der Prager Schlacht hatte er als Oberster beigewohnt und nachher als General-Major eine ungarische Armee in Mähren geschlagen. Die Dankbarkeit des Kaisers kam diesen Diensten gleich, und ein beträchtlicher Teil der nach dem böhmischen Aufruhr konfiszierten Güter war seine Belohnung. Im Besitz eines unermeßlichen Vermögens, von ehrgeizigen Entwürfen erhitzt, voll Zuversicht auf seine glücklichen Sterne und noch mehr auf eine gründliche Berechnung der Zeitumstände, erbot er sich gegen den Kaiser, auf eigne und seiner Freunde Kosten eine Armee auszurüsten und völlig zu bekleiden, ja selbst die Sorge für ihren Unterhalt dem Kaiser zu ersparen, wenn ihm gestattet würde, sie bis auf 50000 Mann zu vergrößern. Niemand war, der diesen Vorschlag nicht als die schimärische Geburt eines brausenden Kopfes verlachte – aber der Versuch war noch immer reichlich belohnt, wenn auch nur ein Teil des Versprechens erfüllt würde. Man überließ ihm einige Kreise in Böhmen zu Musterplätzen und fügte die Erlaubnis hinzu, Offiziersstellen zu vergeben. Wenige Monate, so standen 20000 Mann unter den Waffen, mit welchen er die österreichischen Grenzen verließ; bald darauf erschien er schon mit 30000 an der Grenze von Niedersachsen. Der Kaiser hatte zu der ganzen Ausrüstung nichts gegeben als seinen Namen. Der Ruf des Feldherrn, Aussicht auf glänzende Beförderung und Hoffnung der Beute lockte aus allen Gegenden Deutschlands Abenteurer unter seine Fahnen, und sogar regierende Fürsten, von Ruhmbegierde oder Gewinnsucht gereizt, erboten sich jetzt, Regimenter für Österreich aufzustellen.

Jetzt also – zum erstenmal in diesem Kriege – erschien eine kaiserliche Armee in Deutschland; eine schreckenvolle Erscheinung für die Protestanten, eine nicht viel erfreulichere für die Katholischen. Wallenstein hatte Befehl, seine Armee mit den Truppen der Ligue zu vereinigen und in Gemeinschaft mit dem bayrischen General den König von Dänemark anzugreifen. Aber längst schon eifersüchtig auf Tillys Kriegsruhm, bezeigte er keine Lust, die Lorbeern dieses Feldzugs mit ihm zu teilen und im Schimmer von Tillys Taten den Ruhm der seinigen zu verlieren. Sein Kriegsplan unterstützte zwar die Operationen des letztern, aber ganz unabhängig von denselben führte er ihn aus. Da ihm die Quellen fehlten, aus welchen Tilly die Bedürfnisse seiner Truppen bestritt, so mußte er die seinigen in wohlhabende Länder führen, die von dem Kriege noch nicht gelitten hatten. Ohne also, wie ihm befohlen war, zu dem ligistischen Feldherrn zu stoßen, rückte er in das halberstädtische und magdeburgische Gebiet und bemächtigte sich bei Dessau der Elbe. Alle Länder an beiden Ufern dieses Stroms lagen nun seinen Erpressungen offen; er konnte von da dem König von Dänemark in den Rücken fallen, ja, wenn es nötig war, in die eignen Länder desselben einen Weg sich bahnen.

Christian der Vierte fühlte die ganze Gefahr seiner Lage zwischen zwei so furchtbaren Heeren. Er hatte schon vorher den Administrator von Halberstadt, der kürzlich aus Holland zurückgekehrt war, an sich gezogen; jetzt erklärte er sich auch öffentlich für den Grafen Mansfeld, den er bisher verleugnet hatte, und unterstützte ihn nach Vermögen. Reichlich erstattete ihm Mansfeld diesen Dienst. Er ganz allein beschäftigte die Wallensteinische Macht an der Elbe und verhinderte sie, in Gemeinschaft mit Tilly den König aufzureiben. Dieser mutige General näherte sich sogar, der feindlichen Überlegenheit ungeachtet, der Dessauer Brücke und wagte es, den kaiserlichen Schanzen gegenüber, sich gleichfalls zu verschanzen. Aber von der ganzen feindlichen Macht im Rücken angefallen, mußte er der überlegenen Anzahl weichen und mit einem Verlust von 3000 Toten seinen Posten verlassen. Nach dieser Niederlage zog sich Mansfeld in die Mark Brandenburg, wo er sich nach einer kurzen Erholung mit neuen Truppen verstärkte und dann plötzlich nach Schlesien drehte, um von dort aus in Ungarn einzudringen und in Verbindung mit Bethlen Gaborn den Krieg in das Herz der österreichischen Staaten zu versetzen. Da die kaiserlichen Erblande gegen einen solchen Feind unverteidigt waren, so erhielt Wallenstein schleunigen Befehl, den König von Dänemark für jetzt ganz aus den Augen zu lassen, um Mansfelden, wo möglich, den Weg durch Schlesien zu verlegen.

Die Diversion, welche den Wallensteinischen Truppen durch Mansfeld gemacht wurde, erlaubte dem König, einen Teil seines Heeres in das Westfälische zu schicken, um dort die Bistümer Münster und Osnabrück zu besetzen. Dies zu verhindern, verließ Tilly eilig den Weserstrom; aber die Bewegungen Herzog Christians, welcher Miene machte, durch Hessen in die ligistischen Länder einzudringen und dahin den Krieg zu versetzen, riefen ihn aufs schnellste wieder aus Westfalen zurück. Um nicht von diesen Ländern abgeschnitten zu werden und eine gefährliche Vereinigung des Landgrafen von Hessen mit dem Feinde zu verhüten, bemächtigte sich Tilly eiligst aller haltbaren Plätze an der Werra und Fulda und versicherte sich der Stadt Münden am Eingange der hessischen Gebirge, wo beide Ströme in dei Weser zusammenfließen. Er eroberte kurz darauf Göttingen, den Schlüssel zu Braunschweig und Hessen, und hatte Nordheim dasselbe Schicksal zugedacht, welches aber zu verhindern der König mit seiner ganzen Armee herbeieilte. Nachdem er diesen Ort mit allem Nötigen versehen, um eine lange Belagerung auszuhalten, suchte er sich durch das Eichsfeld und Thüringen einen neuen Weg in die ligistischen Länder zu eröffnen. Schon war er Duderstadt vorbei – aber durch schnelle Märsche hatte ihm Graf Tilly den Vorsprung abgewonnen. Da die Armee des letzten, durch einige Wallensteinische Regimenter verstärkt, der seinigen an Zahl weit überlegen war, so wendete sich der König in das Braunschweigische zurück, um eine Schlacht zu vermeiden. Aber auf eben diesem Rückzuge verfolgte ihn Tilly ohne Unterlaß, und nach einem dreitägigen Scharmützel mußte er endlich bei dem Dorfe *Lutter am Barenberg* dem Feinde stehen. Die Dänen taten den Angriff mit vieler Tapferkeit, und dreimal führte sie der mutvolle König gegen den Feind; endlich aber mußte der schwächere Teil der überlegenen Anzahl und bessern Kriegsübung des Feindes weichen, und ein vollkommener Sieg wurde von dem ligistischen Feldherrn erfochten. Sechzig Fahnen und die ganze Artillerie, Bagage und Munition ging verloren; viele edle Offiziere blieben tot auf dem Platze, gegen 4000 von den Gemeinen; dreißig Kompanien Fußvolk, die sich auf der Flucht in das Amthaus zu Lutter geworfen, streckten das Gewehr und ergaben sich dem Sieger.

Der König entfloh mit seiner Reiterei und sammelte sich

nach diesem empfindlichen Schlage bald wieder. Tilly verfolgte seinen Sieg, bemächtigte sich der Weser und der braunschweigischen Lande und trieb den König bis in das Bremische zurück. Durch seine Niederlage schüchtern gemacht, wollte dieser nur verteidigungsweise verfahren, besonders aber dem Feinde den Übergang über die Elbe verwehren. Aber indem er in alle haltbare Plätze Besatzungen warf, blieb er untätig mit einer geteilten Macht; die zerstreuten Korps wurden nacheinander von dem Feinde zerstreut und aufgerieben. Die ligistischen Truppen, des ganzen Westerstroms mächtig, verbreiteten sich über die Elbe und Havel, und die dänischen sahen sich aus einem Posten nach dem andern verjagt. Tilly selbst war über die Elbe gegangen und hatte bis weit in das Brandenburgische seine siegreichen Waffen verbreitet, indem Wallenstein von der andern Seite in Holstein eindrang, den Krieg in die eignen Länder des Königs zu spielen.

Dieser General kam eben aus Ungarn zurück, bis wohin er dem Grafen Mansfeld gefolgt war, ohne seinen Marsch aufhalten, ohne seine Vereinigung mit Bethlen Gabor verhindern zu können. Immer von dem Schicksal verfolgt und immer größer als sein Schicksal, hatte sich dieser unter unendlichen Schwierigkeiten glücklich durch Schlesien und Ungarn zu dem Fürsten von Siebenbürgen hindurchgeschlagen, wo er aber nicht sehr willkommen war. Im Vertrauen auf englischen Beistand und auf eine mächtige Diversion in Niedersachsen, hatte Gabor aufs neue den Waffenstillstand mit dem Kaiser gebrochen, und anstatt dieser gehofften Diversion brachte ihm jetzt Mansfeld die ganze Wallensteinische Macht mit und forderte Geld von ihm, anstatt es zu bringen. So wenig Harmonie unter der protestantischen Fürsten erkältete Gabors Eifer, und er eilte, wie gewöhnlich, sich der überlegenen Macht des Kaisers durch einen geschwinden Frieden zu entledigen.

GESCHICHTE DES DREISSIGJÄHRIGEN KRIEGS

Peter Ernst von Mansfeld stirbt in den Armen seiner Officiere.

Fest entschlossen, ihn bei dem ersten Strahl von Hoffnung wieder zu brechen, wies er den Grafen Mansfeld an die Republik Venedig, um dort vor allem andern Geld aufzubringen.

Von Deutschland abgeschnitten und ganz außerstande, den schwachen Überrest seiner Truppen in Ungarn zu ernähren, verkaufte Mansfeld Geschütz und Heergeräte und ließ seine Soldaten auseinandergehen. Er selbst nahm mit einem kleinen Gefolge den Weg durch Bosnien und Dalmation nach Venedig; neue Entwürfe schwellten seinen Mut – aber sein Lauf war vollendet. Das Schicksal, das ihn im Leben so unstet herumwarf, hatte ihm ein Grab in Dalmatien bereitet. Nicht weit von Zara übereilte ihn der Tod (1626). Kurz vorher war sein treuer Schicksalsgenosse, Herzog Christian von Braunschweig, gestorben – zwei Männer, der Unsterblichkeit wert, hätten sie sich ebenso über ihr Zeitalter als über ihr Schicksal erhoben.

Der König von Dänemark hatte mit einer vollzähligen Macht dem einzigen Tilly nicht standhalten können; wieviel weniger jetzt beiden kaiserlichen Generalen mit einer geschwächten! Die Dänen wichen aus allen ihren Posten an der Weser, Elbe und Havel, und die Armee Wallensteins ergoß sich über Brandenburg, Mecklenburg, Holstein und Schleswig wie ein reißender Strom. Dieser General, allzu übermütig, um mit einem andern gemeinschaftlich zu agieren, hatte den ligistischen Feldherrn über die Elbe geschickt, um dort die Holländer zu beobachten; eigentlich aber, damit er selbst den Krieg gegen den König endigen und die Früchte der von Tilly erfochtenen Siege für sich allein ernten möchte. Alle festen Plätze in seinen deutschen Staaten, Glückstadt allein ausgenommen, hatte Christian verloren, seine Heere waren geschlagen oder zerstreut, von Deutschland aus keine Hilfe, von England wenig Trost, seine Bundesgenossen in Niedersachsen der Wut des Siegers preisgegeben. Den Landgrafen von Hessen-Kassel hatte Tilly gleich nach dem Siege bei Lutter gezwungen, der dänischen Allianz zu entsagen. Wallensteins furchtbare Erscheinung vor Berlin brachte den Kurfürsten von Brandenburg zur Unterwerfung und zwang ihn, Maximilian von Bayern als rechtmäßigen Kurfürsten anzuerkennen. Der größte Teil Mecklenburgs wurde jetzt von den kaiserlichen Truppen überschwemmt, beide Herzoge als Anhänger des Königs von Dänemark in die Reichsacht erklärt und aus ihren Staaten vertrieben. Die deutsche Freiheit gegen widerrechtliche Eingriffe verteidigt zu haben, wurde als ein Verbrechen behandelt, das den Verlust aller Würden und Länder nach sich zog. Und doch war alles dies nur das Vorspiel schreiendener Gewalttätigkeiten, welche bald darauf folgen sollten.

Jetzt kam das Geheimnis an den Tag, auf welche Art Wallenstein seine ausschweifenden Versprechungen zu erfüllen meinte. Dem Grafen Mansfeld war es abgelernt; aber der Schüler übertraf seinen Meister. Dem Grundsatze gemäß, daß der Krieg den Krieg ernähren müsse, hatten Mansfeld und Herzog Christian mit den Brandschatzungen, die sie von Freund und Feind ohne Unterschied erpreßten, die Bedürfnisse ihrer Truppen bestritten – aber diese räuberische Lebensart war auch von allem Ungemacht und aller Unsicherheit des Räuberlebens begleitet. Gleich flüchtigen Dieben mußten sie sich durch wachsame und erbitterte Feinde stehlen, von einem Ende Deutschlands zum andern fliehen, ängstlich auf die Gelegenheit lauern und gerade die wohlhabendsten Länder meiden, weil eine stärkere Macht diese verteidigte. Hatten Mansfeld und Herzog Christian, im Kampfe mit so furchtbaren Hindernissen, doch so erstaunlich viel getan, was mußte sich dann nicht ausrichten lassen, wenn man aller dieser Hindernisse überhoben war – wenn die Armee, die man aufstellte, zahlreich genug war, auch den mächtigsten einzelnen Reichsstand in Furcht zu setzen – wenn der Name des Kaisers allen Gewalttätigkeiten die Straflosigkeit versicherte – kurz – wenn man unter der höchsten Autorität im Reiche und an der Spitze eines überlegenen Heeres *denselben* Kriegsplan befolgte, welchen jene beiden Abenteurer auf eigne Gefahr und mit einer zusammengelaufenen Bande in Ausübung gebracht hatten!

Dies hatte Wallenstein im Auge, da er dem Kaiser sein kühnes Anerbieten tat, und jetzt wird es niemand mehr übertrieben finden. Je mehr man das Heer verstärkte, desto weniger durfte man um den Unterhalt desselben bekümmert sein, denn desto mehr brachte es die widersetzlichen Stände zum Zittern; je schreiender die Gewalttätigkeiten, desto ungestrafter konnte man sie verüben. Gegen feindlich gesinnte Reichsstände hatten sie einen Schein des Rechts; gegen getreue konnte die vorgeschützte Notwendigkeit sie entschuldigen. Die ungleiche Verteilung dieses Druckes verhinderte eine gefährliche Einigkeit unter den Ständen; die Erschöpfung ihrer Länder entzog ihnen zugleich die Mittel, sie zu rügen. Ganz Deutschland wurde auf diese Art ein Proviantmagazin für die Heere des Kaisers, und er konnte mit allen Territorien wie mit seinen Erblanden schalten. Allgemein war das Geschrei um Gerechtigkeit am Throne des Kaisers – aber man war vor der *Selbstrache* der mißhandelten Fürsten sicher, solange sie um *Gerechtigkeit* riefen. Der allgemeine Unwille zerteilte sich zwischen dem Kaiser, der seinen Namen zu diesen Greueln gab, und dem Feldherrn, der seine Vollmacht überschritt und offenbar die Autorität seines Herrn mißbrauchte. – Durch den Kaiser nahm man den Weg, um gegen seinen Feldherrn Schutz zu erhalten; aber sobald er sich durch seine Truppen allmächtig wußte, hatte Wallenstein auch den Gehorsam gegen den Kaiser abgeworfen.

Die Erschöpfung des Feindes ließ einen nahen Frieden mit Wahrscheinlichkeit erwarten; dennoch fuhr Wallenstein fort, die kaiserlichen Heere immer mehr, zuletzt bis auf hunderttausend Mann, zu verstärken. Obersten- und Offizierspatente ohne Zahl, ein königlicher Staat des Generals, unmäßige Verschwendungen an seine Kreaturen (nie schenkte er unter tausend Gulden), unglaubliche Summen für Bestechungen am Hofe des Kaisers, um dort seinen Einfluß zu erhalten, alles dieses, ohne den Kaiser zu beschweren. Aus den Brandschatzungen der niederdeutschen Provinzen wurden alle diese unermeßlichen Summen gezogen; kein Unterschied zwischen Freund und Feind, gleich eigenmächtige Durchzüge und Einquartierungen in aller Herren Ländern, gleich Erpressungen und Gewalttätigkeiten. Dürfte man einer ausschweifenden Angabe aus jenen Zeiten trauen, so hätte Wallenstein in einem siebenjährigen Kommando 60000 Millionen Taler aus einer Hälfte Deutschlands an Kontributionen erhoben. Je ungeheurer die Erpressungen, desto mehr Vorrat für seine Heere, desto stärker also der Zulauf zu seinen Fahnen; alle Welt fliegt nach dem Glücke. Seine Armeen schwollen an, indem alle Länder welkten, durch die sie zogen. Was kümmerte ihn nun der Fluch der Provinzen und das Klaggeschrei der Fürsten? Sein Heer betete ihn an, und das Verbrechen selbst setzte ihn in den Stand, alle Folgen desselben zu verlachen!

Man würde dem Kaiser Unrecht tun, wenn man alle die Ausschweifungen seiner Armeen auf seine Rechnung setzen wollte. Wußte es Ferdinand vorher, daß er seinem Feldherrn alle deutschen Staaten zum Raube gab, so hätte ihm nicht verborgen bleiben können, wieviel er selbst bei einem so unumschränkten Feldherrn Gefahr lief. Je enger sich das Band zwischen der Armee und ihrem Anführer zusammenzog, von dem allein alles Glück, alle Beförderung ausfloß, desto mehr mußte es zwischen beiden und dem Kaiser erschlaffen. Zwar geschah alles im Namen des letzten; aber die Majestät des Reichsoberhaupts wurde von Wallenstein nur gebraucht, um jede andre Autorität in Deutschland zu zermalmen. Daher der überlegte Grundsatz dieses Mannes, die deutschen Reichsfürsten sichtbar zu erniedrigen, alle Stufen und Ordnungen zwischen diesen Fürsten und dem Reichsoberhaupte zu zerbrechen und das Ansehn des letztern über alle Vergleichung zu erhöhen. War der Kaiser die einzige gesetzgebende Macht in Deutschland, wer reichte alsdann hinauf an den Vezier, den er zum Vollzieher seines Willens gemacht hatte? Die Höhe, auf welche Wallenstein ihn stellte, überraschte sogar den Kaiser; aber eben weil diese Größe des Herrn das Werk seines Dieners war, so sollte diese Wallensteinische Schöpfung wieder in ihr Nichts zurücksinken, sobald ihr die Hand ihres Schöpfers fehlte. Nicht umsonst empörte er alle Reichsfürsten Deutschlands gegen den Kaiser – je heftiger ihr Haß gegen Ferdinand, desto notwendiger mußte ihm derjenige Mann bleiben, der allein ihren schlimmen Willen unschädlich machte. Seine Absicht ging unverkennbar dahin, daß sein Oberherr in ganz Deutschland keinen Menschen mehr zu fürchten haben sollte als – den einzigen, dem er diese Allmacht verdankte.

Ein Schritt zu diesem Ziele war, daß Wallenstein das eben eroberte Mecklenburg zum einstweiligen Unterpfand für sich verlangte, bis die Geldvorschüsse, welche er dem Kaiser in dem bisherigen Feldzug getan, erstattet sein würden. Schon vorher hatte ihn Ferdinand, wahrscheinlich um *seinem* General einen Vorzug mehr vor dem *bayrischen* zu geben, zum Herzog von Friedland erhoben; aber eine gewöhnliche Belohnung konnte den Ehrgeiz eines Wallensteins nicht ersättigen. Vergebens erhoben sich selbst in dem kaiserlichen Rat unwillige Stimmen gegen diese neue

Beförderung, die auf Unkosten zweier Reichsfürsten geschehen sollte; umsonst widersetzten sich selbst die Spanier, welche längst schon sein Stolz beleidigt hatte, seiner Erhebung. Der mächtige Anhang, welchen sich Wallenstein unter den Ratgebern des Kaisers erkauft hatte, behielt die Oberhand; Ferdinand wollte sich, auf welche Art es auch sein möchte, diesen unentbehrlichen Diener verpflichten. Man stieß eines leichten Vergehens wegen die Nachkömmlinge eines der ältesten deutschen Fürstenhäuser aus ihrem Erbteil, um eine Kreatur der kaiserlichen Gnade mit ihrem Raube zu bekleiden (1628).

Bald darauf fing Wallenstein an, sich einen Generalissimus des Kaisers zu Wasser und zu Lande zu nennen. Die Stadt Wismar wurde erobert und fester Fuß an der Ostsee gewonnen. Von Polen und den Hansestädten wurden Schiffe gefordert, um den Krieg jenseits des Baltischen Meeres zu spielen, die Dänen in das Innerste ihres Reichs zu verfolgen und einen Frieden zu erzwingen, der zu größern Eroberungen den Weg bahnen sollte. Der Zusammenhang der niederdeutschen Stände mit den nordischen Reichen war zerrissen, wenn es dem Kaiser gelang, sich in die Mitte zwischen beiden zu lagern und von dem Adriatischen Meere bis an den Sund (das dazwischenliegende Polen stand in seiner Abhängigkeit) Deutschland mit einer fortlaufenden Länderkette zu umgeben. Wenn dies die Absicht des *Kaisers* war, so hatte *Wallenstein* seine besondere, den nämlichen Plan zu befolgen. Besitzungen an der Ostsee sollten den Grundstein zu einer Macht abgeben, womit sich schon längst seine Ehrsucht trug und welche ihn in den Stand setzen sollte, seinen Herrn zu entbehren.

Diese Zwecke zu erreichen, war es von äußerster Wichtigkeit, die Stadt Stralsund am Baltischen Meere in Besitz zu bekommen. Ihr vortrefflicher Hafen, die leichte Überfahrt von da nach den schwedischen und dänischen Küsten machte sie vorzüglich geschickt, in einem Kriege mit beiden Kronen einen Waffenplatz abzugeben. Diese Stadt, die sechste des Hanseatischen Bundes, genoß unter dem Schutze des Herzogs von Pommern die wichtigsten Privilegien, und völlig außer aller Verbindung mit Dänemark hatte sie an dem bisherigen Kriege auch nicht den entferntesten Anteil genommen. Aber weder diese Neutralität noch ihre Privilegien konnten sie vor den Anmaßungen Wallensteins schützen, der seine Absicht auf sie gerichtet hatte.

Einen Antrag dieses Generals, kaiserliche Besatzungen anzunehmen, hatte der Magistrat von Stralsund mit rühmlicher Standhaftigkeit verworfen, auch seinen Truppen den arglistig verlangten Durchmarsch verweigert. Jetzt schickte Wallenstein sich an, die Stadt zu belagern.

Für beide nordische Könige war es von gleicher Wichtigkeit, Stralsund bei seiner Unabhängigkeit zu schützen, ohne welche die freie Schiffahrt auf dem Belte nicht behauptet werden konnte. Die gemeinschaftliche Gefahr besiegte endlich die Privateifersucht, welche schon längst beide Könige entzweite. In einem Vertrage zu Kopenhagen (1628) versprachen sie einander, Stralsund mit vereinigten Kräften aufrechtzuerhalten und gemeinschaftlich jede fremde Macht abzuwehren, welche in feindlicher Absicht in der Ostee erscheinen würde. Christian der Vierte warf sogleich eine hinreichende Besatzung in Stralsund und stärkte durch seinen persönlichen Besuch den Mut der Bürger. Einige Kriegsschiffe, welche König Sigismund von Polen dem kaiserlichen Feldherrn zu Hilfe schickte, wurden von der dänischen Flotte in Grund gebohrt, und da ihm nun auch die Stadt Lübeck die ihrigen abschlug, so hatte der kaiserliche Generalissimus zur See nicht einmal Schiffe genug, den Hafen einer einzigen Stadt einzuschließen.

Nichts scheint abenteuerlicher zu sein, als einen Seeplatz, der aufs vortrefflichste befestigt war, erobern zu wollen, ohne seinen Hafen einzuschließen. Wallenstein, der noch nie einen Widerstand erfahren, wollte nun auch die Natur überwinden und das Unmögliche besiegen. Stralsund, von der Seeseite frei, fuhr ungehindert fort, sich mit Lebensmitteln zu versehen und mit neuen Truppen zu verstärken; nichtsdestoweniger umzingelte es Wallenstein zu Lande und suchte durch prahlerische Drohungen den Mangel gründlicherer Mittel zu ersetzen. «Ich will», sagte er, «diese Stadt wegnehmen, und wäre sie mit Ketten an den Himmel gebunden.» Der Kaiser selbst, welcher eine Unternehmung bereuen mochte, wovon er sich keinen rühmlichen Ausgang versprach, ergriff mit Begierde die scheinbare Unterwürfigkeit und einige annehmliche Erbietungen der Stralsunder, seinem General den Abzug von der Stadt zu befehlen. Wallenstein verachtete diesen Befehl und fuhr fort, den Belagerten durch unablässige Stürme zuzusetzen. Da die dänische Besatzung schon stark geschmolzen, der Überrest der rastlosen Arbeit nicht gewachsen war und der König sich außerstande befand, mehrere seiner Truppen an diese Stadt zu wagen, so warf sich Stralsund, mit Christians Genehmigung, dem Könige von Schweden in die Arme. Der dänische Kommendant verließ die Festung, um einem schwedischen Platz zu machen, der sie mit dem glücklichsten Erfolge verteidigte. Wallensteins Glück scheiterte vor dieser Stadt, und zum erstenmal erlebte sein Stolz die empfindliche Kränkung, nach mehreren verlorenen Monaten, nach einem Verlust von 12000 Toten, seinem Vorhaben zu entsagen. Aber die Notwendigkeit, in welche er diese Stadt gesetzt hatte, den schwedischen Schutz anzurufen, veranlaßte ein enges Bündnis zwischen Gustav Adolf und Stralsund, welches in der Folge den Eintritt der Schweden in Deutschland nicht wenig erleichterte.

Bis hieher hatte das Glück die Waffen der Ligue und des Kaisers begleitet, und Christian der Vierte, in Deutschland

ZWEITES BUCH

Wallenstein, Herzog von Friedland
vor Stralsund.

überwunden, mußte sich in seinen Inseln verbergen; aber die Ostsee setzte diesen Eroberungen eine Grenze. Der Abgang der Schiffe hinderte nicht nur, den König weiter zu verfolgen, sondern setzte auch den Sieger noch in Gefahr, die gemachten Eroberungen zu verlieren. Am meisten hatte man von der Vereinigung beider nordischen Monarchen zu fürchten, welche es, wenn sie Bestand hatte, dem Kaiser und seinem Feldherrn unmöglich machte, auf der Ostsee eine Rolle zu spielen oder gar Landung in Schweden zu tun. Gelang es aber, die Sache dieser beiden Fürsten zu trennen und sich der Freundschaft des dänischen Königs insbesondere zu versichern, so konnte man die einzelne schwedische Macht desto leichter zu überwältigen hoffen. Furcht vor Einmischung fremder Mächte, aufrührerische Bewegungen der Protestanten in seinen eigenen Staaten, die ungeheuren Kosten des bisher geführten Kriegs und noch mehr der Sturm, den man im ganzen protestantischen Deutschlands im Begriffe war zu erregen, stimmten das Gemüt des Kaisers zum Frieden, und aus ganz entgegengesetzten Gründen beeiferte sich sein Feldherr, diesen Wunsch zu erfüllen. Weit entfernt, einen Frieden zu wünschen, der ihn aus dem Mittagsglanze der Größe und Gewalt in die Dunkelheit des Privatstandes herunterstürzte, wollte er nur den Schauplatz des Kriegs verändern und durch diesen einseitigen Frieden die Verwirrung verlängern. Die Freundschaft Dänemarks, dessen Nachbar er als Herzog von Mecklenburg geworden, war ihm für seine weit aussehenden Entwürfe sehr wichtig, und er beschloß, selbst mit Hintansetzung der Vorteile seines Herrn, sich diesen Monarchen zu verpflichten.

Christian der Vierte hatte sich in dem Vertrag von Kopenhagen verbindlich gemacht, ohne Zuziehung Schwedens keinen einseitigen Frieden mit dem Kaiser zu schließen. Demohngeachtet wurde der Antrag, den ihm

Wallenstein tat, mit Bereitwilligkeit angenommen. Auf einem Kongreß zu Lübeck (1629), von welchem Wallenstein die schwedischen Gesandten, die für Mecklenburg zu interzedieren kamen, mit ausstudierter Geringschätzung abwies, wurden von kaiserlicher Seite alle den Dänen weggenommene Länder zurückgegeben. Diesen ihm so nötigen Frieden erkaufte Christian mit sonst nichts als seiner königlichen Ehre. Man legte ihm auf, sich in die Angelegenheiten Deutschlands fernerhin nicht weiter einzumengen, als ihm der Name eines Herzogs von Holstein gestattete, sich der niederdeutschen Stifter unter keinem Namen mehr anzumaßen und die mecklenburgischen Herzoge ihrem Schicksal zu überlassen. Christan selbst hatte diese beiden Fürsten in den Krieg mit dem Kaiser verwikkelt; jetzt opferte er sie auf, um sich den Räuber ihrer Staaten zu verpflichten. Unter den Beweggründen, welche ihn zum Krieg gegen den Kaiser veranlaßten, war die Wiederherstellung des Kurfürsten von der Pfalz, seines Verwandten, nicht der unerheblichste gewesen – auch dieses Fürsten wurde in dem Lübecker Frieden mit keiner Silbe gedacht und in einem Artikel desselben sogar die Rechtmäßigkeit der bayrischen Kurwürde eingestanden. Mit so wenig Ruhm trat Christian der Vierte vom Schauplatz.

Zum zweitenmal hatte Ferdinand jetzt die Ruhe Deutschlands in Händen, und es stand nur bei ihm, den Frieden mit Dänemark in einen allgemeinen zu verwandeln. Aus allen Gegenden Deutschlands schallte ihm das Jammern der Unglücklichen entgegen, die um das Ende ihrer Drangsale flehten; die Greuel seiner Soldaten, die Habsucht seiner Feldherrn hatten alle Grenzen überstiegen. Deutschland, von den verwüstenden Schwärmen Mansfelds und Christians von Braunschweig, von den schrecklichern Heerscharen Tillys und Wallensteins durchzogen, lag erschöpft blutend, verödet und seufzte nach Erholung. Mächtig war der Wunsch des Friedens bei allen Ständen des Reichs, mächtig selbst bei dem Kaiser, der, in Oberitalien mit Frankreich in Krieg verwickelt, durch den bisherigen in Deutschland entkräftet und vor den Rechnungen bange war, die seiner warteten. Aber unglücklicherweise widersprachen sich die Bedingungen, unter welchen beide Religionsparteien das Schwert in die Scheide stecken wollten. Die Katholischen wollten mit Vorteil aus diesem Kriege gehen; die Protestanten wollten nicht schlimmer daraus gehen – der Kaiser, anstatt beide Teile mit kluger Mäßigung zu vereinigen, *nahm Partei;* und so stürzte Deutschland aufs neue in die Schrecken eines entsetzlichen Krieges.

Schon seit Endigung der böhmischen Unruhen hatte Ferdinand die Gegenreformation in seinen Erbstaaten angefangen, wobei jedoch aus Rücksicht gegen einige evangelische Stände mit Mäßigung verfahren wurde. Aber die Siege, welche seine Feldherrn in Niederdeutschland erfochten, machten ihm Mut, allen bisherigen Zwang abzuwerfen. Allen Protestanten in seinen Erbländern wurde diesem Entschluß gemäß angekündigt, entweder ihrer Religion oder ihrem Vaterlande zu entsagen – eine bittere, schreckliche Wahl, welche die fürchterlichsten Empörungen unter den Landleuten in Österreich erregte. In den pfälzischen Landen wurde gleich nach Vertreibung Friedrichs des Fünften der reformierte Gottesdienst aufgehoben und die Lehrer dieser Religion von der hohen Schule zu Heidelberg vertrieben.

Diese Neuerungen waren nur das Vorspiel zu größern. Auf einem Kurfürstenkonvent zu Mühlhausen forderten die Katholiken den Kaiser auf, alle seit dem Religionsfrieden zu Augsburg von den Protestanten eingezogene Erzbistümer, Bistümer, mittelbare und unmittelbare Abteien und Klöster wieder an die katholische Kirche zurückzubringen und dadurch die katholischen Stände für die Verluste und Bedrückungen zu entschädigen, welche sie in dem bisherigen Kriege erlitten hätten. Bei einem so streng katholischen Fürsten, wie es Ferdinand war, konnte ein solcher Wink nicht zur Erde fallen; aber noch schien es ihm zu frühe, das ganze protestantische Deutschland durch einen so entscheidenden Schritt zu empören. Kein einziger protestantischer Fürst war, dem diese Zurückforderung der geistlichen Stifter nicht einen Teil seiner Lande nahm. Wo man die Einkünfte derselben auch nicht ganz zu weltlichen Zwecken bestimmt hatte, hatte man sie zum Nutzen der protestantischen Kirche verwendet. Mehrere Fürsten dankten diesen Erwerbungen einen großten Teil ihrer Einkünfte und Macht. Alle ohne Unterschied mußten durch die Zurückforderung derselben in Aufruhr gebracht werden. Der Religionsfriede sprach ihnen das Recht an diese Stifter nicht ab, obgleich er es ebensowenig außer Zweifel setzte. Aber ein langer, bei vielen fast jahrhundertlanger Besitz, das Stillschweigen von vier bisherigen Kaisern, das Gesetz der Billigkeit, welches ihnen an den Stiftungen ihrer Voreltern einen gleichen Anteil mit den Katholischen zusprach, konnte als ein vollgültiger Grund des Rechts von ihnen angeführt werden. Außer dem wirklichen Verluste, den sie durch Zurückgabe dieser Stifter an ihrer Macht und Gerichtsbarkeit erlitten, außer den unübersehlichen Verwirrungen, welche die Folge davon sein mußten, war dies kein geringer Nachteil für sie, daß die wieder eingesetzten katholischen Bischöfe die katholische Partei auf dem Reichstage mit ebensoviel neuen Stimmen verstärken sollten. So empfindliche Verluste auf seiten der Evangelischen ließen den Kaiser die heftigste Widersetzung befürchten, und ehe das Kriegsfeuer in Deutschland gedämpft war, wollte er eine ganze, in ihrer Vereinigung furchtbare Partei, welche an dem Kurfürsten von Sachsen eine mächtige

Stützte hatte, nicht zur Unzeit gegen sich reizen. Er versuchte es also vorerst im kleinen, um zu erfahren, wie man es im großen aufnehmen würde. Einige Reichsstädte in Oberdeutschland und der Herzog von Württemberg erhielten Mandate, verschiedene solcher eingezogenen Stifter herauszugeben.

Die Lage der Umstände in Sachsen ließ ihn dort noch einige kühnere Versuche wagen. In den Bistümern Magdeburg und Halberstadt hatten die protestantischen Domherren keinen Anstand genommen, Bischöfe von ihrer Religion aufzustellen. Beide Bistümer, die Stadt Magdeburg allein ausgenommen, hatten Wallensteinische Truppen jetzt überschwemmt. Zufälligerweise war Halberstadt durch den Tod des Administrators, Herzogs Christian von Braunschweig, das Erzstift Magdeburg durch Absetzung Christian Wilhelms, eines brandenburgischen Prinzen, erledigt. Ferdinand benutzte diese beiden Umstände, um das halberstädtische Stift einem katholischen Bischof, und noch dazu einem Prinzen aus seinem eignen Hause, zuzuwenden. Um nicht einen ähnlichen Zwang zu erleiden, eilte das Kapitel zu Magdeburg, einen Sohn des Kurfürsten von Sachsen zum Erzbischof zu erwählen. Aber der Papst, der sich aus angemaßter Gewalt in diese Angelegenheit mengte, sprach dem österreichischen Prinzen auch das magdeburgische Erzstift zu; und man konnte sich nicht enthalten, die Geschicklichkeit Ferdinands zu bewundern, der über dem heiligsten Eifer für seine Religion nicht vergaß, für das Beste seines Hauses zu sorgen.

Endlich, als der Lübecker Friede den Kaiser von seiten Dänemarks außer aller Furcht gesetzt hatte, die Protestanten in Deutschland gänzlich darniederzuliegen schienen, die Forderungen der Ligue aber immer lauter und dringender wurden, unterzeichnete Ferdinand das durch so viel Unglück berüchtigte *Restitutionsedikt* (1629), nachdem er es vorher jedem der vier katholischen Kurfürsten zur Genehmigung vorgelegt hatte. In dem Eingange spricht er sich das Recht zu, den Sinn des Religionsfriedens, dessen ungleiche Deutung zu allen bisherigen Irrungen Anlaß gegeben, vermittelst kaiserlicher Machtvollkommenheit zu erklären und als oberster Schiedsmann und Richter zwischen beide streitende Parteien zu treten. Dieses Recht gründete er auf die Observanz seiner Vorfahren und auf die ehemals geschehene Einwilligung selbst protestantischer Stände. Kursachsen hatte dem Kaiser wirklich dieses Recht zugestanden; jetzt ergab es sich, wie großen Schaden dieser Hof durch seine Anhänglichkeit an Österreich der protestantischen Sache zugefügt hatte. Wenn aber der Buchstabe des Religionsfriedens wirklich einer ungleichen Auslegung unterworfen war, wie der jahrundertlange Zwist beider Religionsparteien es genugsam bezeugte, so konnte doch auf keine Weise der Kaiser, der entweder ein katholischer oder ein protestantischer Reichsfürst und also selbst Partei war, zwischen katholischen und protestantischen Ständen einen Religionsstreit entscheiden – ohne den wesentlichen Artikel des Religionsfriedens zu verletzen. Er konnte in seiner eignen Sache nicht Richter sein, ohne die Freiheit des Deutschen Reichs in einen leeren Schall zu verwandeln.

Und nun in Kraft dieses angemaßten Rechts, den Religionsfrieden auszulegen, gab Ferdinand die Entscheidung: «daß jede nach dem Datum dieses Friedens von den Protestanten geschehene Einziehung sowohl mittelbarer als unmittelbarer Stifter dem Sinn dieses Friedens zuwiderlaufe und als eine Verletzung desselben widerrufen sei». Er gab ferner die Entscheidung: «daß der Religionsfriede keinem katholischen Landesherrn auflege, protestantischen Untertanen etwas mehr als freien Abzug aus seinen Landen zu bewilligen». Diesem Ausspruche gemäß wurde allen unrechtmäßigen Besitzern geistlicher Stifter – also allen

Kaiser Ferdinand II. hat zur Freude der Jesuiten das Restitutions Edict unterschrieben.

protestantischen Reichsständen ohne Unterschied – bei Strafe des Reichsbannes anbefohlen, dieses unrechte Gut an die kaiserlichen Kommissarien unverzüglich herauszugeben.

Nicht weniger als zwei Erzbistümer und zwölf Bistümer standen auf der Liste; außer diesen eine unübersehliche Anzahl von Klöstern, welche die Protestanten sich zugeeignet hatten. Dieses Edikt war ein Donnerschlag für das ganze protestantische Deutschland; schrecklich schon an sich selbst durch das, was es wirklich nahm, schrecklicher noch durch das, was es für die Zukunft befürchten ließ und wovon man es nur als einen Vorläufer betrachtete. Jetzt sahen es die Protestanten als ausgemacht an, daß der Untergang ihrer Religion von dem Kaiser und der katholischen Ligue beschlossen sei und daß der Untergang deutscher Freiheit ihr bald nachfolgen werde. Auf keine Gegenvorstellung ward geachtet, die Kommissarien wurden ernannt und eine Armee zusammengezogen, ihren Gehorsam zu verschaffen. Mit Augsburg, wo der Friede geschlossen worden, machte man den Anfang; die Stadt mußte unter die Gerichtsbarkeit ihres Bischofs zurücktreten, und sechs protestantische Kirchen wurden darin geschlossen. Ebenso mußte der Herzog von Württemberg seine Klöster herausgeben. Dieser Ernst schreckte alle evangelische Reichsstände auf, aber ohne sie zu einem tätigen Widerstand begeistern zu können. Die Furcht vor des Kaisers Macht wirkte zu mächtig: schon fing ein großer Teil an, sich zur Nachgiebigkeit zu neigen. Die Hoffnung, auf einem friedlichen Wege zu Erfüllung ihres Wunsches zu gelangen, bewog deswegen die Katholischen, mit Vollstreckung des Edikts noch ein Jahr lang zu zögern, und dies rettete die Protestanten. Ehe diese Frist um war, hatte das Glück der schwedischen Waffen die ganze Gestalt der Dinge verändert.

Auf einer Kurfürstenversammlung zu Regensburg, welcher Ferdinand in Person beiwohnte (1630), sollte nun mit allem Ernst an der gänzlichen Beruhigung Deutschlands und an Hebung aller Beschwerden gearbeitet werden. Diese waren von seiten der Katholischen nicht viel geringer als von seiten der Evangelischen, so sehr auch Ferdinand sich überredete, alle Mitglieder der Ligue durch das Restitutionsedikt und den Anführer derselben durch Erteilung der Kurwürde und durch Einräumung des größten Teils der pfälzischen Lande sich verpflichtet zu haben. Das gute Verständnis zwischen dem Kaiser und den Fürsten der Ligue hatte seit Wallensteins Erscheinung unendlich gelitten. Gewohnt, den Gesetzgeber in Deutschland zu spielen und selbst über das Schicksal des Kaisers zu gebieten, sah sich der stolze Kurfürst von Bayern durch den kaiserlichen Feldherrn auf einmal entbehrlich gemacht und seine ganze bisherige Wichtigkeit zugleich mit dem Ansehen der Ligue verschwunden. Ein andrer trat jetzt auf, die Früchte seiner Siege zu ernten und alle seine vergangenen Dienste in Vergessenheit zu stürzen. Der übermütige Charakter des Herzogs von Friedland, dessen süßester Triumph war, dem Ansehen der Fürsten Hohn zu sprechen und der Autorität seines Herrn eine verhaßte Ausdehnung zu geben, trug nicht wenig dazu bei, die Empfindlichkeit des Kurfürsten zu vermehren. Unzufrieden mit dem Kaiser und voll Mißtrauen gegen seine Gesinnungen, hatte er sich in ein Bündnis mit Frankreich eingelassen, dessen sich auch die übrigen Fürsten der Ligue verdächtig machten. Die Furcht vor den Vergrößerungsplanen des Kaisers, der Unwille über die gegenwärtigen schreienden Übel hatte bei diesen jedes Gefühl der Dankbarkeit erstickt. Wallensteins Erpressungen waren bis zum Unerträglichen gegangen. Brandenburg gab den erlittenen Schaden auf zwanzig, Pommern auf zehen, Hessen auf sieben Millionen an, die übrigen nach

Verhältnis. Allgemein, nachdrücklich, heftig war das Geschrei um Hilfe, umsonst alle Gegenvorstellungen, kein Unterschied zwischen Katholiken und Protestanten, alles über *diesen* Punkt nur eine einzige Stimme. Mit Fluten von Bittschriften, alle wider Wallenstein gerichtet, stürmte man auf den erschrockenen Kaiser ein und erschütterte sein Ohr durch die schauderhaftesten Beschreibungen der erlittenen Gewalttätigkeiten. Ferdinand war kein Barbar. Wenn auch nicht unschuldig an den Abscheulichkeiten, die sein Name in Deutschland verübte, doch unbekannt mit dem Übermaße derselben, besann er sich nicht lange, den Forderungen der Fürsten zu willfahren und von seinen im Felde stehenden Heeren sogleich achtzehntausend Mann Reiterei abzudanken. Als diese Truppenverminderung geschah, rüsteten sich die Schweden schon lebhaft zu ihrem Einmarsch in Deutschland, und der größte Teil der entlassenen kaiserlichen Soldaten eilte unter ihre Fahnen.

Diese Nachgiebigkeit Ferdinands diente nur dazu, den Kurfürsten von Bayern zu kühnern Forderungen zu ermuntern. Der Triumph über das Ansehen des Kaisers war unvollkommen, solange der Herzog von Friedland das oberste Kommando behielt. Schwer rächten sich jetzt die Fürsten an dem Übermute dieses Feldherrn, den sie alle ohne Unterschied hatten fühlen müssen. Die Absetzung desselben wurde daher von dem ganzen Kurfürstenkollegium, selbst von den Spaniern, mit einer Einstimmigkeit und Hitze gefordert, die den Kaiser in Erstaunen setzte. Aber selbst diese Einstimmigkeit, diese Heftigkeit, mit welcher die Neider des Kaisers auf Wallensteins Absetzung drangen, mußte ihn von der Wichtigkeit dieses Dieners überzeugen. Wallenstein, von den Kabalen unterrichtet, welche in Regensburg gegen ihn geschmiedet wurden, verabsäumte nichts, dem Kaiser über die wahren Absichten des Kurfürsten von Bayern die Augen zu öffnen. Er erschien selbst in Regensburg, aber mit einem Prunke, der selbst den Kaiser verdunkelte und dem Haß seiner Gegner nur neue Nahrung gab.

Lange Zeit konnte der Kaiser sich nicht entschließen. Schmerzlich war das Opfer, das man von ihm forderte. Seine ganze Überlegenheit hatte er dem Herzog von Friedland zu danken; er fühlte, wieviel er hingab, wenn er ihn dem Hasse der Fürsten aufopferte. Aber zum Unglück bedurfte er gerade jetzt den guten Willen der Kurfürsten. Er ging damit um, seinem Sohn Ferdinand, erwähltem König von Ungarn, die Nachfolge im Reiche zuzuwenden, wozu ihm die Einwilligung Maximilians unentbehrlich war. Diese Angelegenheit war ihm die dringendste, und er scheute sich nicht, seinen wichtigsten Diener aufzuopfern, um den Kurfürsten von Bayern zu verpflichten.

Auf eben diesem Kurfürstentage zu Regensburg befanden sich auch Abgeordnete aus Frankreich, bevollmächtigt, einen Krieg beizulegen, der sich zwischen dem Kaiser und ihrem Herrn in Italien zu entzünden drohte. Herzog Vinzenz von Mantua und Montferrat war gestorben, ohne Kinder zu hinterlassen. Sein nächster Anverwandter, Karl Herzog von Nevers, hatte sogleich von dieser Erbschaft Besitz genommen, ohne dem Kaiser als oberstem Lehnsherrn dieser Fürstentümer die schuldige Pflicht zu erweisen. Auf französischen und venezianischen Beistand gestützt, beharrte er auf seiner Weigerung, diese Länder bis zu Entscheidung seines Rechts in die Hände der kaiserlichen Kommissarien zu übergeben. Ferdinand, in Feuer gesetzt von den Spaniern, denen, als Besitzern von Mailand, die nahe Nachbarschaft eines französischen Vasallen äußerst bedenklich und die Gelegenheit willkommen war, mit Hilfe des Kaisers Eroberungen in diesem Teile Italiens zu machen, griff zu den Waffen. Aller Gegenbemühungen Papst Urbans des Achten ungeachtet, der den Krieg ängstlich von diesen Gegenden zu entfernen suchte, schickte er eine deutsche Armee über die Alpen, derer unerwartete Erscheinung alle italienischen Staaten in Schrecken setzte. Seine Waffen waren siegreich durch ganz Deutschland, als dies in Italien geschah, und die alles vergrößernde Furcht glaubte nun, die alten Entwürfe Österreichs zur Universalmonarchie auf einmal wieder aufleben zu sehen. Die Schrecken des deutschen Kriegs verbreiteten sich nun auch über die gesegneten Fluren, welche der Po durchströmt; die Stadt Mantua wurde mit Sturm erobert, und alles Land umher mußte die verwüstende Gegenwart gesetzloser Scharen empfinden. Zu den Verwünschungen, welche weit und breit durch ganz Deutschland wider den Kaiser erschallten, gesellten sich nunmehr auch die Flüche Italiens, und im Konklave selbst stiegen von jetzt an stille Wünsche für das Glück der schwedischen Waffen zum Himmel.

Abgeschreckt durch den allgemeinen Haß, welchen dieser italienische Feldzug ihm zugezogen, und durch das dringende Anliegen der Kurfürsten ermüdet, die das Gesuch der französischen Minister mit Eifer unterstützten, gab der Kaiser den Vorschlägen Frankreichs Gehör und versprach dem neuen Herzog von Mantua die Belehnung.

Dieser wichtige Dienst von seiten Bayerns war von französischer Seite einen Gegendienst wert. Die Schließung des Traktats gab den Gevollmächtigten Richelieus eine erwünschte Gelegenheit, den Kaiser während ihrer Anwesenheit zu Regensburg mit den gefährlichsten Intrigen zu umspinnen, die mißvergnügten Fürsten der Ligue immer mehr gegen ihn zu reizen und alle Verhandlungen dieses Kurfürstentages zum Nachteil des Kaisers zu leiten. Zu diesem Geschäfte hatte sich Richelieu in der Person des Kapuzinerpaters Joseph, der dem Gesandten als ein ganz unverdächtiger Begleiter an die Seite gegeben war, ein treffliches Werkzeug auserlesen. Eine seiner ersten Instruktionen war, die Absetzung Wallensteins mit Eifer zu betreiben. Mit dem General, der sie zum Sieg geführt hatte, verloren die österreichischen Armeen den größten Teil ihrer Stärke – ganze Heere konnten den Verlust dieses einzigen Mannes nicht ersetzen. Ein Hauptstreich der Politik war es also, zu eben der Zeit, wo ein siegreicher König, unumschränkter Herr seiner Kriegsoperationen, gegen den Kaiser anrückte, den einzigen Feldherrn, der ihm an Kriegserfahrung und an Ansehen gleich war, von der Spitze der kaiserlichen Armeen wegzureißen. Pater Joseph, mit dem Kurfürsten von Bayern einverstanden, unternahm es, die Unentschlossenheit des Kaisers zu besiegen, der von den Spaniern und dem ganzen Kurfürstenrate wie belagert war. «Es würde gut getan sein», meinte er, «den Fürsten in diesem Stücke zu Gefallen zu leben, um desto eher zu der römischen Königswahl seines Sohnes ihre Stimme zu erhalten. Würde nur dieser Sturm erst vorüber sein, so fände sich Wallenstein alsdann schnell genug wieder, um seinen vorigen Platz einzunehmen.» – Der listige Kapuziner war seines Mannes zu gewiß, um bei diesem Trostgrunde etwas zu wagen.

Die Stimme eines Mönchs war für Ferdinand den Zweiten die Stimme Gottes. «Nichts auf Erden», schreibt sein eigner Beichtvater, «war ihm heiliger als ein priesterliches Haupt. Geschähe es, pflegte er oft zu sagen, daß ein Engel und ein Ordensmann zu *einer* Zeit und an *einem* Orte ihm begegneten, so würde der Ordensmann die erste und der Engel die zweite Verbeugung von ihm erhalten.» Wallensteins Absetzung ward beschlossen.

Zum Dank für dieses fromme Vertrauen arbeitete ihm der Kapuziner mit solcher Geschicklichkeit in Regensburg entgegen, daß seine Bemühungen, dem Könige von Ungarn die römische Königswürde zu verschaffen, gänzlich mißlangen. In einem eignen Artikel des eben geschlossenen

Vertrags hatten sich die französischen Minister im Namen dieser Krone verbindlich gemacht, gegen alle Feinde des Kaisers die vollkommenste Neutralität zu beobachten – während daß Richelieu mit dem Könige von Schweden bereits in Traktaten stand, ihn zum Kriege aufmunterte und ihm die Allianz seines Herrn aufdrang. Auch nahm er diese Lüge zurück, sobald sie ihre Wirkung getan hatte, und Pater Joseph mußte in einem Kloster die Verwegenheit büßen, seine Vollmacht überschritten zu haben. Zu spät wurde Ferdinand gewahr, wie sehr man seiner gespottet hatte. «Ein schlechter Kapuziner», hörte man ihn sagen, «hat mich durch seinen Rosenkranz entwaffnet und nicht weniger als sechs Kurhüte in seine enge Kapuze geschoben.» Betrug und List triumphierten also über diesen Kaiser zu einer Zeit, wo man ihn in Deutschland allmächtig glaubte und wo er es durch seine Waffen wirklich war. Um fünfzehntausend Mann ärmer, ärmer um einen Feldherrn, der ihm den Verlust eines Heers ersetzte, verließ er Regensburg, ohne den Wunsch erfüllt zu sehen, um dessentwillen er alle diese Opfer brachte. Ehe ihn die Schweden im Felde schlugen, hatten ihn Maximilian von Bayern und Pater Joseph unheilbar verwundet. Auf eben dieser merkwürdigen Versammlung zu Regensburg wurde der Krieg mit Schweden entschieden und der in Mantua geendigt. Fruchtlos hatten sich auf demselben die Fürsten für die Herzoge von Mecklenburg bei dem Kaiser verwendet, englische Gesandte ebenso fruchtlos um einen Jahrgehalt für den Pfalzgrafen Friedrich gebettelt.

Wallenstein hatte über eine Armee von beinahe hunderttausend Mann zu gebieten, von denen er angebetet wurde, als das Urteil der Absetzung ihm verkündigt werden sollte. Die meisten Offiziere waren seine Geschöpfe, seine Winke – Aussprüche des Schicksals für den gemeinen Soldaten. Grenzenlos war sein Ehrgeiz, unbeugsam sein Stolz, sein gebieterischer Geist nicht fähig, eine Kränkung ungerochen zu erdulden. Ein Augenblick sollte ihn jetzt von der Fülle der Gewalt in das Nichts des Privatstandes herunterstürzen. Eine *solche* Sentenz gegen einen *solchen* Verbrecher zu vollstrecken, schien nicht viel weniger Kunst zu kosten, als es gekostet hatte, sie dem Richter zu entreißen. Auch hatte man deswegen die Vorsicht gebraucht, zwei von Wallensteins genauesten Freunden zu Überbringern dieser schlimmen Botschaft zu wählen, welche durch die schmeichelhaftesten Zusicherungen der fortdauernden kaiserlichen Gnade so sehr als möglich gemildert werden sollte.

Wallenstein wußte längst den ganzen Inhalt ihrer Sendung, als die Abgesandten des Kaisers ihm vor die Augen traten. Er hatte Zeit gehabt, sich zu sammeln, und sein Gesicht zeigte Heiterkeit, während daß Schmerz und Wut in seinem Busen stürmten. Aber er hatte beschlossen zu gehorchen. Dieser Urteilsspruch überraschte ihn, ehe zu einem kühnen Schritte die Umstände reif und die Anstalten fertig waren. Seine weitläufigen Güter waren in Böhmen und Mähren zerstreut; durch Einziehung derselben konnte der Kaiser ihm den Nerven seiner Macht zerschneiden. Von der Zukunft erwartete er Genugtuung, und in dieser Hoffnung bestärkten ihn die Prophezeiungen eines italienischen Astrologen, der diesen ungebändigten Geist, gleich einem Knaben, am Gängelband führte. *Seni,* so hieß er, hatte es in den Sternen gelesen, daß die glänzende Laufbahn seines Herrn noch lange nicht geendigt sei, daß ihm die Zukunft noch ein schimmerndes Glück aufbewahre. Man brauchte die Sterne nicht zu bemühen, um mit Wahrscheinlichkeit vorherzusagen, daß ein Feind wie Gustav Adolf einen General wie Wallenstein nicht lange entbehrlich lassen würde.

«Der Kaiser ist verraten», antwortete Wallenstein den Gesandten, «ich bedaure ihn, aber ich vergeb' ihm. Es ist klar, daß ihn der hochfahrende Sinn des Bayern *dominiert*. Zwar tut mir's wehe, daß er mich mit so wenigem Widerstande hingegeben hat, aber ich will gehorchen.» Die Abgeordneten entließ er fürstlich beschenkt, und den Kaiser ersuchte er in einem demütigen Schreiben, ihn seiner Gunst nicht zu berauben und bei den erworbenen Würden zu schützen. Allgemein war das Murren der Armee, als die Absetzung ihres Feldherrn bekannt wurde, und der feste Teil seiner Offiziere trat sogleich aus dem kaiserlichen Dienst. Viele folgten ihm auf seine Güter nach Böhmen und Mähren; andre fesselte er durch beträchtliche Pensionen, um sich ihrer bei Gelegenheit sogleich bedienen zu können.

Sein Plan war nichts weniger als Ruhe, da er in die Stille des Privatstandes zurücktrat. Der Pomp eines Königs umgab ihn in dieser Einsamkeit und schien dem Urteilsspruch seiner Erniedrigung Hohn zu sprechen. Sechs Pforten führten zu dem Palaste, den er in Prag bewohnte, und hundert Häuser mußten niedergerissen werden, um dem Schloßhofe Raum zu machen. Ähnliche Paläste wurden auf seinen übrigen zahlreichen Gütern erbaut. Kavaliere aus den edelsten Häusern wetteiferten um die Ehre, ihn zu bedienen, und man sah kaiserliche Kammerherren den goldenen Schlüssel zurückgeben, um bei Wallenstein eben dieses Amt zu bekleiden. Er hielt sechzig Pagen, die von den trefflichsten Meistern unterrichtet wurden; sein Vorzimmer wurde stets durch fünfzig Trabanten bewacht. Seine gewöhnliche Tafel war nie unter hundert Gängen, sein Haushofmeister eine vornehme Standesperson. Reiste er über Land, so wurde ihm Geräte und Gefolge auf hundert sechs- und vierspännigen Wagen nachgefahren; in sechzig Karossen mit fünfzig Handpferden folgte ihm sein Hof. Die Pracht der Livereien, der Glanz der Equipage und der Schmuck der Zimmer war dem übrigen Aufwande gemäß. Sechs Barone und ebensoviel Ritter mußten beständig seine

Person umgeben, um jeden Wink zu vollziehen – zwölf Patrouillen die Runde um seinen Palast machen, um jeden Lärm abzuhalten. Sein immer arbeitender Kopf brauchte Stille; kein Gerassel der Wagen durfte seiner Wohnung nahekommen, und die Straßen wurden nicht selten durch Ketten gesperrt. Stumm, wie die Zugänge zu ihm, war auch sein Umgang. Finster, verschlossen, unergründlich, sparte er seine Worte mehr als seine Geschenke, und das wenige, was er sprach, wurde mit einem widrigen Ton ausgestoßen. Er lachte niemals, und den Verführungen der Sinne widerstand die Kälte seines Bluts. Immer geschäftig und von großen Entwürfen bewegt, entsagte er allen leeren Zerstreuungen, wodurch andre das kostbare Leben vergeuden. Einen durch ganz Europa ausgebreiteten Briefwechsel besorgte er selbst; die meisten Aufsätze schrieb er mit eigener Hand nieder, um der Verschwiegenheit andrer so wenig als möglich anzuvertrauen. Er war von großer Statur und hager, gelblicher Gesichtsfarbe, rötlichen kurzen Haaren, kleinen, aber funkelnden Augen. Ein furchtbarer, zurückschreckender Ernst saß auf seiner Stirne, und nur das Übermaß seiner Belohnungen konnte die zitternde Schar seiner Diener festhalten.

In dieser prahlerischen Dunkelheit erwartete Wallenstein still, doch nicht müßig seine glänzende Stunde und der Rache aufgehenden Tag; bald ließ ihn Gustav Adolfs reißender Siegeslauf ein Vorgefühl derselben genießen. Von seinen hochfliegenden Planen ward kein einziger aufgegeben; der Undank des Kaisers hatte seinen Ehrgeiz von einem lästigen Zügel befreit. Der blendende Schimmer seines Privatlebens verriet den stolzen Schwung seiner Entwürfe, und verschwenderisch wie ein Monarch schien der die Güter seiner Hoffnung schon unter seine gewisse Besitzungen zu zählen.

Nach Wallensteins Abdankung und Gustav Adolfs Landung mußte ein neuer Generalissimus aufgestellt werden; zugleich schien es nötig zu sein, das bisher getrennte Kommando der kaiserlichen und ligistischen Truppen in einer einzigen Hand zu vereinigen. Maximilian von Bayern trachtete nach diesem wichtigen Posten, der ihn zum Herrn des Kaisers machen konnte; aber eben dies bewog letztern, sich für den König von Ungarn, seinen ältesten Sohn, darum zu bewerben. Endlich, um beide Kompetenten zu entfernen und keinen Teil ganz unbefriedigt zu lassen, übergab man das Kommando dem ligistischen General Tilly, der nunmehr den bayerischen Dienst gegen den österreichischen vertauschte. Die Armeen, welche Ferdinand auf deutschem Boden stehen hatte, beliefen sich, nach Abgang der Wallensteinischen Truppen, auf etwa 40000 Mann; nicht viel schwächer war die ligistische Kriegsmacht; beide durch treffliche Offiziere befehligt, durch viele Feldzüge geübt und stolz auf eine lange Reihe von Siegen. Mit dieser Macht glaubte man um so weniger Ursache zu haben, vor der Annäherung des Königs von Schweden zu zittern, da man Pommern und Mecklenburg innehatte, die einzigen Pforten, durch welche er in Deutschland hereinbrechen konnte.

Nach dem unglücklichen Versuche des Königs von Dänemark, die Progressen des Kaisers zu hemmen, war Gustav Adolf der einzige Fürst in Europa, von welchem die unterliegende Freiheit Rettung zu hoffen hatte, der einzige zugleich, der durch die stärksten politischen Gründe dazu aufgefordert, durch erlittne Beleidigungen dazu berechtigt und durch persönliche Fähigkeiten dieser gewagten Unternehmung gewachsen war. Wichtige Staatsgründe, welche er mit Dänemark gemein hatte, hatten ihn, schon vor dem Ausbruche des Kriegs in Niedersachsen, bewogen, seine Person und seine Heere zur Verteidigung Deutschlands anzubieten; damals hatte ihn der König von Dänemark zu seinem eigenen Unglücke verdrängt. Seit dieser Zeit hatte der Übermut Wallensteins und der despotische Stolz des Kaisers es nicht an Aufforderungen fehlen lassen, die ihn persönlich erhitzen und als König bestimmen mußten. Kaiserliche Truppen waren dem polnischen König Sigismund zu Hilfe geschickt worden, um Preußen gegen die Schweden zu verteidigen. Dem König, welcher sich über diese Feindseligkeiten gegen Wallenstein beklagte, wurde geantwortet: «der Kaiser habe der Soldaten zu viel. Er müsse seinen guten Freunden damit aushelfen.» Von dem Kongresse mit Dänemark zu Lübeck hatte eben dieser Wallenstein die schwedischen Gesandten mit beleidigendem Trotz abgewiesen und, da sie sich dadurch nicht schrecken ließen, mit einer Behandlung bedroht, welche das Völkerrecht verletzte. Ferdinand hatte die schwedischen Flaggen insultieren und Depeschen des Königs nach Siebenbürgen auffangen lassen. Er fuhr fort, den Frieden zwischen Polen und Schweden zu erschweren, die Anmaßungen Sigismunds auf den schwedischen Thron zu unterstützen und Gustav Adolfen den königlichen Titel zu weigern. Die wiederholtesten Gegenvorstellungen Gustavs hatte er keiner Aufmerksamkeit gewürdigt und neue Beleidigungen hinzugefügt, anstatt die verlangte Genugtuung für die alten zu leisten.

So viele persönliche Aufforderungen, durch die wichtigsten Staats- und Gewissensgründe unterstützt und verstärkt durch die dringendsten Einladungen aus Deutschland, mußten auf das Gemüt eines Fürsten Eindruck machen, der auf seine königliche Ehre desto eifersüchtiger war, je mehr man geneigt sein konnte, sie ihm streitig zu machen, der sich durch den Ruhm, die Unterdrückten zu beschützen, unendlich geschmeichelt fand und den Krieg als das eigentliche Element seines Genies mit Leidenschaft liebte. Aber ehe ein Waffenstillstand oder Friede mit Polen ihm freie Hände gab, konnte an einen neuen und gefahrvollen Krieg mit Ernst nicht gedacht werden.

Der Kardinal Richelieu hatte das Verdienst, diesen Waffenstillstand mit Polen herbeizuführen. Dieser große Staatsmann, das Steuer Europens in der einen Hand, indem er die Wut der Faktionen und den Dünkel der Großen in dem Innern Frankreichs mit der andern darniederbeugte, verfolgte mitten unter den Sorgen einer stürmischen Staatsverwaltung unerschütterlich seinen Plan, die anwachsende Macht Österreichs in ihrem stolzen Laufe zu hemmen. Aber die Umstände, welche ihn umgaben, setzten diesen Entwürfen nicht geringe Hindernisse in der Ausführung entgegen, denn auch dem größten Geist möchte es ungestraft nicht hingehen, den Wahnbegriffen seiner Zeit Hohn zu sprechen. Minister eines katholischen Königs und durch den Purpur, den er trug, selbst Fürst der römischen Kirche, durfte er es jetzt noch nicht wagen, im Bündnis mit den Feinden seiner Kirche öffentlich eine Macht anzugreifen, welche die Anmaßungen ihres Ehrgeizes durch den Namen der Religion vor der Menge zu heiligen gewußt hatte. Die Schonung, welche Richelieu den eingeschränkten Begriffen seiner Zeitgenossen schuldig war, schränkte seine politische Tätigkeit auf die behutsamen Versuche ein, hinter der Decke verborgen zu wirken und die Entwürfe seines erleuchteten Geistes durch eine fremde Hand zu vollstrecken. Nachdem er sich umsonst bemüht hatte, den Frieden Dänemarks mit dem Kaiser zu hindern, nahm er seine Zuflucht zu Gustav Adolf, dem Helden seines Jahrhunderts. Nichts wurde gespart, diesen König zur Entschließung zu bringen und ihm zugleich die Mittel zur Ausführung zu erleichtern. Charnacé, ein unverdächtiger Unterhändler des Kardinals, erschien in Polnisch-Preußen, wo Gustav Adolf gegen Sigismund Krieg führte, und wanderte von einem der beiden Könige zum andern, um einen Waffenstillstand oder Frieden zwischen ihnen zustande zu bringen. Gustav Adolf war längst dazu bereit, und endlich gelang es dem französischen Minister, auch dem König Sigismund über sein wahres Interesse und die betrügerische Politik des Kaisers die Augen zu öffnen. Ein Waffenstillstand wurde auf sechs Jahre zwischen beiden Königen geschlossen, durch welchen Gustav im Besitz aller seiner Eroberungen blieb und die lang gewünschte Freiheit erhielt, seine Waffen gegen den Kaiser zu kehren. Der französische Unterhändler bot ihm zu dieser Unternehmung die Allianz seines Königs und beträchtliche Hilfsgelder an, welche nicht zu verachten waren. Aber Gustav Adolf fürchtete nicht ohne Grund, sich durch Annehmung derselben in eine Abhängigkeit von Frankreich zu setzen, die ihm vielleicht mitten im Laufe seiner Siege Fesseln anlegte, und durch das Bündnis mit einer katholischen Macht Mißtrauen bei den Protestanten zu erwecken.

So dringend und gerecht dieser Krieg war, so vielversprechend waren die Umstände, unter welchen Gustav Adolf ihn unternahm. Furchtbar zwar war der Name des Kaisers, unerschöpflich seine Hilfsquellen, unüberwindlich bisher seine Macht; jeden andern als Gustav würde ein so gefahrvolles Spiel zurückgeschreckt haben. Gustav übersah alle Hindernisse und Gefahren, welche sich seinem Unternehmen entgegenstellten; aber er kannte auch die Mittel, wodurch er sie zu besiegen hoffte. Nicht beträchtlich, aber wohl diszipliniert war seine Kriegsmacht, durch ein strenges Klima und anhaltende Feldzüge abgehärtet, in dem polnischen Kriege zum Sieg gebildet. Schweden, obgleich arm an Geld und an Menschen und durch einen achtjährigen Krieg über Vermögen angestrengt, war seinem König mit einem Enthusiasmus ergeben, der ihn die bereitwilligste Unterstützung von seinen Reichsständen hoffen ließ. In Deutschland war der Name des Kaisers wenigstens ebensosehr gehaßt wie gefürchtet. Die protestantischen Fürsten schienen nur die Ankunft eines Befreiers zu erwarten, um das unleidliche Joch der Tyrannei abzuwerfen und sich öffentlich für Schweden zu erklären. Selbst den katholischen Ständen konnte die Erscheinung eines Gegners nicht unwillkommen sein, der die überwiegende Macht des Kaisers beschränkte. Der erste Sieg, auf deutschem Boden erfochten, mußte für seine Sache entscheidend sein, die noch zweifelnden Fürsten zur Erklärung bringen, den Mut seiner Anhänger stärken, den Zulauf zu seinen Fahnen vermehren und zu Fortsetzung des Krieges reichlich Hilfsquellen eröffnen. Hatten gleich die mehresten deutschen Länder durch die bisherigen Bedrückungen unendlich gelitten, so waren doch die wohlhabenden hanseatischen Städte bis jetzt davon frei geblieben, die kein Bedenken tragen konnten, mit einem freiwilligen mäßigen Opfer einem allgemeinen Ruin vorzubeugen. Aus je mehrern Ländern man die Kaiserlichen verjagte, desto mehr mußten ihre Heere schmelzen, die nur allein von den Ländern lebten, in denen sie standen. Unzeitige Truppenversendungen nach Italien und den Niederlanden hatten ohnehin die Macht des Kaisers vermindert; Spanien, durch den Verlust seiner amerikanischen Silberflotte geschwächt und durch einen ernstlichen Krieg in den Niederlanden beschäftigt, konnte ihm wenig Unterstützung gewähren. Dagegen machte Großbritannien dem Könige von Schweden zu beträchtlichen Subsidien Hoffnung, und Frankreich, welches eben jetzt mit sich selbst Frieden machte, kam ihm mit den vorteilhaftesten Anerbietungen bei seiner Unternehmung entgegen.

Aber die sicherste Bürgschaft für den glücklichen Erfolg seiner Unternehmung fand Gustav Adolf – in sich selbst. Die Klugheit erforderte es, sich aller äußerlichen Hilfsmittel zu versichern und dadurch sein Unternehmen vor dem

Vorwurf der Verwegenheit zu schützen; aus seinem Busen allein nahm er seine Zuversicht und seinen Mut. Gustav Adolf war ohne Widerspruch der erste Feldherr seines Jahrhunderts und der tapferste Soldat in seinem Heer, das er sich selbst erst geschaffen hatte. Mit der Taktik der Griechen und Römer vertraut, hatte er eine bessere Kriegskunst erfunden, welche den größten Feldherrn der folgenden Zeiten zum Muster diente. Die unbehilflichen großen Eskadrons verringerte er, um die Bewegungen der Reiterei leichter und schneller zu machen; zu eben dem Zwecke rückte er die Bataillons in weitern Entfernungen auseinander. Er stellte seine Armee, welche gewöhnlich nur eine einzige Linie einnahm, in einer gedoppelten Linie in Schlachtordnung, daß die zwote anrücken konnte, wenn die erste zum Weichen gebracht war. Den Mangel an Reiterei wußte er dadurch zu ersetzen, daß er Fußgänger zwischen die Reiter stellte, welches sehr oft den Sieg entschied; die Wichtigkeit des Fußvolks in Schlachten lernte Europa erst von ihm. Ganz Deutschland hat die Mannszucht bewundert, durch welche sich die schwedischen Heere auf deutschem Boden so rühmlich unterschieden. Alle Ausschweifungen wurden aufs strengste geahndet; am strengsten Gotteslästerung, Raub, Spiel und Duelle. In den schwedischen Kriegsgesetzen ward die Mäßigkeit befohlen; auch erblickte man in dem schwedischen Lager, das Gezelt des Königs nicht ausgenommen, weder Silber noch Gold. Das Auge des Feldherrn wachte mit eben der Sorgfalt über die Sitten der Soldaten wie über die kriegerische Tapferkeit. Jedes Regiment mußte zum Morgen- und Abendgebet einen Kreis um seinen Prediger schließen und unter freiem Himmel seine Andacht halten. In allem diesem war der Gesetzgeber zugleich Muster. Eine ungekünstelte lebendige Gottesfurcht erhöhte den Mut, der sein großes Herz beseelte. Gleich frei von dem rohen

Unglauben, der den wilden Begierden des Barbaren ihren notwendigen Zügel nimmt, und von der kriechenden Andächtelei eines Ferdinands, die sich vor der Gottheit zum Wurm erniedrigt und auf dem Nacken der Menschheit trotzig einherwandelt, blieb er auch in der Trunkenheit seines Glückes noch Mensch und noch Christ, aber auch in seiner Andacht noch Held und noch König. Alles Ungemach des Kriegs ertrug er gleich dem Geringsten aus dem Heere; mitten in dem schwärzesten Dunkel der Schlacht war es licht in seinem Geiste; allgegenwärtig mit seinem Blicke, vergaß er den Tod, der ihn umringte; stets fand man ihn auf dem Wege der furchtbarsten Gefahr. Seine natürliche Herzhaftigkeit ließ ihn nur allzuoft vergessen, was er dem Feldherrn schuldig war, und dieses königliche Leben endigte der Tod eines Gemeinen. Aber einem solchen Führer folgte der Feige wie der Mutige zum Sieg, und seinem alles beleuchtenden Adlerblick entging keine Heldentat, die sein Beispiel geweckt hatte. Der Ruhm ihres Beherrschers entzündete in der Nation ein begeisterndes Selbstgefühl; stolz auf *diesen* König, gab der Bauer in Finnland und Gotland freudig seine Armut hin, verspritzte der Soldat freudig sein Blut, und der hohe Schwung, den der Geist dieses einzigen Mannes der Nation gegeben, überlebte noch lange Zeit seinen Schöpfer.

So wenig man über die Notwendigkeit des Krieges im Zweifel war, so sehr war man es über die Art, wie er geführt werden sollte. Ein angreifender Krieg schien selbst dem mutvollen Kanzler Oxenstierna zu gewagt, die Hilfsmittel seines geldarmen und gewissenhaften Königs zu ungleich den unermeßlichen Ressourcen eines Despoten, der mit ganz Deutschland wie mit seinem Eigentum schaltete. Diese furchtsamen Bedenklichkeiten des Ministers widerlegte die weitersehende Klugheit des Helden. «Erwarten wir den Feind in Schweden», sagte Gustav, «so ist alles verloren, wenn eine Schlacht verloren ist – alles ist gewonnen, wenn wir in Deutschland einen glücklichen Anfang machen. Das Meer ist groß, und wir haben in Schweden weitläuftige Küsten zu bewachen. Entwischte uns die feindliche Flotte oder würde die unsrige geschlagen, so wäre es dann umsonst, die feindliche Landung zu verhindern. An der Erhaltung Stralsunds muß uns alles liegen; solange dieser Hafen uns offensteht, werden wir unser Ansehen auf der Ostsee behaupten und einen freien Verkehr mit Deutschland unterhalten. Aber um Stralsund zu beschützen, dürfen wir uns nicht in Schweden verkriechen, sondern müssen mit einer Armee nach Pommern hinübergehen. Redet mir also nichts mehr von einem Verteidigungskriege, durch den wir unsere herrlichsten Vorteile verscherzen. Schweden selbst darf keine feindliche Fahne sehen, und werden wir in Deutschland besiegt, so ist es alsdann noch Zeit, euern Plan zu befolgen.»

Beschlossen ward also der Übergang nach Deutschland und der Angriff des Kaisers. Die Zurüstungen wurden aufs lebhafteste betrieben, und die Vorkehrungen, welche Gustav traf, verrieten nicht weniger Vorsicht, als der Entschluß Kühnheit und Größe zeigte. Vor allem war es nötig, in einem so weit entlegenen Kriege Schweden selbst gegen die zweideutigen Gesinnungen der Nachbarn in Sicherheit zu setzen. Auf einer persönlichen Zusammenkunft mit dem Könige von Dänemark zu Markaröd versicherte sich Gustav der Freundschaft dieses Monarchen; gegen Moskau wurden die Grenzen gedeckt; Polen konnte man von Deutschland aus in Furcht erhalten, wenn es Lust bekommen sollte, den Waffenstillstand zu verletzen. Ein schwedischer Unterhändler, *von Falkenberg,* welcher Holland und die deutschen Höfe bereiste, machte seinem Herrn von seiten mehrerer protestantischen Fürsten die schmeichelhaftesten Hoffnungen, obgleich noch keiner Mut und

Verleugnung genug hatte, ein förmliches Bündnis mit ihm einzugehen. Die Städte Lübeck und Hamburg zeigten sich bereitwillig, Geld vorzuschießen und an Zahlungsstatt schwedisches Kupfer anzunehmen. Auch an den Fürsten von Siebenbürgen wurden vertraute Personen abgeschickt, diesen unversöhnlichen Feind Österreichs gegen den Kaiser in Waffen zu bringen.

Unterdessen wurden in den Niederlanden und Deutschland schwedische Werbungen eröffnet, die Regimenter vollzählig gemacht, neue errichtet, Schiffe herbeigeschafft, die Flotte gehörig ausgerüstet, Lebensmittel, Kriegsbedürfnisse und Geld so viel nur möglich herbeigetrieben. Dreißig Kriegsschiffe waren in kurzer Zeit zum Auslaufen fertig, eine Armee von fünfzehntausend Mann stand bereit, und zweihundert Transportschiffe waren bestimmt, sie überzusetzen. Eine größere Macht wollte Gustav Adolf nicht nach Deutschland hinüberführen, und der Unterhalt derselben hätte auch bis jetzt die Kräfte seines Königreichs überstiegen. Aber so klein diese Armee war, so vortrefflich war die Auswahl seiner Truppen in Disziplin, kriegerischem Mut und Erfahrung, die einen festen Kern zu einer größern Kriegsmacht abgeben konnte, wenn er den deutschen Boden erst erreicht und das Glück seinen ersten Anfang begünstigt haben würde. Oxenstierna, zugleich General und Kanzler, stand mit etwa zehntausend Mann in Preußen, diese Provinz gegen Polen zu verteidigen. Einige reguläre Truppen und ein ansehnliches Korps Landmiliz, welches der Hauptarmee zur Pflanzschule diente, blieb in Schweden zurück, damit ein bundbrüchiger Nachbar bei einem schnellen Überfall das Königreich nicht unvorbereitet fände.

Dadurch ward für die Verteidigung des Reichs gesorgt. Nicht weniger Sorgfalt bewies Gustav Adolf bei Anordnung der innern Regierung. Die Regentschaft wurde dem

Reichsrat, das Finanzwesen dem Pfalzgrafen Johann Kasimir, dem Schwager des Königs, übertragen; seine Gemahlin, so zärtlich er sie liebte, von allen Regierungsgeschäften entfernt, denen ihre eingeschränkten Fähigkeiten nicht gewachsen waren. Gleich einem Sterbenden bestellte er sein Haus. Am 20. Mai 1630, nachdem alle Vorkehrungen getroffen und alles zur Abfahrt in Bereitschaft war, erschien der König zu Stockholm in der Reichsversammlung, den Ständen ein feierliches Lebewohl zu sagen. Er nahm hier seine vierjährige Tochter *Christina,* die in der Wiege schon zu seiner Nachfolgerin erklärt war, auf die Arme, zeigte sie den Ständen als ihre künftige Beherrscherin, ließ ihr auf den Fall, daß er selbst nimmer wiederkehrte, den Eid der Treue erneuern und darauf die Verordnung ablesen, wie es während seiner Abwesenheit oder der Minderjährigkeit seiner Tochter mit der Regentschaft des Reichs gehalten werden sollte. In Tränen zerfloß die ganze Versammlung, und der König selbst brauchte Zeit, um zu seiner Abschiedsrede an die Stände die nötige Fassung zu erhalten.

«Nicht leichtsinnigerweise», fing er an, «stürze ich mich und euch in diesen neuen gefahrvollen Krieg. Mein Zeuge ist der allmächtige Gott, daß ich nicht aus Vergnügen fechte. Der Kaiser hat mich in der Person meiner Gesandten aufs grausamste beleidigt, er hat meine Feinde unterstützt, er verfolgt meine Freunde und Brüder, tritt meine Religion in den Staub und streckt die Hand aus nach meiner Krone. Dringend flehen uns die unterdrückten Stände Deutschlands um Hilfe, und wenn es Gott gefällt, so wollen wir sie ihnen geben.

Ich kenne die Gefahren, denen mein Leben ausgesetzt sein wird. Nie habe ich sie gemieden, und schwerlich werde ich ihnen ganz entgehen. Bis jetzt zwar hat mich die Allmacht wunderbar behütet, aber ich werde doch endlich sterben in der Verteidigung meines Vaterlandes. Ich über-

ZWEITES BUCH

Gustav Adolph, entschlossen Deutschland zu retten, nimt Abschied von den Stænden und empfiehlt ihnen seine Tochter.

gebe euch dem Schutz des Himmels. Seid gerecht, seid gewissenhaft, wandelt unsträflich, so werden wir uns in der Ewigkeit wieder begegnen.

An euch, meine *Reichsräte,* wende ich mich zuerst. Gott erleuchte euch und erfülle euch mit Weisheit, meinem Königreiche stets das Beste zu raten. Euch, tapfrer *Adel,* empfehle ich dem göttlichen Schutz. Fahret fort, euch als würdige Nachkommen jener heldenmütigen Goten zu erweisen, deren Tapferkeit das alte Rom in den Staub stürzte. Euch, *Diener der Kirche,* ermahne ich zur Verträglichkeit und Eintracht; seid selbst Muster der Tugenden, die ihr predigt, und mißbrauchet nie eure Herrschaft über die Herzen meines Volks. Euch, Deputierte des *Bürger- und Bauernstandes,* wünsche ich den Segen des Himmels, euerm Fleiß eine erfreuende Ernte, Fülle euern Scheunen, Überfluß an allen Gütern des Lebens. Für euch alle, Abwesende und Gegenwärtige, schicke ich aufrichtige Wünsche zum Himmel. Ich sage auch allen mein zärtliches Lebewohl. Ich sage es vielleicht auf ewig.»

Zu Elfsnabben, wo die Flotte vor Anker lag, erfolgte die Einschiffung der Truppen; eine unzählige Menge Volks war herbeigeströmt, dieses ebenso prächtige als rührende Schauspiel zu sehen. Die Herzen der Zuschauer waren von den verschiedensten Empfindungen bewegt, je nachdem sie bei der Größe des Wagestücks oder bei der Größe des Mannes verweilten. Unter den hohen Offizieren, welche bei diesem Heere kommandierten, haben sich *Gustav Horn,* Rheingraf *Otto Ludwig, Heinrich Matthias Graf von Thurn, Ortenburg, Baudissin, Banér, Teufel, Tott, Mutsenfahl, Falkenberg, Kniphausen* und andere mehr einen glänzenden Namen erworben. Die Flotte, von widrigen Winden aufgehalten, konnte erst im Junius unter Segel gehn und erreichte am 24. dieses Monats die Insel Rügen an der Küste von Pommern.

Gustav Adolf war der erste, der hier ans Land stieg. Im Angesicht seines Gefolges kniete er nieder auf Deutschlands Erde und dankte der Allmacht für die Erhaltung seiner Armee und seiner Flotte. Auf den Inseln Wollin und Usedom setzte er seine Truppen ans Land; die kaiserlichen Besatzungen verließen sogleich bei seiner Annäherung ihre Schanzen und entflohen. Gleich sein erster Eintritt in Deutschland war Eroberung. Mit Blitzesschnelligkeit erschien er vor *Stettin,* sich dieses wichtigen Platzes zu versichern, ehe die Kaiserlichen ihm zuvorkämen. Bogislaw der Vierzehnte, Herzog von Pommern, ein schwacher und alternder Prinz, war lange schon der Mißhandlungen müde, welche die Kaiserlichen in seinem Lande ausgeübt hatten und fortfuhren auszuüben; aber zu kraftlos, ihnen Widerstand zu tun, hatte er sich mit stillem Murren unter die Übermacht gebeugt. Die Erscheinung seines Retters, anstatt seinen Mut zu beleben, erfüllte ihn mit Furcht und Zweifeln. So sehr sein Land noch von den Wunden blutete, welche die Kaiserlichen ihm geschlagen, so wenig konnte dieser Fürst sich entschließen, durch offenbare Begünstigung der Schweden die Rache des Kaisers gegen sich zu reizen. Gustav Adolf, unter den Kanonen von Stettin gelagert, forderte diese Stadt auf, schwedische Garnison einzunehmen. Bogislaw erschien selbst in dem Lager des Königs, sich diese Einquartierung zu verbitten. «Ich komme als Freund und nicht als Feind zu Ihnen», antwortete Gustav; «nicht mit Pommern, nicht mit dem Deutschen Reiche, nur mit den Feinden desselben führe ich Krieg. In meinen Händen soll dieses Herzogtum heilig aufgehoben sein, und *sicherer* als von jedem andern werden Sie es nach geendigtem Feldzug von *mir* zurückerhalten. Sehen Sie die Fußtapfen der kaiserlichen Truppen in Ihrem Lande, sehen Sie die Spuren der meinigen in Usedom und wählen Sie, ob Sie den Kaiser oder mich zum Freund haben wollen. Was erwarten Sie, wenn der Kaiser sich Ihrer Hauptstadt bemächtigen sollte? Wird er gnädiger damit verfahren als ich? Oder wollen Sie meinen Siegen Grenzen setzen? Die Sache ist dringend, fassen Sie einen Entschluß und nötigen Sie mich nicht, wirksamere Mittel zu ergreifen.»

Die Wahl war schmerzlich für den Herzog von Pommern. Hier der König von Schweden mit einer furchtbaren Armee vor den Toren seiner Hauptstadt; dort die unausbleibliche Rache des Kaisers und das schreckenvolle Beispiel so vieler deutschen Fürsten, welche als Opfer dieser Rache im Elend herumwanderten. Die dringendere Gefahr bestimmte seinen Entschluß. Die Tore von Stettin wurden dem König geöffnet, schwedische Truppen rückten ein, und den Kaiserlichen, die schon in starken Märschen herbeieilten, wurde der Vorsprung abgewonnen. *Stettins* Einnahme verschaffte dem König in Pommern festen Fuß, den Gebrauch der Oder und einen Waffenplatz für seine Armee. Herzog Bogislaw säumte nicht, den getanen Schritt bei dem Kaiser durch die Notwendigkeit zu entschuldigen und dem Vorwurfe der Verräterei im voraus zu begegnen; aber von der Unversöhnlichkeit dieses Monarchen überzeugt, trat er mit seinem neuen Schutzherrn in eine enge Verbindung, um durch die schwedische Freundschaft sich gegen die Rache Österreichs in Sicherheit zu setzen. Der König gewann durch diese Allianz mit Pommern einen wichtigen Freund auf deutschem Boden, der ihm den Rücken deckte und den Zusammenhang mit Schweden offenhielt.

Gustav Adolf glaubte sich gegen Ferdinand, der ihn in Preußen zuerst feindlich angegriffen hatte, der hergebrachten Formalitäten überhoben und fing ohne Kriegserklärung die Feindseligkeiten an. Gegen die europäischen Fürsten rechtfertigte er sein Betragen in einem eigenen Manifest, in welchem alle schon angeführte Gründe, die ihn zur Ergreifung der Waffen bewogen, hererzählt wurden. Unterdessen setzte er seine Progressen in Pommern fort und sah mit jedem Tage seine Heere sich vermehren. Von den Truppen, welche unter Mansfeld, Herzog Christian von Braunschweig, dem Könige von Dänemark und unter Wallenstein gefochten, stellten sich Offiziere sowohl als Soldaten scharenweise dar, unter seinen siegreichen Fahnen zu streiten.

Der Einfall des Königs von Schweden wurde am kaiserlichen Hofe der Aufmerksamkeit bei weitem nicht gewürdigt, welche er bald darauf zu verdienen schien. Der österreichische Stolz, durch das bisherige unerhörte Glück auf den höchsten Gipfel getrieben, sah mit Geringschätzung auf einen Fürsten herab, der mit einer Handvoll Menschen aus einem verachteten Winkel Europens hervorkam und, wie man sich einbildete, seinen bisher erlangten Kriegsruhm bloß der Ungeschicklichkeit eines noch schwächern Feindes verdankte. Die herabsetzende Schilderung, welche Wallenstein, nicht ohne Absicht, von der schwedischen Macht entworfen, vermehrte die Sicherheit des Kaisers; wie hätte er einen Feind achten sollen, den sein Feldherr sich getraute, mit Ruten aus Deutschland zu verjagen? Selbst die reißenden Fortschritte Gustav Adolfs in Pommern konnten dieses Vorurteil nicht ganz besiegen, welchem der Spott der Höflinge stets neue Nahrung gab. Man nannte ihn in Wien nur die Schneemajestät, welche die Kälte des Nords jetzt zusammenhalte, die aber zusehends schmelzen würde, je näher sie gegen Süden rückte. Die Kurfürsten selbst, welche in Regensburg versammelt waren, würdigten seine Vorstellungen keiner Aufmerksamkeit und weigerten ihm, aus blinder Gefälligkeit gegen Ferdinand, sogar den Titel eines Königs. Während man in Regensburg und Wien seiner spottete, ging in Pommern und Mecklenburg ein fester Ort nach dem andern an ihn verloren.

Dieser Geringschätzung ungeachtet hatte sich der Kaiser bereitwillig finden lassen, die Mißhelligkeiten mit Schweden durch Unterhandlungen beizulegen, auch zu diesem Ende Bevollmächtigte nach Danzig gesendet. Aber aus ihren Instruktionen erhellte deutlich, wie wenig es ihm damit Ernst war, da er Gustaven noch immer den königlichen Titel verweigerte. Seine Absicht schien bloß dahin zu gehen, das Verhaßte des Angriffs von sich selbst auf den König von Schweden abzuwälzen und sich dadurch auf den Beistand der Reichsstände desto eher Rechnung machen zu können. Fruchtlos, wie zu erwarten gewesen war, zerschlug sich also dieser Kongreß zu Danzig, und die Erbitterung beider Teile wurde durch einen heftigen Schriftwechsel aufs Höchste getrieben.

Ein kaiserlicher General, Torquato Conti, der die Armee in Pommern kommandierte, hatte sich unterdessen vergeblich bemüht, den Schweden Stettin wieder zu entreißen. Aus einem Platz nach dem andern wurden die Kaiserlichen vertrieben; Damm, Stargard, Kammin, Wolgast fielen schnell nacheinander in des Königs Hand. Um sich an dem Herzog von Pommern zu rächen, ließ der kaiserliche General auf dem Rückzuge seine Truppen die schreiendsten Gewalttätigkeiten gegen die Einwohner Pommerns verüben, welche sein Geiz längst schon aufs grausamste gemißhandelt hatte. Unter dem Vorwand, den Schweden alle Lebensmittel zu entziehen, wurde alles verheert und geplündert, und oft, wenn die Kaiserlichen einen Platz nicht länger zu behaupten wußten, ließen sie ihn im Rauch aufgehen, um dem Feinde nichts als den Schutt zurückzulassen. Aber diese Barbareien dienten nur dazu, das entgegengesetzte Betragen der Schweden in ein desto glänzenderes Licht zu setzen und dem menschenfreundlichen König alle Herzen zu gewinnen. Der schwedische Soldat bezahlte alles, was er brauchte, und von fremdem Eigentum wurde auf seinem Durchmarsche nichts berührt. In Stadt und Land empfing man daher die schwedischen Heere mit offenen Armen; alle kaiserlichen Soldaten, welche dem pommerischen Landvolk in die Hände fielen, wurden ohne Barmherzigkeit ermordet. Viele Pommern traten in schwedischen Dienst, und die Stände dieses so sehr erschöpften Landes ließen es sich mit Freuden gefallen, dem König eine Kontribution von hunderttausend Gulden zu bewilligen.

Torquato Conti, bei aller Härte seines Charakters ein vortrefflicher General, suchte dem König von Schweden den Besitz von Stettin wenigstens unnütz zu machen, da er ihn nicht von diesem Ort zu vertreiben vermochte. Er verschanzte sich zu Garz, oberhalb Stettin, an der Oder, um diesen Fluß zu beherrschen und jener Stadt die Kommunikation zu Wasser mit dem übrigen Deutschland abzuschneiden. Nichts konnte ihn dahin bringen, mit dem König von Schweden zu schlagen, der ihm an Mannschaft überlegen war; noch weniger wollte es diesem gelingen, die festen kaiserlichen Verschanzungen zu stürmen. Torquato, von Truppen und Geld allzusehr entblößt, um angriffsweise gegen den König zu agieren, gedachte mit Hilfe dieses Operationsplans dem Grafen Tilly Zeit zu verschaffen, zur Verteidigung Pommerns herbeizueilen und alsdann in Vereinigung mit diesem General auf den König von Schweden loszugehen. Er benutzte sogar einmal die Entfernung des Königs, um sich durch einen unvermuteten Überfall Stettins zu bemächtigen. Aber die Schweden ließen sich nicht unvorbereitet finden. Ein lebhafter Angriff der Kaiserlichen wurde mit Standhaftigkeit zurückgeschlagen, und Torquato verschwand mit einem großen Verluste. Nicht zu leugnen ist es, daß Gustav Adolf bei diesem günstigen Anfang ebensoviel dem Glück als seiner Kriegserfahrenheit dankte. Die kaiserlichen Truppen in Pommern waren seit Wallensteins Abdankung aufs tiefste heruntergekommen. Grausam rächten sich ihre Ausschweifungen jetzt an ihnen selbst; ein ausgezehrtes verödetes Land konnte ihnen keinen Unterhalt mehr darbieten. Alle Mannszucht war dahin, keine Achtung mehr für die Befehle der Offiziere; zusehends schmolz ihre Anzahl durch häufige Desertionen und durch ein allgemeines Sterben, welches die schneidende Kälte in diesem ungewohnten Klima verursachte. Uner diesen Umständen sehnte sich der kaiserliche General nach Ruhe, um seine Truppen durch die Winterquartiere zu erquicken; aber er hatte mit einem Feinde zu tun, für den unter deutschem Himmel gar kein Winter war. Zur Vorsorge hatte Gustav seine Soldaten mit Schafspelzen versehen lassen, um auch die rauheste Jahreszeit über im Felde zu bleiben. Die kaiserlichen Bevollmächtigten, welche wegen eines Waffenstillstandes zu unterhandeln kamen, erhielten daher die trostlose Antwort: die Schweden seien im Winter wie im Sommer Soldaten und nicht geneigt, den armen Landmann noch mehr auszusaugen. Die Kaiserlichen möchten es mit sich halten, wie sie wollten; sie aber gedächten nicht, sich mäßig zu verhalten. Torquato Conti legte bald darauf sein Kommando, wobei wenig Ruhm und nun auch kein Geld mehr zu gewinnen war, nieder.

Bei dieser Ungleichheit mußte sich der Vorteil notwendigerweise auf schwedischer Seite befinden. Unaufhörlich wurden die Kaiserlichen in ihren Winterquartieren beunruhigt, Greifenhagen, ein wichtiger Platz an der Oder, im Sturm erobert, zuletzt auch die Städte Garz und Pyritz von den Feinden verlassen. Von ganz Pommern waren nur noch Greifswalde, Demmin und Kolberg in ihren Händen, zu deren Belagerung der König ungesäumt die nachdrücklichsten Anstalten machte. Der fliehende Feind nahm seinen Weg nach der Mark Brandenburg, nicht ohne großen Verlust an Artillerie, Bagage und Mannschaft, welche den nacheilenden Schweden in die Händen fielen.

Durch Einnahme der Pässe bei Ribnitz und Damgarten hatte sich Gustav den Eingang in das Herzogtum Mecklenburg eröffnet, dessen Untertanen durch ein vorangeschicktes Manifest aufgefordert wurden, unter die Herrschaft ihrer rechtmäßigen Regenten zurückzukehren und alles, was Wallensteinisch wäre, zu verjagen. Durch Betrug bekamen aber die Kaiserlichen die wichtige Stadt Rostock in ihre Gewalt, welches den König, der seine Macht nicht gern teilen wollte, am fernern Vorrücken hinderte. Vergebens hatten indessen die vertriebenen Herzoge von Mecklenburg durch die zu Regensburg versammelten Fürsten bei dem Kaiser fürsprechen lassen; vergebens hatten sie, um den Kaiser durch Unterwürfigkeit zu gewinnen, das Bündnis mit Schweden und jeden Weg der Selbsthilfe verschmäht. Durch die hartnäckige Weigerung des Kaisers zur Verzweifelung gebracht, ergriffen sie jetzt öffentlich die Partei des Königs von Schweden, warben Truppen und übertrugen das Kommando darüber dem Herzog Franz Karl von Sachsen-Lauenburg. Dieser bemächtigte sich auch wirklich einiger festen Plätze an der Elbe, verlor sie aber bald wieder an den kaiserlichen General Pappenheim, der gegen ihn geschickt wurde. Bald darauf, in der Stadt Ratzeburg von letzterm belagert, sah er sich, nach einem vergeblichen Versuch zu entfliehen, genötigt, sich mit seiner ganzen Mannschaft zu Gefangenen zu ergeben. So verschwand denn aufs neue die Hoffnung dieser unglücklichen Fürsten zum Wiedereintritt in ihre Lande, und dem siegreichen Arme Gustav Adolfs allein war es aufbehalten, ihnen diese glänzende Gerechtigkeit zu erzeigen.

Die flüchtigen kaiserlichen Scharen hatten sich in die

Mark Brandenburg geworfen, welche sie jetzt zum Schauplatz ihrer Greueltaten machten. Nicht zufrieden, die willkürlichsten Schatzungen einzufordern und den Bürger durch Einquartierungen zu drücken, durchwühlten diese Unmenschen auch noch das Innere der Häuser, zerschlugen, erbrachen alles, was verschlossen war, raubten allen Vorrat, den sie fanden, mißhandelten auf das entsetzlichste, wer sich zu widersetzen wagte, entehrten das Frauenzimmer, selbst an heiliger Stätte. Und alles dies geschah nicht in Feindes Land – es geschah gegen die Untertanen eines Fürsten, von welchem der Kaiser nicht beleidigt war, dem er trotz diesem allen noch zumutete, die Waffen gegen den König von Schweden zu ergreifen. Der Anblick dieser entsetzlichen Ausschweifungen, welche sie aus Mangel an Ansehen und aus Geldnot geschehen lassen mußten, erweckte selbst den Unwillen der kaiserlichen Generale, und ihr oberster Chef, Graf von Schaumburg, wollte schamrot das Kommando niederlegen. Zu arm an Soldaten, um sein Land zu verteidigen, und ohne Hilfe gelassen von dem Kaiser, der zu den beweglichsten Vorstellungen schwieg, befahl endlich der Kurfürst von Brandenburg seinen Untertanen in einem Edikt, Gewalt mit Gewalt zu vertreiben und jeden kaiserlichen Soldaten, der über der Plünderung ergriffen würde, ohne Schonung zu ermorden. Zu einem solchen Grade war der Greuel der Mißhandlung und das Elend der Regierung gestiegen, daß dem Landesherrn nur das verzweifelte Mittel übrigblieb, die Selbstrache durch Gesetze einzuschärfen.

Die Kaiserlichen hatten die Schweden in die Mark Brandenburg nachgezogen, und nur die Weigerung des Kurfürsten, ihm die Festung Küstrin zum Durchmarsch zu öffnen, hatte den König abhalten können, Frankfurt an der Oder zu belagern. Er ging zurück, die Eroberung Pommerns durch Einnahme von Demmin und Kolberg zu vollenden; unterdessen war der Feldmarschall Tilly im Anzuge, die Mark Brandenburg zu verteidigen.

Dieser General, der sich rühmen konnte, noch keine Schlacht verloren zu haben, der Überwinder Mansfelds, Christians von Braunschweig, des Markgrafen von Baden und des Königs von Dänemark, sollte jetzt an dem König von Schweden einen würdigen Gegner finden. Tilly stammte aus einer edeln Familie in Lüttich und hatte in dem niederländischen Kriege, der damaligen Feldherrnschule, seine Talente ausgebildet. Bald darauf fand er Gelegenheit, seine erlangten Fähigkeiten unter Kaiser Rudolf dem zweiten in Ungarn zu zeigen, wo er sich schnell von einer Stufe zur andern emporschwang. Nach geschlossenem Frieden trat er in die Dienste Maximilians von Bayern, der ihn zum Oberfeldherrn mit unumschränkter Gewalt ernannte. Tilly wurde durch seine vortrefflichen Einrichtungen der Schöpfer der bayrischen Kriegsmacht, und ihm vorzüglich hatte Maximilian seine bisherige Überlegenheit im Felde zu danken. Nach geendigtem böhmischen Kriege wurde ihm das Kommando der ligistischen Truppen und jetzt, nach Wallensteins Abgang, das Generalat über die ganze kaiserliche Armee übertragen. Ebenso streng gegen seine Truppen, ebenso blutdürstig gegen den Feind, von ebenso finsterer Gemütsart als Wallenstein ließ er diesen an Bescheidenheit und Uneigennützigkeit weit hinter sich zurück. Ein blinder Religionseifer und ein blutdürstiger Verfolgungsgeist vereinigten sich mit der natürlichen Wildheit seines Charakters, ihn zum Schrecken der Protestanten zu machen. Ein bizarres und schreckhaftes Äußere entsprach dieser Gemütsart. Klein, hager, mit eingefallenen Wangen, langer Nase, breiter gerunzelter Stirne, starkem Knebelbart und unten zugespitztem Gesichte zeigte er sich gewöhnlich in einem spanischen Wams von hellgrünem Atlas mit aufgeschlitzten Ärmeln, auf dem Kopfe einen kleinen, hoch aufgestutzten Hut, mit einer roten Straußfeder geziert, die bis auf den Rücken niederwallte. Sein ganzer Anblick erinnerte an den Herzog von Alba, den Zuchtmeister der Flamänder, und es fehlte viel, daß seine Taten diesen Eindruck auslöschten. So war der Feldherr beschaffen, der sich dem nordischen Helden jetzt entgegenstellte.

Tilly war weit entfernt, seinen Gegner gering zu schätzen. «Der König von Schweden», erklärte er auf der Kurfürstenversammlung zu Regensburg, «ist ein Feind von ebenso großer Klugheit als Tapferkeit, abgehärtet zum Krieg, in der besten Blüte seiner Jahre. Seine Anstalten sind vortrefflich, seine Hilfsmittel nicht gering; die Stände seines Reichs sind äußerst willfährig gegen ihn gewesen. Seine Armee, aus Schweden, Deutschen, Livländern, Finnländern, Schotten und Engländern zusammengeflossen, ist zu einer einzigen Nation gemacht durch blinden Gehorsam. Dies ist ein Spieler, gegen welchen nicht verloren zu haben, schon überaus viel gewonnen ist.»

Die Fortschritte des Königs von Schweden in Brandenburg und Pommern ließen den neuen Generalissimus keine Zeit verlieren, und dringend forderten die dort kommandierenden Feldherren seine Gegenwart. In möglichster Schnelligkeit zog er die kaiserlichen Truppen, die durch ganz Deutschland zerstreut waren, an sich; aber es kostete viel Zeit, aus den verödeten und verarmten Provinzen die nötigen Kriegsbedürfnisse zusammenzubringen. Endlich erschien er in der Mitte des Winters an der Spitze von 20 000 Mann vor Frankfurt an der Oder, wo er sich mit dem Überrest der Schaumburgischen Truppen vereinigte. Er übergab diesem Feldherrn die Verteidigung Frankfurts mit einer hinlänglich starken Besatzung, und er selbst wollte nach Pommern eilen, um Demmin zu retten und Kolberg zu entsetzen, welche Stadt von den Schweden schon aufs Äußerste gebracht war. Aber noch eh' er Brandenburg verließ, hatte sich Demmin, von dem Herzog Savelli äußerst schlecht verteidigt, an den König ergeben, und auch Kolberg ging wegen Hungersnot nach fünfmonatlicher Belagerung über. Da die Pässe nach Vorpommern aufs beste besetzt waren und das Lager des Königs bei Schwedt jedem Angriffe Trotz bot, so entsagte Tilly seinem ersten angreifenden Plan und zog sich rückwärts nach der Elbe – um Magdeburg zu belagern.

Durch Wegnahme von Demmin stand es dem König frei, unaufgehalten ins Mecklenburgische zu dringen; aber ein wichtigeres Unternehmen zog seine Waffen nach einer andern Gegend. Tilly hatte kaum seinen Rückmarsch angetreten, als er sein Lager zu Schwedt plötzlich aufhob und mit seiner ganzen Macht gegen *Frankfurt* an der Oder anrückte. Diese Stadt war schlecht befestigt, aber durch eine achttausend Mann starke Besatzung verteidigt, größtenteils Überrest jener wütenden Banden, welche Pommern und Brandenburg gemißhandelt hatten. Der Angriff geschah mit Lebhaftigkeit, und schon am dritten Tage wurde die Stadt mit stürmender Hand erobert. Die Schweden, des Sieges gewiß, verwarfen, obgleich die Feinde zweimal Schamade schlugen, die Kapitulation, um das schreckliche Recht der Wiedervergeltung auszuüben. Tilly hatte nämlich gleich nach seiner Ankunft in diesen Gegenden eine schwedische Besatzung, die sich verspätet hatte, in Neubrandenburg aufgehoben und, durch ihren lebhaften Widerstand gereizt, bis auf den letzten Mann niederhauen lassen. Dieser Grausamkeit erinnerten sich jetzt die Schweden, als Frankfurt erstiegen ward. *Neubrandenburgisch Quartier!* antwortete man jedem kaiserlichen Soldaten, der um sein Leben bat, und stieß ihn ohne Barmherzigkeit nieder. Einige tausend wurden erschlagen oder gefangen, viele ertranken in der Oder, der Überrest floh nach Schlesien, die ganze Artillerie geriet in schwedische Hände. Dem Ungestüm seiner Soldaten nachzugeben, mußte Gustav Adolf eine dreistündige Plünderung erlauben.

Indem dieser König von einem Siege zum andern forteilte, der Mut der protestantischen Stände dadurch wuchs und ihr Widerstand lebhafter wurde, fuhr der Kaiser noch unverändert fort, durch Vollstreckung des Restitutionsediktes und durch übertriebene Zumutungen an die Stände ihre Geduld aufs Äußerste zu treiben. Notgedrungen schritt er jetzt auf den gewalttätigen Wegen fort, die er anfangs aus Übermut betreten hatte; den Verlegenheiten, in welche ihn sein willkürliches Verfahren gestürzt hatte, wußte er jetzt nicht anders als durch ebenso willkürliche Mittel zu entgehen. Aber in einem so künstlich organisierten Staatskörper, wie der deutsche ist und immer war, mußte die Hand des Despotismus die unübersehlichsten Zerrüttungen anrichten. Mit Erstaunen sahen die Fürsten unvermerkt die ganze Reichsverfassung umgekehrt, und der eintretende Zustand der Natur führte sie zur Selbsthilfe, dem einzigen Rettungsmittel in dem Zustand der Natur. Endlich hatten doch die offenbaren Schritte des Kaisers gegen die evangelische Kirche von den Augen Johann Georgs die Binde weggezogen, welche ihm so lange die betrügerische Politik dieses Prinzen verbarg. Durch Ausschließung seines Sohnes von dem Erzstifte zu Magdeburg hatte ihn Ferdinand persönlich beleidigt, und der Feldmarschall von Arnheim, sein neuer Günstling und Minister, verabsäumte nichts, die Empfindlichkeit seines Herrn aufs Höchste zu treiben. Vormals kaiserlicher General unter Wallensteins Kommando und noch immer dessen eifrig ergebener Freund, suchte er seinen alten Wohltäter und sich selbst an dem Kaiser zu rächen und den Kurfürsten von Sachsen von dem österreichischen Interesse abzuziehen. Die Erscheinung der Schweden in Deutschland mußte ihm die Mittel dazu darbieten. Gustav Adolf war unüberwindlich, sobald sich die protestantischen Stände mit ihm vereinigten, und nichts beunruhigte den Kaiser mehr. Kursachsens Beispiel konnte die Erklärung aller übrigen nach sich ziehen, und das Schicksal des Kaisers schien sich gewissermaßen in den Händen Johann Georgs zu befinden. Der listige Günstling machte dem Ehrgeize seines Herrn diese seine Wichtigkeit fühlbar und erteilte ihm den Rat, den Kaiser durch ein angedrohtes Bündnis mit Schweden in Schrecken zu setzen, um von der Furcht dieses Prinzen zu erhalten, was von der Dankbarkeit desselben nicht zu erwarten sei. Doch hielt er dafür, die Allianz mit Schweden nicht wirklich abzuschließen, um immer wichtig zu sein und immer freie Hand zu behalten. Er begeisterte ihn für den stolzen Plan (dem nichts als eine verständigere Hand zur Vollstreckung fehlte), die ganze Partei der Protestanten an sich zu ziehen, eine dritte Macht in Deutschland aufzustellen und in der Mitte zwischen Schweden und Österreich die Entscheidung in den Händen zu tragen.

Dieser Plan mußte der Eigenliebe Johann Georgs um so mehr schmeicheln, da es ihm gleich unerträglich war, in die Abhängigkeit Schwedens zu geraten und länger unter der Tyrannei des Kaisers zu bleiben. Nicht mit Gleichgültigkeit konnte er sich die Führung der deutschen Angelegenheiten von einem auswärtigen Prinzen entrissen sehen, und so wenig Fähigkeit er auch besaß, die erste Rolle zu spielen, so wenig ertrug es seine Eitelkeit, sich mit der zweiten zu begnügen. Er beschloß also, von den Progressen des schwedischen Königs die möglichsten Vorteile für seine eigne Lage zu ziehen, aber unabhängig von diesem seinen eigenen Plan zu verfolgen. Zu diesem Ende besprach er sich mit dem Kurfürsten von Brandenburg, der aus ähnlichen Ursachen gegen den Kaiser entrüstet und auf Schweden mißtrauisch war. Nachdem er sich auf einem Landtage zu Torgau der sächsischen Landstände versichert hatte, deren

Beistimmung ihm zu Ausführung seines Plans unentbehrlich war, so lud er alle evangelische Stände des Reichs zu einem Generalkonvent ein, welcher am 6. Februar 1631 zu Leipzig eröffnet werden sollte. Brandenburg, Hessen-Kassel, mehrere Fürsten, Grafen, Reichsstände, protestantische Bischöfe erschienen entweder selbst oder durch Bevollmächtigte auf dieser Versammlung, welche der sächsische Hofprediger, D. Hoë von Hoënegg, mit einer heftigen Kanzelrede eröffnete. Vergebens hatte sich der Kaiser bemüht, diese eigenmächtige Zusammenkunft, welche augenscheinlich auf Selbsthilfe zielte und bei der Anwesenheit der Schweden in Deutschland höchst bedenklich war, zu hintertreiben. Die versammelten Fürsten, von den Fortschritten Gustav Adolfs belebt, behaupteten ihre Rechte und gingen nach Verlauf zweier Monate mit einem merkwürdigen Schluß auseinander, der den Kaiser in nicht geringe Verlegenheit setzte. Der Inhalt desselben war, den Kaiser in einem gemeinschaftlichen Schreiben um Aufhebung des Restitutionsediktes, Zurückziehung seiner Truppen aus ihren Residenzen und Festungen, Einstellung der Exekutionen und Abstellung aller bisherigen Mißbräuche nachdrücklich zu ersuchen – einstweilen aber eine 40000 Mann starke Armee zusammenzubringen, um sich selbst Recht zu schaffen, wenn der Kaiser es ihnen verweigerte.

Ein Umstand kam noch hinzu, der nicht wenig dazu beitrug, die Entschlossenheit der protestantischen Fürsten zu vermehren. Endlich hatte der König von Schweden die Bedenklichkeiten besiegt, welche ihn bisher von einer nähern Verbindung mit Frankreich zurückschreckten, und war am 13. Jänner dieses 1631sten Jahres in eine förmliche Allianz mit dieser Krone getreten. Nach einem sehr ernsthaften Streite über die künftige Behandlungsart der katholischen Reichsfürsten, welche Frankreich in Schutz nahm, Gustav hingegen das Recht der Wiedervergeltung empfinden lassen wollte, und nach einem minder wichtigen Zank über den Titel *Majestät,* den der französische Hochmut dem schwedischen Stolze verweigerte, gab endlich Richelieu in dem zweiten, Gustav Adolf in dem ersten Artikel nach, und zu Bärwalde in der Neumark wurde der Allianztraktat unterzeichnet. Beide Mächte verpflichteten sich in demselben, sich wechselseitig und mit gewaffneter Hand zu beschützen, ihre gemeinschaftlichen Freunde zu verteidigen, den vertriebenen Reichsfürsten wieder zu ihren Ländern zu helfen und an den Grenzen wie in dem Innern Deutschlands alles ebenso wiederherzustellen, wie es vor dem Ausbruch des Krieges gewesen war. Zu diesem Ende sollte Schweden eine Armee von 30000 Mann auf eigne Kosten in Deutschland unterhalten, Frankreich hingegen 400000 Taler jährlicher Hilfsgelder den Schweden entrichten. Würde das Glück die Waffen Gustavs begünstigen, so sollten in den eroberten Plätzen die katholische Religion und die Reichsgesetze ihm heilig sein und gegen beide nichts unternommen werden, allen Ständen und Fürsten in und außer Deutschland, selbst den katholischen, der Zutritt zu diesem Bündnis offenstehen, kein Teil ohne Wissen und Willen des andern einen einseitigen Frieden mit dem Feinde schließen, das Bündnis selbst fünf Jahre dauern.

So großen Kampf es dem König von Schweden gekostet hatte, von Frankreich Sold anzunehmen und einer ungebundenen Freiheit in Führung des Krieges zu entsagen, so entscheidend war diese französische Allianz für seine Angelegenheiten in Deutschland. Jetzt erst, nachdem er durch die ansehnlichste Macht in Europa gedeckt war, fingen die deutschen Reichsstände an, Vertrauen zu seiner Unternehmung zu fassen, für deren Erfolg sie bisher nicht ohne Ursache gezittert hatten. Jetzt erst wurde er dem Kaiser fürchterlich. Selbst die katholischen Fürsten, welche Österreichs Demütigung erwünschten, sahen ihn jetzt mit weniger Mißtrauen in Deutschland Fortschritte machen, weil ihm das Bündnis mit einer katholischen Macht Schonung gegen ihre Religion auferlegte. So wie Gustav Adolfs Erscheinung die evangelische Religion und deutsche Freiheit gegen die Übermacht Kaiser Ferdinands beschützte, ebenso konnte nunmehr Frankreichs Dazwischenkunft die katholische Religion und deutsche Freiheit gegen eben diesen Gustav Adolf in Schutz nehmen, wenn ihn die Trunkenheit des Glücks über die Schranken der Mäßigung hinwegreißen sollte.

Der König von Schweden säumte nicht, die Fürsten des Leipziger Bundes von dem mit Frankreich geschlossenen Traktat zu unterrichten und sie zugleich zu einer nähern Verbindung mit ihm einzuladen. Auch Frankreich unterstützte ihn in diesem Gesuch und sparte keine Vorstellungen, den Kurfürsten von Sachsen zu bewegen. Gustav Adolf wollte sich mit einer heimlichen Unterstützung begnügen, wenn die Fürsten es jetzt noch für zu gewagt halten sollten, sich öffentlich für seine Partei zu erklären. Mehrere Fürsten machten ihm zu Annehmung seiner Vorschläge Hoffnung, sobald sie nur Luft bekommen sollten; Johann Georg, immer voll Eifersucht und Mißtrauen gegen den König von Schweden, immer seiner eigennützigen Politik getreu, konnte sich zu keiner entscheidenden Erklärung entschließen.

Der Schluß des Leipziger Konvents und das Bündnis zwischen Frankreich und Schweden waren zwei gleich schlimme Zeitungen für den Kaiser. Gegen jenen nahm er die Donner seiner kaiserlichen Machtsprüche zu Hilfe, und bloß eine Armee fehlte ihm, um Frankreich wegen dieser seinen ganzen Unwillen empfinden zu lassen. Abmahnungsschreiben ergingen an alle Teilnehmer des Leipziger Bundes, welche ihnen die Truppenwerbung aufs strengste untersagten. Sie antworteten mit heftigen Widerklagen, rechtfertigten ihr Betragen durch das natürliche Recht und fuhren fort, sich in Rüstung zu setzen.

Die Generale des Kaisers sahen sich unterdessen aus Mangel an Truppen und an Geld zu der mißlichen Wahl gebracht, entweder den König von Schweden oder die deutschen Reichsstände außer Augen zu lassen, da sie mit einer geteilten Macht beiden zugleich nicht gewachsen waren. Die Bewegungen der Protestanten zogen ihre Aufmerksamkeit nach dem Innern des Reichs; die Progressen des Königs in der Mark Brandenburg, welcher die kaiserlichen Erblande schon in der Nähe bedrohte, forderten sie dringend auf, dorthin ihre Waffen zu kehren. Nach Frankfurts Eroberung hatte sich der König gegen *Landsberg* an der Warthe gewendet, und Tilly kehrte nun, nach einem zu späten Versuch, jene Stadt zu retten, nach Magdeburg zurück, die angefangene Belagerung mit Ernst fortzusetzen.

Das reiche Erzbistum, dessen Hauptsitz die Stadt Magdeburg war, hatten schon seit geraumer Zeit evangelische Prinzen aus dem brandenburgischen Hause besessen, welche ihre Religion darin einführten. *Christian Wilhelm,* der letzte Administrator, war durch seine Verbindung mit Dänemark in die Reichsacht verfallen, wodurch das Domkapitel sich bewogen sah, um nicht die Rache des Kaisers gegen das Erzstift zu reizen, ihn förmlich seiner Würden zu entsetzen. An seiner Statt postulierte es den Prinzen Johann August, zweiter Sohn des Kurfürsten von Sachsen, den aber der Kaiser verwarf, um seinem eigenen Sohne Leopold dieses Erzbistum zuzuwenden. Der Kurfürst von Sachsen ließ darüber ohnmächtige Klagen an dem kaiserlichen Hofe erschallen; Christian Wilhelm von Brandenburg ergriff tätigere Maßregeln. Der Zuneigung des Volks und Magistrats zu Magdeburg versichert und von schimärischen Hoffnungen erhitzt, glaubte er sich imstande, alle Hindernisse zu besiegen, welche der Ausspruch des Kapitels, die Konkurrenz mit zwei mächtigen Mitbewerbern und das Restitutionsedikt seiner Wiederherstellung entgegensetzten. Er tat eine Reise nach Schweden und suchte sich, durch das Versprechen einer wichtigen Diversion in Deutschland, der Unterstützung Gustavs zu versichern. Dieser König entließ ihn nicht ohne Hoffnung seines nachdrücklichen Schutzes, schärfte ihm aber dabei ein, mit Klugheit zu verfahren.

Kaum hatte Christian Wilhelm die Landung seines Beschützers in Pommern erfahren, so schlich er sich mit Hilfe einer Verkleidung in Magdeburg ein. Er erschien plötzlich in der Ratsversammlung, erinnerte den Magistrat an alle Drangsale, welche Stadt und Land seitdem von den kaiserlichen Truppen erfahren, an die verderblichen Anschläge Ferdinands, an die Gefahr der evangelischen Kirche. Nach diesem Eingange entdeckte er ihnen, daß der Zeitpunkt ihrer Befreiung erschienen sei und daß ihnen Gustav Adolf seine Allianz und allen Beistand anbiete. Magdeburg, eine der wohlhabendsten Städte Deutschlands, genoß unter der Regierung seines Magistrats einer republikanischen Freiheit, welche seine Bürger mit einer heroischen Kühnheit beseelte. Davon hatten sie bereits gegen Wallenstein, der, von ihrem Reichtum angelockt, die übertriebensten Forderungen an sie machte, rühmliche Proben abgelegt und in einem mutigen Widerstande ihre Rechte behauptet. Ihr ganzes Gebiet hatte zwar die zerstörende Wut seiner Truppen erfahren, aber Magdeburg selbst entging seiner Rache. Es war also dem Administrator nicht schwer, Gemüter zu gewinnen, denen die erlittnen Mißhandlungen noch in frischem Andenken waren. Zwischen der Stadt und dem König von Schweden kam ein Bündnis zustande, in welchem Magdeburg dem König ungehinderten Durchzug durch ihr Gebiet und ihre Tore und die

Werbefreiheit auf ihrem Grund und Boden verstattete und die Gegenversicherung erhielt, bei ihrer Religion und ihren Privilegien aufs gewissenhafteste geschützt zu werden.

Sogleich zog der Administrator Kriegsvölker zusammen und fing die Feindseligkeiten voreilig an, ehe Gustav Adolf nahe genug war, ihn mit seiner Macht zu unterstützen. Es glückte ihm, einige kaiserliche Korps in der Nachbarschaft aufzuheben, kleine Eroberungen zu machen und sogar Halle zu überrumpeln. Aber die Annäherung eines kaiserlichen Heeres nötigte ihn bald, in aller Eilfertigkeit und nicht ohne Verlust den Rückweg nach Magdeburg zu nehmen. Gustav Adolf, obgleich unzufrieden über diese Voreiligkeit, schickte ihm in der Person *Dietrichs von Falkenberg* einen erfahrnen Offizier, um die Kriegsoperationen zu leiten und dem Administrator mit seinem Rate beizustehen. Eben diesen Falkenberg ernannte der Magistrat zum Kommandanten der Stadt, solange der Krieg dauern würde. Das Heer des Prinzen sah sich von Tag zu Tag durch den Zulauf aus den benachbarten Städten vergrößert, erhielt mehrere Vorteile über die kaiserlichen Regimenter, welche dagegen geschickt wurden, und konnte mehrere Monate einen kleinen Krieg mit vielem Glücke unterhalten.

Endlich näherte sich der Graf von Pappenheim, nach beendigtem Zuge gegen den Herzog von Sachsen-Lauenburg, der Stadt, vertrieb in kurzer Zeit die Truppen des Administrators aus allen umliegenden Schanzen, hemmte dadurch alle Kommunikation mit Sachsen und schickte sich ernstlich an, die Stadt einzuschließen. Bald nach ihm kam auch Tilly, forderte den Administrator in einem drohenden Schreiben auf, sich dem Restitutionsedikt nicht länger zu widersetzen, den Befehlen des Kaisers zu unterwerfen und Magdeburg zu übergeben. Die Antwort des Prinzen war lebhaft und kühn und bestimmte den kaiserlichen Feldherrn, ihm den Ernst der Waffen zu zeigen.

Indessen wurde die Belagerung wegen der Fortschritte des Königs von Schweden, die den kaiserlichen Feldherrn von der Stadt abriefen, eine Zeitlang verzögert, und die Eifersucht der in seiner Abwesenheit kommandierenden Generale verschaffte Magdeburg noch auf einige Monate Frist. Am 30. März 1631 erschien endlich Tilly wieder, um von jetzt an die Belagerung mit Eifer zu betreiben.

In kurzer Zeit waren alle Außenwerke erobert, und Falkenberg selbst hatte die Besatzungen, welche nicht mehr zu retten waren, zurückgezogen und die Elbbrücke abwerfen lassen. Da es an hinlänglichen Truppen fehlte, diese weitläuftige Festung mit den Vorstädten zu verteidigen, so wurden auch die Vorstädte Sudenburg und Neustadt dem Feinde preisgegeben, der sie sogleich in die Asche legte. Pappenheim trennte sich von Tilly, ging bei Schönebeck über die Elbe, um von der andern Seite die Stadt anzugreifen.

Die Besatzung, durch die vorhergehenden Gefechte in den Außenwerken geschwächt, belief sich nicht über 2000 Mann Fußvolks und einige hundert Reiterei, eine sehr schwache Anzahl für eine so große und noch dazu unregelmäßige Festung. Diesen Mangel zu ersetzen, bewaffnete man die Bürger; ein verzweifelter Ausweg, der größern Schaden anrichtete, als er verhütete. Die Bürger, an sich selbst schon sehr mittelmäßige Soldaten, stürzten durch ihre Uneinigkeit die Stadt ins Verderben. Dem Ärmern tat es weh, daß man ihm allein alle Lasten aufwälzte, ihn allein allem Ungemach, allen Gefahren bloßstelle, während der Reiche seine Dienerschaft schickte und sich in seinem Hause gütlich tat. Der Unwille brach zuletzt in ein allgemeines Murren aus; Gleichgültigkeit trat an die Stelle des Eifers, Überdruß und Nachlässigkeit im Dienst an die Stelle der wachsamen Vorsicht. Diese Trennung der Gemüter, mit der steigenden Not verbunden, gab nach und nach einer kleinmütigen Überlegung Raum, daß mehrere schon anfingen, über die Verwegenheit ihres Unternehmens aufgeschreckt zu werden und vor der Allmacht des Kaisers zu erbeben, gegen welchen man im Streit begriffen sei. Aber der Religionsfanatismus, die feurige Liebe der Freiheit, der unüberwindliche Widerwille gegen den kaiserlichen Namen, die wahrscheinliche Hoffnung eines nahen Entsatzes entfernten jeden Gedanken an Übergabe; und so sehr man in allem andern getrennt sein mochte, so einig war man, sich bis aufs äußerste zu verteidigen.

Die Hoffnung der Belagerten, sich entsetzt zu sehen, war auf die höchste Wahrscheinlichkeit gegründet. Sie wußten um die Bewaffnung des Leipziger Bundes, sie wußten um die Annäherung Gustav Adolfs; beiden war die Erhaltung Magdeburgs gleich wichtig, und wenige Tagemärsche konnten den König von Schweden vor ihre Mauern bringen. Alles dieses war dem Grafen Tilly nicht unbekannt, und eben darum eilte er so sehr, sich, auf welche Art es auch sein möchte, von Magdeburg Meister zu machen. Schon hatte er, der Übergabe wegen, einen Trompeter mit verschiedenen Schreiben an den Administrator, Kommandanten und Magistrat abgesendet, aber zur Antwort erhalten, daß man lieber sterben als sich ergeben würde. Ein lebhafter Ausfall der Bürger zeigte ihm, daß der Mut der Belagerten nichts weniger als erkaltet sei, und die Auskunft des Königs zu Potsdam, die Streifereien der Schweden selbst bis vor Zerbst mußten ihn mit Unruhe sowie die Einwohner Magdeburgs mit den frohesten Hoffnungen erfüllen. Ein zweiter Trompeter, den er an sie abschickte, und der gemäßigtere Ton seiner Schreibart bestärkte sie noch mehr in ihrer Zuversicht – aber nur, um sie in eine desto tiefere Sorglosigkeit zu stürzen.

Die Belagerer waren unterdessen mit ihren Approchen bis an den Stadtgraben vorgedrungen und beschossen von den aufgeworfenen Batterien aufs heftigste Wall und Türme. Ein Turm wurde ganz eingestürzt, aber ohne den Angriff zu erleichtern, da er nicht in den Graben fiel, sondern sich seitwärts an den Wall anlehnte. Des anhaltenden Bombardierens ungeachtet, hatte der Wall nicht viel gelitten, und die Wirkung der Feuerkugeln, welche die Stadt in Brand stecken sollten, wurde durch vortreffliche Gegenanstalten vereitelt. Aber der Pulvervorrat der Belagerten war bald zu Ende, und das Geschütz der Festung hörte nach und nach auf, den Belagerern zu antworten. Ehe neues Pulver bereitet war, mußte Magdeburg entsetzt sein, oder es war verloren. Jetzt war die Hoffnung in der Stadt aufs höchste gestiegen und mit heftiger Sehnsucht alle Blicke nach der Gegend hingekehrt, von welcher die schwedischen Fahnen wehen sollten. Gustav Adolf hielt sich nahe genug auf, um am dritten Tag vor Magdeburg zu stehen. Die Sicherheit steigt mit der Hoffnung, und alles trägt dazu bei, sie zu verstärken. Am 9. Mai fängt unerwartet die feindliche Kanonade an zu schweigen; von mehrern Batterien werden die Stücke abgeführt. Tote Stille im kaiserlichen Lager. Alles überzeugt die Belagerten, daß ihre Rettung nahe sei. Der größte Teil der Bürger- und Soldatenwache verläßt früh morgens seinen Posten auf dem Wall, um endlich einmal nach langer Arbeit des süßen Schlafes sich zu erfreuen – aber ein teurer Schlaf und ein entsetzliches Erwachen!

Tilly hatte endlich der Hoffnung entsagt, auf dem bisherigen Wege der Belagerung sich noch vor Ankunft der Schweden der Stadt bemeistern zu können; er beschloß also, sein Lager aufzuheben, zuvor aber noch einen Generalsturm zu wagen. Die Schwierigkeiten waren groß, da keine Bresche noch geschossen und die Festungswerke kaum beschädigt waren. Aber der Kriegsrat, den er versammelt, erklärte sich für den Sturm und stützte sich dabei auf das Beispiel von Maastricht, welche Stadt früh morgens, da Bürger und Soldaten sich zur Ruhe begeben, mit stürmender Hand überwältigt worden sei. An vier Orten zugleich sollte der Angriff geschehen; die ganze Nacht zwischen dem 9ten und 10ten wurde mit den nötigen Anstalten zugebracht. Alles war in Bereitschaft und erwartete, der Abrede gemäß, früh um 5 Uhr das Zeichen mit den Kanonen. Dieses erfolgte, aber erst zwei Stunden später, indem Tilly, noch immer zweifelhaft wegen des Erfolgs, noch einmal den Kriegsrat versammelte. Pappenheim ward beordert, auf die neustädtischen Werke den Angriff zu tun; ein abhängiger Wall und ein trockner, nicht allzu tiefer Graben kamen ihm dabei zustatten. Der größte Teil der Bürger und Soldaten hatte die Wälle verlassen, und die wenigen Zurückgebliebenen fesselte der Schlaf. So wurde es diesem General nicht schwer, der erste den Wall zu ersteigen.

Falkenberg, aufgeschreckt durch das Knallen des Musketenfeuers, eilte von dem Rathause, wo er eben beschäftigt war, den zweiten Trompeter des Tilly abzufertigen, mit einer zusammengerafften Mannschaft nach dem neustädtischen Tore, das der Feind schon überwältigt hatte. Hier zurückgeschlagen, flog dieser tapfere General nach einer andern Seite, wo eine zweite feindliche Partei schon im Begriff war, die Werke zu ersteigen. Umsonst ist sein Widerstand, schon zu Anfang des Gefechts strecken die feindlichen Kugeln ihn zu Boden. Das heftige Musketenfeuer, das Lärmen der Sturmglocken, das überhandnehmende Getöse machen endlich den erwachenden Bürgern die drohende Gefahr bekannt. Eilfertig werfen sie sich in ihre Kleider, greifen zum Gewehr, stürzen in blinder Betäubung dem Feind entgegen. Noch war Hoffnung übrig, ihn zurückzutreiben, aber der Kommandant getötet, kein Plan im Angriff, keine Reiterei, in seine verwirrten Glieder einzubrechen, endlich kein Pulver mehr, das Feuer fortzusetzen. Zwei andre Tore, bis jetzt noch unangegriffen, werden von Verteidigern entblößt, um der dringendern Not in der Stadt zu begegnen. Schnell benutzt der Feind die dadurch entstandne Verwirrung, um auch diese Posten anzugreifen. Der Widerstand ist lebhaft und hartnäckig, bis endlich vier kaiserliche Regimenter, des Walles Meister, den Magdeburgern in den Rücken fallen und so ihre Niederlage vollenden. Ein tapferer Kapitän namens Schmidt, der in dieser allgemeinen Verwirrung die Entschlossensten noch einmal gegen den Feind führt und glücklich genug ist, ihn bis an das Tor zurückzutreiben, fällt tödlich verwundet, Magdeburgs letzte Hoffnung mit ihm. Alle Werke sind noch vor Mittag erobert, die Stadt in Feindes Händen.

Zwei Tore werden jetzt von den Stürmenden der Hauptarmee geöffnet, und Tilly läßt einen Teil seines Fußvolks einmarschieren. Es besetzt sogleich die Hauptstraßen, und das aufgepflanzte Geschütz scheucht alle Bürger in ihre Wohnungen, dort ihr Schicksal zu erwarten. Nicht lange läßt man sie im Zweifel: zwei Worte des Grafen Tilly bestimmen Magdeburgs Geschick. Ein nur etwas menschlicher Feldherr würde *solchen* Truppen vergeblich Schonung anbefohlen haben; Tilly gab sich auch nicht die Mühe, es zu versuchen. Durch das Stillschweigen seines Generals zum Herrn über das Leben aller Bürger gemacht, stürzt der Soldat in das Innere der Häuser, um ungebunden alle Begierden einer viehischen Seele zu kühlen. Vor manchem *deutschen* Ohre fand die flehende Unschuld Erbarmen, keines vor dem tauben Grimm der Wallonen aus Pappenheims Heer. Kaum hatte dieses Blutbad seinen Anfang genommen, als alle übrigen Tore aufgingen, die ganze Reiterei und der Kroaten fürchterliche Banden gegen die unglückliche Stadt losgelassen wurden.

Eine Würgeszene fing jetzt an, für welche die Geschichte

keine Sprache und die Dichtkunst keinen Pinsel hat. Nicht die schuldfreie Kindheit, nicht das hilflose Alter, nicht Jugend, nicht Geschlecht, nicht Stand, nicht Schönheit können die Wut des Siegers entwaffnen. Frauen werden in den Armen ihrer Männer, Töchter zu den Füßen ihrer Väter mißhandelt, und das wehrlose Geschlecht hat bloß das Vorrecht, einer gedoppelten Wut zum Opfer zu dienen. Keine noch so verborgene, keine noch so geheiligte Stätte konnte vor der alles durchforschenden Habsucht sichern. Dreiundfünfzig Frauenspersonen fand man in einer Kirche enthauptet. Kroaten vergnügten sich, Kinder in die Flammen zu werfen – Pappenheims Wallonen, Säuglinge an den Brüsten ihrer Mütter zu spießen. Einige ligistische Offiziere, von diesem grausenvollen Anblick empört, unterstanden sich, den Grafen Tilly zu erinnern, daß er dem Blutbad möchte Einhalt tun lassen. «Kommt in einer Stunde wieder», war seine Antwort, «ich werde dann sehen, was ich tun werde; der Soldat muß für seine Gefahr und Arbeit etwas haben.» In ununterbrochener Wut dauerten diese Greuel fort, bis endlich Rauch und Flammen der Raubsucht Grenzen setzten. Um die Verwirrung zu vermehren und den Widerstand der Bürger zu brechen, hatte man gleich anfangs an verschiedenen Orten Feuer angelegt. Jetzt erhob sich ein Sturmwind, der die Flammen mit reißender Schnelligkeit durch die ganze Stadt verbreitete und den Brand allgemein machte. Fürchterlich war das Gedränge durch Qualm und Leichen, durch gezuckte Schwerter, durch stürzende Trümmer, durch das strömende Blut. Die Atmosphäre kochte, und die unerträgliche Glut zwang endlich selbst diese Würger, sich in das Lager zu flüchten. In weniger als zwölf Stunden lag diese volkreiche, fest, große Stadt, eine der schönsten Deutschlands, in der Asche, zwei Kirchen und einige Hütten ausgenommen. Der Administrator Christian Wilhelm ward mit drei Bürgermeistern nach vielen empfangenen Wunden gefangen; viele tapfere Offiziere und Magistrate hatten fechtend einen beneideten Tod gefunden. Vierhundert der reichsten Bürger entriß die Habsucht der Offiziere dem Tod, um ein teures Lösegeld von ihnen zu erpressen. Noch dazu waren es meistens Offiziere der Ligue, welche diese Menschlichkeit zeigten, und die blinde Mordbegier der kaiserlichen Soldaten ließ sie als rettende Engel betrachten.

Kaum hatte sich die Wut des Brandes gemindert, als die kaiserlichen Scharen mit erneuertem Hunger zurückkehrten, um unter Schutt und Asche ihren Raub aufzuwühlen. Manche erstickte der Dampf; viele machten große Beute, da die Bürger ihr Bestes in die Keller geflüchtet hatten. Am 13. Mai erschien endlich *Tilly* selbst in der Stadt, nachdem die Hauptstraßen von Schutt und Leichen gereinigt waren. Schauderhaft gräßlich, empörend war die Szene, welche sich jetzt der Menschlichkeit darstellte! Lebende, die unter den Leichen hervorkrochen, herumirrende Kinder, die mit herzzerschneidendem Geschrei ihre Eltern suchten, Säuglinge, die an den toten Brüsten ihrer Mütter saugten! Mehr als 6000 Leichen mußte man in die Elbe werfen, um die Gassen zu räumen; eine ungleich größere Menge von Lebenden und Leichen hatte das Feuer verzehrt; die ganze Zahl der Getöteten wird auf 30000 angegeben.

Der Einzug des Generals, welcher am 14ten erfolgte, machte der Plünderung ein Ende, und was bis dahin gerettet war, blieb leben. Gegen 1000 Menschen wurden aus der Domkirche gezogen, wo sie drei Tage und drei Nächte in beständiger Todesfurcht und ohne Nahrung zugebracht hatten. Tilly ließ ihnen Pardon ankündigen und Brot unter sie verteilen. Den Tag darauf ward in dieser Domkirche feierliche Messe gehalten und unter Abfeuerung der Kanonen das Tedeum angestimmt. Der kaiserliche General durchritt die Straßen, um als Augenzeuge

ZWEITES BUCH

Tilly vor Magdeburg.
Brennet und schlachtet noch eine Stunde! — dann will ich mich besinnen.

seinem Herrn berichten zu können, daß seit Trojas und Jerusalems Zerstörung kein solcher Sieg gesehen worden sei. Und in diesem Vorgeben war nichts Übertriebens, wenn man die Größe, den Wohlstand und die Wichtigkeit der Stadt, welche unterging, mit der Wut ihrer Zerstörer zusammendenkt.

Das Gerücht von Magdeburgs grausenvollem Schicksal verbreitete Frohlocken durch das katholische, Entsetzen und Furcht durch das ganze protestantische Deutschland. Aber Schmerz und Unwillen klagten allgemein den König von Schweden an, der, so nahe und so mächtig, diese bundsverwandte Stadt hilflos gelassen hatte. Auch der Billigste fand diese Untätigkeit des Königs unerklärbar, und Gustav Adolf, um nicht unwiederbringlich die Herzen des Volks zu verlieren, zu dessen Befreiung er erschienen war, sah sich gezwungen, in einer eigenen Schutzschrift die Gründe seines Betragens der Welt vorzulegen.

Er hatte eben Landsberg angegriffen und am 16. April erobert, als er die Gefahr vernahm, in welcher Magdeburg schwebte. Sogleich ward sein Entschluß gefaßt, diese bedrängte Stadt zu befreien, und er setzte sich deswegen mit seiner ganzen Reiterei und 10 Regimentern Fußvolk nach der Spree in Bewegung. Die Situation, in welcher sich dieser König auf deutschem Boden befand, machte ihm zum unverbrüchlichen Klugheitsgesetze, keinen Schritt vorwärts zu tun, ohne den Rücken frei zu haben. Mit der mißtrauischsten Behutsamkeit mußte er ein Land durchziehen, wo er von zweideutigen Freunden und mächtigen offenbaren Feinden umgeben war, wo ein einziger übereilter Schritt ihn von seinem Königreich abschneiden konnte. Der Kurfürst von Brandenburg hatte vormals schon seine Festung Küstrin den flüchtigen Kaiserlichen aufgetan und den nacheilenden Schweden verschlossen. Sollte Gustav jetzt gegen Tilly verunglücken, so konnte eben dieser

Kurfürst den Kaiserlichen seine Festungen öffnen, und dann war der König, Feinde vor sich und hinter sich, ohne Rettung verloren. Diesem Zufall bei gegenwärtiger Unternehmung nicht ausgesetzt zu sein, verlangte er, ehe er sich zu der Befreiung Magdeburgs aufmachte, daß ihm von dem Kurfürsten die beiden Festungen Küstrin und Spandau eingeräumt würden, bis er Magdeburg in Freiheit gesetzt hätte.

Nichts schien gerechter zu sein als diese Forderung. Der große Dienst, welchen Gustav Adolf dem Kurfürsten kürzlich erst durch Vertreibung der Kaiserlichen aus den brandenburgischen Landen geleistet, schien ihm ein Recht an seine Dankbarkeit, das bisherige Betragen der Schweden in Deutschland einen Anspruch auf sein Vertrauen zu geben. Aber durch Übergabe seiner Festungen machte der Kurfürst den König von Schweden gewissermaßen zum Herrn seines Landes, nicht zu gedenken, daß er eben dadurch zugleich mit dem Kaiser brach und seine Staaten der ganzen künftigen Rache der kaiserlichen Heere bloßstellte. Georg Wilhelm kämpfte lange Zeit einen grausamen Kampf mit sich selbst, aber Kleinmut und Eigennutz schienen endlich die Oberhand zu gewinnen. Ungerührt von Magdeburgs Schicksal, kalt gegen Religion und deutsche Freiheit, sah er nichts als seine eigene Gefahr, und diese Besorglichkeit wurde durch seinen Minister von Schwarzenberg, der einen heimlichen Sold von dem Kaiser zog, aufs Höchste getrieben. Unterdessen näherten sich die schwedischen Truppen Berlin, und der König nahm bei dem Kurfürsten seine Wohnung. Als er die furchtsame Bedenklichkeit dieses Prinzen wahrnahm, konnte er sich des Unwillens nicht enthalten. «Mein Weg geht auf Magdeburg», sagte er, «nicht mir, sondern den Evangelischen zum Besten. Will niemand mir beistehen, so nehme ich sogleich meinen Rückweg, biete dem Kaiser einen Vergleich an und ziehe wieder nach Stockholm. Ich bin gewiß, der Kaiser soll einen Frieden mit mir eingehen, wie ich ihn immer nur verlangen kann – aber geht Magdeburg verloren und ist der Kaiser der Furcht vor mir erst entledigt, so sehet zu, wie es euch ergehen wird.» Diese zu rechter Zeit hingeworfene Drohung, vielleicht auch der Blick auf die schwedische Armee, welche mächtig genug war, dem Könige durch Gewalt zu verschaffen, was man ihm auf dem Wege der Güte verweigerte, brachte endlich den Kurfürsten zum Entschluß, Spandau in seine Hände zu übergeben.

Nun standen dem König zwei Wege nach Magdeburg offen, wovon der eine gegen Abend durch ein erschöpftes Land und mitten durch feindliche Truppen führte, die ihm den Übergang über die Elbe streitig machen konnten. Der andre, gegen Mittag, ging über Dessau oder Wittenberg, wo er Brücken fand, die Elbe zu passieren, und aus Sachsen Lebensmittel ziehen konnte. Aber dies konnte ohne Einwilligung des Kurfürsten von Sachsen nicht geschehen, in welchen Gustav ein gegründetes Mißtrauen setzte. Ehe er sich also in Marsch setzte, ließ er diesen Prinzen um einen freien Durchzug und um das Nötige für seine Truppen gegen bare Bezahlung ersuchen. Sein Verlangen wurde ihm abgeschlagen, und keine Vorstellung konnte den Kurfürsten bewegen, seinem Neutralitätssystem zu entsagen. Indem man noch im Streit darüber begriffen war, kam die Nachricht von Magdeburgs entsetzlichem Schicksal.

Tilly verkündigte sie mit dem Tone eines Siegers allen protestantischen Fürsten und verlor keinen Augenblick, den allgemeinen Schrecken aufs beste zu benutzen. Das Ansehen des Kaisers, durch die bisherigen Progressen Gustavs merklich heruntergebracht, erhob sich furchtbarer als je nach diesem entscheidenden Vorgang, und schnell offenbarte sich diese Veränderung in der gebieterischen Sprache, welche er gegen die protestantischen Reichsstände führte. Die Schlüsse des Leipziger Bundes wurden durch einen Machtspruch vernichtet, der Bund selbst durch ein kaiserliches Dekret aufgehoben, allen widersetzlichen Ständen Magdeburgs Schicksal angedroht. Als Vollzieher dieses kaiserlichen Schlusses ließ Tilly sogleich Truppen gegen den Bischof von Bremen marschieren, der ein Mitglied des Leipziger Bundes war und Soldaten geworben hatte. Der in Furcht gesetzte Bischof übergab die letztern sogleich in die Hände des Tilly und unterzeichnete die Kassation der Leipziger Schlüsse. Eine kaiserliche Armee, welche unter dem Kommando des Grafen von Fürstenberg zu eben der Zeit aus Italien zurückkam, verfuhr auf gleiche Art gegen den Administrator von Württemberg. Der Herzog mußte sich dem Restitutionsedikt und allen Dekreten des Kaisers unterwerfen, ja noch außerdem zu Unterhaltung der kaiserlichen Truppen einen monatlichen Geldbeitrag von 100000 Talern erlegen. Ähnliche Lasten wurden der Stadt Ulm und Nürnberg, dem ganzen fränkischen und schwäbischen Kreise auferlegt. Schrecklich war die Hand des Kaisers über Deutschland. Die schnelle Übermacht, welche er durch diesen Vorfall erlangte, mehr scheinbar als in der Wirklichkeit gegründet, führte ihn über die Grenzen der bisherigen Mäßigung hinweg und verleitete ihn zu einem gewaltsamen übereilten Verfahren, welches endlich die Unentschlossenheit der deutschen Fürsten zum Vorteil Gustav Adolfs besiegte. So unglücklich also die nächsten Folgen von Magdeburgs Untergang für die Protestanten auch sein mochten, so wohltätig waren die spätern. Die erste Überraschung machte bald einem tätigen Unwillen Platz; die Verzweiflung gab Kräfte, und die deutsche Freiheit erhub sich aus Magdeburgs Asche.

Unter den Fürsten des Leipziger Bundes waren der Kurfürst von Sachsen und der Landgraf von Hessen bei weitem am meisten zu fürchten, und die Herrschaft des

Kaisers war in diesen Gegenden nicht befestigt, solange er diese beiden nicht entwaffnet sah. Gegen den Landgrafen richtete Tilly seine Waffen zuerst und brach unmittelbar von Magdeburg nach Thüringen auf. Die sächsisch-ernestinischen und schwarzburgischen Lande wurden auf diesem Zuge äußerst gemißhandelt, Frankenhausen, selbst unter den Augen des Tilly, von seinen Soldaten ungestraft geplündert und in die Asche gelegt; schrecklich mußte der unglückliche Landmann dafür büßen, daß sein Landesherr die Schweden begünstigte. Erfurt, der Schlüssel zwischen Sachsen und Franken, wurde mit einer Belagerung bedroht, wovon es sich aber durch eine freiwillige Lieferung von Proviant und eine Geldsumme loskaufte. Von da schickte Tilly seinen Abgesandten an den Landgrafen von Kassel mit der Forderung, ungesäumt seine Truppen zu entlassen, dem Leipziger Bund zu entsagen, kaiserliche Regimenter in sein Land und seine Festungen aufzunehmen, Kontributionen zu entrichten und sich entweder als Freund oder Feind zu erklären. So mußte sich ein deutscher Reichsfürst von einem kaiserlichen Diener behandelt sehen. Aber diese ausschweifende Forderung bekam ein furchtbares Gewicht durch die Heeresmacht, von der sie begleitet wurde, und das noch frische Andenken von Magdeburgs schauderhaftem Schicksal mußte den Nachdruck desselben vergrößern. Um so mehr Lob verdient die Unerschrockenheit, mit welcher der Landgraf diesen Antrag beantwortete: «Fremde Soldaten in seine Festungen und in seine Residenz aufzunehmen, sei er ganz und gar nicht gesonnen – Seine Truppen brauche er selbst – Gegen einen Angriff würde er sich zu verteidigen wissen. Fehlte es dem General Tilly an Geld und an Lebensmittel, so möchte er nur nach München aufbrechen, wo Vorrat an beidem sei.» Der Einbruch zweier kaiserlichen Scharen in Hessen war die nächste Folge dieser herausfordernden Antwort; aber der Landgraf wußte ihnen so gut zu begegnen, daß nichts Erhebliches ausgerichtet ward. Nachdem aber Tilly selbst im Begriff stand, ihnen mit seiner ganzen Macht nachzufolgen, wo würde das unglückliche Land die Standhaftigkeit seines Fürsten teuer genug haben büßen müssen, wenn nicht die Bewegungen des Königs von Schweden diesen General noch zu rechter Zeit zurückgerufen hätten.

Gustav Adolf hatte den Untergang Magdeburgs mit dem empfindlichsten Schmerz erfahren, der dadurch vergrößert ward, daß Georg Wilhelm nun, dem Vertrage gemäß, die Festung Spandau zurückverlangte. Der Verlust von Magdeburg hatte die Gründe, um derentwillen dem König der Besitz dieser Festung so wichtig war, eher vermehrt als vermindert; und je näher die Notwendigkeit einer entscheidenden Schlacht zwischen ihm und Tilly heranrückte, desto schwerer ward es ihm, der einzigen Zuflucht zu entsagen, welche nach einem unglücklichen Ausgang für ihn übrig war. Nachdem er Vorstellungen und Bitten bei dem Kurfürsten von Brandenburg fruchtlos erschöpft hatte und die Kaltsinnigkeit desselben vielmehr mit jedem Tage stieg, so schickte er endlich seinem Kommendanten den Befehl zu, Spandau zu räumen, erklärte aber zugleich, daß von demselben Tage an der Kurfürst als Feind behandelt werden sollte.

Dieser Erklärung Nachdruck zu geben, erschien er mit seiner ganzen Armee vor Berlin. «Ich will nicht schlechter behandelt sein als die Generale des Kaisers», antwortete er den Abgesandten, die der bestürzte Kurfürst in sein Lager schickte. «Euer Herr hat sie in seine Staaten aufgenommen, mit allen Bedürfnissen versorgt, ihnen alle Plätze, welche sie nur wollten, übergeben und durch alle diese Gefälligkeiten nicht erhalten können, daß sie menschlicher mit seinem Volke verfahren wären. Alles, was *ich* von ihm verlange, ist Sicherheit, eine mäßige Geldsumme und Brot für meine

Truppen; dagegen verspreche ich ihm, seine Staaten zu beschützen und den Krieg von ihm zu entfernen. Auf diesen Punkten aber *muß* ich bestehen, und mein Bruder, der Kurfürst, entschließe sich eilends, ob er mich zum Freunde haben oder seine Hauptstadt geplündert sehen will.» Dieser entschlossene Ton machte Eindruck, und die Richtung der Kanonen gegen die Stadt besiegte alle Zweifel Georg Wilhelms. In wenigen Tagen ward die Allianz unterzeichnet, in welcher sich der Kurfürst zu einer monatlichen Zahlung von 30000 Talern verstand, Spandau in den Händen des Königs ließ und sich anheischig machte, auch Küstrin seinen Truppen zu allen Zeiten zu öffnen. Diese nunmehr entschiedene Verbindung des Kurfürsten von Brandenburg mit den Schweden fand in Wien keine bessere Aufnahme, als der ähnliche Entschluß des Herzogs von Pommern vormals gefunden hatte; aber der ungünstige Wechsel des Glücks, den seine Waffen bald nachher erfuhren, erlaubte dem Kaiser nicht, seine Empfindlichkeit anders als durch Worte zu zeigen.

    Das Vergnügen des Königs über diese glückliche Begebenheit wurde bald durch die angenehme Botschaft vergrößert, daß *Greifswalde,* der einzige feste Platz, den die Kaiserlichen noch in Pommern besaßen, übergegangen und nunmehr das ganze Land von diesen schlimmen Feinden gereinigt sei. Er erschien selbst wieder in diesem Herzogtum und genoß das entzückende Schauspiel der allgemeinen Volksfreude, deren Schöpfer er war. Ein Jahr war jetzt verstrichen, daß Gustav Deutschland betreten hatte, und diese Begebenheit wurde in dem ganzen Herzogtume Pommern durch ein allgemeines Dankfest gefeiert. Kurz vorher hatte ihn der Zar von Moskau durch Gesandte begrüßen, seine Freundschaft erneuern und sogar Hilfstruppen antragen lassen. Zu diesen friedfertigen Gesinnungen der Russen durfte er sich um so mehr Glück wünschen, je wichtiger es ihm war, bei dem gefahrvollen Kriege, dem er entgegenging, durch keinen feindseligen Nachbar beunruhigt zu werden. Nicht lange darauf landete die Königin Maria Eleonora, seine Gemahlin, mit einer Verstärkung von achttausend Schweden in Pommern; und die Ankunft von sechstausend Engländern unter der Anführung des Marquis von Hamilton darf um so weniger übergangen werden, da ihre Ankunft alles ist, was die Geschichte von den Taten der Engländer in dem Dreißigjährigen Kriege zu berichten hat.

Pappenheim behauptete während dem thüringischen Zug des Tilly das magdeburgische Gebiet, hatte aber nicht hindern können, daß die Schweden nicht mehrmalen die Elbe passierten, einige kaiserliche Detachements niederhieben und mehrere Plätze in Besitz nahmen. Er selbst, von der Annäherung des Königs geängstigt, rief den Grafen Tilly auf das dringendste zurück und bewog ihn auch wirklich, in schnellen Märschen nach Magdeburg umzukehren. Tilly nahm sein Lager diesseits des Flusses zu *Wolmirstedt;* Gustav Adolf hatte das seinige auf eben dieser Seite bei Werben, unweit dem Einfluß der Havel in die Elbe, bezogen. Gleich seine Ankunft in diesen Gegenden verkündigte dem Tilly nichts Gutes. Die Schweden zerstreuten drei seiner Regimenter, welche entfernt von der Hauptarmee in Dörfern postiert standen, nahmen die eine Hälfte ihrer Bagage hinweg und verbrannten die übrige. Umsonst näherte sich Tilly mit seiner Armee auf einen Kanonenschuß weit dem Lager des Königs, um ihm eine Schlacht anzubieten; Gustav, um die Hälfte schwächer als Tilly, vermied sie mit Weisheit; sein Lager war zu fest, um dem Feind einen gewaltsamen Angriff zu erlauben. Es blieb bei einer bloßen Kanonade und einigen Scharmützeln, in welchen allen die Schweden die Oberhand behielten. Auf seinem Rückzuge nach Wolmirstedt verminderte sich die Armee des Tilly durch häufige Desertionen. Seit dem Blutbade zu Magdeburg floh ihn das Glück.

Desto ununterbrochener begleitete es von nun an den König von Schweden. Während er zu Werben im Lager stand, wurde das ganze Mecklenburg, bis auf wenige Plätze, durch seinen General Tott und den Herzog Adolf Friedrich erobert, und er genoß die königliche Lust, beide Herzoge in ihre Staaten wieder einzusetzen. Er reiste selbst nach Güstrow, wo die Einsetzung vor sich ging, um durch seine Gegenwart den Glanz dieser Handlung zu erheben. Von beiden Herzogen wurde, ihren Erretter in der Mitte und ein glänzendes Gefolge von Fürsten um sich her, ein festlicher Einzug gehalten, den die Freude der Untertanen zu dem rührendsten Feste machte. Bald nach seiner Zurückkunft nach Werben erschien der Landgraf von Hessen-Kassel in seinem Lager, um ein enges Bündnis auf Verteidigung und Angriff mit ihm zu schließen: der erste regierende Fürst in Deutschland, der sich von *freien Stücken* und öffentlich gegen den Kaiser erklärte, aber auch durch die triftigsten Gründe dazu aufgefordert war. Landgraf Wilhelm machte sich verbindlich, den Feinden des Königs als seinen eigenen zu begegnen, ihm seine Städte und sein ganzes Land aufzutun, Proviant und alles Notwendige zu liefern. Dagegen erklärte sich der König zu seinem Freunde und Beschützer und versprach, keinen Frieden einzugehen, ohne dem Landgrafen völlige Genugtuung von dem Kaiser verschafft zu haben. Beide Teile hielten redlich Wort. Hessen-Kassel beharrte in diesem langen Kriege bei der schwedischen Allianz bis ans Ende, und es hatte Ursache, sich im Westfälischen Frieden der schwedischen Freundschaft zu rühmen.

Tilly, dem dieser kühne Schritt des Landgrafen nicht lange verborgen blieb, schickte den Grafen Fugger mit einigen Regimentern gegen ihn; zugleich versuchte er, die hessischen Untertanen durch aufrührerische Briefe gegen ihren Herrn zu empören. Seine Briefe fruchteten ebensowenig als seine Regimenter, welche ihm nachher in der Breitenfelder Schlacht sehr zur Unzeit fehlten – und die hessischen Landstände konnten keinen Augenblick zweifelhaft sein, ob sie den Beschützer ihres Eigentums dem Räuber desselben vorziehen sollten.

Aber weit mehr als Hessen-Kassel beunruhigte den kaiserlichen General die zweideutige Gesinnung des Kurfürsten von Sachsen, der, des kaiserlichen Verbots ungeachtet, seine Rüstungen fortsetzte und den Leipziger Bund aufrecht hielt. Jetzt, in dieser Nähe des Königs von Schweden, da es in kurzer Zeit zu einer entscheidenden Schlacht kommen mußte, schien es ihm äußerst bedenklich, Kursachsen in Waffen stehen zu lassen, jeden Augenblick bereit, sich für den Feind zu erklären. Eben hatte sich Tilly mit 25000 Mann alter Truppen verstärkt, welche ihm Fürstenberg zuführte, und voll Zuversicht auf seine Macht glaubte er, den Kurfürsten entweder durch das bloße Schrecken seiner Ankunft entwaffnen oder doch ohne Mühe überwinden zu können. Ehe er aber sein Lager bei Wolmirstedt verließ, forderte er ihn durch eine eigne Gesandtschaft auf, sein Land den kaiserlichen Truppen zu öffnen, seine eigenen zu entlassen oder mit der kaiserlichen Armee zu vereinigen und in Gemeinschaft mit ihr den König von Schweden aus Deutschland zu verjagen. Er brachte ihm in Erinnerung, daß Kursachsen bisher unter allen deutschen Ländern am meisten geschont worden sei, und bedrohte ihn im Weigerungsfalle mit der schrecklichsten Verheerung.

Tilly hatte zu diesem gebieterischen Antrag den ungünstigsten Zeitpunkt gewählt. Die Mißhandlung seiner Religions- und Bundesverwandten, Magdeburgs Zerstörung, die Ausschweifungen der Kaiserlichen in der Lausitz, alles kam zusammen, den Kurfürsten gegen den Kaiser zu entrüsten. Gustav Adolfs Nähe, wie wenig Recht er auch an dem Schutz dieses Fürsten haben mochte, belebte ihn mit Mut. Er verbat sich die kaiserlichen Einquartierungen und erklärte seinen standhaften Entschluß, in Rüstung zu bleiben. So sehr es ihm auch auffallen müsse (setzte er hinzu), die kaiserliche Armee zu einer Zeit gegen seine Lande im Anmarsch zu sehen, wo diese Armee genug zu tun hätte, den König von Schweden zu verfolgen, so erwarte er dennoch nicht, anstatt der versprochenen und wohlverdienten Belohnungen mit Undank und mit dem Ruin seines Landes bezahlt zu werden. Den Abgesandten des Tilly, welche prächtig bewirtet wurden, gab er eine noch verständlichere Antwort auf den Weg. «Meine Herren», sagte er, «ich sehe wohl, daß man gesonnen ist, das lang gesparte *sächsische Konfekt* endlich auch auf die Tafel zu setzen. Aber man pflegt dabei allerlei Nüsse und Schauessen aufzutragen, die hart zu beißen sind, und sehen Sie sich wohl vor, daß Sie sich die Zähne nicht daran ausbeißen.»

Jetzt brach Tilly aus seinem Lager auf, rückte vor bis nach Halle unter fürchterlichen Verheerungen und ließ von hier aus seinen Antrag an den Kurfürsten in noch dringenderm und drohenderm Tone erneuern. Erinnert man sich der ganzen bisherigen Denkungsart dieses Fürsten, der durch eigne Neigung und durch die Eingebungen seiner bestochenen Minister dem Interesse des Kaisers, selbst auf Unkosten seiner heiligsten Pflichten, ergeben war, den man bisher mit so geringem Aufwand von Kunst in Untätigkeit erhalten, so muß man über die Verblendung des Kaisers oder seiner Minister erstaunen, ihrer bisherigen Politik gerade in dem bedenklichsten Zeitpunkte zu entsagen und durch ein gewalttätiges Verfahren diesen so leicht zu lenkenden Fürsten aufs Äußerste zu bringen. Oder war eben dieses die Absicht des Tilly? War es ihm darum zu tun, einen zweideutigen Freund in einen offenbaren Feind zu verwandeln, um dadurch der Schonung überhoben zu sein, welche der geheime Befehl des Kaisers ihm bisher gegen die Länder dieses Fürsten aufgelegt hatte? War es vielleicht gar die Absicht des Kaisers, den Kurfürsten zu einem feindseligen Schritt zu reizen, um seiner Verbindlichkeit dadurch quitt zu sein und eine beschwerliche Rechnung mit guter Art zerreißen zu können? So müßte man nicht weniger über den verwegenen Übermut des Tilly erstaunen, der kein Bedenken trug, im Angesicht eines furchtbaren Feindes sich einen neuen zu machen – und über die Sorglosigkeit eben dieses Feldherrn, die Vereinigung beider ohne Widerstand zu gestatten.

Johann Georg, durch den Eintritt des Tilly in seine Staaten zur Verzweiflung gebracht, warf sich, nicht ohne großes Widerstreben, dem König von Schweden in die Arme.

Gleich nach Abfertigung der ersten Gesandtschaft des Tilly hatte er seinen Feldmarschall von Arnheim aufs eilfertigste in Gustavs Lager gesendet, diesen lange vernachlässigten Monarchen um schleunige Hilfe anzugehen. Der König verbarg die innere Zufriedenheit, welche ihm diese sehnlich gewünschte Entwicklung gewährte. «Mir tut es leid um den Kurfürsten», gab er dem Abgesandten mit verstelltem Kaltsinn zur Antwort. «Hätte er meine wiederholten Vorstellungen geachtet, so würde sein Land keinen Feind gesehen haben, und auch Magdeburg würde noch stehen. Jetzt, da die höchste Not ihm keinen andern Ausweg mehr übrig läßt, jetzt wendet man sich an den König von Schweden. Aber melden Sie ihm, daß ich weit entfernt sei, um des Kurfürsten von Sachsen willen mich und meine Bundesgenossen ins Verderben zu stürzen. Und wer leistet mir für die Treue eines Prinzen Gewähr, dessen Minister in österreichischem Solde stehen und der mich verlassen wird, sobald ihm der Kaiser schmeichelt und seine Armee von den Grenzen zurückzieht? Tilly hat seitdem durch eine ansehnliche Verstärkung sein Heer vergrößert, welches mich aber nicht hindern soll, ihm herzhaft entgegenzugehen, sobald ich nur meinen Rücken gedeckt weiß.»

Der sächsische Miniter wußte auf diese Vorwürfe nichts zu antworten, als daß es am besten getan sei, geschehene Dinge in Vergessenheit zu begraben. Er drang in den König, sich über die Bedingungen zu erklären, unter welchen er Sachsen zu Hilfe kommen wolle, und verbürgte sich im voraus für die Gewährung derselben. «Ich verlange», erwiderte Gustav, «daß mir der Kurfürst die Festung Wittenberg einräume, mir seinen ältesten Prinzen als Geisel übergebe, meinen Truppen einen dreimonatlichen Sold auszahle und mir die Verräter in seinem Ministerium ausliefre. Unter diesen Bedingungen bin ich bereit, ihm Beistand zu leisten.»

«Nicht nur Wittenberg», rief der Kurfürst, als ihm diese Antwort hinterbracht wurde, und trieb seinen Minister in das schwedische Lager zurücke; «nicht bloß Wittenberg, auch Torgau, ganz Sachsen soll ihm offenstehen; meine ganze Familie will ich ihm als Geisel übergeben; und wenn ihm das noch nicht genug ist, so will ich mich selbst ihm darbieten. Eilen Sie zurück und sagen ihm, daß ich bereit sei, ihm die Verräter, die er mir nennen wird, auszuliefern, seiner Armee den verlangten Sold zu bezahlen und Leben und Vermögen an die gute Sache zu setzen.»

Der König hatte die neuen Gesinnungen Johann Georgs nur auf die Probe stellen wollen; von dieser Aufrichtigkeit gerührt, nahm er seine harten Forderungen zurücke. «Das Mißtrauen», sagte er, «welches man in mich setzte, als ich Magdeburg zu Hilfe kommen wollte, hat das meinige erweckt; das jetzige Vertrauen des Kurfürsten verdient, daß ich es erwidre. Ich bin zufrieden, wenn er meiner Armee einen monatlichen Sold entrichtet, und ich hoffe, ihn auch für *diese* Ausgabe schadlos zu halten.»

Gleich nach geschlossener Allianz ging der König über die Elbe und vereinigte sich schon am folgenden Tage mit den Sachsen. Anstatt diese Vereinigung zu hindern, war Tilly gegen Leipzig vorgerückt, welches er aufforderte, kaiserliche Besatzung einzunehmen. In Hoffnung eines schleunigen Entsatzes machte der Kommandant, Hans von der Pforta, Anstalt, sich zu verteidigen, und ließ zu dem Ende die hallische Vorstadt in die Asche legen. Aber der schlechte Zustand der Festungswerke machte den Widerstand vergeblich, und schon am zweiten Tage wurden die Tore geöffnet. Im Hause eines Totengräbers, dem einzigen, welches in der hallischen Vorstadt stehengeblieben war, hatte Tilly sein Quartier genommen; hier unterzeichnete er die Kapitulation und hier wurde auch der Angriff des Königs von Schweden beschlossen. Beim Anblick der abgemalten Schädel und Gebeine, mit denen der Besitzer sein Haus geschmückt hatte, entfärbte sich Tilly. Leipzig erfuhr eine über alle Erwartung gnädige Behandlung.

Unterdessen wurde zu Torgau von dem König von Schweden und dem Kurfürsten von Sachsen, im Beisein des Kurfürsten von Brandenburg, großer Kriegsrat gehalten. Eine Entschließung sollte jetzt gefaßt werden, welche das Schicksal Deutschlands und der evangelischen Religion, das Glück vieler Völker und das Los ihrer Fürsten unwiderruflich bestimmte. Die Bangigkeit der Erwartung, die auch die Brust des Helden vor jeder großen Entscheidung beklemmt, schien jetzt die Seele Gustav Adolfs in einem Augenblick zu umwölken. «Wenn wir uns jetzt zu einer Schlacht entschließen», sagte er, «so steht nicht weniger als eine *Krone* und *zwei Kurhüte* auf dem Spiele. Das Glück ist wandelbar, und der unerforschliche Ratschluß des Himmels kann, unsrer Sünden wegen, dem Feinde den Sieg verleihen. Zwar möchte *meine* Krone, wenn sie meine Armee und mich selbst auch verlöre, noch eine Schanze zum besten haben. Weit entlegen, durch eine ansehnliche Flotte beschützt, in ihren Grenzen wohl verwahrt und durch ein streitbares Volk verteidigt, würde sie wenigstens vor dem Ärgsten gesichert sein. Wo aber Rettung für euch, denen der Feind auf dem Nacken liegt, wenn das Treffen verunglücken sollte?»

Gustav Adolf zeigte das bescheidene Mißtrauen eines Helden, den das Bewußtsein seiner Stärke gegen die Größe der Gefahr nicht verblendet; Johann Georg die Zuversicht eines Schwachen, der einen Helden an seiner Seite weiß. Voll Ungeduld, seine Lande von zwei beschwerlichen Armeen baldmöglichst befreit zu sehen, brannte er nach einer Schlacht, in welcher keine alten Lorbeern für ihn zu verlieren waren. Er wollte mit seinen Sachsen allein gegen Leipzig vorrücken und mit Tilly schlagen. Endlich trat Gustav Adolf seiner Meinung bei, und beschlossen war es, ohne Aufschub den Feind anzugreifen, ehe er die Verstärkungen, welche die Generale Altringer und Tiefenbach ihm zuführten, an sich gezogen hätte. Die vereinigte schwedisch-sächsische Armee setzte über die Mulde; der Kurfürst von Brandenburg reiste wieder in sein Land.

Früh morgens am 7. September 1631 bekamen die feindlichen Armeen einander zu Gesichte. Tilly, entschlossen, die herbeieilenden Hilfstruppen zu erwarten, nachdem er versäumt hatte, die sächsische Armee vor ihrer Vereinigung mit den Schweden niederzuwerfen, hatte ohnweit Leipzig ein festes und vorteilhaftes Lager bezogen, wo er hoffen konnte, zu keiner Schlacht gezwungen zu werden. Das ungestüme Anhalten Pappenheims vermochte ihn endlich doch, sobald die feindlichen Armeen im Anzug begriffen waren, seine Stellung zu verändern und sich linker Hand gegen die Hügel hinzuziehen, welche sich vom

Dorfe *Wahren* bis nach *Lindental* erheben. Am Fuß dieser Anhöhen war seine Armee in einer einzigen Linie ausgebreitet; seine Artillerie, auf den Hügeln verteilt, konnte die ganze große Ebene von Breitenfeld bestreichen. Von daher näherte sich in zwei Kolonnen die schwedisch-sächsische Armee und hatte bei *Podelwitz,* einem vor der Tillyschen Fronte liegenden Dorfe, die Lober zu passieren. Um ihr den Übergang über diesen Bach zu erschweren, wurde Pappenheim mit 2000 Kürassiers gegen sie beordert, doch erst nach langem Widerstreben des Tilly und mit dem ausdrücklichen Befehl, ja keine Schlacht anzufangen. Dieses Verbots ungeachtet wurde Pappenheim mit dem schwedischen Vortrabe handgemein, aber nach einem kurzen Widerstand zum Rückzug genötigt. Um den Feind aufzuhalten, steckte er Podelwitz in Brand, welches jedoch die beiden Armeen nicht hinderte, vorzurücken und ihre Schlachtordnung zu machen.

Zur Rechten stellten sich die Schweden, in zwei Treffen abgeteilt, das Fußvolk in der Mitte, in kleine Bataillons zerstückelt, welche leicht zu bewegen und, ohne die Ordnung zu stören, der schnellsten Wendungen fähig waren; die Reiterei auf den Flügeln, auf ähnliche Art in kleine Schwadronen abgesondert und durch mehrere Haufen Musketiers unterbrochen, welche ihre schwache Anzahl verbergen und die feindlichen Reiter herunterschießen sollten. In der Mitte kommandierte der Oberste Teufel, auf dem linken Flügel Gustav Horn, der König selbst auf dem rechten, dem Grafen Pappenheim gegenüber.

Die Sachsen standen durch einen breiten Zwischenraum von den Schweden getrennt; eine Veranstaltung Gustavs, welche der Ausgang rechtfertigte. Den Plan der Schlachtordnung hatte der Kurfürst selbst mit seinem Feldmarschall entworfen und der König sich bloß begnügt, ihn zu genehmigen. Sorgfältig, schien es, wollte er die schwedische

Tapferkeit von der sächsischen absondern, und das Glück vermengte sie nicht.

Unter den Anhöhen gegen Abend breitete sich der Feind aus in einer langen unübersehbaren Linie, welche weit genug reichte, das schwedische Heer zu überflügeln; das Fußvolk in große Bataillons abgeteilt, die Reiterei in ebenso große unbehilfliche Schwadronen. Sein Geschütz hatte er hinter sich auf den Anhöhen, und so stand er unter dem Gebiet seiner eigenen Kugeln, die über hin hinweg ihren Bogen machten. Aus dieser Stellung des Geschützes, wenn anders dieser ganzen Nachricht zu trauen ist, sollte man beinahe schließen, daß Tillys Absicht vielmehr gewesen sei, den Feind zu *erwarten,* als *anzugreifen,* da diese Anordnung es ihm unmöglich machte, in die feindlichen Glieder einzubrechen, ohne sich in das Feuer seiner eigenen Kanonen zu stürzen. Tilly selbst befehligte das Mittel, Pappenheim den linken Flügel, den rechten der Graf von Fürstenberg. Sämtliche Truppen des Kaisers und der Ligue betrugen an diesem Tage nicht über 34- bis 35 000 Mann; von gleicher Stärke war die vereinigte Armee der Schweden und Sachsen.

Aber wäre auch eine Million der andern gegenübergestanden – es hätte diesen Tag blutiger, nicht wichtiger, nicht entscheidender machen können. *Dieser* Tag war es, um dessentwillen Gustav das Baltische Meer durchschiffte, auf entlegener Erde der Gefahr nachjagte, Krone und Leben dem untreuen Glück anvertraute. Die zwei größten Heerführer ihrer Zeit, beide bis hieher unüberwunden, sollen jetzt in einem lange vermiedenen Kampfe miteinander ihre letzte Probe bestehen; einer von beiden muß seinen Ruhm auf dem Schlachtfeld zurücklassen. Beide Hälften von Deutschland haben mit Furcht und Zittern diesen Tag herannahen sehen; bang erwartet die ganze Mitwelt den Ausschlag desselben, und die späte Nachwelt wird ihn segnen oder beweinen.

Die Entschlossenheit, welche den Grafen Tilly sonst nie verließ, fehlte ihm an diesem Tage. Kein fester Vorsatz, mit dem König zu schlagen, ebensowenig Standhaftigkeit, es zu vermeiden. Wider seinen Willen riß ihn Pappenheim dahin. Nie gefühlte Zweifel kämpften in seiner Brust, schwarze Ahnungen umwölkten seine immer freie Stirn. Der *Geist* von Magdeburg schien über ihm zu schweben.

Ein zweistündiges Kanonenfeuer eröffnete die Schlacht. Der Wind wehte von Abend und trieb aus dem frisch beackerten ausgedörrten Gefilde dicke Wolken von Staub und Pulverrauch den Schweden entgegen. Dies bewog den König, sich unvermerkt gegen Norden zu schwenken, und die Schnelligkeit, mit der solches ausgeführt war, ließ dem Feinde nicht Zeit, es zu verhindern.

Endlich verließ Tilly seine Hügel und wagte den ersten Angriff auf die Schweden; aber von der Heftigkeit ihres Feuers wendete er sich zur Rechten und fiel in die Sachsen mit solchem Ungestüm, daß ihre Glieder sich trennten und Verwirrung das ganze Heer ergriff. Der Kurfürst selbst besann sich erst in Eilenburg wieder; wenige Regimenter hielten noch eine Zeitlang auf dem Schlachtfelde stand und retteten durch ihren männlichen Widerstand die Ehre der Sachsen. Kaum sah man diese in Unordnung geraten, so stürzten die Kroaten zur Plünderung, und Eilboten wurden schon abgefertigt, die Zeitung des Siegs zu München und Wien zu verkünden.

Auf den rechten Flügel der Schweden stürzte sich Graf Pappenheim mit der ganzen Stärke seiner Reiterei, aber ohne ihn zum Wanken zu bringen. Hier kommandierte der König selbst, und unter ihm der General Banér. Siebenmal erneuerte Pappenheim seinen Angriff, und siebenmal schlug man ihn zurück. Er entfloh mit einem großen Verluste und überließ das Schlachtfeld dem Sieger.

Unterdessen hatte Tilly den Überrest der Sachsen niedergeworfen und brach nunmehr in den linken Flügel der Schweden mit seinen siegenden Truppen. Diesem Flügel hatte der König, sobald sich die Verwirrung unter dem sächsischen Heer entdeckt, mit schneller Besonnenheit drei Regimenter zur Verstärkung gesendet, um die Flanke zu decken, welche die Flucht der Sachsen entblößte. Gustav Horn, der hier das Kommando führte, leistete den feindlichen Kürassiers einen herzhaften Widerstand, den die Verteilung des Fußvolks zwischen den Schwadronen nicht wenig unterstützte. Schon fing der Feind an zu ermatten, als Gustav Adolf erschien, dem Treffen den Ausschlag zu geben. Der linke Flügel der Kaiserlichen war geschlagen, und seine Truppen, die jetzt keinen Feind mehr hatten, konnten anderswo besser gebraucht werden. Er schwenkte sich also mit seinem rechten Flügel und dem Hauptkorps zur Linken und griff die Hügel an, auf welche das feindliche Geschütz gepflanzt war. In kurzer Zeit war es in seinen Händen, und der Feind mußte jetzt das Feuer seiner eignen Kanonen erfahren.

Auf seiner Flanke das Feuer des Geschützes, von vorne den fürchterlichen Andrang der Schweden, trennte sich das nie überwundene Heer. Schnellerer Rückzug war alles, was dem Tilly nun übrigblieb; aber der Rückzug selbst mußte mitten durch den Feind genommen werden. Verwirrung ergriff jetzt die ganze Armee, vier Regimenter ausgenommen, grauer versuchter Soldaten, welche nie von einem Schlachtfelde geflohen waren und es auch jetzt nicht wollten. In geschlossenen Gliedern drangen sie mitten durch die siegende Armee und erreichten fechtend ein kleines Gehölz, wo sie aufs neue Fronte gegen die Schweden machten und bis zu einbrechender Nacht, bis sie auf 600 geschmolzen waren, Widerstand leisteten. Mit ihnen entfloh der ganze Überrest des Tillyschen Heers, und die Schlacht war entschieden.

Mitten unter Verwundeten und Toten warf Gustav Adolfs sich nieder, und die erste feurigste Siegesfreude ergoß sich in einem glühenden Gebete. Den flüchtigen Feind ließ er, so weit das tiefe Dunkel der Nacht es verstattete, durch seine Reiterei verfolgen. Das Geläute der Sturmglocken brachte in allen umliegenden Dörfern das Landvolk in Bewegung, und verloren war der Unglückliche, der dem ergrimmten Bauer in die Hände fiel. Mit dem übrigen Heere lagerte sich der König zwischen dem Schlachtfeld und Leipzig, da es nicht möglich war, die Stadt noch in derselben Nacht anzugreifen. Siebentausend waren von den Feinden auf dem Platze geblieben, über fünftausend teils gefangen, teils verwundet. Ihre ganze Artillerie, ihr ganzes Lager war erobert, über hundert Fahnen und Standarten erbeutet. Von den Sachsen wurden zweitausend, von den Schweden nicht über siebenhundert vermißt. Die Niederlage der Kaiserlichen war so groß, daß Tilly auf seiner Flucht nach Halle und Halberstadt nicht über 600 Mann, Pappenheim nicht über 1400 zusammenbringen konnte. So schnell war dieses furchtbare Heer zergangen, welches noch kürzlich ganz Italien und Deutschland in Schrecken gesetzt hatte.

Tilly selbst dankte seine Rettung nur dem Ungefähr. Obgleich von vielen Wunden ermattet, wollte er sich einem schwedischen Rittmeister, der ihn einholte, nicht gefangen geben, und schon war dieser im Begriff, ihn zu töten, als ein Pistolenschuß ihn noch zu rechter Zeit zu Boden streckte. Aber schrecklicher als Todesgefahr und Wunden war ihm der Schmerz, seinen Ruhm zu überleben und an einem einzigen Tage die Arbeit eines ganzen langen Lebens zu verlieren. Nichts waren jetzt alle seine vergangenen Siege, da ihm der einzige entging, der jenen allen erst die Krone aufsetzen sollte. Nichts blieb ihm übrig von seinen glänzenden Kriegstaten als die Flüche der Menschheit, von denen

GESCHICHTE DES DREISSIGJÄHRIGEN KRIEGS

Gustav Adolph
nach der Schlacht bey Leipzig.
Dancke Gott! dancke für deinen Sieg!

sie begleitet waren. Von diesem Tage an gewann Tilly seine Heiterkeit nicht wieder, und das Glück kehrte nicht mehr zu ihm zurück. Selbst seinen letzten Trost, die Rache, entzog ihm das ausdrückliche Verbot seines Herrn, kein entscheidendes Treffen mehr zu wagen. – Drei Fehler sind es vorzüglich, denen das Unglück dieses Tages beigemessen wird: daß er sein Geschütz hinter der Armee auf den Hügeln pflanzte, daß er sich nachher von diesen Hügeln entfernte und daß er den Feind ungehindert sich in Schlachtordnung stellen ließ. Aber wie bald waren diese Fehler, ohne die kaltblütige Besonnenheit, ohne das überlegene Genie seines Gegners verbessert! – Tilly entfloh eilig von Halle nach Halberstadt, wo er sich kaum Zeit nahm, die Heilung von seinen Wunden abzuwarten, und gegen die Weser eilte, sich mit den kaiserlichen Besatzungen in Niedersachsen zu verstärken.

Der Kurfürst von Sachsen hatte nicht gesäumt, sogleich nach überstandener Gefahr im Lager des Königs zu erscheinen. Der König dankte ihm, daß er zur Schlacht geraten hätte, und Johann Georg, überrascht von diesem gütigen Empfang, versprach ihm in der ersten Freude – die römische Königskrone. Gleich den folgenden Tag rückte Gustav gegen Merseburg, nachdem er es dem Kurfürsten überlassen hatte, Leipzig wieder zu erobern. Fünftausend Kaiserliche, welche sich wieder zusammengezogen hatten und ihm unterwegs in die Hände fielen, wurden teils niedergehauen, teils gefangen, und die meisten von diesen traten in seinen Dienst. Merseburg ergab sich sogleich; bald darauf wurde Halle erobert, wo sich der Kurfürst von Sachsen nach der Einnahme von Leipzig bei dem Könige einfand, um über den künftigen Operationsplan das weitere zu beratschlagen.

Erfochten war der Sieg, aber nur eine weise Benutzung konnte ihn entscheidend machen. Die kaiserliche Armee war aufgerieben, Sachsen sah keinen Feind mehr, und der flüchtige Tilly hatte sich nach Braunschweig gezogen. Ihn bis dahin zu verfolgen, hätte den Krieg in Niedersachsen erneuert, welches von den Drangsalen des vorhergehenden Kriegs kaum erstanden war. Es ward also beschlossen, den Krieg in die feindlichen Lande zu wälzen, welche, unverteidigt und offen bis nach Wien, den Sieger einluden. Man konnte zur Rechten in die Länder der katholischen Fürsten fallen, man konnte zur Linken in die kaiserlichen Erbstaaten dringen und den Kaiser selbst in seiner Residenz zittern machen. Beides ward erwählt, und jetzt war die Frage, wie die Rollen verteilt werden sollten. Gustav Adolf, an der Spitze einer siegenden Armee, hätte von Leipzig bis Prag, Wien und Preßburg wenig Widerstand gefunden. Böhmen, Mähren, Österreich, Ungarn waren von Verteidigern entblößt, die unterdrückten Protestanten dieser Länder nach einer Veränderung lüstern. Der Kaiser selbst nicht mehr sicher in seiner Burg; in dem Schrecken des ersten Überfalls hätte Wien seine Tore geöffnet. Mit den Staaten, die er dem Feind entzog, vertrockneten diesem auch die Quellen, aus denen der Krieg bestritten werden sollte, und bereitwillig hätte sich Ferdinand zu einem Frieden verstanden, der einen furchtbaren Feind aus dem Herzen seiner Staaten entfernte. Einem Eroberer hätte dieser kühne Kriegsplan geschmeichelt und vielleicht auch ein glücklicher Erfolg ihn gerechtfertigt. Gustav Adolf, ebenso vorsichtig als kühn, und mehr Staatsmann als Eroberer, verwarf ihn, weil er einen höhern Zweck zu verfolgen fand, weil er dem Glück und der Tapferkeit allein den Ausschlag nicht anvertrauen wollte.

Erwählte Gustav den Weg nach Böhmen, so mußte Franken und der Oberrhein dem Kurfürsten von Sachsen überlassen werden. Aber schon fing Tilly an, aus den Trümmern seiner geschlagenen Armee, aus den Besatzungen in Niedersachsen und den Verstärkungen, die ihm

zugef   urden, ein neues Heer an der Weser zusammen-
zuzie   ı dessen Spitze er wohl schwerlich lange säumen
konr   ı Feind aufzusuchen. Einem so erfahrnen General /   kein Arnheim entgegengestellt werden, von
dess   ıgkeiten die Leipziger Schlacht ein sehr zweideutige   ʒnis ablegte. Was halfen aber dem König noch so
ras   d glänzende Fortschritte in Böhmen und Öster-
rei   ɛnn Tilly in den Reichslanden wieder mächtig
w   wenn er den Mut der Katholischen durch neue
Si   lebte und die Bundsgenossen des Königs entwaff-
n   ozu diente es ihm, den Kaiser aus seinen Erbstaaten
v   ɔen zu haben, wenn Tilly eben diesem Kaiser
]   hland eroberte? Konnte er hoffen, den Kaiser mehr
             rängen, als vor zwölf Jahren der böhmische Aufruhr
             hatte, der doch die Standhaftigkeit dieses Prinzen
nicht erschütterte, der seine Hilfsquellen nicht erschöpfte,
aus dem er nur desto furchtbarer erstand?

Weniger glänzend, aber weit gründlicher waren die
Vorteile, welche er von einem persönlichen Einfall in die
ligistischen Länder zu erwarten hatte. Entscheidend war
hier seine gewaffnete Ankunft. Eben waren die Fürsten, des
Restitutionsediktes wegen, auf einem Reichstage zu Frankfurt versammelt, wo Ferdinand alle Künste seiner arglistigen Politik in Bewegung setzte, die in Furcht gesetzten
Protestanten zu einem schnellen und nachteiligen Vergleich
zu bereden. Nur die Annäherung ihres Beschützers konnte
sie zu einem standhaften Widerstand ermuntern und die
Anschläge des Kaisers zernichten. Gustav Adolf konnte
hoffen, alle diese mißvergnügten Fürsten durch seine siegreiche Gegenwart zu vereinigen, die übrigen durch das
Schrecken seiner Waffen von dem Kaiser zu trennen. Hier
im Mittelpunkt Deutschlands zerschnitt er die Nerven der
kaiserlichen Macht, die sich ohne den Beistand der Ligue
nicht behaupten konnte. Hier konnte er Frankreich, einen

zweideutigen Bundesgenossen, in der Nähe bewachen; und wenn ihm zu Erreichung eines geheimen Wunsches die Freundschaft der katholischen Kurfürsten wichtig war, so mußte er sich vor allen Dingen zum Herrn ihres Schicksals machen, um durch eine großmütige Schonung sich einen Anspruch auf ihre Dankbarkeit zu erwerben.

Er erwählte also für sich selbst den Weg nach Franken und dem Rhein und überließ dem Kurfürsten von Sachsen die Eroberung Böhmens.

Aber ihn auf diesem siegreichen Gange zu begleiten, verbieten mir die engen Grenzen dieser Erzählung, die vielleicht schon jetzt überschritten sind. Ungern verlasse ich einen Schauplatz, der an schimmernden Taten immer reicher wird, immer reicher an unsterblichen Männern, überraschenden Wechseln des Glücks, verworrenen Schicksalen und wundervollen Krisen. War die Voraussetzung nicht zu kühn, die Aufmerksamkeit meiner *Mitbürgerinnen* für eine Geschichte zu erregen, die keinen Reiz hat als ihre Wichtigkeit und keinen Schmuck duldet als die Würde ihres Inhalts, so wird Ihr Beifall mich ermuntern, den Faden dieser Geschiche im nächstfolgenden Jahre wieder aufzunehmen.

1792

Historischer CALENDER für Damen

für das Jahr 1792.

---

von

Friedrich Schiller

Leipzig
bey G. J. Göschen.

Titelkupfer

Tapferkeit und Stärke erringet und sichert für die Völker den Frieden. Dann schmücken Künste und Wissenschaften das Leben und führen es zum Genuß. Diese Idee hat Herr Ramberg, ein großer Zeichner unserer Zeit, in dem Titelkupfer ausgeführt. Mars bricht den Ölzweig; die Grazien, als Kinder, nehmen ihm seine kriegerische Kleidung ab.

Drittes Buch

Die glorreiche Schlacht Gustav Adolfs bei Leipzig hatte in dem ganzen nachfolgenden Betragen dieses Monarchen, so wie in der Denkart seiner Feinde und Freunde, eine große Veränderung gewirkt. Er hatte sich jetzt mit dem größten Heerführer seiner Zeit gemessen, er hatte die Kraft seiner Taktik und den Mut seiner Schweden an dem Kern der kaiserlichen Truppen, den geübtesten Europens, versucht und in diesem Wettkampf überwunden. Von diesem Augenblick an schöpfte er eine feste Zuversicht zu sich selbst, und Zuversicht ist die Mutter großer Taten. Hätte Alexanders Ungestüm nicht am Granikus gesiegt, nimmer hätte dieser Eroberer das persische Reich zertrümmert. Man bemerkt fortan in allen Kriegsunternehmungen des schwedischen Königs einen kühnern und sicherern Schritt, mehr Entschlossenheit auch in den mißlichsten Lagen, mehr trotzige Verhöhnung der Gefahr, eine stolzere Sprache gegen seinen Feind, mehr Selbstgefühl gegen seine Bundsgenossen und in seiner Milde selbst mehr die Herablassung des Gebieters. Seinem natürlichen Mut kam der andächtige Schwung seiner Einbildung zu Hilfe; gern verwechselte er *seine* Sache mit der Sache des Himmels, erblickte in Tillys Niederlage ein entscheidendes Urteil Gottes zum Nachteil seiner Gegner, in sich selbst aber ein Werkzeug der göttlichen Rache. Seine Krone, seinen vaterländischen Boden weit hinter sich, drang er jetzt auf den Flügeln des Siegs in das Innere von Deutschland, das seit

Jahrhunderten keinen auswärtigen Eroberer in seinem Schoße gesehen hatte. Der kriegerische Mut seiner Bewohner, die Wachsamkeit seiner zahlreichen Fürsten, der künstliche Zusammenhang seiner Staaten, die Menge seiner festen Schlösser, der Lauf seiner vielen Ströme hatten schon seit undenklichen Zeiten die Ländersucht der Nachbarn in Schranken gehalten; und sooft es auch an den Grenzen dieses weitläuftigen Staatskörpers gestürmt hatte, so war doch sein Inneres von jedem fremden Einbruch verschont geblieben. Von jeher genoß dieses Reich das zweideutige Vorrecht, nur sein eigner Feind zu sein und von außen unüberwunden zu bleiben. Auch jetzt war es bloß die Uneinigkeit seiner Glieder und ein unduldsamer Glaubenseifer, was dem schwedischen Eroberer die Brücke in seine innersten Staaten baute. Aufgelöst war längst schon das harmonische Band unter den Ständen, wodurch allein das Reich unbezwinglich war, und von Deutschland selbst entlehnte Gustav Adolf die Kräfte, womit er Deutschland sich unterwürfig machte. Mit so viel Klugheit als Mut benutzte er, was ihm die Gunst des Augenblicks darbot, und gleich geschickt im Kabinett wie im Felde, zerriß er die Fallstricke einer hinterlistigen Staatskunst, wie er die Mauern der Städte mit dem Donner seines Geschützes zu Boden stürzte. Unaufgehalten verfolgte er seine Siege von einer Grenze Deutschlands zur andern, ohne den Ariadnischen Faden zu verlieren, der ihn sicher zurückleiten konnte, und an den Ufern des Rheins wie an der Mündung des Lechs hörte er niemals auf, seinen Erbländern nahe zu bleiben.

Die Bestürzung des Kaisers und der katholischen Ligue über die Niederlage des Tilly bei Leipzig konnte kaum größer sein als das Erstaunen und die Verlegenheit der schwedischen Bundsgenossen über das unerwartete Glück des Königs. Es war größer, als man berechnet, größer, als man gewünscht hatte. Vernichtet war auf einmal das furchtbare Heer, das seine Fortschritte gehemmt, seinem Ehrgeiz Schranken gesetzt, ihn von ihrem guten Willen abhängig gemacht hatte. Einzig, ohne Nebenbuhler, ohne einen ihm gewachsenen Gegner, stand er jetzt da in der Mitte von Deutschland; nichts konnte seinen Lauf aufhalten, nichts seine Anmaßungen beschränken, wenn die Trunkenheit des Glücks ihn zum Mißbrauch versuchen sollte. Hatte man anfangs vor der Übermacht des Kaisers gezittert, so war jetzt nicht viel weniger Grund vorhanden, von dem Ungestüm eines fremden Eroberers alles für die Reichsverfassung, von dem Religionseifer eines protestantischen Königs alles für die katholische Kirche Deutschlands zu fürchten. Das Mißtrauen und die Eifersucht einiger von den verbundenen Mächten, durch die größere Furcht vor dem Kaiser auf eine Zeitlang eingeschläfert, erwachte bald wieder, und kaum hatte Gustav Adolf durch seinen Mut und sein Glück ihr Vertrauen gerechtfertigt, so wurde von ferne schon an dem Umsturz seiner Entwürfe gearbeitet. In beständigem Kampfe mit der Hinterlist der Feinde und dem Mißtrauen seiner eigenen Bundesverwandten mußte er seine Siege erringen; aber sein entschloßner Mut, seine tiefdringende Klugheit machte sich durch alle diese Hindernisse Bahn. Indem der glückliche Erfolg seiner Waffen seine mächtigern Alliierten, Frankreich und Sachsen, besorglich machte, belebte er den Mut der Schwächern, die sich jetzt erst erdreisteten, mit ihren wahren Gesinnungen an das Licht zu treten und öffentlich seine Partei zu ergreifen. Sie, welche weder mit Gustav Adolfs Größe wetteifern noch durch seine Ehrbegier leiden konnten, erwarteten desto mehr von der Großmut dieses mächtigen Freundes, der sie mit dem Raub ihrer Feinde bereicherte und gegen die Unterdrückung der Mächtigen in Schutz nahm. Seine Stärke verbarg ihre Unmacht, und, unbedeutend für sich selbst, erlangten sie ein Gewicht durch ihre Vereinigung mit dem schwedischen Helden. Dies war der Fall mit den meisten Reichsstädten und überhaupt mit den schwächern protestantischen Ständen. Sie waren es, die den König in das Innere von Deutschland führten und die ihm den Rücken deckten, die seine Heere versorgten, seine Truppen in ihre Festungen aufnahmen, in seinen Schlachten ihr Blut für ihn verspritzten. Seine staatskluge Schonung des deutschen Stolzes, sein leutseliges Betragen, einige glänzende Handlungen der Gerechtigkeit, seine Achtung für die Gesetze waren ebenso viele Fesseln, die er dem besorglichen Geiste der deutschen Protestanten anlegte; und die schreienden Barbareien der Kaiserlichen, der Spanier und der Lothringer wirkten kräftig mit, seine und seiner Truppen Mäßigung in das günstigste Licht zu setzen.

Wenn Gustav Adolf seinem eigenen Genie das meiste zu danken hatte, so darf man doch nicht in Abrede sein, daß das Glück und die Lage der Umstände ihn nicht wenig begünstigten. Er hatte zwei große Vorteile auf seiner Seite, die ihm ein entscheidendes Übergewicht über den Feind verschafften. Indem er den Schauplatz des Kriegs in die ligistischen Länder versetzte, die junge Mannschaft derselben an sich zog, sich mit Beute bereicherte und über die Einkünfte der geflüchteten Fürsten als über sein Eigentum schaltete, entzog er dem Feind alle Hilfsmittel, ihm mit Nachdruck zu widerstehen, und sich selbst machte er es dadurch möglich, einen kostbaren Krieg mit wenigem Aufwand zu unterhalten. Wenn ferner seine Gegner, die Fürsten der Ligue, unter sich selbst geteilt, von ganz verschiedenem, oft streitendem Interesse geleitet, ohne Einstimmigkeit und eben darum auch ohne Nachdruck handelten; wenn es ihren Feldherrn an Vollmacht, ihren Truppen an Gehorsam, ihren zerstreuten Heeren an Zusammenhang fehlte; wenn der Heerführer von dem

Gesetzgeber und Staatsmann getrennt war: so war hingegen in Gustav Adolf beides vereinigt, *er* die einzige Quelle, aus welcher alle Autorität floß, das einzige Ziel, auf welches der handelnde Krieger die Augen richtete, *er* allein die Seele seiner ganzen Partei, der Schöpfer des Kriegsplans und zugleich der Vollstrecker desselben. In ihm erhielt also die Sache der Protestanten eine Einheit und Harmonie, welche durchaus der Gegenpartei mangelte. Kein Wunder, daß, von solchen Vorteilen begünstigt, an der Spitze einer solchen Armee, mit einem solchen Genie begabt, sie zu gebrauchen, und von einer solchen politischen Klugheit geleitet, Gustav Adolf unwiderstehlich war.

In der einen Hand das Schwert, in der andern die Gnade, sieht man ihn jetzt Deutschland von einem Ende zum andern als Eroberer, Gesetzgeber und Richter durchschreiten, in nicht viel mehr Zeit durchschreiten, als ein anderer gebraucht hätte, es auf einer Lustreise zu besehen; gleich dem gebornen Landesherrn werden ihm von Städten und Festungen die Schlüssel entgegengetragen. Kein Schloß ist ihm unersteiglich, kein Stom hemmt seine siegreiche Bahn, oft siegt er schon durch seinen gefürchteten Namen. Längs dem ganzen Mainstrom sieht man die schwedischen Fahnen aufgepflanzt, die untere Pfalz ist frei, die Spanier und Lothringer über den Rhein und die Mosel gewichen. Über die kurmainzischen, würzburgischen und bambergischen Lande haben sich Schweden und Hessen wie eine reißende Flut ergossen, und drei flüchtige Bischöfe büßen, ferne von ihren Sitzen, ihre unglückliche Ergebenheit gegen den Kaiser. Die Reihe trifft endlich auch den Schuldigsten von allen und den Anführer der Ligue, Maximilian, auf seinem eigenen Boden das Elend zu erfahren, das er andern bereitet hatte. Weder das abschreckende Schicksal seiner Bundsgenossen, noch die gütlichen Anerbietungen Gustavs, der mitten im Laufe seiner Eroberungen die Hände zum Frieden bot, hatten die Hartnäckigkeit dieses Prinzen besiegen können. Über den Leichnam des Tilly, der sich wie ein bewachender Cherub vor den Eingang derselben stellt, wälzt sich der Krieg in die bayrischen Lande. Gleich den Ufern des Rheins wimmeln jetzt die Ufer des Lech und der Donau von schwedischen Kriegern; in seine festen Schlösser verkrochen, überläßt der geschlagene Kurfürst seine entblößten Staaten dem Feinde, den die gesegneten, von keinem Krieg noch verheerten Fluren zum Raube und die Religionswut des bayrischen Landmanns zu gleichen Gewalttaten einladen. München selbst öffnet seine Tore dem unüberwindlichen König, und der flüchtige Pfalzgraf Friedrich der Fünfte tröstet sich einige Augenblicke in der verlassenen Residenz seines Thronreichs über den Verlust seiner Länder.

Indem Gustav Adolf in den südlichen Grenzen des Reichs seine Eroberungen ausbreitet und mit unaufhaltsamer Gewalt jeden Feind vor sich niederwirft, werden von seinen Bundesgenossen und Feldherren ähnliche Triumphe in den übrigen Provinzen erfochten. Niedersachsen entzieht sich dem kaiserlichen Joche; die Feinde verlassen Mecklenburg; von allen Ufern der Weser und Elbe weichen die österreichischen Garnisonen. In Westfalen und am obern Rhein macht sich Landgraf Wilhelm von Hessen, in Thüringen die Herzoge von Weimar, in Kur-Trier die Franzosen furchtbar; ostwärts wird beinahe das ganze Königreich Böhmen von den Sachsen bezwungen. Schon rüsten sich die Türken zu einem Angriff auf Ungarn, und in dem Mittelpunkt der österreichischen Lande will sich ein gefährlicher Aufruhr entzünden. Trostlos blickt Kaiser Ferdinand an allen Höfen Europens umher, sich gegen so zahlreiche Feinde durch fremden Beistand zu stärken. Umsonst ruft er die Waffen der Spanier herbei, welche die niederländische Tapferkeit jenseits des Rheins beschäftigt;

umsonst strebt er, den römischen Hof und die ganze katholische Kirche zu seiner Rettung aufzubieten. Der beleidigte Papst spottet mit geprängvollen Prozessionen und eiteln Anathemen der Verlegenheit Ferdinands, und statt des geforderten Geldes zeigt man ihm Mantuas verwüstete Fluren.

Jetzt wird der hochfahrende Despot seiner Menschlichkeit gewahr, und der Abfall seiner Freunde, der Ruin seiner Bundesgenossen, die immer wachsende Gefahr überzeugen ihn von der Nichtigkeit seiner stolzen Entwürfe. Von allen Enden seiner weitläuftigen Monarchie umfangen ihn feindliche Waffen; mit den voranliegenden ligistischen Staaten, welche der Feind überschwemmt hat, sind alle Brustwehren eingestürzt, hinter welchen sich die österreichische Macht so lange Zeit sicher wußte, und das Kriegsfeuer lodert schon nahe an den unverteidigten Grenzen. Entwaffnet sind seine eifrigsten Bundsgenossen; Maximilian von Bayern, seine mächtigste Stütze, kaum noch fähig, sich selbst zu verteidigen. Seine Armeen, durch Desertion und wiederholte Niederlagen geschmolzen und durch ein langes Mißgeschick mutlos, haben unter geschlagenen Generalen jenes kriegrische Ungestüm verlernt, das, eine Frucht des Siegs, im voraus den Sieg versichert. Die Gefahr ist die höchste; nur ein außerordentliches Mittel kann die kaiserliche Macht aus ihrer tiefen Erniedrigung reißen. Das dringendste Bedürfnis ist ein *Feldherr,* und den einzigen, von dem die Wiederherstellung des vorigen Ruhms zu erwarten steht, hat die Kabale des Neides von der Spitze der Armee hinweggerissen. So tief sank der so furchtbare Kaiser herab, daß er mit seinem beleidigten Diener und Untertan beschämende Verträge errichten und dem hochmütigen Friedland eine Gewalt, die er ihm schimpflich raubte, schimpflicher jetzt aufdringen muß. Ein neuer Geist fängt jetzt an, den halb erstorbenen Körper der österreichischen Macht zu beseelen, und die schnelle Umwandlung der Dinge verrät die feste Hand, die sie leitet. Dem unumschränkten König von Schweden steht jetzt ein gleich unumschränkter Feldherr gegenüber, ein siegreicher Held dem siegreichen Helden. Beide Kräfte ringen wieder in zweifelhaftem Streit, und der Preis des Krieges, zur Hälfte schon von Gustav Adolf erfochten, wird einem neuen und schwerern Kampf unterworfen. Im Angesicht *Nürnbergs* lagern sich, zwei Gewitter tragende Wolken, beide kämpfende Armeen drohend gegeneinander, beide sich mit fürchtender Achtung betrachtend, beide nach dem Augenblick dürstend, beide vor dem Augenblick zagend, der sie im Sturme miteinander vermengen wird. Aus allen Gegenden Deutschlands scheint sich die Kraft des Krieges auf diesen Punkt der Entscheidung zusammenzudrängen, dieser Augenblick von dem Ausschlag eines zwölfjährigen Kampfes zu kreißen. Europens Augen heften sich mit Furcht und Neugier auf diesen wichtigen Schauplatz, und das geängstigte Nürnberg erwartet schon, einer noch entscheidendern Feldschlacht, als sie bei Leipzig geliefert ward, den Namen zu geben. Auf einmal bricht sich das Gewölke, das Kriegsgewitter verschwindet aus Franken, um sich in Sachsens Ebenen desto schrecklicher zu entladen. Ohnweit Lützen fällt der Donner nieder, der Nürnberg bedrohte, und die schon halb verlorne Schlacht wird durch den königlichen Leichnam gewonnen. Das Glück, das ihn auf seinem ganzen Laufe nie verlassen hatte, begnadigte den König auch im Tode noch mit der seltenen Gunst, in der Fülle seines Ruhms und in der *Reinigkeit* seines Namens zu sterben. Durch einen zeitigen Tod flüchtete ihn sein schützender Genius vor dem unvermeidlichen Schicksal der Menschheit, auf der Höhe des Glücks die Bescheidenheit, in der Fülle der Macht die Gerechtigkeit zu verlernen. Es ist uns erlaubt zu zweifeln, ob er bei längerm Leben die Tränen verdient hätte, welche Deutschland an seinem Grabe weinte, die Bewunderung verdient hätte, welche die Nachwelt dem ersten und einzigen *gerechten* Eroberer zollt. Bei dem frühen Fall ihres großen Führers fürchtet man den Untergang der ganzen Partei – aber der weltregierenden Macht ist kein *einzelner* Mann unersetzlich. Zwei große *Staatsmänner,* Axel Oxenstierna in Deutschland und in Frankreich Richelieu, übernehmen das Steuer des Krieges, das dem sterbenden *Helden* entfällt; über ihm hinweg wandelt das unempfindliche Schicksal, und noch sechzehn volle Jahre lodert die Kriegsflamme über dem Staube des längst Vergessenen.

Man erlaube mir, in einer kurzen Übersicht den siegreichen Marsch Gustav Adolfs zu verfolgen, den ganzen Schauplatz, auf welchem *er* allein handelnder Held ist, mit schnellen Blicken zu durcheilen und dann erst, wenn, durch das Glück der Schweden aufs Äußerste gebracht und durch eine Reihe von Unglücksfällen gebeugt, Österreich von der Höhe seines Stolzes zu erniedrigenden und verzweifelten Hilfsmitteln herabsteigt, den Faden der Geschichte zu dem Kaiser zurückzuführen.

Nicht sobald war der Kriegsplan zwischen dem König von Schweden und dem Kurfürsten von Sachen zu Halle entworfen und für den letztern der Angriff auf Böhmen, für Gustav Adolf der Einfall in die ligistischen Länder bestimmt, nicht sobald die Allianzen mit den benachbarten Fürsten von Weimar und von Anhalt geschlossen und zu Wiedereroberung des magdeburgischen Stiftes die Vorkehrungen gemacht, als sich der König zu seinem Einmarsch in das Reich in Bewegung setzte. Keinem verächtlichen Feinde ging er jetzt entgegen. Der Kaiser war noch mächtig im Reich; durch ganz Franken, Schwaben und die Pfalz waren kaiserliche Besatzungen ausgebreitet, denen jeder bedeutende Ort erst mit dem Schwert in der Hand entrissen werden mußte. Am Rhein erwarteten ihn die Spanier, welche alle Lande des vertriebenen Pfalzgrafen überschwemmt hatten, alle festen Plätze besetzt hielten, ihm jeden Übergang über diesen Strom streitig machten. Hinter seinem Rücken war Tilly, der schon neue Kräfte sammelte; bald sollte auch ein lothringisches Hilfsheer zu dessen Fahnen stoßen. In der Brust jedes Papisten setzte sich ihm ein erbitterter Feind, Religionshaß, entgegen; und doch ließen ihn seine Verhältnisse mit Frankreich nur mit halber Freiheit gegen die Katholischen handeln. Gustav Adolf übersah alle diese Hindernisse, aber auch die Mittel, sie zu besiegen. Die kaiserliche Kriegsmacht lag in Besatzungen zerstreut, und er hatte den Vorteil, sie mit vereinigter Macht anzugreifen. War ihm der Religionsfanatismus der Römischkatholischen und die Furcht der kleinern Reichsstände vor dem Kaiser entgegen, so konnte er von der Freundschaft der Protestanten und von ihrem Haß gegen die österreichische Unterdrückung tätigen Beistand erwarten. Die Ausschweifungen der kaiserlichen und spanischen Truppen hatten ihm in diesen Gegenden nachdrücklich vorgearbeitet; längst schon schmachteten der mißhandelte Landmann und Bürger nach einem Befreier, und manchem schien es schon Erleichterung, das Joch umzutauschen. Einige Agenten waren bereits vorangeschickt worden, die wichtigern Reichsstädte, vorzüglich Nürnberg und Frankfurt, auf schwedische Seite zu neigen. *Erfurt* war der erste Platz, an dessen Besitze dem König gelegen war und den er nicht unbesetzt hinter dem Rücken lassen durfte. Ein gütlicher Vertrag mit der protestantisch gesinnten Bürgerschaft öffnete ihm ohne Schwertstreich die Tore der Stadt und der Festung. Hier, wie in jedem wichtigen Platze, der nachher in seine Hände fiel, ließ er sich von den Einwohnern Treue schwören und versicherte sich derselben durch eine hinlängliche Besatzung. Seinem Alliierten, dem Herzog Wilhelm von Weimar, wurde das Kommando eines Heeres übergeben, das in Thüringen geworben werden sollte. Der Stadt Erfurt wollte er auch seine Gemahlin anvertrauen und versprach, ihre Freiheiten zu vermehren. In zwei Kolonnen durchzog nun die schwedische Armada über Gotha und Arnstadt den Thüringer Wald, entriß im Vorübergehen die Grafschaft Henneberg den Händen der Kaiserlichen und vereinigte sich am dritten Tage vor *Königshofen,* an der Grenze von Franken.

Franz, Bischof von *Würzburg,* der erbittertste Feind der Protestanten und das eifrigste Mitglied der katholischen Ligue, war auch der erste, der die schwere Hand Gustav Adolfs fühlte. Einige Drohworte waren genug, seine Grenzfestung Königshofen und mit ihr den Schlüssel zu der ganzen Provinz den Schweden in die Hände zu liefern. Bestürzung ergriff auf die Nachricht dieser schnellen Eroberung alle katholischen Stände des Kreises; die Bischöfe von Würzburg und Bamberg zagten in ihrer Burg. Schon sahen sie ihre Stühle wanken, ihre Kirchen entweiht, ihre Religion im Staube. Die Bosheit seiner Feinde hatte von dem Verfolgungsgeist und der Kriegsmanier des schwedischen Königs und seiner Truppen die schrecklichsten Schilderungen verbreitet, welche zu widerlegen weder die wiederholtesten Versicherungen des Königs noch die glänzendsten Beispiele der Menschlichkeit und Duldung nie ganz vermögend gewesen sind. Man fürchtete, von einem andern zu leiden, was man in ähnlichem Fall selbst auszuüben sich bewußt war. Viele der reichsten Katholiken eilten schon jetzt, ihre Güter, ihre Gewissen und Personen vor dem blutdürstigen Fanatismus der Schweden in Sicherheit zu bringen. Der Bischof selbst gab seinen Untertanen das Beispiel. Mitten in dem Feuerbrande, den sein bigotter Eifer entzündet hatte, ließ er seine Länder im Stich und flüchtete nach Paris, um womöglich das französische Ministerium gegen den gemeinschaftlichen Religionsfeind zu empören.

Die Fortschritte, welche Gustav Adolf unterdessen in dem Hochstifte machte, waren ganz dem glücklichen Anfange gleich. Von der kaiserlichen Besatzung verlassen, ergab sich ihm *Schweinfurt* und bald darauf *Würzburg;* der *Marienberg* mußte mit Sturm erobert werden. In diesen unüberwindlich geglaubten Ort hatte man einen großen Vorrat von Lebensmitteln und Kriegsmunition geflüchtet, welches alles dem Feind in die Hände fiel. Ein sehr angenehmer Fund war für den König die Büchersammlung der Jesuiten, die er nach Upsala bringen ließ, ein noch weit angenehmerer für seine Soldaten der reichlich gefüllte Weinkeller des Prälaten. Seine Schätze hatte der Bischof noch zu rechter Zeit geflüchtet. Dem Beispiele der Hauptstadt folgte bald das ganze Bistum; alles unterwarf sich den Schweden. Der König ließ sich von allen Untertanen des Bischofs die Huldigung leisten und stellte wegen Abwesenheit des rechtmäßigen Regenten eine Landesregierung auf, welche zur Hälfte mit Protestanten besetzt wurde. An jedem katholischen Orte, den Gustav Adolf unter seine Botmäßigkeit brachte, schloß er der protestantischen Religion die Kirchen auf, doch ohne den Papisten den Druck zu vergelten, unter welchem sie seine Glaubensbrüder so lange gehalten hatten. Nur an denen, die sich ihm mit dem Degen in der Hand widersetzten, wurde das schreckliche Recht des Kriegs ausgeübt; für einzelne Greueltaten, welche sich eine gesetzlose Soldateska in der blinden Wut des ersten Angriffs erlaubt, kann man den menschenfreundlichen Führer nicht verantwortlich machen. Dem Friedfertigen und Wehrlosen widerfuhr eine gnädige Behandlung. Es war Gustav Adolfs heiligstes Gesetz, das Blut der Feinde wie der Seinigen zu sparen.

Gleich auf die erste Nachricht des schwedischen Einbruchs hatte der Bischof von Würzburg, unangesehen der Traktaten, die er, um Zeit zu gewinnen, mit dem König von Schweden anknüpfte, den Feldherrn der Ligue flehentlich aufgefordert, dem bedrängten Hochstift zu Hilfe zu eilen. Dieser geschlagene General hatte unterdessen die Trümmer seiner zerstreuten Armee an der Weser zusammengezogen, durch die kaiserlichen Garnisonen in Niedersachsen verstärkt und sich in Hessen mit seinen beiden Untergeneralen Altringer und Fugger vereinigt. An der Spitze dieser ansehnlichen Kriegsmacht brannte Graf Tilly vor Ungeduld, die Schande seiner ersten Niederlage durch einen glänzendern Sieg wieder auszulöschen. In seinem Lager bei Fulda, wohin er mit dem Heere gerückt war, harrte er sehnsuchtsvoll auf Erlaubnis von dem Herzog von Bayern, mit Gustav Adolf zu schlagen. Aber die Ligue hatte außer der Armee des Tilly keine zweite mehr zu verlieren, und Maximilian war viel zu behutsam, das ganze Schicksal seiner Partei auf den Glückswurf eines neuen Treffens zu setzen. Mit Tränen in den Augen empfing Tilly die Befehle seines Herrn, welche ihn zur Untätigkeit zwangen. So wurde der Marsch dieses Generals nach Franken verzögert, und Gustav Adolf gewann Zeit, das ganze Hochstift zu überschwemmen. Umsonst, daß sich Tilly nachher zu Aschaffenburg durch zwölftausend Lothringer verstärkte und mit einer überlegenen Macht zum Entsatz der Stadt Würzburg herbeieilte. Stadt und Zitadelle waren bereits in der Schweden Gewalt, und Maximilian von Bayern wurde, vielleicht nicht ganz unverdienterweise, durch die allgemeine Stimme beschuldigt, den Ruin des Hochstifts durch seine Bedenklichkeit beschleunigt zu haben. Gezwungen, eine Schlacht zu vermeiden, begnügte sich Tilly, den Feind am fernern Vorrücken zu verhindern; aber nur sehr wenige Plätze konnte er dem Ungestüm der Schweden entreißen. Nach einem vergeblichen Versuch, eine Truppenverstärkung in die von den Kaiserlichen schwach besetzte Stadt Hanau zu werfen, deren Besitz dem König einen zu großen Vorteil gab, ging er bei Seligenstadt über den Main und richtete seinen Lauf nach der Bergstraße, um die pfälzischen Lande gegen den Andrang des Siegers zu schützen.

Graf Tilly war nicht der einzige Feind, den Gustav Adolf in Franken auf seinem Wege fand und vor sich her trieb. Auch Herzog *Karl von Lothringen,* durch den Unbestand seines Charakters, seine eiteln Entwürfe und sein schlechtes Glück in den Jahrbüchern des damaligen Europens berüchtigt, hatte seinen kleinen Arm gegen den schwedischen Helden aufgehoben, um sich bei Kaiser Ferdinand dem Zweiten den Kurhut zu verdienen. Taub gegen die Vorschriften einer vernünftigen Staatskunst, folgte er bloß den Eingebungen einer stürmischen Ehrbegierde, reizte durch Unterstützung des Kaisers Frankreich, seinen furchtbaren Nachbar, und entblößte, um auf fernem Boden ein schimmerndes Phantom, das ihn doch immer floh, zu verfolgen, seine Erblande, welche ein französisches Kriegsheer gleich einer reißenden Flut überschwemmte. Gerne gönnte man ihm in Österreich die Ehre, sich, gleich den übrigen Fürsten der Ligue, für das Wohl des Erzhauses zugrunde zu richten. Von eiteln Hoffnungen trunken, brachte dieser Prinz ein Heer von siebzehntausend Mann zusammen, das er in eigner Person gegen die Schweden ins Feld führen wollte. Wenn es gleich diesen Truppen an Mannszucht und Tapferkeit gebrach, so reizten sie doch durch einen glänzenden Aufputz die Augen; und so sehr sie im Angesicht des Feindes ihre Bravour verbargen, so freigebig ließen sie solche an dem wehrlosen Bürger und Landmann aus, zu deren Verteidigung sie gerufen waren. Gegen den kühnen Mut und die furchtbare Disziplin der Schweden konnte diese zierlich geputzte Armee nicht lange standhalten. Ein panischer Schrecken ergriff sie, als die schwedische Reiterei gegen sie ansprengte, und mit leichter Mühe waren sie aus ihren Quartieren im Würzburgischen verscheucht. Das Unglück einiger Regimenter verursachte ein allgemeines Ausreißen unter den Truppen, und der schwache Überrest eilte, sich in einigen Städten jenseits des Rheins vor der nordischen Tapferkeit zu verbergen. Ein Spott der Deutschen und mit Schande bedeckt, sprengte ihr Anführer über Straßburg nach Hause, mehr als zu glücklich, den Zorn seines Überwinders, der ihn vorher aus dem Felde schlug und dann erst wegen seiner Feindseligkeiten zur Rechenschaft setzte, durch einen demütigen Entschuldigungsbrief zu besänftigen. Ein Bauer aus einem rheinischen Dorfe, sagt man, erdreistete sich, dem Pferde des Herzogs, als er auf seiner Flucht vorbeigeritten kam, einen Schlag zu versetzen. «Frisch zu, Herr», sagte der Bauer, «Ihr müßt schneller laufen, wenn Ihr vor dem großen Schwedenkönig ausreißt.»

Das unglückliche Beispiel seines Nachbars hatte dem Bischof von Bamberg klügere Maßregeln eingegeben. Um die Plünderung seiner Lande zu verhüten, kam er dem König mit Anerbietungen des Friedens entgegen, welche aber bloß dazu dienen sollten, den Lauf seiner Waffen solange, bis Hilfe herbeikäme, zu verzögern. Gustav Adolf, selbst viel zu redlich, um bei einem andern Arglist zu befürchten, nahm bereitwillig die Erbietungen des Bischofs an und nannte schon die Bedingungen, unter welchen er das Hochstift mit jeder feindlichen Behandlung verschonen wollte. Er zeigte sich um so mehr dazu geneigt, da ohnehin seine Absicht nicht war, mit Bambergs Eroberung die Zeit zu verlieren, und seine übrigen Entwürfe ihn nach den Rheinländern riefen. Die Eilfertigkeit, mit der er die Ausführung dieser Entwürfe verfolgte, brachte ihn um die Geldsummen, welche er durch ein längeres Verweilen in Franken dem ohnmächtigen Bischof leicht hätte abängstigen können; denn dieser schlaue Prälat ließ die Unterhandlung fallen, sobald sich das Kriegsgewitter von seinen Grenzen entfernte. Kaum hatte ihm Gustav Adolf den Rücken zugewendet, so warf er sich dem Grafen Tilly in die Arme und nahm die Truppen des Kaisers in die nämlichen Städte und Festungen auf, welche er kurz zuvor dem Könige zu öffnen sich bereitwillig gezeigt hatte. Aber er hatte den Ruin seines Bistums durch diesen Kunstgriff nur auf kurze Zeit verzögert; ein schwedischer Feldherr, der in Franken zurückgelassen ward, übernahm es, den Bischof dieser Treulosigkeit wegen zu züchtigen, und das Bistum wurde eben dadurch zu einem unglücklichen Schauplatz des Kriegs, welchen Freund und Feind auf gleiche Weise verwüsteten.

Die Flucht der Kaiserlichen, deren drohende Gegenwart den Entschließungen der fränkischen Stände bisher Zwang angetan hatte, und das menschenfreundliche Betragen des Königs machten dem Adel sowohl als den Bürgern dieses Kreises Mut, sich den Schweden günstig zu bezeigen. Nürnberg übergab sich feierlich dem Schutze des Königs; die fränkische Ritterschaft wurde von ihm durch schmeichelhafte Manifeste gewonnen, in denen er sich herabließ, sich wegen seiner unfreundlichen Erscheinung in ihrem Lande zu entschuldigen. Der Wohlstand Frankens und die Gewissenhaftigkeit, welche der schwedische Krieger bei seinem Verkehr mit den Eingebornen zu beobachten pflegte, brachte den Überfluß in das königliche Lager. Die Gunst, in welche sich Gustav Adolf bei dem Adel des ganzen Kreises zu setzen gewußt hatte, die Bewunderung und Ehrfurcht, welche ihm seine glänzenden Taten selbst bei dem Feind erweckten, die reiche Beute, die man sich im Dienst eines stets siegreichen Königs versprach, kamen ihm bei der Truppenwerbung sehr zustatten, die der Abgang so vieler Besatzungen von dem Haupttheere notwendig machte. Aus allen Gegenden des Frankenlandes eilte man haufenweise herbei, sobald nur die Trommel gerührt wurde.

Der König hatte auf die Einnahme Frankens nicht viel mehr Zeit verwenden können, als er überhaupt gebraucht hatte, es zu durcheilen; die Unterwerfung des ganzen Kreises zu vollenden und das Eroberte zu behaupten, wurde *Gustav Horn,* einer seiner tüchtigsten Generale, mit einem achttausend Mann starken Kriegsheere zurückgelassen. Er selbst eilte mit der Hauptarmee, die durch die Werbungen in Franken verstärkt war, gegen den Rhein, um sich dieser Grenze des Reichs gegen die Spanier zu versichern, die geistlichen Kurfürsten zu entwaffnen und in diesen wohlhabenden Ländern neue Hilfsquellen zur Fortsetzung des Kriegs zu eröffnen. Er folgte dem Lauf des Mainstroms; Seligenstadt, Aschaffenburg, Steinheim, alles Land an beiden Ufern des Flusses ward auf diesem Zuge zur Unterwerfung gebracht; selten erwarteten die kaiserlichen Besatzungen seine Ankunft, niemals behaupteten sie sich. Schon einige Zeit vorher war es einem seiner Obersten geglückt, die Stadt und Zitadelle Hanau, auf deren Erhaltung Graf Tilly so bedacht gewesen war, den Kaiserlichen durch einen Überfall zu entreißen; froh, von dem unerträglichen Druck dieser Soldateska befreit zu sein, unterwarf sich der Graf bereitwillig dem gelindern Joche des schwedischen Königs.

Auf die Stadt *Frankfurt* war jetzt das vorzügliche Augenmerk Gustav Adolfs gerichtet, dessen Maxime es überhaupt auf deutschem Boden war, sich durch die Freundschaft und den Besitz der wichtigern Städte den Rücken zu decken. Frankfurt war eine von den ersten Reichsstädten gewesen, die er schon von Sachsen aus zu seinem Empfang hatte vorbereiten lassen, und nun ließ er es von Offenbach aus durch neue Abgeordnete abermals auffordern, ihm den

Durchzug zu gestatten und Besatzung einzunehmen. Gerne wäre diese Reichsstadt mit der bedenklichen Wahl zwischen dem König von Schweden und dem Kaiser verschont geblieben; denn welche Partei sie auch ergriff, so hatte sie für ihre Privilegien und ihren Handel zu fürchten. Schwer konnte der Zorn des Kaisers auf sie fallen, wenn sie sich voreilig dem König von Schweden unterwarf und dieser nicht mächtig genug bleiben sollte, seine Anhänger in Deutschland gegen den kaiserlichen Despotismus zu schützen. Aber noch weit verderblicher für sie war der Unwille eines unwiderstehlichen Siegers, der mit einer furchtbaren Armee schon gleichsam vor ihren Toren stand und sie auf Unkosten ihres ganzen Handels und Wohlstandes für ihre Widersetzlichkeit züchtigen konnte. Umsonst führte sie durch ihre Abgeordneten zu ihrer Entschuldigung die Gefahren an, welche ihre Messen, ihre Privilegien, vielleicht ihre Reichsfreiheit selbst bedrohten, wenn sie durch Ergreifung der schwedischen Partei den Zorn des Kaisers auf sich laden sollte. Gustav Adolf stellte sich verwundert, daß die Stadt Frankfurt in einer so äußerst wichtigen Sache, als die Freiheit des ganzen Deutschlandes und das Schicksal der protestantischen Kirche sei, von ihren Jahrmärkten spreche und für zeitliche Vorteile der großen Angelegenheit des Vaterlandes und ihres Gewissens hintansetze. Er habe, setzte er drohend hinzu, von der Insel Rügen an bis zu allen Festungen und Städten am Main den Schlüssel gefunden und werde ihn auch zu der Stadt Frankfurt zu finden wissen. Das Beste Deutschlands und die Freiheit der protestantischen Kirche seien allein der Zweck seiner gewaffneten Ankunft, und bei dem Bewußtsein einer so gerechten Sache sei er schlechterdings nicht gesonnen, sich durch irgendein Hindernis in seinem Lauf aufhalten zu lassen. Er sehe wohl, daß ihm die Frankfurter nichts als die Finger reichen wollten, aber die ganze Hand müsse er haben, um sich daran halten zu können. Den Deputierten der Stadt, welche diese Antwort zurückbrachten, folgte er mit seiner ganzen Armee auf dem Fuße nach und erwartete in völliger Schlachtordnung vor Sachsenhausen die letzte Erklärung des Rats.

Wenn die Stadt Frankfurt Bedenken getragen hatte, sich den Schweden zu unterwerfen, so war es bloß aus Furcht vor dem Kaiser geschehen; ihre eigene Neigung ließ die Bürger keinen Augenblick zweifelhaft zwischen dem Unterdrücker der deutschen Freiheit und dem Beschützer derselben. Die drohenden Zurüstungen, unter welchen Gustav Adolf ihre Erklärung jetzt forderte, konnten die Strafbarkeit ihres Abfalls in den Augen des Kaisers vermindern und den Schritt, den sie gern taten, durch den Schein einer erzwungenen Handlung beschönigen. Jetzt also öffnete man dem König von Schweden die Tore, der seine Armee in prachtvollem Zuge und bewundernswürdiger Ordnung mitten durch dieser Kaiserstadt führte. Sechshundert Mann blieben in Sachsenhausen zur Besatzung zurück; der König selbst rückte mit der übrigen Armee noch an demselben Abend gegen die mainzische Stadt Höchst an, welche vor einbrechender Nacht schon erobert war.

Während daß Gustav Adolf längs dem Mainstrom Eroberungen machte, krönte das Glück die Unternehmungen seiner Generale und Bundesverwandten auch im nördlichen Deutschland. Rostock, Wismar und Dömitz, die einzigen noch übrigen festen Örter im Herzogtum Mecklenburg, welche noch unter dem Joche kaiserlicher Besatzung seufzten, wurden von dem rechtmäßigen Besitzer, Herzog *Johann Albrecht,* unter der Leitung des schwedischen Feldherrn *Achatius Tott* bezwungen. Umsonst versuchte es der kaiserliche General *Wolf Graf von Mansfeld,* den Schweden das Stift Halberstadt, von welchem sie sogleich nach dem Leipziger Siege Besitz genommen, wieder zu entreißen; er mußte bald darauf auch das Stift Magdeburg in ihren Händen lassen. Ein schwedischer General, *Banér,* der mit einem achttausend Mann starken Heere an der Elbe zurückgeblieben war, hielt die Stadt *Magdeburg* auf das engste eingeschlossen und hatte schon mehrere kaiserliche Regimenter niedergeworfen, welche zum Entsatz dieser Stadt herbeigeschickt worden. Der Graf von Mansfeld verteidigte sie zwar in Person mit sehr vieler Herzhaftigkeit; aber zu schwach an Mannschaft, um dem zahlreichen Heere der Belagerer lange Widerstand leisten zu können, dachte er schon auf die Bedingungen, unter welchen er die Stadt übergeben wollte, als der General Pappenheim zu seinem Entsatz herbeikam und die feindlichen Waffen anderswo beschäftigte. Dennoch wurde Magdeburg, oder vielmehr die schlechten Hütten, die aus den Ruinen dieser großen Stadt traurig hervorblickten, in der Folge von den Kaiserlichen freiwillig geräumt und gleich darauf von den Schweden in Besitz genommen.

Auch die Stände des *niedersächsischen* Kreises wagten es, nach den glücklichen Unternehmungen des Königs ihr Haupt wieder von dem Schlage zu erheben, den sie in dem unglücklichen dänischen Kriege durch Wallenstein und Tilly erlitten hatten. Sie hielten zu Hamburg eine Zusammenkunft, auf welcher die Errichtung von drei Regimentern verabredet wurde, mit deren Hilfe sie sich der äußerst drückenden kaiserlichen Besatzungen zu entledigen hofften. Dabei ließ es der *Bischof* von *Bremen,* ein Verwandter des schwedischen Königs, noch nicht bewenden; er brachte auch für sich besonders Truppen zusammen und ängstigte mit denselben wehrlose Pfaffen und Mönche, hatte aber das Unglück, durch den kaiserlichen General, *Grafen von Gronsfeld,* bald entwaffnet zu werden. Auch *Georg Herzog von Lüneburg,* vormals Oberster in Ferdinands Diensten, ergriff jetzt Gustav Adolfs Partei und warb einige Regimenter für diesen Monarchen, wodurch die kaiserlichen Truppen in Niedersachsen zu nicht geringem Vorteil des Königs beschäftigt wurden.

Noch weit wichtigere Dienste aber leistete dem König Landgraf *Wilhelm von Hessen-Kassel,* dessen siegreiche Waffen einen großen Teil von Westfalen und Niedersachsen, das Stift Fulda und selbst das Kurfürstentum Köln zittern machten. Man erinnert sich, daß unmittelbar nach dem Bündnis, welches der Landgraf im Lager zu Werben mit Gustav Adolf geschlossen hatte, zwei kaiserliche Generale, *von Fugger* und *Altringer,* von dem Grafen Tilly nach Hessen beordert wurden, den Landgrafen wegen seines Abfalls vom Kaiser zu züchtigen. Aber mit männlichem Mut hatte dieser Fürst den Waffen des Feindes, so wie seine Landstände den Aufruhr predigenden Manifesten des Grafen Tilly widerstanden, und bald befreite ihn die Leipziger Schlacht von diesen verwüstenden Scharen. Er benutzte ihre Entfernung mit ebensoviel Mut als Entschlossenheit, eroberte in kurzer Zeit *Vacha, Münden* und *Höxter* und ängstigte durch seine schleunigen Fortschritte das Stift Fulda, Paderborn und alle an Hessen grenzende Stifter. Die in Furcht gesetzten Staaten eilten, durch eine zeitige Unterwerfung seinen Fortschritten Grenzen zu setzen, und entgingen der Plünderung durch beträchtliche Geldsummen, die sie ihm freiwillig entrichteten. Nach diesen glücklichen Unternehmungen vereinigte der Landgraf sein siegreiches Heer mit der Hauptarmee Gustav Adolfs, und er selbst fand sich zu Frankfurt bei diesem Monarchen ein, um den fernern Operationsplan mit ihm zu verabreden.

Mehrere Prinzen und auswärtige Gesandte waren mit ihm in dieser Stadt erschienen, um der Größe Gustav Adolfs zu huldigen, seine Gunst anzuflehn oder seinen Zorn zu besänftigen. Unter diesen war der merkwürdigste der vertriebene König von Böhmen und Pfalzgraf *Friedrich der Fünfte,* der aus Holland dahin geeilt war, sich seinem Rächer und Beschützer in die Arme zu werfen. Gustav Adolf erwies ihm die unfruchtbare Ehre, ihn als ein gekröntes Haupt zu begrüßen, und bemühte sich, ihm durch eine edle Teilnahme sein Unglück zu erleichtern. Aber so viel sich auch Friedrich von der Macht und dem Glück seines Beschützers versprach, so viel er auf die Gerechtigkeit und Großmut desselben baute, so weit entfernt war dennoch die Hoffnung zur Wiederherstellung dieses Unglücklichen in seinen verlornen Ländern. Die Untätigkeit und die widersinnige Politik des englischen Hofes hatte den Eifer Gustav Adolfs erkältet, und eine Empfindlichkeit, über die er nicht ganz Meister werden konnte, ließ ihn *hier* den glorreichen Beruf eines Beschützers der Unterdrückten vergessen, den er bei seiner Erscheinung im Deutschen Reiche so laut angekündigt hatte. Auch den Landgrafen *Georg von Hessen-Darmstadt* hatte die Furcht vor der unwiderstehlichen Macht und der nahen Rache des Königs herbeigelockt und zu einer zeitigen Unterwerfung bewogen. Die Verbindungen, in welchen dieser zweideutige Fürst mit dem Kaiser stand, und sein schlechter Eifer für die protestantische Sache waren dem König kein Geheimnis; aber der Haß eines so ohnmächtigen Feindes konnte ihn bloß zum Mitleid und die Wichtigkeit, welche der Schwachkopf sich gab, nur zum Lachen bewegen. Da der Landgraf sich selbst und die politische Lage Deutschlands wenig genug kannte, um sich, ebenso unwissend als dreist, zum Mittler zwischen beiden Parteien aufzuwerfen, so pflegte ihn Gustav Adolf spottweise nur den *Friedensstifter* zu nennen. Oft hörte man ihn sagen, wenn er mit dem Landgrafen spielte und ihm Geld abgewann: «Er freue sich doppelt des gewonnenen Geldes, weil es *kaiserliche Münze* sei.» Landgraf Georg dankte es bloß seiner Verwandtschaft mit dem Kurfürsten von Sachsen, den Gustav Adolf zu schonen Ursache hatte, daß sich dieser Monarch mit Übergabe seiner Festung Rüsselsheim und mit der Zusage begnügte, eine strenge Neutralität in diesem Kriege zu beobachten. Auch die Grafen des *Westerwaldes* und der *Wetterau* waren in Frankfurt bei dem König erschienen, um ein Bündnis mit ihm zu errichten und ihm gegen die Spanier ihren Beistand anzubieten, der ihm in der Folge sehr nützlich war. Die Stadt Frankfurt selbst hatte alle Ursachen, sich der Gegenwart des Monarchen zu rühmen, der durch seine königliche Autorität ihren Handel in Schutz nahm und die Sicherheit der Messen, die der Krieg sehr gestört hatte, durch die nachdrücklichsten Vorkehrungen wiederherstellte.

Die schwedische Armee war jetzt durch zehntausend Hessen verstärkt, welche Landgraf Wilhelm von Kassel dem König zugeführt hatte. Schon hatte Gustav Adolf Königstein angreifen lassen, Kostheim und Flörsheim ergaben sich ihm nach einer kurzen Belagerung, er beherrschte den ganzen Mainstrom, und zu Höchst wurden in aller Eile Fahrzeuge gezimmert, um die Truppen über den Rhein zu setzen. Diese Anstalten erfüllten den Kurfürsten von Mainz, *Anselm Kasimir,* mit Furcht, und er zweifelte keinen Augenblick mehr, daß *er* der nächste sei, den der Sturm des Krieges bedrohte. Als ein Anhänger des Kaisers und eins der tätigsten Mitglieder der katholischen Ligue, hatte er kein besseres Los zu hoffen, als seine beiden Amtsbrüder, die Bischöfe von Würzburg und Bamberg, bereits betroffen hatte. Die Lage seiner Länder am Rheinstrom machte es dem Feinde zur Notwendigkeit, sich ihrer zu versichern, und überdem war dieser gesegnete Strich Landes für das bedürftige Heer eine unüberwindliche Reizung. Aber zu wenig mit seinen Kräften und dem Gegner bekannt, den er vor sich hatte, schmeichelte sich der Kurfürst, Gewalt durch Gewalt abzutreiben und durch die Festigkeit seiner Wälle die schwedische Tapferkeit zu ermüden. Er ließ in

daß sich dieser Monarch mit Übergabe seiner Festung Rüsselsheim und mit der Zusage begnügte, eine strenge Neutralität in diesem Kriege zu beobachten. Auch die Grafen des *Westerwaldes* und der *Wetterau* waren in Frankfurt bei dem König erschienen, um ein Bündnis mit ihm zu errichten und ihm gegen die Spanier ihren Beistand anzubieten, der ihm in der Folge sehr nützlich war. Die Stadt Frankfurt selbst hatte alle Ursachen, sich der Gegenwart des Monarchen zu rühmen, der durch seine königliche Autorität ihren Handel in Schutz nahm und die Sicherheit der Messen, die der Krieg sehr gestört hatte, durch die nachdrücklichsten Vorkehrungen wiederherstellte.

Die schwedische Armee war jetzt durch zehntausend Hessen verstärkt, welche Landgraf Wilhelm von Kassel dem König zugeführt hatte. Schon hatte Gustav Adolf Königstein angreifen lassen, Kostheim und Flörsheim ergaben sich ihm nach einer kurzen Belagerung, er beherrschte den ganzen Mainstrom, und zu Höchst wurden in aller Eile Fahrzeuge gezimmert, um die Truppen über den Rhein zu setzen. Diese Anstalten erfüllten den Kurfürsten von Mainz, *Anselm Kasimir,* mit Furcht, und er zweifelte keinen Augenblick mehr, daß *er* der nächste sei, den der Sturm des Krieges bedrohte. Als ein Anhänger des Kaisers und eins der tätigsten Mitglieder der katholischen Ligue, hatte er kein besseres Los zu hoffen, als seine beiden Amtsbrüder, die Bischöfe von Würzburg und Bamberg, bereits betroffen hatte. Die Lage seiner Länder am Rheinstrom machte es dem Feinde zur Notwendigkeit, sich ihrer zu versichern, und überdem war dieser gesegnete Strich Landes für das bedürftige Heer eine unüberwindliche Reizung. Aber zu wenig mit seinen Kräften und dem Gegner bekannt, den er vor sich hatte, schmeichelte sich der Kurfürst, Gewalt durch Gewalt abzutreiben und durch die Festigkeit seiner Wälle die schwedische Tapferkeit zu ermüden. Er ließ in aller Eile die Festungswerke seiner Residenzstadt ausbessern, versah sie mit allem, was sie fähig machte, eine lange Belagerung auszuhalten, und nahm noch überdies zweitausend Spanier in seine Mauern auf, welche ein spanischer General, Don Philipp von Silva, kommandierte. Um den schwedischen Fahrzeugen die Annäherung unmöglich zu machen, ließ er die Mündung des Mains durch viele eingeschlagene Pfähle verrammeln, auch große Steinmassen und ganze Schiffe in dieser Gegend versenken. Er selbst flüchtete sich, in Begleitung des Bischofs von Worms, mit seinen besten Schätzen nach Köln und überließ Stadt und Land der Raubgier einer tyrannischen Besatzung. Alle diese Vorkehrungen, welche weniger wahren Mut als ohnmächtigen Trotz verrieten, hielten die schwedische Armee nicht ab, gegen Mainz vorzurücken und die ernstlichsten Anstalten zum Angriff der Stadt zu machen. Während daß sich ein Teil der Truppen in dem Rheingau verbreitete, alles, was sich von Spaniern dort fand, niedermachte und übermäßige Kontributionen erpreßte, ein anderer die katholischen Örter des Westerwaldes und der Wetterau brandschatzte, hatte sich die Hauptarmee schon bei Kastel, Mainz gegenüber, gelagert und Herzog Bernhard von Weimar sogar am jenseitigen Rheinufer den Mäuseturm und das Schloß Ehrenfels erobert. Schon beschäftigte sich Gustav Adolf ernstlich damit, den Rhein zu passieren und die Stadt von der Landseite einzuschließen, als ihn die Fortschritte des Grafen Tilly in Franken eilfertig von dieser Belagerung abriefen und dem Kurfürstentum eine, obgleich nur kurze, Ruhe verschafften.

Die Gefahr der Stadt *Nürnberg,* welche Graf Tilly während der Abwesenheit Gustav Adolfs am Rheinstrom Miene machte zu belagern und im Fall eines Widerstandes mit dem schrecklichen Schicksal Magdeburgs bedrohte, hatte den König von Schweden zu diesem schnellen Aufbruch von Mainz bewogen. Um sich nicht zum zweitenmal vor ganz Deutschland den Vorwürfen und der Schande auszusetzen, eine bundsverwandte Stadt der Willkür eines grausamen Feindes geopfert zu haben, machte er sich in beschleunigten Märschen auf, diese wichtige Reichsstadt zu entsetzen; aber schon zu Frankfurt erfuhr er den herzhaften Widerstand der Nürnberger und den Abzug des Tilly und säumte jetzt keinen Augenblick, seine Absichten auf Mainz zu verfolgen. Da es ihm bei Kastel mißlungen war, unter den Kanonen der Belagerten den Übergang über den Rhein zu gewinnen, so richtete er jetzt, um von einer andern Seite der Stadt beizukommen, seinen Lauf nach der *Bergstraße,* bemächtigte sich auf diesem Wege jedes wichtigen Platzes und erschien zum zweiten Male an den Ufern des Rheins bei *Stockstadt* zwischen Gernsheim und Oppenheim. Die ganze Bergstraße hatten die Spanier verlassen, aber das jenseitige Rheinufer suchten sie noch mit vieler Hartnäckigkeit zu verteidigen. Sie hatten zu diesem Ende alle Fahrzeuge aus der Nachbarschaft zum Teil verbrannt, zum Teil in die Tiefe versenkt und standen jenseits des Stroms zum furchtbarsten Angriff gerüstet, wenn etwa der König an diesem Ort den Übergang wagen würde.

Der Mut des Königs setzte ihn bei dieser Gelegenheit einer sehr großen Gefahr aus, in feindliche Hände zu geraten. Um das jenseitige Ufer zu besichtigen, hatte er sich in einem kleinen Nachen über den Fluß gewagt; kaum aber war er gelandet, so überfiel ihn ein Haufen spanischer Reiter, aus deren Händen ihn nur die eilfertigste Rückkehr befreite. Endlich gelang es ihm, durch Vorschub etlicher benachbarten Schiffer sich einiger Fahrzeuge zu bemächtigen, auf deren zweien er den Grafen von Brahe mit dreihundert Schweden übersetzen ließ. Nicht so bald hatte dieser Zeit gewonnen, sich am jenseitigen Ufer zu verschanzen, als er von vierzehn Kompanien spanischer Dragoner und Kürassierer überfallen wurde. So groß die Überlegenheit des Feindes war, so tapfer wehrte sich Brahe mit seiner kleinen Schar, und sein heldenmütiger Widerstand verschaffte dem König Zeit, ihn in eigner Person mit frischen Truppen zu unterstützen. Nun ergriffen die Spanier, nach einem Verlust von sechshundert Toten, die Flucht; einige eilten, die feste Stadt Oppenheim, andre, Mainz zu gewinnen. Ein marmorner Löwe auf einer hohen Säule, in der rechten Klaue ein bloßes Schwert, auf dem Kopf eine Sturmhaube tragend, zeigte noch siebenzig Jahre nachher dem Wanderer die Stelle, wo der unsterbliche König den Hauptstrom Germaniens passierte.

Gleich nach dieser glücklichen Aktion setzte Gustav Adolf das Geschütz und den größten Teil der Truppen über den Fluß und belagerte Oppenheim, welches nach einer verzweifelten Gegenwehr am 8. Dezember 1631 mit stürmender Hand erstiegen ward. Fünfhundert Spanier, welche diesen Ort so herzhaft verteidigt hatten, wurden insgesamt ein Opfer der schwedischen Furie. Die Nachricht von Gustavs Übergang über den Rheinstrom erschreckte alle Spanier und Lothringer, welche das jenseitige Land besetzt und sich hinter diesem Flusse vor der Rache der Schweden geborgen geglaubt hatten. Schnelle Flucht war jetzt ihre einzige Sicherheit; jeder nicht ganz haltbare Ort ward aufs eilfertigste verlassen. Nach einer langen Reihe von Gewalttätigkeiten gegen den wehrlosen Bürger räumten die *Lothringer* die Stadt *Worms,* welche sie noch vor ihrem Abzuge mit mutwilliger Grausamkeit mißhandelten. Die Spanier eilten, sich in Frankenthal einzuschließen, in welcher Stadt sie sich Hoffnung machten, den siegreichen Waffen Gustav Adolfs zu trotzen.

Der König verlor nunmehr keine Zeit, seine Absichten auf die Stadt Mainz auszuführen, in welche sich der Kern der spanischen Truppen geworfen hatte. Indem er jenseits

bruch von Mainz bewogen. Um sich nicht zum zweitenmal vor ganz Deutschland den Vorwürfen und der Schande auszusetzen, eine bundsverwandte Stadt der Willkür eines grausamen Feindes geopfert zu haben, machte er sich in beschleunigten Märschen auf, diese wichtige Reichsstadt zu entsetzen; aber schon zu Frankfurt erfuhr er den herzhaften Widerstand der Nürnberger und den Abzug des Tilly und säumte jetzt keinen Augenblick, seine Absichten auf Mainz zu verfolgen. Da es ihm bei Kastel mißlungen war, unter den Kanonen der Belagerten den Übergang über den Rhein zu gewinnen, so richtete er jetzt, um von einer andern Seite der Stadt beizukommen, seinen Lauf nach der *Bergstraße,* bemächtigte sich auf diesem Wege jedes wichtigen Platzes und erschien zum zweiten Male an den Ufern des Rheins bei *Stockstadt* zwischen Gernsheim und Oppenheim. Die ganze Bergstraße hatten die Spanier verlassen, aber das jenseitige Rheinufer suchten sie noch mit vieler Hartnäckigkeit zu verteidigen. Sie hatten zu diesem Ende alle Fahrzeuge aus der Nachbarschaft zum Teil verbrannt, zum Teil in die Tiefe versenkt und standen jenseits des Stroms zum furchtbarsten Angriff gerüstet, wenn etwa der König an diesem Ort den Übergang wagen würde.

Der Mut des Königs setzte ihn bei dieser Gelegenheit einer sehr großen Gefahr aus, in feindliche Hände zu geraten. Um das jenseitige Ufer zu besichtigen, hatte er sich in einem kleinen Nachen über den Fluß gewagt; kaum aber war er gelandet, so überfiel ihn ein Haufen spanischer Reiter, aus deren Händen ihn nur die eilfertigste Rückkehr befreite. Endlich gelang es ihm, durch Vorschub etlicher benachbarten Schiffer sich einiger Fahrzeuge zu bemächtigen, auf deren zweien er den Grafen von Brahe mit dreihundert Schweden übersetzen ließ. Nicht so bald hatte dieser Zeit gewonnen, sich am jenseitigen Ufer zu verschanzen, als er von vierzehn Kompanien spanischer Dra-

des Rheinstroms gegen diese Stadt anrückte, hatte sich der Landgraf von Hessen-Kassel diesseits des Flusses derselben genähert und auf dem Wege dahin mehrere feste Plätze unter seine Botmäßigkeit gebracht. Die belagerten Spanier, obgleich von beiden Seiten eingeschlossen, zeigten anfänglich viel Mut und Entschlossenheit, das Äußerste zu erwarten, und ein ununterbrochenes heftiges Bombenfeuer regnete mehrere Tage lang in das schwedische Lager, welches dem Könige manchen braven Soldaten kostete. Aber, dieses mutvollen Widerstands ungeachtet, gewannen die Schweden immer mehr Boden und waren dem Stadtgraben schon so nahe gerückt, daß sie sich ernstlich zum Sturm anschickten. Jetzt sank den Belagerten der Mut. Mit Recht zitterten sie vor dem wilden Ungestüm des schwedischen Soldaten, wovon der Marienberg bei Würzburg ein schreckhaftes Zeugnis ablegte. Ein fürchterliches Los erwartete die Stadt Mainz, wenn sie im Sturm erstiegen werden sollte, und leicht konnte der Feind sich versucht fühlen, Magdeburgs schauderhaftes Schicksal an dieser reichen und prachtvollen Residenz eines katholischen Fürsten zu rächen. Mehr um die Stadt als um ihr eigenes Leben zu schonen, kapitulierte am vierten Tag die spanische Besatzung und erhielt von der Großmut des Königs ein sicheres Geleite bis nach Luxemburg; doch stellte sich der größte Teil derselben, wie bisher schon von mehrern geschehen war, unter schwedische Fahnen.

Am 13. Dezember 1631 hielt der König von Schweden seinen Einzug in die eroberte Stadt und nahm im Palast des Kurfürsten seine Wohnung. Achtzig Kanonen fielen als Beute in seine Hände, und mit achtzigtausend Gulden mußte die Bürgerschaft die Plünderung abkaufen. Von dieser Schatzung waren die Juden und die Geistlichkeit ausgeschlossen, welche noch für sich besonders große Summen zu entrichten hatten. Die Bibliothek des Kurfürsten nahm der König als sein Eigentum zu sich und schenkte sie seinem Reichskanzler Oxenstierna, der sie dem Gymnasium zu Westerås abtrat; aber das Schiff, das sie nach Schweden bringen sollte, scheiterte, und die Ostsee verschlang diesen unersetzlichen Schatz.

Nach dem Verlust der Stadt Mainz hörte das Unglück nicht auf, die Spanier in den Gegenden des Rheins zu verfolgen. Kurz vor Eroberung jener Stadt hatte der Landgraf von Hessen-Kassel Falkenstein und Reifenberg eingenommen; die Festung Königstein ergab sich den Hessen; der Rheingraf Otto Ludwig, einer von den Generalen des Königs, hatte das Glück, neun spanische Schwadronen zu schlagen, die gegen Frankenthal im Anzuge waren, und sich der wichtigsten Städte am Rheinstrom von Boppard bis Bacharach zu bemächtigen. Nach Einnahme der Festung Braunfels, welche die wetterauischen Grafen mit schwedischer Hilfe zustande brachten, verloren die Spanier jeden Platz in der Wetterau, und in der ganzen Pfalz konnten sie, außer *Frankenthal,* nur sehr wenige Städte retten. *Landau* und *Kronweißenburg* erklärten sich laut für die Schweden. *Speyer* bot sich an, Truppen zum Dienst des Königs zu werben. *Mannheim* ging durch die Besonnenheit des jungen Herzogs Bernhard von Weimar und durch die Nachlässigkeit des dortigen Kommendanten verloren, der auch dieses Unglücks wegen zu Heidelberg vor das Kriegsgericht gefordert und enthauptet ward.

Der König hatte den Feldzug bis tief in den Winter verlängert, und wahrscheinlich war selbst die Rauhigkeit der Jahrszeit mit eine Ursache der Überlegenheit gewesen, welche der schwedische Soldat über den Feind behauptete. Jetzt aber bedurften die erschöpften Truppen der Erholung in den Winterquartieren, welche ihnen Gustav Adolf auch bald nach Eroberung der Stadt Mainz in der umliegenden Gegend bewilligte. Er selbst benutzte die Ruhe, welche die

fürsten nahm der König als sein Eigentum zu sich und schenkte sie seinem Reichskanzler Oxenstierna, der sie dem Gymnasium zu Westerås abtrat; aber das Schiff, das sie nach Schweden bringen sollte, scheiterte, und die Ostsee verschlang diesen unersetzlichen Schatz.

Nach dem Verlust der Stadt Mainz hörte das Unglück nicht auf, die Spanier in den Gegenden des Rheins zu verfolgen. Kurz vor Eroberung jener Stadt hatte der Landgraf von Hessen-Kassel Falkenstein und Reifenberg eingenommen; die Festung Königstein ergab sich den Hessen; der Rheingraf Otto Ludwig, einer von der Generalen des Königs, hatte das Glück, neun spanische Schwadronen zu schlagen, die gegen Frankenthal im Anzuge waren, und sich der wichtigsten Städte am Rheinstrom von Boppard bis Bacharach zu bemächtigen. Nach Einnahme der Festung Braunfels, welche die wetterauischen Grafen mit schwedischer Hilfe zustande brachten, verloren die Spanier jeden Platz in der Wetterau, und in der ganzen Pfalz konnten sie, außer *Frankenthal,* nur sehr wenige Städte retten. *Landau* und *Kronweißenburg* erklärten sich laut für die Schweden *Speyer* bot sich an, Truppen zum Dienst des Königs zu werben. *Mannheim* ging durch die Besonnenheit des jungen Herzogs Bernhard von Weimar und durch die Nachlässigkeit des dortigen Kommendanten verloren, der auch dieses Unglücks wegen zu Heidelberg vor das Kriegsgericht gefordert und enthauptet ward.

Der König hatte den Feldzug bis tief in den Winter verlängert, und wahrscheinlich war selbst die Rauhigkeit der Jahrszeit mit eine Ursache der Überlegenheit gewesen, welche der schwedische Soldat über den Feind behauptete. Jetzt aber bedurften die erschöpften Truppen der Erholung in den Winterquartieren, welche ihnen Gustav Adolf auch bald nach Eroberung der Stadt Mainz in der umliegenden Gegend bewilligte. Er selbst benutzte die Ruhe, welche die

Jahrszeit seinen kriegerischen Operationen auflegte, dazu, die Geschäfte des Kabinetts mit seinem Reichskanzler abzutun, der Neutralität wegen mit dem Feind Unterhandlungen zu pflegen und einige politische Streitigkeiten mit einer bundesverwandten Macht zu beendigen, zu denen sein bisheriges Betragen den Grund gelegt hatte. Zu seinem Winteraufenthalt und zum Mittelpunkt dieser Staatsgeschäfte erwählte er die Stadt Mainz, gegen die er überhaupt eine größere Neigung blicken ließ, als sich mit dem Interesse der deutschen Fürsten und mit dem kurzen Besuche vertrug, den er dem Reiche hatte abstatten wollen. Nicht zufrieden, die Stadt auf das stärkste befestigt zu haben, ließ er auch ihr gegenüber, in dem Winkel, den der Main mit dem Rheine macht, eine neue Zitadelle anlegen, die nach ihrem Stifter *Gustavsburg* genannt, aber unter dem Namen *Pfaffenraub, Pfaffenzwang* bekannter geworden ist.

Indem Gustav Adolf sich Meister vom Rhein machte und die drei angrenzenden Kurfürstentümer mit seinen siegreichen Waffen bedrohte, wurde in Paris und Saint-Germain von seinen wachsamen Feinden jeder Kunstgriff der Politik in Bewegung gesetzt, ihm den Beistand Frankreichs zu entziehen und ihn womöglich mit dieser Macht in Krieg zu verwickeln. Er selbst hatte durch die unerwartete und zweideutige Wendung seiner Waffen gegen den Rheinstrom seine Freunde stutzen gemacht und seinen Gegnern die Mittel dargereicht, ein gefährliches Mißtrauen in seine Absichten zu erregen. Nachdem er das Hochstift Würzburg und den größten Teil Frankens seiner Macht unterworfen hatte, stand es bei ihm, durch das Hochstift Bamberg und durch die obere Pfalz in Bayern und Österreich einzubrechen; und die Erwartung war so allgemein als natürlich, daß er nicht säumen würde, den Kaiser und den Herzog von Bayern im Mittelpunkt ihrer Macht anzugreifen und durch Überwältigung dieser beiden Hauptfeinde den Krieg auf das schnellste zu endigen. Aber zu nicht geringem Erstaunen beider streitenden Teile verließ Gustav Adolf die von der allgemeinen Meinung ihm vorgezeichnete Bahn, und anstatt seine Waffen zur Rechten zu kehren, wendete er sie zur Linken, um die minder schuldigen und minder zu fürchtenden Fürsten des Kurrheins seine Macht empfinden zu lassen, indem er seinen zwei wichtigsten Gegnern Frist gab, neue Kräfte zu sammeln. Nichts als die Absicht, durch Vertreibung der Spanier vor allen Dingen den unglücklichen Pfalzgrafen Friedrich den Fünften wieder in den Besitz seiner Länder zu setzen, konnte diesen überraschenden Schritt erklärlich machen, und der Glaube an die nahe Wiederherstellung Friedrichs brachte anfangs auch wirklich den Argwohn seiner Freunde und die Verleumdungen seiner Gegner zum Schweigen. Jetzt aber war die untere Pfalz fast durchgängig von Feinden gereinigt, und Gustav Adolf fuhr fort, neue Eroberungspläne am Rhein zu entwerfen; er fuhr fort, die eroberte Pfalz dem rechtmäßigen Besitzer zurückzuhalten. Vergebens erinnerte der Abgesandte des Königs von England den Eroberer an das, was die Gerechtigkeit von ihm forderte und sein eigenes feierlich ausgestelltes Versprechen ihm zur Ehrenpflicht machte. Gustav Adolf beantwortete diese Aufforderung mit bittern Klagen über die Untätigkeit des englischen Hofes und rüstete sich lebhaft, seine sieghaften Fahnen mit nächstem im *Elsaß* und selbst in *Lothringen* auszubreiten.

Jetzt wurde das Mißtrauen gegen den schwedischen Monarchen laut, und der Haß seiner Gegner zeigte sich äußerst geschäftig, die nachteiligsten Gerüchte von seinen Absichten zu verbreiten. Schon längst hatte der Minister Ludwigs des Dreizehnten, *Richelieu,* der Annäherung des Königs gegen die französischen Grenzen mit Unruhe zugesehn, und das mißtrauische Gemüt seines Herrn öffnete sich nur allzu leicht den schlimmen Mutmaßungen, welche darüber angestellt wurden. Frankreich war um eben diese Zeit in einen bürgerlichen Krieg mit dem protestantischen Teil seiner Bürger verwickelt, und die Furcht war in der Tat nicht ganz grundlos, daß die Annäherung eines siegreichen Königs von ihrer Partei ihren gesunkenen Mut neu beleben und sie zu dem gewaltsamsten Widerstand aufmuntern möchte. Dies konnte geschehn, auch wenn Gustav Adolf auf das weiteste davon entfernt war, ihnen Hoffnung zu machen und an seinem Bundsgenossen, dem König von Frankreich, eine wirkliche Untreue zu begehn. Aber der rachgierige Sinn des Bischofs von Würzburg, der den Verlust seiner Länder am französischen Hofe zu verschmerzen suchte, die giftvolle Beredsamkeit der Jesuiten und der geschäftige Eifer des bayrischen Ministers stellten dieses gefährliche Verständnis zwischen den Hugenotten und dem König von Schweden als ganz erwiesen dar und wußten den furchtsamen Geist Ludwigs mit den schrecklichsten Besorgnissen zu bestürmen. Nicht bloß törichte Politiker, auch manche nicht unverständige Katholiken glaubten in vollem Ernst, der König werde mit nächstem in das innerste Frankreich eindringen, mit den Hugenotten gemeine Sache machen und die katholische Religion in dem Königreich umstürzen. Fanatische Eiferer sahen ihn schon mit einer Armee über die Alpen klimmen und den Statthalter Christi selbst in Italien entthronen. So leicht sich Träumereien dieser Art von sich selbst widerlegten, so schnell auch die Ehrliebe und Toleranz des Königs derlei lächerliche Anklagen zu Boden schlug, so war dennoch nicht zu leugnen, daß er durch seine Kriegsunternehmungen am Rhein dem Argwohn seiner Gegner eine gefährliche Blöße gab und einigermaßen den Verdacht rechtfertigte, als ob er seine Waffen weniger gegen den Kaiser und den Herzog von Bayern als gegen die katholische Religion überhaupt habe richten wollen.

1793

Historischer CALENDER für Damen für das Jahr 1793

___

von

Friedrich Schiller

___

Leipzig
bey G. J. Göschen.

Titelkupfer

Friedliche Tauben nisten in einem Helm. Sie werden von Amor gefüttert, dem Ceres die Ähren reicht.

Geschichte des Dreißigjährigen Kriegs
Fortsetzung des Dritten Buchs

Das allgemeine Geschrei des Unwillens, welches die katholischen Höfe, von den Jesuiten aufgereizt, gegen Frankreichs Verbindungen mit den Feinden der Kirche erhuben, bewog endlich den Kardinal von Richelieu, für die Sicherstellung seiner Religion einen entscheidenden Schritt zu tun und die katholische Welt zugleich von dem ernstlichen Religionseifer Frankreichs und von der eigennützigen Politik der geistlichen Reichsstände zu überführen. Überzeugt, daß die Absichten des Königs von Schweden, so wie seine eignen, nur auf die Demütigung des Hauses Österreich gerichtet seien, trug er kein Bedenken, den ligistischen Fürsten von seiten Schwedens eine vollkommene Neutralität zu versprechen, sobald sie sich der Allianz mit dem Kaiser entschlagen und ihre Truppen zurückziehen würden. Welchen Entschluß nun die Fürsten faßten, so hatte Richelieu seinen Zweck erreicht. Durch ihre Trennung von der österreichischen Partei wurde Ferdinand den vereinigten Waffen Frankreichs und Schwedens wehrlos bloßgestellt, und Gustav Adolf, von allen seinen übrigen Feinden in Deutschland befreit, konnte seine ungeteilte Macht gegen die kaiserlichen Erbländer kehren. Unvermeidlich war dann der Fall des österreichischen Hauses und dieses letzte große Ziel aller Bestrebungen Richelieus ohne Nachteil der Kirche errungen. Ungleich mißlicher hingegen war der Erfolg, wenn die Fürsten der Ligue auf ihrer Weigerung bestehn und dem österreichischen Bündnis noch fernerhin getreu bleiben sollten. Dann aber hatte Frankreich vor dem ganzen Europa seine katholische Gesinnung erwiesen und seinen Pflichten als Glied der römischen Kirche ein Genüge getan. Die Fürsten der Ligue erschienen dann allein als die Urheber alles Unglücks, welches die Fortdauer des Kriegs über das katholische Deutschland unausbleiblich verhängen mußte; sie allein waren es, die durch ihre eigensinnige Anhänglichkeit an den Kaiser die Maßregeln ihres Beschützers vereitelten, die Kirche in die äußerste Gefahr und sich selbst ins Verderben stürzten.

Richelieu verfolgte diesen Plan um so lebhafter, je mehr er durch die wiederholten Aufforderungen des Kurfürsten von Bayern um französische Hilfe ins Gedränge gebracht wurde. Man erinnert sich, daß dieser Fürst schon seit der Zeit, als er Ursache gehabt hatte, ein Mißtrauen in die Gesinnungen des Kaisers zu setzen, in ein geheimes Bündnis mit Frankreich getreten war, wodurch er sich den Besitz der pfälzischen Kurwürde gegen eine künftige Sinnesänderung Ferdinands zu versichern hoffte. So deutlich auch schon der Ursprung dieses Traktats zu erkennen gab, gegen welchen Feind er errichtet worden, so dehnte ihn Maximilian jetzt, willkürlich genug, auch auf die Angriffe des Königs von Schweden aus und trug kein Bedenken, dieselbe Hilfeleistung, welche man ihm bloß gegen Österreich zugesagt hatte, auch gegen Gustav Adolf, den Alliierten der französischen Krone, zu fordern. Durch diese widersprechende Allianz mit zwei einander entgegengesetzten Mächten in Verlegenheit gesetzt, wußte sich Richelieu nur dadurch zu helfen, daß er den Feindseligkeiten zwischen beiden ein schleuniges Ende machte; und ebensowenig geneigt, Bayern preiszugeben, als durch seinen Vertrag mit Schweden außerstand gesetzt, es zu schützen, verwendete er sich mit ganzem Eifer für die Neutralität als das einzige Mittel, seinen doppelten Verbindungen ein Genüge zu leisten. Ein eigner Bevollmächtigter, Marquis von Brézé, wurde zu diesem Ende an den König von Schweden nach Mainz abgeschickt, seine Gesinnungen über diesen Punkt zu erforschen und für die alliierten Fürsten günstige Bedingungen von ihm zu erhalten. Aber so wichtige Ursachen Ludwig der Dreizehnte hatte, diese Neutralität zustande gebracht zu sehen, so triftige Gründe hatte Gustav Adolf, das Gegenteil zu wünschen. Durch zahlreiche Proben überzeugt, daß der Abscheu der ligistischen Fürsten vor der protestantischen Religion unüberwindlich, ihr Haß gegen die ausländische Macht der Schweden unauslöschlich, ihre Anhänglichkeit an das Haus Österreich unvertilgbar sei, fürchtete er ihre offenbare Feindschaft weit weniger, als er einer Neutralität mißtraute, die mit ihrer Neigung so sehr im Widerspruche stand. Da er sich überdies durch seine Lage auf deutschem Boden genötigt sah, auf Kosten der Feinde den Krieg fortzusetzen, so verlor er augenscheinlich, wenn er, ohne neue Freunde dadurch zu gewinnen, die Zahl seiner öffentlichen Feinde verminderte. Kein Wunder also, wenn Gustav Adolf wenig Neigung blicken ließ, die Neutralität der katholischen Fürsten, wodurch ihm so wenig geholfen war, durch Aufopferung seiner errungenen Vorteile zu erkaufen!

Die Bedingungen, unter welchen er dem Kurfürsten von Bayern die Neutralität bewilligte, waren drückend und diesen Gesinnungen gemäß. Er forderte von der katholischen Ligue eine gänzliche Untätigkeit, Zurückziehung ihrer Truppen von der kaiserlichen Armee, aus den eroberten Plätzen, aus allen protestantischen Ländern. Noch außerdem wollte er die ligistische Kriegsmacht auf eine geringe Anzahl herabgesetzt wissen. Alle ihre Länder sollten den kaiserlichen Armeen verschlossen sein und dem Hause Österreich weder Mannschaft noch Lebensmittel und Munition aus denselben gestattet werden. So hart das

Gesetz war, welches der Überwinder den Überwundenen auflegte, so schmeichelte sich der französische Mediateur noch immer, den Kurfürsten von Bayern zu Annehmung desselben vermögen zu können. Dieses Geschäft zu erleichtern, hatte sich Gustav Adolf bewegen lassen, dem letztern einen Waffenstillstand auf vierzehn Tage zu bewilligen. Aber zur nämlichen Zeit, als dieser Monarch durch den französischen Agenten wiederholte Versicherungen von dem guten Fortgang dieser Unterhandlung erhielt, entdeckte ihm ein aufgefangener Brief des Kurfürsten an den General Pappenheim in Westfalen die Treulosigkeit dieses Prinzen, der bei der ganzen Negotiation nichts gesucht hatte, als Zeit zur Verteidigung zu gewinnen. Weit davon entfernt, sich durch einen Vergleich mit Schweden in seinen Kriegsunternehmungen Fesseln anlegen zu lassen, beschleunigte vielmehr der hinterlistige Fürst seine Rüstung und benutzte die Muße, die ihm der Feind ließ, desto nachdrücklichere Anstalten zur Gegenwehr zu treffen. Diese ganze Neutralitätsunterhandlung zerriß also fruchtlos und hatte zu nichts gedient, als die Feindseligkeit zwischen Bayern und Schweden mit desto größrer Erbitterung zu erneuern.

Tillys vermehrte Macht, womit dieser Feldherr Franken zu überschwemmen drohte, forderte den König dringend nach diesem Kreise; zuvor aber mußten die Spanier von dem Rheinstrom vertrieben und ihnen der Weg versperrt werden, von den Niederlanden aus die deutschen Provinzen zu bekriegen. In dieser Absicht hatte Gustav Adolf bereits dem Kurfürsten von Trier, Philipp von Sötern, die Neutralität unter der Bedingung angeboten, daß ihm die trierische Festung Hermannstein eingeräumt und den schwedischen Truppen ein freier Durchzug durch Koblenz bewilligt würde. Aber so ungern der Kurfürst seine Länder in spanischen Händen sah, so viel weniger konnte er sich entschließen, sie dem verdächtigen Schutz eines Ketzers zu übergeben und den schwedischen Eroberer zum Herrn seines Schicksals zu machen. Da er sich jedoch außerstande sah, gegen zwei so furchtbare Mitbewerber seine Unabhängigkeit zu behaupten, so suchte er unter den mächtigen Flügeln Frankreichs Schutz gegen beide. Mit gewohnter Staatsklugheit hatte Richelieu die Verlegenheit dieses Fürsten benutzt, Frankreichs Macht zu vergrößern und ihm einen wichtigen Alliierten an Deutschlands Grenze zu erwerben. Eine zahlreiche französische Armee sollte die trierischen Lande decken und die Festung Ehrenbreitstein französische Besatzung einnehmen. Aber die Absicht, welche den Kurfürsten zu diesem gewagten Schritte vermocht hatte, wurde nicht ganz erfüllt; denn die gereizte Empfindlichkeit Gustav Adolfs ließ sich nicht eher besänftigen, als bis auch den schwedischen Truppen ein freier Durchzug durch die trierischen Lande gestattet wurde.

Indem dieses mit Trier und Frankreich verhandelt wurde, hatten die Generale des Königs das ganze Erzstift Mainz von dem Überreste der spanischen Garnisonen gereinigt, und Gustav Adolf selbst durch die Einnahme von Kreuznach die Eroberung dieses Landstrichs vollendet. Das Eroberte zu beschützen, mußte der Reichskanzler Oxenstierna mit einem Teile der Armee an dem mittlern Rheinstrome zurückbleiben, und das Haupttheer setzte sich unter Anführung des Königs in Marsch, auf fränkischem Boden den Feind aufzusuchen.

Um den Besitz dieses Kreises hatten unterdessen Graf Tilly und der schwedische General von Horn, den Gustav Adolf mit achttausend Mann darin zurückließ, mit abwechselndem Kriegsglück gestritten, und das Hochstift Bamberg besonders war zugleich der Preis und der Schauplatz ihrer Verwüstungen. Von seinen übrigen Entwürfen an den Rheinstrom gerufen, überließ der König seinem Feldherrn die Züchtigung des Bischofs, der durch sein treuloses Betragen seinen Zorn gereizt hatte, und die Tätigkeit des Generals rechtfertigte die Wahl des Monarchen. In kurzer Zeit unterwarf er einen großen Teil des Bistums den schwedischen Waffen, und die Hauptstadt selbst, von der kaiserlichen Besatzung im Stich gelassen, lieferte ihm ein stürmender Angriff in die Hände. Dringend forderte nun der verjagte Bischof den Kurfürsten von Bayern zum Beistand auf, der sich endlich bewegen ließ, Tillys Untätigkeit zu verkürzen. Durch den Befehl seines Herrn zur Wiedereinsetzung des Bischofs bevollmächtigt, zog dieser General seine durch die Oberpfalz zerstreuten Truppen zusammen und näherte sich Bamberg mit einem zwanzigtausend Mann starken Heere. Gustav Horn, fest entschlossen, seine Eroberung gegen diese überlegene Macht zu behaupten, erwartete hinter den Wällen Bambergs den Feind, mußte sich aber durch den bloßen Vortrab des Tilly entrissen sehn, was er der ganzen versammelten Armee gehofft hatte streitig zu machen. Eine Verwirrung unter seinen Truppen, die keine Geistesgegenwart des Feldherrn zu verbessern vermochte, öffnete dem Feinde die Stadt, daß Truppen, Bagage und Geschütz nur mit Mühe gerettet werden konnten. Bambergs Wiedereroberung war die Frucht dieses Sieges; aber den schwedischen General, der sich in guter Ordnung über den Mainstrom zurückzog, konnte Graf Tilly, aller angewandten Geschwindigkeit ungeachtet, nicht mehr einholen. Die Erscheinung des Königs in Franken, welchem Gustav Horn den Rest seiner Truppen bei Kitzingen zuführte, setzte seinen Eroberungen ein schnelles Ziel und zwang ihn, durch einen zeitigen Rückzug für seine eigne Rettung zu sorgen.

Zu Aschaffenburg hatte der König allgemeine Heerschau über seine Truppen gehalten, deren Anzahl nach der Vereinigung mit Gustav Horn, Banér und Herzog Wilhelm von Weimar auf beinahe vierzigtausend stieg. Nichts hemmte seinen Marsch durch Franken; denn Graf Tilly, viel zu schwach, einen so sehr überlegenen Feind zu erwarten, hatte sich in schnellen Märschen gegen die Donau gezogen. Böhmen und Bayern lagen jetzt dem König gleich nahe, und in der Ungewißheit, wohin dieser Eroberer seinen Lauf richten würde, konnte Maximilian nicht sogleich eine Entschließung fassen. Der Weg, welchen man Tilly jetzt nehmen ließ, mußte die Wahl des Königs und das Schicksal beider Provinzen entscheiden. Gefährlich war es, bei der Annäherung eines so furchtbaren Feindes Bayern unverteidigt zu lassen, um Österreichs Grenzen zu schirmen; gefährlicher noch, durch Aufnahme des Tilly in Bayern zugleich auch den Feind in dies Land zu rufen und es zum Schauplatz eines verwüstenden Kampfes zu machen. Die Sorge des Landesvaters siegte endlich über die Bedenklichkeiten des Staatsmanns, und Tilly erhielt Befehl, was auch daraus erfolgen möchte, Bayerns Grenzen mit seiner ganzen Macht zu verteidigen.

Mit triumphierender Freude empfing die Reichsstadt *Nürnberg* den Beschützer protestantischer Religion und deutscher Freiheit, und der schwärmerische Enthusiasmus der Bürger ergoß sich bei seinem Anblick in rührende Äußerungen des Jubels und der Bewunderung. Gustav selbst konnte sein Erstaunen nicht unterdrücken, sich hier in dieser Stadt, im Mittelpunkte Deutschlands zu sehen, bis wohin er nie gehofft hatte, seine Fahnen auszubreiten. Der edle schöne Anstand seiner Person vollendete den Eindruck seiner glorreichen Taten, und die Herablassung, womit er die Begrüßungen dieser Reichsstadt erwiderte, hatte ihm in wenig Augenblicken alle Herzen erobert. In Person bestätigte er jetzt das Bündnis, das er noch an den Ufern des Belts mit derselben errichtet hatte, und verband alle Bürger zu einem glühenden Tateneifer und brüderlicher Eintracht

GESCHICHTE DES DREISSIGJÄHRIGEN KRIEGS

Gustav Adolphs Ankunft in Nürnberg.
Die Rathsherrn bringen ihm zwei goldene Becher
in Form eines Globi zum Geschenck.

gegen den gemeinschaftlichen Feind. Nach einem kurzen Aufenthalt in Nürnbergs Mauern folgte er seiner Armee gegen die Donau und stand vor der Grenzfestung *Donauwörth,* ehe man einen Feind da vermutete. Eine zahlreiche bayrische Besatzung verteidigte diesen Platz, und der Anführer derselben, Rudolf Maximilian Herzog von Sachsen-Lauenburg, zeigte anfangs die mutigste Entschlossenheit, sich bis zur Ankunft des Tilly zu halten. Bald aber zwang ihn der Ernst, mit welchem Gustav Adolf die Belagerung anfing, auf einen schnellen und sichern Abzug zu denken, den er auch unter dem heftigsten Feuer des schwedischen Geschützes glücklich ins Werk richtete.

Die Einnahme Donauwörths öffnete dem König das jenseitige Ufer der Donau, und nur der kleine Lechstrom trennte ihn noch von Bayern. Diese nahe Gefahr seiner Länder weckte die ganze Tätigkeit Maximilians, und so leicht er es bis jetzt dem Feind gemacht hatte, bis an die Schwelle seiner Staaten zu dringen, so entschlossen zeigte er sich nun, ihm den letzten Schritt zu erschweren. Jenseits des Lechs, bei der kleinen Stadt *Rain,* bezog Tilly ein wohlbefestigtes Lager, welches, von drei Flüssen umgeben, jedem Angriffe Trotz bot. Alle Brücken über den Lech hatte man abgeworfen, die ganze Länge des Stroms bis Augsburg durch starke Besatzungen verteidigt und sich diese Reichsstadt selbst, welche längst schon ihre Ungeduld blicken ließ, dem Beispiel Nürnbergs und Frankfurts zu folgen, durch Einführung einer bayrischen Garnison und Entwaffnung der Bürger versichert. Der Kurfürst selbst schloß sich mit allen Truppen, die er hatte aufbringen können, in das Tillysche Lager ein, gleich als ob an diesem einzigen Posten alle seine Hoffnungen hafteten und das Glück der Schweden an dieser äußersten Grenzmauer scheitern sollte.

Bald erschien Gustav Adolf am Ufer, den bayrischen

Verschanzungen gegenüber, nachdem er sich das ganze augsburgische Gebiet diesseits des Lechs unterworfen und seinen Truppen eine reiche Zufuhr aus diesem Landstrich geöffnet hatte. Es war im Märzmonat, wo dieser Strom von häufigen Regengüssen und von dem Schnee der tirolischen Gebirge zu einer ungewöhnlichen Höhe schwillt und zwischen steilen Ufern mit reißender Schnelligkeit flutet. Ein gewisses Grab öffnete sich dem waghälsigen Stürmer in seinen Wellen, und am entgegenstehenden Ufer zeigten ihm die feindlichen Kanonen ihre mördrischen Schlünde. Ertrotzte er dennoch mitten durch die Wut des Wassers und des Feuers den fast unmöglichen Übergang, so erwartete die ermatteten Truppen ein frischer und mutiger Feind in einem unüberwindlichen Lager, und nach Erholung schmachtend finden sie – eine Schlacht. Mit erschöpfter Kraft müssen sie die feindlichen Schanzen ersteigen, deren Festigkeit jedes Angriffs zu spotten scheint. Eine Niederlage, an diesem Ufer erlitten, führt sie unvermeidlich zum Untergange; denn derselbe Strom, der ihnen die Bahn zum Siege erschwert, versperrt ihnen alle Wege zur Flucht, wenn das Glück sie verlassen sollte.

Der schwedische Kriegsrat, den der Monarch jetzt versammelte, machte das ganze Gewicht dieser Gründe gelten, um die Ausführung eines so gefahrvollen Unternehmens zu hindern. Auch die Tapfersten zagten, und eine ehrwürdige Schar im Dienste grau gewordener Krieger errötete nicht, ihre Besorgnisse zu gestehen. Aber der Entschluß des Königs war gefaßt. «Wie?» sagte er zu Gustav Horn, der das Wort für die übrigen führte: «über die Ostsee, über so viele große Ströme Deutschlands hätten wir gesetzt, und vor einem Bache, vor diesem Lech hier, sollten wir ein Unternehmen aufgeben?» Er hatte bereits bei Besichtigung der Gegend, die er mit mancher Lebensgefahr anstellte, die Entdeckung gemacht, daß das diesseitige Ufer über das jenseitige merklich hervorrage und die Wirkung des schwedischen Geschützes vorzugsweise vor dem des Feindes begünstige. Mit schneller Besonnenheit wußte er diesen Umstand zu nützen. Unverzüglich ließ er an der Stelle, wo sich das linke Ufer des Lechs gegen das rechte zu krümmte, drei Batterien aufwerfen, von welchen zweiundsiebenzig Feldstücke ein kreuzweises Feuer gegen den Feind unterhielten. Während daß diese wütende Kanonade die Bayern von dem jenseitigen Ufer entfernte, ließ er in größter Eilfertigkeit über den Lech eine Brücke schlagen; ein dicker Dampf, aus angezündetem Holz und nassem Stroh in einem fort unterhalten, entzog das aufsteigende Werk lange Zeit den Augen der Feinde, indem zugleich der fast ununterbrochene Donner des Geschützes das Getöse der Zimmeräxte unhörbar machte. Er selbst ermunterte durch sein eigenes Beispiel den Eifer der Truppen und brannte mit eigner Hand über sechzig Kanonen ab. Mit gleicher Lebhaftigkeit wurde diese Kanonade zwei Stunden lang von den Bayern, wiewohl mit ungleichem Vorteil, erwidert, da die hervorragenden Batterien der Schweden das jenseitige niedre Ufer beherrschten und die Höhe des ihrigen ihnen gegen das feindliche Geschütz zur Brustwehre diente. Umsonst strebten die Bayern, die feindlichen Werke vom Ufer aus zu zerstören; das überlegene Geschütz der Schweden verscheuchte sie, und sie mußten die Brücke, fast unter ihren Augen, vollendet sehen. Tilly tat an diesem schrecklichen Tage das Äußerste, den Mut der Seinigen zu entflammen, und keine noch so drohende Gefahr konnte ihn von dem Ufer abhalten. Endlich fand ihn der Tod, den er suchte. Eine Falkonettkugel zerschmetterte ihm das Bein, und bald nach ihm ward auch *Altringer,* sein gleich tapfrer Streitgenosse, am Kopfe gefährlich verwundet. Von der begeisternden Gegenwart dieser beiden Führer verlassen, wankten endlich die Bayern, und wider seine Neigung wurde selbst Maximilian zu einem kleinmütigen Entschluß fortgerissen. Von den Vorstellungen des sterbenden Tilly besiegt, dessen gewohnte Festigkeit der annähernde Tod überwältigt hatte, gab er voreilig seinen unüberwindlichen Posten verloren, und eine von den Schweden entdeckte Furt, durch welche die Reiterei im Begriff war, den Übergang zu wagen, beschleunigte seinen mutlosen Abzug. Noch in derselben Nacht brach er, ehe noch ein feindlicher Soldat über den Lechstrom gesetzt hatte, sein Lager ab, und ohne dem Könige Zeit zu lassen, ihn auf seinem Marsch zu beunruhigen, hatte er sich in bester Ordnung nach Neuburg und Ingolstadt gezogen. Mit Befremdung sahe Gustav Adolf, der am folgenden Tage den Übergang vollführte, das feindliche Lager leer, und die Flucht des Kurfürsten erregte seine Verwunderung noch mehr, als er die Festigkeit des verlassenen Lagers entdeckte. «Wär' ich der Bayer gewesen», rief er erstaunt aus, «nimmermehr – und hätte mir auch eine Stückkugel Bart und Kinn weggenommen – nimmermehr würde ich einen Posten, wie dieser da, verlassen und dem Feind meine Staaten geöffnet haben.»

Jetzt also lag Bayern dem Sieger offen, und die Kriegsflut, die bis jetzt nur an den Grenzen dieses Landes gestürmt hatte, wälzte sich zum erstenmal über seine lange verschonten gesegneten Fluren. Bevor sich aber der König an Eroberung dieses feindlich gesinnten Landes wagte, entriß er erst die Reichsstadt Augsburg dem bayrischen Joche, nahm ihre Bürger in Pflichten und versicherte sich ihrer Treue durch eine zurückgelaßne Besatzung. Darauf rückte er in beschleunigten Märschen gegen Ingolstadt an, um durch Einnahme dieser wichtigen Festung, welche der Kurfürst mit einem großen Teile seines Heeres deckte, seine Eroberungen in Bayern zu sichern und festen Fuß an die Donau zu fassen.

Bald nach seiner Ankunft vor Ingolstadt beschloß der

DRITTES BUCH

Tylli ist tötlich am Knie verwundet,
und wird in einen Gehölz verbunden.

verwundete Tilly in den Mauern dieser Stadt seine Laufbahn, an welcher das untreue Glück alle seine Launen erschöpft hatte. Von der überlegenen Feldherrngröße Gustav Adolfs zermalmt, sah er am Abend seiner Tage alle Lorbeern seiner frühern Siege dahinwelken und befriedigte durch eine Kette von Widerwärtigkeiten die Gerechtigkeit des Schicksals und Magdeburgs zürnende Manen. In ihm verlor die Armee des Kaisers und der Ligue einen unersetzlichen Führer, die katholische Religion den eifrigsten ihrer Verteidiger und Maximilian von Bayern den treusten seiner Diener, der seine Treue durch den Tod versiegelte und die Pflichten des Feldherrn auch noch sterbend erfüllte. Sein letztes Vermächtnis an den Kurfürsten war die Ermahnung, die Stadt Regensburg zu besetzen, um Herr der Donau und mit Böhmen in Verbindung zu bleiben.

Mit der Zuversicht, welche die Frucht so vieler Siege zu sein pflegt, unternahm Gustav Adolf die Belagerung der Stadt und hoffte durch das Ungestüm der ersten Attacken ihren Widerstand zu besiegen. Aber die Festigkeit ihrer Werke und die Tapferkeit der Besatzung setzten ihm Hindernisse entgegen, die er seit der Breitenfelder Schlacht nicht zu bekämpfen gehabt hatte, und wenig fehlte, daß die Wälle von Ingolstadt nicht das Ziel seiner Taten wurden. Beim Rekognoszieren der Festung streckte ein Vierundzwanzigpfünder sein Pferd unter ihm in den Staub, daß er zu Boden stürzte, und kurz darauf ward sein Liebling, der junge Markgraf von Baden, durch eine Stückkugel von seiner Seite weggerissen. Mit schneller Fassung erhob sich der König wieder und beruhigte sein erschrockenes Volk, indem er sogleich auf einem andern Pferde seinen Weg fortsetzte. Verloren war dieser warnende Wink seines Genius, und unentrinnbar sollte ihn bei Lützen der Tod ereilen, dessen Schreckbild ihm an Ingolstadts Wällen entgegentrat.

Die Besitznehmung der Bayern von Regensburg, welche Reichsstadt der Kurfürst, dem Rat des Tilly gemäß, durch List überraschte und durch eine starke Besatzung in seinen Fesseln hielt, änderte schnell den Kriegsplan des Königs. Er selbst hatte sich mit der Hoffnung geschmeichelt, diese protestantisch gesinnte Reichsstadt in seine Gewalt zu bekommen und an ihr eine nicht minder ergebene Bundsgenossin als an Nürnberg, Augsburg und Frankfurt zu finden. Die Unterjochung derselben durch die Bayern entfernte auf lange Zeit die Erfüllung seines vornehmsten Wunsches, sich der Donau zu bemächtigen und seinem Gegner alle Hilfe von Böhmen aus abzuschneiden. Schnell verließ er Ingolstadt, an dessen Wällen er Zeit und Volk fruchtlos verschwendete, und drang in das Innerste von Bayern, um den Kurfürsten zur Beschützung seiner Staaten herbeizulocken und so die Ufer der Donau von ihren Verteidigern zu entblößen.

Das ganze Land bis München lag dem Eroberer offen. Moosburg, Landshut, das ganze Stift Freisingen unterwarfen sich ihm; nichts konnte seinen Waffen widerstehn. Fand er aber gleich keine ordentliche Kriegsmacht auf seinem Wege, so hatte er in der Brust jedes Bayern einen desto unversöhnlichern Feind, den Religionsfanatismus, zu bekämpfen. Soldaten, die nicht an den Papst glaubten, waren auf diesem Boden eine neue, eine unerhörte Erscheinung; der blinde Eifer der Pfaffen hatte sie dem Landmann als Ungeheuer, als Kinder der Hölle, und ihren Anführer als den Antichrist abgeschildert. Kein Wunder, wenn man sich von allen Pflichten der Natur und der Menschlichkeit gegen diese Satansbrut lossprach und zu den schrecklichsten Gewalttaten sich berechtigt glaubte. Wehe dem schwedischen Soldaten, der einem Haufen dieser Wilden einzeln in die Hände fiel! Alle Martern, welche die erfinderische Wut nur erdenken mag, wurden an diesen unglücklichen

Schlachtopfern ausgeübt, und der Anblick ihrer verstümmelten Körper entflammte die Armee zu einer schrecklichen Wiedervergeltung. Nur Gustav Adolf befleckte durch keine Handlung der Rache seinen Heldencharakter, und das schlechte Vertrauen der Bayern zu seinem Christentum, weit entfernt, ihn von den Vorschriften der Menschlichkeit gegen dieses unglückliche Volk zu entbinden, machte ihm vielmehr zu der heiligsten Pflicht, durch eine desto strengere Mäßigung seinen Glauben zu ehren.

Die Annäherung des Königs verbreitete Schrecken und Furcht in der Hauptstadt, die, von Verteidigern entblößt und von den vornehmsten Einwohnern verlassen, bei der Großmut des Siegers allein ihre Rettung suchte. Durch eine unbedingte freiwillige Unterwerfung hoffte sie seinen Zorn zu besänftigen und schickte schon bis Freisingen Deputierte voraus, ihm ihre Torschlüssel zu Füßen zu legen. Wie sehr auch der König durch die Unmenschlichkeit der Bayern und durch die feindselige Gesinnung ihres Herrn zu einem grausamen Gebrauch seiner Eroberungsrechte gereizt, wie dringend er, selbst von Deutschen, bestürmt wurde, Magdeburgs Schicksal an der Residenz ihres Zerstörers zu ahnden, so verachtete doch sein großes Herz diese niedrige Rache, und die Wehrlosigkeit des Feindes entwaffnete seinen Grimm. Zufrieden mit dem edlern Triumph, den Pfalzgrafen Friedrich mit siegreichem Pomp in die Residenz desselben Fürsten zu führen, der das vornehmste Werkzeug seines Falls und der Räuber seiner Staaten war, erhöhte er die Pracht seines Einzugs durch den schöneren Glanz der Mäßigung und der Milde.

Der König fand in München nur einen verlassenen Palast, denn die Schätze des Kurfürsten hatte man nach Werfen geflüchtet. Die Pracht des kurfürstlichen Schlosses setzte ihn in Erstaunen, und er fragte den Aufseher, der ihm die Zimmer zeigte, nach dem Namen des Baumeisters. «Es ist kein andrer», versetzte dieser, «als der Kurfürst selbst.» – «Ich möchte ihn haben, diesen Baumeister», erwiderte der König, «um ihn nach Stockholm zu schicken.» – «Dafür», antwortete jener, «wird sich der Baumeister zu hüten wissen.» – Als man das Zeughaus durchsuchte, fanden sich bloße Lafetten, zu denen die Kanonen fehlten. Die letztern hatte man so künstlich unter dem Fußboden eingescharrt, daß sich keine Spur davon zeigte, und ohne die Verräterei eines Arbeiters hätte man den Betrug nie erfahren. «Stehet auf von den Toten», rief der König, «und kommet zum Gericht.» – Der Boden ward aufgerissen, und man entdeckte gegen hundertundvierzig Stücke, manche von außerordentlicher Größe, welche größtenteils aus der Pfalz und aus Böhmen erbeutet waren. Ein Schatz von dreißigtausend Dukaten in Golde, der in einem der größern versteckt war, machte das Vergnügen vollkommen, womit dieser kostbare Fund den König überraschte.

Aber eine weit willkommnere Erscheinung würde die bayrische Armee selbst ihm gewesen sein, welche aus ihren Verschanzungen hervorzulocken er ins Herz von Bayern gedrungen war. In dieser Erwartung sah sich der König betrogen. Kein Feind erschien, keine noch so dringende Aufforderung seiner Untertanen konnte den Kurfürsten vermögen, den letzten Überrest seiner Macht in einer Feldschlacht aufs Spiel zu setzen. In Regensburg eingeschlossen, harrte er auf die Hilfe, welche ihm der Herzog von Friedland von Böhmen aus zuführen sollte, und versuchte einstweilen, bis der erwartete Beistand erschien, durch Erneuerung der Neutralitätsunterhandlungen seinen Feind außer Tätigkeit zu setzen. Aber das zu oft gereizte Mißtrauen des Monarchen vereitelte diesen Zweck, und die vorsetzliche Zögerung Wallensteins ließ Bayern unterdessen den Schweden zum Raub werden.

So weit war Gustav Adolf von Sieg zu Sieg, von

GESCHICHTE DES DREISSIGJÄHRIGEN KRIEGS

Gustav Adolph in München.
Jesuiten begleiten ihn mit verstellter Freundlichkeit.

Eroberung zu Eroberung fortgeschritten, ohne auf seinem Weg einen Feind zu finden, der ihm gewachsen gewesen wäre. Ein Teil von Bayern und Schwaben, Frankens Bistümer, die untere Pfalz, das Erzstift Mainz lagen bezwungen hinter ihm; bis an die Schwelle der österreichischen Monarchie hatte ein nie unterbrochenes Glück ihn begleitet und ein glänzender Erfolg den Operationsplan gerechtfertigt, den er sich nach dem Breitenfelder Sieg vorgezeichnet hatte. Wenn es ihm gleich nicht, wie er wünschte, gelungen war, die gehoffte Vereinigung unter den protestantischen Reichsständen durchzusetzen, so hatte er doch die Glieder der katholischen Ligue entwaffnet oder geschwächt, den Krieg größtenteils auf ihre Kosten bestritten, die Hilfsquellen des Kaisers vermindert, den Mut der schwächern Stände gestärkt und durch die gebrandschatzten Länder der kaiserlichen Alliierten einen Weg nach den österreichischen Staaten gefunden. Wo er durch die Gewalt der Waffen keinen Gehorsam erpressen konnte, da leistete ihm die Freundschaft der Reichsstädte, die er durch die vereinigten Bande der Politik und Religion an sich zu fesseln gewußt hatte, die wichtigsten Dienste, und er konnte, so lange er die Überlegenheit im Felde behielt, alles von ihrem Eifer erwarten. Durch seine Eroberungen am Rhein waren die Spanier von der Unterpfalz abgeschnitten, wenn ihnen der niederländische Krieg auch noch Kräfte ließ, teil an dem deutschen zu nehmen; auch der Herzog von Lothringen hatte nach seinem verunglückten Feldzuge die Neutralität vorgezogen. Noch so viele längs seines Zuges durch Deutschland zurückgelaßne Besatzungen hatten sein Heer nicht vermindert, und noch ebenso frisch, als es diesen Zug angetreten hatte, stand es jetzt mitten in Bayern, entschlossen und gerüstet, den Krieg in das Innerste von Österreich zu wälzen.

Während daß Gustav Adolf den Krieg im Reiche mit

solcher Überlegenheit führte, hatte das Glück seinen Bundsgenossen, den Kurfürsten von Sachsen, auf einem andern Schauplatz nicht weniger begünstigt. Man erinnert sich, daß bei der Beratschlagung, welche nach der Leipziger Schlacht zwischen beiden Fürsten zu Halle angestellt worden, die Eroberung Böhmens dem Kurfürsten von Sachsen zum Anteil fiel, indem der König für sich selbst den Weg nach den ligistischen Ländern erwählte. Die erste Frucht, welche der Kurfürst von dem Siege bei Breitenfeld erntete, war die Wiedereroberung von Leipzig, worauf in kurzer Zeit die Befreiung des ganzen Kreises von den kaiserlichen Besatzungen folgte. Durch die Mannschaft verstärkt, welche von der feindlichen Garnison zu ihm übertrat, richtete der sächsische General von Arnheim seinen Marsch nach der Lausitz, welche Provinz ein kaiserlicher General, Rudolf von Tiefenbach, mit einer Armee überschwemmt hatte, den Kurfürsten von Sachsen wegen seines Übertritts zu der Partei des Feindes zu züchtigen. Schon hatte er in dieser schlecht verteidigten Provinz die gewöhnlichen Verwüstungen angefangen, mehrere Städte erobert und Dresden selbst durch seine drohende Annäherung erschreckt. Aber diese reißenden Fortschritte hemmte plötzlich ein ausdrücklicher wiederholter Befehl des Kaisers, alle sächsischen Besitzungen mit Krieg zu verschonen.

Zu spät erkannte Ferdinand die fehlerhafte Politik, die ihn verleitet hatte, den Kurfürsten von Sachsen aufs Äußerste zu bringen und dem König von Schweden diesen wichtigen Bundsgenossen gleichsam mit Gewalt zuzuführen. Was er durch einen unzeitigen Trotz verdarb, wollte er jetzt durch eine ebenso übel angebrachte Mäßigung wiedergutmachen, und er beging einen zweiten Fehler, indem er den ersten verbessern wollte. Seinem Feind einen so mächtigen Alliierten zu rauben, erneuerte er durch Vermittlung der Spanier die Unterhandlungen mit dem Kurfürsten, und,

Mannszucht, den zerstreuten Korps an übereinstimmender Wirksamkeit, den Ständen an gutem Willen, den Oberhäuptern an Eintracht, an Schnelligkeit des Entschlusses und an Festigkeit bei Vollstreckung desselben. Nicht ihre größere Macht, nur der beßre Gebrauch, den sie von ihren Kräften zu machen wußten, war es, was den Feinden des Kaisers ein so entschiedenes Übergewicht gab. Nicht an Mitteln, nur an einem *Geiste,* der sie anzuwenden Fähigkeit und Vollmacht besaß, fehlte es der Ligue und dem Kaiser. Hätte Graf Tilly auch nie seinen Ruhm verloren, so ließ das Mißtrauen gegen Bayern doch nicht zu, das Schicksal der Monarchie in die Hände eines Mannes zu geben, der seine Anhänglichkeit an das bayrische Haus nie verleugnete. Ferdinands dringendstes Bedürfnis war also ein *Feldherr,* der gleich viel Erfahrenheit besaß, eine Armee zu bilden und anzuführen, und der seine Dienste dem österreichischen Hause mit blinder Ergebenheit widmete.

Die Wahl eines solchen war es, was nunmehr den geheimen Rat des Kaisers beschäftigte und die Mitglieder desselben untereinander entzweite. Einen König dem andern gegenüberzustellen und durch die Gegenwart ihres Herrn den Mut der Truppen zu entflammen, stellte sich Ferdinand im ersten Feuer des Affekts *selbst* als den Führer seiner Armee dar; aber es kostete wenig Mühe, einen Entschluß umzustoßen, den nur Verzweiflung eingab und das erste ruhige Nachdenken widerlegte. Doch was dem Kaiser seine Würde und die Last des Regentenamts verbot, erlaubten die Umstände seinem Sohne, einem Jüngling von Fähigkeit und Mut, auf den die österreichischen Untertanen mit frohen Hoffnungen blickten. Schon durch seine Geburt zur Verteidigung einer Monarchie aufgefordert, von deren Kronen er zwei schon auf seinem Haupte trug, verband Ferdinand der Dritte, König von Böhmen und Ungarn, mit der natürlichen Würde des Thronfolgers die

den Fortgang derselben zu erleichtern, mußte Tiefenbach sogleich alle sächsischen Länder verlassen. Aber diese Demütigung des Kaisers, weit entfernt, die gehoffte Wirkung hervorzubringen, entdeckte dem Kurfürsten nur die Verlegenheit seines Feindes und seine eigene Wichtigkeit und ermunterte ihn vielmehr, die errungenen Vorteile desto lebhafter zu verfolgen. Wie konnte er auch, ohne sich durch den schändlichsten Undank verächtlich zu machen, einem Alliierten entsagen, dem er die heiligsten Versicherungen seiner Treue gegeben, dem er für die Rettung seiner Staaten, ja selbst seines Kurhuts verpflichtet war?

Die sächsische Armee, des Zugs nach der Lausitz überhoben, nahm also ihren Weg nach Böhmen, wo ein Zusammenfluß günstiger Ereignisse ihr im voraus den Sieg zu versichern schien. Noch immer glimmte in diesem Königreiche, dem ersten Schauplatz dieses verderblichen Kriegs, das Feuer der Zwietracht unter der Asche, und durch den fortgesetzten Druck der Tyrannei wurde dem Unwillen der Nation mit jedem Tag neue Nahrung gegeben. Wohin man die Augen richtete, zeigte dieses unglückliche Land Spuren der traurigsten Veränderung. Ganze Ländereien hatten ihre Besitzer gewechselt und seufzten unter dem verhaßten Joche katholischer Herren, welche die Gunst des Kaisers und der Jesuiten mit dem Raube der vertriebenen Protestanten bekleidet hatte. Andre hatten das öffentliche Elend benutzt, die eingezogenen Güter der Verwiesenen um geringe Preise an sich zu kaufen. Das Blut der vornehmsten Freiheitsverfechter war auf Henkerbühnen verspritzt worden, und welche durch eine zeitige Flucht dem Verderben entrannen, irrten ferne von ihrer Heimat im Elend umher, während daß die geschmeidigen Sklaven des Despotismus ihr Erbe verschwelgten. Unerträglicher als der Druck dieser kleinen Tyrannen war der Gewissenszwang, welcher die ganze protestantische Partei dieses

Königreichs ohne Unterschied belastete. Keine Gefahr von außen, keine noch so ernstliche Widersetzung der Nation, keine noch so abschreckende Erfahrung hatte dem Bekehrungseifer der Jesuiten ein Ziel setzen können: wo der Weg der Güte nichts fruchtete, bediente man sich soldatischer Hilfe, die Verirrten in den Schafstall der Kirche zurück zu ängstigen. Am härtesten traf dieses Schicksal die Bewohner des Joachimstals, im Grenzgebirge zwischen Böhmen und Meißen. Zwei kaiserliche Kommissarien, durch ebensoviel Jesuiten und fünfzehn Musketiere unterstützt, zeigten sich in diesem friedlichen Tale, das Evangelium den Ketzern zu predigen. Wo die Beredsamkeit der ersten nicht zulangte, suchte man durch gewaltsame Einquartierung der letztern in die Häuser, durch angedrohte Verbannung, durch Geldstrafen seinen Zweck durchzusetzen. Aber für diesmal siegte die gute Sache, und der herzhafte Widerstand dieses kleinen Volks nötigte den Kaiser, sein Bekehrungsmandat schimpflich zurückzunehmen. Das Beispiel des Hofes diente den Katholiken des Königreichs zur Richtschnur ihres Betragens und rechtfertigte alle Arten der Unterdrükkung, welche ihr Übermut gegen die Protestanten auszuüben versucht war. Kein Wunder, wenn diese schwer verfolgte Partei einer Veränderung günstig wurde und ihrem Befreier, der sich jetzt an der Grenze zeigte, mit Sehnsucht entgegensah.

Schon war die sächsische Armee im Anzuge gegen Prag. Aus allen Plätzen, vor denen sie erschien, waren die kaiserlichen Besatzungen gewichen. Schluckenau, Tetschen, Außig, Leitmeritz fielen schnell nacheinander in Feindes Hand, jeder katholische Ort wurde der Plünderung preisgegeben. Schrecken ergriff alle Papisten des Königreichs, und eingedenk der Mißhandlung, welche sie an den Evangelischen ausgeübt hatten, wagten sie es nicht, die rächende Ankunft eines protestantischen Heers zu erwarten. Alles, was katholisch war und etwas zu verlieren hatte, eilte vom Lande nach der Hauptstadt, um auch die Hauptstadt ebenso schnell wieder zu verlassen. Auch Prag war auf keinen Angriff bereitet und an Mannschaft zu arm, um eine lange Belagerung aushalten zu können. Zu spät hatte man sich am Hofe des Kaisers entschlossen, den Feldmarschall Tiefenbach zu Verteidigung dieser Hauptstadt herbeizurufen. Ehe der kaiserliche Befehl die Standquartiere dieses Generals in Schlesien erreichte, waren die Sachsen nicht ferne mehr von Prag, die halb protestantische Bürgerschaft versprach wenig Eifer, und die schwache Garnison ließ keinen langen Widerstand hoffen. In dieser schrecklichen Bedrängnis erwarteten die katholischen Einwohner ihre Rettung von Wallenstein, der in den Mauern dieser Stadt als Privatmann lebte. Aber weit entfernt, seine Kriegserfahrenheit und das Gewicht seines Ansehens zu Erhaltung der Stadt anzuwenden, ergriff er vielmehr den willkommenen Augenblick, seine Rache zu befriedigen. Wenn *er* es auch nicht war, der die Sachsen nach Prag lockte, so war es doch gewiß sein Betragen, was ihnen die Einnahme dieser Stadt erleichterte. Wie wenig sie auch zu einem langen Widerstande geschickt war, so fehlte es ihr dennoch nicht an Mitteln, sich bis zur Ankunft eines Entsatzes zu behaupten; und ein kaiserlicher Oberster, Graf Marradas, bezeigte wirklich Lust, ihre Verteidigung zu übernehmen. Aber ohne Kommando und durch nichts als seinen Eifer und seine Tapferkeit zu diesem Wagestück aufgefordert, unterstand er sich nicht, es auf eigne Gefahr, ohne die Beistimmung eines Höhern, ins Werk zu setzen. Er suchte also Rat bei dem Herzog von Friedland, dessen Billigung den Mangel einer kaiserlichen Vollmacht ersetzte und an den die böhmische Generalität durch einen ausdrücklichen Befehl vom Hof in dieser Extremität angewiesen war. Aber arglistig hüllte sich dieser in seine Dienstlosigkeit und seine gänzliche Zurückziehung von der politischen Bühne und schlug die Entschlossenheit des Subalternen durch die Bedenklichkeiten darnieder, die er als der Mächtige blicken ließ. Die Mutlosigkeit allgemein und vollkommen zu machen, verließ er endlich gar mit seinem ganzen Hofe die Stadt, so wenig er auch bei Einnahme derselben von dem Feinde zu fürchten hatte; und sie ging eben dadurch verloren, daß er sie durch seinen Abzug verloren gab. Seinem Beispiele folgte der ganze katholische Adel, die Generalität mit den Truppen, die Geistlichkeit, alle Beamten der Krone; die ganze Nacht brachte man damit zu, seine Personen, seine Güter zu flüchten. Alle Straßen bis Wien waren mit Fliehenden angefüllt, die sich nicht eher als in der Kaiserstadt von ihrem Schrecken erholten. Marradas selbst, an Prags Errettung verzweifelnd, folgte den übrigen und führte seine kleine Mannschaft bis Tabor, wo er den Ausgang erwarten wollte.

Tiefe Stille herrschte in Prag, als die Sachsen am andern Morgen davor erschienen; keine Anstalt zur Verteidigung, nicht ein einziger Schuß von den Wällen, der eine Gegenwehr der Bewohner verkündigte. Vielmehr sammelte sich eine Menge von Zuschauern um sie her, welche die Neugier aus der Stadt gelockt hatte, das feindliche Heer zu betrachten; und die friedliche Vertraulichkeit, womit sie sich näherten, glich viel mehr einer freundschaftlichen Begrüßung als einem feindlichen Empfange. Aus dem übereinstimmenden Bericht dieser Leute erfuhr man, daß die Stadt leer an Soldaten und die Regierung nach Budweis geflüchtet sei. Dieser unerwartete, unerklärbare Mangel an Widerstand erregte Arnheims Mißtrauen um so mehr, da ihm die eilfertige Annäherung des Entsatzes aus Schlesien kein Geheimnis und die sächsische Armee mit Belagerungswerkzeugen zu wenig versehen, auch an Anzahl bei weitem zu schwach war, um eine so große Stadt zu bestürmen. Vor einem Hinterhalt bange, verdoppelte er seine Wachsamkeit; und er schwebte in dieser Furcht, bis ihm der Haushofmeister des Herzogs von Friedland, den er unter dem Haufen entdeckte, diese unglaubliche Nachricht bekräftigte. «Die Stadt ist ohne Schwertstreich unser», rief er jetzt voll Verwunderung seinen Obersten zu und ließ sie unverzüglich durch einen Trompeter auffordern.

Die Bürgerschaft von Prag, von ihren Verteidigern schimpflich im Stich gelassen, hatte ihren Entschluß längst gefaßt, und es kam bloß darauf an, Freiheit und Eigentum durch eine vorteilhafte Kapitulation in Sicherheit zu setzen. Sobald diese von dem sächsischen General im Namen seines Herrn unterzeichnet war, öffnete man ihm ohne Widersetzung die Tore, und die Armee hielt am 11. November des Jahres 1631 ihren triumphierenden Einzug. Bald folgte der Kurfürst selbst nach, um die Huldigung seiner neuen *Schutzbefohlenen* in Person zu empfangen; denn nur unter diesem Namen hatten sich ihm die drei Prager Städte ergeben; ihre Verbindung mit der österreichischen Monarchie sollte durch diesen Schritt nicht zerrissen sein. So übertrieben groß die Furcht der Papisten vor den Repressalien der Sachsen gewesen war, so angenehm überraschte sie die Mäßigung des Kurfürsten und die gute Mannszucht der Truppen. Besonders legte der Feldmarschall von Arnheim seine Ergebenheit gegen den Herzog von Friedland bei dieser Gelegenheit an den Tag. Nicht zufrieden, alle Ländereien desselben auf seinem Hermarsch verschont zu haben, stellte er jetzt noch Wachen an seinen Palast, damit ja nichts daraus entwendet würde. Die Katholiken der Stadt erfreuten sich der vollkommensten Gewissensfreiheit, und von allen Kirchen, welche sie den Protestanten entrissen hatten, wurden diesen nur *vier* zurückgegeben. Die Jesuiten allein, welchen die allgemeine Stimme alle bisherigen Bedrückungen schuld gab, waren von dieser Duldung ausgeschlossen und mußten das Königreich meiden.

Johann Georg verleugnete selbst als Sieger die subalterne Demut und Unterwürfigkeit nicht, die ihm der kaiserliche Name einflößte, und was sich ein kaiserlicher General wie Tilly und Wallenstein zu Dresden gegen *ihn* unfehlbar würde herausgenommen haben, erlaubte *er* sich zu Prag nicht gegen den Kaiser. Sorgfältig unterschied er den Feind, mit dem er Krieg führte, von dem Reichsoberhaupt, dem er Ehrfurcht schuldig war. Er unterstand sich nicht, das Hausgeräte des letztern zu berühren, indem er sich ohne Bedenken die Kanonen des erstern als gute Beute zueignete und nach Dresden bringen ließ. Nicht im kaiserlichen Palast, sondern im Lichtensteinischen Hause nahm er seine Wohnung, zu bescheiden, die Zimmer desjenigen zu beziehen, dem er ein Königreich entriß. Würde uns dieser Zug von einem großen Mann und einem Helden berichtet, er würde uns mit Recht zur Bewunderung hinreißen. Der Charakter des Fürsten, bei dem er gefunden wird, berechtigt uns zu dem Zweifel, ob wir in dieser Enthaltung mehr den schönen Sieg der Bescheidenheit ehren oder die kleinliche Gesinnung des schwachen Geistes bemitleiden sollen, den das Glück selbst nie kühn macht und die Freiheit selbst nie der gewohnten Fesseln entledigt.

Die Einnahme von Prag, auf welche in kurzer Zeit die Unterwerfung der mehresten Städte folgte, bewirkte eine schnelle und große Veränderung in dem Königreiche. Viele von dem protestantischen Adel, welche bisher im Elend herumgeirrt waren, fanden sich wieder in ihrem Vaterlande ein, und der Graf von Thurn, der berüchtigte Urheber des böhmischen Aufruhrs, erlebte die Herrlichkeit, auf dem ehemaligen Schauplatze seines Verbrechens und seiner Verurteilung sich als Sieger zu zeigen. Über dieselbe Brücke, wo ihm die aufgespießten Köpfe seiner Anhänger das ihn selbst erwartende Schicksal furchtbar vor Augen malten, hielt er jetzt seinen triumphierenden Einzug, und sein erstes Geschäft war, die Schreckbilder zu entfernen. Die Verwiesenen setzten sich sogleich in Besitz ihrer Güter, deren jetzige Eigentümer die Flucht ergriffen hatten. Unbekümmert, wer diesen die aufgewandten Summen erstatten würde, rissen sie alles, was ihre gewesen war, an sich, auch wenn sie selbst den Kaufpreis dafür gezogen hatten, und mancher unter ihnen fand Ursache, die gute Wirtschaft der bisherigen Verwalter zu rühmen. Felder und Herden hatten unterdessen in der zweiten Hand vortrefflich gewuchert. Mit dem kostbarsten Hausrat waren die Zimmer geschmückt, die Keller, welche sie leer verlassen hatten, reichlich gefüllt, die Ställe bevölkert, die Magazine beladen. Aber mißtrauisch gegen ein Glück, das so unverhofft auf sie hereinstürmte, eilten sie, diese unsichern Besitzungen wieder loszuschlagen und den unbeweglichen Segen in bewegliche Güter zu verwandeln.

Die Gegenwart der Sachsen belebte den Mut aller Protestantischgesinnten des Königreichs, und auf dem Lande wie in der Hauptstadt sah man ganze Scharen zu den neu eröffneten evangelischen Kirchen eilen. Viele, welche nur die Furcht im Gehorsam gegen das Papsttum erhalten hatte, wandten sich jetzt öffentlich zu der neuen Lehre, und manche der neubekehrten Katholiken schworen freudig ein erzwungnes Bekenntnis ab, um ihren frühern Überzeugungen zu folgen. Alle bewiesene Duldsamkeit der neuen Regierung konnte den Ausbruch des gerechten Unwillens nicht verhindern, den dieses mißhandelte Volk die Unterdrücker seiner heiligsten Freiheit empfinden ließ. Fürchterlich bediente es sich seiner wiedererlangten Rechte, und seinen Haß gegen die aufgedrungene Religion stillte an manchen Orten nur das Blut ihrer Verkündiger.

Unterdessen war der Sukkurs, den die kaiserlichen Generale von Götz und von Tiefenbach aus Schlesien herbeiführten, in Böhmen angelangt, wo einige Regimenter des Grafen Tilly aus der obern Pfalz zu ihm stießen. Ihn zu zerstreuen, ehe sich seine Macht vermehrte, rückte Arnheim mit einem Teil der Armee aus Prag ihm entgegen und tat bei Nimburg an der Elbe einen mutigen Angriff auf seine Verschanzungen. Nach einem hitzigen Gefechte schlug er endlich, nicht ohne großen Verlust, die Feinde aus ihrem befestigten Lager und zwang sie durch die Heftigkeit seines Feuers, den Rückweg über die Elbe zu nehmen und die Brücke abzubrechen, die sie herübergebracht hatte. Doch konnte er nicht verhindern, daß ihm die Kaiserlichen nicht in mehrern kleinern Gefechten Abbruch taten und die Kroaten selbst bis an die Tore von Prag ihre Streifereien erstreckten. Wie glänzend und vielversprechend auch die Sachsen den böhmischen Feldzug eröffnet hatten, so rechtfertigte der Erfolg doch keineswegs Gustav Adolfs Erwartungen. Anstatt mit unaufhaltsamer Gewalt die errungenen Vorteile zu verfolgen, durch das bezwungene Böhmen sich zu der schwedischen Armee durchzuschlagen und in Vereinigung mit ihr den Mittelpunkt der kaiserlichen Macht anzugreifen, schwächten sie sich in einem anhaltenden kleinen Krieg mit dem Feinde, wobei der Vorteil nicht immer auf ihrer Seite war und die Zeit für eine größre Unternehmung fruchtlos verschwendet wurde. Aber Johann Georgs nachfolgendes Betragen deckte die Triebfedern auf, welche ihn abgehalten hatten, sich seines Vorteils über den Kaiser zu bedienen und die Entwürfe des Königs von Schweden durch eine zweckmäßige Wirksamkeit zu befördern.

Der größte Teil von Böhmen war jetzt für den Kaiser verloren und die Sachsen von dieser Seite her gegen Österreich im Anzug, während daß der schwedische Monarch durch Franken, Schwaben und Bayern nach den kaiserlichen Erbstaaten einen Weg sich bahnte. Ein langer Krieg hatte die Kräfte der österreichischen Monarchie verzehrt, die Länder erschöpft, die Armeen vermindert. Dahin war der Ruhm ihrer Siege, das Vertrauen auf Unüberwindlichkeit, der Gehorsam, die gute Mannszucht der Truppen, welche dem schwedischen Heerführer eine so entschiedne Überlegenheit im Felde verschaffte. Entwaffnet waren die Bundsgenossen des Kaisers, oder die auf sie selbst hereinstürmende Gefahr hatte ihre Treue erschüttert. Selbst Maximilian von Bayern, Österreichs mächtigste Stütze, schien den verführerischen Einladungen zur Neutralität nachzugeben; die verdächtige Allianz dieses Fürsten mit Frankreich hatte den Kaiser längst schon mit Besorgnissen erfüllt. Die Bischöfe von Würzburg und Bamberg, der Kurfürst von Mainz, der Herzog von Lothringen waren aus ihren Ländern vertrieben oder doch gefährlich bedroht; Trier stand im Begriff, sich unter französischen Schutz zu begeben. Spaniens Waffen beschäftigte die Tapferkeit der Holländer in den Niederlanden, während daß Gustav Adolf sie vom Rheinstrom zurückschlug; Polen fesselte noch der Stillstand mit diesem Fürsten. Die ungarischen Grenzen bedrohte der siebenbürgische Fürst Rakoczy, ein Nachfolger Bethlen Gabors und der Erbe seines unruhigen Geistes; die Pforte selbst machte bedenkliche Zurüstungen, den günstigen Zeitpunkt zu nutzen. Die mehresten protestantischen Reichsstände, kühn gemacht durch das Waffenglück ihres Beschützers, hatten öffentlich und tätlich gegen den Kaiser Partei ergriffen. Alle Hilfsquellen, welche sich die Frechheit eines Tilly und Wallenstein durch gewaltsame Erpressungen in diesen Ländern geöffnet hatte, waren nunmehr vertrocknet, alle diese Werbeplätze, diese Magazine, diese Zufluchtsörter für den Kaiser verloren, und der Krieg konnte nicht mehr wie vormals auf fremde Kosten bestritten werden. Seine Bedrängnisse vollkommen zu machen, entzündet sich im Land ob der Enns ein gefährlicher Aufruhr; der unzeitige Bekehrungseifer der Regierung bewaffnet das protestantische Landvolk, und der Fanatismus schwingt seine Fackel, indem der Feind schon an den Pforten des Reiches stürmt. Nach einem so langen Glücke, nach einer so glänzenden Reihe von Siegen, nach so herrlichen Eroberungen, nach so viel unnütz verspritztem Blute sieht sich der österreichische Monarch zum zweitenmal an denselben Abgrund geführt, in den er beim Antritt seiner Regierung zu stürzen drohte. Ergriff Bayern die Neutralität, widerstand Kursachsen der Verführung und entschloß sich Frankreich, die spanische Macht zugleich in den Niederlanden, in Italien und Katalonien anzufallen, so stürzte der stolze Bau von Österreichs Größe zusammen, die alliierten Kronen teilten sich in seinen Raub, und der deutsche Staatskörper sah einer gänzlichen Verwandlung entgegen.

Die ganze Reihe dieser Unglücksfälle begann mit der Breitenfelder Schlacht, deren unglücklicher Ausgang den längst schon entschiedenen Verfall der österreichischen Macht, den bloß der täuschende Schimmer eines großen Namens versteckt hatte, sichtbar machte. Ging man zu den Ursachen zurück, welche den Schweden eine so furchtbare Überlegenheit im Felde verschafften, so fand man sie größtenteils in der unumschränkten Gewalt ihres Anführers, der alle Kräfte seiner Partei in einem einzigen Punkte vereinigte und, durch keine höhere Autorität in seinen Unternehmungen gefesselt, vollkommener Herr jedes günstigen Augenblicks, alle Mittel zu seinem Zwecke beherrschte und von niemand als sich selbst Gesetze empfing. Aber seit Wallensteins Abdankung und Tillys Niederlage zeigte sich auf seiten des Kaisers und der Ligue von diesem allen gerade das Widerspiel. Den Generalen gebrach es an Ansehen bei den Truppen und an der so nötigen Freiheit, zu handeln, den Soldaten an Gehorsam und

Achtung der Armeen und die volle Liebe der Völker, deren Beistand ihm zur Führung des Krieges so unentbehrlich war. Der geliebte Thronfolger allein durfte es wagen, dem hart beschwerten Untertan neue Lasten aufzulegen; nur seiner persönlichen Gegenwart bei der Armee schien es aufbehalten zu sein, die verderbliche Eifersucht der Häupter zu ersticken und die erschlaffte Mannszucht der Truppen durch die Kraft seines Namens zu der vorigen Strenge zurückzuführen. Gebrach es auch dem Jünglinge noch an der nötigen Reife des Urteils, Klugheit und Kriegserfahrung, welche nur durch Übung erworben wird, so konnte man diesen Mangel durch eine glückliche Wahl von Ratgebern und Gehilfen ersetzen, die man unter der Hülle seines Namens mit der höchsten Autorität bekleidete.

So scheinbar die Gründe waren, womit ein Teil der Minister diesen Vorschlag unterstützte, so große Schwierigkeiten setzte ihm das Mißtrauen, vielleicht auch die Eifersucht des Kaisers und die verzweifelte Lage der Dinge entgegen. Wie gefährlich war es, das ganze Schicksal der Monarchie einem Jüngling anzuvertrauen, der fremder Führung selbst so bedürftig war! Wie gewagt, dem größten Feldherrn seines Jahrhunderts einen Anfänger entgegenzustellen, dessen Fähigkeit zu diesem wichtigen Posten noch durch keine Unternehmung geprüft, dessen Name, von dem Ruhme noch nie genannt, viel zu kraftlos war, um der mutlosen Armee im voraus den Sieg zu verbürgen! Welche neue Last zugleich für den Untertan, den kostbaren Staat zu bestreiten, der einem königlichen Heerführer zukam und den der Wahn des Zeitalters mit seiner Gegenwart beim Heer unzertrennlich verknüpfte! Wie bedenklich endlich für den Prinzen selbst, seine politische Laufbahn mit einem Amte zu eröffnen, das ihn zur Geisel seines Volks und zum Unterdrücker der Länder machte, wie er künftig beherrschen sollte!

Und dann war es noch nicht damit getan, den Feldherrn für die Armee aufzusuchen; man mußte auch die Armee für den Feldherrn finden. Seit Wallensteins gewaltsamer Entfernung hatte sich der Kaiser mehr mit ligistischer und bayrischer Hilfe als durch eigene Armeen verteidigt, und eben diese Abhängigkeit von zweideutigen Freunden war es ja, der man durch Aufstellung eines eigenen Generals zu entfliehen suchte. Welche Möglichkeit aber, ohne die alles zwingende Macht des Goldes und ohne den begeisternden Namen eines siegreichen Feldherrn eine Armee aus dem Nichts hervorzurufen – und eine Armee, die es an Mannszucht, an kriegerischem Geist und an Fertigkeit mit den geübten Scharen des nordischen Eroberers aufnehmen konnte? In ganz Europa war nur ein einziger Mann, der solch eine Tat getan, und diesem einzigen hatte man eine tödliche Kränkung bewiesen.

Jetzt endlich war der Zeitpunkt herbeigerückt, der dem beleidigten Stolze des Herzogs von Friedland eine Genugtuung ohnegleichen verschaffte. Das Schicksal selbst hatte sich zu seinem Rächer aufgestellt und eine ununterbrochene Reihe von Unglücksfällen, die seit dem Tage seiner Abdankung über Österreich hereinstürmte, dem Kaiser selbst das Geständnis entrissen, daß mit diesem Feldherrn sein rechter Arm ihm abgehauen worden sei. Jede Niederlage seiner Truppen erneuerte diese Wunde, jeder verlorene Platz warf dem betrogenen Monarchen seine Schwäche und seinen Undank vor. Glücklich genug, hätte er in dem beleidigten General nur einen Anführer seiner Heere, nur einen Verteidiger seiner Staaten verloren – aber er fand in ihm einen *Feind,* und den gefährlichsten von allen, weil er gegen den Streich des Verräters am wenigsten verteidigt war.

Entfernt von der Kriegesbühne und zu einer folternden Untätigkeit verurteilt, während daß seine Nebenbuhler auf dem Felde des Ruhms sich Lorbeern sammelten, hatte der stolze Herzog dem Wechsel des Glücks mit verstellter Gelassenheit zugesehen und im schimmernden Gepränge eines Theaterhelden die düstern Entwürfe seines arbeitenden Geistes verborgen. Von einer glühenden Leidenschaft aufgerieben, während daß eine fröhliche Außenseite Ruhe und Müßiggang log, brütete er still die schreckliche Geburt der Rachbegierde und Ehrsucht zur Reife und näherte sich langsam, aber sicher dem Ziele. Erloschen war alles in seiner Erinnerung, was er durch den Kaiser geworden war; nur was *er* für den Kaiser getan hatte, stand mit glühenden Zügen in sein Gedächtnis geschrieben. Seinem unersättlichen Durst nach Größe und Macht war der Undank des Kaisers willkommen, der seinen Schuldbrief zu zerreißen und ihn jeder Pflicht gegen den Urheber seines Glücks zu entbinden schien. Entsündigt und gerechtfertigt erschienen ihm jetzt die Entwürfe seiner Ehrsucht im Gewand einer rechtmäßigen Wiedervergeltung. In eben dem Maß, als sein *äußrer* Wirkungskreis sich verengte, erweiterte sich die Welt seiner Hoffnungen, und seine schwärmende Einbildungskraft verlor sich in unbegrenzten Entwürfen, die in jedem andern Kopf als dem seinigen nur der Wahnsinn erzeugen kann. So hoch, als der Mensch nur immer durch eigene Kraft sich zu erheben vermag, hatte sein Verdienst ihn emporgetragen; nichts von allem dem, was dem Privatmann und Bürger innerhalb seiner Pflichten erreichbar bleibt, hatte das Glück ihm verweigert. Bis auf den Augenblick seiner Entlassung hatten seine Ansprüche keinen Widerstand, sein Ehrgeiz keine Grenzen erfahren; der Schlag, der ihn auf dem Regensburger Reichstage zu Boden streckte, zeigte ihm den Unterschied zwischen *ursprünglicher* und *übertragener* Gewalt und den Abstand des Untertans von dem Gebieter. Aus dem bisherigen Taumel seiner Herrschergröße durch diesen überraschenden Glückswechsel aufgeschreckt, verglich er die Macht, die er besessen, mit derjenigen, durch welche sie ihm entrissen wurde, und sein Ehrgeiz bemerkte die Stufe, die auf der Leiter des Glückes noch für ihn zu ersteigen war. Erst nachdem er das Gewicht der höchsten Gewalt mit schmerzhafter Wahrheit erfahren, streckte er lüstern die Hände darnach aus; der Raub, der an ihm selbst verübt wurde, machte ihn zum Räuber. Durch keine Beleidigung gereizt, hätte er folgsam seine Bahn um die Majestät des Throns beschrieben, zufrieden mit dem Ruhme, der glänzendste seiner Trabanten zu sein; erst nachdem man ihn gewaltsam aus seinem Kreise stieß, verwirrte er das System, dem er angehörte, und stürzte sich zermalmend auf seine Sonne.

Gustav Adolf durchwanderte den deutschen Norden mit siegendem Schritte; ein Platz nach dem andern ging an ihn verloren, und bei Leipzig fiel der Kern der kaiserlichen Macht. Das Gerücht dieser Niederlagen drang bald auch zu Wallensteins Ohren, der, zu Prag in die Dunkelheit des Privatstands zurückgeschwunden, aus ruhiger Ferne den tobenden Kriegssturm betrachtete. Was die Brust aller Katholiken mit Unruhe erfüllte, verkündigte *ihm* Größe und Glück; nur für *ihn* arbeitete Gustav Adolf. Kaum hatte der letztere angefangen, sich durch seine Kriegestaten in Achtung zu setzen, so verlor der Herzog von Friedland keinen Augenblick, seine Freundschaft zu suchen und mit diesem glücklichen Feinde Österreichs gemeine Sache zu machen. Der vertriebne Graf von Thurn, der dem Könige von Schweden schon längst seine Dienst gewidmet, übernahm es, dem Monarchen Wallensteins Glückswünsche zu überbringen und ihn zu einem engern Bündnisse mit dem Herzog einzuladen. Fünfzehntausend Mann begehrte Wallenstein von dem Könige, um mit Hilfe derselben und mit den Truppen, die er selbst zu werben sich anheischig machte, Böhmen und Mähren zu erobern, Wien zu überfallen und den Kaiser, seinen Herrn, bis nach Italien zu verjagen. So sehr das Unerwartete dieses Antrags und das Übertriebne der gemachten Versprechungen das Mißtrauen Gustav Adolfs erregte, so war er doch ein zu guter Kenner des Verdiensts, um einen so wichtigen Freund mit Kaltsinn zurückzuweisen. Nachdem aber Wallenstein, durch die günstige Aufnahme dieses ersten Versuchs ermuntert, nach der Breitenfelder Schlacht seinen Antrag erneuerte und auf eine bestimmte Erklärung drang, trug der vorsichtige Monarch Bedenken, an die schimärischen Entwürfe dieses verwegenen Kopfs seinen Ruhm zu wagen und der Redlichkeit eines Mannes, der sich ihm als Verräter ankündigte, eine so zahlreiche Mannschaft anzuvertrauen. Er entschuldigte sich mit der Schwäche seiner Armee, die auf ihrem Zug in das Reich durch eine so starke Verminderung leiden würde, und verscherzte aus übergroßer Vorsicht vielleicht die Gelegenheit, den Krieg auf das schnellste zu endigen. Zu spät versuchte er in der Folge, die zerrissenen Unterhandlungen zu erneuern; der günstige Moment war vorüber, und Wallensteins beleidigter Stolz vergab ihm diese Geringschätzung nie.

Aber diese Weigerung des Königs *beschleunigte* wahrscheinlich nur den Bruch, den die Form dieser beiden Charaktere ganz unvermeidlich machte. Beide geboren, Gesetze zu geben, nicht sie zu empfangen, konnten nimmermehr in einer Unternehmung vereinigt bleiben, die mehr als jede andre Nachgiebigkeit und gegenseitige Opfer notwendig macht. Wallenstein war *nichts,* wo er nicht *alles* war; er mußte entweder gar nicht oder mit vollkommenster Freiheit handeln. Ebenso herzlich haßte Gustav Adolf jede Abhängigkeit, und wenig fehlte, daß er selbst die so vorteilhafte Verbindung mit dem französischen Hofe nicht zerrissen hätte, weil die Anmaßungen desselben seinem selbsttätigen Geiste Fesseln anlegten. Jener war für die Partei verloren, die er nicht lenken durfte; dieser noch weit weniger dazu gemacht, dem Gängelbande zu folgen. Waren die gebieterischen Anmaßungen dieses Bundsgenossen dem Herzog von Friedland bei ihren gemeinschaftlichen Operationen schon so lästig, so mußten sie ihm unerträglich sein, wenn es dazu kam, sich in die Beute zu teilen. Der stolze Monarch konnte sich herablassen, den Beistand eines rebellischen Untertans gegen den Kaiser anzunehmen, und diesen wichtigen Dienst mit königlicher Großmut belohnen; aber nie konnte er seine eigene und aller Könige Majestät so sehr aus den Augen setzen, um den Preis zu bestätigen, den die ausschweifende Ehrsucht des Herzogs darauf zu setzen wagte; nie eine nützliche Verräterei mit einer Krone bezahlen. Von *ihm* also war, auch wenn ganz Europa schwieg, ein furchtbarer Widerspruch zu fürchten, sobald Wallenstein nach dem böhmischen Zepter die Hand ausstreckte – und *er* war auch in ganz Europa der Mann, der einem solchen *Veto* Kraft geben konnte. Durch den eignen Arm Wallensteins zum Diktator von Deutschland gemacht, konnte er gegen diesen selbst seine Waffen kehren und sich von jeder Pflicht der Erkenntlichkeit gegen einen Verräter für losgezählt halten. Neben einem solchen Alliierten hatte also kein Wallenstein Raum; und wahrscheinlich war es *dies,* nicht seine vermeintliche Absicht auf den Kaiserthron, worauf er anspielte, wenn er nach dem Tode des Königs in die Worte ausbrach: «Ein Glück für mich und ihn, daß er dahin ist! Das Deutsche Reich konnte nicht zwei solche Häupter brauchen.»

Der erste Versuch zur Rache an dem Haus Österreich war fehlgeschlagen; aber fest stand der Vorsatz, und nur die Wahl der Mittel erlitt eine Veränderung. Was ihm bei dem König von Schweden mißlungen war, hoffte er mit minder Schwierigkeit und mehr Vorteil bei dem Kurfürsten von Sachsen zu erreichen, den er ebenso gewiß war, nach seinem Willen zu lenken, als er bei Gustav Adolf daran verzweifelte. In fortdauerndem Einverständnis mit Arnheim, seinem alten Freunde, arbeitete er von jetzt an an einer Verbindung mit Sachsen, wodurch er dem Kaiser und dem König von Schweden gleich fürchterlich zu werden hoffte. Er konnte sich von einem Entwurfe, der, wenn er einschlug, den schwedischen Monarchen um seinen Einfluß in Deutschland brachte, desto leichter Eingang bei Johann Georg versprechen, je mehr die eifersüchtige Gemütsart dieses Prinzen durch die Macht Gustav Adolfs gereizt und seine ohnehin schwache Neigung zu demselben durch die erhöhten Ansprüche des Königs erkältet ward. Gelang es ihm, Sachsen von dem schwedischen Bündnis zu trennen und in Verbindung mit demselben eine *dritte Partei* im Reiche zu errichten, so lag der Ausschlag des Krieges in seiner Hand, und er hatte durch diesen einzigen Schritt zugleich seine Rache an dem Kaiser befriedigt, seine verschmähte Freundschaft an dem schwedischen König gerächt und auf den Ruin von beiden den Bau seiner eigenen Größe gegründet.

Aber auf welchem Wege er auch seinen Zweck verfolgte, so konnte er denselben ohne den Beistand einer ihm ganz ergebenen Armee nicht zur Ausführung bringen. Diese Armee konnte so geheim nicht geworben werden, daß am kaiserlichen Hofe nicht Verdacht geschöpft und der Anschlag gleich in seiner Entstehung vereitelt wurde. Diese Armee durfte ihre gesetzwidrige Bestimmung vor der Zeit nicht erfahren, indem schwerlich zu erwarten war, daß sie dem Ruf eines Verräters gehorchen und gegen ihren rechtmäßigen Oberherrn dienen würde. Wallenstein mußte also unter kaiserlicher Autorität und öffentlich werben und von dem Kaiser selbst zur unumschränkten Herrschaft über die Truppen berechtigt sein. Wie konnte dies aber anders geschehen, als wenn ihm das entzogene Generalat aufs neue übertragen und die Führung des Kriegs unbedingt überlassen ward? Dennoch erlaubte ihm weder sein Stolz noch sein Vorteil, sich selbst zu diesem Posten zu drängen und als ein Bittender von der Gnade des Kaisers eine beschränkte Macht zu erflehen, die von der Furcht desselben uneingeschränkt zu ertrotzen stand. Um sich zum Herrn der Bedingungen zu machen, unter welchen das Kommando von ihm übernommen würde, mußte er abwarten, bis es ihm von seinem Herrn aufgedrungen ward – dies war der Rat, den ihm Arnheim erteilte, und dies das Ziel, wornach er mit tiefer Politik und rastloser Tätigkeit strebte.

Überzeugt, daß nur die äußerste Not die Unentschlossenheit des Kaisers besiegen und den Widerspruch Bayerns und Spaniens, seiner beiden eifrigsten Gegner, unkräftig machen könne, bewies er sich von jetzt an geschäftig, die Fortschritte des Feindes zu befördern und die Bedrängnisse seines Herrn zu vermehren. Sehr wahrscheinlich geschah es auf seine Einladung und Ermunterung, daß die Sachsen, schon auf dem Wege nach der Lausitz und Schlesien, sich nach Böhmen wandten und dieses unverteidigte Reich mit ihrer Macht überschwemmten; ihre schnellen Eroberungen in demselben waren nicht weniger sein Werk. Durch den Kleinmut, den er heuchelte, erstickte er jeden Gedanken an Widerstand und überlieferte die Hauptstadt durch seinen voreiligen Abzug dem Sieger. Bei einer Zusammenkunft mit dem sächsischen General zu Kaunitz, wozu eine Friedensunterhandlung ihm den Vorwand darreichte, wurde wahrscheinlich das Siegel auf die Verschwörung gedrückt, und Böhmens Eroberung war die erste Frucht dieser Verabredung. Indem er selbst nach Vermögen dazu beitrug, die Unglücksfälle über Österreich zu häufen, und durch die raschen Fortschritte der Schweden am Rheinstrom aufs nachdrücklichste dabei unterstützt wurde, ließ er seine freiwilligen und gedungenen Anhänger in Wien über das öffentliche Unglück die heftigsten Klagen führen und die Absetzung des vorigen Feldherrn als den einzigen Grund der erlittenen Verluste abschildern. «Dahin hätte Wallenstein es nicht kommen lassen, wenn er am Ruder geblieben wäre!» riefen jetzt tausend Stimmen, und selbst im geheimen Rate des Kaisers fand diese Meinung feurige Verfechter.

Es bedurfte ihrer wiederholten Bestürmung nicht, dem bedrängten Monarchen die Augen über die Verdienste seines Generals und die begangene Übereilung zu öffnen. Bald genug war ihm die Abhängigkeit von Bayern und der Ligue unerträglich; aber eben diese Abhängigkeit verstattete ihm nicht, sein Mißtrauen zu zeigen und durch Zurückberufung des Herzogs von Friedland den Kurfürsten aufzubringen. Jetzt aber, da die Not mit jedem Tage stieg und die Schwäche des bayrischen Beistandes immer sichtbarer wurde, bedachte er sich nicht länger, den Freunden des Herzogs sein Ohr zu leihen und ihre Vorschläge wegen Zurückberufung dieses Feldherrn in Überlegung zu nehmen. Die unermeßlichen Reichtümer, die der letztere besaß, die allgemeine Achtung, in der er stand, die Schnelligkeit, womit er sechs Jahre vorher ein Heer von vierzigtausend Streitern ins Feld gestellt, der geringe Kostenaufwand, womit er dieses zahlreiche Heer unterhalten, die Taten, die er an der Spitze desselben verrichtet, der Eifer endlich und die Treue, die er für des Kaisers Ehre bewiesen hatte, lebten noch in dauerndem Andenken bei dem Monarchen und stellten ihm den Herzog als das schicklichste Werkzeug dar, das Gleichgewicht der Waffen zwischen den kriegführenden Mächten wiederherzustellen, Österreich zu retten und die katholische Religion aufrechtzuerhalten. Wie empfindlich auch der kaiserliche Stolz die Erniedrigung fühlte, ein so unzweideutiges Geständnis seiner ehmaligen Übereilung und seiner gegenwärtigen Not abzulegen, wie sehr es ihn schmerzte, von der Höhe seiner Herrscherwürde zu Bitten herabzusteigen, wie verdächtig auch die Treue eines so bitter beleidigten und so unversöhnlichen Mannes war, wie laut und nachdrücklich endlich auch die spanischen Minister und der Kurfürst von Bayern ihr Mißfallen über diesen Schritt zu erkennen gaben, so siegte jetzt die dringende Not über jede andre Betrachtung, und die Freunde des Herzogs erhielten den Auftrag, seine Gesinnungen zu erforschen und ihm die Möglichkeit seiner Wiederherstellung von ferne zu zeigen.

Unterrichtet von allem, was im Kabinett des Kaisers zu seinem Vorteil verhandelt wurde, gewann dieser Herrschaft genug über sich selbst, seinen innern Triumph zu verbergen und die Rolle des Gleichgültigen zu spielen. Die Zeit der Rache war gekommen, und sein stolzes Herz frohlockte, die erlittene Kränkung dem Kaiser mit vollen Zinsen zu erstatten. Mit kunstvoller Beredsamkeit verbreitete er sich über die glückliche Ruhe des Privatlebens, die ihn seit seiner Entfernung von dem politischen Schauplatz beselige. Zu lange, erklärte er, habe er die Reize der Unabhängigkeit und Muße gekostet, um sie dem nichtigen Phantom des Ruhms und der unsichern Fürstengunst aufzuopfern. Alle seine Begierden nach Größe und Macht seien ausgelöscht und Ruhe das einzige Ziel seiner Wünsche. Um ja keine Ungeduld zu verraten, schlug er die Einladung an den Hof des Kaisers aus, rückte aber doch bis nach Znaim in Mähren vor, um die Unterhandlungen mit dem Hofe zu erleichtern.

Anfangs versuchte man, die Größe der Gewalt, welche ihm eingeräumt werden sollte, durch die Gegenwart eines Aufsehers zu beschränken und durch diese Auskunft den Kurfürsten von Bayern um so eher zum Stillschweigen zu bringen. Die Abgeordneten des Kaisers, von Questenberg und von Werdenberg, die, als alte Freunde des Herzogs, zu dieser schlüpfrigen Unterhandlung gebraucht wurden, hatten den Befehl, in ihrem Antrage an ihn des Königs von Ungarn zu erwähnen, der bei der Armee zugegen sein und unter Wallensteins Führung die Kriegskunst erlernen sollte. Aber schon die bloße Nennung dieses Namens drohte die ganze Unterhandlung zu zerreißen. Nie und nimmermehr, erklärte der Herzog, würde er einen Gehilfen in seinem Amte dulden, und wenn es Gott selbst wäre, mit dem er das Kommando teilen sollte. Aber auch noch dann, als man von diesem verhaßten Punkt abgestanden war, erschöpfte der kaiserliche Günstling und Minister, Fürst von Eggenberg, Wallensteins standhafter Freund und Verfechter, den man in Person an ihn abgeschickt hatte, lange Zeit seine Beredsamkeit vergeblich, die verstellte Abneigung des Herzogs zu besiegen. Der Monarch, gestand der Minister, habe mit Wallenstein den kostbarsten Stein aus seiner Krone verloren: aber nur gezwungen und widerstrebend habe er diesen genug bereuten Schritt getan, und seine Hochachtung für ihn sei unverändert, seine Gunst ihm unverloren geblieben. Zum entscheidenden Beweis davon diene das ausschließende Vertrauen, das man jetzt in seine Treue und Fähigkeit setze, die Fehler seiner Vorgänger zu verbessern und die ganze Gestalt der Dinge zu verwandeln. Groß und edel würde es gehandelt sein, seinen gerechten Unwillen dem Wohl des Vaterlands zum Opfer zu bringen, groß und seiner würdig, die übeln Nachreden seiner Gegner durch die verdoppelte Wärme seines Eifers zu widerlegen. Dieser Sieg über sich selbst, schloß der Fürst, würde seinen übrigen unerreichbaren Verdiensten die Krone aufsetzen und ihn zum größten Mann seiner Zeiten erklären.

So beschämende Geständnisse, so schmeichelhafte Versicherungen schienen endlich den Zorn des Herzogs zu entwaffnen; doch nicht eher, als bis sich sein volles Herz aller Vorwürfe gegen den Kaiser entladen, bis er den ganzen Umfang seiner Verdienste in prahlerischem Pomp ausgebreitet und den Monarchen, der jetzt seine Hilfe brauchte, aufs tiefste erniedrigt hatte, öffnete er sein Ohr den lockenden Anträgen des Ministers. Als ob er nur der Kraft dieser Gründe nachgäbe, bewilligte er mit stolzer Großmut, was der feurigste Wunsch seiner Seele war, und begnadigte den Abgesandten mit einem Strahle von Hoffnung. Aber weit entfernt, die Verlegenheit des Kaisers durch eine unbedingte volle Gewährung auf einmal zu endigen, erfüllte er bloß einen Teil seiner Forderung, um einen desto größern Preis auf die übrige wichtigere Hälfte zu setzen. Er nahm das Kommando an, aber nur auf drei Monate; nur um eine Armee *auszurüsten,* nicht sie selbst *anzuführen*. Bloß seine Fähigkeit und Macht wollte er durch diesen Schöpfungsakt kundtun und dem Kaiser die Größe der Hilfe in der Nähe zeigen, deren Gewährung in Wallensteins Händen stände. Überzeugt, daß eine Armee, die sein Name allein aus dem Nichts gezogen, ohne ihren Schöpfer in ihr Nichts zurückkehren würde, sollte sie ihm nur zur Lockspeise dienen, seinem Herrn desto wichtigere Bewilligungen zu entreißen; und doch wünschte Ferdinand sich Glück, daß auch nur so viel gewonnen war.

Nicht lange säumte Wallenstein, seine Zusage wahr zu machen, welche ganz Deutschland als schimärisch verlachte und Gustav Adolf selbst übertrieben fand. Aber lange schon war der Grund zu dieser Unternehmung gelegt, und er ließ jetzt nur die Maschinen spielen, die er seit mehrern Jahren zu diesem Endzweck in Gang gebracht hatte. Kaum verbreitete sich das Gerücht von Wallensteins Rüstung, als von allen Enden der österreichischen Monarchie Scharen von Kriegern herbeieilten, unter diesem erfahrenen Feldherrn ihr Glück zu versuchen. Viele, welche schon ehedem unter seinen Fahnen gefochten hatten, seine Größe als Augenzeugen bewundert und seine Großmut erfahren hatten, traten bei diesem Rufe aus der Dunkelheit hervor, zum zweitenmal Ruhm und Beute mit ihm zu teilen. Die Größe des versprochnen Soldes lockte Tausende herbei, und die reichliche Verpflegung, welche dem Soldaten auf Kosten des Landmanns zuteil wurde, war für den letztern eine unüberwindliche Reizung, lieber selbst diesen Stand zu ergreifen, als unter dem Druck desselben zu erliegen. Alle österreichische Provinzen strengte man an, zu dieser kostbaren Rüstung beizutragen; kein Stand blieb von Taxen verschont; von der Kopfsteuer befreite keine Würde, kein Privilegium. Der spanische Hof wie der König von Ungarn verstanden sich zu einer beträchtlichen Summe; die Minister machten ansehnliche Schenkungen, und Wallenstein selbst ließ es sich zweimalhunderttausend Taler von seinem eignen Vermögen kosten, die Ausrüstung zu beschleunigen. Die ärmern Offiziere unterstützte er aus seiner eigenen Kasse, und durch sein Beispiel, durch glänzende Beförderungen und noch glänzendere Versprechungen reizte er die Vermögenden, auf eigene Kosten Truppen anzuwerben. Wer mit eigenem Geld ein Korps aufstellte, war Kommandeur desselben. Bei Anstellung der Offiziere machte die Religion keinen Unterschied; mehr als der Glaube galten Reichtum, Tapferkeit und Erfahrung. Durch diese gleichförmige Gerechtigkeit gegen die verschiedenen Religionsverwandten und mehr noch durch die Erklärung, daß die gegenwärtige Rüstung mit der Religion nichts zu schaffen habe, wurde der protestantische Untertan beruhigt und zu gleicher Teilnahme an den öffentlichen Lasten bewogen. Zugleich versäumte der Herzog nicht, wegen Mannschaft und Geld in eignem Namen mit auswärtigen Staaten zu unterhandeln. Den Herzog von Lothringen gewann er, zum zweitenmal für den Kaiser zu ziehen; Polen mußte ihm Kosaken, Italien Kriegsbedürfnisse liefern. Noch ehe der dritte Monat verstrichen war, belief sich die Armee, welche in Mähren versammelt wurde, auf nicht weniger als vierzigtausend Köpfe, größtenteils aus dem Überrest Böhmens, aus Mähren, Schlesien und den deutschen Provinzen des Hauses Österreich gezogen. Was jedem unausführbar geschienen, hatte Wallenstein zum Erstaunen von ganz Europa in dem kürzesten Zeitraume vollendet. So viele Tausende, als man *vor* ihm nicht Hunderte gehofft hatte zusammenzubringen, hatte die Zauberkraft seines Namens, seines Goldes und seines Genies unter die Waffen gerufen. Mit allen Erfordernissen bis zum Überfluß ausgerüstet, von kriegsverständigen Offizieren befehligt, von einem siegverspechenden Enthusiasmus entflammt, erwartete diese neugeschaffne Armee nur den Wink ihres Anführers, um sich durch Taten der Kühnheit seiner würdig zu zeigen.

Sein Versprechen hatte der Herzog erfüllt, und die Armee stand fertig im Felde; jetzt trat er zurück und überließ dem Kaiser, ihr einen Führer zu geben. Aber es würde ebenso leicht gewesen sein, noch eine zweite Armee, wie diese war, zu errichten, als einen andern Chef außer Wallenstein für sie aufzufinden. Dieses vielversprechende Heer, die letzte Hoffnung des Kaisers, war nichts als ein Blendwerk, sobald der Zauber sich löste, der es ins Dasein rief; durch Wallenstein ward es, ohne ihn schwand es wie eine magische Schöpfung in sein voriges Nichts dahin. Die Offiziere waren ihm entweder als seine Schuldner verpflichtet oder als seine Gläubiger aufs engste an sein Interesse, an die Fortdauer seiner Macht geknüpft; die Regimenter hatte er seinen Verwandten, seinen Geschöpfen, seinen Günstlingen untergeben. Er und kein anderer war der Mann, den Truppen die ausschweifenden Versprechungen zu halten, wodurch er sie in seinen Dienst gelockt hatte. Sein gegebenes Wort war die einzige Sicherheit für die kühnen Erwartungen aller; blindes Vertrauen auf seine Allgewalt das einzige Band, das die verschiednen Antriebe ihres Eifers in einem lebendigen Gemeingeist zusammenhielt. Geschehen war es um das Glück jedes einzelnen, sobald derjenige zurücktrat, der sich für die Erfüllung desselben verbürgte.

So wenig es dem Herzog mit seiner Weigerung Ernst war, so glücklich bediente er sich dieses Schreckmittels, dem Kaiser die Genehmigung seiner übertriebnen Bedingungen abzuängstigen. Die Fortschritte des Feindes machten die Gefahr mit jedem Tage dringender, und die Hilfe war so nahe; von einem einzigen hing es ab, der allgemeinen Not ein geschwindes Ende zu machen. Zum dritten- und letztenmal erhielt also der Fürst von Eggenberg Befehl, seinen Freund, welch hartes Opfer es auch kosten möchte, zu Übernehmung des Kommando zu bewegen.

Zu Znaim in Mähren fand er ihn, von den Truppen, nach deren Besitz er den Kaiser lüstern machte, prahlerisch umgeben. Wie einen Flehenden empfing der stolze Untertan den Abgesandten seines Gebieters. Nimmermehr, gab er zur Antwort, könne er einer Wiederherstellung trauen, die er einzig nur der Extremität, nicht der Gerechtigkeit des Kaisers verdanke. Jetzt zwar suche man ihn auf, da die Not aufs höchste gestiegen und von *seinem* Arme allein noch Rettung zu hoffen sei; aber der geleistete Dienst werde seinen Urheber bald in Vergessenheit bringen und die vorige Sicherheit den vorigen Undank zurückführen. Sein ganzer Ruhm stehe auf dem Spiele, wenn er die von ihm geschöpften Erwartungen täusche; sein Glück und seine Ruhe, wenn es ihm gelänge, sie zu befriedigen. Bald würde der alte Neid gegen ihn aufwachen und der abhängige Monarch kein Bedenken tragen, einen entbehrlichen Diener zum zweiten Male der Konvenienz aufzuopfern. Besser für ihn, er verlasse gleich jetzt und aus freier Wahl einen Posten, von welchem früher oder später die Kabalen seiner Gegner ihn doch herabstürzen würden. Sicherheit und

Zufriedenheit erwarte er nur im Schoße des Privatlebens, und bloß um den Kaiser zu verbinden, habe er sich auf eine Zeitlang, ungern genug, seiner glücklichen Stille entzogen.

Des langen Gaukelspiels müde, nahm der Minister jetzt einen ernsthaftern Ton an und bedrohte den Halsstarrigen mit dem ganzen Zorne des Monarchen, wenn er auf seiner Widersetzung beharren würde. Tief genug, erklärte er, habe sich die Majestät des Kaisers erniedrigt und, anstatt durch ihre Herablassung seine Großmut zu rühren, nur seinen Stolz gekitzelt, nur seinen Starrsinn vermehrt. Sollte sie dieses große Opfer vergeblich gebracht haben, so stehe er nicht dafür, daß sich der Flehende nicht in den Herrn verwandle und der Monarch seine beleidigte Würde nicht an dem rebellischen Untertan räche. Wie sehr auch *Ferdinand* gefehlt haben möge, so könne der *Kaiser* Unterwürfigkeit fordern; irren könne der *Mensch,* aber der *Herrscher* nie seinen Fehltritt bekennen. Habe der Herzog von Friedland durch ein unverdientes Urteil gelitten, so gebe es einen Ersatz für jeden Verlust, und Wunden, die sie selbst geschlagen, könne die Majestät wieder heilen. Fordre er Sicherheit für seine Person und seine Würden, so werde die Billigkeit des Kaisers ihm keine gerechte Forderung verweigern. Die verachtete Majestät allein lasse sich durch keine Büßung versöhnen, und der Ungehorsam gegen ihre Befehle vernichte auch das glänzendste Verdienst. Der Kaiser *bedürfe* seiner Dienste, und als Kaiser *fordre* er sie. Welchen Preis er auch darauf setzen möge, der Kaiser werde ihn eingehn. Aber Gehorsam verlange er, oder das Gewicht seines Zorns werde den widerspenstigen Diener zermalmen.

Wallenstein, dessen weitläuftige Besitzungen, in die österreichische Monarchie eingeschlossen, der Gewalt des Kaisers jeden Augenblick bloßgestellt waren, fühlte lebhaft, daß diese Drohung nicht eitel sei; aber nicht Furcht war es, was seine verstellte Hartnäckigkeit endlich besiegte. Gerade dieser gebieterische Ton verriet ihm nur zu deutlich die Schwäche und Verzweiflung, woraus er stammte, und die Willfährigkeit des Kaisers, jede seiner Forderungen zu genehmigen, überzeugte ihn, daß er am Ziel seiner Wünsche sei. Jetzt also gab er sich der Beredsamkeit Eggenbergs überwunden und verließ ihn, um seine Forderungen aufzusetzen.

Nicht ohne Bangigkeit sah der Minister einer Schrift entgegen, worin der stolzeste der Diener dem stolzesten der Fürsten Gesetze zu geben sich erdreistete. Aber wie klein auch das Vertrauen war, das er in die Bescheidenheit seines Freundes setzte, so überstieg doch der ausschweifende Inhalt dieser Schrift bei weitem seine bängsten Erwartungen. Eine unumschränkte Oberherrschaft verlangte Wallenstein über alle deutsche Armeen des österreichischen und spanischen Hauses und unbegrenzte Vollmacht, zu strafen und zu belohnen. Weder dem König von Ungarn noch dem Kaiser selbst solle es vergönnt sein, bei der Armee zu erscheinen, noch weniger eine Handlung der Autorität darin auszuüben. Keine Stelle soll der Kaiser bei der Armee zu vergeben, keine Belohnung zu verleihen haben, kein Gnadenbrief desselben ohne Wallensteins Bestätigung gültig sein. Über alles, was im Reiche konfisziert und erobert werde, soll der Herzog von Friedland allein, mit Ausschließung aller kaiserlichen und Reichsgerichte, zu verfügen haben. Zu seiner ordentlichen Belohnung müsse ihm ein kaiserliches Erbland und noch ein anderes der im Reiche eroberten Länder zum außerordentlichen Geschenk überlassen werden. Jede österreichische Provinz solle ihm, sobald er derselben bedürfen würde, zur Zuflucht geöffnet sein. Außerdem verlangte er die Versicherung des Herzogtums Mecklenburg bei einem künftigen Frieden und eine förmliche frühzeitige Aufkündigung, wenn man für nötig finden sollte, ihn zum zweitenmal des Generalats zu entsetzen.

Umsonst bestürmte ihn der Minister, diese Forderungen zu mäßigen, durch welche der Kaiser aller seiner Souveränitätsrechte über die Truppen beraubt und zu einer Kreatur seines Feldherrn erniedrigt würde. Zu sehr hatte man ihm die Unentbehrlichkeit seiner Dienste verraten, um jetzt noch des Preises Meister zu sein, womit sie erkauft werden sollten. Wenn der Zwang der Umstände den Kaiser nötigte, diese Forderungen *einzugehen,* so war es nicht bloßer Antrieb der Rachsucht und des Stolzes, der den Herzog veranlaßte, sie zu *machen.* Der Plan zur künftigen Empörung war entworfen, und dabei konnte keiner der Vorteile gemißt werden, deren sich Wallenstein in seinem Vergleich mit dem Hofe zu bemächtigen suchte. Dieser Plan erforderte, daß dem Kaiser alle Autorität in Deutschland entrissen und seinem General in die Hände gespielt würde; dies war erreicht, sobald Ferdinand jene Bedingungen unterzeichnete. Der Gebrauch, den Wallenstein von seiner Armee zu machen gesonnen war – von dem Zwecke freilich unendlich verschieden, zu welchem sie ihm untergeben ward – erlaubte keine *geteilte* Gewalt und noch weit weniger eine *höhere* Autorität bei dem Heere, als die seinige war. Um der alleinige Herr ihres Willens zu sein, mußte er den Truppen als der alleinige Herr ihres Schicksals erscheinen; um seinem Oberhaupte unvermerkt sich selbst unterzuschieben und auf seine eigne Person die Souveränitätsrechte überzutragen, die ihm von der höchsten Gewalt nur geliehen waren, mußte er die letztere sorgfältig aus den Augen der Truppen entfernen. Daher seine hartnäckige Weigerung, keinen Prinzen des Hauses Österreich bei dem Heere zu dulden. Die Freiheit, über alle im Reich eingezogne und eroberte Güter nach Gutdünken zu verfügen, reichte ihm furchtbare Mittel dar, sich Anhänger und dienstbare Werkzeuge zu erkaufen und mehr, als je ein Kaiser in Friedenszeiten sich herausnahm, den Diktator in

Deutschland zu spielen. Durch das Recht, sich der österreichischen Länder im Notfall zu einem Zufluchtsorte zu bedienen, erhielt er freie Gewalt, den Kaiser in seinem eigenen Reich und durch seine eigene Armee so gut als gefangen zu halten, das Mark dieser Länder auszusaugen und die österreichische Macht in ihren Grundfesten zu unterwühlen. Wie das Los nun auch fallen mochte, so hatte er durch die Bedingungen, die er von dem Kaiser erpreßte, gleich gut für seinen Vorteil gesorgt. Zeigten sich die Vorfälle seinen verwegnen Entwürfen günstig, so machte ihm dieser Vertrag mit dem Kaiser ihre Ausführung leichter; widerrieten die Zeitläufte die Vollstreckung derselben, so hatte dieser nämliche Vertrag ihn aufs glänzendste entschädigt. Aber wie konnte er einen Vertrag für gültig halten, der seinem Oberherrn abgetrotzt und auf ein Verbrechen gegründet war? Wie konnte er hoffen, den Kaiser durch eine Vorschrift zu binden, welche denjenigen, der so vermessen war, sie zu geben, zum Tode verdammte? Doch dieser todeswürdige Verbrecher war jetzt der *unentbehrlichste Mann* in der Monarchie, und Ferdinand, im Verstellen geübt, bewilligte ihm alles, was er verlangte.

Endlich also hatte die kaiserliche Kriegsmacht ein Oberhaupt, das diesen Namen verdiente. Alle andere Gewalt in der Armee, selbst des Kaisers, hörte in demselben Augenblick auf, da Wallenstein den Kommandostab in die Hand nahm, und ungültig war alles, was von *ihm* nicht ausfloß. Von den Ufern der Donau bis an die Weser und den Oderstrom empfand man den belebenden Aufgang des neuen Gestirns. Ein neuer Geist fängt an, die Soldaten des Kaisers zu beseelen, eine neue Epoche des Krieges beginnt. Frische Hoffnungen schöpfen die Papisten, und die protestantische Welt blickt mit Unruhe dem veränderten Laufe der Dinge entgegen.

Je größer der Preis war, um den man den neuen Feldherrn

hatte erkaufen müssen, zu so größern Erwartungen glaubte man sich am Hofe des Kaisers berechtigt; aber der Herzog übereilte sich nicht, diese Erwartungen in Erfüllung zu bringen. In der Nähe von Böhmen mit einem furchtbaren Heere, durfte er sich nur zeigen, um die geschwächte Macht der Sachsen zu überwältigen und mit der Wiedereroberung dieses Königreichs seine neue Laufbahn glänzend zu eröffnen. Aber zufrieden, durch nichts entscheidende Kroatengefechte den Feind zu beunruhigen, ließ er ihm den besten Teil dieses Reichs zum Raube und ging mit abgemessenem stillem Schritt seinem selbstischen Ziel entgegen. Nicht die Sachsen zu *bezwingen* – sich mit ihnen zu *vereinigen,* war sein Plan. Einzig mit diesem wichtigen Werke beschäftigt, ließ er vorderhand seine Waffen ruhn, um desto sichrer auf dem Wege der Unterhandlung zu siegen. Nichts ließ er unversucht, den Kurfürsten von der schwedischen Allianz loszureißen, und Ferdinand selbst, noch immer zum Frieden mit diesem Prinzen geneigt, billigte dies Verfahren. Aber die große Verbindlichkeit, die man den Schweden schuldig war, lebte noch in zu frischem Andenken bei den Sachsen, um eine so schändliche Untreue zu erlauben; und hätte man sich auch wirklich dazu versucht gefühlt, so ließ der zweideutige Charakter Wallensteins und der schlimme Ruf der österreichischen Politik zu der Aufrichtigkeit seiner Versprechungen kein Vertrauen fassen. Zu sehr als betrügerischer Staatsmann bekannt, fand er in dem einzigen Falle keinen Glauben, wo er es wahrscheinlich redlich meinte; und noch erlaubten ihm die Zeitumstände nicht, die Aufrichtigkeit seiner Gesinnung durch Aufdeckung seiner wahren Beweggründe außer Zweifel zu setzen. Ungern also entschloß er sich, durch die Gewalt der Waffen zu erzwingen, was auf dem Wege der Unterhandlung mißlungen war. Schnell zog er seine Truppen zusammen und stand vor Prag, ehe die Sachsen diese Hauptstadt entsetzen konnten. Nach einer kurzen Gegenwehr der Belagerten öffnete die Verräterei der Kapuziner einem von seinen Regimentern den Eingang, und die ins Schloß geflüchtete Besatzung streckte unter schimpflichen Bedingungen das Gewehr. Meister von der Hauptstadt, versprach er seinen Unterhandlungen am sächsischen Hofe einen günstigern Eingang, versäumte aber dabei nicht, zu eben der Zeit, als er sie bei dem General von Arnheim erneuerte, den Nachdruck derselben durch einen entscheidenden Streich zu verstärken. Er ließ in aller Eile die engen Pässe zwischen Außig und Pirna besetzen, um der sächsischen Armee den Rückzug in ihr Land abzuschneiden; aber Arnheims Geschwindigkeit entriß sie noch glücklich der Gefahr. Nach dem Abzuge dieses Generals ergaben sich die letzten Zufluchtsörter der Sachsen, *Eger* und *Leitmeritz,* an den Sieger, und schneller, als es verloren gegangen war, war das Königreich wieder seinem rechtmäßigen Herrn unterworfen.

Weniger mit dem Vorteile seines Herrn als mit Ausführung seiner eignen Entwürfe beschäftigt, gedachte jetzt Wallenstein den Krieg nach Sachsen zu spielen, um den Kurfürsten durch Verheerung seines Landes zu einem Privatvergleich mit dem Kaiser oder vielmehr mit dem Herzog von Friedland zu nötigen. Aber wie wenig er auch sonst gewohnt war, seinen Willen dem Zwang der Umstände zu unterwerfen, so begriff er doch jetzt die Notwendigkeit, seinen Lieblingsentwurf einem dringendern Geschäfte nachzusetzen. Während daß er die Sachsen aus Böhmen schlug, hatte Gustav Adolf die bisher erzählten Siege am Rhein und an der Donau erfochten und durch Franken und Schwaben den Krieg schon an Bayerns Grenzen gewälzt. Am Lechstrom geschlagen und durch den Tod des Grafen Tilly seiner besten Stütze beraubt, lag Maximilian dem Kaiser dringend an, ihm den Herzog von Friedland aufs schleunigste von Böhmen aus zu Hilfe zu schicken und durch Bayerns Verteidigung von Österreich selbst die Gefahr zu entfernen. Er wandte sich mit dieser Bitte an Wallenstein selbst und forderte ihn aufs angelegentlichste auf, ihm, bis er selbst mit der Hauptarmee nachkäme, einstweilen nur einige Regimenter zum Beistand zu senden. Ferdinand unterstützte mit seinem ganzen Ansehen diese Bitte, und ein Eilbote nach dem andern ging an Wallenstein ab, ihn zum Marsch nach der Donau zu vermögen.

Aber jetzt ergab es sich, wieviel der Kaiser von seiner Autorität aufgeopfert hatte, da er die Gewalt über seine Truppen und die Macht zu befehlen aus seinen Händen gab. Gleichgültig gegen Maximilians Bitten, taub gegen die wiederholten Befehle des Kaisers, blieb Wallenstein müßig in Böhmen stehen und überließ den Kurfürsten seinem Schicksale. Das Andenken der schlimmen Dienste, welche ihm Maximilian ehedem auf dem Regensburger Reichstage bei dem Kaiser geleistet, hatte sich tief in das unversöhnliche Gemüt des Herzogs geprägt, und die neuerlichen Bemühungen des Kurfürsten, seine Wiedereinsetzung zu verhindern, waren ihm kein Geheimnis geblieben. Jetzt war der Augenblick da, diese Kränkung zu rächen, und schwer empfand es der Kurfürst, daß er den rachgierigsten der Menschen sich zum Feinde gemacht hatte. Böhmen, erklärte dieser, dürfe nicht unverteidigt bleiben, und Österreich könne nicht besser geschützt werden, als wenn sich die schwedische Armee vor den bayrischen Festungen schwächte. So züchtigte er durch den Arm der Schweden seinen Feind, und während daß ein Platz nach dem andern in ihre Hände fiel, ließ er den Kurfürsten zu Regensburg vergebens nach seiner Ankunft schmachten. Nicht eher, als bis die völlige Unterwerfung Böhmens ihm keine Entschuldigungsgründe mehr übrigließ und die Eroberungen Gustav Adolfs in Bayern Österreich selbst mit naher Gefahr bedrohten, gab er den Bestürmungen des Kurfürsten und des Kaisers nach und entschloß sich zu der lange gewünschten Vereinigung mit dem erstern, welche, nach der allgemeinen Erwartung der Katholischen, das Schicksal des ganzen Feldzugs entscheiden sollte.

Gustav Adolf selbst, zu schwach an Truppen, um es auch nur mit der Wallensteinischen Armee allein aufzunehmen, fürchtete die Vereinigung zweier so mächtigen Heere, und mit Recht erstaunt man, daß er nicht mehr Tätigkeit bewiesen hat, sie zu hindern. Zu sehr, scheint es, rechnete er auf den Haß, der beide Anführer unter sich entzweite und keine Verbindung ihrer Waffen zu einem gemeinschaftlichen Zwecke hoffen ließ; und es war zu spät, diesen Fehler zu verbessern, als der Erfolg seine Mutmaßung widerlegte. Zwar eilte er auf die erste sichre Nachricht, die er von ihren Absichten erhielt, nach der Oberpfalz, um dem Kurfürsten den Weg zu versperren; aber schon war ihm dieser zuvorgekommen und die Vereinigung bei Eger geschehen.

Diesen Grenzort hatte Wallenstein zum Schauplatz des Triumphes bestimmt, den er im Begriff war über seinen stolzen Gegner zu feiern. Nicht zufrieden, ihn, einem Flehenden gleich, zu seinen Füßen zu sehen, legte er ihm noch das harte Gesetz auf, seine Länder hilflos hinter sich zu lassen, aus weiter Entfernung seinen Beschützer einzuholen und durch diese weite Entgegenkunft ein erniedrigendes Geständnis seiner Not und Bedürftigkeit abzulegen. Auch dieser Demütigung unterwarf sich der stolze Fürst mit Gelassenheit. Einen harten Kampf hatte es ihm gekostet, demjenigen seine Rettung zu verdanken, der, wenn es nach *seinem* Wunsche ging, nimmermehr diese Macht haben sollte; aber, einmal entschlossen, war er auch Mann genug, jede Kränkung zu ertragen, die von seinem Entschluß unzertrennlich war, und Herr genug seiner selbst, um kleinere Leiden zu verachten, wenn es darauf ankam, einen großen Zweck zu verfolgen.

Aber so viel es schon gekostet hatte, diese Vereinigung nur möglich zu machen, so schwer ward es, sich über die Bedingungen zu vergleichen, unter welchen sie stattfinden und Bestand haben sollte. Einem einzigen mußte die vereinigte Macht zu Gebote stehen, wenn der Zweck der Vereinigung erreicht werden sollte, und auf beiden Seiten war gleich wenig Neigung da, sich der höhern Autorität des andern zu unterwerfen. Wenn sich Maximilian auf seine Kurfürstenwürde, auf den Glanz seines Geschlechts, auf sein Ansehen im Reiche stützte, so gründete Wallenstein nicht geringere Ansprüche auf seinen Kriegsruhm und auf die uneingeschränkte Macht, welche der Kaiser ihm übergeben hatte. So sehr es den Fürstenstolz des ersten empörte, unter den Befehlen eines kaiserlichen Bedienten zu stehen, so sehr fand sich der Hochmut des Herzogs durch den Gedanken geschmeichelt, einem so gebieterischen Geiste Gesetze vorzuschreiben. Es kam darüber zu einem hartnäckigen Streite, der sich aber durch eine wechselseitige Übereinkunft zu Wallensteins Vorteil endigte. Diesem wurde das Oberkommando über beide Armeen, besonders am Tage einer Schlacht, ohne Einschränkung zugestanden und dem Kurfürsten alle Gewalt abgesprochen, die Schlachtordnung oder auch nur die Marschroute der Armee abzuändern. Nichts behielt er sich vor als das Recht der Strafen und Belohnungen über seine eignen Soldaten und den freien Gebrauch derselben, sobald sie nicht mit den kaiserlichen Truppen vereinigt agierten.

Nach diesen Vorbereitungen wagte man es endlich, einander unter die Augen zu treten, doch nicht eher, als bis eine gänzliche Vergessenheit alles Vergangenen zugesagt und die äußern Formalitäten des Versöhnungsakts aufs genauste berichtet waren. Der Verabredung gemäß umarmten sich beide Prinzen im Angesicht ihrer Truppen und gaben einander gegenseitige Versicherungen der

Freundschaft, indes die Herzen von Haß überflossen. Maximilian zwar, in der Verstellungskunst ausgelernt, besaß Herrschaft genug über sich selbst, um seine wahren Gefühle auch nicht durch einen einzigen Zug zu verraten; aber in Wallensteins Augen funkelte eine hämische Siegesfreude, und der Zwang, der in allen seinen Bewegungen sichtbar war, entdeckte die Macht des Affekts, der sein stolzes Herz übermeisterte.

Die vereinigten kaiserlich-bayrischen Truppen machten nun eine Armee von beinahe sechzigtausend größtenteils bewährten Soldaten aus, vor welcher der schwedische Monarch es nicht wagen durfte, sich im Felde zu zeigen. Eilfertig nahm er also, nachdem der Versuch, ihre Vereinigung zu hindern, mißlungen war, seinen Rückzug nach Franken und erwartete nunmehr eine entscheidende Bewegung des Feindes, um seine Entschließung zu fassen. Die Stellung der vereinigten Armee zwischen der sächsischen und bayrischen Grenze ließ es eine Zeitlang noch ungewiß, ob sie den Schauplatz des Kriegs nach dem ersten der beiden Länder verpflanzen oder suchen würde, die Schweden von der Donau zurückzutreiben und Bayern in Freiheit zu setzen. Sachsen hatte Arnheim von Truppen entblößt, um in Schlesien Eroberungen zu machen; nicht ohne die geheime Absicht, wie ihm von vielen schuld gegeben wird, dem Herzog von Friedland den Eintritt in das Kurfürstentum zu erleichtern und dem unentschlossenen Geiste Johann Georgs einen dringendern Sporn zum Vergleich mit dem Kaiser zu geben. Gustav Adolf selbst, in der gewissen Erwartung, daß die Absichten Wallensteins gegen Sachsen gerichtet seien, schickte eilig, um seinen Bundesgenossen nicht hilflos zu lassen, eine ansehnliche Verstärkung dahin, fest entschlossen, sobald die Umstände es erlaubten, mit seiner ganzen Macht nachzufolgen. Aber bald entdeckten ihm die Bewegungen der Friedländischen Armee, daß sie gegen ihn selbst im Anzug begriffen sei, und der Marsch des Herzogs durch die Oberpfalz setzte dies außer Zweifel. Jetzt galt es, auf seine eigne Sicherheit zu denken, weniger um die Oberherrschaft als um seine Existenz in Deutschland zu fechten und von der Fruchtbarkeit seines Genies Mittel zur Rettung zu entlehnen. Die Annäherung des Feindes überraschte ihn, ehe er Zeit gehabt hatte, seine durch ganz Deutschland zerstreuten Truppen an sich zu ziehen und die alliierten Fürsten zum Beistand herbeizurufen. An Mannschaft viel zu schwach, um den anrückenden Feind damit aufhalten zu können, hatte er keine andere Wahl, als sich entweder in Nürnberg zu werfen und Gefahr zu laufen, von der Wallensteinischen Macht in dieser Stadt eingeschlossen und durch Hunger besiegt zu werden – oder diese Stadt aufzuopfern und unter den Kanonen von Donauwörth eine Verstärkung an Truppen zu erwarten. Gleichgültig gegen alle Beschwerden und Gefahren, wo die Menschlichkeit sprach und die Ehre gebot, erwählte er ohne Bedenken das erste, fest entschlossen, lieber sich selbst mit seiner ganzen Armee unter den Trümmern Nürnbergs zu begraben, als auf den Untergang dieser bundesverwandten Stadt seine Rettung zu gründen.

Sogleich ward Anstalt gemacht, die Stadt mit allen Vorstädten in eine Verschanzung einzuschließen und innerhalb derselben ein festes Lager aufzuschlagen. Viele tausend Hände setzten sich alsbald zu diesem weitläufigen Werk in Bewegung, und alle Einwohner Nürnbergs beseelte ein heroischer Eifer, für die gemeine Sache Blut, Leben und Eigentum zu wagen. Ein acht Fuß tiefer und zwölf Fuß breiter Graben umschloß die ganze Verschanzung; die Linien wurden durch Redouten und Bastionen, die Eingänge durch halbe Monde beschützt. Die Pegnitz, welche Nürnberg durchschneidet, teilte das ganze Lager in zwei Halbzirkel ab, die durch viele Brücken zusammenhingen.

Gegen dreihundert Stücke spielten von den Wällen der Stadt und von den Schanzen des Lagers. Das Landvolk aus den benachbarten Dörfern und die Bürger von Nürnberg legten mit den schwedischen Soldaten gemeinschaftlich Hand an, daß schon am siebenten Tage die Armee das Lager beziehen konnte und am vierzehnten die ganze ungeheure Arbeit vollendet war.

Indem dies außerhalb der Mauern vorging, war der Magistrat der Stadt Nürnberg beschäftigt, die Magazine zu füllen und sich mit allen Kriegs- und Mundbedürfnissen für eine langwierige Belagerung zu versehen. Dabei unterließ er nicht, für die Gesundheit der Einwohner, die der Zusammenfluß so vieler Menschen leicht in Gefahr setzen konnte, durch strenge Reinlichkeitsanstalten Sorge zu tragen. Den König auf den Notfall unterstützen zu können, wurde aus den Bürgern der Stadt die junge Mannschaft ausgehoben und in den Waffen geübt, die schon vorhandene Stadtmiliz beträchtlich verstärkt und ein neues Regiment von vierundzwanzig Namen nach den Buchstaben des alten Alphabets ausgerüstet. Gustav selbst hatte unterdessen seine Bundsgenossen, den Herzog Wilhelm von Weimar und den Landgrafen von Hessen-Kassel, zum Beistand aufgeboten und seine Generale am Rheinstrom, in Thüringen und Niedersachsen beordert, sich schleunig in Marsch zu setzen und mit ihren Truppen bei Nürnberg zu ihm zu stoßen. Seine Armee, welche innerhalb der Linien dieser Reichsstadt gelagert stand, betrug nicht viel über sechzehntausend Mann, also nicht einmal den dritten Teil des feindlichen Heers.

Dieses war unterdessen in langsamem Zuge bis gegen Neumarkt herangerückt, wo der Herzog von Friedland eine allgemeine Musterung anstellte. Vom Anblick dieser furchtbaren Macht hingerissen, konnte er sich einer jugendlichen Prahlerei nicht enthalten. «Binnen vier Tagen soll sich ausweisen», rief er, «wer von uns beiden, der König von Schweden oder ich, Herr der Welt sein wird.» Dennoch tat er, seiner großen Überlegenheit ungeachtet, nichts, diese stolze Versicherung wahr zu machen, und vernachlässigte sogar die Gelegenheit, seinen Feind auf das Haupt zu schlagen, als dieser verwegen genug war, sich außerhalb seiner Linien ihm entgegenzustellen. «Schlachten hat man genug geliefert», antwortete er denen, welche ihn zum Angriff ermunterten. «Es ist Zeit, einmal einer andern Methode zu folgen.» Hier schon entdeckte sich, wieviel mehr bei einem Feldherrn gewonnen worden, dessen schon gegründeter Ruhm der gewagten Unternehmungen nicht benötigt war, wodurch andre eilen müssen, sich einen Namen zu machen. Überzeugt, daß der verzweifelte Mut des Feindes den Sieg auf das teuerste verkaufen, eine Niederlage aber, in diesen Gegenden erlitten, die Angelegenheiten des Kaisers unwiederbringlich zugrunde richten würde, begnügte er sich damit, die kriegerische Hitze seines Gegners durch eine langwierige Belagerung zu verzehren und, indem er demselben alle Gelegenheit abschnitt, sich dem Ungestüm seines Muts zu überlassen, ihm gerade denjenigen Vorteil zu rauben, wodurch er bisher so unüberwindlich gewesen war. Ohne also das geringste zu unternehmen, bezog er jenseits der Rednitz, Nürnberg gegenüber, ein stark befestigtes Lager und entzog durch diese wohlgewählte Stellung der Stadt sowohl als dem Lager jede Zufuhr aus Franken, Schwaben und Thüringen. So hielt er den König zugleich mit der Stadt belagert und schmeichelte sich, den Mut seines Gegners, den er nicht lüstern war, in offener Schlacht zu erproben, durch Hunger und Seuchen langsam, aber desto sicherer zu ermüden.

Aber zu wenig mit den Hilfsquellen und Kräften seines Gegners bekannt, hatte er nicht genugsam dafür gesorgt, sich selbst vor dem Schicksale zu bewahren, das er jenem bereitete. Aus dem ganzen benachbarten Gebiet hatte sich das Landvolk mit seinen Vorräten weggeflüchtet, und um den wenigen Überrest mußten sich die Friedländischen Fouragierer mit den schwedischen schlagen. Der König schonte die Magazine der Stadt, so lange noch Möglichkeit da war, sich aus der Nachbarschaft mit Proviant zu versehen, und diese wechselseitigen Streifereien unterhielten einen immerwährenden Krieg zwischen den Kroaten und dem schwedischen Volke, davon die ganze umliegende Landschaft die traurigsten Spuren zeigte. Mit dem Schwert in der Hand mußte man sich die Bedürfnisse des Lebens erkämpfen, und ohne zahlreiches Gefolge durften sich die Parteien nicht mehr aufs Fouragieren wagen. Dem König zwar öffnete, sobald der Mangel sich einstellte, die Stadt Nürnberg ihre Vorratshäuser, aber Wallenstein mußte seine Truppen aus weiter Ferne versorgen. Ein großer, in Bayern aufgekaufter Transport war an ihn auf dem Wege, und tausend Mann wurden abgeschickt, ihn sicher ins Lager zu geleiten. Gustav Adolf, davon benachrichtigt, sandte sogleich ein Kavallerieregiment aus, sich dieser Lieferung zu bemächtigen, und die Dunkelheit der Nacht begünstigte die Unternehmung. Der ganze Transport fiel mit der Stadt, worin er hielt, in der Schweden Hände; die kaiserliche Bedeckung wurde niedergehauen, gegen zwölfhundert Stück Vieh hinweggetrieben und tausend mit Brot bepackte Wagen, die nicht gut fortgebracht werden konnten, in Brand gesteckt. Sieben Regimenter, welche der Herzog von Friedland gegen Altdorf vorrücken ließ, dem sehnlich erwarteten Transport zur Bedeckung zu dienen, wurden von dem Könige, der ein gleiches getan hatte, den Rückzug der Seinigen zu decken, nach einem hartnäckigen Gefechte auseinandergesprengt und mit Hinterlassung von vierhundert Toten in das kaiserliche Lager zurückgetrieben. So viele Widerwärtigkeiten und eine so wenig erwartete Standhaftigkeit des Königs ließen den Herzog von Friedland bereuen, daß er die Gelegenheit zu einem Treffen ungenützt hatte vorbeistreichen lassen. Jetzt machte die Festigkeit des schwedischen Lagers jeden Angriff unmöglich, und Nürnbergs bewaffnete Jugend diente dem Monarchen zu einer fruchtbaren Kriegerschule, woraus er jeden Verlust an Mannschaft auf das schnellste ersetzen konnte. Der Mangel an Lebensmitteln, der sich im kaiserlichen Lager nicht weniger als im schwedischen einstellte, machte es zum mindesten sehr ungewiß, welcher von beiden Teilen den andern zuerst zum Aufbruche zwingen würde.

Fünfzehn Tage schon hatten beide Armeen, durch gleich unersteigliche Verschanzungen gedeckt, einander im Gesichte gestanden, ohne etwas mehr als leichte Streifereien und unbedeutende Scharmützel zu wagen. Auf beiden Seiten hatten ansteckende Krankheiten, natürliche Folgen der schlechten Nahrungsmittel und der eng zusammengepreßten Volksmenge, mehr als das Schwert des Feindes die Mannschaft vermindert, und mit jedem Tag stieg diese Not. Endlich erschien der längst erwartete Sukkurs im schwedischen Lager, und die beträchtliche Machtverstärkung des Königs erlaubte ihm jetzt, seinem natürlichen Mut zu gehorchen und die Fessel zu zerbrechen, die ihn bisher gebunden hielt.

Seiner Aufforderung gemäß hatte Herzog Wilhelm von Weimar aus den Besatzungen in Niedersachsen und Thüringen in aller Eilfertigkeit ein Korps aufgerichtet, welches bei Schweinfurt in Franken vier sächsische Regimenter und bald darauf bei Kitzingen die Truppen vom Rheinstrom an sich zog, die Landgraf Wilhelm von Hessen-Kassel und der Pfalzgraf von Birkenfeld dem König zu Hilfe schickten. Der Reichskanzler Oxenstierna übernahm es, diese vereinigte Armee an den Ort ihrer Bestimmung zu führen.

Nachdem er sich zu Windsheim noch mit dem Herzog
Bernhard von Weimar und dem schwedischen General
Banér vereinigt hatte, rückte er in beschleunigten Märschen
bis Bruck und Eltersdorf, wo er die Regnitz passierte und
glücklich in das schwedische Lager kam. Dieser Sukkurs
zählte beinahe fünfzigtausend Mann und führte sechzig
Stücke Geschütz und viertausend Bagagewagen bei sich. So
sah sich denn Gustav Adolf an der Spitze von beinahe
siebenzigtausend Streitern, ohne noch die Miliz der Stadt
Nürnberg zu rechnen, welche im Notfalle dreißigtausend
rüstige Bürger ins Feld stellen konnte. Eine furchtbare
Macht, die einer andern nicht minder furchtbaren gegenüberstand! Der ganze Krieg schien jetzt zusammengepreßt
in eine einzige Schlacht, um hier endlich seine letzte Entscheidung zu erhalten. Angstvoll blickte das geteilte Europa auf diesen Kampfplatz hin, wo sich die Kraft beider
streitenden Mächte, wie in ihrem Brennpunkt, fürchterlich
sammelte.

Aber hatte man schon vor der Ankunft des Sukkurses
mit Brotmangel kämpfen müssen, so wuchs dieses Übel
nunmehr in beiden Lägern (denn auch Wallenstein hatte
neue Verstärkungen aus Bayern an sich gezogen) zu einem
schrecklichen Grade an. Außer den hundertundzwanzigtausend Kriegern, die einander bewaffnet gegenüberstanden, außer einer Menge von mehr als fünfzigtausend
Pferden in beiden Armeen, außer den Bewohnern Nürnbergs, welche das schwedische Heer an Anzahl weit übertrafen, zählte man allein in dem Wallensteinischen Lager
fünfzehntausend Weiber und ebensoviel Fuhrleute und
Knechte, nicht viel weniger in dem schwedischen. Die
Gewohnheit jener Zeiten erlaubte dem Soldaten, seine
Familie mit in das Feld zu führen. Bei den Kaiserlichen
schloß sich eine unzählige Menge gutwilliger Frauenspersonen an den Heereszug an, und die strenge Wachsamkeit

über die Sitten im schwedischen Lager, welche keine Ausschweifung duldete, beförderte eben darum die rechtmäßigen Ehen. Für die junge Generation, welche dies Lager zum Vaterland hatte, waren ordentliche Feldschulen errichtet und eine treffliche Zucht von Kriegern daraus gezogen, daß die Armeen bei einem langwierigen Kriege sich durch sie selbst rekrutieren konnten. Kein Wunder, wenn diese wandelnden Nationen jeden Landstrich aushungerten, auf dem sie verweilten, und die Bedürfnisse des Lebens durch diesen entbehrlichen Troß unverhältnismäßig im Preise gesteigert wurden. Alle Mühlen um Nürnberg reichten nicht aus, das Korn zu mahlen, das jeder Tag verschlang, und fünfzigtausend Pfund Brot, welche die Stadt täglich ins Lager lieferte, reizten den Hunger bloß, ohne ihn zu befriedigen. Die wirklich bewundernswerte Sorgfalt des Nürnberger Magistrats konnte nicht verhindern, daß nicht ein großer Teil der Pferde aus Mangel an Fütterung umfiel und die zunehmende Wut der Seuchen mit jedem Tag über hundert Menschen ins Grab streckte.

Dieser Not ein Ende zu machen, verließ endlich Gustav Adolf, voll Zuversicht auf seine überlegene Macht, am fünfundfünfzigsten Tage seine Linien, zeigte sich in voller Bataille dem Feind und ließ von drei Batterien, welche am Ufer der Rednitz errichtet waren, das Friedländische Lager beschießen. Aber unbeweglich stand der Herzog in seinen Verschanzungen und begnügte sich, diese Ausforderung durch das Feuer der Musketen und Kanonen von ferne zu beantworten. Den König durch Untätigkeit aufzureiben und durch die Macht des Hungers seine Beharrlichkeit zu besiegen war sein überlegter Entschluß, und keine Vorstellung Maximilians, keine Ungeduld der Armee, kein Spott des Feindes konnte diesen Vorsatz erschüttern. In seiner Hoffnung getäuscht und von der wachsenden Not gedrungen, wagte sich Gustav Adolf nun an das Unmögliche, und der Entschluß wurde gefaßt, das durch Natur und Kunst gleich unbezwingliche Lager zu *stürmen*.

Nachdem er das seinige dem Schutz der nürnbergischen Miliz übergeben, rückte er am Bartholomäustage, dem achtundfünfzigsten, seitdem die Armee ihre Verschanzungen bezogen, in voller Schlachtordnung heraus und passierte die Rednitz bei Fürth, wo er die feindlichen Vorposten mit leichter Mühe zum Weichen brachte. Auf den steilen Anhöhen zwischen der Bibert und Rednitz, die Alte Feste und Altenberg genannt, stand die Hauptmacht des Feindes, und das Lager selbst, von diesen Hügeln beherrscht, breitete sich unabsehbar durch das Gefilde. Die ganze Stärke des Geschützes war auf diesen Hügeln versammelt. Tiefe Gräben umschlossen unersteigliche Schanzen, dichte Verhacke und stachelige Palisaden verrammelten die Zugänge zu dem steil anlaufenden Berge, von dessen Gipfel Wallenstein, ruhig und sicher wie ein Gott, durch schwarze Rauchwolken seine Blitze versendete. Hinter den Brustwehren lauerte der Musketen tückisches Feuer, und ein gewisser Tod blickte aus hundert offenen Kanonenschlünden dem verwegenen Stürmer entgegen. Auf diesen gefahrvollen Posten richtete Gustav Adolf den Angriff, und fünfhundert Musketiere, durch weniges Fußvolk unterstützt (mehrere zugleich konnten auf dem engen Terrain nicht zum Fechten kommen), hatten den unbeneideten Vorzug, sich zuerst in den offenen Rachen des Todes zu werfen. Wütend war der Andrang, der Widerstand fürchterlich; der ganzen Wut des feindlichen Geschützes ohne Brustwehr dahin gegeben, grimmig durch den Anblick des unvermeidlichen Todes, laufen diese entschlossenen Krieger gegen den Hügel Sturm, der sich in *einem* Moment in den flammenden Hekla verwandelt und einen eisernen Hagel donnernd auf sie herunterspeit. Zugleich dringt die schwere Kavallerie in die Lücken ein, welche die feindlichen Ballen in die gedrängte Schlachtordnung reißen, die festgeschlossenen Glieder trennen sich, und die standhafte Heldenschar, von der gedoppelten Macht der Natur und der Menschen bezwungen, wendet sich nach hundert zurückgelaßnen Toten zur Flucht. Deutsche waren es, denen Gustavs Parteilichkeit die tödliche Ehre des ersten Angriffs bestimmte; über ihren Rückzug ergrimmt, führte er jetzt seine Finnländer zum Sturm, durch ihren nordischen Mut die deutsche Feigheit zu beschämen. Auch seine Finnländer, durch einen ähnlichen Feuerregen empfangen, weichen der überlegenen Macht, und ein frisches Regiment tritt an ihre Stelle, mit gleich schlechtem Erfolg den Angriff zu erneuern. Dieses wird von einem vierten und fünften und sechsten abgelöst, daß während des zehenstündigen Gefechtes alle Regimenter zum Angriff kommen und alle blutend und zerrissen von dem Kampfplatz zurückkehren. Tausend verstümmelte Körper bedecken das Feld, und unbesiegt setzt Gustav den Angriff fort, und unerschütterlich behauptet Wallenstein seine Feste.

Indessen hat sich zwischen der kaiserlichen Reiterei und dem linken Flügel der Schweden, der in einem Busch an der Rednitz postiert war, ein heftiger Kampf entzündet, wo mit abwechselndem Glück der Feind bald Besiegter, bald Sieger bleibt und auf beiden Seiten gleich viel Blut fließt, gleich tapfre Taten geschehen. Dem Herzog von Friedland und dem Prinzen Bernhard von Weimar werden die Pferde unter dem Leibe erschossen; dem König selbst reißt eine Stückkugel die Sohle von dem Stiefel. Mit ununterbrochener Wut erneuern sich Angriff und Widerstand, bis endlich die eintretende Nacht das Schlachtfeld verfinstert und die erbitterten Kämpfer zur Ruhe winkt. Jetzt aber sind die Schweden schon zu weit vorgedrungen, um den Rückzug ohne Gefahr unternehmen zu können. Indem der König einen Offizier zu entdecken sucht, den Regimentern durch ihn den Befehl zum Rückzug zu übersenden, stellt sich ihm der Oberste Hebron, ein tapfrer Schottländer, dar, den bloß sein natürlicher Mut aus dem Lager getrieben hatte, die Gefahr dieses Tages zu teilen. Über den König erzürnt, der ihm unlängst bei einer gefahrvollen Aktion einen jüngern Obersten vorgezogen, hatte er das rasche Gelübde getan, seinen Degen nie wieder für den König zu ziehen. An ihn wendet sich jetzt Gustav Adolf, und, seinen Heldenmut lobend, ersucht er ihn, die Regimenter zum Rückzug zu kommandieren. «Sire», erwidert der tapfre Soldat, «das ist der einzige Dienst, den ich Eurer Majestät nicht verweigern kann, denn es ist etwas dabei zu wagen» – und sogleich sprengt er davon, den erhaltenen Auftrag ins Werk zu richten. Zwar hatte sich Herzog Bernhard von Weimar in der Hitze des Gefechts einer Anhöhe über der alten Feste bemächtigt, von wo aus man den Berg und das ganze Lager bestreichen konnte. Aber ein heftiger Platzregen, der in derselben Nacht einfiel, machte den Abhang so schlüpfrig, daß es unmöglich war, die Kanonen hinaufzubringen, und so mußte man von freien Stücken diesen mit Strömen Bluts errungenen Posten verloren geben. Mißtrauisch gegen das Glück, das ihn an diesem entscheidenden Tage verlassen hatte, getraute der König sich nicht, mit erschöpften Truppen am folgenden Tage den Sturm fortzusetzen, und zum erstenmal überwunden, weil er nicht Überwinder war, führt er seine Truppen über die Rednitz zurück. Zweitausend Tote, die er auf dem Walplatz zurückließ, bezeugten seinen Verlust, und unüberwunden stand der Herzog von Friedland in seinen Linien.

Noch ganze vierzehn Tage nach dieser Aktion blieben die Armeen einander gegenüber gelagert, jede in der Erwartung, die andre zuerst zum Aufbruch zu nötigen. Je mehr mit jedem Tage der kleine Vorrat an Lebensmitteln schmolz, desto schrecklicher wuchsen die Drangsale des

Hungers, desto mehr verwilderte der Soldat, und das Landvolk umher ward das Opfer seiner tierischen Raubsucht. Die steigende Not löste alle Bande der Zucht und der Ordnung im schwedischen Lager auf, und besonders zeichneten sich die deutschen Regimenter durch die Gewalttätigkeiten aus, die sie gegen Freund und Feind ohne Unterschied verübten. Die schwache Hand eines einzigen vermochte einer Gesetzlosigkeit nicht zu steuern, die durch das Stillschweigen der untern Befehlshaber eine scheinbare Billigung und oft durch ihr eigenes verderbliches Beispiel Ermunterung erhielt. Tief schmerzte den Monarchen dieser schimpfliche Verfall der Kriegszucht, in der er bis jetzt einen so gegründeten Stolz gesetzt hatte, und der Nachdruck, womit er den deutschen Offizieren ihre Nachlässigkeit verweist, bezeugt die Heftigkeit seiner Empfindungen. «Ihr Deutschen», rief er aus, «ihr, ihr selbst seid es, die ihr euer eigenes Vaterland bestehlt und gegen eure eigenen Glaubensgenossen wütet. Gott sei mein Zeuge, ich verabscheue euch, ich habe einen Ekel an euch, und das Herz gällt mir im Leibe, wenn ich euch anschaue. Ihr übertretet meine Verordnungen, ihr seid Ursache, daß die Welt mich verflucht; daß mich die Tränen der schuldlosen Armut verfolgen, daß ich öffentlich hören muß: Der König, unser Freund, tut uns mehr Übels an als unsre grimmigsten Feinde. Euretwegen habe ich meine Krone ihres Schatzes entblößt und über vierzig Tonnen Goldes aufgewendet, von eurem Deutschen Reich aber nicht erhalten, wovon ich mich schlecht bekleiden könnte. Euch gab ich alles, was Gott mir zuteilte; und hättet ihr meine Gesetze geachtet, alles, was er mir künftig noch geben mag, würde ich mit Freuden unter euch ausgeteilt haben. Eure schlechte Mannszucht überzeugt mich, daß ihr's böse meint, wie sehr ich auch Ursache haben mag, eure Tapferkeit zu loben.»

Nürnberg hatte sich über Vermögen angestrengt, die

ungeheure Menschenmenge, welche in seinem Gebiete zusammengepreßt war, elf Wochen lang zu ernähren; endlich aber versiegten die Mittel, und der König, als der zahlreichere Teil, mußte sich eben darum zuerst zum Abzug entschließen. Mehr als zehntausend seiner Einwohner hatte Nürnberg begraben, und Gustav Adolf gegen zwanzigtausend seiner Soldaten durch Krieg und Seuchen eingebüßt. Zertreten lagen alle umliegenden Felder, die Dörfer in Asche, das beraubte Landvolk verschmachtete auf den Straßen, Modergerüche verpesteten die Luft, verheerende Seuchen, durch die kümmerliche Nahrung, durch den Qualm eines so bevölkerten Lagers und so vieler verwesenden Leichname, durch die Glut der Hundstage ausgebrütet, wüteten unter Menschen und Tieren, und noch lange nach dem Abzug der Armeen drückten Mangel und Elend das Land. Gerührt von dem allgemeinen Jammer und ohne Hoffnung, die Beharrlichkeit des Herzogs von Friedland zu besiegen, hob der König am 8. September sein Lager auf und verließ Nürnberg, nachdem er es zur Fürsorge mit einer hinlänglichen Besatzung versehen hatte. In völliger Schlachtordnung zog er an dem Feinde vorüber, der unbeweglich blieb und nicht das geringste unternahm, seinen Abzug zu stören. Er richtete seinen Marsch nach Neustadt an der Aisch und Windsheim, wo er fünf Tage stehenblieb, um seine Truppen zu erquicken und Nürnberg nahe zu sein, wenn der Feind etwas gegen diese Stadt unternehmen sollte. Aber Wallenstein, der Erholung nicht weniger bedürftig, hatte auf den Abzug der Schweden nur gewartet, um den seinigen antreten zu können. Fünf Tage später verließ auch er sein Lager bei Zirndorf und übergab es den Flammen. Hundert Rauchsäulen, die aus den eingeäscherten Dörfern in der ganzen Runde zum Himmel stiegen, verkündigten seinen Abschied und zeigten der getrösteten Stadt, welchem Schicksale sie selbst entgangen war. Seinen Marsch, der gegen Forchheim gerichtet war, bezeichnete die schrecklichste Verheerung; doch war er schon zu weit vorgerückt, um von dem König noch eingeholt zu werden. Dieser trennte nun seine Armee, die das erschöpfte Land nicht ernähren konnte, um mit einem Teile derselben Franken zu behaupten und mit dem andern seine Eroberungen in Bayern in eigner Person fortzusetzen.

Unterdessen war die kaiserlich-bayrische Armee in das Bistum Bamberg gerückt, wo der Herzog von Friedland eine zweite Musterung darüber anstellte. Er fand diese sechzigtausend Mann starke Macht durch Desertion, Krieg und Seuchen bis auf vierundzwanzigtausend Mann vermindert, von denen der vierte Teil aus bayrischen Truppen bestand. Und so hatte das Lager von Nürnberg beide Teile mehr als zwei verlorene große Schlachten entkräftet, ohne den Krieg seinem Ende auch nur um etwas genähert oder die gespannten Erwartungen der europäischen Welt durch einen einzigen entscheidenden Vorfall befriedigt zu haben. Den Eroberungen des Königs in Bayern wurde zwar auf eine Zeitlang durch die Diversion bei Nürnberg ein Ziel gesteckt und Österreich selbst vor einem feindlichen Einfall gesichert; aber durch den Abzug von dieser Stadt gab man ihm auch die völlige Freiheit zurück, Bayern aufs neue zum Schauplatz des Kriegs zu machen. Unbekümmert um das Schicksal dieses Landes und des Zwangs müde, den ihm die Verbindung mit dem Kurfürsten auferlegte, ergriff der Herzog von Friedland begierig die Gelegenheit, sich von diesem lästigen Gefährten zu trennen und seine Lieblingsentwürfe mit erneuertem Ernst zu verfolgen. Noch immer seiner ersten Maxime getreu, Sachsen von Schweden zu trennen, bestimmte er dieses Land zum Winteraufenthalt seiner Truppen und hoffte, durch seine verderbliche Gegenwart den Kurfürsten um so eher zu einem besondern Frieden zu zwingen.

Kein Zeitpunkt konnte diesem Unternehmen günstiger sein. Die Sachsen waren in Schlesien eingefallen, wo sie, in Vereinigung mit brandenburgischen und schwedischen Hilfsvölkern, einen Vorteil nach dem andern über die Truppen des Kaisers erfochten. Durch eine Diversion, welche man dem Kurfürsten in seinen eigenen Staaten machte, rettete man Schlesien; und das Unternehmen war desto leichter, da Sachsen durch den schlesischen Krieg von Verteidigern entblößt und dem Feinde von allen Seiten geöffnet war. Die Notwendigkeit, ein österreichisches Erbland zu retten, schlug alle Einwendungen des Kurfürsten von Bayern darnieder, und unter der Maske eines patriotischen Eifers für das Beste des Kaisers konnte man ihn mit um so weniger Bedenklichkeit aufopfern. Indem man dem König von Schweden das reiche Bayern zum Raube ließ, hoffte man in der Unternehmung auf Sachsen von ihm nicht gestört zu werden, und die zunehmende Kaltsinnigkeit zwischen diesem Monarchen und dem sächsischen Hofe ließ ohnehin von seiner Seite wenig Eifer zu Befreiung Johann Georgs befürchten. Aufs neue also von seinem arglistigen Beschützer im Stich gelassen, trennte sich der Kurfürst zu Bamberg von Wallenstein, um mit dem kleinen Überrest seiner Truppen sein hilfloses Land zu verteidigen, und die kaiserliche Armee richtete unter Friedlands Anführung ihren Marsch durch Bayreuth und Coburg nach dem Thüringer Walde.

Ein kaiserlicher General von Holk war bereits mit sechstausend Mann in das Vogtland vorausgeschickt worden, diese wehrlose Provinz mit Feuer und Schwert zu verheeren. Ihm wurde bald darauf Gallas nachgeschickt, ein zweiter Feldherr des Herzogs und ein gleich treues Werkzeug seiner unmenschlichen Befehle. Endlich wurde auch noch Graf Pappenheim aus Niedersachsen herbeigerufen, die geschwächte Armee des Herzogs zu verstärken und das

Elend Sachsens vollkommen zu machen. Zerstörte Kirchen, eingeäscherte Dörfer, verwüstete Ernten, beraubte Familien, ermordete Untertanen bezeichneten den Marsch dieser Barbarenheere; das ganze Thüringen, Vogtland und Meißen erlagen unter dieser dreifachen Geißel. Aber sie waren nur die Vorläufer eines größern Elends, mit welchem der Herzog selbst, an der Spitze der Hauptarmee, das unglückliche Sachsen bedrohte. Nachdem dieser auf seinem Zuge durch Franken und Thüringen die schauderhaftesten Denkmäler seiner Wut hinterlassen, erschien er mit seiner ganzen Macht in dem Leipziger Kreise und zwang nach einer kurzen Belagerung die Stadt Leipzig zur Übergabe. Seine Absicht war, bis nach Dresden vorzudringen und durch Unterwerfung des ganzen Landes dem Kurfürsten Gesetze vorzuschreiben. Schon näherte er sich der Mulde, um die sächsische Armee, die bis Torgau ihm entgegengerückt war, mit seiner überlegenen Macht aus dem Feld zu schlagen, als die Ankunft des Königs von Schweden zu Erfurt seinen Eroberungsplanen eine unerwartete Grenze setzte. Im Gedränge zwischen der sächsischen und schwedischen Macht, welche Herzog Georg von Lüneburg von Niedersachsen aus noch zu verstärken drohte, wich er eilfertig gegen Merseburg zurück, um sich dort mit dem Grafen von Pappenheim zu vereinigen und die eindringenden Schweden mit Nachdruck zurückzutreiben.

Nicht ohne große Unruhe hatte Gustav Adolf den Kunstgriffen zugesehen, welche Spanien und Österreich verschwendeten, um seinen Alliierten von ihm abtrünnig zu machen. So wichtig ihm das Bündnis mit Sachsen war, so viel mehr Ursache hatte er, vor dem unbeständigen Gemüte Johann Georgs zu zittern. Nie hatte zwischen ihm und dem Kurfürsten ein aufrichtiges freundschaftliches Verhältnis stattgefunden. Einem Prinzen, der auf seine politische Wichtigkeit stolz und gewohnt war, sich als das Haupt seiner Partei zu betrachten, mußte die Einmischung einer fremden Macht in die Reichsangelegenheiten bedenklich und drückend sein, und den Widerwillen, womit er die Fortschritte dieses unwillkommnen Fremdlings betrachtete, hatte nur die äußerste Not seiner Staaten auf eine Zeitlang besiegen können. Das wachsende Ansehen des Königs in Deutschland, sein überwiegender Einfluß auf die protestantischen Stände, die nicht sehr zweideutigen Beweise seiner ehrgeizigen Absichten, bedenklich genug, die ganze Wachsamkeit der Reichsstände aufzufordern, machten bei dem Kurfürsten tausend Besorgnisse rege, welche die kaiserlichen Unterhändler geschickt zu nähren und zu vergrößern wußten. Jeder eigenmächtige Schritt des Königs, jede auch noch so billige Forderung, die er an die Reichsfürsten machte, gaben dem Kurfürsten Anlaß zu bittern Beschwerden, die einen nahen Bruch zu verkündigen schienen. Selbst unter den Generalen beider Teile zeigten sich, so oft sie vereinigt agieren sollten, vielfache Spuren der Eifersucht, welche ihre Beherrscher entzweite. Johann Georgs natürliche Abneigung vor dem Krieg und seine noch immer nicht unterdrückte Ergebenheit gegen Österreich begünstigt Arnheims Bemühungen, der, in beständigem Einverständnisse mit Wallenstein, unermüdet daran arbeitete, seinen Herrn zu einem Privatvergleich mit dem Kaiser zu vermögen; und fanden seine Vorstellungen auch lange Zeit keinen Eingang, so lehrte doch zuletzt der Erfolg, daß sie nicht ganz ohne Wirkung geblieben waren.

Gustav Adolf, mit Recht vor den Folgen bange, die der Abfall eines so wichtigen Bundesgenossen von seiner Partei für seine ganze künftige Existenz in Deutschland haben mußte, ließ kein Mittel unversucht, diesen bedenklichen Schritt zu verhindern, und bis jetzt hatten seine Vorstellungen ihren Eindruck auf den Kurfürsten nicht ganz verfehlt. Aber die fürchterliche Macht, womit der Kaiser seine verführerischen Vorschläge unterstützte, und die Drangsale, die er bei längerer Weigerung über Sachsen zu häufen drohte, konnten endlich doch, wenn man ihn seinen Feinden hilflos dahingab, die Standhaftigkeit des Kurfürsten überwinden und diese Gleichgültigkeit gegen einen so wichtigen Bundesgenossen das Vertrauen aller übrigen Alliierten Schwedens zu ihrem Beschützer auf immer darniederschlagen. Diese Betrachtung bewog den König, den dringenden Einladungen, welche der hart bedrohte Kurfürst an ihn ergehen ließ, zum zweiten Male nachzugeben und der Rettung dieses Bundesgenossen alle seine glänzenden Hoffnungen aufzuopfern. Schon hatte er einen zweiten Angriff auf Ingolstadt beschlossen, und die Schwäche des Kurfürsten von Bayern rechtfertigte seine Hoffnung, diesem erschöpften Feinde doch endlich noch die Neutralität aufzudringen. Der Aufstand des Landvolks in Oberösterreich öffnete ihm dann den Weg in dieses Land, und der Sitz des Kaiserthrons konnte in seinen Händen sein, ehe Wallenstein Zeit hatte, mit Hilfe herbeizueilen. Alle diese schimmernden Hoffnungen setzte er dem Wohl eines Alliierten nach, der weder Verdienste noch guter Wille dieses Opfers wert machten; der, bei den dringendsten Aufforderungen des Gemeingeistes, nur seinem eigenen Vorteil mit kleinlicher Selbstsucht diente; der nicht durch die Dienste, die man sich von ihm versprach, nur durch den Schaden, den man von ihm besorgte, bedeutend war. Und wer erwehrt sich nun des Unwillens, wenn er hört, daß auf dem Wege, den Gustav Adolf jetzt zur Befreiung dieses Fürsten antritt, der große König das Ziel seiner Taten findet?

Schnell zog er seine Truppen im fränkischen Kreise zusammen und folgte dem Wallensteinischen Heere durch

Thüringen nach. Herzog Bernhard von Weimar, der gegen Pappenheim war vorausgeschickt worden, stieß bei Arnstadt zu dem Könige, der sich jetzt an der Spitze von zwanzigtausend Mann geübter Truppen erblickte. Zu Erfurt trennte er sich von seiner Gemahlin, die ihn nicht eher als zu Weißenfels – im Sarge wiedersehen sollte; der bange gepreßte Abschied deutete auf eine ewige Trennung. Er erreichte Naumburg am 1. November des Jahres 1632, ehe die dahin detachierten Korps des Herzogs von Friedland sich dieses Platzes bemächtigen konnten. Scharenweise strömte alles Volk aus der umliegenden Gegend herbei, den Helden, den Rächer, den großen König anzustaunen, der ein Jahr vorher auf eben diesem Boden als ein rettender Engel erschienen war. Stimmen der Freude umtönten ihn, wo er sich sehen ließ; anbetend stürzte sich alles vor ihm auf die Kniee; man stritt sich um die Gunst, die Scheide seines Schwerts, den Saum seines Kleides zu berühren. Den bescheidenen Helden empörte dieser unschuldige Tribut, den ihm die aufrichtigste Dankbarkeit und Bewunderung zollte. «Ist es nicht, als ob dieses Volk mich zum Gott mache?» sagte er zu seinen Begleitern. «Unsre Sachen stehen gut; aber ich fürchte, die Rache des Himmels wird mich für dieses verwegene Gaukelspiel strafen und diesem törichten Haufen meine schwache sterbliche Menschheit früh genug offenbaren.» Wie liebenswürdig zeigt sich uns Gustav, eh' er auf ewig von uns Abschied nimmt? So weigert sich der Agamemnon des griechischen Trauerspiels, auf den Purpur zu treten, den die Ehrfurcht zu seinen Füßen ausbreitet. Auch in der Fülle seines Glücks die richtende Nemesis ehrend, verschmäht er eine Huldigung, die nur den Unsterblichen gebührt, und sein Recht auf unsre Tränen verdoppelt sich, eben da er dem Augenblick nahe ist, sie zu erregen.

Unterdessen war der Herzog von Friedland dem anrükkenden König bis Weißenfels entgegengezogen, entschlossen, die Winterquartiere in Sachsen, auch wenn es eine Schlacht kosten sollte, zu behaupten. Seine Untätigkeit vor Nürnberg hatte ihn dem Verdacht ausgesetzt, als ob er sich mit dem nordischen Helden nicht zu messen wagte, und sein ganzer Ruhm war in Gefahr, wenn er die Gelegenheit zu schlagen zum zweitenmal entwischen ließ. Seine Überlegenheit an Truppen, wiewohl weit geringer, als sie in der ersten Zeit des nürnbergischen Lagers gewesen, machte ihm die wahrscheinlichste Hoffnung zum Sieg, wenn er den König, vor der Vereinigung desselben mit den Sachsen, in ein Treffen verwickeln konnte. Aber seine jetzige Zuversicht war nicht sowohl auf seine größere Truppenzahl als auf die Versicherungen seines Astrologen Seni gegründet, welcher in den Sternen gelesen hatte, daß das Glück des schwedischen Monarchen im November untergehen würde. Überdies waren zwischen Kamburg und Weißenfels enge Pässe, von einer fortlaufenden Bergkette und der nahe strömenden Saale gebildet, welche es der schwedischen Armee äußerst schwer machten, vorzudringen, und mit Hilfe weniger Truppen gänzlich geschlossen werden konnten. Dem König blieb dann keine andere Wahl, als sich mit größter Gefahr durch diese Defileen zu winden oder einen beschwerlichen Rückzug durch Thüringen zu nehmen und in einem verwüsteten Lande, wo es an jeder Notdurft gebrach, den größten Teil seiner Truppen einzubüßen. Die Geschwindigkeit, mit der Gustav Adolf von Naumburg Besitz nahm, vernichtete diesen Plan, und jetzt war es Wallenstein selbst, der den Angriff erwartete.

Aber in dieser Erwartung sah er sich getäuscht, als der König, anstatt ihm bis Weißenfels entgegenzurücken, alle Anstalten traf, sich bei Naumburg zu verschanzen und hier die Verstärkungen zu erwarten, welche der Herzog von Lüneburg im Begriff war, ihm zuzuführen. Unschlüssig, ob er dem König durch die engen Pässe zwischen Weißenfels und Naumburg entgegengehen oder in seinem Lager untätig stehenbleiben sollte, versammelte er seinen Kriegsrat, um die Meinung seiner erfahrensten Generale zu vernehmen. Keiner von allen fand es ratsam, den König in seiner vorteilhaften Stellung anzugreifen, und die Vorkehrungen, welche dieser zu Befestigung seines Lagers traf, schienen deutlich anzuzeigen, daß er gar nicht willens sei, es so bald zu verlassen. Aber ebensowenig erlaubte der eintretende Winter, den Feldzug zu verlängern und eine der Ruhe so sehr bedürftige Armee durch fortgesetzte Kampierung zu ermüden. Alle Stimmen erklärten sich für die Endigung des Feldzugs, um so mehr, da die wichtige Stadt Köln am Rhein von holländischen Truppen gefährlich bedroht war und die Fortschritte des Feindes in Westfalen und am Unterrhein die nachdrücklichste Hilfe in diesen Gegenden erheischten. Der Herzog von Friedland erkannte das Gewicht dieser Gründe, und beinahe überzeugt, daß von dem König für diese Jahreszeit kein Angriff mehr zu befürchten sei, bewilligte er seinen Truppen die Winterquartiere, doch so, daß sie aufs schnellste versammelt waren, wenn etwa der Feind gegen alle Erwartung noch einen Angriff wagte. Graf Pappenheim wurde mit einem großen Teile des Heers entlassen, um der Stadt Köln zu Hilfe zu eilen und auf dem Wege dahin die hallische Festung Moritzburg in Besitz zu nehmen. Einzelne Korps bezogen in den schicklichsten Städten umher ihre Winterquartiere, um die Bewegungen des Feindes von allen Seiten beobachten zu können. Graf Colloredo bewachte das Schloß zu Weißenfels, und Wallenstein selbst blieb mit dem Überrest unweit Merseburg zwischen dem Floßgraben und der Saale stehen, von wo er gesonnen war, seinen Marsch über Leipzig zu nehmen und die Sachsen von dem schwedischen Heer abzuschneiden.

Kaum aber hatte Gustav Adolf Pappenheims Abzug vernommen, so verließ er plötzlich sein Lager bei Naumburg und eilte, den um die Hälfte geschwächten Feind mit seiner ganzen Macht anzufallen. In beschleunigtem Marsche rückte er gegen Weißenfels vor, von wo aus sich das Gerücht von seiner Ankunft schnell bis zum Feinde verbreitete und den Herzog von Friedland in die höchste Verwunderung setzte. Aber es galt jetzt einen schnellen Entschluß, und der Herzog hatte seine Maßregeln bald genommen. Obgleich man dem zwanzigtausend Mann starken Feinde nicht viel über zwölftausend entgegenzusetzen hatte, so konnte man doch hoffen, sich bis zu Pappenheims Rückkehr zu behaupten, der sich höchstens fünf Meilen weit, bis Halle, entfernt haben konnte. Schnell flogen Eilboten ab, ihn zurückzurufen, und zugleich zog sich Wallenstein in die weite Ebene zwischen dem Floßgraben und Lützen, wo er in völliger Schlachtordnung den König erwartete und ihn durch diese Stellung von Leipzig und den sächsischen Völkern trennte.

Drei Kanonenschüsse, welche Graf Colloredo von dem Schlosse zu Weißenfels abbrannte, verkündigten den Marsch des Königs, und auf dieses verabredete Signal zogen sich die Friedländischen Vortruppen unter dem Kommando des Kroatengenerals Isolani zusammen, die an der Rippach gelegenen Dörfer zu besetzen. Ihr schwacher Widerstand hielt den anrückenden Feind nicht auf, der bei dem Dorfe Rippach über das Wasser dieses Namens setzte und sich unterhalb Lützen der kaiserlichen Schlachtordnung gegenüberstellte. Die Landstraße, welche von Weißenfels nach Leipzig führt, wird zwischen Lützen und Markranstädt von dem Floßgraben durchschnitten, der sich von Zeitz nach Merseburg erstreckt und die Elster mit der Saale verbindet. An diesem Kanal lehnte sich der linke Flügel der Kaiserlichen und der rechte des Königs von

Schweden, doch so, daß sich die Reiterei beider Teile noch jenseits desselben verbreitete. Nordwärts hinter Lützen hatte sich Wallensteins rechter Flügel und südwärts von diesem Städtchen der linke Flügel des schwedischen Heers gelagert. Beide Armeen kehrten der Landstraße ihre Fronte zu, welche mitten durch sie hinging und eine Schlachtordnung von der andern absonderte. Aber eben dieser Landstraße hatte sich Wallenstein am Abend vor der Schlacht zum großen Nachteil seines Gegners bemächtigt, die zu beiden Seiten derselben fortlaufenden Gräben vertiefen und durch Musketiere besetzen lassen, daß der Übergang ohne Beschwerlichkeit und Gefahr nicht zu wagen war. Hinter denselben ragte eine Batterie von sieben großen Kanonen hervor, das Musketenfeuer aus den Gräben zu unterstützen, und an den Windmühlen, nahe hinter Lützen, waren vierzehn kleinere Feldstücke auf einer Anhöhe aufgepflanzt, von der man einen großen Teil der Ebne bestreichen konnte. Die Infanterie, in nicht mehr als fünf große und unbehilfliche Brigaden verteilt, stand in einer Entfernung von dreihundert Schritten hinter der Landstraße in Schlachtordnung, und die Reiterei bedeckte die Flanken. Alles Gepäcke ward nach Leipzig geschickt, um die Bewegungen des Heers nicht zu hindern, und bloß die Munitionswagen hielten hinter dem Treffen. Um die Schwäche der Armee zu verbergen, mußten alle Troßjungen und Knechte zu Pferde sitzen und sich an den linken Flügel anschließen; doch nur so lange, bis die Pappenheimischen Völker anlangten. Diese ganze Anordnung geschah in der Finsternis der Nacht, und ehe der Tag graute, war alles zum Empfang des Feindes bereitet.

Noch an eben diesem Abend erschien Gustav Adolf auf der gegenüberliegenden Ebene und stellte seine Völker zum Treffen. Die Schlachtordnung war dieselbe, wodurch er das Jahr vorher bei Leipzig gesiegt hatte. Durch das

Fußvolk wurden kleine Schwadronen verbreitet, unter die Reiterei hin und wieder eine Anzahl Musketiere verteilt. Die ganze Armee stand in zwei Linien, den Floßgraben zur Rechten und hinter sich, vor sich die Landstraße und die Stadt Lützen zur Linken. In der Mitte hielt das Fußvolk unter des Grafen von Brahe Befehlen, die Reiterei auf den Flügeln und vor der Fronte das Geschütz. Einem deutschen Helden, dem Herzog Bernhard von Weimar, ward die deutsche Reiterei des linken Flügels untergeben, und auf dem rechten führte der König selbst seine Schweden an, die Eifersucht beider Völker zu einem edeln Wettkampfe zu erhitzen. Auf ähnliche Art war das zweite Treffen geordnet, und hinter demselben hielt ein Reservekorps unter Hendersons, eines Schottländers, Kommando.

Also gerüstet erwartete man die blutige Morgenröte, um einen Kampf zu beginnen, den mehr der lange Aufschub als die Wichtigkeit der möglichen Folgen, mehr die Auswahl als die Anzahl der Truppen furchtbar und merkwürdig machten. Die gespannten Erwartungen Europens, die man im Lager vor Nürnberg hinterging, sollten nun in den Ebenen Lützens befriedigt werden. Zwei solche Feldherrn, so gleich an Ansehen, an Ruhm und an Fähigkeit, hatten im ganzen Laufe dieses Kriegs noch in keiner offenbaren Schlacht ihre Kräfte gemessen, eine so hohe Wette noch nie die Kühnheit geschreckt, ein so wichtiger Preis noch nie die Hoffnung begeistert. Der morgende Tag sollte Europa seinen ersten Kriegsfürsten kennen lehren und einen Überwinder dem nie Überwundenen geben. Ob am Lechstrom und bei Leipzig Gustav Adolfs Genie oder nur die Ungeschicklichkeit seines Gegners den Ausschlag bestimmte, mußte der morgende Tag außer Zweifel setzen. Morgen mußte Friedlands Verdienst die Wahl des Kaisers rechtfertigen und die Größe des Mannes die Größe des Preises aufwägen, um den er erkauft worden war. Eifersüchtig teilte jeder einzelne Mann im Heer seines Führers Ruhm, und unter jedem Harnische wechselten die Gefühle, die den Busen der Generale durchflammten. *Zweifelhaft* war der Sieg, *gewiß* die Arbeit und das Blut, das er dem Überwinder wie dem Überwundenen kosten mußte. Man *kannte* den Feind vollkommen, dem man jetzt gegenüberstand, und die Bangigkeit, die man vergeblich bekämpfte, zeugte glorreich für seine Stärke.

Finsternis bedeckt noch die schweigende Ebene, und der zögernde Morgen gibt der Furcht eine grauenvolle Frist, alle Schrecken des vor ihr ausgebreiteten Grabes zu zergliedern und den vollen Kelch des Entsetzens auszuleeren. Schwer liegt über beiden Schlachtordnungen der Himmel, schwerer die Erwartung auf jeder einzelnen Brust. Endlich erscheint der gefürchtete Morgen; aber ein undurchdringlicher Nebel, der über das ganze Schlachtfeld verbreitet liegt, verzögert den Angriff noch bis zur Mittagsstunde. Vor der Fronte knieend hält der König seine Andacht; die ganze Armee, auf die Knie hingestürzt, stimmt zu gleicher Zeit ein rührendes Lied an, und die Feldmusik begleitet den Gesang. Dann steigt der König zu Pferde, und bloß mit einem ledernen Koller und einem Tuchrock bekleidet (eine vormals empfangene Wunde erlaubte ihm nicht mehr, den Harnisch zu tragen), durchreitet er die Glieder, den Mut der Truppen zu einer frohen Zuversicht zu entflammen, die sein eigner ahnungsvoller Busen verleugnet. *«Gott mit uns!»* war das Wort der Schweden; das der Kaiserlichen: *«Jesus Maria!»* Gegen elf Uhr fängt der Nebel an, sich zu zerteilen, und der Feind wird sichtbar. Zugleich sieht man Lützen in Flammen stehen, auf Befehl des Herzogs in Brand gesteckt, damit er von dieser Seite nicht überflügelt würde. Jetzt tönt die Losung, die Reiterei sprengt gegen den Feind, und das Fußvolk ist im Anmarsch gegen die Gräben.

Von einem fürchterlichen Feuer der Musketen und des

dahinter gepflanzten groben Geschützes empfangen, setzen diese tapfern Bataillons mit unerschrocknem Mut ihren Angriff fort, die feindlichen Musketiere verlassen ihren Posten, die Gräben sind übersprungen, die Batterie selbst wird erobert und sogleich gegen den Feind gerichtet. Sie dringen weiter mit unaufhaltsamer Gewalt, die erste der fünf Friedländischen Brigaden wird niedergeworfen, gleich darauf die zweite, und schon wendet sich die dritte zur Flucht; aber hier stellt sich der schnell gegenwärtige Geist des Herzogs ihrem Andrang entgegen. Mit Blitzesschnelligkeit ist er da, der Unordnung seines Fußvolks zu steuern, und seinem Machtwort gelingt's, die Fliehenden zum Stehen zu bewegen. Von drei Kavallerieregimentern unterstützt, machen die schon geschlagenen Brigaden aufs neue Fronte gegen den Feind und dringen mit Macht in seine zerrissenen Glieder. Ein mörderischer Kampf erhebt sich, der nahe Feind gibt dem Schießgewehr keinen Raum, die Wut des Angriffs keine Frist mehr zur Ladung, Mann ficht gegen Mann, das unnütze Feuerrohr macht dem Schwert und der Pike Platz, und die Kunst der Erbitterung. Überwältigt von der Menge weichen endlich die ermatteten Schweden über die Gräben zurück, und die schon eroberte Batterie geht bei diesem Rückzug verloren. Schon bedecken tausend verstümmelte Leichen das Land, und noch ist kein Fußbreit Erde gewonnen.

Indessen hat der rechte Flügel des Königs, von ihm selbst angeführt, den linken des Feindes angefallen. Schon der erste machtvolle Andrang der schweren finnländischen Kürassiere zerstreute die leicht berittnen Polen und Kroaten, die sich an diesen Flügel anschlossen, und ihre unordentliche Flucht teilte auch der übrigen Reiterei Furcht und Verwirrung mit. In diesem Augenblick hinterbringt man dem König, daß seine Infanterie über die Gräben zurückweiche und auch sein linker Flügel durch das feindliche

Geschütz von den Windmühlen aus furchtbar geängstigt und schon zum Weichen gebracht werde. Mit schneller Besonnenheit überträgt er dem General von Horn, den schon geschlagenen linken Flügel des Feindes zu verfolgen, und er selbst eilt an die Spitze des Stenbockischen Regiments davon, der Unordnung seines eigenen linken Flügels abzuhelfen. Sein edles Roß trägt ihn pfeilschnell über die Gräben; aber schwerer wird den nachfolgenden Schwadronen der Übergang, und nur wenige Reiter, unter denen Franz Albert Herzog von Sachsen-Lauenburg genannt wird, waren schnell genug, ihm zur Seite zu bleiben. Er sprengte geradenwegs demjenigen Orte zu, wo sein Fußvolk am gefährlichsten bedrängt war, und indem er seine Blicke umhersendet, irgendeine Blöße des feindlichen Heers auszuspähen, auf die er den Angriff richten könnte, führt ihn sein kurzes Gesicht zu nah an dasselbe. Ein kaiserlicher Gefreiter bemerkt, daß dem Vorübersprengenden alles ehrfurchtsvoll Platz macht, und schnell befiehlt er einem Musketier, auf ihn anzuschlagen. «Auf den dort schieße», ruft er, «das muß ein vornehmer Mann sein.» Der Soldat drückt ab, und dem König wird der linke Arm zerschmettert. In diesem Augenblick kommen seine Schwadronen dahergesprengt, und ein verwirrtes Geschrei: *«Der König blutet – Der König ist erschossen!»* breitet unter den Ankommenden Schrecken und Entsetzen aus. «Es ist nichts – folgt mir», ruft der König, seine ganze Stärke zusammenraffend; aber überwältigt von Schmerz und der Ohnmacht nahe, bittet er in französischer Sprache den Herzog von Lauenburg, ihn ohne Aufsehen aus dem Gedränge zu schaffen. Indem der letztere auf einem weiten Umweg, um der mutlosen Infanterie diesen niederschlagenden Anblick zu entziehen, nach dem rechten Flügel mit dem König umwendet, erhält dieser einen zweiten Schuß durch den Rücken, der ihm den letzten Rest seiner Kräfte

DRITTES BUCH

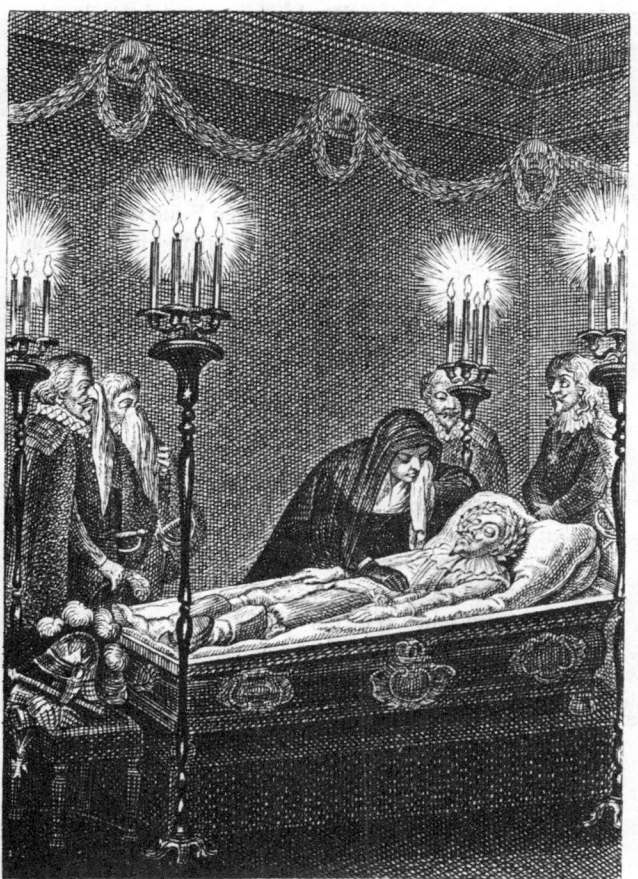

Gustav Adolph im Sarge nach der Schlacht bey Lützen.

raubt. «Ich habe genug, Bruder», ruft er mit sterbender Stimme. «Suche du nur dein Leben zu retten.» Zugleich sank er vom Pferd, und von noch mehrern Schüssen durchbohrt, von allen seinen Begleitern verlassen, verhauchte er unter den räuberischen Händen der Kroaten sein Leben. Bald entdeckte sein ledig fliehendes, in Blute gebadetes Roß der schwedischen Reiterei ihres Königs Fall, und wütend dringt sie herbei, dem gierigen Feind diese heilige Beute zu entreißen. Um seinen Leichnam entbrennt ein mördrisches Gefecht, und der entstellte Körper wird unter einem Hügel von Toten begraben.

Die Schreckenspost durcheilt in kurzer Zeit das ganze schwedische Heer; aber anstatt den Mut dieser tapfern Scharen zu ertöten, entzündet sie ihn vielmehr zu einem neuen, wilden, verzehrenden Feuer. Das Leben fällt in seinem Preise, da das heiligste aller Leben dahin ist, und der Tod hat für den Niedrigen keine Schrecken mehr, seitdem er das gekrönte Haupt nicht verschonte. Mit Löwengrimm werfen sich die upländischen, smaländischen, finnischen, ost- und westgotischen Regimenter zum zweitenmal auf den linken Flügel des Feindes, der dem General von Horn nur noch schwachen Widerstand leistet und jetzt völlig aus dem Felde geschlagen wird. Zugleich gibt Herzog Bernhard von Weimar dem verwaisten Heere der Schweden in *seiner* Person ein fähiges Oberhaupt, und der Geist Gustav Adolfs führt von neuem seine siegreichen Scharen. Schnell ist der linke Flügel wieder geordnet, und mit Macht dringt er auf den rechten der Kaiserlichen ein. Das Geschütz an den Windmühlen, das ein so mörderisches Feuer auf die Schweden geschleudert hatte, fällt in seine Hand, und auf die Feinde selbst werden jetzt diese Donner gerichtet. Auch der Mittelpunkt des schwedischen Fußvolks setzt unter Bernhards und Kniphausens Anführung aufs neue gegen die Gräben an, über die er sich glücklich hinwegschwingt und zum zweitenmal die Batterie der sieben Kanonen erobert. Auf die schweren Bataillons des feindlichen Mittelpunkts wird jetzt mit gedoppelter Wut der Angriff erneuert, immer schwächer und schwächer widerstehen sie, und der Zufall selbst verschwört sich mit der schwedischen Tapferkeit, ihre Niederlage zu vollenden. Feuer ergreift die kaiserlichen Pulverwagen, und unter schrecklichem Donnerknalle sieht man die aufgehäuften Granaten und Bomben in die Lüfte fliegen. Der in Bestürzung gesetzte Feind wähnt sich von hinten angefallen, indem die schwedischen Brigaden von vorn ihm entgegenstürmen. Der Mut entfällt ihm. Er sieht seinen linken Flügel geschlagen, seinen rechten im Begriff zu erliegen, sein Geschütz in des Feindes Hand. Es neigt sich die Schlacht zu ihrer Entscheidung, das Schicksal des Tages hängt nur noch an einem einzigen Augenblick – da erscheint Pappenheim auf dem Schlachtfelde mit Kürassieren und Dragonern; alle erhaltenen Vorteile sind verloren, und eine ganz neue Schlacht fängt an.

Der Befehl, welcher diesen General nach Lützen zurückrief, hatte ihn zu Halle erreicht, eben da seine Völker mit Plünderung dieser Stadt noch beschäftigt waren. Unmöglich war's, das zerstreute Fußvolk mit der Schnelligkeit zu sammeln, als die dringende Ordre und die Ungeduld dieses Kriegers verlangten. Ohne es zu erwarten, ließ er acht Regimenter Kavallerie aufsitzen und eilte an der Spitze derselben spornstreichs auf Lützen zu, an dem Feste der Schlacht teilzunehmen. Er kam noch eben recht, um die Flucht des kaiserlichen linken Flügels, den Gustav Horn aus dem Felde schlug, zu bezeugen und sich anfänglich selbst darein verwickelt zu sehen. Aber mit schneller Gegenwart des Geistes sammelt er diese flüchtigen Völker wieder und führt sie aufs neue gegen den Feind. Fortgerissen von seinem wilden Mut und voll Ungeduld, dem König selbst, den er an der Spitze dieses Flügels vermutet, gegenüber zu fechten, bricht er fürchterlich in die schwedischen Scharen, die, ermattet vom Sieg und an Anzahl zu schwach, dieser Flut von Feinden nach dem männlichsten Widerstand unterliegen. Auch den erlöschenden Mut des kaiserlichen Fußvolks ermuntert Pappenheims nicht mehr gehoffte Erscheinung, und schnell benutzt der Herzog von Friedland den günstigen Augenblick, das Treffen aufs neue zu formieren. Die dicht geschlossenen schwedischen Bataillons werden unter einem mörderischen Gefechte über die Gräben zurückgetrieben und die zweimal verlornen Kanonen zum zweitenmal ihren Händen entrissen. Das ganze gelbe Regiment, als das trefflichste von allen, die an diesem blutigen Tage Beweise ihres Heldenmuts gaben, lag tot dahingestreckt und bedeckte noch in derselben schönen Ordnung den Walplatz, den es lebend mit so standhaftem Mute behauptet hatte. Ein ähnliches Los traf ein andres, blaues Regiment, welches Graf Piccolomini mit der kaiserlichen Reiterei nach dem wütendsten Kampfe zu Boden warf. Zu sieben verschiedenen Malen wiederholte dieser treffliche General den Angriff; sieben Pferde wurden unter ihm erschossen, und sechs Musketenkugeln durchbohrten ihn. Dennoch verließ er das Schlachtfeld nicht eher, als bis ihn der Rückzug des ganzen Heeres mit fortriß. Den Herzog selbst sah man mitten unter dem feindlichen Kugelregen mit kühler Seele seine Truppen durchreiten, dem Notleidenden nahe mit Hilfe, dem Tapfern mit Beifall, dem Verzagten mit seinem strafenden Blick. Um und neben ihm stürzen seine Völker entseelt dahin, und sein Mantel wird von vielen Kugeln durchlöchert. Aber die Rachegötter beschützen heute seine Brust, für die schon ein anderes Eisen geschliffen ist; auf dem Bette, wo Gustav erblaßte, sollte Wallenstein den schuldbefleckten Geist nicht verhauchen.

Nicht so glücklich war Pappenheim, der Telamonier des Heers, der furchtbarste Soldat des Hauses Österreich und der Kirche. Glühende Begier, dem König selbst im Kampfe zu begegnen, riß den Wütenden mitten in das blutigste Schlachtgewühl, wo er seinen edlen Feind am wenigsten zu verfehlen hoffte. Auch Gustav hatte den feurigen Wunsch gehegt, diesen geachteten Gegner von Angesicht zu sehen; aber die feindselige Sehnsucht blieb ungestillt, und erst der Tod führte die versöhnten Helden zusammen. Zwei Musketenkugeln durchbohrten Pappenheims narbenvolle Brust, und gewaltsam mußten ihn die Seinen aus dem Mordgewühl tragen. Indem man beschäftigt war, ihn hinter das Treffen zu bringen, drang ein Gemurmel zu seinen Ohren, daß der, den er suchte, entseelt auf dem Walplatz liege. Als man ihm die Wahrheit dieses Gerüchtes bekräftigte, erheiterte sich sein Gesicht, und das letzte Feuer blitzte in seinen Augen. «So hinterbringe man denn dem Herzog von Friedland», rief er aus, «daß ich ohne Hoffnung zum Leben darnieder liege, aber fröhlich dahinscheide, da ich weiß, daß dieser unversöhnliche Feind meines Glaubens an *einem* Tage mit mir gefallen ist.»

Mit Pappenheim verschwand das Glück der Kaiserlichen von dem Schlachtfelde. Nicht sobald vermißte die schon einmal geschlagene und durch ihn allein wiederhergestellte Reiterei des linken Flügels ihren sieghaften Führer, als sie alles verloren gab und mit schimpflicher Verzweiflung das Weite suchte. Gleiche Bestürzung ergriff auch den rechten Flügel, wenige Regimenter ausgenommen, welche die Tapferkeit ihrer Obersten, Götz, Terzky, Colloredo und Piccolomini, nötigte, standzuhalten. Die schwedische Infanterie benutzt mit schneller Entschlossenheit die Bestürzung des Feindes. Um die Lücken zu ergänzen, welche der Tod in ihr Vordertreffen gerissen, ziehen sich beide Linien in *eine* zusammen, die den letzten entscheidenden Angriff wagt. Zum drittenmal setzt sie über die Gräben, und zum drittenmal werden die dahinter gepflanzten Stücke erobert. Die Sonne neigt sich eben zum Untergang, indem beide Schlachtordnungen aufeinandertreffen. Heftiger erhitzt sich der Streit an seinem Ende, die letzte Kraft ringt mit der letzten Kraft, Geschicklichkeit und Wut tun ihr äußerstes, in den letzten teuren Minuten den ganzen verlorenen Tag nachzuholen. Umsonst, die Verzweiflung erhebt jede über sich selbst, keine versteht zu siegen, keine zu weichen, und die Taktik erschöpft *hier* ihre Wunder nur, um *dort* neue, nie gelernte, nie in Übung gebrachte Meisterstücke der Kunst zu entwickeln. Endlich setzen Nebel und Nacht dem Gefecht eine Grenze, dem die Wut keine setzen will, und der Angriff hört auf, weil man seinen Feind nicht mehr findet. Beide Kriegsheere scheiden mit stillschweigender Übereinkunft auseinander, die erfreuenden Trompeten ertönen, und jedes, für unbesiegt sich erklärend, verschwindet aus dem Gefilde.

Die Artillerie beider Teile blieb, weil die Rosse sich verlaufen, die Nacht über auf dem Walplatze verlassen stehen – zugleich der Preis und die Urkunde des Sieges für den, der die Walstatt eroberte. Aber über der Eilfertigkeit, mit der er von Leipzig und Sachsen Abschied nahm, vergaß der Herzog von Friedland, seinen Anteil daran von dem Schlachtfelde abzuholen. Nicht lange nach geendigtem Treffen erschien das Pappenheimische Fußvolk, das seinem vorauseilenden General nicht schnell genug hatte folgen können, sechs Regimenter stark, auf dem Walplatz; aber die Arbeit war getan. Wenige Stunden früher würde diese beträchtliche Verstärkung die Schlacht wahrscheinlich zum Vorteil des Kaisers entschieden und selbst noch jetzt durch Eroberung des Schlachtfelds die Artillerie des Herzogs gerettet und die schwedische erbeutet haben. Aber keine Ordre war da, ihr Verhalten zu bestimmen, und zu ungewiß über den Ausgang der Schlacht, nahm sie ihren Weg nach Leipzig, wo sie das Hauptheer zu finden hoffte.

Dahin hatte der Herzog von Friedland seinen Rückzug genommen, und ohne Geschütz, ohne Fahnen und beinahe ohne alle Waffen folgte ihm am andern Morgen der zerstreute Überrest seines Heers. Zwischen Lützen und Weißenfels, scheint es, ließ Herzog Bernhard die schwedische Armee von den Anstrengungen dieses blutigen Tages sich erholen, nahe genug an dem Schlachtfeld, um jeden Versuch des Feindes zu Eroberung desselben sogleich vereiteln zu können. Von beiden Armeen lagen über neuntausend Mann tot auf dem Walplatze; noch weit größer war die Zahl der Verwundeten, und unter den Kaiserlichen besonders fand sich kaum einer, der unverletzt aus dem Treffen zurückgekehrt wäre. Die ganze Ebene von Lützen bis an den Floßgraben war mit Verwundeten, mit Sterbenden, mit Toten bedeckt. Viele von dem vornehmsten Adel waren auf beiden Seiten gefallen; auch der Abt von Fulda, der sich als Zuschauer in die Schlacht gemischt hatte, büßte seine Neugier und seinen unzeitigen Glaubenseifer mit dem Tode. Von Gefangenen schweigt die Geschichte; ein Beweis mehr für die Wut der Armeen, die keinen Pardon gab oder keinen verlangte.

Pappenheim starb gleich am folgenden Tage zu Leipzig an seinen Wunden; ein unersetzlicher Verlust für das kaiserliche Heer, das dieser treffliche Krieger so oft zum Sieg geführt hatte. Die Prager Schlacht, der er zugleich mit Wallenstein als Oberster beiwohnte, öffnete seine Heldenbahn. Gefährlich verwundet, warf er durch das Ungestüm seines Muts mit wenigen Truppen ein feindliches Regiment darnieder und lag viele Stunden lang, mit andern Toten verwechselt, unter der Last seines Pferdes auf der Walstatt, bis ihn die Seinigen bei Plünderung des Schlachtfelds entdeckten. Mit wenigem Volk überwand er die Rebellen in Oberösterreich, vierzigtausend an der Zahl, in drei verschiedenen Schlachten, hielt in dem Treffen bei Leipzig die Niederlage des Tilly lange Zeit durch seine Tapferkeit auf und machte die Waffen des Kaisers an der Elbe und an dem Weserstrom siegen. Das wilde stürmische Feuer seines Muts, den auch die entschiedenste Gefahr nicht schreckte und kaum das Unmögliche bezwang, machte ihn zum furchtbarsten *Arm* des Feldherrn, aber untüchtig zum *Oberhaupt* des Heers; das Treffen bei Leipzig ging, wenn man dem Ausspruch Tillys glauben darf, durch seine ungestüme Hitze verloren. Auch *er* tauchte bei Magdeburgs Zerstörung seine Hand in Blut; sein Geist, durch frühen jugendlichen Fleiß und vielfältige Reisen zur schönsten Blüte entfaltet, verwilderte unter den Waffen. Auf seiner Stirne erblickte man zwei rote Striemen, Schwertern ähnlich, womit die Natur schon bei der Geburt ihn gezeichnet hatte. Auch noch in spätern Jahren erschienen diese Flecken, sooft eine Leidenschaft sein Blut in Bewegung brachte, und der Aberglaube überredete sich leicht, daß der künftige Beruf des Mannes schon auf der Stirne des Kindes angedeutet worden sei. Ein solcher Diener hatte auf die Dankbarkeit beider österreichischen Linien den gegründetsten Anspruch; aber den glänzendsten Beweis derselben erlebte er nicht mehr. Schon war der Eilbote auf dem Wege, der ihm das goldne Vlies von Madrid überbringen sollte, als der Tod ihn zu Leipzig dahinraffte.

Ob man gleich in allen österreichischen und spanischen Landen über den erfochtenen Sieg das Tedeum anstimmte, so gestand doch Wallenstein selbst durch die Eilfertigkeit, mit der er Leipzig und bald darauf ganz Sachsen verließ und auf die Winterquartiere in diesem Lande Verzicht tat, öffentlich und laut seine Niederlage. Zwar tat er noch einen schwachen Versuch, die Ehre des Siegs gleichsam im Flug wegzuhaschen, und schickte am andern Morgen seine Kroaten aus, das Schlachtgefild zu umschwärmen; aber der Anblick des schwedischen Heers, das in Schlachtordnung dastand, verscheuchte im Augenblick diese flüchtigen Scharen, und Herzog Bernhard nahm durch Eroberung der Walstatt, auf welche bald nachher die Einnahme Leipzigs folgte, unbestrittenen Besitz von allen Rechten des Siegers.

Aber ein teurer Sieg, ein trauriger Triumph! Jetzt erst, nachdem die Wut des Kampfes erkaltet ist, empfindet man die ganze Größe des erlittnen Verlustes, und das Jubelgeschrei der Überwinder erstirbt in einer stummen, finstern Verzweiflung. *Er,* der sie in den Streit herausgeführt hatte, ist nicht mit zurückgekehrt. Draußen liegt er in seiner gewonnenen Schlacht, mit dem gemeinen Haufen niedriger Toten verwechselt. Nach langem vergeblichen Suchen entdeckt man endlich den königlichen Leichnam, unfern dem großen Steine, der schon hundert Jahre vorher zwischen dem Floßgraben und Lützen gesehen worden, aber von dem merkwürdigen Unglücksfalle dieses Tages den Namen des *Schwedensteines* führt. Von Blut und Wunden bis zum Unkenntlichen entstellt, von den Hufen der Pferde zertreten und durch räuberische Hände seines Schmucks, seiner Kleidung beraubt, wird er unter einem Hügel von Toten hervorgezogen, nach Weißenfels gebracht und dort dem Wehklagen seiner Truppen, den letzten Umarmungen seiner Königin überliefert. Den ersten Tribut hatte die *Rache* geheischt, und Blut mußte dem Monarchen zum Sühnopfer strömen; jetzt tritt die *Liebe* in ihre Rechte ein, und milde Tränen fließen – um den Menschen. Der allgemeine Schmerz verschlingt jedes einzelne Leiden. Von dem betäubenden Schlag noch besinnungslos, stehen die Anführer in dumpfer Erstarrung um seine Bahre, und keiner getraut sich noch die Größe der Verwüstung zu untersuchen, die der fliegende Blitz auf seinem Wege verbreitete.

Der Kaiser, erzählt uns Khevenhiller, zeigte beim Anblick des blutigen Kollers, den man dem Könige in der Schlacht abgenommen und nach Wien geschickt hatte, eine anständige Rührung, die ihm wahrscheinlich auch von Herzen ging. «Gern», rief er aus, «hätte ich dem Unglücklichen ein längeres Leben und eine fröhliche Rückkehr in sein Königreich gegönnt, wenn nur in Deutschland Friede geworden wäre!» Aber wenn ein neuerer katholischer Schriftsteller von anerkanntem Verdienst diesen Beweis eines nicht ganz unterdrückten Menschengefühls, den selbst schon der äußere Anstand fordert, den auch die bloße Selbstliebe dem fühllosesten Herzen abnötigt, und dessen Gegenteil nur in der rohesten Seele möglich werden kann, der höchsten Lobpreisung würdig findet und gar dem Edelmut Alexanders gegen das Andenken des Darius an die Seite setzt, so erweckt er uns ein schlechtes Vertrauen zu dem übrigen Wert seines Helden oder, was noch schlimmer wäre, zu seinem eigenen Ideale von sittlicher Würde. Aber auch ein solches Lob ist bei demjenigen schon viel, den man von dem Verdacht eines Königsmordes zu reinigen sich genötigt findet!

Es war wohl kaum zu erwarten, daß der mächtige Hang der Menschen zum Außerordentlichen dem gewöhnlichen Laufe der Natur den Ruhm lassen würde, das wichtige Leben eines Gustav Adolfs geendigt zu haben. Der Tod dieses furchtbaren Gegners war für den Kaiser eine zu wichtige Begebenheit, um nicht bei einer feindseligen Partei den so leicht sich darbietenden Gedanken zu erregen, daß das, was ihm nützte, von ihm veranlaßt worden sei. Aber der Kaiser bedurfte zu Ausführung dieser schwarzen Tat eines fremden Armes, und auch diesen glaubte man in der Person Franz Alberts Herzogs von Sachsen-Lauenburg gefunden zu haben. Diesem erlaubte sein Rang einen freien unverdächtigen Zutritt zu dem Monarchen, und eben diese ehrenvolle Würde diente dazu, ihn über den Verdacht einer schändlichen Handlung hinwegzusetzen. Es braucht also bloß gezeigt zu werden, daß dieser Prinz einer solchen

DRITTES BUCH

Edle Gefühle Ferdinand II.
über den Tod Gustav Adolphs.

Abscheulichkeit fähig und daß er hinlänglich dazu aufgefordert war, sie wirklich zu verüben.

Franz Albert, der jüngste von vier Söhnen Franz des Zweiten, Herzogs von Lauenburg und durch seine Mutter verwandt mit dem Wasaischen Fürstengeschlechte, hatte in jüngern Jahren am schwedischen Hofe eine freundschaftliche Aufnahme gefunden. Eine Unanständigkeit, die er sich im Zimmer der Königin Mutter gegen Gustav Adolf erlaubte, wurde, wie man sagt, von diesem feurigen Jüngling mit einer Ohrfeige geahndet, die, obgleich im Augenblick bereut und durch die vollständigste Genugtuung gebüßt, in dem rachgierigen Gemüt des Herzogs den Grund zu einer unversöhnlichen Feindschaft legte. Franz Albert trat in der Folge in kaiserliche Dienste, wo er ein Regiment anzuführen bekam, mit dem Herzog von Friedland in die engste Verbindung trat und sich zu einer heimlichen Unterhandlung am sächsischen Hofe gebrauchen ließ, die seinem Rang wenig Ehre machte. Ohne eine erhebliche Ursache davon angeben zu können, verläßt er unvermutet die österreichischen Fahnen und erscheint zu Nürnberg im Lager des Königs, ihm seine Dienste als Volontär anzubieten. Durch seinen Eifer für die protestantische Sache und ein zuvorkommendes einschmeichelndes Betragen gewinnt er des Königs Herz, der, von Oxenstierna vergeblich gewarnt, seine Gunst und Freundschaft an den verdächtigen Ankömmling verschwendet. Bald darauf kommt es bei Lützen zur Schlacht, in welcher Franz Albert dem Monarchen wie ein böser Dämon beständig zur Seite bleibt und erst, nachdem der König schon gefallen ist, von ihm scheidet. Mitten unter den Kugeln der Feinde bleibt er unverletzt, weil er eine grüne Binde, die Farbe der Kaiserlichen, um den Leib trägt. Er ist der erste, der dem Herzog von Friedland, seinem Freunde, den Fall des Königs hinterbringt. Er vertauscht gleich nach dieser Schlacht die schwedischen Dienste mit den sächsischen, und bei der Ermordung Wallensteins als ein Mitschuldiger dieses Generals eingezogen, entgeht er nur durch Abschwörung seines Glaubens dem Schwerte des Nachrichters. Endlich erscheint er aufs neue als Befehlshaber einer kaiserlichen Armee in Schlesien und stirbt vor Schweidnitz an empfangenen Wunden. Es erfordert wirklich einige Selbstüberwindung, sich der Unschuld eines Menschen anzunehmen, der einen Lebenslauf wie diesen gelebt hat; aber wenn die moralische und physische Möglichkeit einer so verabscheuungswerten Tat auch noch so sehr aus den angeführten Gründen erhellte, so zeigt schon der erste Blick, daß sie auf die wirkliche Begehung derselben keinen rechtmäßigen Schluß erlauben. Es ist bekannt, daß Gustav Adolf wie der gemeinste Soldat in seinem Heer sich der Gefahr bloßstellte, und wo Tausende fielen, konnte auch er seinen Untergang finden. *Wie* er ihn fand, bleibt in undurchdringliches Dunkel verhüllt; aber mehr als irgendwo gilt hier die Maxime, da wo der natürliche Lauf der Dinge zu einem vollkommenen Erklärungsgrund hinreicht, die Würde der menschlichen Natur durch keine moralische Beschuldigung zu entehren.

Aber durch welche Hand er auch mag gefallen sein, so muß uns dieses außerordentliche Schicksal als eine Tat der *großen Natur* erscheinen. Die Geschichte, so oft nur auf das freudenlose Geschäft eingeschränkt, das einförmige Spiel der menschlichen Leidenschaft auseinanderzulegen, sieht sich zuweilen durch Erscheinungen belohnt, die gleich einem kühnen Griff aus den Wolken in das berechnete Uhrwerk der menschlichen Unternehmungen fallen und den nachdenkenden Geist auf eine höhere Ordnung der Dinge verweisen. Ungern zwar sieht sich der Mensch in seinem beschränkten Maschinengang durch die ungestüme Dazwischenkunft dieser Macht unterbrochen, die ohne

Einstimmigkeit mit ihm, ohne Schonung für seine dürftige Schöpfung, ihre eignen Zwecke mit kühner Freiheit verfolgt, und oft mit *einem* gigantischen Schritt die mühsame Pflanzung eines Menschenalters unerbittlich verwüstet. Aber indem seine überraschten *Sinne* unter der Macht eines so unerwarteten Zufalls erliegen, schwingt sich die *Vernunft,* ihre Würde fühlend, zu den übersinnlichen Quellen desselben auf, und ein anderes System von Gesetzen, worin sich die kleinliche Schätzung der Dinge verliert, erscheint vor ihrem erweiterten Blicke. So ergreift uns Gustav Adolfs schnelle Verschwindung vom Schauplatz, die das ganze Spiel des politischen Uhrwerks mit einemmal hemmt und alle Berechnungen der menschlichen Klugheit vereitelt. Gestern noch der belebende Geist, der große und einzige Beweger seiner Schöpfung – heute in seinem Adlerfluge unerbittlich dahingestürzt, herausgerissen aus einer Welt von Entwürfen, von der reifenden Saat seiner Hoffnungen ungestüm abgerufen, läßt er seine verwaiste Partei trostlos hinter sich, und in Trümmern fällt der stolze Bau seiner vergänglichen Größe. Schwer entwöhnt sich die protestantische Welt von den Hoffnungen, die sie auf diesen unüberwindlichen Anführer setzte, und *mit* ihm fürchtet sie ihr ganzes voriges Glück zu begraben. Aber es war nicht mehr der Wohltäter Deutschlands, der bei Lützen sank. Die wohltätige Hälfte seiner Laufbahn hatte Gustav Adolf geendigt, und der größte Dienst, den er der Freiheit des Deutschen Reichs noch erzeigen kann, ist – zu sterben. Die alles verschlingende Macht des einzigen zerfällt, und viele versuchen ihre Kräfte; der zweideutige Beistand eines übermächtigen Beschützers macht der rühmlichern Selbsthilfe der Stände Platz, und vorher nur die Werkzeuge zu *seiner* Vergrößerung, fangen sie erst jetzt an, für sich selbst zu arbeiten. In ihrem eigenen Mute suchen sie nunmehr die Rettungsmittel auf, die von der Hand des Mächtigen ohne

Gefahr nicht empfangen werden, und die schwedische Macht, außerstande gesetzt, in eine Unterdrückerin auszuarten, tritt in die bescheidenen Grenzen einer Alliierten zurück.

Unverkennbar strebte der Ehrgeiz des schwedischen Monarchen nach einer Gewalt in Deutschland, die mit der Freiheit der Stände unvereinbar war, und nach einer bleibenden Besitzung im Mittelpunkte dieses Reiches. Sein Ziel war der Kaiserthron; und diese Würde, durch seine Macht unterstützt und geltend gemacht durch seine Tätigkeit, war in *seiner* Hand einem weit größern Mißbrauch ausgesetzt, als man von dem österreichischen Geschlechte zu befürchten hatte. Geboren im Ausland, in den Maximen der Alleinherrschaft auferzogen und aus frommer Schwärmerei ein abgesagter Feind der Papisten, war er nicht wohl geschickt, das Heiligtum deutscher Verfassung zu bewahren und vor der Freiheit der Stände Achtung zu tragen. Die anstößige Huldigung, welche außer mehrern andern Städten die Reichsstadt Augsburg der *schwedischen Krone* zu leisten vermocht wurde, zeigte weniger den Beschützer des Reichs als den Eroberer; und diese Stadt, stolzer auf den Titel einer Königsstadt als auf den rühmlichern Vorzug der Reichsfreiheit, schmeichelte sich schon im voraus, der Sitz seines neuen Reichs zu werden. Seine nicht genug verhehlten Absichten auf das Erzstift Mainz, welches er anfangs dem Kurprinzen von Brandenburg als Mitgift seiner Tochter Christina und nachher seinem Kanzler und Freund Oxenstierna bestimmte, legten deutlich an den Tag, wieviel er sich gegen die Verfassung des Reichs zu erlauben fähig war. Die mit ihm verbundenen protestantischen Fürsten machten Ansprüche an seine Dankbarkeit, die nicht anders als auf Unkosten ihrer Mitstände und besonders der unmittelbaren geistlichen Stifter zu befriedigen waren; und vielleicht war der Entwurf schon gemacht, die eroberten

Provinzen nach Art jener alten barbarischen Horden, die das alte Römerreich überschwemmten, unter seine deutschen und schwedischen Kriegsgenossen wie einen gemeinschaftlichen Raub zu verteilen. In seinem Betragen gegen den Pfalzgrafen Friedrich verleugnete er ganz die Großmut des Helden und den heiligen Charakter eines Beschützers. Die Pfalz war in seinen Händen, und die Pflichten sowohl der Gerechtigkeit als der Ehre forderten ihn auf, diese den Spaniern entrissene Provinz ihrem rechtmäßigen Eigentümer in vollkommenem Stande zurückzugeben. Aber durch eine Spitzfindigkeit, die eines großen Mannes nicht würdig ist und den ehrwürdigen Namen eines Verteidigers der Unterdrückten schändet, wußte er dieser Verbindlichkeit zu entschlüpfen. Er betrachtete die Pfalz als eine Eroberung, die aus Feindeshänden an ihn gekommen sei, und glaubte daraus ein Recht abzuleiten, nach Willkür darüber zu verfügen. Aus Gnade also, und nicht aus Pflichtgefühl, trat er sie dem Pfalzgrafen ab, und zwar als ein Lehen der schwedischen Krone, unter Bedingungen, die den Wert derselben um die Hälfte verringerten und diesen Fürsten zu einem verächtlichen Vasallen Schwedens herabsetzten. Eine dieser Bedingungen, welche dem Pfalzgrafen vorschreibt, «nach geendigtem Kriege einen Teil der schwedischen Kriegsmacht, dem Beispiel der übrigen Fürsten gemäß, unterhalten zu helfen», läßt uns einen ziemlich hellen Blick in das Schicksal tun, welches Deutschland bei fortdauerndem Glück des Königs erwartete. Sein schneller Abschied von der Welt sicherte dem Deutschen Reiche die Freiheit und ihm selbst seinen schönsten Ruhm, wenn er ihm nicht gar die Kränkung ersparte, seine eigenen Bundsgenossen gegen ihn gewaffnet zu sehen und alle Früchte seiner Siege in einem nachteiligen Frieden zu verlieren. Schon neigte sich Sachsen zum Abfall von seiner Partei; Dänemark betrachtete seine Größe mit Unruh und Neide; und selbst Frankreich, sein wichtigster Alliierter, aufgeschreckt durch das furchtbare Wachstum seiner Macht und durch den stolzeren Ton, den er führte, sah sich schon damals, als er den Lechstrom passierte, nach fremden Bündnissen um, den sieghaften Lauf des *Goten* zu hemmen und das Gleichgewicht der Macht in Europa wiederherzustellen.

Viertes Buch

Das schwache Band der Eintracht, wodurch Gustav Adolf die protestantischen Glieder des Reichs mühsam zusammenhielt, zerriß mit seinem Tode; die Verbundenen traten in ihre vorige Freiheit zurück, oder sie mußten sich in einem neuen Bunde verknüpfen. Durch das erste verloren sie alle Vorteile, welche sie mit so viel Blut sich errungen hatten, und setzten sich der unvermeidlichen Gefahr aus, der Raub eines Feindes zu werden, dem sie durch ihre Vereinigung allein gewachsen und überlegen gewesen waren. Einzeln konnte es weder Schweden noch irgendein Reichsstand mit der Ligue und dem Kaiser aufnehmen, und bei einem Frieden, den man unter solchen Umständen suchte, würde man gezwungen gewesen sein, von dem Feinde Gesetze zu empfangen. Vereinigung war also die gleich notwendige Bedingung, sowohl um einen Frieden zu schließen, als um den Krieg fortzusetzen. Aber ein Frieden, in der gegenwärtigen Lage gesucht, konnte nicht wohl anders als zum Nachteil der verbundenen Mächte geschlossen werden. Mit dem Tode Gustav Adolfs schöpfte der Feind neue Hoffnung, und wie nachteilig auch seine Lage nach dem Treffen bei Lützen sein mochte, so war dieser Tod seines gefährlichsten Gegners eine zu nachteilige Begebenheit für die Verbundenen und eine zu glückliche für den Kaiser, um ihn nicht zu den glänzendsten Erwartungen zu berechtigen und zu Fortsetzung des Kriegs einzuladen. Die Trennung unter den Alliierten mußte, für den Augenblick wenigstens, die unvermeidliche Folge desselben sein; und wieviel gewann der Kaiser, gewann die Ligue bei einer solchen Trennung der Feinde! So große Vorteile, als ihm die jetzige Wendung der Dinge versprach, konnte er also nicht wohl für einen Frieden aufopfern, bei dem *er* nicht das meiste gewann; und einen solchen Frieden konnten die Verbundenen nicht zu schließen wünschen. Der natürlichste Schluß fiel also auf Fortsetzung des Krieges, so wie Vereinigung für das unentbehrlichste Mittel dazu erkannt wurde.

Aber wie diese Vereinigung erneuern, und wo zu Fortsetzung des Krieges die Kräfte hernehmen? Nicht die Macht des schwedischen Reiches, nur der Geist und das persönliche Ansehen seines verstorbenen Beherrschers hatten ihm den überwiegenden Einfluß in Deutschland und eine so große Herrschaft über die Gemüter erworben; und auch ihm war es erst nach unendlichen Schwierigkeiten gelungen, ein schwaches und unsicheres Band der Vereinigung unter den Ständen zu knüpfen. Mit ihm verschwand alles, was nur *durch* ihn, durch seine persönlichen Eigenschaften möglich geworden, und die Verbindlichkeit der Stände hörte zugleich mit den Hoffnungen auf, auf die sie gegründet worden war. Mehrere unter den Ständen werfen ungeduldig das Joch ab, das sie nicht ohne Widerwillen trugen; andre eilen, sich selbst des Ruders zu bemächtigen, das sie ungern genug in Gustavs Händen gesehen, aber nicht Macht gehabt hatten, ihm bei seinen Lebzeiten streitig zu machen. Andre werden von dem Kaiser durch verführerische Versprechungen in Versuchung geführt, den allgemeinen Bund zu verlassen; andre, von den Drangsalen des vierzehnjährigen Krieges zu Boden gedrückt, sehnen sich kleinmütig nach einem, wenn auch verderblichen, Frieden. Die Anführer der Armeen, zum Teil deutsche Fürsten, erkennen kein gemeinschaftliches Oberhaupt, und keiner will sich erniedrigen, von dem andern Befehle zu empfangen. Die Eintracht verschwindet aus dem Kabinett und aus dem Felde, und das gemeine Wesen ist in Gefahr, durch diesen Geist der Trennung ins Verderben zu sinken.

Gustav hatte dem schwedischen Reiche keinen männlichen Nachfolger hinterlassen; seine sechsjährige Tochter Christina war die natürliche Erbin seines Throns. Die unvermeidlichen Gebrechen einer vormundschaftlichen Regierung vertrugen sich mit dem Nachdruck und der Entschlossenheit nicht gut, welche Schweden in diesem mißlichen Zeitlaufe zeigen sollte. Gustav Adolfs hochfliegender Geist hatte diesen schwachen und unberühmten Staat mit einer ihm gänzlich ungewohnten und drückenden Größe überrascht und ihm unter den Mächten von Europa einen Platz angewiesen, den er ohne das Glück und den Geist seines Urhebers nicht wohl behaupten und von dem er doch ohne das schimpflichste Geständnis der Ohnmacht nicht mehr herabsteigen konnte. Wenngleich der deutsche Krieg größtenteils mit Deutschlands Kräften bestritten wurde, so drückte doch schon der kleine Zuschuß, welchen Schweden aus seinen eigenen Mitteln an Geld und Mannschaft dazu gab, dieses dürftige Königreich zu Boden, und der Landmann erlag unter den Lasten, die man auf ihn zu häufen gezwungen war. Die in Deutschland gemachte Kriegsbeute bereicherte bloß einzelne vom Adel und vom Soldatenstand, und Schweden selbst blieb arm wie zuvor. Eine Zeitlang zwar söhnte der Nationalruhm den geschmeichelten Untertan mit diesen Bedrückungen aus, und man konnte die Abgaben, die man entrichtete, als ein Darlehn betrachten, das in der glücklichen Hand Gustav Adolfs herrliche Zinsen trug und von diesem dankbaren Monarchen nach einem glorreichen Frieden mit Wucher erstattet werden würde. Aber diese Hoffnung verschwand mit dem Tode des Königs, und das getäuschte Volk forderte nun mit furchtbarer Einhelligkeit Erleichterung von seinen Lasten.

Aber der Geist Gustav Adolfs ruhte noch auf den Männern, denen er die Verwaltung des Reichs anvertraute. Wie schrecklich auch die Post von seinem Tode sie überraschte, so beugte sie doch ihren männlichen Mut nicht, und der Geist des alten Roms unter Brennus und Hannibal beseelt diese edle Versammlung. Je teurer der Preis war, womit man die errungenen Vorteile erkauft hatte, desto weniger konnte man sich entschließen, ihnen freiwillig zu entsagen; nicht umsonst will man einen König eingebüßt haben. Der schwedische Reichsrat, gezwungen, zwischen den Drangsalen eines zweifelhaften, erschöpfenden Kriegs und einem nützlichen, aber schimpflichen Frieden zu wählen, ergreift mutig die Partei der Gefahr und der Ehre, und mit angenehmem Erstaunen sieht man diesen ehrwürdigen Senat sich mit der ganzen Rüstigkeit eines Jünglings erheben. Von innen und außen mit wachsamen Feinden umgeben und an allen Grenzen des Reichs von Gefahren umstürmt, waffnet er sich gegen alle mit so viel Klugheit als Heldenmut und arbeitet an Erweiterung des Reichs, während daß er Mühe hat, die Existenz desselben zu behaupten.

Das Ableben des Königs und die Minderjährigkeit seiner Tochter Christina erweckte aufs neue die alten Ansprüche Polens auf den schwedischen Thron, und König Ladislaus, Sigismunds Sohn, sparte die Unterhandlungen nicht, sich eine Partei in diesem Reiche zu erwerben. Die Regenten verlieren aus diesem Grunde keinen Augenblick, die sechsjährige Königin in Stockholm als Beherrscherin auszurufen und die vormundschaftliche Verwaltung anzuordnen. Alle Beamte des Reichs werden angehalten, der neuen Fürstin zu huldigen, aller Briefwechsel nach Polen gehemmt und die Plakate der vorhergehenden Könige gegen die Sigismundischen Erben durch eine feierliche Akte bekräftigt. Die

Freundschaft mit dem Zar von Moskau wird mit Vorsicht erneuert, um durch die Waffen dieses Fürsten das feindselige Polen desto besser im Zaum zu halten. Die Eifersucht Dänemarks hatte der Tod Gustav Adolfs gebrochen und die Besorgnisse weggeräumt, welche dem guten Vernehmen zwischen diesen beiden Nachbarn im Wege standen. Die Bemühungen der Feinde, Christian den Vierten gegen das schwedische Reich zu bewaffnen, fanden jetzt keinen Eingang mehr, und der lebhafte Wunsch, seinen Prinzen Ulrich mit der jungen Königin zu vermählen, vereinigte sich mit den Vorschriften einer besseren Staatskunst, ihn neutral zu erhalten. Zugleich kommen England, Holland und Frankreich dem schwedischen Reichsrat mit den erfreulichsten Versicherungen ihrer fortdauernden Freundschaft und Unterstützung entgegen und ermuntern ihn mit vereinigter Stimme zu lebhafter Fortsetzung eines so rühmlich geführten Krieges. Soviel Ursache man in Frankreich gehabt hatte, sich zu dem Tode des schwedischen Eroberers Glück zu wünschen, so sehr empfand man die Notwendigkeit eines fortgesetzten Bündnisses mit den Schweden. Ohne sich selbst der größten Gefahr auszusetzen, durfte man diese Macht in Deutschland nicht sinken lassen. Mangel an eigenen Kräften nötigte sie entweder zu einem schnellen und nachteiligen Frieden mit Österreich, und dann waren alle Bemühungen verloren, die man angewendet hatte, diese gefährliche Macht zu beschränken; oder Not und Verzweiflung lehrten die Armeen in den Ländern der katholischen Reichsfürsten die Mittel zu ihrem Unterhalt finden, und Frankreich wurde dann zum Verräter an diesen Staaten, die sich seinem mächtigen Schutz unterworfen hatten. Der Fall Gustav Adolfs, weit entfernt, die Verbindungen Frankreichs mit dem schwedischen Reiche zu vernichten, hatte sie vielmehr für beide Staaten notwendiger und für Frankreich um vieles nützlicher gemacht.

Jetzt erst, nachdem derjenige dahin war, der seine Hand über Deutschland gehalten und die Grenzen dieses Reichs gegen die französische Raubsucht gesichert hatte, konnte es seine Entwürfe auf das Elsaß ungehindert verfolgen und den deutschen Protestanten seinen Beistand um einen desto höheren Preis verkaufen.

Durch diese Allianzen gestärkt, gesichert von innen, von außen durch gute Grenzbesatzungen und Flotten verteidigt, bleiben die Regenten keinen Augenblick unschlüssig, einen Krieg fortzuführen, bei welchem Schweden wenig Eigenes zu verlieren und, wenn das Glück seine Waffen krönte, irgendeine deutsche Provinz, sei es als Kostenersatz oder als Eroberung, zu gewinnen hatte. Sicher in seinen Wassern, wagte es nicht viel mehr, wenn seine Armeen aus Deutschland herausgeschlagen wurden, als wenn sie sich freiwillig daraus zurückzogen; und jenes war ebenso rühmlich, als dieses entehrend war. Je mehr Herzhaftigkeit man zeigte, desto mehr Vertrauen flößte man den Bundesgenossen, desto mehr Achtung den Feinden ein, desto günstigere Bedingungen waren bei einem Frieden zu erwarten. Fände man sich auch zu schwach, die weit aussehenden Entwürfe Gustavs zu vollführen, so war man doch seinem erhabenen Muster schuldig, das Äußerste zu tun und keinem andern Hindernis als der Notwendigkeit zu weichen. Schade, daß die Triebfeder des Eigennutzes an diesem rühmlichen Entschlusse zu viel Anteil hat, um ihn ohne Einschränkung bewundern zu können! Denen, welche von den Drangsalen des Kriegs für sich selbst nichts zu leiden hatten, ja sich vielmehr dabei bereicherten, war es freilich ein leichtes, für die Fortdauer desselben zu stimmen – denn endlich war es doch nur das Deutsche Reich, das den Krieg bezahlte, und die Provinzen, auf die man sich Rechnung machte, waren mit den wenigen Truppen, die man von jetzt an daran wendete, mit den Feldherrn, die man an die Spitze der größtenteils deutschen Armeen stellte, und mit der ehrenvollen Aufsicht über den Gang der Waffen und Unterhandlungen wohlfeil genug erworben.

Aber eben diese Aufsicht vertrug sich nicht mit der Entlegenheit der schwedischen Regentschaft von dem Schauplatze des Kriegs und mit der Langsamkeit, welche die kollegialische Geschäftsform notwendig macht. Einem einzigen vielumfassenden Kopfe mußte die Macht übertragen werden, in Deutschland selbst das Interesse des schwedischen Reichs zu besorgen und nach eigener Einsicht über Krieg und Frieden, über die nötigen Bündnisse wie über die gemachten Erwerbungen zu verfügen. Mit diktatorischer Gewalt und mit dem ganzen Ansehen der Krone, die er repräsentiert, mußte dieser wichtige Magistrat bekleidet sein, um die Würde derselben zu behaupten, um die gemeinschaftlichen Operationen in Übereinstimmung zu bringen, um seinen Anordnungen Nachdruck zu geben und so den Monarchen, dem er folgte, in jeder Rücksicht zu ersetzen. Ein solcher Mann fand sich in dem Reichskanzler Oxenstierna, dem ersten Minister und, was mehr sagen will, dem Freunde des verstorbenen Königs, der, eingeweiht in alle Geheimnisse seines Herrn, vertraut mit den deutschen Geschäften und aller europäischen Staatsverhältnisse kundig, ohne Widerspruch das tüchtigste Werkzeug war, den Plan Gustav Adolfs in seinem ganzen Umfange zu verfolgen.

Oxenstierna hatte eben eine Reise nach Oberdeutschland angetreten, um die vier obern Kreise zu versammeln, als ihn die Post von des Königs Tode zu Hanau überraschte. Dieser schreckliche Schlag, der das gefühlvolle Herz des Freundes durchbohrte, raubte dem Staatsmann alle Besinnungskraft; alles war ihm genommen, woran seine Seele hing. Schweden hatte nur einen König, Deutschland nur einen Beschützer, Oxenstierna den Urheber seines Glücks, den Freund seiner Seele, den Schöpfer seiner Ideale verloren. Aber, von dem allgemeinen Unglück am härtesten getroffen, war *er* auch der erste, der sich aus eigner Kraft darüber erhob, so wie er der einzige war, der es wiedergutmachen konnte. Sein durchdringender Blick übersah alle Hindernisse, welche sich der Ausführung seiner Entwürfe entgegenstellten, die Mutlosigkeit der Stände, die Intrigen der feindlichen Höfe, die Trennung der Bundsgenossen, die Eifersucht der Häupter, die Abneigung der Reichsfürsten, sich fremder Führung zu unterwerfen. Aber eben dieser tiefe Blick in die damalige Lage der Dinge, der ihm die ganze Größe des Übels aufdeckte, zeigte ihm auch die Mittel, es zu besiegen. Es kam darauf an, den gesunkenen Mut der schwächern Reichsstände aufzurichten, den geheimen Machinationen der Feinde entgegenzuwirken, die Eifersucht der mächtigern Alliierten zu schonen, die befreundeten Mächte, Frankreich besonders, zu tätiger Hilfleistung zu ermuntern, vor allem aber die Trümmer des deutschen Bundes zu sammeln und die getrennten Kräfte der Partei durch ein enges und dauerhaftes Band zu vereinigen. Die Bestürzung, in welche der Verlust ihres Oberhauptes die deutschen Protestanten versetzte, konnte sie ebensogut zu einem festern Bündnisse mit Schweden als zu einem übereilten Frieden mit dem Kaiser antreiben, und nur von dem Betragen, das man beobachtete, hing es ab, welche von diesen beiden Wirkungen erfolgen sollte. Verloren war alles, sobald man Mutlosigkeit blicken ließ; nur die Zuversicht, die man selbst zeigte, konnte ein edles Selbstvertrauen bei den Deutschen entflammen. Alle Versuche des österreichischen Hofs, die letztern von der schwedischen Allianz abzuziehen, verfehlten ihren Zweck, sobald man ihnen die Augen über ihren wahren Vorteil eröffnete und sie zu einem öffentlichen und förmlichen Bruch mit dem Kaiser vermochte.

Freilich ging, ehe diese Maßregeln genommen und die nötigen Punkte zwischen der Regierung und ihrem Minister berichtigt waren, eine kostbare Zeit für die Wirksamkeit der schwedischen Armee verloren, die von den Feinden aufs beste benutzt wurde. Damals stand es bei dem Kaiser, die schwedische Macht in Deutschland zugrunde zu richten, wenn die weisen Ratschläge des Herzogs von Friedland Eingang bei ihm gefunden hätten. Wallenstein riet ihm an, eine uneingeschränkte Amnestie zu verkündigen und den protestantischen Ständen mit günstigen Bedingungen entgegenzukommen. In dem ersten Schrecken, den Gustav Adolfs Fall bei der ganzen Partei verbreitete, würde eine solche Erklärung die entschiedenste Wirkung getan und die geschmeidigeren Stände zu den Füßen des Kaisers zurückgeführt haben. Aber durch den unerwarteten Glücksfall verblendet und von spanischen Eingebungen betört, erwartete er von den Waffen einen glänzendern Ausschlag, und anstatt den Mediationsvorschlägen Gehör zu schenken, eilte er, seine Macht zu vermehren. Spanien, durch den Zehenten der geistlichen Güter bereichert, den der Papst ihm bewilligte, unterstützte ihn mit beträchtlichen Vorschüssen, unterhandelte für ihn an dem sächsischen Hofe und ließ in Italien eilfertig Truppen werben, die in Deutschland gebraucht werden sollten. Auch der Kurfürst von Bayern verstärkte seine Kriegsmacht beträchtlich, und dem Herzog von Lothringen erlaubte sein unruhiger Geist nicht, bei dieser glücklichen Wendung des Schicksals sich müßig zu verhalten. Aber indem der Feind sich so geschäftig bewies, den Unfall der Schweden zu benutzen, versäumte Oxenstierna nichts, die schlimmen Folgen desselben zu vereiteln.

Weniger bange vor dem öffentlichen Feind als vor der Eifersucht befreundeter Mächte, verließ er das obere Deutschland, dessen er sich durch die gemachten Eroberungen und Allianzen versichert hielt, und machte sich in Person auf den Weg, die Stände von Niederdeutschland von einem völligen Abfall oder einer Privatverbindung unter sich selbst, für die Schweden nicht viel weniger schlimm war, zurückzuhalten. Durch die Anmaßlichkeit beleidigt, mit der sich der Kanzler die Führung der Geschäfte zueignete, und im Innersten empört von dem Gedanken, von einem schwedischen Edelmann Vorschriften anzunehmen, arbeitete der Kurfürst von Sachsen aufs neue an einer gefährlichen Absonderung von den Schweden, und die Frage war bloß, ob man sich völlig mit dem Kaiser vergleichen oder sich zum Haupte der Protestanten aufwerfen und mit ihnen eine dritte Partei in Deutschland errichten sollte. Ähnliche Gesinnungen hegte der Herzog Ulrich von Braunschweig, und er legte sie laut genug an den Tag, indem er den Schweden die Werbungen in seinem Lande untersagte und die niedersächsischen Stände nach Lüneburg einlud, ein Bündnis unter ihnen zu stiften. Der Kurfürst von Brandenburg allein, über den Einfluß neidisch, den Kursachsen in Niederdeutschland gewinnen sollte, zeigte einigen Eifer für das Interesse der schwedischen Krone, die er schon auf dem Haupte seines Sohnes zu erblicken glaubte. Oxenstierna fand zwar die ehrenvollste Aufnahme am Hofe Johann Georgs; aber schwankende Zusagen von fortdauernder Freundschaft waren alles, was er, der persönlichen Verwendung Kurbrandenburgs ungeachtet, von diesem Fürsten erhalten konnte. Glücklicher war er bei dem Herzog von Braunschweig, gegen den er sich eine kühnere Sprache erlaubte. Schweden war damals im Besitz des Erzstiftes Magdeburg, dessen Bischof die Befugnis hatte, den niedersächsischen Kreis zu versammeln. Der Kanzler behauptete das Recht seiner Krone, und durch dieses glückliche Machtwort vereitelte er für diesmal diese bedenkliche Versammlung. Aber die allgemeine Protestantenverbindung, der Hauptzweck seiner gegenwärtigen Reise und aller künftigen Bemühungen, mißlang ihm für jetzt und für immer, und er mußte sich mit einzelnen unsichern Bündnissen in den sächsischen Kreisen und mit der schwächern Hilfe des obern Deutschlands begnügen.

Weil die Bayern an der Donau zu mächtig waren, so verlegte man die Zusammenkunft der vier obern Kreise, die zu Ulm hatte vor sich gehen sollen, nach *Heilbronn,* wo über zwölf Reichsstädte und eine glänzende Menge von Doktoren, Grafen und Fürsten sich einfanden. Auch die auswärtigen Mächte Frankreich, England und Holland beschickten diesen Konvent, und Oxenstierna erschien auf demselben mit dem ganzen Pompe der Krone, deren Majestät er behaupten sollte. Er selbst führte das Wort, und der Gang der Beratschlagungen wurde durch seine Vorträge geleitet. Nachdem er von allen versammelten Ständen die Versicherung einer unerschütterlichen Treue, Beharrlichkeit und Eintracht erhalten, verlangte er von ihnen, daß sie den Kaiser und die Ligue förmlich und feierlich als Feinde erklären sollten. Aber soviel den Schweden daran gelegen war, das üble Vernehmen zwischen dem Kaiser und den Ständen zu einem solennen Bruch zu erweitern, so wenig Lust bezeigten die Stände, sich durch diesen entscheidenden Schritt alle Möglichkeit einer Aussöhnung abzuschneiden und eben dadurch den Schweden ihr ganzes Schicksal in die Hände zu geben. Sie fanden, daß eine förmliche Kriegserklärung, da die Tat selbst spreche, unnütz und überflüssig sei, und ihr standhafter Widerstand brachte den Kanzler zum Schweigen. Heftigere Kämpfe erregte der dritte und vornehmste Punkt der Beratschlagungen, durch welchen die Mittel zu Fortsetzung des Kriegs und die Beiträge der Stände zu Unterhaltung der Armeen bestimmt werden sollten. Oxenstiernas Maxime, von den allgemeinen Lasten so viel, als möglich war, auf die Stände zu wälzen, vertrug sich nicht mit dem Grundsatz der Stände, so wenig als möglich zu geben. Hier erfuhr der schwedische Kanzler, was dreißig Kaiser vor ihm mit herber Wahrheit empfunden, daß unter allen mißlichen Unternehmungen die allermißlichste sei, von den Deutschen *Geld* zu erheben. Anstatt ihm die nötigen Summen für die neu zu errichtenden Armeen zu bewilligen, zählte man ihm mit beredter Zunge alles Unheil auf, welches die schon vorhandenen angerichtet, und forderte Erleichterung von den vorigen Lasten, wo man sich neuen unterziehen sollte. Die üble Laune, in welche die Geldforderung des Kanzlers die Stände versetzt hatte, brütete tausend Beschwerden aus, und die Ausschweifungen der Truppen bei Durchmärschen und Quartieren wurden mit schauderhafter Wahrheit gezeichnet.

Oxenstierna hatte im Dienst von zwei unumschränkten Fürsten wenig Gelegenheit gehabt, sich an die Förmlichkeiten und den bedächtlichen Gang republikanischer Verhandlungen zu gewöhnen und seine Geduld am Widerspruch zu üben. Fertig zum Handeln, sobald ihm die Notwendigkeit einleuchtete, und eisern in seinem Entschluß, sobald er ihn einmal gefaßt hatte, begriff er die Inkonsequenz der mehresten Menschen nicht, den Zweck zu begehren und die Mittel zu hassen. Durchfahrend und heftig von Natur, war er es bei dieser Gelegenheit noch aus Grundsatz; denn jetzt kam alles darauf an, durch eine feste zuversichtliche Sprache die Ohnmacht des schwedischen Reichs zu bedecken und durch den angenommenen Ton des Gebieters wirklich Gebieter zu werden. Kein Wunder also, wenn er bei solchen Gesinnungen unter deutschen Doktoren und Ständen ganz und gar nicht in seiner Sphäre war und durch die Umständlichkeit, welche den Charakter der Deutschen in allen ihren öffentlichen Verhandlungen ausmacht, zur Verzweiflung gebracht wurde. Ohne Schonung gegen eine Sitte, nach der sich auch die mächtigsten Kaiser hatten bequemen müssen, verwarf er alle schriftliche Deliberationen, welche der deutschen Langsamkeit so zuträglich waren; er begriff nicht, wie man zehen Tage über einen Punkt sich besprechen konnte, der ihm schon durch den bloßen Vortrag so gut als abgetan war. So hart er aber auch die Stände behandelte, so gefällig und bereitwillig fand er sie, ihm seine vierte *Motion,* die ihn selbst betraf, zu bewilligen. Als er auf die Notwendigkeit kam, dem errichteten Bund einen Vorsteher und *Direktor* zu geben, sprach man Schweden einstimmig diese Ehre zu und ersuchte ihn *untertänig,* der gemeinen Sache mit seinem erleuchteten Verstande zu dienen und die Last der Oberaufsicht auf *seine* Schultern zu nehmen. Um sich aber doch gegen einen Mißbrauch der großen Gewalt, die man durch diese Bestallung in seine Hände gab, zu verwahren, setzte man ihm, nicht ohne französischen Einfluß, unter dem Namen von Gehilfen eine bestimmte Anzahl von *Aufsehern* an die Seite, die die Kasse des Bundes verwalten und über die Werbungen, Durchzüge und Einquartierung der Truppen mitzusprechen haben sollten. Oxenstierna wehrte sich lebhaft gegen diese Einschränkung seiner Macht, wodurch man ihm die Ausführung jedes, Schnelligkeit oder Geheimnis fordernden Entwurfes erschwerte, und errang sich endlich mit Mühe die Freiheit, in Kriegssachen seiner eigenen Einsicht zu folgen. Endlich berührte der Kanzler auch den kitzlichen Punkt der Entschädigung, welche sich Schweden nach geendigtem Kriege von der Dankbarkeit seiner Alliierten zu versprechen hätte, und er schmeichelte sich mit der Hoffnung, auf Pommern angewiesen zu werden, worauf das Hauptaugenmerk Schwedens gerichtet war, und von den Ständen die Versicherung ihres kräftigen Beistands zu Erwerbung dieser Provinz zu erhalten. Aber es blieb bei einer allgemeinen und schwankenden Versicherung, daß man einander bei einem künftigen Frieden nicht im Stich lassen würde. Daß es nicht die Ehrfurcht für die Verfassung des Reiches war, was die Stände über diesen Punkt so behutsam machte, zeigte die Freigebigkeit, die man auf Unkosten der heiligsten Reichsgesetze gegen den Kanzler beweisen wollte. Wenig fehlte, daß man ihm nicht das Erzstift Mainz, welches er ohnehin als Eroberung innehatte, zur Belohnung anbot, und nur mit Mühe hintertrieb der französische Abgesandte diesen ebenso unpolitischen als entehrenden Schritt. Wie weit nun auch die Erfüllung hinter den Wünschen Oxenstiernas zurückblieb, so hatte er doch seinen vornehmsten Zweck, die *Direktion* des Ganzen, für seine Krone und für sich selbst erreicht, das Band zwischen den Ständen der vier obern Kreise enger und fester zusammengezogen und zu Unterhaltung der Kriegsmacht einen jährlichen Beitrag von drittehalb Millionen Talern errungen.

So viel Nachgiebigkeit von seiten der Stände war von seiten Schwedens einer Erkenntlichkeit wert. Wenige Wochen nach Gustav Adolfs Tod hatte der Gram das unglückliche Leben des Pfalzgrafen Friedrich geendigt, nachdem dieser beklagenswerte Fürst acht Monate lang den Hofstaat seines Beschützers vermehrt und im Gefolge desselben den kleinen Überrest seines Vermögens verschwendet hatte. Endlich näherte er sich dem Ziele seiner Wünsche, und eine freudigere Zukunft tat sich vor ihm auf, als der Tod seinen Beschützer dahinraffte. Was er als das höchste Unglück betrachtete, hatte die günstigsten Folgen für seinen Erben. Gustav Adolf durfte sich herausnehmen, mit der Zurückgabe seiner Länder zu zögern und dieses Geschenk mit drückenden Bedingungen zu beschweren; Oxenstierna, dem die Freundschaft Englands, Hollands und Brandenburgs und die gute Meinung der reformierten Stände überhaupt ungleich wichtiger war, mußte die

Pflicht der Gerechtigkeit befolgen. Er übergab daher auf eben dieser Versammlung zu Heilbronn sowohl die schon eroberten als die noch zu erobernden pfälzischen Lande den Nachkommen Friedrichs, Mannheim allein ausgenommen, welches bis zu geschehener Kostenerstattung von den Schweden besetzt bleiben sollte. Der Kanzler schränkte seine Gefälligkeit nicht bloß auf das pfälzische Haus ein; auch die andern alliierten Reichsfürsten erhielten, wiewohl einige Zeit später, Beweise von der Dankbarkeit Schwedens, welche dieser Krone ebensowenig von ihrem Eigenen kosteten. Die Pflicht der Unparteilichkeit, die heiligste des Geschichtsschreibers, verbindet ihn zu einem Geständnis, das den Verfechtern der deutschen Freiheit eben nicht sehr zur Ehre gereicht. Wieviel sich auch die protestantischen Fürsten mit der Gerechtigkeit ihrer Sache und mit der Reinigkeit ihres Eifers wußten, so waren es doch größtenteils sehr eigennützige Triebfedern, aus denen sie handelten; und die Begierde, zu rauben, hatte wenigstens ebensoviel Anteil an den angefangenen Feindseligkeiten als die Furcht, sich beraubt zu sehen. Bald entdeckte Gustav Adolf, daß er sich von dieser unreinen Triebfeder weit mehr als von ihren patriotischen Empfindungen zu versprechen habe, und er unterließ nicht, sie zu benutzen. Jeder der mit ihm verbundenen Fürsten erhielt von ihm die Zusicherung irgendeiner dem Feinde schon entrissenen oder noch zu entreißenden Besitzung, und nur der Tod hinderte ihn, seine Zusagen wahr zu machen. Was dem König die Klugheit riet, gebot die Notwendigkeit seinem Nachfolger; und wenn diesem daran gelegen war, den Krieg zu verlängern, so mußte er die Beute mit den verbundenen Fürsten teilen und auf die Verwirrung, die er zu nähren suchte, ihre Vorteile gründen. Und so sprach er dem Landgrafen von Hessen die Stifter Paderborn, Corvey, Münster und Fulda, dem Herzog Bernhard von Weimar die fränkischen Bistümer, dem

Herzog von Württemberg die in seinem Lande gelegenen geistlichen Güter und österreichischen Grafschaften zu, alles unter dem Namen schwedischer Lehen. Den Kanzler selbst befremdete dieses widersinnige, den Deutschen so wenig Ehre bringende Schauspiel, und kaum konnte er seine Verachtung verbergen. «Man lege es in unserm Archiv nieder», sagte er einesmals, «zum ewigen Gedächtnis, daß ein deutscher Reichsfürst von einem schwedischen Edelmann so etwas begehrte, und daß der schwedische Edelmann dem deutschen Reichsfürsten auf deutscher Erde so etwas zuteilte.»

Nach so wohl getroffenen Anstalten konnte man mit Ehren im Feld erscheinen und den Krieg mit frischer Lebhaftigkeit erneuern. Bald nach dem Siege bei Lützen vereinigen sich die sächsischen und lüneburgischen Truppen mit der schwedischen Hauptmacht, und die Kaiserlichen werden in kurzer Zeit aus ganz Sachsen herausgetrieben. Nunmehr trennt sich diese vereinigte Armee. Die Sachsen rücken nach der Lausitz und Schlesien, um dort in Gemeinschaft mit dem Grafen von Thurn gegen die Österreicher zu agieren; einen Teil der schwedischen Armee führt Herzog Bernhard nach Franken, den andern Herzog Georg von Braunschweig nach Westfalen und Niedersachsen.

Die Eroberungen am Lechstrom und an der Donau wurden, während daß Gustav Adolf den Zug nach Sachsen unternahm, von dem Pfalzgrafen von Birkenfeld und dem schwedischen General Banér gegen die Bayern verteidigt. Aber zu schwach, den siegreichen Fortschritten der letztern, die von der Kriegserfahrung und Tapferkeit des kaiserlichen Generals von Altringer unterstützt wurden, hinlänglichen Widerstand zu tun, mußten sie den schwedischen General von Horn aus dem Elsaß zu Hilfe rufen. Nachdem dieser kriegserfahrne Feldherr die Städte Benfeld, Schlettstadt, Colmar und Hagenau der schwedischen

Herrschaft unterworfen, übergab er dem Rheingrafen Otto Ludwig die Verteidigung derselben und eilte über den Rhein, um das Banérische Heer zu verstärken. Aber ungeachtet es nunmehr sechzehntausend Mann stark war, konnte es doch nicht verhindern, daß der Feind nicht an der schwäbischen Grenze festen Fuß gewann, Kempten eroberte und sieben Regimenter aus Böhmen an sich zog. Um die wichtigen Ufer des Lech und der Donau zu behaupten, entblößte man das Elsaß, wo Rheingraf Otto Ludwig nach Horns Abzug Mühe gehabt hatte, sich gegen das aufgebrachte Landvolk zu verteidigen. Auch er mußte mit seinen Truppen das Heer an der Donau verstärken; und da auch dieser Sukkurs nicht hinreichte, so forderte man den Herzog Bernhard von Weimar dringend auf, seine Waffen nach dieser Gegend zu kehren.

Bernhard hatte sich bald nach Eröffnung des Feldzugs im Jahre 1633 der Stadt und des ganzen Hochstifts Bamberg bemächtigt und Würzburg ein ähnliches Schicksal zugedacht. Auf die Einladung Gustav Horns setzte er sich ungesäumt in Marsch gegen die Donau, schlug unterwegs ein bayrisches Heer unter Johann von Werth aus dem Felde und vereinigte sich bei Donauwörth mit den Schweden. Diese zahlreiche, von den trefflichsten Generalen befehligte Armee bedroht Bayern mit einem furchtbaren Einfall. Das ganze Bistum Eichstädt wird überschwemmt, und Ingolstadt selbst verspricht ein Verräter den Schweden in die Hände zu spielen. Altringers Tätigkeit wird durch die ausdrückliche Vorschrift des Herzogs von Friedland gefesselt, und, von Böhmen aus ohne Hilfe gelassen, kann er sich dem Andrang des feindlichen Heers nicht entgegensetzen. Die günstigsten Umstände vereinigen sich, die Waffen der Schweden in diesen Gegenden siegreich zu machen, als die Tätigkeit der Armee durch eine Empörung der Offiziere auf einmal gehemmt wird.

Den Waffen dankte man alles, was man in Deutschland erworben hatte; selbst Gustav Adolfs Größe war das Werk der Armee, die Frucht ihrer Disziplin, ihrer Tapferkeit, ihres ausdauernden Muts in unendlichen Gefahren und Mühseligkeiten. Wie künstlich man auch im Kabinett seine Plane anlegte, so war doch zuletzt die Armee allein die Vollzieherin, und die erweiterten Entwürfe der Anführer vermehrten immer nur die Lasten derselben. Alle großen Entscheidungen in diesem Kriege waren durch eine wirklich barbarische Hinopferung der Soldaten in Winterfeldzügen, Märschen, Stürmen und offenen Schlachten gewaltsam erzwungen worden, und es war Gustav Adolfs Maxime, nie an einem Siege zu verzagen, sobald er ihm mehr nicht als Menschen kostete. Dem Soldaten konnte seine Wichtigkeit nicht lange verborgen bleiben, und mit Recht verlangte er seinen Anteil an einem Gewinn, der mit seinem Blute errungen war. Aber mehrenteils konnte man ihm kaum den gebührenden Sold bezahlen, und die Gierigkeit der einzelnen Häupter oder das Bedürfnis des Staats verschlang gewöhnlich den besten Teil der erpreßten Summen und der erworbnen Besitzungen. Für alle Mühseligkeiten, die er übernahm, blieb ihm nichts als die zweifelhafte Aussicht auf Raub oder auf Beförderung; und in beiden mußte er sich nur zu oft hintergangen sehen. Furcht und Hoffnung unterdrückten zwar jeden gewaltsamen Ausbruch der Unzufriedenheit, solange Gustav Adolf lebte; aber nach seinem Hintritt wurde der allgemeine Unwille laut, und der Soldat ergriff gerade den gefährlichsten Augenblick, sich seiner Wichtigkeit zu erinnern. Zwei Offiziere, *Pfuel* und *Mitschefal,* schon bei Lebzeiten des Königs als unruhstiftende Köpfe berüchtigt, geben im Lager an der Donau das Beispiel, das in wenigen Tagen unter den Offizieren der Armee eine fast allgemeine Nachahmung findet. Man verbindet sich untereinander durch

Wort und Handschlag, keinem Kommando zu gehorchen, bis der seit Monaten und Jahren noch rückständige Sold entrichtet und noch außerdem jedem einzelnen eine verhältnismäßige Belohnung an Geld oder liegenden Gründen bewilligt sei. Ungeheure Summen, hörte man sie sagen, würden täglich durch Brandschatzungen erpreßt, und all dieses Geld zerrinne in wenigen Händen. In Schnee und Eis treibe man sie hinaus, und nirgends kein Dank für diese unendliche Arbeit. Zu Heilbronn schreie man über den Mutwillen der Soldaten, aber niemand denke an ihr Verdienst. Die Gelehrten schreiben in die Welt hinein von Eroberungen und Siegen, und alle diese Viktorien habe man doch nur durch ihre Fäuste erfochten. Das Heer der Mißvergnügten mehrt sich mit jedem Tage, und durch Briefe, die zum Glück aufgefangen werden, suchten sie nun auch die Armeen am Rhein und in Sachsen zu empören. Weder die Vorstellungen Bernhards von Weimar noch die harten Verweise seines strengern Gehilfen waren vermögend, diese Gärung zu unterdrücken, und die Heftigkeit des letztern vermehrte vielmehr den Trotz der Empörer. Sie bestanden darauf, daß jedem Regiment gewisse Städte zur Erhebung des rückständigen Soldes angewiesen würden. Eine Frist von vier Wochen wurde dem schwedischen Kanzler vergönnt, zu Erfüllung dieser Forderungen Rat zu schaffen; im Weigerungsfall, erklärten sie, würden sie sich selbst bezahlt machen und nie einen Degen mehr für Schweden entblößen.

Die ungestüme Mahnung, zu einer Zeit getan, wo die Kriegskasse erschöpft und der Kredit gefallen war, mußte den Kanzler in das höchste Bedrängnis stürzen; und schnell mußte die Hilfe sein, ehe derselbe Schwindel auch die übrigen Truppen ansteckte und man sich von allen Armeen auf einmal mitten unter Feinden verlassen sah. Unter allen schwedischen Heerführern war nur einer, der bei den

Soldaten Ansehen und Achtung genug besaß, diesen Streit beizulegen. Herzog Bernhard war der Liebling der Armee, und seine kluge Mäßigung hatte ihm das Vertrauen der Soldaten wie seine Kriegserfahrung ihre höchste Bewunderung erworben. Er übernahm es jetzt, die schwierige Armee zu besänftigen; aber seiner Wichtigkeit sich bewußt, ergriff er den günstigen Augenblick, zuvor für sich selbst zu sorgen und der Verlegenheit des schwedischen Kanzlers die Erfüllung seiner eigenen Wünsche abzuängstigen.

Schon Gustav Adolf hatte ihm mit einem Herzogtum Franken geschmeichelt, das aus den beiden Hochstiftern Bamberg und Würzburg erwachsen sollte; jetzt drang Herzog Bernhard auf Haltung dieses Versprechens. Zugleich forderte er das Oberkommando im Kriege als schwedischer Generalissimus. Dieser Mißbrauch, den der Herzog von seiner Unentbehrlichkeit machte, entrüstete Oxenstierna so sehr, daß er ihm im ersten Unwillen den schwedischen Dienst aufkündigte. Bald aber besann er sich eines bessern, und ehe er einen so wichtigen Feldherrn aufopferte, entschloß er sich lieber, ihn, um welchen Preis es auch sei, an das schwedische Interesse zu fesseln. Er übergab ihm also die fränkischen Bistümer als Lehen der schwedischen Krone, doch mit Vorbehalt der beiden Festungen Würzburg und Königshofen, welche von den Schweden besetzt bleiben sollten; zugleich verband er sich im Namen seiner Krone, den Herzog im Besitz dieser Länder zu schützen. Das gesuchte Oberkommando über die ganze schwedische Macht wurde unter einem anständigen Vorwand verweigert. Nicht lange säumte Herzog Bernhard, sich für dieses wichtige Opfer dankbar zu erzeigen: durch sein Ansehen und seine Tätigkeit stillte er in kurzem den Aufruhr der Armee. Große Summen baren Geldes wurden unter die Offiziere verteilt, und noch weit größre an Ländereien, deren Wert gegen fünf Millionen

Taler betrug und an die man kein anderes Recht hatte als das der Eroberung. Indessen war der Moment zu einer großen Unternehmung verstrichen, und die vereinigten Anführer trennten sich, um dem Feind in andern Gegenden zu widerstehen.

Nachdem Gustav Horn einen kurzen Einfall in die obere Pfalz unternommen und Neumarkt erobert hatte, richtete er seinen Marsch nach der schwäbischen Grenze, wo sich die Kaiserlichen unterdessen beträchtlich verstärkt hatten und Württemberg mit einem verwüstenden Einfall bedrohten. Durch seine Annäherung verscheucht, ziehen sie sich an den Bodensee – aber nur, um auch den Schweden den Weg in diese noch nie besuchte Gegend zu zeigen. Eine Besitzung am Eingange der Schweiz war von äußerster Wichtigkeit für die Schweden, und die Stadt Konstanz schien besonders geschickt zu sein, sie mit den Eidgenossen in Verbindung zu setzen. Gustav Horn unternahm daher sogleich die Belagerung derselben; aber entblößt von Geschütz, das er erst von Württemberg mußte bringen lassen, konnte er diese Unternehmung nicht schnell genug fördern, um den Feinden nicht eine hinlängliche Frist zum Entsatze dieser Stadt zu vergönnen, die ohnehin von dem See aus so leicht zu versorgen war. Er verließ also nach einem vergeblichen Versuche die Stadt und ihr Gebiet, um an den Ufern der Donau einer dringenden Gefahr zu begegnen.

Aufgefordert von dem Kaiser, hatte der Kardinal-Infant, Bruder Philipps des Vierten von Spanien und Statthalter in Mailand, eine Armee von vierzehntausend Mann ausgerüstet, welche bestimmt war, unabhängig von Wallensteins Befehlen an dem Rhein zu agieren und das Elsaß zu verteidigen. Diese Armee erschien jetzt unter dem Kommando des Herzogs von Feria, eines Spaniers, in Bayern; und um sie sogleich gegen die Schweden zu benutzen, wurde Altringer beordert, sogleich mit seinen Truppen zu ihr zu stoßen. Gleich auf die erste Nachricht von ihrer Erscheinung hatte Gustav Horn den Pfalzgrafen von Birkenfeld von dem Rheinstrom zu seiner Verstärkung herbeigerufen, und nachdem er sich zu Stockach mit demselben vereinigt hatte, rückte er kühn dem dreißigtausend Mann starken Feind entgegen. Dieser hatte seinen Weg über die Donau nach Schwaben genommen, wo Gustav Horn ihm einmal so nahe kam, daß beide Armeen nur durch eine halbe Meile voneinander geschieden waren. Aber anstatt das Anerbieten zur Schlacht anzunehmen, zogen sich die Kaiserlichen über die Waldstädte nach dem Breisgau und Elsaß, wo sie noch zeitig genug anlangten, um Breisach zu entsetzen und den siegreichen Fortschritten des Rheingrafen Otto Ludwig eine Grenze zu setzen. Dieser hatte kurz vorher die Waldstädte erobert und, unterstützt von dem Pfalzgrafen von Birkenfeld, der die Unterpfalz befreite und den Herzog von Lothringen aus dem Felde schlug, den schwedischen Waffen in diesen Gegenden aufs neue das Übergewicht errungen. Jetzt zwar mußte er der Überlegenheit des Feindes weichen; aber bald rücken Horn und Birkenfeld zu seinem Beistand herbei, und die Kaiserlichen sehen sich nach einem kurzen Triumphe wieder aus dem Elsaß vertrieben. Die rauhe Herbstzeit, welche sie auf diesem unglücklichen Rückzuge überfällt, richtet den größten Teil der Italiener zugrunde, und ihren Anführer selbst, den Herzog von Feria, tötet der Gram über die mißlungene Unternehmung.

Unterdessen hat Herzog Bernhard von Weimar mit achtzehn Regimentern Fußvolk und hundertundvierzig Kornetten Reitern seine Stellung an der Donau genommen, um sowohl Franken zu decken als die Bewegungen der kaiserlich-bayrischen Armee an diesem Strome zu beobachten. Nicht sobald hatte Altringer diese Grenzen ent-

blößt, um zu den italienischen Truppen des Herzogs von
Feria zu stoßen, als Bernhard seine Entfernung benutzte,
über die Donau eilte und mit Blitzesschnelligkeit vor
Regensburg stand. Der Besitz der Stadt war für die Unternehmungen der Schweden auf Bayern und Österreich
entscheidend; er verschaffte ihnen festen Fuß an dem
Donaustrom und eine sichere Zuflucht bei jedem
Unglücksfall, so wie er sie allein in den Stand setzte, eine
dauerhafte Eroberung in diesen Ländern zu machen.
Regensburg zu bewahren, war der letzte, dringende Rat,
den der sterbende Tilly dem Kurfürsten von Bayern
erteilte, und Gustav Adolf beklagte als einen nicht zu
ersetzenden Verlust, daß ihm die Bayern in Besetzung
dieses Platzes zuvorgekommen waren. Unbeschreiblich
groß war daher Maximilians Schrecken, als Herzog Bernhard diese Stadt überraschte und sich ernstlich anschickte,
sie zu belagern.

Nicht mehr als fünfzehn Kompanien größtenteils neugeworbener Truppen machten die Besatzung derselben aus;
eine mehr als hinreichende Anzahl, um auch den überlegensten Feind zu ermüden, sobald sie von einer gut gesinnten
und kriegerischen Bürgerschaft unterstützt wurden. Aber
gerade diese war der gefährlichste Feind, den die bayrische
Garnison zu bekämpfen hatte. Die protestantischen Einwohner Regensburgs, gleich eifersüchtig auf ihren Glauben
und ihre Reichsfreiheit, hatten ihren Nacken mit Widerwillen unter das bayrische Joch gebeugt und blickten längst
schon mit Ungeduld der Erscheinung eines Retters entgegen. Bernhards Ankunft vor ihren Mauern erfüllte sie mit
lebhafter Freude, und es war sehr zu fürchten, daß sie die
Unternehmungen der Belagerer durch einen innern Tumult unterstützen würden. In dieser großen Verlegenheit
läßt der Kurfürst die beweglichsten Schreiben an den Kaiser,
an den Herzog von Friedland ergehen, ihm nur mit fünf-

tausend Mann auszuhelfen. Sieben Eilboten nacheinander sendet Ferdinand mit diesem Auftrag an Wallenstein, der die schleunigste Hilfe zusagt und auch wirklich schon dem Kurfürsten die nahe Ankunft von zwölftausend Mann durch Gallas berichten läßt, aber diesem Feldherrn bei Lebensstrafe verbietet, sich auf den Weg zu machen. Unterdessen hatte der bayrische Kommendant von Regensburg, in Erwartung eines nahen Entsatzes, die besten Anstalten zur Verteidigung getroffen, die katholischen Bauern wehrhaft gemacht, die protestantischen Bürger hingegen entwaffnet und aufs sorgfältigste bewacht, daß sie nichts Gefährliches gegen die Garnison unternehmen konnten. Da aber kein Entsatz erschien und das feindliche Geschütz mit ununterbrochener Heftigkeit die Werke bestürmte, sorgte er durch eine anständige Kapitulation für sich selbst und die Besatzung und überließ die bayrischen Beamten und Geistlichen der Gnade des Siegers.

Mit dem Besitze von Regensburg erweitern sich Herzog Bernhards Entwürfe, und seinem kühnen Mut ist Bayern selbst eine zu enge Schranke geworden. Bis an die Grenzen von Österreich will er dringen, das protestantische Landvolk gegen den Kaiser bewaffnen und ihm seine Religionsfreiheit wiedergeben. Schon hat er Straubingen erobert, während daß ein anderer schwedischer Feldherr die nördlichen Ufer der Donau sich unterwürfig macht. An der Spitze seiner Schweden dem Grimm der Witterung Trotz bietend, erreicht er die Mündung des Isarstroms und setzt im Angesicht des bayrischen Generals von Werth, der hier gelagert steht, seine Truppen über. Jetzt zittern Passau und Linz, und der bestürzte Kaiser verdoppelt an Wallenstein seine Mahnungen und Befehle, dem bedrängten Bayern aufs schleunigste zu Hilfe zu eilen. Aber hier setzt der siegende Bernhard seinen Eroberungen ein freiwilliges Ziel. Vor sich den Inn, der durch viele feste Schlösser beschützt wird, hinter sich zwei feindliche Heere, ein übelgesinntes Land und die Isar, wo kein haltbarer Ort ihm den Rücken deckt und der gefrorne Boden keine Verschanzung gestattet, von der ganzen Macht Wallensteins bedroht, der sich endlich entschlossen hat, an die Donau zu rücken, entzieht er sich durch einen zeitigen Rückzug der Gefahr, von Regensburg abgeschnitten und von Feinden umzingelt zu werden. Er eilt über die Isar und Donau, um die in der Oberpfalz gemachten Eroberungen gegen Wallenstein zu verteidigen und selbst eine Schlacht mit diesem Feldherrn nicht auszuschlagen. Aber Wallenstein, dem es nie in den Sinn gekommen war, große Taten an der Donau zu verrichten, wartet seine Annäherung nicht ab, und ehe die Bayern recht anfangen, seiner froh zu werden, ist er schon nach Böhmen verschwunden. Bernhard endigt also jetzt seinen glorreichen Feldzug und vergönnt seinen Truppen die wohlverdiente Rast in den Winterquartieren auf feindlicher Erde.

Indem Gustav Horn in Schwaben, der Pfalzgraf von Birkenfeld, General Baudissin und Rheingraf Otto Ludwig am Ober- und Niederrhein und Herzog Bernhard an der Donau den Krieg mit solcher Überlegenheit führten, wurde der Ruhm der schwedischen Waffen in Niedersachsen und Westfalen von dem Herzog von Lüneburg und dem Landgrafen von Hessen-Kassel nicht weniger glorreich behauptet. Die Festung Hameln eroberte Herzog Georg nach der tapfersten Gegenwehr, und über den kaiserlichen General von Gronsfeld, der an dem Weserstrom kommandierte, wurde von der vereinigten Armee der Schweden und Hessen bei *Oldendorf* ein glänzender Sieg erfochten. Der Graf von Wasaburg, ein natürlicher Sohn Gustav Adolfs, zeigte sich in dieser Schlacht seines Ursprungs wert. Sechzehn Kanonen, das ganze Gepäcke der Kaiserlichen und vierundsiebzig Fahnen fielen in schwedische

Hände, gegen dreitausend von den Feinden blieben auf dem Platze, und fast ebenso viele wurden zu Gefangenen gemacht. Die Stadt *Osnabrück* zwang der schwedische Oberste Kniphausen, und *Paderborn* der Landgraf von Hessen-Kassel zur Übergabe; dafür aber ging *Bückeburg,* ein sehr wichtiger Ort für die Schweden, an die Kaiserlichen verloren. Beinahe an allen Enden Deutschlands sah man die schwedischen Waffen siegreich, und das nächste Jahr nach Gustav Adolfs Tode zeigte noch keine Spur des Verlustes, den man an diesem großen Führer erlitten hatte.

Bei Erwähnung der wichtigen Vorfälle, welche den Feldzug des 1633sten Jahres auszeichneten, muß die Untätigkeit eines Mannes, der bei weitem die höchsten Erwartungen rege machte, ein gerechtes Erstaunen erwecken. Unter allen Generalen, deren Taten uns in diesem Feldzuge beschäftigt haben, war keiner, der sich an Erfahrung, Talent und Kriegsruhm mit Wallenstein messen durfte; und gerade dieser verliert sich seit dem Treffen bei Lützen aus unsern Augen. Der Fall seines großen Gegners läßt ihm allein jetzt den ganzen Schauplatz des Ruhmes frei; die ganze Aufmerksamkeit Europas ist auf die Taten gespannt, die das Andenken seiner Niederlage auslöschen und seine Überlegenheit in der Kriegskunst der Welt verkündigen sollen. Und doch liegt er still in Böhmen, indes die Verluste des Kaisers in Bayern, in Niedersachsen, am Rhein seine Gegenwart dringend fordern; ein gleich undurchdringliches Geheimnis für Freund und Feind, der Schrecken und doch zugleich die letzte Hoffnung des Kaisers. Mit unerklärbarer Eilfertigkeit hatte er sich nach dem verlorenen Treffen bei Lützen in das Königreich Böhmen gezogen, wo er über das Verhalten seiner Offiziere in dieser Schlacht die strengsten Untersuchungen anstellte. Die das Kriegsgericht für schuldig erkannte, wurden mit unerbittlicher Strenge zum Tode verurteilt; die sich brav gehalten hatten, mit königlicher Großmut belohnt und das Andenken der Gebliebenen durch herrliche Monumente verewigt. Den Winter über drückte er die kaiserlichen Provinzen durch übermäßige Kontributionen und durch die Winterquartiere, die er absichtlich nicht in feindlichen Ländern nahm, um das Mark der österreichischen Länder auszusaugen. Anstatt aber mit seiner wohlgepflegten und auserlesenen Armee beim Anbruch des Frühlings 1633 den Feldzug vor allen andern zu eröffnen und sich in seiner ganzen Feldherrnkraft zu erheben, war er der letzte, der im Felde erschien, und auch jetzt war es ein kaiserliches Erbland, das er zum Schauplatz des Krieges machte.

Unter allen Provinzen Österreichs war *Schlesien* der größten Gefahr ausgesetzt. Drei verschiedene Armeen, eine schwedische unter dem Grafen von Thrun, eine sächsische unter Arnheim und dem Herzog von Lauenburg und eine brandenburgische unter Burgsdorf, hatten diese Provinz zu gleicher Zeit mit Krieg überzogen. Schon hatten sie die wichtigsten Plätze im Besitz, und selbst *Breslau* hatte die Partei der Alliierten ergriffen. Aber gerade diese Menge von Generalen und Armeen rettete dem Kaiser dieses Land; denn die Eifersucht der Generale und der gegenseitige Haß der Schweden und Sachsen ließ sie nie mit Einstimmigkeit verfahren. Arnheim und Thurn zankten sich um die Oberstelle; die Brandenburger und Sachsen hielten eifrig gegen die Schweden zusammen, die sie als überlästige Fremdlinge ansahen und, wo es nur immer tunlich war, zu verkürzen suchten. Hingegen lebten die Sachsen mit den Kaiserlichen auf einem viel vertraulichern Fuß, und oft geschah es, daß die Offiziere beider feindlichen Armeen einander Besuche abstatteten und Gastmähler gaben. Man ließ die Kaiserlichen ungehindert ihre Güter fortschaffen, und viele verhehlten es gar nicht, daß sie von Wien große Summen gezogen. Unter so zweideutig gesinnten Alliierten sahen sich die Schweden verkauft und verraten, und an große Unternehmungen war bei einem so schlechten Verständnis nicht zu denken. Auch war der General von Arnheim den größten Teil der Zeit abwesend, und als er endlich wieder bei der Armee anlangte, näherte sich Wallenstein schon mit einer furchtbaren Kriegsmacht den Grenzen.

Vierzigtausend Mann stark rückte er ein, und nicht mehr als vierundzwanzigtausend hatten ihm die Alliierten entgegenzusetzen. Nichtsdestoweniger wollten sie eine Schlacht versuchen und erschienen bei Münsterberg, wo er ein verschanztes Lager bezogen hatte. Aber Wallenstein ließ sie acht Tage lang hier stehen, ohne nur die geringste Bewegung zu machen; dann verließ er seine Verschanzungen und zog mit ruhigem stolzen Schritt an ihrem Lager vorüber. Auch nachdem er aufgebrochen war und die mutiger gewordenen Feinde ihm beständig zur Seite blieben, ließ er die Gelegenheit unbenutzt. Die Sorgfalt, mit der er die Schlacht vermied, wurde als Furcht ausgelegt; aber einen solchen Verdacht durfte Wallenstein auf seinen verjährten Feldherrnruhm wagen. Die Eitelkeit der Alliierten ließ sie nicht bemerken, daß er sein Spiel mit ihnen trieb und daß er ihnen die Niederlage großmütig schenkte, weil ihm – mit einem Sieg über sie für jetzt nicht gedient war. Um ihnen jedoch zu zeigen, daß *er* der Herr sei und daß nicht die Furcht vor ihrer Macht ihn in Untätigkeit erhalte, ließ er den Kommendanten eines Schlosses, das in seine Hände fiel, niederstoßen, weil er einen unhaltbaren Platz nicht gleich übergeben hatte.

Neun Tage lang standen beide Armeen einander einen Musketenschuß weit im Gesichte, als der Graf Terzky aus dem Wallensteinischen Heere mit einem Trompeter vor dem Lager der Alliierten erschien, den General von Arnheim zu einer Konferenz einzuladen. Der Inhalt derselben war, daß Wallenstein, der doch an Macht der überlegene

Teil war, einen Waffenstillstand von sechs Wochen in Vorschlag brachte. Er sei gekommen, sagte er, mit Schweden und mit den Reichsfürsten einen ewigen Frieden zu schließen, die Soldaten zu bezahlen und jedem Genugtuung zu verschaffen. Alles dies stehe in seiner Hand, und wenn man in Wien Anstand nehmen sollte, es zu bestätigen, so wolle er sich mit den Alliierten vereinigen und (was er Arnheimen zwar nur ins Ohr flüsterte) den Kaiser zum Teufel jagen. Bei einer zweiten Zusammenkunft ließ er sich gegen den Grafen von Thurn noch deutlicher heraus. Alle Privilegien, erklärte er, sollten aufs neue bestätigt, alle böhmischen Exulanten zurückberufen und in ihre Güter wieder eingesetzt werden, und er selbst wolle der erste sein, seinen Anteil an denselben herauszugeben. Die Jesuiten, als die Urheber aller bisherigen Unterdrückungen, sollten verjagt, die Krone Schweden durch Zahlungen auf bestimmte Termine abgefunden, alles überflüssige Kriegsvolk von beiden Teilen gegen die Türken geführt werden. Der letzte Punkt enthielt den Aufschluß des ganzen Rätsels. Wenn er die böhmische Krone davontrüge, so sollten alle Vertriebenen sich seiner Großmut zu rühmen haben, eine vollkommene Freiheit der Religionen sollte dann in dem Königreich herrschen, das pfälzische Haus in alle seine vorigen Rechte zurücktreten und die Markgrafschaft Mähren ihm für Mecklenburg zur Entschädigung dienen. Die alliierten Armeen zögen dann unter seiner Anführung nach Wien, dem Kaiser die Genehmigung dieses Traktats mit gewaffneter Hand abzunötigen.

Jetzt also war die Decke von dem Plan weggezogen, worüber er schon jahrelang in geheimnisvoller Stille gebrütet hatte. Auch lehrten alle Umstände, daß zu Vollstreckung desselben keine Zeit zu verlieren sei. Nur das blinde Vertrauen zu dem Kriegsglück und dem überlegenen Genie des Herzogs von Friedland hatte dem Kaiser die Festigkeit eingeflößt, allen Vorstellungen Bayerns und Spaniens entgegen und auf Kosten seines eigenen Ansehens diesem gebieterischen Mann ein so uneingeschränktes Kommando zu übergeben. Aber dieser Glaube an die Unüberwindlichkeit Wallensteins war durch seine lange Untätigkeit längst erschüttert worden und nach dem verunglückten Treffen bei Lützen beinahe gänzlich gefallen. Aufs neue erwachten jetzt seine Gegner an Ferdinands Hofe, und die Unzufriedenheit des Kaisers über den Fehlschlag seiner Hoffnungen verschaffte ihren Vorstellungen den gewünschten Eingang bei diesem Monarchen. Das ganze Betragen des Herzogs wurde mit beißender Kritik von ihnen gemustert, sein hochfahrender Trotz und seine Widersetzlichkeit gegen des Kaisers Befehle diesem eifersüchtigen Fürsten in Erinnerung gebracht, die Klagen der österreichischen Untertanen über seine grenzenlosen Bedrückungen zu Hilfe gerufen, seine Treue verdächtig gemacht und über seine geheimen Absichten ein schreckhafter Wink hingeworfen. Diese Anklagen, durch das ganze übrige Betragen des Herzogs nur zu sehr gerechtfertigt, unterließen nicht, in Ferdinands Gemüt tiefe Wurzeln zu schlagen; aber der Schritt war einmal geschehn, und die große Gewalt, womit man den Herzog bekleidet hatte, konnte ihm ohne große Gefahr nicht entrissen werden. Sie unmerklich zu vermindern war alles, was dem Kaiser übrig blieb; und um dies mit einigem Erfolg zu können, mußte man sie zu *teilen,* vor allen Dingen aber sich außer Abhängigkeit von *seinem* guten Willen zu setzen suchen. Aber selbst dieses Rechtes hatte man sich in dem Vertrage begeben, den man mit ihm errichtete, und gegen jeden Versuch, ihm einen andern General an die Seite zu setzen oder einen unmittelbaren Einfluß auf seine Truppen zu haben, schützte ihn die eigenhändige Unterschrift des Kaisers. Da man diesen nachteiligen Vertrag weder halten noch vernichten konnte, so mußte man sich durch einen Kunstgriff heraushelfen. Wallenstein war kaiserlicher Generalissimus in Deutschland; aber weiter erstreckte sich sein Gebiet nicht, und über eine auswärtige Armee konnte er sich keine Herrschaft anmaßen. Man läßt also in Mailand eine spanische Armee errichten und unter einem spanischen General in Deutschland fechten. Wallenstein ist also der Unentbehrliche nicht mehr, weil er aufgehört hat, der Einzige zu sein, und im Notfall hat man *gegen ihn selbst* eine Stütze.

Der Herzog fühlte es schnell und tief, woher dieser Streich kam und wohin er zielte. Umsonst protestierte er bei dem Kardinal-Infanten gegen diese vertragwidrige Neuerung; die italienische Armee rückte ein, und man zwang ihn, ihr den General Altringer mit Verstärkung zuzusenden. Zwar wußte er diesem durch strenge Verhaltungsbefehle die Hände so sehr zu binden, daß die italienische Armee in dem Elsaß und in Schwaben wenig Ehre einlegte; aber dieser eigenmächtige Schritt des Hofes hatte ihn aus seiner Sicherheit aufgeschreckt und ihm über die näherkommende Gefahr einen warnenden Wink gegeben. Um nicht zum zweitenmal sein Kommando und mit demselben die Frucht aller seiner Bemühungen zu verlieren, mußte er mit der Ausführung seines Anschlags eilen. Durch Entfernung der verdächtigen Offiziere und durch seine Freigebigkeit gegen die andern hielt er sich der Treue seiner Truppen versichert. Alle andre Stände des Staats, alle Pflichten der Gerechtigkeit und Menschlichkeit hatte er dem Wohl der Armee aufgeopfert, also rechnete er auf die Erkenntlichkeit derselben. Im Begriff, ein nie erlebtes Beispiel des Undanks gegen den Schöpfer seines Glücks aufzustellen, baute er seine ganze Wohlfahrt auf die Dankbarkeit, die man an *ihm* beweisen sollte.

Die Anführer der schlesischen Armeen hatten von ihren Prinzipalen keine Vollmacht, so etwas Großes, als Wallenstein in Vorschlag brachte, für sich allein abzuschließen, und selbst den verlangten Waffenstillstand getrauten sie sich nicht länger als auf vierzehn Tage zu bewilligen. Ehe sich der Herzog gegen die Schweden und Sachsen herausließ, hatte er noch für ratsam gefunden, sich bei seiner kühnen Unternehmung des französischen Schutzes zu versichern. Zu dem Ende wurden durch den Grafen *von Kinsky* bei dem französischen Bevollmächtigten Feuquières zu Dresden geheime Unterhandlungen, wiewohl mit sehr mißtrauischer Vorsicht, angeknüpft, welche ganz seinem Wunsche gemäß ausfielen. Feuquières erhielt Befehl von seinem Hofe, allen Vorschub von seiten Frankreichs zu versprechen und dem Herzog, wenn er deren benötigt wäre, eine beträchtliche Geldhilfe anzubieten.

Aber gerade diese überkluge Sorgfalt, sich von allen Seiten zu decken, gereichte ihm zum Verderben. Der französische Bevollmächtigte entdeckte mit großem Erstaunen, daß ein Anschlag, der mehr als jeder andre des Geheimnisses bedurfte, den Schweden und den Sachsen mitgeteilt worden sei. Das sächsische Ministerium war, wie man allgemein wußte, im Interesse des Kaisers, und die den Schweden angebotnen Bedingungen blieben allzu weit hinter den Erwartungen derselben zurück, um je ihren Beifall erhalten zu können. Feuquières fand es daher unbegreiflich, wie der Herzog in vollem Ernste auf die Unterstützung der erstern und auf die Verschwiegenheit der letztern hätte Rechnung machen sollen. Er entdeckte seine Zweifel und Besorgnisse dem schwedischen Kanzler, der in die Absichten Wallensteins ein gleich großes Mißtrauen setzte und noch weit weniger Geschmack an seinen Vorschlägen fand. Wiewohl es ihm kein Geheimnis war, daß der Herzog schon ehedem mit Gustav Adolf in ähnlichen Traktaten gestanden, so begriff er doch die Möglichkeit nicht, wie er die ganze Armee zum Abfall bewegen und seine übermäßigen Versprechungen würde wahr machen können. Ein so ausschweifender Plan und ein so unbesonnenes Verfahren schien sich mit der verschloßnen und mißtrauischen Gemütsart des Herzogs nicht wohl zu vertragen, und lieber erklärte man alles für Maske und Betrug, weil es eher erlaubt war, an seiner *Redlichkeit* als an seiner *Klugheit* zu zweifeln. Oxenstiernas Bedenklichkeiten steckten endlich selbst *Arnheimen* an, der in vollem Vertrauen auf Wallensteins Aufrichtigkeit zu dem Kanzler nach Gelnhausen gereist war, ihn dahin zu vermögen, daß er dem Herzog seine besten Regimenter zum Gebrauch überlassen möchte. Man fing an zu argwohnen, daß der ganze Antrag nur eine künstlich gelegte Schlinge sei, die Alliierten zu entwaffnen und den Kern ihrer Kriegsmacht dem Kaiser in die Hände zu spielen. Wallensteins bekannter Charakter widerlegte diesen schlimmen Verdacht nicht, und die Widersprüche, in die er sich nachher verwickelte, machten, daß man endlich ganz und gar an ihm irre ward. Indem er die Schweden in sein Bündnis zu ziehen suchte und ihnen sogar ihre besten Truppen abforderte, äußerte er sich gegen Arnheim, daß man damit anfangen müsse, die Schweden aus dem Reiche zu verjagen; und während daß sich die sächsischen Offiziere, im Vertrauen auf die Sicherheit des Waffenstillstandes, in großer Menge bei ihm einfanden, machte er einen verunglückten Versuch, sich ihrer Personen zu bemächtigen. Er brach zuerst den Stillstand, den er doch einige Monate darauf nicht ohne große Mühe erneuerte. Aller Glaube an seine Wahrhaftigkeit verschwand, und endlich glaubte man in seinem ganzen Benehmen nichts als ein Gewebe von Betrug und niedrigen Kniffen zu sehen, um die Alliierten zu schwächen und sich selbst in Verfassung zu setzen. Dieses erreichte er zwar wirklich, indem seine Macht sich mit jedem Tage vermehrte, die Alliierten aber durch Desertion und schlechten Unterhalt über die Hälfte ihrer Truppen einbüßten. Aber er machte von seiner Überlegenheit den Gebrauch nicht, den man in Wien erwartete. Wenn man einem entscheidenden Vorfall entgegensah, erneuerte er plötzlich die Unterhandlungen; und wenn der Waffenstillstand die Alliierten in Sicherheit stürzte, so erhob er sich plötzlich, um die Feindseligkeiten zu erneuern. Alle diese Widersprüche flossen aus dem doppelten und ganz unvereinbaren Entwurf, den Kaiser und die Schweden zugleich zu verderben und mit Sachsen einen besondern Frieden zu schließen.

Über den schlechten Fortgang seiner Unterhandlungen ungeduldig, beschloß er endlich, seine Macht zu zeigen, da ohnehin die dringende Not in dem Reiche und die steigende Unzufriedenheit am kaiserlichen Hofe keinen längern Aufschub gestatteten. Schon vor dem letzten Stillstand war der General von Holk von Böhmen aus in das Meißnische eingefallen, hatte alles, was auf seinem Wege lag, mit Feuer und Schwert verwüstet, den Kurfürsten in seine Festungen gejagt und selbst die Stadt Leipzig erobert. Aber der Stillstand in Schlesien setzte seinen Verwüstungen ein Ziel, und die Folgen seiner Ausschweifungen streckten ihn zu *Adorf* auf die Bahre. Nach aufgehobenem Stillstand machte Wallenstein aufs neue eine Bewegung, als ob er durch die Lausitz in Sachsen fallen wollte, und ließ aussprengen, daß Piccolomini schon dahin aufgebrochen sei. Sogleich verläßt Arnheim sein Lager in Schlesien, um ihm nachzufolgen und dem Kurfürstentum zu Hilfe zu eilen. Dadurch aber wurden die Schweden entblößt, die unter dem Kommando des Grafen von Thurn in sehr kleiner Anzahl bei *Steinau* an der Oder gelagert standen; und gerade dies war es, was der Herzog gewollt hatte. Er ließ den sächsischen General sechzehn Meilen voraus in das Meißnische eilen und wendete sich dann auf einmal rückwärts gegen die Oder, wo er die schwedische Armee in der tiefsten Sicherheit überraschte. Ihre Reiterei wurde durch den vorangeschickten

General Schaffgotsch geschlagen und das Fußvolk von der nachfolgenden Armee des Herzogs bei Steinau völlig eingeschlossen. Wallenstein gab dem Grafen von Thurn eine halbe Stunde Bedenkzeit, sich mit drittehalbtausend Mann gegen mehr als zwanzigtausend zu wehren oder sich auf Gnade und Ungnade zu ergeben. Bei solchen Umständen konnte keine Wahl stattfinden. Die ganze Armee gibt sich gefangen, und ohne einen Tropfen Blut ist der vollkommenste Sieg erfochten. Fahnen, Bagage und Geschütz fallen in des Siegers Hand, die Offiziere werden in Verhaft genommen, die Gemeinen untergesteckt. Und jetzt endlich war nach einer vierzehnjährigen Irre, nach unzähligen Glückswechseln der Anstifter des böhmischen Aufruhrs, der entfernte Urheber dieses ganzen verderblichen Krieges, der berüchtigte Graf von Thurn in der Gewalt seiner Feinde. Mit blutdürstiger Ungeduld erwartet man in Wien die Ankunft dieses großen Verbrechers und genießt schon in voraus den schrecklichen Triumph, der Gerechtigkeit ihr vornehmstes Opfer zu schlachten. Aber den Jesuiten diese Lust zu verderben war ein viel süßerer Triumph, und Thurn erhielt seine Freiheit. Ein Glück für ihn, daß er *mehr* wußte, als man in Wien erfahren durfte, und daß Wallensteins Feinde auch die seinigen waren. Eine Niederlage hätte man dem Herzog in Wien verziehen; diese getäuschte Hoffnung vergab man ihm nie. «Was aber hätte ich denn sonst mit diesem Rasenden machen sollen?» schreibt er mit boshaftem Spotte an die Minister, die ihn über diese unzeitige Großmut zur Rede stellen. «Wollte der Himmel, die Feinde hätten lauter Generale, wie dieser ist! An der Spitze der schwedischen Heere wird er uns weit beßre Dienste tun als im Gefängnis.»

Auf den Sieg bei Steinau folgte in kurzer Zeit die Einnahme von Liegnitz, Groß-Glogau und selbst von Frankfurt an der Oder. *Schaffgotsch,* der in Schlesien zurückblieb, um die Unterwerfung dieser Provinz zu vollenden, blockierte Brieg und bedrängte *Breslau* vergebens, weil diese freie Stadt über ihre Privilegien wachte und den Schweden ergeben blieb. Die Obersten Illo und Götz schickte Wallenstein nach der Warthe, um bis in Pommern und an die Küste der Ostsee zu dringen, und *Landsberg,* der Schlüssel zu Pommern, wurde wirklich auch von ihnen erobert. Indem der Kurfürst von Brandenburg und der Herzog von Pommern für ihre Länder zitterten, brach Wallenstein selbst mit dem Rest der Armee in die Lausitz, wo er Görlitz mit Sturm eroberte und Bautzen zur Übergabe zwang. Aber es war ihm nur darum zu tun, den Kurfürsten von Sachsen zu schrecken, nicht die erhaltenen Vorteile zu verfolgen; auch mit dem Schwert in der Hand setzte er bei Brandenburg und Sachsen seine Friedensanträge fort, wiewohl mit keinem bessern Erfolg, da er durch eine Kette von Widersprüchen alles Vertrauen verscherzt hatte. Jetzt würde er seine ganze Macht gegen das unglückliche Sachsen gewendet und seinen Zweck durch die Gewalt der Waffen doch endlich noch durchgesetzt haben, wenn nicht der Zwang der Umstände ihn genötigt hätte, diese Gegenden zu verlassen. Die Siege Herzog Bernhards am Donaustrom, welche Österreich selbst mit naher Gefahr bedrohten, forderten ihn dringend nach Bayern, und die Vertreibung der Sachsen und Schweden aus Schlesien raubte ihm jeden Vorwand, sich den kaiserlichen Befehlen noch länger zu widersetzen und den Kurfürsten von Bayern hilflos zu lassen. Er zog sich also mit der Hauptmacht gegen die Oberpfalz, und sein Rückzug befreite Obersachsen auf immer von diesem furchtbaren Feinde.

So lange es nur möglich war, hatte er Bayerns Rettung verschoben und durch die gesuchtesten Ausflüche die Ordonnanzen des Kaisers verhöhnet. Auf wiederholtes

Bitten schickte er endlich zwar dem Grafen von Altringer, der den Lech und die Donau gegen Horn und Bernhard zu behaupten suchte, einige Regimenter aus Böhmen zu Hilfe, jedoch mit der ausdrücklichen Bedingung, sich bloß verteidigungsweise zu verhalten. Den Kaiser und den Kurfürsten wies er, so oft sie ihn um Hilfe anflehten, an Altringer, der, wie er öffentlich vorgab, eine uneingeschränkte Vollmacht von ihm erhalten habe; in geheim aber band er demselben durch die strengsten Instruktionen die Hände und bedrohte ihn mit dem Tode, wenn er seine Befehle überschreiten würde. Nachdem Herzog Bernhard vor Regensburg gerückt war und der Kaiser sowohl als der Kurfürst ihre Aufforderungen um Hilfe dringender erneuerten, stellte er sich an, als ob er den General Gallas mit einem ansehnlichen Heer an die Donau schicken würde; aber auch dies unterblieb, und so gingen, wie vorher das Bistum Eichstädt, jetzt auch Regensburg, Straubingen, Cham an die Schweden verloren. Als er endlich schlechterdings nicht mehr vermeiden konnte, den ernstlichen Befehlen des Hofs zu gehorsamen, rückte er so langsam, als er konnte, an die bayrische Grenze, wo er das von den Schweden eroberte Cham berennte. Er vernahm aber nicht so bald, daß man von schwedischer Seite daran arbeitete, ihm durch die Sachsen eine Diversion in Böhmen zu machen, so benutzte er dieses Gerücht, um aufs schleunigste und ohne das Geringste verrichtet zu haben, nach Böhmen zurückzukehren. Alles andre, gab er vor, müsse der Verteidigung und Erhaltung der kaiserlichen Erblande nachstehen; und so blieb er in Böhmen wie angefesselt stehen und hütete dieses Königreich, als ob es jetzt schon sein Eigentum wäre. Der Kaiser wiederholte in noch dringenderem Tone seine Mahnung, daß er sich gegen den Donaustrom ziehen solle, die gefährliche Niederlassung des Herzogs von Weimar an Österreichs Grenzen zu hindern – *er* aber endigte den Feldzug für dieses Jahr und ließ seine Truppen aufs neue ihre Winterquartiere in dem erschöpften Königreich nehmen.

Ein so fortgeführter Trotz, eine so beispiellose Geringschätzung aller kaiserlichen Befehle, eine so vorsätzliche Vernachlässigung des allgemeinen Besten, verbunden mit einem so äußerst zweideutigen Benehmen gegen den Feind, mußte endlich den nachteiligen Gerüchten, wovon längst schon ganz Deutschland erfüllt war, Glauben bei dem Kaiser verschaffen. Lange Zeit war es ihm gelungen, seinen strafbaren Unterhandlungen mit dem Feinde den Schein der Rechtmäßigkeit zu geben und den noch immer für ihn gewonnenen Monarchen zu überreden, daß der Zweck jener geheimen Zusammenkünfte kein andrer sei, als Deutschland den Frieden zu schenken. Aber wie undurchdringlich er sich auch glaubte, so rechtfertigte doch der ganze Zusammenhang seines Betragens die Beschuldigungen, womit seine Gegner unaufhörlich das Ohr des Kaisers bestürmten. Um sich an Ort und Stelle von dem Grund oder Ungrund derselben zu belehren, hatte Ferdinand schon zu verschiedenen Zeiten Kundschafter in das Wallensteinische Lager geschickt, die aber, da der Herzog sich hütete, etwas Schriftliches von sich zu geben, bloße Mutmaßungen zurückbrachten. Da aber endlich die Minister selbst, seine bisherigen Verfechter am Hofe, deren Güter Wallenstein mit gleichen Lasten gedrückt hatte, sich zur Partei seiner Feinde schlugen; da der Kurfürst von Bayern die Drohung fallen ließ, sich, bei längerer Beibehaltung dieses Generals, mit den Schweden zu vergleichen; da endlich auch der spanische Abgesandte auf seiner Absetzung bestand und im Weigerungsfall die Subsidiengelder seiner Krone zurückzuhalten drohte: so sah sich der Kaiser zum zweitenmal in die Notwendigkeit gesetzt, ihn vom Kommando zu entfernen.

Die eigenmächtigen und unmittelbaren Verfügungen des

Kaisers bei der Armee belehrten den Herzog bald, daß der Vertrag mit ihm bereits als zerrissen betrachtet und seine Abdankung unvermeidlich sei. Einer seiner Unterfeldherrn in Österreich, dem Wallenstein bei Strafe des Beils untersagt hatte, dem Hofe zu gehorsamen, empfing von dem Kaiser unmittelbaren Befehl, zu dem Kurfürsten von Bayern zu stoßen; und an Wallenstein selbst erging die gebieterische Weisung, dem Kardinal-Infanten, der mit einer Armee aus Italien unterwegs war, einige Regimenter zur Verstärkung entgegenzusenden. Alle diese Anstalten sagten ihm, daß der Plan unwiderruflich gemacht sei, ihn nach und nach zu *entwaffnen,* um ihn alsdann schwach und wehrlos auf einmal in den Abgrund zu schleudern.

Zu seiner Selbstverteidigung mußte er jetzt eilen, einen Plan auszuführen, der anfangs nur zu seiner Vergrößerung bestimmt war. Länger, als die Klugheit riet, hatte er mit der Ausführung desselben gezögert, weil ihm noch immer die günstigen Konstellationen fehlten, oder, wie er gewöhnlich die Ungeduld seiner Freunde abfertigte, weil *die Zeit noch nicht gekommen war.* Die Zeit war auch jetzt noch nicht gekommen, aber die dringende Not verstattete nicht mehr, die Gunst der Sterne zu erwarten. Das erste war, sich der Gesinnungen der vornehmsten Anführer zu versichern und alsdann die Treue der Armee zu erproben, die er so freigebig vorausgesetzt hatte. Drei derselben, die Obersten Kinsky, Terzky und *Illo,* waren schon längst in das Geheimnis gezogen und die beiden ersten durch das Band der Verwandtschaft an sein Interesse geknüpft. Eine gleiche Ehrfurcht, ein gleicher Haß gegen die Regierung und die Hoffnung überschwänglicher Belohnungen verband sie aufs engste mit Wallenstein, der auch die niedrigsten Mittel nicht verschmäht hatte, die Zahl seiner Anhänger zu vermehren. Den Obersten Illo hatte er einsmals überredet, in Wien den Grafentitel zu suchen, und ihm dabei seine kräftigste Fürsprache zugesagt. Heimlich aber schrieb er an die Minister, ihm sein Gesuch abzuschlagen, weil sich sonst mehrere melden dürften, die gleiche Verdienste hätten und auf gleiche Belohnungen Anspruch machten. Als Illo hernach zur Armee zurückkam, war sein erstes, ihn nach dem Erfolg seiner Bewerbungen zu fragen; und da ihm dieser von dem schlechten Ausgange derselben Nachricht gab, so fing er an, die bittesten Klagen gegen den Hof auszustoßen. «Das also hätten wir mit unsern treuen Diensten verdient», rief er, «daß meine Verwendung so gering geachtet und Euern Verdiensten eine so unbedeutende Belohnung verweigert wird! Wer wollte noch länger einem so undankbaren Herrn seine Dienste widmen? Nein, was mich angeht, ich bin von nun an der abgesagte Feind des Hauses Österreich.» Illo stimmte bei, und so wurde zwischen beiden ein enges Bündnis gestiftet.

Aber was diese drei Vertrauten des Herzogs wußten, war lange Zeit ein undurchdringliches Geheimnis für die übrigen, und die Zuversicht, mit der Wallenstein von der Ergebenheit seiner Offiziere sprach, gründete sich einzig nur auf die Wohltaten, die er ihnen erzeigt hatte, und auf ihre Unzufriedenheit mit dem Hofe. Aber diese schwankende Vermutung mußte sich in Gewißheit verwandeln, ehe er seine Maske abwarf und sich einen öffentlichen Schritt gegen den Kaiser erlaubte. Graf Piccolomini, derselbe, der sich in dem Treffen bei Lützen durch einen beispiellosen Mut ausgezeichnet hatte, war der erste, dessen Treue er auf die Probe stellte. Er hatte sich diesen General durch große Geschenke verpflichtet, und er gab ihm den Vorzug vor allen andern, weil Piccolomini unter einerlei Konstellation mit ihm geboren war. Diesem erklärte er, daß er, durch den Undank des Kaisers und seine nahe Gefahr gezwungen, unwiderruflich entschlossen sei, die österreichische Partei zu verlassen, sich mit dem besten Teile der

Armee auf feindliche Seite zu schlagen und das Haus Österreich in allen Grenzen seiner Herrschaft zu bekriegen, bis es von der Wurzel vertilgt sei. Auf Piccolomini habe er bei dieser Unternehmung vorzüglich gerechnet und ihm schon in voraus die glänzendsten Belohnungen zugedacht. Als dieser, um seine Bestürzung über diesen überraschenden Antrag zu verbergen, von den Hindernissen und Gefahren sprach, die sich einem so gewagten Unternehmen entgegensetzen würden, spottete Wallenstein seiner Furcht.

Bei solchen Wagestücken, rief er aus, sei nur der Anfang schwer; die Sterne seien ihm gewogen, die Gelegenheit, wie man sie nur immer verlangen könne, auch dem Glücke müsse man etwas vertrauen. Sein Entschluß stehe fest, und er würde, wenn es nicht anders geschehen könnte, an der Spitze von tausend Pferden sein Heil versuchen. Piccolomini hütete sich sehr, durch einen längern Widerspruch das Mißtrauen des Herzogs zu reizen, und ergab sich mit anscheinender Überzeugung dem Gewicht seiner Gründe. So weit ging die Verblendung des Herzogs, daß es ihm, aller Warnungen des Grafen Terzky ungeachtet, gar nicht einfiel, an der Aufrichtigkeit dieses Mannes zu zweifeln, der keinen Augenblick verlor, die jetzt gemachte merkwürdige Entdeckung nach Wien zu berichten.

Um endlich den entscheidenden Schritt zum Ziele zu tun, berief er im Jänner 1634 alle Kommandeurs der Armee nach Pilsen zusammen, wohin er sich gleich nach seinem Rückzug aus Bayern gewendet hatte. Das neueste Gesuch des Kaisers, die Erblande mit Winterquartieren zu verschonen, Regensburg noch in der rauhen Jahrszeit wieder zu erobern und die Armee zu Verstärkung des Kardinal-Infanten um sechstausend Mann Reiterei zu vermindern, war erheblich genug, um vor dem ganzen versammelten Kriegsrat in Erwägung gezogen zu werden, und dieser scheinbare Vorwand verbarg den Neugierigen den wahren

Zweck der Zusammenberufung. Auch Schweden und Sachsen wurden heimlich dahin geladen, um mit dem Herzog von Friedland über den Frieden zu traktieren; mit den Befehlshabern entlegnerer Heere sollte schriftliche Abrede genommen werden. Zwanzig von den berufenen Kommandeurs erschienen; aber gerade die wichtigsten, Gallas, Colloredo und Altringer, blieben aus. Der Herzog ließ seine Einladungen an sie dringend wiederholen, einstweilen aber, in Erwartung ihrer nahen Ankunft, zu der Hauptsache schreiten.

Es war nichts Geringes, was er jetzt auf dem Wege war zu unternehmen. Einen stolzen, tapfern, auf seine Ehre wachsam haltenden Adel der schändlichsten Untreue fähig zu erklären und in den Augen derjenigen, die bis jetzt nur gewohnt waren, in ihm den Abglanz der Majestät, den Richter ihrer Handlungen, den Bewahrer der Gesetze zu verehren, auf einmal als ein Niederträchtiger, als Verführer, als Rebell zu erscheinen. Nichts Geringes war es, eine rechtmäßige, durch lange Verjährung befestigte, durch Religion und Gesetze geheiligte Gewalt in ihren Wurzeln zu erschüttern; alle jene Bezauberungen der Einbildungskraft und der Sinne, die furchtbaren Wachen eines rechtmäßigen Throns, zu zerstören; alle jene unvertilgbaren Gefühle der Pflicht, die in der Brust des Untertans für den geborenen Beherrscher so laut und so mächtig sprechen, mit gewaltsamer Hand zu vertilgen. Aber geblendet von dem Glanz einer Krone, bemerkte Wallenstein den Abgrund nicht, der zu seinen Füßen sich öffnete, und im vollen lebendigen Gefühl seiner Kraft versäumte er – das gewöhnliche Los starker und kühner Seelen –, die Hindernisse gehörig zu würdigen und in Berechnung zu bringen. Wallenstein sah nichts als eine gegen den Hof teils gleichgültige, teils erbitterte Armee – eine Armee, die gewohnt war, seinem Ansehen mit blinder Unterwerfung zu huldigen, vor ihm als ihrem Gesetzgeber und Richter zu beben, seine Befehle, gleich den Aussprüchen des Schicksals, mit zitternder Ehrfurcht zu befolgen. In den übertriebnen Schmeicheleien, womit man seiner Allgewalt huldigte, in den frechen Schmähungen gegen Hof und Regierung, die eine zügellose Soldateska sich erlaubte und die wilde Lizenz des Lagers entschuldigte, glaubte er die wahren Gesinnungen der Armee zu vernehmen, und die Kühnheit, mit der man selbst die Handlungen des Monarchen zu tadeln wagte, bürgte ihm für die Bereitwilligkeit der Truppen, einem so sehr verachteten Oberherrn die Pflicht aufzukündigen. Aber, was er sich als etwas so Leichtes gedacht hatte, stand als der furchtbarste Gegner wider ihn auf; an dem Pflichtgefühl seiner Truppen scheiterten alle seine Berechnungen. Berauscht von dem Ansehen, das er über so meisterlose Scharen behauptete, schrieb er alles auf Rechnung seiner persönlichen Größe, ohne zu unterscheiden, wieviel er sich selbst, und wieviel er der *Würde* dankte, die er bekleidete. Alles zitterte vor ihm, weil er eine rechtmäßige Gewalt ausübte, weil der Gehorsam gegen ihn Pflicht, weil sein Ansehen an die Majestät des Thrones befestigt war. Größe für sich allein kann wohl Bewunderung und Schrecken, aber nur die *legale* Größe Ehrfurcht und Unterwerfung erzwingen. Und dieses entscheidenden Vorteils beraubte er sich selbst in dem Augenblicke, da er sich als einen Verbrecher entlarvte. Zerreißen mußten alle Bande der Treue zwischen ihm und seinen Truppen, sobald sich die gleich geheiligten Bande zwischen ihm und dem Throne lösten, und die Pflicht, die er selbst verletzt, widerlegt und straft ihn durch den mächtigen Einfluß, den sie auf den rohen Schwarm seiner Krieger behauptet.

Der Feldmarschall von Illo übernahm es, die Gesinnungen der Kommandeurs zu erforschen und sie auf den Schritt, den man von ihnen erwartete, vorzubereiten. Er machte den Anfang damit, ihnen die neuesten Forderungen des Hofs an den General und die Armee vorzutragen; und durch die gehässige Wendung, die er denselben zu geben wußte, war es ihm leicht, den Zorn der ganzen Versammlung zu entflammen. Nach diesem wohlgewählten Eingang verbreitete er sich mit vieler Beredsamkeit über die Verdienste der Armee und des Feldherrn und über den Undank, womit der Kaiser sie zu belohnen pflege. Spanischer Einfluß, behauptete er, leite alle Schritte des Hofes; das Ministerium stehe in spanischem Solde; nur der Herzog von Friedland habe bis jetzt dieser Tyrannei widerstanden und deswegen den tödlichsten Haß der Spanier auf sich geladen. «Ihn vom Kommando zu entfernen oder ganz und gar wegzuräumen», fuhr er fort, «war längst schon das eifrigste Ziel ihrer Bestrebungen, und bis es ihnen mit einem von beiden gelingt, sucht man seine Macht im Felde zu untergraben. Aus keinem andern Grund ist man bemüht, dem König von Ungarn das Kommando in die Hände zu spielen, bloß damit man diesen Prinzen als ein williges Organ fremder Eingebungen nach Gefallen im Felde *herumführen,* die spanische Macht aber desto besser in Deutschland befestigen könne. Bloß um die Armee zu vermindern, begehrt man sechstausend Mann für den Kardinal-Infanten; bloß um sie durch einen Winterfeldzug aufzureiben, dringt man auf die Wiedereroberung Regensburgs in der feindlichen Jahrszeit. Alle Mittel zum Unterhalt erschwert man der Armee, während daß sich die Jesuiten und Minister mit dem Schweiß der Provinzen bereichern und die für die Truppen bestimmten Gelder verschwenden. Der General bekennt sein Unvermögen, der Armee Wort zu halten, weil der Hof ihn im Stiche läßt. Für alle Dienste, die er innerhalb zweiundzwanzig Jahren dem Hause Österreich geleistet, für alle Mühseligkeiten, die er übernommen, für alle Reichtümer, die er in kaiserlichem Dienste von dem Seinigen zugesetzt, erwartet ihn eine zweite schimpfliche Entlassung – aber er erklärt, daß er es dazu nicht kommen lassen will. Von freien Stücken entsagt er dem Kommando, ehe man es ihm mit Gewalt aus den Händen windet. Dies ist es», fuhr der Redner fort, «was er den Obersten durch mich entbietet. Jeder frage sich nun selbst, ob es ratsam ist, einen solchen General zu verlieren. Jeder sehe nun zu, wer ihm die Summen ersetze, die er im Dienste des Kaisers aufgewendet, und wo er den verdienten Lohn seiner Tapferkeit ernte – wenn der dahin ist, unter dessen Augen er sie bewiesen hat.»

Ein allgemeines Geschrei, daß man den General nicht ziehen lassen dürfe, unterbrach den Redner. Vier der Vornehmsten werden abgeordnet, ihm den Wunsch der Versammlung vorzutragen und ihn flehentlich zu bitten, daß er die Armee nicht verlassen möchte. Der Herzog weigerte sich zum Schein und ergab sich erst nach einer zweiten Gesandtschaft. Diese Nachgiebigkeit von *seiner* Seite schien einer Gegengefälligkeit von der ihrigen wert. Da er sich anheischig machte, ohne Wissen und Willen der Kommandeurs nicht aus dem Dienste zu treten, so forderte er von ihnen ein schriftliches Gegenversprechen, treu und fest an ihm zu halten, sich nimmer von ihm zu trennen oder trennen zu lassen und *für* ihn den letzten Blutstropfen aufzusetzen. Wer sich von dem Bunde absondern würde, sollte für einen treuvergessenen Verräter gelten und von den übrigen als ein gemeinschaftlicher Feind behandelt werden. Die ausdrücklich angehängte Bedingung: «*So lange Wallenstein die Armee zum Dienste des Kaisers gebrauchen würde*», entfernte jede Mißdeutung, und keiner der versammelten Kommandeurs trug Bedenken, einem so unschuldig scheinenden und so billigen Begehren seinen vollen Beifall zu schenken.

Die Vorlesung dieser Schrift geschah unmittelbar vor

einem Gastmahl, welches der Feldmarschall von Illo ausdrücklich in dieser Absicht veranstaltet hatte; nach aufgehobener Tafel sollte die Unterzeichnung vor sich gehen. Der Wirt tat das Seinige, die Besinnungskraft seiner Gäste durch starke Getränke abzustumpfen, und nicht eher, als bis er sie von Weindünsten taumeln sah, gab er ihnen die Schrift zur Unterzeichnung. Die mehresten malten leichtsinnig ihren Namen hin, ohne zu wissen, *was* sie unterschrieben; nur einige wenige, welche neugieriger oder mißtrauischer waren, durchliefen das Blatt noch einmal und entdeckten mit Erstaunen, daß die Klausel: «So lange Wallenstein die Armee zum Besten des Kaisers gebrauchen würde», hinweggelassen sei. Illo nämlich hatte mit einem geschickten Taschenspielerkniff das erste Exemplar mit einem andern ausgetauscht, in dem jene Klausel fehlte. Der Betrug wurde laut, und viele weigerten sich nun, ihre Unterschrift zu geben. Piccolomini, der den ganzen Betrug durchschaute und bloß in der Absicht, dem Hofe davon Nachricht zu geben, an diesem Auftritte teilnahm, vergaß sich in der Trunkenheit so, daß er die Gesundheit des Kaisers aufbrachte. Aber jetzt stand Graf Terzky auf und erklärte alle für meineidige Schelmen, die zurücktreten würden. Seine Drohungen, die Vorstellung der unvermeidlichen Gefahr, der man bei längerer Weigerung ausgesetzt war, das Beispiel der Menge und Illos Beredsamkeit überwanden endlich ihre Bedenklichkeiten, und das Blatt wurde von jedem ohne Ausnahme unterzeichnet.

Wallenstein hatte nun zwar seinen Zweck erreicht; aber die ganz unerwartete Widersetzung der Kommandeurs riß ihn auf einmal aus dem lieblichen Wahne, in dem er bisher geschwebt hatte. Zudem waren die mehresten Namen so unleserlich gekritzelt, daß man eine unredliche Absicht dahinter vermuten mußte. Anstatt aber durch diesen warnenden Wink des Schicksals zum Nachdenken gebracht zu werden, ließ er seine gereizte Empfindlichkeit in unwürdigen Klagen und Verwünschungen überströmen. Er berief die Kommandeurs am folgenden Morgen zu sich und übernahm es in eigener Person, den ganzen Inhalt des Vortrags zu wiederholen, welchen Illo den Tag vorher an sie gehalten hatte. Nachdem er seinen Unwillen gegen den Hof in die bittersten Vorwürfe und Schmähungen ausgegossen, erinnerte er sie an ihre gestrige Widersetzlichkeit und erklärte, daß er durch diese Entdeckung bewogen worden sei, sein Versprechen zurückzunehmen. Stumm und betreten entfernten sich die Obersten, erschienen aber, nach einer kurzen Beratschlagung im Vorzimmer, aufs neue, den Vorfall von gestern zu entschuldigen und sich zu einer neuen Unterschrift anzubieten.

Jetzt fehlte nichts mehr, als auch von den ausgebliebenen Generalen entweder eine gleiche Versicherung zu erhalten oder sich im Weigerungsfall ihrer Personen zu bemächtigen. Wallenstein erneuerte daher seine Einladung und trieb sie dringend an, ihre Ankunft zu beschleunigen. Aber noch ehe sie eintrafen, hatte sie der Ruf bereits von dem Vorgange zu Pilsen unterrichtet und ihre Eilfertigkeit plötzlich gehemmt. *Altringer* blieb unter dem Vorwand einer Krankheit in dem festen Schloß Frauenberg liegen. *Gallas* fand sich zwar ein, aber bloß um als Augenzeuge den Kaiser von der drohenden Gefahr desto besser unterrichten zu können. Die Aufschlüsse, welche er und Piccolomini gaben, verwandelten die Besorgnisse des Hofs auf einmal in die schrecklichste Gewißheit. Ähnliche Neuigkeiten, welche man zugleich von andern Orten her in Erfahrung brachte, ließen keinem Zweifel mehr Raum, und die schnelle Veränderung der Kommendantenstellen in Schlesien und Östereich schien auf eine höchst bedenkliche Unternehmung zu deuten. Die Gefahr war dringend, und die Hilfe mußte schnell sein. Dennoch wollte man nicht mit Vollziehung des Urteils beginnen, sondern streng nach Gerechtigkeit verfahren. Man erläßt also an die vornehmsten Befehlshaber, deren Treue man sich versichert hielt, geheime Befehle, den Herzog von Friedland nebst seinen beiden Anhägern, Illo und Terzky, auf was Art es auch sein möchte, zu verhaften und in sichre Verwahrung zu bringen, damit sie gehört werden und sich verantworten könnten. Sollte dies aber auf so ruhigem Wege nicht zu bewirken sein, so fordre die öffentliche Gefahr, sie tot oder lebendig zu greifen. Zugleich erhielt General *Gallas* ein offenes Patent, worin allen Obersten und Offizieren diese kaiserliche Verfügung bekanntgemacht, die ganze Armee ihrer Pflichten gegen den Verräter entlassen und, bis ein neuer Generalissimus aufgestellt sein würde, an den Generallieutenant von Gallas verwiesen wurde. Um den Verführten und Abtrünnigen die Rückkehr zu ihrer Pflicht zu erleichtern und die Schuldigen nicht in Verzweiflung zu stürzen, bewilligte man eine gänzliche Amnestie über alles, was zu Pilsen gegen die Majestät des Kaisers begangen worden war.

Dem General von Gallas war nicht wohl zu Mute bei der Ehre, die ihm widerfuhr. Er befand sich zu Pilsen, unter den Augen desjenigen, dessen Schicksal er bei sich trug – in der Gewalt seines Feindes, der hundert Augen hatte, ihn zu bewachen und dem Geheimnisse seines Auftrags auf die Spur zu kommen. Entdeckte aber Wallenstein, in welchen Händen er sich befand, so konnte ihn nichts vor den Wirkungen seiner Rache und Verzweiflung schützen. War es schon bedenklich, einen solchen Auftrag auch nur zu verheimlichen, so war es noch weit mißlicher, ihn zur Vollziehung zu bringen. Die Gesinnungen der Kommandeurs waren ungewiß, und es ließ sich wenigstens zweifeln, ob sie sich bereitwillig würden finden lassen, nach dem einmal getanen Schritt den kaiserlichen Versicherungen zu trauen und allen glänzenden Hoffnungen, die sie auf Wallenstein gebaut hatten, auf einmal zu entsagen. Und dann, welch ein gefährliches Wagestück, Hand an die geheiligte Person eines Mannes zu legen, der bis jetzt für unverletzlich geachtet, durch lange Ausübung der höchsten Gewalt, durch einen zur Gewohnheit gewordenen Gehorsam zum Gegenstand der tiefsten Ehrfurcht geworden und mit allem, was äußre Majestät und innre Größe verleihen kann, bewaffnet war – dessen Anblick schon ein knechtisches Zittern einjagte, der mit einem Winke Leben und Tod entschied! Einen solchen Mann mitten unter den Wachen, die ihn umgaben, in einer Stadt, die ihm gänzlich ergeben schien, wie einen gemeinen Verbrecher zu greifen und den Gegenstand einer so langgewohnten tiefen Verehrung auf einmal in einen Gegenstand des Mitleidens oder des Spottes zu verwandeln, war ein Auftrag, der auch den Mutigsten zagen machte. So tief hatten sich Furcht und Achtung vor ihm in die Brust seiner Soldaten gegraben, daß selbst das ungeheure Verbrechen des Hochverrats diese Empfindungen nicht ganz entwurzeln konnte.

Gallas begriff die Unmöglichkeit, unter den Augen des Herzogs seinen Auftrag zu vollziehen, und sein sehnlichster Wunsch war, sich, eh' er einen Schritt zur Ausführung wagte, vorher mit Altringern zu besprechen. Da das lange Außenbleiben des letztern schon anfing, Verdacht bei dem Herzog zu erregen, so erbot sich Gallas, sich in eigner Person nach Frauenberg zu verfügen und Altringern, als seinen Verwandten, zur Herreise zu bewegen. Wallenstein nahm diesen Beweis seines Eifers mit so großem Wohlgefallen auf, daß er ihm seine eigene Equipage zur Reise hergab. Froh über die gelungene List, verließ Gallas ungesäumt Pilsen und überließ es dem Grafen Piccolomini, Wallensteins Schritte zu bewachen; er selbst aber zögerte nicht, von dem kaiserlichen Patente, wo es nur irgend anging, Gebrauch zu machen, und die Erklärung der

Truppen fiel günstiger aus, als er je hatte erwarten können. Anstatt seinen Freund nach Pilsen mit zurückzubringen, schickte er ihn vielmehr nach Wien, um den Kaiser gegen einen gedrohten Angriff zu schützen, und er selbst ging nach Oberösterreich, wo man von der Nähe des Herzog Bernhards von Weimar die größte Gefahr besorgte. In Böhmen wurden die Städte Budweis und Tabor aufs neue für den Kaiser besetzt und alle Anstalten getroffen, den Unternehmungen des Verräters schnell und mit Nachdruck zu begegnen.

Da auch Gallas an keine Rückkehr zu denken schien, so wagte es Piccolomini, die Leichtgläubigkeit des Herzogs noch einmal auf die Probe zu stellen. Er bat sich von ihm die Erlaubnis aus, den Gallas zurückzuholen, und Wallenstein ließ sich zum zweitenmal überlisten. Diese unbegreifliche Blindheit wird uns nur als eine Tochter seines Stolzes erklärbar, der sein Urteil über eine Person nie zurücknahm und die Möglichkeit zu irren auch sich selbst nicht gestehen wollte. Auch den Grafen Piccolomini ließ er in seinem eigenen Wagen nach Linz bringen, wo dieser sogleich dem Beispiele des Gallas folgte und noch einen Schritt weiter ging. Er hatte Wallenstein versprochen zurückzukehren; dieses tat er, aber an der Spitze einer Armee, um den Herzog in Pilsen zu überfallen. Ein anderes Heer eilte unter dem General von Suys nach Prag, um diese Hauptstadt in kaiserliche Pflichten zu nehmen und gegen einen Angriff der Rebellen zu verteidigen. Zugleich kündigt sich Gallas allen zerstreuten Armeen Österreichs als den einzigen Chef an, von dem man nunmehr Befehle anzunehmen habe. In allen kaiserlichen Lägern werden Plakate ausgestreut, die den Herzog nebst vier seiner Vertrauten für vogelfrei erklären und die Armeen ihrer Pflichten gegen den Verräter entbinden.

Das zu Linz gegebene Beispiel findet allgemeine Nachahmung; man verflucht das Andenken des Verräters, alle

Armeen fallen von ihm ab. Endlich, nachdem auch Piccolomini sich nicht wieder sehen läßt, fällt die Decke von Wallensteins Augen, und schrecklich erwacht er aus seinem Traume. Doch auch jetzt glaubt er noch an die Wahrhaftigkeit der Sterne und an die Treue der Armee. Gleich auf die Nachricht von Piccolominis Abfall läßt er den Befehl bekanntmachen, daß man inskünftige keiner Ordre zu gehorchen habe, die nicht unmittelbar von ihm selbst oder von Terzky und Illo herrühre. Er rüstet sich in aller Eile, um nach Prag aufzubrechen, wo er willens ist, endlich seine Maske abzuwerfen und sich öffentlich gegen den Kaiser zu erklären. Vor Prag sollten alle Truppen sich versammeln und von da aus mit Blitzes Schnelligkeit über Österreich herstürzen. Herzog Bernhard, der in die Verschwörung gezogen worden, sollte die Operationen des Herzogs mit schwedischen Truppen unterstützen und eine Diversion an der Donau machen. Schon eilte Terzky nach Prag voraus, und nur Mangel an Pferden hinderte den Herzog, mit dem Rest der treugebliebenen Regimenter nachzufolgen. Aber indem er mit der gespanntesten Erwartung den Nachrichten von Prag entgegensieht, erfährt er den Verlust dieser Stadt, erfährt er den Abfall seiner Generale, die Desertion seiner Truppen, die Enthüllung seines ganzen Komplotts, den eilfertigen Anmarsch des Piccolomini, der ihm den Untergang geschworen. Schnell und schrecklich stürzen alle seine Entwürfe zusammen, täuschen ihn alle seine Hoffnungen. Einsam steht er da, verlassen von allen, denen er Gutes tat, verraten von allen, auf die er baute. Aber solche Lagen sind es, die den großen Charakter erproben. In allen seinen Erwartungen hintergangen, entsagt er keinem einzigen seiner Entwürfe; nichts gibt er verloren, weil er sich selbst noch übrig bleibt. Jetzt war die Zeit gekommen, wo er des so oft verlangten Beistands der Schweden und der Sachsen bedurfte und wo aller Zweifel in die Aufrichtigkeit seiner Gesinnungen verschwand. Und jetzt, nachdem Oxenstierna und Arnheim seinen ernstlichen Vorsatz und seine Not erkannten, bedachten sie sich auch nicht länger, die günstige Gelegenheit zu benutzen und ihm ihren Schutz zuzusagen. Von sächsischer Seite sollte ihm Herzog Franz Albert von Sachsen-Lauenburg viertausend, von schwedischer Herzog Bernhard und Pfalzgraf Christian von Birkenfeld sechstausend Mann geprüfter Truppen zuführen. Wallenstein verließ Pilsen mit dem Terzkyschen Regiment und den wenigen, die ihm treu geblieben waren oder sich doch stellten, es zu sein, und eilte nach Eger an die Grenze des Königreichs, um der Oberpfalz näher zu sein und die Vereinigung mit Herzog Bernhard zu erleichtern. Noch war ihm das Urteil nicht bekannt, das ihn als einen öffentlichen Feind und Verräter erklärte; erst zu Eger sollte ihn dieser Donnerstrahl treffen. Noch rechnete er auf eine Armee, die General Schaffgotsch in Schlesien für ihn bereithielt, und schmeichelte sich noch immer mit der Hoffnung, daß viele, selbst von denen, die längst von ihm abgefallen waren, beim ersten Schimmer seines wieder auflebenden Glückes zu ihm umkehren würden. Selbst auf der Flucht nach Eger – so wenig hatte die niederschlagende Erfahrung seinen verwegenen Mut gebändigt – beschäftigte ihn noch der ungeheure Entwurf, den Kaiser zu entthronen. Unter diesen Umständen geschah es, daß einer aus seinem Gefolge sich die Erlaubnis ausbat, ihm einen Rat zu erteilen. «Beim Kaiser», fing er an, «sind Eure fürstliche Gnaden ein gewisser, ein großer und hoch ästimierter Herr; beim Feinde sind Sie noch ein ungewisser König. Es ist aber nicht weise gehandelt, das Gewisse zu wagen für das Ungewisse. Der Feind wird sich Eurer Gnaden Person bedienen, weil die Gelegenheit günstig ist; Ihre Person aber wird ihm immer verdächtig sein, und stets wird er fürchten, daß Sie auch ihm einmal tun möchten, wie jetzt dem

Kaiser. Deswegen kehren Sie um, dieweil es noch Zeit ist.» – «Und wie ist da noch zu helfen?» fiel der Herzog ihm ins Wort. – «Sie haben», erwiderte jener, «vierzigtausend *Armierte* (Dukaten mit geharnischten Männern) in den Truhen. Die nehmen Sie in die Hand und reisen geraden Wegs damit an den kaiserlichen Hof. Dort erklären Sie, daß Sie alle bisherigen Schritte bloß getan, die Treue der kaiserlichen Diener auf die Probe zu stellen und die Redlichgesinnten von den Verdächtigen zu unterscheiden. Und da nun die meisten sich zum Abfall geneigt bewiesen, so seien Sie jetzt gekommen, Seine kaiserliche Majestät vor diesen gefährlichen Menschen zu warnen. So werden Sie jeden zum Verräter machen, der Sie jetzt zum Schelm machen will. Am kaiserlichen Hof wird man Sie mit den Vierzigtausend Armierten gewißlich willkommen heißen, und Sie werden wieder der erste Friedländer werden.» – «Der Vorschlag ist gut», antwortete Wallenstein nach einigem Nachdenken, «aber der Teufel traue!»

Indem der Herzog von Eger aus die Unterhandlungen mit dem Feinde lebhaft betrieb, die Sterne befragte und frischen Hoffnungen Raum gab, wurde beinahe unter seinen Augen der Dolch geschliffen, der seinem Leben ein Ende machte. Der kaiserliche Urteilsspruch, der ihn für vogelfrei erklärte, hatte seine Wirkung nicht verfehlt, und die rächende Nemesis wollte, daß der *Undankbare* unter den Streichen des *Undanks* erliegen sollte. Unter seinen Offizieren hatte Wallenstein einen Irländer, namens *Leßley,* mit vorzüglicher Gunst beehrt und das ganze Glück dieses Mannes gegründet. Eben dieser war es, der sich – ob aus Pflichtgefühl oder aus niedrigen Antrieben, ist ungewiß – bestimmt und berufen fühlte, das Todesurteil an ihm zu vollstrecken und den blutigen Lohn zu verdienen. Nicht sobald war dieser Leßley im Gefolge des Herzogs zu Eger angelangt, als er dem Kommendanten dieser Stadt, Obersten Buttler, und dem Oberstlieutenant Gordon, zweien protestantischen Schottländern, alle schlimmen Anschläge des Herzogs entdeckte, welche ihm dieser Unbesonnene auf der Herreise vertraut hatte. Leßley fand hier zwei Männer, die eines Entschlusses fähig waren. Man hatte die Wahl zwischen Verräterei und Pflicht, zwischen dem rechtmäßigen Herrn und einem flüchtigen, allgemein verlassenen Rebellen; wiewohl der letztere der gemeinschaftliche Wohltäter war, so konnte die Wahl doch keinen Augenblick zweifelhaft bleiben. Man verbindet sich fest und feierlich zur Treue gegen den Kaiser, und diese fordert die schnellsten Maßregeln gegen den öffentlichen Feind. Die Gelegenheit ist günstig, und sein böser Genius hat ihn von selbst in die Hände der Rache geliefert. Um jedoch der Gerechtigkeit nicht in ihr Amt zu greifen, beschließt man, ihr das Opfer lebendig zuzuführen, und man scheidet voneinander mit dem gewagten Entschluß, den Feldherrn gefangenzunehmen. Tiefes Geheimnis umhüllt dieses schwarze Komplott, und Wallenstein, ohne Ahnung des ihm so nahe schwebenden Verderbens, schmeichelt sich vielmehr, in der Besatzung von Eger seine tapfersten und treusten Verfechter zu finden.

Um eben diese Zeit werden ihm die kaiserlichen Patente überbracht, die sein Urteil enthalten und in allen Lägern gegen ihn bekanntgemacht sind. Er erkennt jetzt die ganze Größe der Gefahr, die ihn umlagert, die gänzliche Unmöglichkeit der Rückkehr, seine fürchterliche verlassene Lage, die Notwendigkeit, sich auf Treu und Glauben dem Feinde zu überliefern. Gegen Leßley ergießt sich der ganze Unmut seiner verwundeten Seele, und die Heftigkeit des Affekts entreißt ihm das letzte noch übrige Geheimnis. Er entdeckt diesem Offizier seinen Entschluß, Eger und Elbogen, als die Pässe des Königreichs, dem Pfalzgrafen von Birkenfeld einzuräumen, und unterrichtet ihn zugleich von der nahen

Ankunft des Herzogs Bernhard in Eger, wovon er noch in eben dieser Nacht durch einen Eilboten benachrichtigt worden. Diese Entdeckung, welche Leßley seinen Mitverschwornen aufs schleunigste mitteilt, ändert ihren ersten Entschluß. Die dringende Gefahr erlaubt keine Schonung mehr. Eger konnte jeden Augenblick in feindliche Hände fallen und eine schnelle Revolution ihren Gefangenen in Freiheit setzen. Diesem Unglück zuvorzukommen, beschließen sie, ihn samt seinen Vertrauten in der folgenden Nacht zu *ermorden*.

Damit dies mit um so weniger Geräusch geschehen möchte, sollte die Tat bei einem Gastmahle vollzogen werden, welches der Oberste Buttler auf dem Schlosse zu Eger veranstaltete. Die andern alle erschienen; nur Wallenstein, der viel zu bewegt war, um in fröhliche Gesellschaft zu taugen, ließ sich entschuldigen. Man mußte also, in Ansehung seiner, den Plan abändern; gegen die andern aber beschloß man der Abrede gemäß zu verfahren. In sorgloser Sicherheit erschienen die drei Obersten Illo, Terzky und Wilhelm Kinsky und mit ihnen Rittmeister Neumann, ein Offizier voll Fähigkeit, dessen sich Terzky bei jedem verwickelten Geschäfte, welches Kopf erforderte, zu bedienen pflegte. Man hatte vor ihrer Ankunft die zuverlässigsten Soldaten aus der Besatzung, welche mit in das Komplott gezogen war, in das Schloß eingenommen, alle Ausgänge aus demselben wohl besetzt und in einer Kammer neben dem Speisesaal sechs Buttlerische Dragoner verborgen, die auf ein verabredetes Signal hervorbrechen und die Verräter niederstoßen sollten. Ohne Ahnung der Gefahr, die über ihrem Haupte schwebte, überließen sich die sorglosen Gäste den Vergnügungen der Mahlzeit, und Wallensteins, nicht mehr des kaiserlichen Dieners, sondern des souveränen Fürsten, Gesundheit wurde aus vollen Bechern getrunken. Der Wein öffnete ihnen die Herzen, und Illo entdeckte mit vielem Übermut, daß in drei Tagen eine Armee dastehen werde, dergleichen Wallenstein niemals angeführt habe. – «Ja», fiel Neumann ein; und dann hoffe er, seine Hände in der Österreicher Blut zu waschen. Unter diesen Reden wird das Dessert aufgetragen, und nun gibt Leßley das verabredete Zeichen, die Aufzugbrücke zu sperren, und nimmt selbst alle Torschlüssel zu sich. Auf einmal füllt sich der Speisesaal mit Bewaffneten an, die sich mit dem unerwarteten Gruße: *Vivat Ferdinandus!* hinter die Stühle der bezeichneten Gäste pflanzen. Bestürzt und mit einer übeln Ahnung springen alle vier zugleich von der Tafel auf. Kinsky und Terzky werden sogleich erstochen, ehe sie sich zur Wehr setzen können; Neumann allein findet Gelegenheit, während der Verwirrung in den Hof zu entwischen, wo er aber von den Wachen erkannt und sogleich niedergemacht wird. Nur Illo hatte Gegenwart des Geistes genug, sich zu verteidigen. Er stellte sich an ein Fenster, von wo er dem Gordon seine Verräterei unter den bittersten Schmähungen vorwarf und ihn aufforderte, sich ehrlich und ritterlich mit ihm zu schlagen. Erst nach der tapfersten Gegenwehr, nachdem er zwei seiner Feinde tot dahingestreckt, sank er, überwältigt von der Zahl und von zehen Stichen durchbohrt, zu Boden. Gleich nach vollbrachter Tat eilte Leßley nach der Stadt, um einem Auflauf zuvorzukommen. Als die Schildwachen am Schloßtor ihn außer Atem daherrennen sahen, feuerten sie in dem Wahne, daß er mit zu den Rebellen gehöre, ihre Flinten auf ihn ab, doch ohne ihn zu treffen. Aber diese Schüsse brachten die Wachen in der Stadt in Bewegung, und Leßleys schnelle Gegenwart war nötig, sie zu beruhigen. Er entdeckte ihnen nunmehr umständlich den ganzen Zusammenhang der Friedländischen Verschwörung und die Maßregeln, die dagegen bereits getroffen worden, das Schicksal der vier Rebellen sowie dasjenige, welches den Anführer selbst erwartete. Als er sie bereitwillig fand, seinem Vorhaben beizutreten, nahm er ihnen aufs neue einen Eid ab, dem Kaiser getreu zu sein und für die gute Sache zu leben und zu sterben. Nun wurden hundert Buttlerische Dragoner von der Burg aus in die Stadt eingelassen, die alle Straßen durchreiten mußten, um die Anhänger des Verräters im Zaum zu halten und jedem Tumult vorzubeugen. Zugleich besetzte man alle Tore der Stadt Eger und jeden Zugang zum Friedländischen Schlosse, das an den Markt stieß, mit einer zahlreichen und zuverlässigen Mannschaft, daß der Herzog weder entkommen noch Hilfe von außen erhalten konnte.

Bevor man aber zur Ausführung schritt, wurde von den Verschworen auf der Burg noch eine lange Beratschlagung gehalten, ob man ihn wirklich ermorden oder sich nicht lieber begnügen sollte, ihn gefangenzunehmen. Besprizt mit Blut und gleichsam auf den Leichen seiner erschlagenen Genossen, schauderten diese wilden Seelen zurück vor der Missetat, ein so merkwürdiges, großes Leben zu enden. Sie sahen ihn, den Führer in der Schlacht, in seinen glücklichen Tagen, umgeben von seiner siegenden Armee, im vollen Glanz seiner Herrschergröße; und noch einmal ergriff die langgewohnte Furcht ihre zagenden Herzen. Doch bald erstickt die Vorstellung der dringenden Gefahr diese flüchtige Regung. Man erinnert sich der Drohungen, welche Neumann und Illo bei der Tafel ausgestoßen, man sieht die Sachsen und Schweden schon in der Nähe von Eger mit einer furchtbaren Armee, und keine Rettung als in dem schleunigen Untergange des Verräters. Es bleibe also bei dem ersten Entschluß, und der schon bereit gehaltene Mörder, Hauptmann *Deveroux,* ein Irländer, erhält den blutigen Befehl.

Während daß jene drei auf der Burg von Eger sein Schicksal bestimmten, beschäftigte sich Wallenstein in einer Unterredung mit Seni, es in den Sternen zu lesen. «Die

GESCHICHTE DES DREISSIGJÄHRIGEN KRIEGS

Senni, und Wallenstein eine Stunde vor seinem Tode.
Senni! die Gefahr ist noch nicht vorbey.

Gefahr ist noch nicht vorüber», sagte der Astrolog mit prophetischem Geiste. *«Sie ist es»,* sagte der Herzog, der an dem Himmel selbst seinen Willen wollte durchgesetzt haben. «Aber daß *du* mit nächsten wirst in den Kerker geworfen werden», fuhr er mit gleich prophetischem Geiste fort, «das, Freund Seni, steht in den Sternen geschrieben!» Der Astrolog hatte sich beurlaubt, und Wallenstein war zu Bette, als Hauptmann Deveroux mit sechs Hellebardierern vor seiner Wohnung erschien und von der Wache, der es nichts Außerordentliches war, ihn zu einer ungewöhnlichen Zeit bei dem General aus- und eingehen zu sehen, ohne Schwierigkeit eingelassen wurde. Ein Page, der ihm auf der Treppe begegnet und Lärm machen will, wird mit einer Pike durchstochen. In dem Vorzimmer stoßen die Mörder auf einen Kammerdiener, der aus dem Schlafgemach seines Herrn tritt und den Schlüssel zu demselben soeben abgezogen hat. Den Finger auf den Mund legend, bedeutet sie der erschrockne Sklav, keinen Lärm zu machen, weil der Herzog eben eingeschlafen sei. «Freund», ruft Deveroux ihn an, «jetzt ist es Zeit zu lärmen!» Unter diesen Worten rennt er gegen die verschlossene Türe, die auch von innen verriegelt ist, und sprengt sie mit einem Fußtritte.

Wallenstein war durch den Knall, den eine losgehende Flinte erregte, aus dem ersten Schlaf aufgepocht worden und ans Fenster gesprungen, um der Wache zu rufen. In diesem Augenblick hörte er aus den Fenstern des anstoßenden Gebäudes das Heulen und Wehklagen der Gräfinnen Terzky und Kinsky, die soeben von dem gewaltsamen Tod ihrer Männer benachrichtig worden. Ehe er Zeit hatte, diesem schrecklichen Vorfalle nachzudenken, stand Deveroux mit seinen Mordgehilfen im Zimmer. Er war noch im bloßen Hemde, wie er aus dem Bette gesprungen war, zunächst an dem Fenster an einen Tisch gelehnt. «Bist *du* der Schelm», schreit Deveroux ihn an, «der des Kaisers

Volk zu dem Feind überführen und Seiner Majestät die Krone vom Haupte herunterreißen will? Jetzt mußt du sterben.» Er hält einige Augenblicke inne, als ob er eine Antwort erwartete; aber Überraschung und Trotz verschließen Wallensteins Mund. Die Arme weit auseinanderbreitend, empfängt er vorn in der Brust den tödlichen Stoß der Hellebarde und fällt dahin in seinem Blut, ohne einen Laut auszustoßen.

Den Tag darauf langt ein Expresser von dem Herzog von Lauenburg an, die die nahe Ankunft dieses Prinzen berichtet. Man versichert sich seiner Person, und ein andrer Lakai wird in Friedländischer Livree an den Herzog geschickt, ihn nach Eger zu locken. Die List gelingt, und Franz Albert überliefert sich selbst den Händen der Feinde. Wenig fehlte, daß Herzog Bernhard von Weimar, der schon auf der Reise nach Eger begriffen war, nicht ein ähnliches Schicksal erfahren hätte. Zum Glück erhielt er von Wallensteins Untergang noch früh genug Nachricht, um sich durch einen zeitigen Rückzug der Gefahr zu entreißen. Ferdinand weihte dem Schicksale seines Generals eine Träne und ließ für die Ermordeten zu Wien dreitausend Seelmessen lesen; zugleich aber vergaß er nicht, die Mörder mit goldenen Gnadenketten, Kammerherrnschlüsseln, Dignitäten und Rittergütern zu belohnen.

So endigte Wallenstein in einem Alter von fünfzig Jahren sein tatenreiches und außerordentliches Leben; durch Ehrgeiz emporgehoben, durch Ehrsucht gestürzt, bei allen seinen Mängeln noch groß und bewundernswert, unübertrefflich, wenn er Maß gehalten hätte. Die Tugenden des *Herrschers* und *Helden,* Klugheit, Gerechtigkeit, Festigkeit und Mut, ragen in seinem Charakter kolossalisch hervor; aber ihm fehlten die sanftern Tugenden des *Menschen,* die den Helden zieren und dem Herrscher Liebe erwerben. *Furcht* war der Talisman, durch den er wirkte; ausschwei-

VIERTES BUCH

Wallensteins Ermordung.
(Deveroux.) Jetzt mußt du sterben!

fend im Strafen wie im Belohnen, wußte er den Eifer seiner Untergebenen in immerwährender Spannung zu erhalten, und befolgt zu sein wie er, konnte kein Feldherr in mittlern und neuern Zeiten sich rühmen. Mehr als Tapferkeit galt ihm die Unterwürfigkeit gegen seine Befehle, weil durch jene nur der Soldat, durch diese der Feldherr handelt. Er übte die Folgsamkeit der Truppen durch eigensinnige Verordnungen und belohnte die Willigkeit, ihm zu gehorchen, auch in Kleinigkeiten mit Verschwendung, weil er den *Gehorsam* höher als den *Gegenstand* schätzte. Einsmals ließ er bei Lebensstrafe verbieten, daß in der ganzen Armee keine andre als rote Feldbinden getragen werden sollten. Ein Rittmeister hatte diesen Befehl kaum vernommen, als er seine mit Gold durchwirkte Feldbinde abnahm und mit Füßen trat. Wallenstein, dem man es hinterbrachte, machte ihn auf der Stelle zum Obersten. Stets war sein Blick auf das Ganze gerichtet, und bei allem Scheine der Willkür verlor er doch nie den Grundsatz der Zweckmäßigkeit aus den Augen. Die Räubereien der Soldaten in Freundes Land hatten geschärfte Verordnungen gegen die Marodeurs veranlaßt, und der Strang war jedem gedroht, den man auf einem Diebstahl betreten würde. Da geschah es, daß Wallenstein selbst einem Soldaten auf dem Felde begegnete, den er ununtersucht als einen Übertreter des Gesetzes ergreifen ließ und mit dem gewöhnlichen Donnerwort, gegen welches keine Einwendung stattfand: «Laß die Bestie hängen!» zum Galgen verdammte. Der Soldat beteuert und beweist seine Unschuld – aber die unwiderrufliche Sentenz ist heraus. «So hänge man dich unschuldig», sagte der Unmenschliche; «desto gewisser wird der Schuldige zittern.» Schon macht man die Anstalten, diesen Befehl zu vollziehen, als der Soldat, der sich ohne Rettung verloren sieht, den verzweifelten Entschluß faßt, nicht ohne Rache zu sterben. Wütend fällt er seinen Richter an, wird aber, ehe er seinen Vorsatz ausführen kann, von der überlegenen Anzahl entwaffnet. «Jetzt laßt ihn laufen», sagte der Herzog. «Es wird Schrecken genug erregen.» – Seine Freigebigkeit wurde durch unermeßliche Einkünfte unterstützt, welche jährlich auf drei Millionen geschätzt wurden, die ungeheuern Summen nicht gerechnet, die er unter dem Namen von Brandschatzungen zu erpressen wußte. Sein freier Sinn und heller Verstand erhob ihn über die Religionsvorurteile seines Jahrhunderts, und die Jesuiten vergaben es ihm nie, daß er ihr System durchschaute und in dem Papste nichts als einen römischen Bischof sah.

Aber wie schon seit Samuels des Propheten Tagen keiner, der sich mit der Kirche entzweite, ein glückliches Ende nahm, so vermehrte auch Wallenstein die Zahl ihrer Opfer. Durch Mönchsintrigen verlor er zu Regensburg den Kommandostab und zu Eger das Leben; durch mönchische Künste verlor er vielleicht, was mehr war als beides, seinen ehrlichen Namen und seinen guten Ruf vor der Nachwelt. Denn endlich muß man, zur Steuer der Gerechtigkeit, gestehen, daß es nicht ganz treue Federn sind, die uns die Geschichte dieses außerordentlichen Mannes überliefert haben; daß die Verräterei des Herzogs und sein Entwurf auf die böhmische Krone sich auf keine streng bewiesene Tatsache, bloß auf wahrscheinliche Vermutungen gründen. Noch hat sich das Dokument nicht gefunden, das uns die geheimen Triebfedern seines Handelns mit historischer Zuverlässigkeit aufdeckte, und unter seinen öffentlichen, allgemein beglaubigten Taten ist keine, die nicht endlich aus einer unschuldigen Quelle könnte geflossen sein. Viele seiner getadeltsten Schritte beweisen bloß seine ernstliche Neigung zum Frieden; die meisten andern erklären und entschuldigen das gerechte Mißtrauen gegen den Kaiser und das verzeihliche Bestreben, seine Wichtigkeit zu behaupten. Zwar zeugt sein Betragen gegen den Kurfürsten von Bayern von einer unendlichen Rachsucht und einem unversöhnlichen Geiste; aber keine seiner Taten *berechtigt* uns, ihn der Verräterei für überwiesen zu halten. Wenn endlich Not und Verzweiflung ihn antreiben, das Urteil wirklich zu verdienen, das gegen den Unschuldigen gefällt war, so kann dieses dem Urteil selbst nicht zur Rechtfertigung gereichen; so fiel Wallenstein, nicht weil er Rebell war, sondern er rebellierte, weil er fiel. Ein Unglück für den Lebenden, daß er eine siegende Partei sich zum Feinde gemacht hatte – ein Unglück für den Toten, daß ihn dieser Feind überlebte und seine Geschichte schrieb.

Gustav Adolf und Wallenstein, die Helden dieses kriegerischen Dramas, sind von der Bühne verschwunden, und mit ihnen verläßt uns die Einheit der Handlung, welche die Übersicht der Begebenheiten bisher erleichterte. Von jetzt an verteilt sich die Handlung unter mehrere Spieler, und die noch übrige Hälfte dieser Kriegsgeschichte, fruchtbarer an Schlachten und Negotiationen, an Staatsmännern und an Helden, dürfte an Interesse und Reiz für meine Leserinnen desto ärmer sein.

Da die engen Grenzen dieser Schrift mir keine ausführliche Darstellung mehr erlauben und ich es nicht wagen darf, die Gefälligkeit meiner Leserinnen durch eine dritte Fortsetzung zu mißbrauchen, so mache ich hier der umständlichern Erzählung ein Ende und behalte die Vollendung derselben einem schicklichern Platz und einer freieren Muße vor. Abwechslung ist das Gesetz der Mode, und ein Kalender darf, wenn ihm diese Göttin ihren Schutz nicht entziehen soll, keine Ausnahme davon machen. Nur noch einen flüchtigen Blick erlaube man mir über die zweite noch übrige Hälfte dieses Kriegs zu werfen, um wenigstens einen Umriß des Ganzen zu geben und der *Neugier* zu halten, was ich der *Wißbegierde* schuldig bleiben muß.

Fünftes Buch

Wallensteins Tod machte einen neuen Generalissimus notwendig, und der Kaiser gab nun endlich dem Zureden der Spanier nach, seinen Sohn Ferdinand, König von Ungarn, zu dieser Würde zu erheben. Unter ihm führte der Graf von Gallas das Kommando, der die Funktionen des Feldherrn ausübt, während daß der Prinz diesen Posten eigentlich nur mit seinem Namen und Ansehen schmückt. Bald sammelt sich eine beträchtliche Macht unter Ferdinands Fahnen, der Herzog von Lothringen führt ihm in Person Hilfsvölker zu, und aus Italien erscheint der Kardinal-Infant mit zehntausend Mann, seine Armee zu verstärken. Um den Feind von der Donau zu vertreiben, unternimmt der neue Feldherr, was man von seinem Vorgänger nicht hatte erhalten können, die Belagerung der Stadt Regensburg. Umsonst dringt Herzog Bernhard von Weimar in das Innerste von Bayern, um den Feind von dieser Stadt wegzulocken; Ferdinand betreibt die Belagerung mit standhaftem Ernst, und die Reichsstadt öffnet ihm, nach der hartnäckigsten Gegenwehr, die Tore. Donauwörth betrifft bald darauf ein ähnliches Schicksal, und nun wird *Nördlingen* in Schwaben belagert. Der Verlust so vieler Reichsstädte mußte der Schwedischen Partei um so empfindlicher fallen, da die Freundschaft dieser Städte für das Glück ihrer Waffen bis jetzt so entscheidend war, also Gleichgültigkeit gegen das Schicksal derselben um so weniger verantwortet werden konnte. Es gereichte ihnen zur unauslöschlichen Schande,

GESCHICHTE DES DREISSIGJÄHRIGEN KRIEGS

Vor der Schlacht bey Nördlingen.
H. Bernhard zu Horn und Kratz:
Die Bedrängten verlangen Hülfe, wir müßen schlagen.

ihre Bundsgenossen in der Not zu verlassen und der Rachsucht eines unversöhnlichen Siegers preiszugeben. Durch diese Gründe bewogen, setzt sich die schwedische Armee unter der Anführung Horns und Bernhards von Weimar nach Nördlingen in Bewegung, entschlossen, auch wenn es eine Schlacht kosten sollte, diese Stadt zu entsetzen.

Das Unternehmen war mißlich, da die Macht des Feindes der schwedischen merklich überlegen war, und die Klugheit riet um so mehr an, unter diesen Umständen nicht zu schlagen, da die feindliche Macht sich in kurzer Zeit trennen mußte und die Bestimmung der italienischen Truppen sie nach den Niederlanden rief. Man konnte indessen eine solche Stellung erwählen, daß Nördlingen gedeckt und dem Feinde die Zufuhr genommen wurde. Alle diese Gründe machte Gustav Horn in dem schwedischen Kriegsrate geltend; aber seine Vorstellungen fanden keinen Eingang bei Gemütern, die, von einem langen Kriegsglücke trunken, in den Ratschlägen der Klugheit nur die Stimme der Furcht zu vernehmen glaubten. Von dem höhern Ansehen Herzog Bernhards überstimmt, mußte sich Gustav Horn wider Willen zu einer Schlacht entschließen, deren unglücklichen Ausgang ihm eine schwarze Ahnung vorher schon verkündigte.

Das ganze Schicksal des Treffens schien von Besetzung einer Anhöhe abzuhängen, die das kaiserliche Lager beherrschte. Der Versuch, dieselbe noch in der Nacht zu ersteigen, war mißlungen, weil der mühsame Transport des Geschützes durch Hohlwege und Gehölze den Marsch der Truppen verzögerte. Als man gegen die Mitternachtsstunde davor erschien, hatte der Feind die Anhöhe schon besetzt und durch starke Schanzen verteidigt. Man erwartete also den Anbruch des Tags, um sie im Sturme zu ersteigen. Die ungestüme Tapferkeit der Schweden machte sich durch alle Hindernisse Bahn, die mondförmigen

Schanzen werden von jeder der dazu kommandierten Brigaden glücklich ersteigen; aber da beide zu gleicher Zeit von entgegengesetzten Seiten in die Verschanzungen dringen, so treffen sie gegeneinander und verwirren sich. In diesem unglücklichen Augenblick geschieht es, daß ein Pulverfaß in die Luft fliegt und unter den schwedischen Völkern die größte Unordnung anrichtet. Die kaiserliche Reiterei bricht in die zerrissenen Glieder, und die Flucht wird allgemein. Kein Zureden ihres Generals kann die Fliehenden bewegen, den Angriff zu erneuern.

Er entschließt sich also, um diesen wichtigen Posten zu behaupten, frische Völker dagegen anzuführen; aber indessen haben einige spanische Regimenter ihn besetzt, und jeder Versuch, ihn zu erobern, wird durch die heldenmütige Tapferkeit dieser Truppen vereitelt. Ein von Bernhard herbeigeschicktes Regiment setzt siebenmal an, und siebenmal wird es zurückgetrieben. Bald empfängt man den Nachteil, sich dieses Postens nicht bemächtigt zu haben. Das Feuer des feindlichen Geschützes von der Anhöhe richtet auf dem angrenzenden Flügel der Schweden eine fürchterliche Niederlage an, daß Gustav Horn, der ihn anführt, sich zum Rückzug entschließen muß. Anstatt diesen Rückzug seines Gehilfen decken und den nachsetzenden Feind aufhalten zu können, wird Herzog Bernhard selbst von der überlegenen Macht des Feindes in die Ebene herabgetrieben, wo seine flüchtige Reiterei die Hornischen Völker mit in Verwirrung bringt und Niederlage und Flucht allgemein macht. Beinahe die ganze Infanterie wird gefangen oder niedergehauen; mehr als zwölftausend Mann bleiben tot auf dem Walplatze; achtzig Kanonen, gegen viertausend Wägen und dreihundert Standarten und Fahnen fallen in kaiserliche Hände. Gustav Horn selbst gerät nebst drei andern Generalen in die Gefangenschaft. Herzog Bernhard rettet mit Mühe einige schwache Trüm-

FÜNFTES BUCH

Nach der Schlacht bey Nördlingen.
Der gefangene Horn wird von dem Spanisch.
Card. Infante umarmt u. getröstet.

mer der Armee, die sich erst zu Frankfurt wieder unter seine Fahnen versammeln.

Die Nördlinger Niederlage kostete dem Reichskanzler die zweite schlaflose Nacht in Deutschland. Unübersehbar groß war der Verlust, den sie nach sich zog. Die Überlegenheit im Felde war nun auf einmal für die Schweden verloren und mit ihr das Vertrauen aller Bundsgenossen, die man ohnehin nur dem bisherigen Kriegsglücke verdankte. Eine gefährliche Trennung drohte dem ganzen protestantischen Bunde den Untergang. Furcht und Schrecken ergriffen die ganze Partei, und die katholische erhob sich mit übermütigem Triumph aus ihrem tiefen Verfalle. Schwaben und die nächsten Kreise empfanden die ersten Folgen der Nördlinger Niederlage, und Württemberg besonders wurde von der siegenden Armee überschwemmt. Alle Mitglieder des Heilbronnischen Bundes zitterten vor der Rache des Kaisers; was fliehen konnte, rettete sich nach Straßburg, und die hilflosen Reichsstädte erwarteten mit Bangigkeit ihr Schicksal. Etwas mehr Mäßigung gegen die Besiegten würde alle diese schwächern Stände unter die Herrschaft des Kaisers zurückgeführt haben. Aber die Härte, die man auch gegen diejenigen bewies, welche sich freiwillig unterwarfen, brachte die übrigen zur Verzweiflung und ermunterte sie zu dem tätigsten Widerstande.

Alles suchte in dieser Verlegenheit Rat und Hilfe bei Oxenstierna; Oxenstierna suchte sie bei den deutschen Ständen. Es fehlte an Armeen; es fehlte an Geld, neue aufzurichten und den alten die ungestüm geforderten Rückstände zu bezahlen. Oxenstierna wendet sich an den Kurfürsten von Sachsen, der ihn schimpflich im Stiche läßt, um mit dem Kaiser zu Pirna über den Frieden zu traktieren. Er spricht die niedersächsischen Stände um Beistand an; diese, schon längst der schwedischen Geldforderungen und Ansprüche müde, sorgen jetzt bloß für sich selbst, und

Herzog Georg von Lüneburg, anstatt dem obern Deutschland zu Hilfe zu eilen, belagert Minden, um es für sich selbst zu behalten. Von seinen deutschen Alliierten hilflos gelassen, bemüht sich der Kanzler um den Beistand auswärtiger Mächte. England, Holland, Venedig werden um Geld, um Truppen angesprochen, und von der äußersten Not getrieben, entschließt er sich endlich zu dem lange vermiedenen sauern Schritt, sich Frankreich in die Arme zu werfen.

Endlich war der Zeitpunkt erschienen, welchem Richelieu mit ungeduldiger Sehnsucht entgegenblickte. Nur die völlige Unmöglichkeit, sich auf einem andern Wege zu retten, konnte die protestantischen Stände Deutschlands vermögen, die Ansprüche Frankreichs auf das Elsaß zu unterstützen. Dieser äußerste Notfall war jetzt vorhanden: Frankreich war unentbehrlich, und es ließ sich den lebhaften Anteil, den es von jetzt an an dem deutschen Kriege nahm, mit einem teuern Preise bezahlen. Voll Glanz und Ehre betrat es jetzt den politischen Schauplatz. Schon hatte Oxenstierna, dem es wenig kostete, Deutschlands Rechte und Besitzungen zu verschenken, die Reichsfestung Philippsburg und die noch übrigen verlangten Plätze an Richelieu abgetreten; jetzt schicken die oberdeutschen Protestanten auch in ihrem Namen eine eigne Gesandtschaft ab, das Elsaß, die Festung Breisach (die erst erobert werden sollte) und alle Plätze am Oberrhein, die der Schlüssel zu Deutschland waren, unter französischen Schutz zu geben. Was der französische Schutz bedeute, hatte man den Bistürmern Metz, Toul und Verdun gesehen, welche Frankreich schon seit Jahrhunderten selbst gegen ihre rechtmäßigen Eigentümer beschützte. Das trierische Gebiet hatte schon französische Besatzungen; Lothringen war so gut als erobert, da es jeden Augenblick mit einer Armee überschwemmt werden und seinem furchtbaren Nachbar durch eigne Kraft nicht widerstehen konnte. Jetzt war die wahrscheinlichste Hoffnung für Frankreich vorhanden, auch das Elsaß zu seinen weitläuftigen Besitzungen zu schlagen und, da man sich bald darauf mit den Holländern in die spanischen Niederlande teilte, den Rhein zu seiner natürlichen Grenze gegen Deutschland zu machen. So schimpflich wurden Deutschlands Rechte von deutschen Ständen an diese treulose habsüchtige Macht verkauft, die unter der Larve einer uneigennützigen Freundschaft nur nach Vergrößerung strebte und, indem sie mit frecher Stirne die ehrenvolle Benennung einer Beschützerin annahm, bloß darauf bedacht war, ihr Netz auszuspannen und in der allgemeinen Verwirrung sich selbst zu versorgen.

Für diese wichtigen Zessionen machte Frankreich sich anheischig, den schwedischen Waffen durch Bekriegung der Spanier eine Diversion zu machen und, wenn es mit dem Kaiser selbst zu einem öffentlichen Bruch kommen sollte, diesseits des Rheins eine Armee von zwölftausend Mann zu unterhalten, die dann in Vereinigung mit den Schweden und Deutschen gegen Österreich agieren würde. Zu dem Kriege mit den Spaniern wurde von diesen selbst die erwünschte Veranlassung gegeben. Sie überfielen von den Niederlanden aus die Stadt Trier, hieben die französische Besatzung, die in derselben befindlich war, nieder, bemächtigten sich, gegen alle Rechte der Völker, der Person des Kurfürsten, der sich unter französischen Schutz begeben hatte, und führten ihn gefangen nach Flandern. Als der Kardinal-Infant, als Statthalter der spanischen Niederlande, dem König von Frankreich die geforderte Genugtuung abschlug und sich weigerte, den gefangenen Fürsten in Freiheit zu setzen, kündigte ihm Richelieu, nach altem Brauche durch einen Wappenherold, zu Brüssel förmlich den Krieg an, der auch wirklich von drei verschiedenen Armeen, in Mailand, in dem Veltlin und in Flandern, eröffnet wurde. Weniger ernst schien es dem französischen

Minister mit dem Kriege gegen den Kaiser zu sein, wobei weniger Vorteile zu ernten und größere Schwierigkeiten zu besiegen waren. Dennoch wurde unter der Anführung des *Kardinals* von la Valette eine vierte Armee über den Rhein nach Deutschland gesendet, die in Vereinigung mit Herzog Bernhard, ohne vorhergegangene Kriegserklärung, gegen den Kaiser zu Felde zog.

Ein weit empfindlicherer Schlag als selbst die Nördlinger Niederlage war für die Schweden die Aussöhnung des Kurfürsten von Sachsen mit dem Kaiser, welche, nach wiederholten wechselseitigen Versuchen, sie zu hindern und zu befördern, endlich im Jahr 1634 zu Pirna erfolgte und im Mai des darauffolgenden Jahres zu Prag in einem förmlichen Frieden befestigt wurde. Nie hatte der Kurfürst von Sachsen die Anmaßungen der Schweden in Deutschland verschmerzen können, und seine Abneigung gegen diese ausländische Macht, die in dem Deutschen Reiche Gesetze gab, war mit jeder neuen Forderung, welche Oxenstierna an die deutschen Reichsstände machte, gestiegen. Diese üble Stimmung gegen Schweden unterstützte aufs kräftigste die Bemühungen des spanischen Hofs, einen Frieden zwischen Sachsen und dem Kaiser zu stiften. Ermüdet von den Unfällen eines so langen und verwüstenden Krieges, der die sächsischen Länder vor allen andern zu seinem traurigen Schauplatze machte, gerührt von dem allgemeinen und schrecklichen Elende, das Freund und Feind ohne Unterschied über seine Untertanen häuften, und durch die verführerischen Anträge des Hauses Österreich bestochen, ließ endlich der schwachsinnige Kurfürst die gemeine Sache im Stich, und gleichgültig gegen die Wohlfahrt des Reiches, gegen das Los seiner Mitstände, gegen Religion und deutsche Freiheit dachte er bloß darauf, seine eigenen Vorteile, wär's auch auf Unkosten des Ganzen, zu besorgen.

GESCHICHTE DES DREISSIGJÄHRIGEN KRIEGS

Johann Georg Churf. v. Sachsen feyert mit einem Trunk den Prager Friedensschluß.

Und wirklich war das Elend in Deutschland zu einem so ausschweifenden Grade gestiegen, daß das Gebet um Frieden von tausendmal tausend Zungen ertönte und auch der nachteiligste noch immer für eine Wohltat des Himmels galt. Wüsten lagen da, wo sonst tausend frohe und fleißige Menschen wimmelten, wo die Natur ihren herrlichsten Segen ergossen und Wohlleben und Überfluß geherrscht hatte; die Felder, von der fleißigen Hand des Pflügers verlassen, lagen ungebaut und verwildert, und wo eine junge Saat aufschoß oder eine lachende Ernte winkte, da zerstörte ein einziger Durchmarsch den Fleiß eines ganzen Jahres, die letzte Hoffnung des verschmachtenden Volkes. Verbrannte Schlösser, verwüstete Felder, eingeäscherte Dörfer lagen meilenweit herum in grauenvoller Zerstörung, während daß ihre verarmten Bewohner hingingen, die Zahl jener Mordbrennerheere zu vermehren und, was sie selbst erlitten hatten, ihren verschonten Mitbürgern schrecklich zu erstatten. Kein Schutz gegen Unterdrückung, als selbst unterdrücken zu helfen. Die Städte seufzten unter der Geißel zügelloser und räuberischer Garnisonen, die das Eigentum des Bürgers verschlangen und die Freiheiten des Krieges, die Lizenz ihres Standes und die Vorrechte der Not mit dem grausamsten Mutwillen geltend machten. Wenn schon unter dem kurzen Durchzug einer Armee ganze Landstrecken zur Einöde wurden, wenn andre durch Winterquartiere verarmten oder durch Brandschatzungen ausgesogen wurden, so litten sie doch nur vorübergehende Plagen, und der Fleiß eines Jahres konnte die Drangsale einiger Monate vergessen machen. Aber keine Erholung wurde denjenigen zuteil, die eine Besatzung in ihren Mauern oder in ihrer Nachbarschaft hatten, und ihr unglückliches Schicksal konnte selbst der Wechsel des Glücks nicht verbessern, da der Sieger an den Platz und in die Fußstapfen des Besiegten trat und Freund und Feind gleich wenig Schonung bewiesen. Die Vernachlässigung der Felder, die Zerstörung der Saaten und die Vervielfältigung der Armeen, die über die ausgesogenen Länder daherstürmten, hatten Hunger und Teurung zur unausbleiblichen Folge, und in den letzten Jahren vollendete noch Mißwachs das Elend.* Die Anhäufung der Menschen in Lägern und Quartieren, Mangel auf der einen Seite und Völlerei auf der andern brachten pestartige Seuchen hervor, die mehr als Schwert und Feuer die Länder verödeten. Alle Bande der Ordnung lösten in dieser langen Zerrüttung sich auf, die Achtung für Menschenrechte, die Furcht vor Gesetzen, die Reinheit der Sitten verlor sich, Treu und Glaube verfiel, indem die Stärke allein mit eisernem Zepter herrschte; üppig schossen unter dem Schirme der Anarchie und der Straflosigkeit alle Laster auf, und die Menschen verwilderten mit den Ländern. Kein Stand war dem Mutwillen zu ehrwürdig, kein fremdes Eigentum der Not und der Raubsucht heilig. Der *Soldat* (um das Elend jener Zeit in ein einziges Wort zu pressen), der *Soldat herrschte,* und dieser brutalste der Despoten ließ seine eignen Führer nicht selten seine Obermacht fühlen. Der Befehlshaber einer Armee war eine wichtigere Person in dem Lande, worin er sich sehen ließ, als der rechtmäßige Regent, der oft dahin gebracht war, sich vor ihm in seinen Schlössern zu verkriechen. Ganz Deutschland wimmelte von solchen kleinen Tyrannen, und die Länder litten gleich hart von dem Feinde und von ihren Verteidigern. Alle diese Wunden schmerzten um so mehr, wenn man sich erinnerte, daß es *fremde* Mächte waren, welche Deutschland ihrer Habsucht aufopferten

* Im Jahr 1634, demselben, wo die Unterhandlungen zu Pirna eröffnet wurden, waren die Lebensmittel zu einem so hohen Preise gestiegen, daß ein Ei sechs Kreuzer (damals eine weit größre Summe als in unsern Tagen), ein Pfund Fleisch zehen und zwanzig Kreuzer, ein Simmra Haber sechzehn Reichstaler, ein Simmra Gerste dreißig Reichstaler galt. Ein Huhn wurde mit einem Gulden, ein nürnbergischer Eimer Wein mit zwanzig Talern bezahlt.

und die Drangsale des Krieges vorsätzlich verlängerten, um ihre eigennützigen Zwecke zu erreichen. Damit Schweden sich bereichern und Eroberungen machen konnte, mußte Deutschland unter der Geißel des Krieges bluten; damit Richelieu in Frankreich notwendig blieb, durfte die Fackel der Zwietracht im Deutschen Reiche nicht erlöschen.

Aber es waren nicht lauter eigennützige Stimmen, die sich gegen den Frieden erklärten, und wenn sowohl Schweden als deutsche Reichsstände die Fortdauer des Kriegs aus unreiner Absicht wünschten, so sprach eine gesunde Staatskunst für sie. Konnte man nach der Nördlinger Niederlage einen billigen Frieden von dem Kaiser erwarten? Und wenn man dies nicht konnte, sollte man siebzehn Jahre lang alles Ungemach des Krieges erduldet, alle seine Kräfte verschwendet haben, um am Ende nichts gewonnen oder gar noch verloren zu haben? Wofür so viel Blut vergossen, wenn alles blieb, wie es gewesen, wenn man in seinen Rechten und Ansprüchen um gar nichts gebessert war? wenn man alles, was so sauer errungen worden, in einem Frieden wieder herausgeben mußte? War es nicht wünschenswerter, die lange getragene Last noch zwei oder drei Jahre länger zu tragen, um für zwanzigjährige Leiden endlich doch einen Ersatz einzuernten? Und an einem vorteilhaften Frieden war nicht zu zweifeln, sobald nur Schweden und deutsche Protestanten, im Felde wie im Kabinett, standhaft zusammenhielten und ihr gemeinschaftliches Interesse mit wechselseitigem Anteil, mit vereinigtem Eifer besorgten. Ihre *Trennung* allein machte den Feind mächtig und entfernte die Hoffnung eines dauerhaften und allgemein beglückenden Friedens. Und dieses größte aller Übel fügte der Kurfürst von Sachsen der protestantischen Sache zu, indem er sich durch einen Separatvergleich mit Österreich versöhnte.

Schon vor der Nördlinger Schlacht hatte er die Unterhandlungen mit dem Kaiser eröffnet; aber der unglückliche Ausgang der erstern beschleunigte die Abschließung des Vergleichs. Das Vertrauen auf schwedischen Beistand war gefallen, und man zweifelte, ob sie sich von diesem harten Schlage je wieder aufrichten würden. Die Trennung unter ihren eigenen Anführern, die schlechte Subordination der Armee und die Entkräftung des schwedischen Reichs ließ keine großen Taten mehr von ihnen erwarten. Um so mehr glaubte man eilen zu müssen, sich die Großmut des Kaisers zunutze zu machen, der seine Anerbietungen auch nach dem Nördlinger Siege nicht zurücknahm. Oxenstierna, der die Stände in Frankfurt versammelte, *forderte;* der Kaiser hingegen *gab:* und so bedurfte es keiner langen Überlegung, welchem von beiden man Gehör geben sollte.

Indessen wollte man doch den Schein vermeiden, als ob man die gemeine Sache hintansetzte und bloß auf seinen eigenen Nutzen bedacht wäre. Alle deutschen Reichsstände, selbst die Schweden, waren eingeladen worden, zu diesem Frieden mitzuwirken und teil daran zu nehmen, obgleich Kursachsen und der Kaiser die einzigen Mächte waren, die ihn schlossen und sich eigenmächtig zu Gesetzgebern über Deutschland aufwarfen. Die Beschwerden der protestantischen Stände kamen in demselben zur Sprache, ihre Verhältnisse und Rechte wurden vor diesem willkürlichen Tribunale entschieden und selbst das Schicksal der Religionen ohne Zuziehung der dabei so sehr interessierten Glieder bestimmt. Es sollte ein allgemeiner Friede, ein Reichsgesetz sein, als ein solches bekannt gemacht und durch ein Reichsexekutionsheer wie ein förmlicher Reichsschluß vollzogen werden. Wer sich dagegen auflehnte, war ein Feind des Reiches, und so mußte er, allen ständischen Rechten zuwider, ein Gesetz anerkennen, das er nicht selbst mit gegeben hatte. Der Pragische Friede war also, schon seiner Form nach, ein Werk der *Willkür;* und er war es nicht weniger durch seinen Inhalt.

Das Restitutionsedikt hatte den Bruch zwischen Kursachsen und dem Kaiser vorzüglich veranlaßt; also mußte man auch bei der Wiederaussöhnung zuerst darauf Rücksicht nehmen. Ohne es ausdrücklich und förmlich aufzuheben, setzte man in dem Pragischen Frieden fest, daß alle unmittelbaren Stifter und unter den mittelbaren diejenigen, welche nach dem Passauischen Vertrage von den Protestanten eingezogen und besessen worden, noch *vierzig* Jahre, jedoch ohne Reichstagsstimme, in demjenigen Stande bleiben sollten, in welchem das Restitutionsedikt sie gefunden habe. Vor Ablauf dieser vierzig Jahre sollte dann eine Kommission von beiderlei Religionsverwandten gleicher Anzahl friedlich und gesetzmäßig darüber verfügen und, wenn es auch dann zu keinem Endurteil käme, jeder Teil in den Besitz aller Rechte zurücktreten, die er vor Erscheinung des Restitutionsedikts ausgeübt habe. Diese Auskunft also, weit entfernt, den Samen der Zwietracht zu ersticken, *suspendierte* nur auf eine Zeitlang seine verderblichen Wirkungen, und der Zunder eines neuen Krieges lag schon in diesem Artikel des Pragischen Friedens.

Das Erzstift Magdeburg bleibt dem Prinzen August von Sachsen, und Halberstadt dem Erzherzog Leopold Wilhelm. Von dem magdeburgischen Gebiet werden vier Ämter abgerissen und an Kursachsen verschenkt; der Administrator von Magdeburg, Christian Wilhelm von Brandenburg, wird auf andere Art abgefunden. Die Herzoge von Mecklenburg empfangen, wenn sie diesem Frieden beitreten, ihr Land zurück, das sie glücklicherweise längst schon durch Gustav Adolfs Großmut besitzen; Donauwörth erlangt seine Reichsfreiheit wieder. Die wichtige Forderung der pfälzischen Erben bleibt, wie wichtig es auch dem protestantischen Reichsteile war, diese Kurstimme nicht zu verlieren, gänzlich unberührt, weil – ein lutherischer Fürst einem reformierten keine Gerechtigkeit schuldig ist. Alles, was die protestantischen Stände, die Ligue und der Kaiser in dem Kriege voneinander erobert haben, wird zurückgegeben; alles, was die auswärtigen Mächte, Schweden und Frankreich, sich zugeeignet, wird ihnen mit gesamter Hand wieder abgenommen. Die Kriegsvölker aller kontrahierenden Teile werden in eine einzige Reichsmacht vereinigt, welche, vom Reiche unterhalten und bezahlt, diesen Frieden mit gewaffneter Hand zu vollstrecken hat.

Da der Pragische Friede als ein allgemeines Reichsgesetz gelten sollte, so wurden diejenigen Punkte, welche mit dem Reiche nichts zu tun hatten, in einem Nebenvertrage beigefügt. In diesem wurde dem Kurfürsten von Sachsen die Lausitz als ein böhmisches Mannlehen zuerkannt und über die Religionsfreiheit dieses Landes und Schlesiens noch besonders gehandelt.

Alle evangelischen Stände waren zu Annahme des Pragischen Friedens eingeladen und unter dieser Bedingung der Amnestie teilhaftig gemacht; bloß die Fürsten von Württemberg und Baden – deren Länder man innehatte und nicht geneigt war, so ganz unbedingt wieder herzugeben –, die eigenen Untertanen Österreichs, welche die Waffen gegen ihren Landesherrn geführt, und diejenigen Stände, die unter Oxenstiernas Direktion den *Rat* der oberdeutschen Kreise ausmachten, schloß man aus; nicht sowohl, um den Krieg gegen sie fortzusetzen, als vielmehr, um ihnen den notwendig gewordenen Frieden desto teurer zu verkaufen. Man behielt ihre Lande als ein Unterpfand, bis die völlige Annahme des Friedens erfolgt, bis alles herausgegeben und alles in seinen vorigen Stand zurückgestellt sein würde. Eine gleiche Gerechtigkeit gegen alle hätte vielleicht das wechselseitige Zutrauen zwischen Haupt und

Gliedern, zwischen Protestanten und Papisten, zwischen Reformierten und Lutheranern zurückgeführt, und, verlassen von allen ihren Bundsgenossen, hätten die Schweden einen schimpflichen Abschied aus dem Reiche nehmen müssen. Jetzt bestärkte diese ungleiche Behandlung der Protestanten die härter gehaltenen Stände in ihrem Mißtrauen und Widersetzungsgeist und erleichterte es den Schweden, das Feuer des Kriegs zu nähren und einen Anhang in Deutschland zu behalten.

Der Prager Friede fand, wie vorher zu erwarten gewesen war, eine sehr ungleiche Aufnahme in Deutschland. Über dem Bestreben, beide Parteien einander zu nähern, hatte man sich von beiden Vorwürfe zugezogen. Die Protestanten klagten über die Einschränkungen, die sie in diesem Frieden erleiden sollten; die Katholiken fanden diese verwerfliche Sekte, auf Kosten der wahren Kirche, viel zu günstig behandelt. Nach *diesen* hatte man der Kirche von ihren unveräußerlichen Rechten vergeben, indem man den Evangelischen den vierzigjährigen Genuß der geistlichen Güter bewilligte; nach *jenen* hatte man eine Verräterei an der protestantischen Kirche begangen, weil man seinen Glaubensbrüdern in den österreichischen Ländern die Religionsfreiheit nicht errungen hatte. Aber niemand wurde bitterer getadelt als der Kurfürst von Sachsen, den man als einen treulosen Überläufer, als einen Verräter der Religion und Reichsfreiheit und als einen Mitverschwornen des Kaisers in öffentlichen Schriften darzustellen suchte.

Indessen tröstete er sich mit dem Triumph, daß ein großer Teil der evangelischen Stände seinen Frieden annahm. Der Kurfürst von Brandenburg, Herzog Wilhelm von Weimar, die Fürsten von Anhalt, die Herzoge von Mecklenburg, die Herzoge von Braunschweig-Lüneburg, die Hansestädte und die mehresten Reichsstädte traten demselben bei. Landgraf Wilhelm von Hessen schien eine

Zeitlang unschlüssig oder stellte sich vielleicht nur, es zu sein, um Zeit zu gewinnen und seine Maßregeln nach dem Erfolg einzurichten. Er hatte mit dem Schwert in der Hand schöne Länder in Westfalen errungen, aus denen er seine besten Kräfte zu Führung des Krieges zog und welche alle er nun, dem Frieden gemäß, zurückgeben sollte. Herzog Bernhard von Weimar, dessen Staaten noch bloß auf dem Papier existierten, kam nicht als kriegführende *Macht,* desto mehr aber als kriegführender *General* in Betrachtung, und in beiderlei Rücksicht konnte er den Prager Frieden nicht anders als mit Abscheu verwerfen. Sein ganzer Reichtum war seine Tapferkeit, und in seinem Degen lagen alle seine Länder. Nur der Krieg machte ihn groß und bedeutend; nur der Krieg konnte die Entwürfe seines Ehrgeizes zur Zeitigung bringen.

Aber unter allen, welche ihre Stimme gegen den Pragischen Frieden erhoben, erklärten sich die Schweden am heftigsten dagegen, und niemand hatte auch mehr Ursache dazu. Von den Deutschen selbst in Deutschland hereingerufen, Retter der protestantischen Kirche und der ständischen Freiheit, die sie mit so vielem Blute, mit dem heiligen Leben ihres Königs erkauften, sahen sie sich jetzt auf einmal schimpflich im Stiche gelassen, auf einmal in allen ihren Planen getäuscht, ohne Lohn, ohne Dankbarkeit aus dem Reiche gewiesen, für welches sie bluteten, und von den nämlichen Fürsten, die ihnen alles verdankten, dem Hohngelächter des Feindes preisgegeben. An eine Genugtuung für sie, an einen Ersatz ihrer aufgewandten Kosten, an ein Äquivalent für die Eroberungen, welche sie im Stiche lassen sollten, war in dem Prager Frieden mit keiner Silbe gedacht worden. Nackter, als sie gekommen waren, sollten sie nun entlassen und, wenn sie sich dagegen sträubten, durch dieselben Hände, welche sie hereingerufen, aus Deutschland hinausgejagt werden. Endlich ließ zwar der

Kurfürst von Sachsen ein Wort von einer Genugtuung fallen, die in Geld bestehen und die kleine Summe von drittehalb Millionen Gulden betragen sollte. Aber die Schweden hatten weit mehr von ihrem Eigenen zugesetzt; eine so schimpfliche Abfindung mit Geld mußte ihren Eigennutz kränken und ihren Stolz empören. «Die Kurfürsten von Bayern und Sachsen», antwortete Oxenstierna, «ließen sich den Beistand, den sie dem Kaiser leisteten und als Vasallen ihm schuldig waren, mit wichtigen Provinzen bezahlen, und uns Schweden, uns, die wir unsern König für Deutschland dahingegeben, will man mit der armseligen Summe von drittehalb Millionen Gulden nach Hause weisen?» Die getäuschte Hoffnung schmerzte um so mehr, je gewisser man darauf gerechnet hatte, sich mit dem Herzogtum Pommern, dessen gegenwärtiger Besitzer alt und ohne Sukzession war, bezahlt zu machen. Aber die Anwartschaft auf dieses Land wurde in dem Prager Frieden dem Kurfürsten von Brandenburg zugesichert, und gegen die Festsetzung der Schweden in diesen Grenzen des Reichs empörten sich alle benachbarten Mächte.

Nie in dem ganzen Kriege hatte es schlimmer um die Schweden gestanden als in diesem 1635sten Jahre, unmittelbar nach Bekanntmachung des Pragischen Friedens. Viele ihrer Alliierten, unter den Reichsstädten besonders, verließen ihre Partei, um der Wohltat des Friedens teilhaftig zu werden; andre wurden durch die siegreichen Waffen des Kaisers dazu gezwungen. Augsburg, durch Hunger besiegt, unterwarf sich unter harten Bedingungen; Würzburg und Coburg gingen an die Österreicher verloren. Der Heilbronnische Bund wurde förmlich getrennt. Beinahe ganz Oberdeutschland, der Hauptsitz der schwedischen Macht, erkannte die Herrschaft des Kaisers. Sachsen, auf den Pragischen Frieden sich stützend, verlangte die Räumung Thüringens, Halberstadts, Magdeburgs. *Philipps-*

burg, der Waffenplatz der Franzosen, war mit allen Vorräten, die darin niedergelegt waren, von den Österreichern überrumpelt worden, und dieser große Verlust hatte die Tätigkeit Frankreichs geschwächt. Um die Bedrängnisse der Schweden vollkommen zu machen, mußte gerade jetzt der Stillstand mit Polen sich seinem Ende nähern. Mit Polen und mit dem Deutschen Reiche zugleich Krieg zu führen überstieg bei weitem die Kräfte des schwedischen Staats, und man hatte die Wahl, welches von diesen beiden Feinden man sich entledigen sollte. Stolz und Ehrgeiz entschieden für die Fortsetzung des deutschen Kriegs, welch ein hartes Opfer es auch gegen Polen kosten möchte; doch eine Armee kostete es immer, um sich bei den Polen in Achtung zu setzen und bei den Unterhandlungen um einen Stillstand oder Frieden seine Freiheit nicht ganz und gar zu verlieren.

Allen diesen Unfällen, welche zu gleicher Zeit über Schweden hereinstürmten, setzte sich der standhafte, an Hilfsmitteln unerschöpfliche Geist Oxenstiernas entgegen, und sein durchdringender Verstand lehrte ihn, selbst die Widerwärtigkeiten, die ihn trafen, zu seinem Vorteile kehren. Der Abfall so vieler deutschen Reichsstände von der schwedischen Partei beraubte ihn zwar eines großen Teils seiner bisherigen Bundsgenossen, aber er überhob ihn auch zugleich aller Schonung gegen sie; und je größer die Zahl seiner Feinde wurde, über desto mehr Länder konnten sich seine Armeen verbreiten, desto mehr Magazine öffneten sich ihm. Die schreiende Undankbarkeit der Stände und die stolze Verachtung, mit der ihm von dem Kaiser begegnet wurde (der ihn nicht einmal würdigte, unmittelbar mit ihm über den Frieden zu traktieren), entzündete in ihm den Mut der Verzweiflung und einen edlen Trotz, es bis aufs Äußerste zu treiben. Ein noch so unglücklich geführter Krieg konnte die Sache der Schweden nicht schlimmer machen, als sie war; und wenn man das Deutsche Reich räumen

FÜNFTES BUCH

Oxenstierns Beredsamkeit siegt über
den Aufruhr der schwed. Armee.

sollte, so war es wenigstens anständiger und rühmlicher, es mit dem Schwert in der Hand zu tun und der *Macht,* nicht der *Furcht* zu unterliegen.

In der großen Extremität, worin die Schweden sich durch die Desertion ihrer Alliierten befanden, warfen sie ihre Blicke zuerst auf Frankreich, welches ihnen mit den ermunterndsten Anträgen entgegeneilte. Das Interesse beider Kronen war aufs engste aneinandergekettet, und Frankreich handelte gegen sich selbst, wenn es die Macht der Schweden in Deutschland gänzlich verfallen ließ. Die durchaus hilflose Lage der Schweden war vielmehr eine Aufforderung für dasselbe, sich fester mit ihnen zu verbinden und einen tätigern Anteil an dem Kriege in Deutschland zu nehmen. Schon seit Abschließung des Allianztraktats mit den Schweden zu Bärwalde im Jahr 1631 hatte Frankreich den Kaiser durch die Waffen Gustav Adolfs befehdet, ohne einen öffentlichen und förmlichen Bruch, bloß durch die Geldhilfe, die es den Gegnern desselben leistete, und durch seine Geschäftigkeit, die Zahl der letztern zu vermehren. Aber, beunruhigt von dem unerwartet schnellen und außerordentlichen Glück der schwedischen Waffen, schien es seinen ersten Zweck eine Zeitlang aus den Augen zu verlieren, um das Gleichgewicht der Macht wieder herzustellen, das durch die Überlegenheit der Schweden gelitten hatte. Es suchte die katholischen Reichsfürsten durch Neutralitätsverträge gegen den schwedischen Eroberer zu schützen und war schon im Begriff, da diese Versuche mißlangen, sich gegen ihn selbst zu bewaffnen. Nicht sobald aber hatte Gustav Adolfs Tod und die Hilflosigkeit der Schweden diese Furcht zerstreut, als es mit frischem Eifer zu seinem ersten Entwurf zurückkehrte und den Unglücklichen in vollem Maße den Schutz angedeihen ließ, den es den Glücklichen entzogen hatte. Befreit von dem Widerstande, den Gustav Adolfs Ehrgeiz und Wachsamkeit seinen Vergrößerungsentwürfen entgegensetzten, ergreift es den günstigen Augenblick, den das Nördlinger Unglück ihm darbietet, sich die Herrschaft des Kriegs zuzueignen und denen, die seines mächtigen Schutzes bedürftig sind, Gesetze vorzuschreiben. Der Zeitpunkt begünstigt seine kühnsten Entwürfe, und was vorher nur eine schöne Schimäre war, läßt sich von jetzt an als ein überlegter, durch die Umstände gerechtfertigter Zweck verfolgen. Jetzt also widmet es dem deutschen Kriege seine ganze Aufmerksamkeit, und sobald es durch seinen Traktat mit den Deutschen seine Privatzwecke sichergestellt sieht, erscheint es als handelnde und herrschende Macht auf der politischen Bühne. Während daß sich die kriegführenden Mächte in einem langwierigen Kampf erschöpften, hatte es seine Kräfte geschont und zehen Jahre lang den Krieg bloß mit seinem Gelde geführt; jetzt, da die Zeitumstände es zur Tätigkeit rufen, greift es zum Schwert und strengt sich zu Unternehmungen an, die ganz Europa in Verwunderung setzen. Es läßt zu gleicher Zeit zwei Flotten im Meere kreuzen und schickt sechs verschiedene Heere aus, während daß es mit seinem Gelde noch eine Krone und mehrere deutsche Fürsten besoldet. Belebt durch die Hoffnung seines mächtigen Schutzes, raffen sich die Schweden und Deutschen aus ihrem tiefen Verfall empor und getrauen sich, mit dem Schwert in der Hand einen rühmlichern Frieden als den Pragischen zu erfechten. Von ihren Mitständen verlassen, die sich mit dem Kaiser versöhnen, schließen sie sich nur desto enger an Frankreich an, das mit der wachsenden Not seinen Beistand verdoppelt, an dem deutschen Krieg immer größern, wiewohl noch immer versteckten Anteil nimmt, bis es zuletzt ganz seine Maske abwirft und den Kaiser unmittelbar unter seinem eignen Namen befehdet.

Um den Schweden vollkommen freie Hand gegen

Österreich zu geben, machte Frankreich den Anfang damit, es von dem polnischen Kriege zu befreien. Durch den Grafen von Avaux, seinen Gesandten, brachte es beide Teile dahin, daß zu Stuhmsdorf in Preußen der Waffenstillstand auf sechsundzwanzig Jahre verlängert wurde, wiewohl nicht ohne großen Verlust für die Schweden, welche beinahe das ganze polnische Preußen, Gustav Adolfs teuer erkämpfte Eroberung, durch einen einzigen Federzug einbüßten. Der Bärwalder Traktat wurde mit einigen Veränderungen, welche die Umstände nötig machten, anfangs zu Compiègne, dann zu Wismar und Hamburg auf entferntere Zeiten erneuert. Mit Spanien hatte man schon im Mai des Jahrs 1635 gebrochen und durch den lebhaften Angriff dieser Macht dem Kaiser seinen wichtigsten Beistand aus den Niederlanden entzogen; jetzt verschaffte man, durch Unterstützung des Landgrafen Wilhelms von Kassel und Herzog Bernhards von Weimar, den schwedischen Waffen an der Elbe und Donau eine größere Freiheit und nötigte den Kaiser durch eine starke Diversion am Rhein, seine Macht zu teilen.

Heftiger entzündete sich also der Krieg, und der Kaiser hatte durch den Pragischen Frieden zwar seine Gegner im Deutschen Reiche vermindert, aber zugleich auch den Eifer und die Tätigkeit seiner auswärtigen Feinde vermehrt. Er hatte sich in Deutschland einen unumschränkten Einfluß erworben und sich, mit Ausnahme weniger Stände, zum Herrn des ganzen Reichskörpers und der Kräfte desselben gemacht, daß er von jetzt an wieder als Kaiser und Herr handeln konnte. Die erste Wirkung davon war die Erhebung seines Sohnes Ferdinands des Dritten zur römischen Königswürde, die, ungeachtet des Widerspruchs von seiten Triers und der pfälzischen Erben, durch eine entscheidende Stimmenmehrheit zustande kam. Aber die Schweden hatte er zu einer verzweifelten Gegenwehr gereizt, die ganze

Macht Frankreichs gegen sich bewaffnet und in die innersten Angelegenheiten Deutschlands gezogen. Beide Kronen bilden von jetzt an mit ihren deutschen Alliierten eine eigene fest geschlossene Macht, der Kaiser mit den ihm anhängenden deutschen Staaten die andre. Die Schweden beweisen von jetzt an keine Schonung mehr, weil sie nicht mehr für Deutschland, sondern für ihr eigenes Dasein fechten. Sie handeln rascher, unumschränkter und kühner, weil sie es überhoben sind, bei ihren deutschen Alliierten herumzufragen und Rechenschaft von ihren Entwürfen zu geben. Die Schlachten werden hartnäckiger und blutiger, aber weniger entscheidend. Größere Taten der Tapferkeit und der Kriegskunst geschehen; aber es sind einzelne Handlungen, die, von keinem übereinstimmenden Plane geleitet, von keinem alles lenkenden Geiste benutzt, für die ganze Partei schwache Folgen haben und an dem Laufe des Kriegs nur wenig verändern.

Sachsen hatte sich in dem Pragischen Frieden verbindlich gemacht, die Schweden aus Deutschland zu verjagen; von jetzt an also vereinigen sich die sächsischen Fahnen mit den kaiserlichen, und zwei Bundsgenossen haben sich in zwei unversöhnliche Feinde verwandelt. Das Erzstift Magdeburg, welches der Pragische Friede dem sächsischen Prinzen zusprach, war noch in schwedischen Händen, und alle Versuche, sie auf einem friedlichen Wege zu Abtretung desselben zu bewegen, waren ohne Wirkung geblieben. Die Feindseligkeiten fangen also an, und der Kurfürst von Sachsen eröffnet sie damit, durch sogenannte Avokatorien alle sächsische Untertanen von der Banérischen Armee abzurufen, die an der Elbe gelagert steht. Die Offiziere, längst schon wegen des rückständigen Soldes schwierig, geben dieser Aufforderung Gehör und räumen ein Quartier nach dem andern. Da die Sachsen zugleich eine Bewegung gegen Mecklenburg machten, um Dömitz wegzunehmen und den Feind von Pommern und von der Ostsee abzuschneiden, so zog sich Banér eilfertig dahin, entsetzte Dömitz und schlug den sächsischen General Baudissin mit siebentausend Mann aufs Haupt, daß gegen tausend blieben und ebensoviel gefangen wurden. Verstärkt durch die Truppen und Artillerie, welche bisher in Polnisch-Preußen gestanden, nunmehr aber durch den Vertrag zu Stuhmsdorf in diesem Lande entbehrlich wurden, brach dieser tapfre und ungestüme Krieger am folgenden 1636sten Jahr in das Kurfürstentum Sachsen ein, wo er seinem alten Hasse gegen die Sachsen die blutigsten Opfer brachte. Durch vieljährige Beleidigungen aufgebracht, welche er und seine Schweden während ihrer gemeinschaftlichen Feldzüge von dem Übermut der Sachsen hatten erleiden müssen, und jetzt durch den Abfall des Kurfürsten aufs äußerste gereizt, ließen sie die unglücklichen Untertanen desselben ihre Rachsucht und Erbitterung fühlen. Gegen Österreicher und Bayern hatte der schwedische Soldat mehr aus Pflicht gefochten; gegen die Sachsen kämpfte er aus Privathaß und mit persönlicher Wut, weil er sie als Abtrünnige und Verräter verabscheute, weil der Haß zwischen zerfallenen Freunden gewöhnlich der grimmigste und unversöhnlichste ist. Die nachdrückliche Diversion, welche dem Kaiser unterdessen von dem Herzog von Weimar und dem Landgrafen von Hessen am Rhein und in Westfalen gemacht wurde, hinderte ihn, den Sachsen eine hinlängliche Unterstützung zu leisten, und so mußte das ganze Kurfürstentum von Banérs streifenden Horden die schrecklichste Behandlung erleiden. Endlich zog der Kurfürst den kaiserlichen General von Hatzfeld an sich und rückte vor Magdeburg, welches der herbeieilende Banér umsonst zu entsetzen strebte. Nun verbreitete sich die vereinigte Armee der Kaiserlichen und Sachsen durch die Mark Brandenburg, entriß den Schweden viele Städte und war im Begriff, sie bis an die Ostsee zu treiben. Aber gegen alle Erwartungen griff der schon verloren gegebene Banér die alliierte Armee am 24. September 1636 bei *Wittstock* an, und eine große Schlacht wurde geliefert. Der Angriff war fürchterlich, und die ganze Macht des Feindes fiel auf den rechten Flügel der Schweden, den Banér selbst anführte. Lange Zeit kämpfte man auf beiden Seiten mit gleicher Hartnäckigkeit und Erbitterung, und unter den Schweden war keine Schwadron, die nicht zehnmal angerückt und zehnmal geschlagen worden wäre. Als endlich Banér der Übermacht der Feinde zu weichen genötigt war, setzte sein linker Flügel das Treffen bis zum Einbruch der Nacht fort, und das schwedische Hintertreffen, welches noch gar nicht gefochten hatte, war bereit, am folgenden Morgen die Schlacht zu erneuern. Aber diesen zweiten Angriff wollte der Kurfürst von Sachsen nicht abwarten. Seine Armee war durch das Treffen des vorhergehenden Tages erschöpft, und die Knechte hatten sich mit allen Pferden davongemacht, daß die Artillerie nicht gebraucht werden konnte. Er ergriff also mit dem Grafen von Hatzfeld noch in derselben Nacht die Flucht und überließ das Schlachtfeld den Schweden. Gegen fünftausend von den Alliierten waren auf der Walstatt geblieben, diejenigen nicht gerechnet, welche von den nachsetzenden Schweden erschlagen wurden oder dem ergrimmten Landmann in die Hände fielen. Hundertundfünfzig Standarten und Fahnen, dreiundzwanzig Kanonen, die ganze Bagage, das Silbergeschirr des Kurfürsten mitgerechnet, wurden erbeutet und noch außerdem gegen zweitausend Gefangene gemacht. Dieser glänzende Sieg, über einen weit überlegenen und vorteilhaft postierten Feind erfochten, setzte die Schweden auf einmal wieder in Achtung; ihre Feinde zagten, ihre Freunde fingen an, frischen Mut zu schöpfen. Banér benutzte das Glück, das sich so entscheidend für ihn erklärt hatte, eilte über die Elbe und

GESCHICHTE DES DREISSIGJÄHRIGEN KRIEGS

General Banner, Torstensohn und Stalhantsch nach den Sieg bey Witstock.

verjagte die Kaiserlichen durch Thüringen und Hessen bis nach Westfalen. Dann kehrte er zurück und bezog die Winterquartiere auf sächsischem Boden.

Aber ohne die Erleichterung, welche ihm durch die Tätigkeit Herzog Bernhards und der Franzosen am Rhein verschafft wurde, würde es ihm schwer geworden sein, diese herrlichen Viktorien zu erfechten. Herzog Bernhard hatte nach der Nördlinger Schlacht die Trümmer der geschlagenen Armee in der Wetterau versammelt; aber verlassen von dem Heilbronnischen Bunde, dem der Prager Friede bald darauf ein völliges Ende machte, und von den Schweden zu wenig unterstützt, sah er sich außerstand gesetzt, die Armee zu unterhalten und große Taten an ihrer Spitze zu tun. Die Nördlinger Niederlage hatte sein Herzogtum Franken verschlungen, und die Ohnmacht der Schweden raubte ihm alle Hoffnung, sein Glück durch diese Krone zu machen. Zugleich auch des Zwanges müde, den ihm das gebieterische Betragen des schwedischen Reichskanzlers auferlegte, richtete er seine Augen auf Frankreich, welches ihm mit Geld, dem einzigen, was er brauchte, aushelfen konnte und sich bereitwillig dazu finden ließ. Richelieu wünschte nichts so sehr, als den Einfluß der Schweden auf den deutschen Krieg zu vermindern und sich selbst unter fremdem Namen die Führung desselben in die Hände zu spielen. Zu Erreichung dieses Zweckes konnte er kein besseres Mittel erwählen, als daß er den Schweden ihren tapfersten Feldherrn abtrünnig machte, ihn aufs genaueste in Frankreichs Interesse zog und sich, zu Ausführung seiner Entwürfe, seines Armes versicherte. Von einem Fürsten wie Bernhard, der sich ohne den Beistand einer fremden Macht nicht behaupten konnte, hatte Frankreich nichts zu besorgen, da auch der glücklichste Erfolg nicht hinreichte, ihn außer Abhängigkeit von dieser Krone zu setzen. Bernhard kam selbst nach Frankreich und schloß im Oktober 1635 zu St. Germain en Laye, nicht mehr als schwedischer General, sondern in eigenem Namen, einen Vergleich mit dieser Krone, worin ihm eine jährliche Pension von anderthalb Millionen Livres für ihn selbst und vier Millionen zu Unterhaltung einer Armee, die er unter königlichen Befehlen kommandieren sollte, bewilligt wurde. Um seinen Eifer desto lebhafter anzufeuern und die Eroberung von Elsaß durch ihn zu beschleunigen, trug man kein Bedenken, ihm in einem geheimen Artikel diese Provinz zur Belohnung anzubieten; eine Großmut, von der man sehr weit entfernt war und welche der Herzog selbst nach Würden zu schätzen wußte. Aber Bernhard vertraute seinem Glück und seinem Arme und setzte der Verstellung Verstellung entgegen. War er einmal mächtig genug, das Elsaß dem Feinde zu entreißen, so verzweifelte er nicht daran, es ebenfalls auch gegen einen Freund behaupten zu können. Jetzt also schuf er sich mit französischem Gelde eine eigene Armee, die er zwar unter französischer Hoheit, aber doch so gut als unumschränkt kommandierte, ohne jedoch seine Verbindung mit den Schweden ganz und gar aufzuheben. Er eröffnete seine Operationen am Rheinstrom, wo eine andre französische Armee unter dem Kardinal la Valette die Feindseligkeiten gegen den Kaiser schon im Jahre 1635 eröffnet hatte.

Gegen diese hatte sich das österreichische Hauptheer, welches den großen Sieg bei Nördlingen erfochten hatte, nach Unterwerfung Schwabens und Frankens unter der Anführung des Gallas gewendet und sie auch glücklich bis Metz zurückgescheucht, den Rheinstrom befreit und die von den Schweden besetzten Städte Mainz und Frankenthal erobert. Aber die Hauptabsicht dieses Generals, die Winterquartiere in Frankreich zu beziehen, wurde durch den tätigen Widerstand der Franzosen vereitelt, und er sah sich genötigt, seine Truppen in das erschöpfte Elsaß und Schwa-

FÜNFTES BUCH

Herzog Bernhard v. Weimar, Pater Joseph,
Cardinal Richelieu, u. Ludewig XIII.
Herr Pater ihr Finger ist keine Brücke!

ben zurückzuführen. Bei Eröffnung des Feldzugs im folgenden Jahre passierte er zwar bei Breisach den Rhein und rüstete sich, den Krieg in das Innre Frankreichs zu spielen. Er fiel wirklich in die Grafschaft Burgund ein, während daß die Spanier von den Niederlanden aus in der Picardie glückliche Fortschritte machten und Johann von Werth, ein gefürchteter General der Ligue und berühmter Parteigänger, tief in Champagne streifte und Paris selbst mit seiner drohenden Ankunft erschreckte. Aber die Tapferkeit der Kaiserlichen scheiterte vor einer einzigen unbeträchtlichen Festung in Franche Comté, und zum zweitenmal mußten sie ihre Entwürfe aufgeben.

Dem tätigen Geiste Herzog Bernhards hatte die Abhängigkeit von einem französischen General, der seinem Priesterrock mehr als seinem Kommandostab Ehre machte, bisher zu enge Fesseln angelegt, und ob er gleich in Verbindung mit demselben Elsaß-Zabern eroberte, so hatte er sich doch in den Jahren 1636 und 37 am Rhein nicht behaupten können. Der schlechte Fortgang der französischen Waffen in den Niederlanden hatte die Tätigkeit der Operationen im Elsaß und Breisgau gehemmt; aber im Jahre 1638 nahm der Krieg in diesen Gegenden eine desto glänzendere Wendung. Seiner bisherigen Fesseln entledigt und jetzt vollkommener Herr seiner Truppen, verließ Herzog Bernhard schon am Anfang des Februars die Ruhe der Winterquartiere, die er im Bistum Basel genommen hatte, und erschien gegen alle Erwartung am Rhein, wo man in dieser rauhen Jahrszeit nichts weniger als einen Angriff vermutete. Die Waldstädte Laufenburg, Waldshut und Säckingen werden durch Überfall weggenommen und Rheinfelden belagert. Der dort kommandierende kaiserliche General, Herzog von Savelli, eilt mit beschleunigten Märschen diesem wichtigen Ort zu Hilfe, entsetzt ihn auch wirklich und treibt den Herzog von Weimar nicht ohne großen Verlust zurück. Aber gegen aller Menschen Vermuten erscheint dieser am dritten Tage (den 21. Februar 1638) wieder im Gesichte der Kaiserlichen, die in voller Sicherheit über den erhaltenen Sieg bei Rheinfelden ausruhen, und schlägt sie in einer großen Schlacht, worin die vier kaiserlichen Generale Savelli, Johann von Werth, Enkevoert und Sperreuter nebst zweitausend Mann zu Gefangenen gemacht werden. Zwei derselben, von Werth und von Enkevoert, ließ Richelieu in der Folge nach Frankreich abführen, um der Eitelkeit des französischen Volks durch den Anblick so berühmter Gefangenen zu schmeicheln und das öffentliche Elend durch das Schaugepränge der erfochtenen Siege zu hintergehen. Auch die eroberten Standarten und Fahnen wurden in dieser Absicht unter einer feierlichen Prozession in die Kirche de Notre Dame gebracht, dreimal vor dem Altar geschwungen und dem Heiligtum in Verwahrung gegeben.

Die Einnahme von Rheinfelden, Röteln und Freiburg war die nächste Folge des durch Bernhard erfochtenen Sieges. Sein Heer wuchs beträchtlich, und sowie das Glück sich für ihn erklärte, erweiterten sich seine Entwürfe. Die Festung Breisach am Oberrhein wurde als die Beherrscherin dieses Stroms und als der Schlüssel zum Elsaß betrachtet. Kein Ort war dem Kaiser in diesen Gegenden wichtiger, auf keinen hatte man so große Sorgfalt verwendet. Breisach zu behaupten war die vornehmste Bestimmung der italienischen Armee unter Feria gewesen; die Festigkeit seiner Werke und der Vorteil seiner Lage boten jedem gewaltsamen Angriffe Trotz, und die kaiserlichen Generale, welche in diesen Gegenden kommandierten, hatten Befehl, alles für die Rettung dieses Platzes zu wagen. Aber Bernhard vertraute seinem Glück und beschloß den Angriff auf diese Festung. Unbezwingbar durch Gewalt, konnte sie nur durch Hunger besiegt werden; und die Sorglosigkeit ihres Kommendanten, der, keines Angriffs gewärtig, seinen aufgehäuften Getreidevorrat zu Gelde gemacht hatte, beschleunigte dieses Schicksal. Da sie unter diesen Umständen nicht vermögend war, eine lange Belagerung auszuhalten, so mußte man eilen, sie zu entsetzen oder mit Proviant zu versorgen. Der kaiserliche General von Götz näherte sich daher aufs eilfertigste an der Spitze von zwölftausend Mann, von dreitausend Proviantwagen begleitet, die er in die Stadt werfen wollte. Aber von Herzog Bernhard bei *Wittenweier* angegriffen, verlor er sein ganzes Korps bis auf dreitausend Mann und die ganze Fracht, die er mit sich führte. Ein ähnliches Schicksal widerfuhr auf dem *Ochsenfeld bei Thann* dem Herzog von Lothringen, der mit fünf- bis sechstausend Mann zum Entsatz der Festung heranrückte. Nachdem auch ein dritter Versuch des Generals von Götz zu Breisachs Rettung mißlungen war, ergab sich diese Festung, von der schrecklichsten Hungersnot geängstigt, nach einer viermonatlichen Belagerung, am 7. Dezember 1638 ihrem ebenso menschlichen als beharrlichen Sieger.

Breisachs Eroberung eröffnete dem Ehrgeiz des Herzogs von Weimar ein grenzenloses Feld, und jetzt fängt der *Roman* seiner Hoffnungen an, sich der *Wahrheit* zu nähern. Weit entfernt, sich der Früchte seines Schwerts zu Frankreichs Vorteil zu begeben, bestimmt er Breisach für sich selbst und kündigt diesen Entschluß schon in der Huldigung an, die er, ohne einer andern Macht zu erwähnen, in *seinem eigenen Namen* von den Überwundenen fordert. Durch die bisherigen glänzenden Erfolge berauscht und zu den stolzesten Hoffnungen hingerissen, glaubt er von jetzt an sich selbst genug zu sein und die gemachten Eroberungen, selbst gegen Frankreichs Willen, behaupten zu können. Zu einer Zeit, wo alles um Tapferkeit feil war, wo persönliche Kraft noch etwas galt und Heere und Heerführer höher als Länder geachtet wurden, war es einem Helden

FÜNFTES BUCH

Die Eroberung von Breysach:
Herzog Bernhard speiset die Hungrigen
und vergiebt seinen Feinden

Herz. Bernhardt v. W. nach der Schlacht bey Brayssich, vor ihm alle kayserl. Generale gefangen.

wie Bernhard erlaubt, sich selbst etwas zuzutrauen und an der Spitze einer trefflichen Armee, die sich unter seiner Anführung unüberwindlich fühlte, an keiner Unternehmung zu verzagen. Um sich unter der Menge von Feinden, denen er jetzt entgegenging, an einen Freund anzuschließen, warf er seine Augen auf die Landgräfin Amalia von Hessen, die Witwe des kürzlich verstorbenen Landgrafen Wilhelms, eine Dame von ebensoviel Geist als Entschlossenheit, die eine streitbare Armee, schöne Eroberungen und ein beträchtliches Fürstentum mit ihrer Hand zu verschenken hatte. Die Eroberungen der Hessen mit seinen eignen am Rhein in einen einzigen Staat und ihre beiderseitigen Armeen in *eine* militärische Macht verbunden, konnten eine bedeutende Macht und vielleicht gar eine dritte Partei in Deutschland bilden, die den Ausschlag des Krieges in ihren Händen hielt. Aber diesem vielversprechenden Entwurf machte der Tod ein frühzeitiges Ende.

«Herz gefaßt, Pater Joseph, Breisach ist unser!» schrie Richelieu dem Kapuziner in die Ohren, der sich schon zur Reise in jene Welt anschickte; so sehr hatte ihn diese Freudenpost berauscht. Schon verschlang er in Gedanken das Elsaß, das Breisgau und alle österreichische Vorlande, ohne sich der Zusage zu erinnern, die er dem Herzog Bernhard getan hatte. Der ernstliche Entschluß des letztern, Breisach für sich zu behalten, den er auf eine sehr unzweideutige Art zu erkennen gab, stürzte den Kardinal in nicht geringe Verlegenheit, und alles wurde hervorgesucht, den siegreichen Bernhard im französischen Interesse zu erhalten. Man lud ihn nach Hof, um Zeuge der Ehre zu sein, womit man dort das Andenken seiner Triumphe beginge; Bernhard erkannte und floh die Schlinge der Verführung. Man tat ihm die Ehre an, ihm eine Nichte des Kardinals zur Gemahlin anzubieten; der stolze Reichsfürst schlug sie aus, um das sächsische Blut durch keine Mißheirat zu entehren.

Jetzt fing man an, ihn als einen gefährlichen Feind zu betrachten und auch als solchen zu behandeln. Man entzog ihm die Subsidiengelder; man bestach den Gouverneur von Breisach und seine vornehmsten Offiziere, um wenigstens nach dem Tode des Herzogs sich in den Besitz seiner Eroberungen und seiner Truppen zu setzen. Dem letztern blieben diese Ränke kein Geheimnis, und die Vorkehrungen, die er in den eroberten Plätzen traf, bewiesen sein Mißtrauen gegen Frankreich. Aber diese Irrungen mit dem französischen Hofe hatten den nachteiligsten Einfluß auf seine künftigen Unternehmungen. Die Anstalten, welche er machen mußte, um seine Eroberungen gegen einen Angriff von französischer Seite zu behaupten, nötigten ihn, seine Kriegsmacht zu teilen, und das Ausbleiben der Subsidiengelder verzögerte seine Erscheinung im Felde. Seine Absicht war gewesen, über den Rhein zu gehen, den Schweden Luft zu machen und an den Ufern der Donau gegen den Kaiser und Bayern zu agieren. Schon hatte er Banérn, der im Begriff war, den Krieg in die österreichischen Lande zu wälzen, seinen Operationsplan entdeckt und versprochen, ihn abzulösen – als der Tod ihn zu Neuburg am Rhein (im Julius 1639) im sechsunddreißigsten Jahre seines Alters mitten in seinem Heldenlauf überraschte.

Er starb an einer pestartigen Krankheit, welche binnen zwei Tagen gegen vierhundert Menschen im Lager dahingerafft hatte. Die schwarzen Flecken, die an seinem Leichnam hervorbrachen, die eignen Äußerungen des Sterbenden und die Vorteile, welche Frankreich von seinem plötzlichen Hintritt erntete, erweckten den Verdacht, daß er durch französisches Gift sei hingerafft worden, der aber durch die Art seiner Krankheit hinlänglich widerlegt wird. In ihm verloren die Alliierten den größten Feldherrn, den sie nach Gustav Adolf besaßen, Frankreich einen gefürchteten Nebenbuhler um das Elsaß, der Kaiser seinen gefährlich-

FÜNFTES BUCH

Todt des Herzogs Bernhard von Weimar.

sten Feind. In der Schule Gustav Adolfs zum Helden und Feldherrn gebildet, ahmte er diesem erhabenen Muster nach, und nur ein längeres Leben fehlte ihm, um es zu erreichen, wo nicht gar zu übertreffen. Mit der Tapferkeit des Soldaten verband er den kalten und ruhigen Blick des Feldherrn, mit dem ausdauernden Mut des Mannes die rasche Entschlossenheit des Jünglings, mit dem wilden Feuer des Kriegers die Würde des Fürsten, die Mäßigung des Weisen und die Gewissenhaftigkeit des Mannes von Ehre. Von keinem Unfall gebeugt, erhob er sich schnell und kraftvoll nach dem härtesten Schlage, kein Hindernis konnte seine Kühnheit beschränken, kein Fehlschlag seinen unbezwinglichen Mut besiegen. Sein Geist strebte nach einem großen, vielleicht nie erreichbaren Ziele; aber Männer *seiner* Art stehen unter andern Klugheitsgesetzen, als diejenigen sind, wonach wir den großen Haufen zu messen pflegen; fähig, mehr als andere zu vollbringen, durfte er auch verwegnere Plane entwerfen. Bernhard steht in der neuern Geschichte als ein schönes Bild jener kraftvollen Zeiten da, wo persönliche Größe noch etwas ausrichtete, Tapferkeit Länder errang und Heldentugend einen deutschen Ritter selbst auf den Kaiserthron führte.

Das beste Stück aus der Hinterlassenschaft des Herzogs war seine Armee, die er, nebst dem Elsaß, seinem Bruder Wilhelm vermachte. Aber an eben dieser Armee glaubten Schweden und Frankreich gegründete Rechte zu haben: jenes, weil sie im Namen dieser Krone geworben war und ihr gehuldigt hatte; dieses, weil sie von seinem Geld unterhalten worden. Auch der Kurprinz von der Pfalz trachtete nach dem Besitz derselben, um sich ihrer zu Wiedereroberung seiner Staaten zu bedienen, und versuchte anfangs durch seine Agenten und endlich in eigner Person, sie in sein Interesse zu ziehen. Selbst von kaiserlicher Seite geschah ein Versuch, diese Armee zu gewinnen;

und dies darf uns zu einer Zeit nicht wundern, wo nicht die Gerechtigkeit der Sache, nur der Preis der geleisteten Dienste in Betrachtung kam und die Tapferkeit, wie jede andere Ware, dem Meistbietenden feil war. Aber Frankreich, vermögender und entschlossener, überbot alle Mitbewerber. Es erkaufte den General von Erlach, den Befehlshaber Breisachs, und die übrigen Oberhäupter, die ihm Breisach und die ganze Armee in die Hände spielten. Der junge Pfalzgraf Karl Ludwig, der schon in den vorhergehenden Jahren einen unglücklichen Feldzug gegen den Kaiser getan hatte, sah auch hier seinen Anschlag scheitern. Im Begriff, Frankreich einen so schlimmen Dienst zu erzeigen, nahm er unbesonnenerweise seinen Weg durch dieses Reich und hatte den unglücklichen Einfall, seinen Namen zu verschweigen. Dem Kardinal, der die gerechte Sache des Pfalzgrafen fürchtete, war jeder Vorwand willkommen, seinen Anschlag zu vereiteln. Er ließ ihn also zu *Moulins* gegen alles Völkerrecht anhalten und gab ihm seine Freiheit nicht eher wieder, als bis der Ankauf der weimarischen Truppen berichtigt war. So sahe sich Frankreich nun im Besitz einer beträchtlichen Kriegsmacht in Deutschland, und jetzt fing es eigentlich erst an, den Kaiser unter seinem eigenen Namen zu bekriegen.

Aber es war nicht mehr Ferdinand der Zweite, gegen den es jetzt als ein offenbarer Feind aufstand; diesen hatte schon im Februar 1637, im neunundfünfzigsten Jahre seines Alters, der Tod von dem Schauplatz abgerufen. Der Krieg, den seine Herrschsucht entzündet hatte, überlebte ihn; nie hatte er während seiner achtzehnjährigen Regierung das Schwert aus der Hand gelegt; nie, so lang' er das Reichszepter führte, die Wohltat des Friedens geschmeckt. Mit den Talenten des guten Herrschers geboren, mit vielen Tugenden geschmückt, die das Glück der Völker begründen, sanft und menschlich von Natur, sehen wir ihn, aus einem übel verstandenen Begriff von Monarchenpflicht, das Werkzeug zugleich und das Opfer fremder Leidenschaften, seine wohltätige Bestimmung verfehlen und den Freund der Gerechtigkeit in einen Unterdrücker der Menschheit, in einen Feind des Friedens, in eine Geißel seiner Völker ausarten. In seinem Privatleben liebenswürdig, in seinem Regentenamt achtungswert, nur in seiner Politik schlimm berichtet, vereinigte er auf seinem Haupte den Segen seiner katholischen Untertanen und die Flüche der protestantischen Welt. Die Geschichte stellt mehr und schlimmere Despoten auf, als Ferdinand der Zweite gewesen, und doch hat nur einer einen *dreißigjährigen* Krieg entzündet; aber der Ehrgeiz dieses einzigen mußte unglücklicherweise gerade mit einem solchen Jahrhundert, mit solchen Vorbereitungen, mit solchen Keimen der Zwietracht zusammentreffen, wenn er von so verderblichen Folgen begleitet sein sollte. In einer friedlichern Zeitepoche hätte dieser Funke keine Nahrung gefunden, und die Ruhe des Jahrhunderts hätte den Ehrgeiz des einzelnen erstickt: jetzt fiel der unglückliche Strahl in ein hoch aufgetürmtes, lange gesammeltes Brenngeräte, und Europa entzündete sich.

Sein Sohn, Ferdinand der Dritte, wenige Monate vor seines Vaters Hintritt zur Würde eines römischen Königs erhoben, erbte seine Throne, seine Grundsätze und seinen Krieg. Aber Ferdinand der Dritte hatte den Jammer der Völker und die Verwüstung der Länder in der Nähe gesehen und das Bedürfnis des Friedens näher und feuriger gefühlt. Weniger abhängig von den Jesuiten und Spaniern und billiger gegen fremde Religionen, konnte er leichter als sein Vater die Stimme der Mäßigung hören. Er hörte sie und schenkte Europa den Frieden; aber erst nach einem eilfjährigen Kampfe mit dem Schwert und der Feder, und nicht eher, als bis aller Widerstand fruchtlos war und die zwingende Not ihm ihr hartes Gesetz diktierte.

Das Glück begünstigte den Antritt seiner Regierung, und seine Waffen waren siegreich gegen die Schweden. Diese hatten unter Banérs kraftvoller Anführung nach dem Siege bei Wittstock Sachsen mit Winterquartieren belastet und den Feldzug des 1637sten Jahrs mit der Belagerung Leipzigs eröffnet. Der tapfre Widerstand der Besatzung und die Annäherung der kurfürstlich-kaiserlichen Völker retteten diese Stadt, und Banér, um nicht von der Elbe abgeschnitten zu werden, mußte sich nach Torgau zurückziehen. Aber die Überlegenheit der Kaiserlichen verscheuchte ihn auch von hier, und umringt von feindlichen Schwärmen, aufgehalten von Strömen und vom Hunger verfolgt, mußte er einen höchst gefährlichen Rückzug nach Pommern nehmen, dessen Kühnheit und glücklicher Erfolg ans Romanhafte grenzt. Die ganze Armee durchwatete an einer seichten Stelle die Oder bei Fürstenberg, und der Soldat, dem das Wasser bis an den Hals trat, schleppte selbst die Kanonen fort, weil die Pferde nicht mehr ziehen wollten. Banér hatte darauf gerechnet, jenseits der Oder seinen in Pommern stehenden Untergeneral Wrangel zu finden und, durch diesen Zuwachs verstärkt, dem Feind alsdann die Spitze zu bieten. Wrangel erschien nicht, und an seiner Statt hatte sich ein kaiserliches Heer bei Landsberg postiert, den fliehenden Schweden den Weg zu verlegen. Banér entdeckte nun, daß er in eine verderbliche Schlinge gefallen, woraus kein Entkommen war. Hinter sich ein ausgehungertes Land, die Kaiserlichen und die Oder, die Oder zur Linken, die, von einem kaiserlichen General Buchheim bewacht, keinen Übergang gestattete, vor sich Landsberg, Küstrin, die Warthe und ein feindliches Heer, zur Rechten Polen, dem man, des Stillstands ungeachtet, nicht wohl vertrauen konnte, sah er sich ohne ein Wunder verloren, und schon triumphierten die Kaiserlichen über seinen unvermeidlichen Fall. Banérs gerechte Empfindlichkeit klagte die Franzosen als die Urheber dieses Unglücks an. Sie hatten die versprochene Diversion am Rhein unterlassen, und ihre Untätigkeit erlaubte dem Kaiser, seine ganze Macht gegen die Schweden zu gebrauchen. «Sollten wir einst», brach der aufgebrachte General gegen den französischen Residenten aus, der dem schwedischen Lager folgte, «sollten wir und die Deutschen einmal in Gesellschaft gegen Frankreich fechten, so werden wir nicht so viel Umstände machen, ehe wir den Rheinstrom passieren.» Aber Vorwürfe waren jetzt vergeblich verschwendet. Entschluß und Tat forderte die dringende Not. Um den Feind vielleicht durch eine falsche Spur von der Oder hinwegzulocken, stellte sich Banér, als ob er durch Polen entkommen wollte, schickte auch wirklich den größten Teil der Bagage auf diesem Wege voran und ließ seine Gemahlin samt den übrigen Offiziersfrauen dieser Marschroute folgen. Sogleich brechen die Kaiserlichen gegen die polnische Grenze auf, ihm diesen Paß zu versperren, auch Buchheim verläßt seinen Standort, und die Oder wird entblößt. Rasch wendet sich Banér in der Dunkelheit der Nacht gegen diesen Strom zurück und setzt seine Truppen, samt Bagage und Geschütz, eine Meile oberhalb Küstrin, ohne Brücken, ohne Schiffe, wie vorher bei Fürstenberg, über. Ohne Verlust erreichte er Pommern, in dessen Verteidigung er und Hermann Wrangel sich teilen.

Aber die Kaiserlichen, von Gallas angeführt, dringen bei *Tribsees* in dieses Herzogtum und überschwemmen es mit ihrer überlegenen Macht. *Usedom* und *Wolgast* werden mit Sturm, *Demmin* mit Akkord erobert und die Schweden bis tief in Hinterpommern zurückgedrückt. Und jetzt gerade kam es mehr als jemals darauf an, sich in diesem Lande zu behaupten, da Herzog Bogislaw der Vierzehnte in eben diesem Jahre stirbt und das schwedische Reich seine Ansprüche auf Pommern geltend machen soll. Um den

Kurfürsten von Brandenburg zu verhindern, seine auf eine Erbverbrüderung und auf den Pragischen Frieden gegründeten Rechte an dieses Herzogtum geltend zu machen, strengt es jetzt alle seine Kräfte an und unterstützt seine Generale aufs nachdrücklichste mit Geld und Soldaten. Auch in andern Gegenden des Reichs gewinnen die Angelegenheiten Schwedens ein günstigeres Ansehen, und sie fangen an, sich von dem tiefen Verfalle zu erheben, worein sie durch die Untätigkeit Frankreichs und durch den Abfall ihrer Alliierten versunken waren. Denn nach ihrem eilfertigen Rückzuge nach Pommern hatten sie einen Platz nach dem andern in Obersachsen verloren; die mecklenburgischen Fürsten, von den kaiserlichen Waffen bedrängt, fingen an, sich auf die österreichische Seite zu neigen, und selbst Herzog Georg von Lüneburg erklärte sich feindlich gegen sie. *Ehrenbreitstein,* durch Hunger besiegt, öffnete dem bayrischen General von Werth seine Tore, und die Österreicher bemächtigten sich aller am Rheinstrom aufgeworfenen Schanzen. Frankreich hatte gegen die Spanier eingebüßt, und der Erfolg entsprach den prahlerischen Anstalten nicht, womit man den Krieg gegen diese Krone eröffnet hatte. Verloren war alles, was die Schweden im innern Deutschlands besaßen, und nur die Hauptplätze in Pommern behaupteten sich noch. Ein einziger Feldzug reißt sie aus dieser tiefen Erniedrigung, und durch die mächtige Diversion, welche der siegende Bernhard den kaiserlichen Waffen an den Ufern des Rheins macht, wird der ganzen Lage des Kriegs ein schneller Umschwung gegeben.

Die Irrungen zwischen Frankreich und Schweden waren endlich beigelegt und der alte Traktat zwischen beiden Kronen zu Hamburg mit neuen Vorteilen für die Schweden bestätigt worden. In Hessen übernahm die staatskluge Landgräfin Amalia mit Bewilligung der Stände, nach dem Absterben Wilhelms, ihres Gemahls, die Regierung und behauptete mit vieler Entschlossenheit gegen den Widerspruch des Kaisers und der darmstädtischen Linie ihre Rechte. Der schwedisch-protestantischen Partei schon allein aus Religionsgrundsätzen eifrig ergeben, erwartete sie bloß die Gunst der Gelegenheit, um sich laut und tätig dafür zu erklären. Unterdessen gelang es ihr, durch eine kluge Zurückhaltung und listig angesponnene Traktaten den Kaiser in Untätigkeit zu erhalten, bis ihr geheimes Bündnis mit Frankreich geschlossen war und Bernhards Siege den Angelegenheiten der Protestanten eine günstige Wendung gaben. Da warf sie auf einmal die Maske ab und erneuerte die alte Freundschaft mit der schwedischen Krone. Auch den Kurprinzen von der Pfalz ermunterten Herzog Bernhards Triumphe, sein Glück gegen den gemeinschaftlichen Feind zu versuchen. Mit englischem Gelde warb er Völker in Holland, errichtete zu *Meppen* ein Magazin und vereinigte sich in Westfalen mit schwedischen Truppen. Sein Magazin ging zwar verloren, seine Armee wurde von dem Grafen Hatzfeld bei Vlotho geschlagen; aber seine Unternehmung hatte doch den Feind eine Zeitlang beschäftigt und den Schweden in andern Gegenden ihre Operationen erleichtert. Noch manche ihrer andern Freunde lebten auf, wie das Glück sich zu ihrem Vorteil erklärte, und es war schon Gewinn genug für sie, daß die niedersächsischen Stände die Neutralität ergriffen.

Von diesen wichtigen Vorteilen begünstigt und durch vierzehntausend Mann frischer Truppen aus Schweden und Livland verstärkt, eröffnete Banér voll guter Hoffnungen im Jahr 1638 den Feldzug. Die Kaiserlichen, welche Vorpommern und Mecklenburg innehatten, verließen größtenteils ihren Posten oder liefen scharenweise den schwedischen Fahnen zu, um dem Hunger, ihrem grimmigsten Feind in diesen ausgeplünderten und verarmten Gegenden, zu entfliehen. So schrecklich hatten die bisherigen Durch-

FÜNFTES BUCH

Amalia Elisabeth Landgräf. von Hessen übernimmt die Sorge für ihr Land.

züge und Quartiere das ganze Land zwischen der Elbe und Oder verödet, daß Banér, um in Sachsen und Böhmen einbrechen zu können und auf dem Wege dahin nicht mit seiner ganzen Armee zu verhungern, von Hinterpommern aus einen Umweg nach Niedersachsen nahm und dann erst durch das halberstädtische Gebiet in Kursachsen einrückte. Die Ungeduld der niedersächsischen Staaten, einen so hungrigen Gast wieder loszuwerden, versorgte ihn mit dem nötigen Proviant, daß er für seine Armee in Magdeburg Brot hatte, – in einem Lande, wo der Hunger schon den Ekel an Menschenfleisch überwunden hatte. Er erschreckte Sachsen mit seiner verwüstenden Ankunft; aber nicht auf dieses erschöpfte Land, auf die kaiserlichen Erbländer war seine Absicht gerichtet. Bernhards Siege erhoben seinen Mut, und die wohlhabenden Provinzen des Hauses Österreich lockten seine Raubsucht. Nachdem er den kaiserlichen General von Salis bei Elsterberg geschlagen, die sächsische Armee bei Chemnitz zugrunde gerichtet und Pirna erobert hatte, drang er in Böhmen mit unwiderstehlicher Macht ein, setzte über die Elbe, bedrohte Prag, eroberte Brandeis und Leitmeritz, schlug den General von Hofkirch mit zehn Regimentern und verbreitete Schrecken und Verwüstung durch das ganze unverteidigte Königreich. Beute war alles, was sich fortschaffen ließ, und zerstört wurde, was nicht genossen und nicht geraubt werden konnte. Um desto mehr Korn fortzuschleppen, schnitt man die Ähren von den Halmen und verderbte den Überrest. Über tausend Schlösser, Flecken und Dörfer wurden in die Asche gelegt, und oft sah man ihrer hundert in einer einzigen Nacht auflodern. Von Böhmen aus tat er Streifzüge nach Schlesien, und selbst Mähren und Österreich sollten seine Raubsucht empfinden. Dies zu verhindern, mußte Graf Hatzfeld aus Westfalen und Piccolomini aus den Niederlanden herbeieilen. Erzherzog Leopold, ein

Bruder des Kaisers, erhält den Kommandostab, um die Ungeschicklichkeit seines Vorgängers Gallas wiedergutzumachen und die Armee aus ihrem tiefen Verfalle zu erheben.

Der Ausgang rechtfertigte die getroffene Veränderung, und der Feldzug des 1640sten Jahres schien für die Schweden eine sehr nachteilige Wendung zu nehmen. Sie werden aus einem Quartier nach dem andern in Böhmen vertrieben, und nur bemüht, ihren Raub in Sicherheit zu bringen, ziehen sie sich eilfertig über das meißnische Gebirge. Aber auch durch Sachsen von dem nacheilenden Feinde verfolgt und bei Plauen geschlagen, müssen sie nach Thüringen ihre Zuflucht nehmen. Durch einen einzigen Sommer zu Meistern des Feldes gemacht, stürzen sie ebenso schnell wieder zu der tiefsten Schwäche herab, um sich aufs neue zu erheben und so mit beständigem raschen Wechsel von einem Äußersten zum andern zu eilen. Banérs geschwächte Macht, im Lager bei Erfurt ihrem gänzlichen Untergang nahe, erhebt sich auf einmal wieder. Die Herzoge von Lüneburg verlassen den Pragischen Frieden und führen ihm jetzt die nämlichen Truppen zu, die sie wenige Jahre vorher gegen ihn fechten ließen. Hessen schickt Hilfe, und der Herzog von Longueville stößt mit der nachgelassenen Armee Herzog Bernhards zu seinen Fahnen. Den Kaiserlichen aufs neue an Macht überlegen, bietet ihnen Banér bei Saalfeld ein Treffen an; aber ihr Anführer Piccolomini vermeidet es klüglich und hat eine zu gute Stellung gewählt, um dazu gezwungen zu werden. Als endlich die Bayern sich von den Kaiserlichen trennen und ihren Marsch gegen Franken richten, versucht Banér auf dieses getrennte Korps einen Angriff, den aber die Klugheit des bayrischen Anführers, von Mercy, und die schnelle Annäherung der kaiserlichen Hauptmacht vereitelt. Beide Armeen ziehen sich nunmehr in das ausgehungerte Hessen, wo sie sich, nicht weit voneinander, in ein festes Lager einschließen, bis endlich Mangel und rauhe Jahrszeit sie aus diesem verarmten Landstrich verscheuchen. Piccolomini erwählt sich die fetten Ufer der Weser zu Winterquartieren; aber überflügelt von Banérn, muß er sie den Schweden einräumen und die fränkischen Bistümer mit seinem Besuche belästigen.

Um eben diese Zeit wurde zu Regensburg ein Reichstag gehalten, wo die Klagen der Stände gehört, an der Beruhigung des Reiches gearbeitet und über Krieg und Frieden ein Schluß gefaßt werden sollte. Die Gegenwart des Kaisers, der im Fürstenkollegium präsidierte, die Mehrheit der katholischen Stimmen im Kurfürstenrate, die überlegene Anzahl der Bischöfe und der Abgang von mehrern evangelischen Stimmen leitete die Verhandlungen zum Vorteil des Kaisers, und es fehlte viel, daß auf diesem Reichstage das *Reich* repräsentiert worden wäre. Nicht ganz mit Unrecht betrachteten ihn die Protestanten als eine Zusammenverschwörung Österreichs und seiner Kreaturen gegen den protestantischen Teil, und in ihren Augen konnte es Verdienst scheinen, diesen Reichstag zu stören oder auseinanderzuscheuchen.

Banér entwarf diesen verwegenen Anschlag. Der Ruhm seiner Waffen hatte bei dem letzten Rückzug aus Böhmen gelitten, und es bedurfte einer unternehmenden Tat, um seinen vorigen Glanz wiederherzustellen. Ohne jemand zum Vertrauten seines Anschlags zu machen, verließ er in der strengsten Kälte des Winters im Jahre 1641 seine Quartiere in Lüneburg, sobald die Wege und Ströme gefroren waren. Begleitet von dem Marschall von Guébriant, der die französische und weimarische Armee kommandierte, richtete er durch Thüringen und das Vogtland seinen Marsch nach der Donau und stand Regensburg gegenüber, ehe der Reichstag vor seiner verderblichen

Ankunft gewarnt werden konnte. Unbeschreiblich groß war die Bestürzung der versammelten Stände, und in der ersten Angst schickten sich alle Gesandten zur Flucht an. Nur der Kaiser erklärte, daß er die Stadt nicht verlassen würde, und stärkte durch sein Beispiel die andern. Zum Unglück der Schweden fiel Tauwetter ein, daß die Donau aufging und weder trocknen Fußes, noch wegen des starken Eisgangs zu Schiffe passiert werden konnte. Um doch etwas getan zu haben und den Stolz des Deutschen Kaisers zu kränken, beging Banér die Unhöflichkeit, die Stadt mit fünfhundert Kanonenschüssen zu begrüßen, die aber wenig Schaden anrichteten. In dieser Unternehmung getäuscht, beschloß er nunmehr, tiefer in Bayern und in das unverteidigte Mähren zu dringen, wo eine reiche Beute und bequemere Quartiere seine bedürftigen Truppen erwarteten. Aber nichts konnte den französischen General bewegen, ihm bis dahin zu folgen. Guébriant fürchtete, daß die Absicht der Schweden sei, die weimarische Armee immer weiter vom Rhein zu entfernen und von aller Gemeinschaft mit Frankreich abzuschneiden, bis man sie entweder gänzlich auf seine Seite gebracht oder doch außerstand gesetzt habe, etwas Eignes zu unternehmen. Er trennte sich also von Banérn, um nach dem Mainstrom zurückzukehren, und dieser sahe sich auf einmal der ganzen kaiserlichen Macht bloßgestellt, die, zwischen Regensburg und Ingolstadt in aller Stille versammelt, gegen ihn anrückte. Jetzt galt es, auf einen schnellen Rückzug zu denken, der im Angesicht eines an Reiterei überlegenen Heeres, zwischen Strömen und Wäldern, in einem weit und breit feindlichen Lande, kaum anders als durch ein Wunder möglich schien. Eilfertig zog er sich nach dem *Wald,* um durch Böhmen nach Sachsen zu entkommen; aber drei Regimenter mußte er bei Neuburg im Stiche lassen. Diese hielten durch eine spartanische Gegenwehr hinter einer schlechten Mauer die

GESCHICHTE DES DREISSIGJÄHRIGEN KRIEGS

Banners Vergiftung in Hildesheim.
Mönch. Du wirst diesen Löwen bändigen!

feindliche Macht vier ganze Tage auf, daß Banér den Vorsprung gewinnen konnte. Er entkam über Eger nach Annaberg; Piccolomini setzte ihm auf einem nähern Weg über Schlackenwald nach, und es kam bloß auf den Vorteil einer kleinen halben Stunde an, daß ihm der kaiserliche General nicht bei dem Passe zu Preßnitz zuvorkam und die ganze schwedische Macht vertilgte. Zu Zwickau vereinigte sich Guébriant wieder mit dem Banérischen Heer, und beide richteten ihren Marsch nach Halberstadt, nachdem sie umsonst versucht hatten, die Saale zu verteidigen und den Österreichern den Übergang zu verwehren.

Zu Halberstadt fand endlich Banér (im Mai 1641) das Ziel seiner Taten, durch kein andres als das Gift der Unmäßigkeit und des Verdrusses getötet. Mit großem Ruhme, obgleich mit abwechselndem Glück, behauptete er das Ansehen der schwedischen Waffen in Deutschland und zeigte sich durch eine Kette von Siegestaten seines großen Lehrers in der Kriegskunst wert. Er war reich an Anschlägen, die er geheimnisvoll bewahrte und rasch vollstreckte, besonnen in Gefahren, in der Widerwärtigkeit größer als im Glück und nie mehr furchtbar, als wenn man ihn am Rande des Verderbens glaubte. Aber die Tugenden des Kriegshelden waren in ihm mit allen Unarten und Lastern gepaart, die das Waffenhandwerk erzeugt oder doch in Schutz nimmt. Ebenso gebieterisch im Umgang als vor der Fronte seines Heers, rauh wie sein Gewerbe und stolz wie ein Eroberer, drückte er die deutschen Fürsten nicht weniger durch seinen Übermut als durch seine Erpressungen ihre Länder. Für die Beschwerden des Kriegs entschädigte er sich durch die Freuden der Tafel und in den Armen der Wollust, die er bis zum Übermaße trieb und endlich mit einem frühen Tod büßen mußte. Aber üppig wie ein Alexander und Mahomed der Zweite stürzte er sich mit gleicher Leichtigkeit aus den Armen der Wollust in die härteste Arbeit des Kriegs, und in seiner ganzen Feldherrngröße stand er da, als die Armee über den Weichling murrte. Gegen achtzigtausend Mann fielen in den zahlreichen Schlachten, die er lieferte, und gegen sechshundert feindliche Standarten und Fahnen, die er nach Stockholm sandte, beurkundeten seine Siege. Der Verlust dieses großen Führers wurde von den Schweden bald aufs empfindlichste gefühlt, und man fürchtete, daß er nicht zu ersetzen sein würde. Der Geist der Empörung und Zügellosigkeit, durch das überwiegende Ansehen dieses gefürchteten Generals in Schranken gehalten, erwachte, sobald er dahin war. Die Offiziere fordern mit furchtbarer Einstimmigkeit ihre Rückstände, und keiner der vier Generale, die sich nach Banérn in das Kommando teilen, besitzt Ansehen genug, diesen ungestümen Mahnern Genüge zu leisten oder Stillschweigen zu gebieten. Die Kriegszucht erschlafft; der zunehmende Mangel und die kaiserlichen Abrufungsschreiben vermindern mit jedem Tage die Armee; die französisch-weimarischen Völker beweisen wenig Eifer; die Lüneburger verlassen die schwedischen Fahnen, da die Fürsten des Hauses Braunschweig nach dem Tode Herzog Georgs sich mit dem Kaiser vergleichen; und endlich sondern sich auch die Hessen von ihnen ab, um in Westfalen beßre Quartiere zu suchen. Der Feind benutzt dieses verderbliche Zwischenreich, und, obgleich in zwei Aktionen aufs Haupt geschlagen, gelingt es ihm, beträchtliche Fortschritte in Niedersachsen zu machen.

Endlich erschien der neuernannte schwedische Generalissimus mit frischem Geld und Soldaten. *Leonhard Torstensson* war es, ein Zögling Gustav Adolfs und der glücklichste Nachfolger dieses Helden, dem er schon in dem polnischen Kriege als Page zur Seite stand. Von dem Podagra gelähmt und an die Sänfte geschmiedet, besiegte er alle seine Gegner durch *Schnelligkeit,* und seine Unternehmungen hatten

Flügel, während daß sein Körper die schrecklichste aller Fesseln trug. Unter ihm verändert sich der Schauplatz des Krieges, und neue Maximen herrschen, die die Not gebietet und der Erfolg rechtfertigt. Erschöpft sind alle Länder, um die man bisher gestritten hatte, und in seinen hintersten Landen unangefochten, fühlt das Haus Österreich den Jammer des Krieges nicht, unter welchem ganz Deutschland blutet. Torstensson verschafft ihm zuerst diese bittre Erfahrung, sättigt seine Schweden an dem fetten Tisch Österreichs und wirft den Feuerbrand bis an den Thron des Kaisers.

In Schlesien hatte der Feind beträchtliche Vorteile über den schwedischen Anführer *Stålhandske* erfochten und ihn nach der Neumark gejagt. Torstensson, der sich im Lüneburgischen mit der schwedischen Hauptmacht vereinigt hatte, zog ihn an sich und brach im Jahr 1642 durch Brandenburg, das unter dem großen Kurfürsten angefangen hatte, eine gewaffnete Neutralität zu beobachten, plötzlich in Schlesien ein. Glogau wird ohne Approche, ohne Bresche, mit dem Degen in der Faust erstiegen, der Herzog Franz Albrecht von Lauenburg bei Schweidnitz geschlagen und selbst erschossen, Schweidnitz wie fast das ganze diesseits der Oder gelegene Schlesien erobert. Nun drang er mit unaufhaltsamer Gewalt bis in das Innerste von Mähren, wohin noch kein Feind des Hauses Österreich gekommen war, bemeisterte sich der Stadt Olmütz und machte selbst die Kaiserstadt beben. Unterdessen hatten Piccolomini und Erzherzog Leopold eine überlegene Macht versammelt, die den schwedischen Eroberer aus Mähren und bald auch, nach einem vergeblichen Versuch auf Brieg, aus Schlesien verscheuchte. Durch Wrangeln verstärkt, wagte er sich zwar aufs neue dem überlegnen Feind entgegen und entsetzte Großglogau; aber er konnte weder den Feind zum Schlagen bringen noch seine Absicht

Lilienhoeks Tod bei Leipzig

Lilienh. Wir haben gesiegt? Gott segne Sie, mein Prinz, und durch Sie mein Vaterland.

auf Böhmen ausführen. Er überschwemmte nun die *Lausitz*, wo er im Angesichte des Feindes Zittau wegnahm und nach einem kurzen Aufenthalt seinen Marsch durch Meißen an die Elbe richtete, die er bei Torgau passierte. Jetzt bedrohte er Leipzig mit einer Belagerung und machte sich Hoffnung, in dieser wohlhabenden, seit zehn Jahren verschont gebliebenen Stadt einen reichlichen Vorrat an Lebensmitteln und starke Brandschatzungen zu erheben.

Sogleich eilen die Kaiserlichen unter Leopold und Piccolomini über Dresden zum Entsatz herbei, und Torstensson, um nicht zwischen der Armee und der Stadt eingeschlossen zu werden, rückt ihnen beherzt und in voller Schlachtordnung entgegen. Durch einen wunderbaren Kreislauf der Dinge traf man jetzt wieder auf dem nämlichen Boden zusammen, den Gustav Adolf eilf Jahre vorher durch einen entscheidenden Sieg merkwürdig gemacht hatte, und der Vorfahren Heldentugend erhitzte ihre Nachfolger zu einem edlen Wettstreit auf dieser heiligen Erde. Die schwedischen Generale Stålhandske und Wittenberg werfen sich auf den noch nicht ganz in Ordnung gestellten linken Flügel der Österreicher mit solchem Ungestüm, daß die ganze ihn bedeckende Reiterei über den Haufen gerannt und zum Treffen unbrauchbar gemacht wird. Aber auch dem linken der Schweden drohte schon ein ähnliches Schicksal, als ihm der siegende rechte zu Hilfe kam, dem Feind in den Rücken und in die Flanken fiel und seine Linien trennte. Die Infanterie beider Teile stand einer Mauer gleich und wehrte sich, nachdem alles Pulver verschossen war, mit umgekehrten Musketen, bis endlich die Kaiserlichen, von allen Seiten umringt, nach einem dreistündigen Gefechte das Feld räumen mußten. Die Anführer beider Armeen hatten ihr Äußerstes getan, ihre fliehenden Völker aufzuhalten, und Erzherzog Leopold war mit seinem Regimente der erste beim Angriff und der letzte auf der Flucht. Über dreitausend Mann und zwei ihrer besten Generale, *Slange* und *Liljehoek,* kostete den Schweden dieser blutige Sieg. Von den Kaiserlichen blieben fünftausend auf dem Platze, und beinahe ebenso viele wurden zu Gefangenen gemacht. Ihre ganze Artillerie von sechsundvierzig Kanonen, das Silbergeschirr und die Kanzlei des Erzherzogs, die ganze Bagage der Armee fiel in der Sieger Hände. Torstensson, zu sehr geschwächt durch seinen Sieg, um den Feind verfolgen zu können, rückte vor Leipzig; die geschlagene Armee nach Böhmen, wo die flüchtigen Regimenter sich wieder sammelten. Erzherzog Leopold konnte diese verlorne Schlacht nicht verschmerzen, und das Kavallerieregiment, das durch seine frühe Flucht dazu Anlaß gegeben, erfuhr die Wirkungen seines Grimms. Zu Rakonitz in Böhmen erklärte er es im Angesicht der übrigen Truppen für ehrlos, beraubte es aller seiner Pferde, Waffen und Insignien, ließ seine Standarten zerreißen, mehrere seiner Offiziere und von den Gemeinen den zehenten Mann zum Tode verurteilen.

Leipzig selbst, welches drei Wochen nach dem Treffen bezwungen wurde, war die schönste Beute des Siegers. Die Stadt mußte das ganze schwedische Heer neu bekleiden und sich mit drei Tonnen Goldes, wozu auch die fremden Handlungshäuser, die ihre Warenlager darin hatten, mit Taxen beschwert wurden, von der Plünderung loskaufen. Torstensson rückte noch im Winter vor Freiberg, trotzte vor dieser Stadt mehrere Wochen lang dem Grimm der Witterung und hoffte durch seine Beharrlichkeit den Mut der Belagerten zu ermüden. Aber er opferte nur seine Truppen auf, und die Annäherung des kaiserlichen Generals Piccolomini nötigte ihn endlich, mit seiner geschwächten Armee sich zurückzuziehen. Doch achtete er es schon für Gewinn, daß auch der Feind die Ruhe der Winterquartiere, deren er sich freiwillig beraubte, zu entbehren genötigt ward und in diesem ungünstigen Winterfeldzug über dreitausend Pferde einbüßte. Er machte nun eine Bewegung gegen die Oder, um sich durch die Garnisonen aus Pommern und Schlesien zu verstärken; aber mit Blitzesschnelligkeit stand er wieder an der böhmischen Grenze, durchflog dieses Königreich und – entsetzte Olmütz in Mähren, das von den Kaiserlichen hart geängstiget wurde. Aus seinem Lager bei Tobitschau, zwei Meilen von Olmütz, beherrschte er ganz Mähren, drückte es mit schweren Erpressungen und ließ bis an die Brücken von Wien seine Scharen streifen. Umsonst bemühte sich der Kaiser, zu Verteidigung dieser Provinz den ungarischen Adel zu bewaffnen; dieser berief sich auf seine Privilegien und wollte außerhalb seinem Vaterlande nicht dienen. Über dieser fruchtlosen Unterhandlung verlor man die Zeit für einen tätigen Widerstand und ließ die ganze Provinz Mähren den Schweden zum Raube werden.

Während daß Leonhard Torstensson durch seine Märsche und Siege Freund und Feind in Erstaunen setzte, hatten sich die Armeen der Alliierten in andern Teilen des Reichs nicht untätig verhalten. Die Hessen und Weimarischen unter den Grafen von Eberstein und dem Marschall von Guébriant waren in das Erzstift Köln eingefallen, um dort ihre Winterquartiere zu beziehen. Um sich dieser räuberischen Gäste zu erwehren, rief der Kurfürst den kaiserlichen General von Hatzfeld herbei und versammelte seine eignen Truppen unter dem General Lamboy. Diesen griffen die Alliierten (im Jänner 1642) bei *Kempen* an und schlugen ihn in einer großen Schlacht, daß zweitausend blieben und noch einmal so viel zu Gefangenen gemacht wurden. Dieser wichtige Sieg öffnete ihnen das ganze Kurfürstentum und die angrenzenden Lande, daß sie nicht nur ihre Quartiere darin behaupteten, sondern auch großer Verstärkungen an Soldaten und Pferden daraus zogen.

Guébriant überließ den hessischen Völkern, ihre Eroberungen am Niederrhein gegen den Grafen von Hatzfeld zu verteidigen, und näherte sich Thüringen, um Torstenssons Unternehmungen in Sachsen zu unterstützen. Aber anstatt seine Macht mit der schwedischen zu vereinigen, eilte er zurück nach dem Main- und Rheinstrom, von dem er sich schon weiter, als er sollte, entfernt hatte. Da ihm die Bayern unter *Mercy* und *Johann von Werth* in der Markgrafschaft Baden zuvorgekommen waren, so irrte er viele Wochen lang, dem Grimm der Witterung preisgegeben, ohne Obdach umher und mußte gewöhnlich auf dem Schnee kampieren, bis er im Breisgau endlich ein kümmerliches Unterkommen fand. Zwar zeigte er sich im folgenden Sommer wieder im Felde und beschäftigte in Schwaben das bayrische Heer, daß es die Stadt Thionville in den Niederlanden, welche Condé belagerte, nicht entsetzen sollte. Aber bald ward er von dem überlegenen Feinde in das Elsaß zurückgedrückt, wo er eine Verstärkung erwartete.

Der Tod des Kardinals Richelieu, der im November des Jahrs 1642 erfolgt war, und der Thron- und Ministerwechsel, den das Absterben Ludwigs des Dreizehnten im Mai 1643 nach sich zog, hatte die Aufmerksamkeit Frankreichs eine Zeitlang von dem deutschen Krieg abgezogen und diese Untätigkeit im Felde bewirkt. Aber Mazarin, der Erbe von Richelieus Macht, Grundsätzen und Entwürfen, verfolgte den Plan seines Vorgängers mit erneuertem Eifer, wie teuer auch der französische Untertan diese politische Größe Frankreichs bezahlte. Wenn Richelieu die Hauptstärke der Armeen gegen Spanien gebrauchte, so kehrte sie Mazarin gegen den Kaiser und machte durch die Sorgfalt, die er dem Kriege in Deutschland widmete, seinen Ausspruch wahr, daß die deutsche Armee der rechte Arm seines Königs und der Wall der französischen Staaten sei. Er schickte dem Feldmarschall von Guébriant, gleich nach der Einnahme von Thionville, eine beträchtliche Verstärkung ins Elsaß; und damit diese Truppen sich den Mühseligkeiten des deutschen Krieges desto williger unterziehen möchten, mußte der berühmte Sieger bei Rocroy, Herzog von Enghien, nachheriger Prinz von Condé, sie in eigner Person dahin führen. Jetzt fühlte sich Guébriant stark genug, um in Deutschland wieder mit Ehren auftreten zu können. Er eilte über den Rhein zurück, um sich in Schwaben bessere Winterquartiere zu suchen, und machte sich auch wirklich Meister von Rottweil, wo ihm ein bayrisches Magazin in die Hände fiel. Aber dieser Platz wurde teurer bezahlt, als er wert war, und schneller, als er gewonnen worden, wieder verloren. Guébriant erhielt eine Wunde im Arm, welche die ungeschickte Hand seines Wundarztes tödlich machte, und die Größe seines Verlustes wurde noch selbst an dem Tage seines Todes kund.

Die französische Armee, durch die Expedition in einer so rauhen Jahreszeit merklich vermindert, hatte sich nach der Einnahme von Rottweil in die Gegend von *Tuttlingen* gezogen, wo sie, ohne alle Ahnung eines feindlichen Besuchs, in tiefer Sicherheit rastet. Unterdessen versammelt der Feind eine große Macht, die bedenkliche Festsetzung der Franzosen jenseits des Rheins und in einer so großen Nähe von Bayern zu hindern und diese Gegend von ihren Erpressungen zu befreien. Die Kaiserlichen, von Hatzfeld angeführt, verbinden sich mit der bayrischen Macht, welche Mercy befehligt; und auch der Herzog von Lothringen, den man in diesem ganzen Krieg überall, nur nicht in seinem Herzogtum findet, stößt mit seinen Truppen zu ihren vereinigten Fahnen. Der Anschlag wird gefaßt, die Quartiere der Franzosen in Tuttlingen und den angrenzenden Dörfern *aufzuschlagen,* d. i. sie unvermutet zu überfallen; eine in diesem Kriege sehr beliebte Art von Expeditionen, die, weil sie immer und notwendig mit Verwirrung verknüpft war, gewöhnlich mehr Blut kostete als geordnete Schlachten. Hier war sie um so mehr an ihrem Platze, da der französische Soldat, in dergleichen Unternehmungen unerfahren, von einem deutschen Winter ganz andre Begriffe hegte und durch die Strenge der Jahreszeit sich gegen jede Überraschung für hinlänglich gesichert hielt. Johann von Werth, ein Meister in dieser Art Krieg zu führen, der seit einiger Zeit gegen Gustav Horn war ausgewechselt worden, führte die Unternehmung an und brachte sie auch über alle Erwartung glücklich zustande.

Man tat den Angriff von einer Seite, wo er der vielen engen Pässe und Waldungen wegen am wenigsten erwartet werden konnte, und ein starker Schnee, der an eben diesem Tage (den 24sten des Novembers 1643) fiel, verbarg die Annäherung des Vortrabs, bis er im Angesichte von Tuttlingen haltmachte. Die ganze außerhalb des Orts verlassen stehende Artillerie wird, so wie das naheliegende Schloß Honberg, ohne Widerstand erobert, ganz Tuttlingen von der nach und nach eintreffenden Armee umzingelt und aller Zusammenhang der in den Dörfern umher zerstreuten feindlichen Quartiere still und plötzlich gehemmt. Die Franzosen waren also schon besiegt, ehe man eine Kanone abbrannte. Die Reiterei dankte ihre Rettung der Schnelligkeit ihrer Pferde und den wenigen Minuten, welche sie vor dem nachsetzenden Feinde voraushatte. Das Fußvolk ward zusammengehauen oder streckte freiwillig das Gewehr. Gegen zweitausend bleiben, siebentausend geben sich mit fünfundzwanzig Stabsoffizieren und neunzig Kapitäns gefangen. Dies war wohl in diesem ganzen Kriege die einzige Schlacht, welche auf die verlierende und die gewinnende Partei ohngefähr den nämlichen Eindruck machte; beide waren Deutsche, und die Franzosen hatten sich beschimpft. Das Andenken dieses unholden Tages, der hundert Jahre später bei Roßbach erneuert ward, wurde in der Folge zwar durch die Heldentaten eines Turenne und

FÜNFTES BUCH

Ferdinand III
Dankfest nach der Schlacht bei Duttlingen.

Condé wieder ausgelöscht; aber es war den Deutschen zu gönnen, wenn sie sich für das Elend, das die französische Politik über sie häufte, mit einem Gassenhauer auf die französische Tapferkeit bezahlt machten.

Diese Niederlage der Franzosen hätte indessen den Schweden sehr verderblich werden können, da nunmehr die ganze ungeteilte Macht des Kaisers gegen sie losgelassen wurde und die Zahl ihrer Feinde in dieser Zeit noch um einen vermehrt worden war. Torstensson hatte Mähren im September 1643 plötzlich verlassen und sich nach Schlesien gezogen. Niemand wußte die Ursache seines Aufbruchs, und die oft veränderte Richtung seines Marsches trug dazu bei, die Ungewißheit zu vermehren. Von Schlesien aus näherte er sich unter mancherlei Krümmungen der Elbe, und die Kaiserlichen folgten ihm bis in die Lausitz nach. Er ließ bei Torgau eine Brücke über die Elbe schlagen und sprengte aus, daß er durch Meißen in die obere Pfalz und in Bayern dringen würde. Auch bei Barby stellte er sich an, als wollte er diesen Strom passieren, zog sich aber immer weiter die Elbe hinab, bis Havelberg, wo er seiner erstaunten Armee bekanntmachte, daß er sie nach Holstein gegen die Dänen führte.

Längst schon hatte die Parteilichkeit, welche König Christian der Vierte bei dem von ihm übernommenen Mittleramte gegen die Schweden blicken ließ, die Eifersucht, womit er dem Fortgang ihrer Waffen entgegenarbeitete, die Hindernisse, die er der schwedischen Schiffahrt im Sund entgegensetzte, und die Lasten, mit denen er ihren aufblühenden Handel beschwerte, den Unwillen dieser Krone gereizt und endlich, da der Kränkungen immer mehrere wurden, ihre Rache aufgefordert. Wie gewagt es auch schien, sich in einen neuen Krieg zu verwickeln, während daß man unter der Last des alten, mitten unter gewonnenen Siegen, beinahe zu Boden sank, so erhob doch die Rachbegierde und ein verjährter Nationalhaß den Mut der Schweden über alle diese Bedenklichkeiten, und die Verlegenheiten selbst, in welche man sich durch den Krieg in Deutschland verwickelt sah, waren ein Beweggrund mehr, sein Glück gegen Dänemark zu versuchen. Es war endlich so weit gekommen, daß man den Krieg nur fortsetzte, um den Truppen Arbeit und Brot zu verschaffen, daß man fast bloß um den Vorteil der Winterquartiere stritt und, die Armee gut untergebracht zu haben, höher als eine gewonnene Hauptschlacht schätzte. Aber fast alle Provinzen des Deutschen Reichs waren verödet und ausgezehrt; es fehlte an Proviant, an Pferden und Menschen, und an allem diesem hatte Holstein Überfluß. Gewann man auch weiter nichts, als daß man die Armee in dieser Provinz rekrutierte, Pferde und Soldaten sättigte und die Reiterei besser beritten machte – so war der Erfolg schon der Mühe und Gefahr des Versuches wert. Auch kam jetzt bei Eröffnung des Friedensgeschäftes alles darauf an, den nachteiligen dänischen Einfluß auf die Friedensunterhandlungen zu hemmen, den Frieden selbst, der die schwedische Krone nicht sehr zu begünstigen schien, durch Verwirrung der Interessen möglichst zu verzögern und, da es auf Bestimmung einer Genugtuung ankam, die Zahl seiner Eroberungen zu vermehren, um die einzige, welche man zu behalten wünschte, desto gewisser zu erlangen. Die schlechte Verfassung des dänischen Reichs berechtigte zu noch größeren Hoffnungen, wenn man nur den Anschlag schnell und verschwiegen ausführte. Wirklich beobachtete man in Stockholm das Geheimnis so gut, daß die dänischen Minister nicht das geringste davon argwohnten, und weder Frankreich noch Holland wurde in das Geheimnis gezogen. Der Krieg selbst war die Kriegserklärung, und Torstensson stand in Holstein, ehe man eine Feindseligkeit ahnete. Durch keinen Widerstand aufgehalten, ergießen sich die schwedischen

Truppen wie eine Überschwemmung durch dieses Herzogtum und bemächtigen sich aller festen Plätze desselben, Rendsburg und Glückstadt ausgenommen. Eine andere Armee bricht in *Schonen* ein, welches gleich wenig Widerstand leistet, und nur die stürmische Jahrszeit verhindert die Anführer, den Kleinen Belt zu passieren und den Krieg selbst nach Fünen und Seeland zu wälzen. Die dänische Flotte verunglückt bei *Fehmarn,* und Christian selbst, der sich auf derselben befindet, verliert durch einen Splitter sein rechtes Auge. Abgeschnitten von der weit entlegenen Macht des Kaisers, seines Bundsgenossen, steht dieser König auf dem Punkte, sein ganzes Reich von der schwedischen Macht überschwemmt zu sehen, und es ließ sich in allem Ernst zu Erfüllung der Wahrsagung an, die man sich von dem berühmten Tycho Brahe erzählte, daß Christian der Vierte im Jahre 1644 mit einem bloßen Stecken aus seinem Reiche würde wandern müssen.

Aber der Kaiser durfte nicht gleichgültig zusehen, daß Dänemark den Schweden zum Opfer wurde und der Raub dieses Königreichs ihre Macht vermehrte. Wie groß auch die Schwierigkeiten waren, die sich einem so weiten Marsch durch lauter ausgehungerte Länder entgegensetzten, so säumte er doch nicht, den Grafen von Gallas, dem nach dem Austritt des Piccolomini das Oberkommando über die Truppen aufs neue war anvertraut worden, mit einer Armee nach Holstein zu senden. Gallas erschien auch wirklich in diesem Herzogtum, eroberte Kiel und hoffte, nach der Vereinigung mit den Dänen, die schwedische Armee in Jütland einzuschließen. Zugleich wurden die Hessen und der schwedische General von Königsmark durch Hatzfeld und durch den Erzbischof von Bremen, den Sohn Christians des Vierten, beschäftigt und der letztere durch einen Angriff auf Meißen nach Sachsen gezogen. Aber Torstensson drang durch den unbesetzten Paß zwischen Schleswig und Stapelholm, ging mit seiner neugestärkten Armee dem Gallas entgegen und drückte ihn den ganzen Elbstrom hinauf bis Bernburg, wo die Kaiserlichen ein festes Lager bezogen. Torstensson passierte die Saale und nahm eine solche Stellung, daß er den Feinden in den Rücken kam und sie von Sachsen und Böhmen abschnitt. Da riß der Hunger in ihrem Lager ein und richtete den größten Teil der Armee zugrunde; der Rückzug nach Magdeburg verbesserte nichts an dieser verzweifelten Lage. Die Kavallerie, welche nach Schlesien zu entkommen suchte, wird von Torstensson bei Jüterbog eingeholt und zerstreut, die übrige Armee, nach einem vergeblichen Versuch, sich mit dem Schwert in der Hand durchzuschlagen, bei Magdeburg fast ganz aufgerieben. Von seiner großen Macht brachte Gallas bloß einige tausend Mann und den Ruhm zurück, daß kein größerer Meister zu finden sei, eine Armee zu ruinieren. Nach diesem verunglückten Versuch zu seiner Befreiung suchte der König von Dänemark den Frieden und erhielt ihn zu Brömsebro im Jahre 1645 unter harten Bedingungen.

Torstensson verfolgte seinen Sieg. Während daß einer seiner Untergenerale, *Axel Lilje,* Kursachsen ängstigte und Königsmark ganz Bremen sich unterwürfig machte, brach er selbst an der Spitze von sechzehntausend Mann und mit achtzig Kanonen in Böhmen ein und suchte nun den Krieg aufs neue in die Erbstaaten Österreichs zu verpflanzen. Ferdinand eilte auf diese Nachricht selbst nach Prag, um durch seine Gegenwart den Mut seiner Völker zu entflammen und, da es so sehr an einem tüchtigen General und den vielen Befehlshabern an Übereinstimmung fehlte, in der Nähe der Kriegesszenen desto schneller und nachdrücklicher wirken zu können. Auf seinen Befehl versammelte Hatzfeld die ganze österreichische und bayrische Macht und stellte sie – das letzte Heer des Kaisers und der letzte

Wall seiner Staaten – wider seinen Rat und Willen dem eindringenden Feinde bei *Jankau* oder Jankowitz am 24. Februar 1645 entgegen. Ferdinand verließ sich auf seine Reiterei, welche dreitausend Pferde mehr als die feindliche zählte, und auf die Zusage der Jungfrau Maria, die ihm im Traum erschienen und einen gewissen Sieg versprochen hatte.

Die Überlegenheit der Kaiserlichen schreckte Torstensson nicht ab, der nie gewohnt war, seine Feinde zu zählen. Gleich beim ersten Angriff wurde der linke Flügel, den der ligistische General von Götz in eine sehr unvorteilhafte Gegend zwischen Teichen und Wäldern verwickelt hatte, völlig in Unordnung gebracht, der Anführer selbst mit dem größten Teil seiner Völker erschlagen und beinahe die ganze Kriegsmunition der Armee erbeutet. Dieser unglückliche Anfang entschied das Schicksal des ganzen Treffens. Die Schweden bemächtigten sich, immer vorwärts dringend, der wichtigsten Anhöhen, und nach einem achtstündigen blutigen Gefechte, nach einem wütenden Anlauf der kaiserlichen Reiterei und dem tapfersten Widerstand des Fußvolks waren sie Meister vom Schlachtfelde. Zweitausend Österreicher blieben auf dem Platze, und Hatzfeld selbst mußte sich mit dreitausend gefangen geben. Und so war denn an *einem* Tage der beste General und das letzte Heer des Kaisers verloren.

Dieser entscheidende Sieg bei Jankowitz öffnete auf einmal dem Feind alle österreichischen Lande. Ferdinand entfloh eilig nach Wien, um für die Verteidigung dieser Stadt zu sorgen und sich selbst, seine Schätze und seine Familie in Sicherheit zu bringen. Auch währte es nicht lange, so brachen die siegenden Schweden in Mähren und Österreich wie eine Wasserflut herein. Nachdem sie beinahe das ganze Mähren erobert, Brünn eingeschlossen, von allen festen Schlössern und Städten bis an die Donau Besitz

FÜNFTES BUCH

Der kranke Torstensohn hat bey Janckowitz gesiegt, und findet seine Gemahlin wieder.

genommen und endlich selbst die Schanze an der Wolfsbrücke, unfern von Wien, erstiegen, stehen sie endlich im Gesicht dieser Kaiserstadt, und die Sorgfalt, mit der sie die eroberten Plätze befestigen, scheint keinen kurzen Besuch anzudeuten. Nach einem langen verderblichen Umweg durch alle Provinzen des Deutschen Reiches krümmt sich endlich der Kriegesstrom rückwärts zu seinem Anfang, und der Knall des schwedischen Geschützes erinnert die Einwohner Wiens an jene Kugeln, welche die böhmischen Rebellen vor siebenundzwanzig Jahren in die Kaisersburg warfen. Dieselbe Kriegsbühne führt auch dieselben Werkzeuge des Angriffs zurück. Wie Bethlen Gabor von den rebellischen Böhmen, so wird jetzt sein Nachfolger Rakoczy von Torstensson zum Beistand herbeigerufen; schon ist Oberungarn von seinen Truppen überschwemmt, und täglich fürchtet man seine Vereinigung mit den Schweden. Johann Georg von Sachsen, durch die schwedischen Einquartierungen in seinem Lande aufs Äußerste gebracht, hilflos gelassen von dem Kaiser, der sich nach dem Jankauischen Treffen selbst nicht beschützen kann, ergreift endlich das letzte und einzige Rettungsmittel, einen Stillstand mit den Schweden zu schließen, der von Jahr zu Jahr bis zum allgemeinen Frieden verlängert wird. Der Kaiser verliert einen Freund, indem an den Toren seines Reichs ein neuer Feind gegen ihn aufsteht, indem seine Kriegsheere schmelzen und seine Bundsgenossen an andern Enden Deutschlands geschlagen werden. Denn auch die französische Armee hatte den Schimpf der Tuttlinger Niederlage durch einen glänzenden Feldzug wieder ausgelöscht und die ganze Macht Bayerns am Rhein und in Schwaben beschäftigt. Mit neuen Truppen aus Frankreich verstärkt, die der große und jetzt schon durch seine Siege in Italien verherrlichte Turenne dem Herzog von Enghien zuführte, erschienen sie am 3. August 1644 vor Freiburg, welches Mercy kurz vorher erobert hatte und mit seiner ganzen, aufs beste verschanzten Armee bedeckte. Das Ungestüm der französischen Tapferkeit scheiterte zwar an der Standhaftigkeit der Bayern, und der Herzog von Enghien mußte sich zum Rückzug entschließen, nachdem er bei sechstausend seiner Leute umsonst hingeschlachtet hatte. Mazarin vergoß Tränen über diesen großen Verlust, den aber der herzlose, für den Ruhm allein empfindliche Condé nicht achtete. «Eine einzige Nacht in Paris», hörte man ihn sagen, «gibt mehr Menschen das Leben, als diese Aktion getötet hat.» Indessen hatte doch diese mörderische Schlacht die Bayern so sehr entkräftet, daß sie, weit entfernt, das bedrängte Österreich zu entsetzen, nicht einmal die Rheinufer verteidigen konnten. Speyer, Worms, Mannheim ergaben sich, das feste Philippsburg wird durch Mangel bezwungen, und Mainz selbst eilt, durch eine zeitige Unterwerfung den Sieger zu entwaffnen.

Was Österreich und Mähren am Anfang des Krieges gegen die Böhmen gerettet hatte, rettete es auch jetzt gegen Torstensson. Rakoczy war zwar mit seinen Völkern, fünfundzwanzigtausend an der Zahl, bis an die Donau in die Nähe des schwedischen Lagers gedrungen; aber diese undisziplinierten und rohen Scharen verwüsteten nur das Land und vermehrten den Mangel im Lager der Schweden, anstatt daß sie die Unternehmungen Torstenssons durch eine zweckmäßige Wirksamkeit hätten befördern sollen. Dem Kaiser Tribut, dem Untertan Geld und Gut abzuängstigen, war der Zweck, der den Rakoczy wie Bethlen Gaborn ins Feld rief, und beide gingen heim, sobald sie diese Absicht erreicht hatten. Ferdinand, um seiner loszuwerden, bewilligte dem Barbaren, was er nur immer forderte, und befreite durch ein geringes Opfer seine Staaten von diesem furchtbaren Feinde.

Unterdessen hatte sich die Hauptmacht der Schweden in

einem langwierigen Lager vor Brünn aufs äußerste geschwächt. Torstensson, der selbst dabei kommandierte, erschöpfte vier Monate lang umsonst seine ganze Belagerungskunst; der Widerstand war dem Angriffe gleich, und Verzweiflung erhöhte den Mut des Kommendanten *de Souches,* eines schwedischen Überläufers, der keinen Pardon zu hoffen hatte. Die Wut der Seuchen, welche Mangel, Unreinlichkeit und der Genuß unreifer Früchte in seinem langwierigen verpesteten Lager erzeugte, und der schnelle Abzug des Siebenbürgers nötigte endlich den schwedischen Befehlshaber, die Belagerung aufzuheben. Da alle Pässe an der Donau besetzt, seine Armee aber durch Krankheit und Hunger schon sehr geschmolzen war, so entsagte er seiner Unternehmung auf Österreich und Mähren, begnügte sich, durch Zurücklassung schwedischer Besatzungen in den eroberten Schlössern einen Schlüssel zu beiden Provinzen zu behalten, und nahm seinen Weg nach Böhmen, wohin ihm die Kaiserlichen unter dem Erzherzog Leopold folgten. Welche der verlorenen Plätze von dem letztern noch nicht wieder erobert waren, wurden nach seinem Abzuge von dem kaiserlichen General Buchheim bezwungen, daß die österreichische Grenze in dem folgenden Jahre wieder völlig von Feinden gereinigt war und das zitternde Wien mit dem bloßen Schrecken davonkam. Auch in Böhmen und Schlesien behaupteten sich die Schweden nur mit sehr abwechselndem Glück und durchirrten beide Länder, ohne sich darin behaupten zu können. Aber wenn auch der Erfolg der Torstenssonischen Unternehmung ihrem vielversprechenden Anfang nicht ganz gemäß war, so hatte sie doch für die schwedische Partei die entscheidendsten Folgen. Dänemark wurde dadurch zum Frieden, Sachsen zum Stillstand genötigt, der Kaiser bei dem Friedenskongresse nachgiebiger, Frankreich gefälliger und Schweden selbst in seinem Betragen gegen die Kronen zuversichtlicher und kühner gemacht. Seiner großen Pflicht so glänzend entledigt, trat der Urheber dieser Vorteile, mit Lorbeern geschmückt, in die Stille des Privatstandes zurück, um gegen die Qualen seiner Krankheit Linderung zu suchen.

Von der böhmischen Seite zwar sahe sich der Kaiser nach Torstenssons Abzug vor einem feindlichen Einbruch gesichert; aber bald näherte sich von Schwaben und Bayern her eine neue Gefahr den österreichischen Grenzen. Turenne, der sich von Condé getrennt und nach Schwaben gewendet hatte, war im Jahr 1645 unweit Mergentheim von Mercy aufs Haupt geschlagen worden, und die siegenden Bayern drangen unter ihrem tapfern Anführer in Hessen ein. Aber der Herzog von Enghien eilte sogleich mit einem beträchtlichen Sukkurs aus dem Elsaß, Königsmark aus Mähren, die Hessen von dem Rheinstrom herbei, das geschlagene Heer zu verstärken, und die Bayern wurden bis an das äußerste Schwaben zurückgedrückt. Bei dem Dorf *Allersheim* unweit Nördlingen hielten sie endlich stand, die Grenze von Bayern zu verteidigen. Aber der ungestüme Mut des Herzogs von Enghien ließ sich durch kein Hindernis schrecken. Er führte seine Völker gegen die feindlichen Schanzen, und eine große Schlacht geschah, die der heldenmütige Widerstand der Bayern zu einer der hartnäckigsten und blutigsten machte und endlich der Tod des vortrefflichen Mercy, Turennes Besonnenheit und die felsenfeste Standhaftigkeit der Hessen zum Vorteil der Alliierten entschied. Aber auch diese zweite barbarische Hinopferung von Menschen hatte auf den Gang des Kriegs und der Friedensunterhandlungen wenig Einfluß. Das französische Heer, durch diesen blutigen Sieg entkräftet, verminderte sich noch mehr durch den Abzug der Hessen, und den Bayern führte Leopold kaiserliche Hilfsvölker zu, daß Turenne aufs eilfertigste nach dem Rhein zurückfliehen mußte.

Der Rückzug der Franzosen erlaubte dem Feind, seine ganze Macht jetzt nach Böhmen gegen die Schweden zu kehren. *Gustav Wrangel,* kein unwürdiger Nachfolger Banérs und Torstenssons, hatte im Jahre 1646 das Oberkommando über die schwedische Macht erhalten, die außer Königsmarks fliegendem Korps und den vielen im Reiche zerstreuten Besatzungen ohngefähr noch achttausend Pferde und fünfzehntausend Mann Fußvolk zählte. Nachdem der Erzherzog Leopold seine vierundzwanzigtausend Mann starke Macht durch zwölf bayrische Kavallerie- und achtzehn Infanterie-Regimenter verstärkt hatte, ging er auf Wrangeln los und hoffte ihn, ehe Königsmark zu ihm stieße oder die Franzosen eine Diversion machten, mit seiner überlegenen Macht zu erdrücken. Aber dieser erwartete ihn nicht, sondern eilte durch Obersachsen an die Weser, wo er Höxter und Paderborn wegnahm. Von da wendete er sich nach Hessen, um sich mit Turenne zu vereinigen, und zog in seinem Lager zu Wetzlar die fliegende Armee des Königsmark an sich. Aber Turenne, gefesselt durch Mazarins Befehle, der dem Kriegsglück und dem immer wachsenden Übermut Schwedens gern eine Grenze gesetzt sah, entschuldigte sich mit dem dringendern Bedürfnis, die niederländischen Grenzen des französischen Reichs zu verteidigen, weil die Holländer ihre versprochene Diversion in diesem Jahr unterlassen hätten. Da aber Wrangel fortfuhr, auf seiner gerechten Forderung mit Nachdruck zu bestehen, da eine längere Widersetzlichkeit bei den Schweden Verdacht erwecken, ja sie vielleicht gar zu einem Privatfrieden mit Österreich geneigt machen konnte, so erhielt endlich Turenne die gewünschte Erlaubnis, das schwedische Heer zu verstärken.

Die Vereinigung geschah bei Gießen, und jetzt fühlte man sich mächtig genug, dem Feinde die Stirne zu bieten. Er war den Schweden bis Hessen nachgeeilt, wo er ihnen

FÜNFTES BUCH

Conde und Türemme
ehren das Andenken des tapfern Mercy
auf dem Kirchhofe zu Allersheim.

die Lebensmittel abschneiden und die Vereinigung mit Turenne verhindern wollte. Beides mißlang, und die Kaiserlichen sahen sich nun selbst von dem Main abgeschnitten und nach dem Verlust ihrer Magazine dem größten Mangel ausgesetzt. Wrangel benutzte ihre Schwäche, um eine Unternehmung auszuführen, die dem Krieg eine ganz andre Wendung geben sollte. Auch er hatte die Maxime seines Vorgängers adoptiert, den Krieg in die österreichischen Staaten zu spielen; aber von dem schlechten Fortgange der Torstenssonischen Unternehmung abgeschreckt, hoffte er denselben Zweck auf einem andern Wege sicherer und gründlicher zu erreichen. Er entschloß sich, dem Laufe der Donau zu folgen und mitten durch Bayern gegen die österreichischen Grenzen hereinzubrechen. Einen ähnlichen Plan hatte schon Gustav Adolf entworfen, aber nicht zur Ausführung bringen können, weil ihn die Wallensteinische Macht und Sachsens Gefahr von seiner Siegesbahn zu frühzeitig abriefen. In seine Fußstapfen war Herzog Bernhard getreten, und, glücklicher als Gustav Adolf, hatte er schon zwischen der Isar und dem Inn seine siegreichen Fahnen ausgebreitet; aber auch ihn zwang die Menge und die Nähe der feindlichen Armeen, in seinem Heldenlaufe stillzustehen und seine Völker zurückzuführen. Was diesen beiden mißlungen war, hoffte Wrangel jetzt um so mehr zu einem glücklichen Ende zu führen, da die kaiserlich-bayrischen Völker weit hinter ihm an der Lahn standen und erst nach einem sehr weiten Marsch durch Franken und die Oberpfalz in Bayern eintreffen konnten. Eilfertig zog er sich an die Donau, schlug ein Korps Bayern bei Donauwörth und passierte diesen Strom sowie den Lech ohne Widerstand. Aber durch die fruchtlose Belagerung von Augsburg verschaffte er den Kaiserlichen Zeit, sowohl diese Stadt zu entsetzen, als ihn selbst bis Lauingen zurückzutreiben. Nachdem sie sich aber aufs neue, um den Krieg von den bayrischen Grenzen zu entfernen, gegen Schwaben gewendet hatten, ersah er die Gelegenheit, den unbesetzt gelassenen Lech zu passieren, den er nunmehr den Kaiserlichen selbst versperrte. Und jetzt lag Bayern offen und unverteidigt vor ihm da; Franzosen und Schweden überschwemmten es wie eine reißende Flut, und der Soldat belohnte sich durch die schrecklichsten Gewalttaten, Räubereien und Erpressungen für die überstandnen Gefahren. Die Ankunft der kaiserlich-bayrischen Völker, welche endlich bei Tierhaupten den Übergang über den Lechstrom vollbrachten, vermehrte bloß das Elend des Landes, welches Freund und Feind ohne Unterschied plünderten.

Jetzt endlich – jetzt, in diesem ganzen Kriege zum erstenmal, wankte der standhafte Mut Maximilians, der achtundzwanzig Jahre lang bei den härtesten Proben unerschüttert geblieben. Ferdinand der Zweite, sein Gespiele zu Ingolstadt und der Freund seiner Jugend, war nicht mehr; mit dem Tode dieses Freundes und Wohltäters war eines der stärksten Bande zerrissen, die den Kurfürsten an Österreichs Interesse gefesselt hatten. An den Vater hatte ihn Gewohnheit, Neigung und Dankbarkeit gekettet; der Sohn war seinem Herzen fremd, und nur das *Staatsinteresse* konnte ihn in der Treue gegen den Fürsten erhalten.

Und eben dieses letztere war es, was die französische Arglist jetzt wirken ließ, um ihn von der österreichischen Allianz abzulocken und zu Niederlegung der Waffen zu bewegen. Nicht ohne eine große Absicht hatte Mazarin seiner Eifersucht gegen die wachsende Macht Schwedens Stillschweigen auferlegt und den französischen Völkern gestattet, die Schweden nach Bayern zu begleiten. Bayern sollte alle Schrecknisse des Krieges erleiden, damit endlich Not und Verzweiflung die Standhaftigkeit Maximilians besiegten und der Kaiser den ersten und letzten seiner Alliierten verlöre. Brandenburg hatte unter seinem großen Regenten die Neutralität *erwählt,* Sachsen aus Not ergreifen *müssen;* den *Spaniern* untersagte der *französische* Krieg jeden Anteil an dem *deutschen; Dänemark* hatte der Friede mit Schweden von der Kriegsbühne abgerufen, *Polen* ein langer Stillstand entwaffnet. Gelang es, auch noch den Kurfürsten von Bayern von dem österreichischen Bündnis loszureißen, so hatte der Kaiser im ganzen Deutschland keinen Verfechter mehr, und schutzlos stand er da, der Willkür der Kronen preisgegeben.

Ferdinand der Dritte erkannte die Gefahr, worin er schwebte, und ließ kein Mittel unversucht, sie abzuwenden. Aber man hatte dem Kurfürsten von Bayern die nachteilige Meinung beigebracht, daß nur die Spanier dem Frieden entgegenständen und daß bloß spanischer Einfluß den Kaiser vermögen, sich gegen den Stillstand der Waffen zu erklären; Maximilian aber haßte die Spanier und hatte es ihnen nie vergeben, daß sie ihm bei seiner Bewerbung um die pfälzische Kur entgegen gewesen waren. Und dieser feindseligen Macht zu Gefallen sollte er jetzt sein Volk aufgeopfert, seine Lande verwüstet, sich selbst zugrundegerichtet sehen, da er sich durch einen Stillstand aus allen Bedrängnissen reißen, seinem Volke die so nötige Erholung verschaffen und durch dieses Mittel zugleich den allgemeinen Frieden vielleicht beschleunigen konnte? Jede Bedenklichkeit verschwand, und, von der Notwendigkeit dieses Schrittes überzeugt, glaubte er seinen Pflichten gegen den Kaiser genug zu tun, wenn er auch *ihn* der Wohltat des Waffenstillstandes teilhaftig machte.

Zu Ulm versammelten sich die Deputierten der drei Kronen und Bayerns, um die Bedingungen des Stillstandes in Richtigkeit zu bringen. Aus der Instruktion der österreichischen Abgesandten ergab sich aber bald, daß der

Kaiser den Kongreß nicht beschickt hatte, um die Abschließung desselben zu befördern, sondern vielmehr, um sie rückgängig zu machen. Es kam darauf an, die Schweden, die im Vorteile waren und von der Fortsetzung des Kriegs mehr zu hoffen als zu fürchten hatten, für den Stillstand zu gewinnen, nicht ihnen denselben durch harte Bedingungen zu erschweren. *Sie* waren ja die Sieger; und doch maßte der Kaiser sich an, ihnen Gesetze vorzuschreiben. Auch fehlte wenig, daß ihre Gesandten nicht im ersten Zorn den Kongreß verließen, und um sie zurückzuhalten, mußten die Franzosen zu Drohungen ihre Zuflucht nehmen.

Nachdem es dem guten Willen des Kurfürsten von Bayern auf diese Weise mißlungen war, den Kaiser mit in den Stillstand einzuschließen, so hielt er sich nunmehr für berechtigt, für sich selbst zu sorgen. So teuer auch der Preis war, um welchen man ihn den Stillstand erkaufen ließ, so bedachte er sich doch nicht lange, denselben einzugehen. Er überließ den Schweden, ihre Quartiere in Schwaben und Franken auszubreiten, und war zufrieden, die seinigen auf Bayern und auf die pfälzischen Lande einzuschränken. Was er in Schwaben erobert hatte, mußte den Alliierten geräumt werden, die ihm ihrerseits, was sie von Bayern innehatten, wieder auslieferten. In den Stillstand war auch Köln und Hessen-Kassel eingeschlossen. Nach Abschließung dieses Traktats, am 14. März 1647, verließen die Franzosen und Schweden Bayern und wählten sich, um sich selbst nicht im Wege zu stehen, verschiedene Quartiere, jene im Herzogtum Württemberg, diese in Oberschwaben, in der Nähe des Bodensees. An dem äußersten nördlichen Ende dieses Sees und Schwabens südlichster Spitze trotzte die österreichische Stadt *Bregenz* durch ihren engen und steilen Paß jedem feindlichen Anfall, und aus der ganzen umliegenden Gegend hatte man seine Güter und Personen in diese natürliche Festung geflüchtet. Die reiche Beute, die der aufgehäufte Vorrat darin erwarten ließ, und der Vorteil, einen Paß gegen Tirol, die Schweiz und Italien zu besitzen, reizte den schwedischen General, einen Angriff auf diese für unüberwindlich gehaltene Klause und die Stadt selbst zu versuchen. Beides gelang ihm, des Widerstands der Landleute ungeachtet, die, sechstausend an der Zahl, den Paß zu verteidigen strebten. Unterdes hatte sich Turenne, der getroffenen Übereinkunft gemäß, nach dem Württembergischen gewendet, von wo aus er den Landgrafen von Darmstadt und den Kurfürsten von Mainz durch die Gewalt seiner Waffen zwang, nach dem Beispiel Bayerns die Neutralität zu ergreifen.

Und jetzt endlich schien das große Ziel der französischen Staatskunst erreicht zu sein, den Kaiser, alles Beistands der Ligue und seiner protestantischen Alliierten beraubt, den vereinigten Waffen der beiden Kronen ohne Verteidigung bloßzustellen und ihm mit dem Schwert in der Hand den Frieden zu diktieren. Eine Armee von höchstens zwölftausend Mann war alles, was ihm von seiner Furchtbarkeit übrig war, und über diese mußte er, weil der Krieg alle seine fähigen Generale dahingerafft hatte, einen Calvinisten, den hessischen Überläufer *Melander,* zum Befehlshaber setzen. Aber wie dieser Krieg mehrmals die überraschendsten Glückswechsel aufstellte und oft durch einen plötzlichen Zwischenfall alle Berechnungen der Staatskunst zuschanden machte, so strafte auch hier der Erfolg die Erwartung Lügen, und die tief gesunkene Macht Österreichs arbeitet sich nach einer kurzen Krise aufs neue zu einer drohenden Überlegenheit empor. Frankreichs Eifersucht gegen die Schweden erlaubte dieser Krone nicht, den Kaiser zugrundezurichten und die schwedische Macht in Deutschland dadurch zu einem Grade zu erheben, der für Frankreich selbst zuletzt verderblich werden konnte. Österreichs hilflose Lage wurde daher von dem französischen Minister nicht benutzt, die Armee des Turenne von Wrangeln getrennt und an die niederländischen Grenzen gezogen. Zwar versuchte Wrangel, nachdem er sich von Schwaben nach Franken gewendet, Schweinfurt erobert und die dortige kaiserliche Besatzung unter seine Armee gesteckt hatte, für sich selbst in Böhmen einzudringen, und belagerte Eger, den Schlüssel zu diesem Königreich. Um diese Festung zu entsetzen, ließ der Kaiser seine letzte Armee marschieren und fand sich in eigner Person bei derselben ein. Aber ein weiter Umweg, den sie nehmen mußte, um die Güter des Kriegsratspräsidenten von Schlick nicht zu betreten, verzögerte ihren Marsch, und ehe sie anlangte, war Eger schon verloren. Beide Armeen näherten sich jetzt einander, und man erwartete mehr als einmal eine entscheidende Schlacht, da beide der Mangel drückte, die Kaiserlichen die größere Zahl für sich hatten und beide Läger und Schlachtordnungen oft nur durch die aufgeworfenen Werke voneinander geschieden waren. Aber die Kaiserlichen begnügten sich, dem Feind zur Seite zu bleiben und ihn durch kleine Angriffe, Hunger und schlimme Märsche zu ermüden, bis die mit Bayern eröffneten Unterhandlungen das gewünschte Ziel erreicht haben würden.

Bayerns Neutralität war eine Wunde, die der kaiserliche Hof nicht verschmerzen konnte, und nachdem man umsonst versucht hatte, sie zu hindern, ward beschlossen, den einzig möglichen Vorteil davon zu ziehen. Mehrere Offiziere der bayrischen Armee waren über diesen Schritt ihres Herrn entrüstet, der sie auf einmal in Untätigkeit versetzte und ihrem Hange zur Ungebundenheit eine lästige Fessel anlegte. Selbst der tapfre Johann von Werth stand an der Spitze der Mißvergnügten, und, aufgemuntert von dem Kaiser, entwarf er das Komplott, die ganze Armee von dem Kurfürsten abtrünnig zu machen und dem Kaiser zuzuführen. Ferdinand errötete nicht, diese Verräterei gegen den treusten Alliierten seines Vaters heimlich in Schutz zu nehmen. Er ließ an die kurfürstlichen Völker förmliche Abrufungsbriefe ergehen, worin er sie erinnerte, daß sie Reichstruppen seien, die der Kurfürst bloß in kaiserlichem Namen befehligt habe. Zum Glück entdeckte Maximilian das angesponnene Komplott noch zeitig genug, um durch schnelle und zweckmäßige Anstalten der Ausführung desselben zuvorzukommen.

Der unwürdige Schritt des Kaisers hatte ihn zu Repressalien berechtigt; aber Maximilian war ein zu grauer Staatsmann, um, wo die Klugheit allein sprechen durfte, die Leidenschaft zu hören. Er hatte von dem Waffenstillstand die Vorteile nicht geerntet, die er sich darin versprochen hatte. Weit entfernt, zu der Beschleunigung des allgemeinen Friedens beizutragen, hatte dieser einseitige Stillstand vielmehr den Negotiationen zu Münster und Osnabrück eine schädliche Wendung gegeben und die Alliierten in ihren Forderungen dreister gemacht. Die Franzosen und Schweden waren aus Bayern entfernt worden; aber durch den Verlust der Quartiere im schwäbischen Kreise sah er sich nun selbst dahin gebracht, mit seinen Truppen sein eigenes Land auszusaugen, wenn er sich nicht entschließen wollte, sie ganz und gar abzudanken und in dieser Zeit des Faustrechts unbesonnen Schwert und Schild wegzulegen. Ehe er eins dieser beiden gewissen Übel erwählte, entschloß er sich lieber zu einem dritten, das zum wenigsten noch ungewiß war, den Stillstand aufzukündigen und aufs neue zu den Waffen zu greifen.

Sein Entschluß und die schnelle Hilfe, die er dem Kaiser nach Böhmen schickte, drohte den Schweden höchst verderblich zu werden, und Wrangel mußte sich aufs eilfertigste aus Böhmen zurückziehen. Er ging durch Thüringen nach Westfalen und Lüneburg, um die französische Armee unter Turenne an sich zu ziehen, und unter Melander und Gronsfeld folgte ihm die kaiserlich-bayrische Armee bis an den Weserstrom. Sein Untergang war unvermeidlich, wenn der Feind ihn erreichte, ehe Turenne zu ihm stieß; aber was den Kaiser zuvor gerettet hatte, erhielt jetzt auch die Schweden. Mitten unter der Wut des Kampfes leitete kalte Klugheit den Lauf des Krieges, und die Wachsamkeit der Höfe vermehrte sich, je näher der Friede herbeirückte. Der Kurfürst von Bayern durfte es nicht geschehen lassen, daß sich das Übergewicht der Macht so entscheidend auf die Seite des Kaisers neigte und durch diesen plötzlichen Umschwung der Dinge der Friede verzögert würde. So nahe an Abschließung der Traktaten war jede einseitige Glücksveränderung äußerst wichtig, und die Aufhebung des Gleichgewichts unter den traktierenden Kronen konnte auf einmal das Werk vieler Jahre, die teure Frucht der schwierigsten Unterhandlungen zerstören und die Ruhe des ganzen Europa verzögern. Wenn Frankreich seine Alliierte, die Krone Schweden, in heilsamen Fesseln hielt und ihr, nach Maßgabe ihrer Vorteile und Verluste, seine Hilfe zuzählte, so übernahm der Kurfürst von Bayern stillschweigend dieses Geschäft bei *seinem* Alliierten, dem Kaiser, und suchte durch eine weise Abwägung seines Beistandes Meister von Österreichs Größe zu bleiben. Jetzt droht die Macht des Kaisers auf einmal zu einer gefährlichen Höhe zu steigen, und Maximilian hält plötzlich inne, die schwedische Armee zu verfolgen. Auch fürchtete er die Repressalien Frankreichs, welches schon gedroht hatte, die ganze Macht Turennes gegen ihn zu senden, wenn er seinen Truppen erlauben würde, über die Weser zu setzen.

Melander, durch die Bayern gehindert, Wrangeln weiter zu verfolgen, wendete sich über Jena und Erfurt gegen Hessen und erscheint jetzt als ein furchtbarer Feind in demselben Lande, das er ehemals verteidigt hatte. Wenn es wirklich Rachbegierde gegen seine ehemalige Gebieterin war, was ihn antrieb, Hessen zum Schauplatz seiner Verwüstung zu erwählen, so befriedigte er diese Lust auf das schrecklichste. Hessen blutete unter seiner Geißel, und das Elend dieses so hart mitgenommenen Landes wurde durch ihn aufs Äußerste getrieben. Aber bald hatte er Ursache zu bereuen, daß ihn bei der Wahl der Quartiere die Rachgier statt der Klugheit geleitet hatte. In dem verarmten Hessen drückte der äußerste Mangel die Armee, während daß Wrangel in Lüneburg frische Kräfte sammelte und seine Regimenter beritten machte. Viel zu schwach, seine schlechten Quartiere zu behaupten, als der schwedische General im Winter des 1648sten Jahres den Feldzug eröffnete und gegen Hessen anrückte, mußte er mit Schanden entweichen und an den Ufern der Donau seine Rettung suchen.

Frankreich hatte die Erwartungen der Schweden aufs neue getäuscht und die Armee des Turenne, aller Aufforderungen Wrangels ungeachtet, am Rheinstrom zurückgehalten. Der schwedische Heerführer hatte sich dadurch gerächt, daß er die weimarische Reiterei an sich zog, die dem französischen Dienst entsagte, durch eben diesen Schritt aber der Eifersucht Frankreichs neue Nahrung gegeben. Endlich erhielt Turenne die Erlaubnis, zu den Schweden zu stoßen, und nun wurde von beiden vereinigten Armeen der letzte Feldzug in diesem Kriege eröffnet. Sie trieben Melandern bis an die Donau vor sich her, warfen Lebensmittel in Eger, das von den Kaiserlichen belagert war, und schlugen jenseits der Donau das kaiserlich-bayrische Heer, das bei Zusmarshausen sich ihnen entgegenstellte. Melander erhielt in dieser Aktion eine tödliche Wunde, und der bayrische General von Gronsfeld postierte sich mit der übrigen Armee jenseits des Lechstroms, um Bayern vor einem feindlichen Einbruche zu schützen.

Aber Gronsfeld war nicht glücklicher als Tilly, der an eben diesem Posten für Bayerns Rettung sein Leben hingeopfert hatte. Wrangel und Turenne wählten dieselbe Stelle zum Übergang, welche durch den Sieg Gustav Adolfs bezeichnet war, und vollendeten ihn mit Hilfe desselben Vorteils, welcher jenen begünstigt hatte. Jetzt wurde Bayern aufs neue überschwemmt und der Bruch des Stillstandes durch die grausamste Behandlung des bayrischen Untertans geahndet. Maximilian verkroch sich in Salzburg, indem die Schweden über die Isar setzten und bis an den Inn vordrangen. Ein anhaltender starker Regen, der diesen nicht sehr beträchtlichen Fluß in wenigen Tagen in einen reißenden Strom verwandelte, rettete Österreich noch einmal aus der drohenden Gefahr. Zehenmal versuchte der Feind, eine Schiffbrücke über den Inn zu schlagen, und zehenmal vernichtete sie der Strom. Nie im ganzen Kriege war das Schrecken der Katholischen so groß gewesen als jetzt, da die Feinde mitten in Bayern standen und kein General mehr vorhanden war, den man einem Turenne, Wrangel und Königsmark gegenüberstellen durfte. Endlich erschien der tapfre Held Piccolomini aus den Niederlanden, den schwachen Rest der kaiserlichen Heere anzuführen. Die Alliierten hatten durch ihre Verwüstungen in Bayern sich selbst den längern Aufenthalt in diesem Lande erschwert, und der Mangel nötigt sie, ihren Rückzug nach der Oberpfalz zu nehmen, wo die Friedenspost ihre Tätigkeit endigt.

Mit seinem fliegenden Korps hatte sich Königsmark nach Böhmen gewendet, wo Ernst Odowalsky, ein abgedankter Rittmeister, der im kaiserlichen Dienst zum Krüppel geschossen und dann ohne Genugtuung verabschiedet ward, ihm einen Plan angab, die kleine Seite von Prag zu überrumpeln. Königsmark vollführte ihn glücklich und erwarb sich dadurch den Ruhm, den Dreißigjährigen Krieg

GESCHICHTE DES DREISSIGJÄHRIGEN KRIEGS

Königsmark hat Prag erobert.
Er und seine Gemahlin sehen den Zug der gefangenen Mönche und Nonnen zu.

durch die letzte glänzende Aktion beschlossen zu haben. Nicht mehr als *einen* Toten kostete den Schweden dieser entscheidende Streich, der endlich die Unentschlossenheit des Kaisers besiegte. Die Altstadt aber, Prags größere Hälfte, die durch die Moldau davon getrennt war, ermüdete durch ihren lebhaften Widerstand auch den Pfalzgrafen Karl Gustav, den Thronfolger der Christina, der mit frischen Völkern aus Schweden angelangt war und die ganze schwedische Macht aus Böhmen und Schlesien vor ihren Mauern versammelte. Der eintretende Winter nötigte endlich die Belagerer in die Winterquartiere, und in diesen erreichte sie die Botschaft des zu Osnabrück und Münster am 24. Oktober unterzeichneten Friedens.

Was für ein Riesenwerk es war, diesen unter dem Namen des Westfälischen berühmten, unverletzlichen und heiligen Frieden zu schließen, welche unendlich scheinende Hindernisse zu bekämpfen, welche streitende Interessen zu vereinigen waren, welche Reihe von Zufällen zusammenwirken mußte, dieses mühsame, teure und dauernde Werk der Staatskunst zustande zu bringen, was es kostete, die Unterhandlungen auch nur zu eröffnen, was es kostete, die schon eröffneten unter den wechselnden Spielen des immer fortgesetzten Krieges im Gange zu erhalten, was es kostete, dem wirklich vollendeten das Siegel aufzudrücken und den feierlich abgekündigten zur wirklichen Vollziehung zu bringen – was endlich der Inhalt dieses Friedens war, was durch dreißigjährige Anstrengungen und Leiden von jedem einzelnen Kämpfer gewonnen oder verloren worden ist und welchen Vorteil oder Nachteil die europäische Gemeinschaft im großen und im ganzen dabei mag geerntet haben – muß einer andern Feder und einem schicklichern Platze vorbehalten bleiben. Schon sind die Grenzen überschritten, die dem Verfasser dieser Skizze gesetzt waren, und so ein großes Ganze die Kriegsgeschichte war, so ein großes und eignes Ganze ist auch die Geschichte des Westfälischen Friedens. Ein Abriß davon kann mit der hier nötigen Kürze nicht gegeben werden, ohne das interessanteste und charaktervollste Werk der menschlichen Weisheit und Leidenschaft zum Skelett zu entstellen und ihr gerade dasjenige zu rauben, wodurch sie die Aufmerksamkeit desjenigen Publikums fesseln könnte, für das ich schrieb und von dem ich hier Abschied nehme.

FÜNFTES BUCH

Friedensfeier in Nürnberg.
Schönheit und Jugend bringen Wrangeln
den Oehlzweig und den Lorbeerkranz.

Nachwort

GOLO MANN

Schiller als Geschichtsschreiber

«Ich sehe nicht ein», schreibt Schiller im November 1790, «warum ich nicht, wenn ich ernstlich will, der erste Geschichtsschreiber in Deutschland werden kann»; drei Jahre früher meint Wieland, er müsse es werden, dazu sei er geboren; und mehr als einmal verteidigt er dem Freunde Körner gegenüber, der seine Zweifel hat, seine historische Schriftstellerei im Hinblick sowohl auf ihren inneren Wert wie auch auf die bürgerlichen, materiellen Vorteile, welche sie verspreche. Es gibt Zeugnisse anderen Sinnes. Wir haben den erlösten Aufschrei, nachdem das letzte Buch der «Geschichte des Dreißigjährigen Krieges» an den Verleger Göschen abgegangen ist: nun werde er nie wieder etwas machen, als was Neigung und Liebhaberei ihm eingäben, nun endlich werde er ein freier Mann bleiben. Wir haben die Klagen über die verlorene harte Zeit am Werktisch, über die verstaubten Folianten, die nun seine Lektüre seien. Wir haben die Panik des neuen Professors, der weniger zu wissen glaubt als seine Studenten und vier Wochen vor Semesterbeginn noch nach Themen für ein Kolleg sucht; mit der Feierlichkeit der Antrittsvorlesung kontrastiert die fast gleichzeitig niedergeschriebene Bemerkung, wenn er erst eine wohlhabende Frau hätte, so könnte die Jenaer Akademie ihm, man darf nicht sagen was, tun. Wir haben die Tatsache, daß Schiller nur etwa vier Jahre lang im technischen Sinn des Wortes Historiker war, 1788 bis 1792, und zwar eben in der Zeit, als er um seine materielle

Existenz am härtesten ringen mußte; daß er aber anderem sich zuwandte, philosophischen Studien und Versuchen zuerst, dann wieder der Dichtung, als die Geldhilfe des Augustenburgers ihm für einige Jahre Freiheit von wirtschaftlichen Sorgen gab. Der Schluß, seine Historiker-Laufbahn sei etwas Gezwungenes, ein seiner wahren, höchsten Berufung Fremdes, rasch Abgebrochenes gewesen, liegt da nahe. Aber keineswegs dürfen wir ihn ziehen.

Was zunächst die wirtschaftliche Zweckhaftigkeit seiner historischen Arbeiten betrifft, die Hoffnung auf die Jenaer Professur während der Arbeit am «Abfall der Niederlande», die bare Notwendigkeit, Vorlesungen zu halten, nachdem er einmal Professor war, die Peitsche des Bedarfs, unter welcher die ‹Geschichte des Dreißigjährigen Kriegs› in unglaublichen Arbeitsquantitäten bewältigt werden mußte – was sie betrifft, so ist zu sagen, daß Schiller den materiellen Aspekt seiner Tätigkeit nie vergaß. Er gehörte nicht zu den Künstlern, die es für gut halten und denen es gelingt, sich zu verbergen, daß sie von dem Einkommen aus ihrer Arbeit leben müssen. An lucrum dachte der Dramatiker wie der Historiker, der Erzähler, der Herausgeber. Der Unterschied wäre hier nur einer des Grades. Ein wirtschaftlich unabhängiger Mann war Schiller nie, obwohl er in den letzten Jahren seines Lebens im Begriff war, es zu werden, es zu werden doch hoffen konnte. Ein innerlich abhängiger Mann, der etwas seiner Natur und Aufgabe Zuwideres getan hätte, war er auch nie.

Im technischen Sinne des Wortes, wurde gesagt, ist er nur wenige Jahre Historiker gewesen. Im weitesten war er es immer, so wie er immer Philosoph war. Dokumentiertes Ereignis, berühmte Gestalten und Konflikte der Vorzeit, auch Zeitgeschichte walten in seinen Jugenddramen, vom Fiesco bis zum Carlos. Dann kommt die lange Epoche der

Klärung, von der jene Historiker-Jahre ein Teil sind, so notwendig wie das folgende Studium Kants, das Studium der Griechen, die ästhetischen Schriften. Dann kommt der Wallenstein. Und dies Wunderwerk, Wunderwerk in allen seinen einander durchdringenden Schichten, Wunderwerk auch als Schau des Politischen, wäre nie möglich gewesen ohne Schillers Historiker-Existenz. Der Dramatiker, der Philosoph, der Historiker ist am größten da, wo er alles auf einmal ist, alle Neigungen seines Geistes sich in einem einzigen Gebilde konzentrieren, wie im Wallenstein. Aber es gehörte zu seinem Künstlerschicksal, daß er seine Gaben auch vereinzelte, in Schriften, die Stationen auf seinem Wege zur Meisterschaft und zugleich sich selber genügende Erfüllungen sind. So viel, so wenig über den Platz von Schillers historischen Schriften in seiner Biographie.

Die Zeiten, mit denen er sich vornehmlich beschäftigte, liegen nahe beieinander, sie machen, wenn man will, eine einzige Epoche aus. Es ist jene der Gegenreformation, der Staats- und Bürger- und Religionskriege, welche durch die «Glaubensverbesserung» oder den Widerstand gegen sie verursacht wurden; die zweite Hälfte des 16. Jahrhunderts und die erste des 17. Im «Abfall der Niederlande» wie im «Dreißigjährigen Krieg» ist die eine Seite die Macht der Gegenreformation, der Herrschaftswille des Hauses Habsburg in seiner spanischen und seiner österreichisch-deutschen Gestalt. In beiden Schriften geht es um protestantisch-nationale Freiheit, die zugleich eine gesamteuropäische, ein Gegenstand internationaler Sympathien, Bündnisse und Kontakte ist. Von den Einleitungen zu den «Historischen Memoires», die Schiller herausgab, behandelt die räumlich bedeutendste ein anderes Stück aus dem gleichen Umkreis: die Geschichte der französischen Unruhen, welche der Regierung Heinrichs IV. vorangingen. Don Carlos, Wallenstein, Maria Stuart haben es alle mit

Herrschaft und Freiheit, Krieg und Frieden, Universalstaat und Unabhängigkeit in eben jenen hundert Jahren zu tun. Getreu dem in seiner Antrittsvorlesung gegebenen Versprechen, Universalgeschichte zu treiben, hat Schiller auch ganz andere Zeiten studiert und skizziert: farbenprächtig ist seine Darstellung des deutschen, italienischen, normannischen Hochmittelalters. Er war nicht so mittelalterblind, wie man von dem Schüler Kants wohl erwarten könnte. Soviel aber mag man sagen, daß er dem Streit zwischen den Konfessionen und den aus ihm folgenden Wirren den besten Teil seines geschichtlichen Interesses gewidmet hat.

Es sind ereignis- und spannungsreiche Zeiten. Da gab es Szenen zu schildern, Menschen zu porträtieren, Projekte, Verschwörungen, große Zusammenhänge aufzudecken, wie vorher nicht und nachher nicht. Nachher nicht – das 18. Jahrhundert, jedenfalls das spätere, hat Schiller kaum als ‹Geschichte› empfunden. Die Französische Revolution gab es ja noch nicht, die begann, ungefähr, an dem Tag, an dem der Professor seine Antrittsvorlesung hielt. Die amerikanische war neu und bescheiden in ihren Dimensionen, obgleich erfreulich; Friedrich der Große eine eben erst abgeschlossene Episode, deren geschichtliche Bedeutung sich noch herausstellen mußte. Die Weltbürger, die Philosophen, hielten ihr eigenes Jahrhundert, trotz allen fürstlichen Kriegens, im Grunde für ein Jahrhundert des Friedens, des Rechtes, des Handels und der Freunschaft zwischen den Nationen – also eigentlich für kein geschichtliches Jahrhundert, insofern Geschichte ihnen Kampf, dramatische Entscheidung, düster glimmendes Unheil bedeutete. Die letzten großen geschichtlichen Entscheidungen waren im 16. und 17. Jahrhundert gefallen. Ihnen verdankte man die jetzt genossene Freiheit und Ordnung. So hat Schiller die Westfälischen Verträge gesehen: als ein Werk, das noch andauerte – so daß seitdem eigentlich Grundstürzendes nicht geschehen wäre. Die Französische Revolution hat diese Perspektive dann in arge Verwirrung gebracht – davon ist im Prolog zum Wallenstein die Rede.

Sonst freilich, in Schillers Werk und Briefen, erstaunlich wenig. Der Briefwechsel mit Goethe reicht, wenn man ihn auf die Biographie Napoleons bezieht, vom Jahre von Toulon bis zum Jahre von Austerlitz; aber nur ein einziges Mal wird in diesen tausend Briefen der Name des Korsen genannt, von Goethe, nicht von Schiller. Und würde man alles sammeln, was er je über das große, bis zu seiner Türschwelle dringende geschichtliche Drama geschrieben hat, das er selber erlebte, so käme erstaunlich wenig dabei heraus. Aber ist das Historiker-Art, über die Gegenwart, und eine *solche* Gegenwart, sich so auszuschweigen? Wir suchen nach Erklärungen. Schiller hatte, als die Revolution ins Großartig-Böse zu entarten begann, seine eigene persönliche Lebensepoche sozialen und politischen Protestes schon hinter sich; nun fand er in der höheren Bildung des einzelnen die Lösung der allgemeinen Frage. Übrigens lebte er sein letztes Jahrzehnt im Schutz des Basler Friedens, der Norddeutschen Neutralität, die für so manches große Abenteuer des deutschen Geistes eine trügerische politische Basis abgab. Schließlich: Indem wir annehmen, daß der Historiker sich doch eigentlich um die Geschichte im Werden energisch hätte bekümmern sollen, und zu erklären versuchen, warum er es nicht tat, setzen wir schon voraus, was wir gar nicht voraussetzen dürfen. Die Historiker des 19. Jahrhunderts, die Tocqueville und Taine, die Dahlmann und Droysen und Treitschke haben allerdings sich um Geschichte im Werden bekümmert und manchmal die Vergangenheit selber zur eigenwilligen Arbeit an der Zukunft gebraucht. Mußte aber Plutarch an der Politik seiner Zeit leidenschaftlich teilgenommen haben? Oder

Herodot? In der Geschichtsschreibung des 18. Jahrhunderts lebte noch etwas vom Geiste der antiken Historiker: das kecke Moralisieren und Psychologisieren, die Freude am Großen, Merkwürdigen, Unerhörten, das irgendwo irgendwann sich zugetragen, ohne daß es in einer zur Gegenwart führenden Kontinuität mitbestimmend liegen müßte. Ein solches Interesse an der Geschichte bedingt keines für gegenwärtige Politik, obwohl beide zusammengehen können, wie das Beispiel Johannes von Müllers zeigt.

Aber das ist nicht alles. War Schiller Erzähler wie Plutarch, Moralist und Psychologe, so war er doch auch Historiker der Freiheit; jener Freiheit, die sich in unserer glücklichen Zeit, im 18. Jahrhundert, endlich in Europa einbürgerte. Freiheit als Ziel des Menschen erscheint in seinen geschichtsphilosophischen, wesentlich an Kant sich anlehnenden Fragmenten. Um Freiheit geht es in den großen Konflikten, von denen seine Bücher handeln; um den Kampf einer besseren Sache, der protestantischen, nationalen, internationalen gegen die katholische, universale. Das Ergebnis dieser Kämpfe gefiel ihm, er war glücklich darüber, er nahm Partei. In den Schriften fehlt es nicht an Ausdrücken, wie sie in der protestantischen Literatur seiner Zeit gängig waren: österreichische Ländersucht, spanische Arglist, blinder Eifer der Pfaffen, giftvolle Beredsamkeit der Jesuiten und so fort. Nie machte er einen Hehl daraus, daß er die protestantische Rebellion für eine entscheidende Verbesserung hielt. Es ist eine Parteilichkeit, die auf dem Kontinent seit der Französischen Revolution durch neue nationale und soziale Bestrebungen überschattet wurde; in den angelsächsischen Ländern, die keiner neuen Revolution mehr zu bedürfen glaubten, lebte sie fort, auch im 19. Jahrhundert. Von dieser protestantischen Geschichtsauffassung – der Whig-Geschichtsauffassung, wie sie neuerdings genannt wurde – ist Schillers Geschichtsphilosophie eine deutsche Spielart. Es war und blieb bis zum heutigen Tag eine Geschichtsauffassung, die mit den Revolutionen des 19. und 20. Jahrhunderts im Grunde nichts anzufangen wußte.

Schillers Philosophie hat seine Geschichtsschreibung gelegentlich erhellt, nie sie pedantisch beschwert oder verkrüppelt. Mochte er theoretisierend meinen, alle Vergangenheit habe letzthin nur den unbewußten Zweck gehabt, auf diese erfreuliche Gegenwart hinzuführen – seine Vertiefung in das lebendige Detail, die hochfliegende, mitreißende Freude am Ungemeinen ließen ihn solches Vorurteil vergessen. Mochte Neutralität, die schmunzelnde, olympisch-selbstgerechte Schein-Neutralität, welche spätere Historiker als das Alpha und Omega ihrer Wissenschaft priesen, ihm fremd sein – der Protestant hat dennoch die mörderische Streitsucht der Calvinisten angeprangert und von der Barbarei der Bilderstürmer mit dem gleichen Zorn gesprochen, wie von der Zerstörung Magdeburgs durch Tilly. Nie verdeckte er, um der Partei willen, die Wahrheit, so wie er sie zu sehen vermochte; nie verleitete ihn sein Glaube an den verborgenen Sinn der Geschichte, Tatsachen zu verbiegen, Ereignissen eine Bedeutung beizulegen, die sie nicht hatten.

Er nahm sein historisches Handwerk ernst, solange er es betrieb. Er las viel und kritisch, bevor er an die Arbeit ging; man hat nachgewiesen, daß er für den «Abfall der Niederlande» nahezu mit allem Kontakt nahm, was damals auf deutsch und französisch überhaupt gedruckt vorlag. Das Spanische und Holländische war ihm nicht zugänglich; archivalische Studien zu treiben hatte er weder Zeit noch Lust, und es war ja auch damals noch eine ungewöhnliche, wenig ausgebildete Kunst. Von den beiden Hauptwerken ist das frühere gründlicher nach den Quellen gearbeitet.

Schiller hatte mehr Zeit, als er den «Abfall der Niederlande» schrieb, und eine glückliche Zeit war es, jene der ersten innigen Bekanntschaft mit den Lengefelds. Übrigens gab es für diese Ereignisreihe weit mehr gedruckte authentische Quellen als für den «Dreißigjährigen Krieg», für den es fast nichts gab. Ein geringes erschien 1790, während Schiller an dem zweiten Werk arbeitete: Murrs Beiträge zur Geschichte des Dreißigjährigen Krieges, die aus Nürnberger Archiven allerlei abdruckten. Die hat er benutzt; wesentlich sich aber an sekundäre, darstellende Literatur halten müssen, an unlängst erschienene Monographien – Schirach, Herchenhahn – und an Schriften aus der Epoche selber, stark parteiische, an Unwahrheiten und Ungereimtheiten überreiche. Als solche durchschaute er sie und ließ bei ihrem Gebrauch seine kritische Intelligenz walten.

Sein Verhältnis zu den Quellen, den alten Autoren, erscheint so schwankend wie das zu seiner eigenen Arbeit. Er klagt viel über die geist- und herzlosen alten Schriften, die seichten und trockenen Bücher, an die er seine Zeit vergeuden müsse. Aber er kann sich auch freuen an der Solidität des historischen Studiums; und hätte er nicht an solchen Lektüren ursprünglich Feuer gefangen, seine eigenen Werke wären nie entstanden. Für einen Forscher hielt er sich nicht, sondern für einen Erzähler und Darsteller, und war stolz genug, um zu fühlen, daß, was er von den anderen entlehnte, in eine schönere Ordnung gebracht, veredelt und so in sein Eigentum verwandelt wurde. Was er dazu gebe, schreibt er einmal, sei ein schöner edler Stil, Eselsfleiß, klare Auseinandersetzung und philosophische Darstellung. Vergleicht man die neuesten Autoren, auf die er sich stützte, seine Zeitgenossen, diese vielbändigen, trocken naiven, leichtgläubigen, breit geschwätzigen Schreibereien mit dem, was er aus dem gewonnenen Stoff machte, mit der Fülle seiner Gedanken, der Energie seiner Satzrhythmen, seiner zugleich prachtvollen und sparsamen, den vorwärtsdrängenden Gang der Erzählung nie hemmenden Rhetorik, so wird man diese Charakteristik seines Verdienstes bescheiden genug finden.

Ein tiefes Vergnügen bereitet es, auf seinen Spuren zu gehen, nachzuerleben, wie er findet und das Gefundene braucht.

Da steht zum Beispiel in Herchenhahns Wallenstein-Biographie und schon in Khevenhillers Annales Ferdinandei die Anekdote von dem Unbekannten, der Wallenstein noch in sehr vorgerückter Stunde während der Flucht von Pilsen nach Eger geraten habe, das Steuer herumzuwerfen, mit 400 000 Dukaten baren Geldes, die er in seinen Truhen habe, nach Wien zu reisen und alles Bisherige als eine bloße List hinzustellen, um die Treue von des Kaisers Dienern zu erproben. Der Vorschlag ist gut, habe Wallenstein geantwortet, aber der Teufel traue. Die Anekdote hat Schiller in die Geschichte des Dreißigjährigen Krieges übernommen und von dort, aber abgewandelt, in das Drama. Dort ist es die Gräfin Terzky, welche den Rat gibt:

> Reis hin nach Wien zum Kaiser stehnden Fußes
> Nimm eine volle Kasse mit, erklär,
> Du hab'st der Diener Treue nur erproben
> Den Schweden bloß zum Besten haben wollen!

Aber die Gräfin wünscht nicht wie der Unbekannte, daß er den Rat befolge; im Gegenteil, sie malt ihm den noch jetzt möglichen Frieden mit dem Kaiser, das schale Glück eines fürstlichen Ruhestandes nur, um ihn desto sicherer zur Rebellion zu treiben. Oder da ist bei Murr die Beschreibung von Wallensteins nervöser Lärm-Empfindlichkeit und eine zeitgenössische Grabschrift auf den Feldherrn, in der es heißt:

> Gar zart war ihm sein böhmisch Hirn
> Konnt nicht leiden der Sporen Klirrn.
> Hahn, Hennen und Hund er bandisiert
> Überall wo er logiert

und so fort. Das kehrt wieder in der Kapuziner-Predigt des Lagers:

> So ein Jehu und Holophern
> Verleugnet wie Petrus seinen Meister und Herrn
> Drum kann er den Hahn nicht hören krähn...

worauf Jäger und Wachtmeister sich ausführlich über die kitzligen Ohren des Feldherrn unterhalten. Mitunter ertappen wir den Dichter-Historiker auch bei ein wenig flüchtigen Entlehnungen. Etwa finde ich in Murrs Beiträgen, dort wo von Wallensteins freigeistiger Toleranz, Jesuitenfeindschaft und Aufgeklärtheit die Rede ist, auch die Bemerkung: «Der Herzog war zu klug, als daß er den Papst für mehr als einen Bischof von Rom hielt.» Schiller hat das fast wörtlich übernommen: «und die Jesuiten», schreibt er, «vergaben es ihm nie, daß er ihr System durchschaute und in dem Papste nichts als einen römischen Bischof sah.» Nun ist zwar Wallensteins Gleichgültigkeit in Dingen des Konfessions-Streites vielfach belegt; daß er aber im Besonderen die Suprematie des Papstes angezweifelt, daß die Frage dieser Suprematie ihn überhaupt interessiert hätte, dafür gibt, meines Wissens, kein Dokument den mindesten Anhalt. Viel eher wird es so sein, daß Herr von Murr hier dem Papste eines versetzen wollte und seine eigene Ansicht seinem Helden unterschob. Schiller übernahm das und machte es, einordnend und rhythmisierend, zu seinem Eigentum. – Seine Porträts scheinen in kühnen, großen Zügen gemalt, ein einziger Atem durchweht seine Erzählung; aber sieht man näher zu, so ist's ein Mosaik, aus tausend gefundenen Stücken liebevoll zusammengesetzt. In den historischen Schriften ist nichts erfunden, und auch im historischen Drama nicht viel, nichts Wesentliches, da wo es um das Historische, Politische geht. Von Max und Thekla ist hier nicht die Rede, die gehören einer anderen Welt an.

Den Kritikern gilt der «Dreißigjährige Krieg» wohl meist als das reifere von beiden Hauptwerken, und das ist recht und billig, insofern es das spätere ist. Schiller hatte hier eine Meisterschaft gewonnen, im Stil, im Aufbau, im Urteil, die er nicht hatte, als er mit der «Geschichte des Abfalls der Niederlande» begann. Die Porträts der führenden Gestalten erscheinen nicht mehr am Anfang, dort wo sie zum ersten Mal auftreten, sondern werden durch die Handlung selbst herausgearbeitet, um dann am Schluß, gelegentlich des Todes des Helden, noch einmal zusammenfassend gegeben zu werden. Schillers Urteil ist realistischer, pessimistischer. Eigennutz, Ehrgeiz, Furcht und Machttrieb sind die Hauptmotive der Handelnden. Wenn etwas Gutes dabei herauskommt – und die Westfälischen Verträge hielt Schiller ja für gut und wohl für besser, als sie in Wirklichkeit waren –, so spielt hier ungefähr das, was Hegel die List der Vernunft genannt hat: die «Weltgeschichte», die «große Natur» bedient sich der selbstischen Individuen zu Zwecken, welche diesen nicht bewußt waren. Selbst die Lichtgestalt Gustav Adolfs, die doch dem Herzen des Erzählers sehr nahe steht, ist zum Schluß nicht mehr so ganz licht. Erfolg und Macht taten ihm nicht gut, verführten ihn zu ausschweifenden Projekten: gut war es für Deutschland und war es für seinen eigenen Ruhm, daß er plötzlich verschwand, wäre er selbst, was Schiller jedoch sich zu glauben weigert, ermordet worden; gerade hier ist von der «großen Natur» die Rede, die hinter den historischen Ereignissen in seltenen Momenten nicht erkennbar, aber erahnbar sei. Eine «Kantische Idee», wenn man so will. Keine, auf der Schiller insistierte; keine, die er je gebrauchte, um mit ihrer Hilfe sich die Erklärung des Wirklichen leicht zu machen. Die «Geschichte des Dreißigjährigen Krieges» ist eine fast ausschließlich politische, militärische. Hier spielen große Mächte um Macht, Spanien, Österreich, Frankreich, Schweden. Mit gleicher Penetranz sind schwierige Lage und Haltung der Kleinen gesehen: der Papst, der als Oberhaupt der Kirche wohl auf seiten der Gegenreformation stehen muß, als Potentat aber die spanische Macht zu fürchten und so die Sache der Protestanten eigentlich zu begünstigen Grund hat; die schlaue, schwache, schwankende Neutralität Sachsens; die unbeirrbare Staatsraison Bayerns, die abenteuernden Condottieri und Thronsucher, Mansfeld, Weimar, Wallenstein selber. Als politische Geschichte mag das zweite Werk in der Tat über dem ersten stehen; großartig ist die Expansion des Krieges vom Böhmischen ins Deutsche, vom Deutschen ins Europäische dargestellt, eine Expansion, die so nicht hätte geschehen können, wäre nicht alles das schon vorbereitet und angelegt gewesen, lange bevor Martiniz und Slavata aus dem Fenster stürzten.

Dem gegenüber hat die «Geschichte des Abfalls der Niederlande» ihre großen spezifischen Vorzüge, Vorzüge, die mit dem Gegenstand selber, wohl auch mit der Stimmung des Schreibenden zu tun haben. Man möchte sagen, daß mehr Raum oder Luft in dem ersten Werk ist, mehr epische Behaglichkeit, weniger Gespanntheit. Wirtschaft, Kultur, Volkscharakter machen dem Politischen die Alleinherrschaft streitig; ein erfreulicher Sinn ist in dem Ganzen, seinem Ende und Ziel vor allem, welches freilich Schiller nicht erreichte, da er ja schon mit der Ankunft Albas, der Verhaftung Egmonts abbrach, so daß es bei einem ersten

Teil, einer weit ausholenden Einleitung blieb. Es ist entschieden das demokratischere Werk. Der «Dreißigjährige Krieg» handelt von Mächten, von Fürsten und Feldherren, und nur passiv, in seinem Elend, erscheint selten genug das Volk; im «Abfall der Niederlande» kämpfen Volk und Führer auf einer Seite und Königsmacht auf der anderen. Schiller idealisiert weder Volk noch Führer. Er zeigt, wie diese, durch Fehler der Gegenpartei wie ihre eigenen, allmählich in eine Stellung gedrängt werden, in der zwischen Kampf und kampflosem Untergang nur die Wahl bleibt; er zeigt Volk in seinen edlen wie auch in seinen gemeinen, hysterischen, barbarischen Momenten. Als Menschheitsgläubiger ist er sich schuldig, dann hinzuzufügen, viehische Behandlung habe es viehisch gemacht, was impliziert, es könnte menschlich gemacht werden durch menschliche Behandlung; im Grunde aber war und blieb seine Haltung gegenüber dem «Volk» immer eine zwiespältige. Wenn er an Freiheit mit feurigem Eifer glaubte, die Freiheit der Niederländer, die Freiheit der Eidgenossen, so dachte er vom Volke doch auch ungefähr wie sein Wallenstein – «Denn aus Gemeinem ist der Mensch gemacht»; oder: «Denn die Menge geht mit dem Glück» –, und wenn Goethe meint, Schiller sei viel mehr als er selber Aristokrat gewesen, so läßt sich das durch Äußerungen seiner Kunst wie durch persönliche Urteile und Haltungen belegen. Menschheitsglaube und Menschenverachtung hielten sich hier die Waage.

Zu den Wesenszügen, die beide Hauptwerke gemein haben, gehört ihre entschieden gesamteuropäische, internationale Ausrichtung. Sie entspricht den Themen; sie mag erklären helfen, warum Schiller diese Themen wählte. Die großartige Verwirrung interessierte ihn, der Konflikt, der über Staats- und Sprachgrenzen sich hinwegsetzte und schwindelnde Querverbindungen schuf. «Jede Kränkung, von einem Tyrannen erlitten, gab ein Bürgerrecht in Holland», heißt es im «Abfall». Im ersten Buch des «Dreißigjährigen Krieges» findet sich eine Betrachtung über den internationalen Bürgerkrieg, welchen die Religionsspaltung verursachte und der, indem er jede Nation in sich spaltete, die Nationen einander näherbrachte: «Der französische Calvinist hatte also mit dem reformierten Genfer, Engländer, Deutschen oder Holländer einen Berührungspunkt, den er mit seinem eigenen katholischen Mitbürger nicht hatte. Er hörte also in einem sehr wichtigen Punkt auf, Bürger eines einzelnen Staates zu sein... Jetzt verläßt der Pfälzer seine Heimat, um für seinen französischen Glaubensbruder gegen den gemeinschaftlichen Religionsfeind zu fechten. Der französische Untertan zieht das Schwert gegen ein Vaterland, das ihn mißhandelt, und geht hin, um für Hollands Freiheit zu bluten. Jetzt sieht man Schweizer gegen Schweizer, Deutsche gegen Deutsche im Streit gerüstet, um an den Ufern der Loire und der Seine die Thronfolge in Frankreich zu entscheiden. Der Däne geht über die Eider, der Schwede über den Belt, um die Ketten zu zerbrechen, die für Deutschland geschmiedet sind.» Alexis de Tocqueville hat diesen Passus in seinem Buch über die Französische Revolution zitiert, um einen bedeutenden Vergleich zu ziehen. Und am Ende ist es kein Zufall, daß Schiller die Wirren dieser großen internationalen Begegnung gerade dann schauend entwirrte, als ein neuer internationaler Bürgerkrieg, bei dem es um eine Ersatzreligion ging, im Anzug war. So ist auch der «Dreißigjährige Krieg» bis heute außerhalb der deutschen Sprachgrenzen das populärste Werk Schillers geblieben. Man kann es auf französisch in den Bücherkästen der Seine, auf englisch in amerikanischen Soldatenbüchereien finden.

Wie nun arbeitet, in der Ansicht Schillers, die Geschichte, wie hängen die Ereignisse zusammen? Diesseits von dem, was er die große Natur, den Plan der Weltgeschichte nennt, und was man nur ahnen, nicht greifen kann, gibt es die Welt von Ursache und Wirkung, Aktion und Reaktion. Hier sieht Schiller keine Fatalität. Die Dinge kamen so, wie sie kamen; sie hätten auch anders kommen können. Möglichkeiten wurden verwirklicht oder wurden es nicht; es gab Alternativen. Ihre Wahl geschieht durch Menschen. Diese tragen das Gepräge ihrer Zeit, sind, in diesem Sinn, nicht absolut frei, aber sind mehr oder weniger frei in ihren Handlungen. Die Sendung des Herzogs von Alba, zu verstehen aus der Konsequenz von Philipps Herrschaftssystem, aber an sich keineswegs unvermeidlich, entscheidet erst die Entwicklung in den Niederlanden im revolutionären Sinn. Der Entschluß Ferdinands II., nach der Vertreibung des Winterkönigs die Strafaktion ins Reich, gegen die Pfalz, fortzutreiben, macht die böhmische Affäre zu einer deutschen, dann einer europäischen. «Das ganze Schicksal Deutschlands», heißt es hier, «lag jetzt in seiner Hand, und vieler Millionen Glück und Elend beruhte auf dem Entschluß, den er faßte. Nie lag eine so große Entscheidung in *eines* Menschen Hand; nie stiftete eines Menschen Verblendung so viel Verderben.»

So ist denn Schillers Historie sehr reich an Porträts von Menschen, die erscheinen, in das allgemeine Schicksal eingreifen, gewinnen oder erliegen. Handelnde Menschen stehen im Mittelpunkt. Mit dem Tode Gustav Adolfs und Wallensteins, so meint er in einem nachmals gestrichenen, sehr merkwürdigen Endpassus des Vierten Buches, sei die Einheit der Handlung verloren; die noch folgenden vierzehnjährigen verworrenen Kriegszüge und Negotiationen verlohnten eine ausführliche Darstellung nicht mehr. Eine Bemerkung, die zeigt, wie sehr ihn auch in der Geschichte nach künstlerischer Einheit verlangte, und wie ihm diese Einheit, dieser Sinn von den Helden kam. Hier gab es zwei.

Sie rangen in seinem Geist um das dichterische Vorrecht, so wie sie in der Wirklichkeit um die Macht über Mitteleuropa rangen. Wallenstein gewann.

Als Schiller des Friedländers in seiner Geschichte zum ersten Mal Erwähnung tat – «Graf Wallenstein war es, ein verdienter Offizier, der reichste Edelmann in Böhmen» –, ahnte er kaum, daß diese Figur ihn nun ein Jahrzehnt lang nicht loslassen würde, ihn erst loslassen würde, nachdem er sie ganz ergriffen und ihr die höchste Gerechtigkeit getan. Es ist ein Prozeß von unerhörtem Interesse.

Der Wallenstein des Prosawerkes ist eine prachtvoll gezeichnete, im Grunde aber unstimmige Figur. Schiller übernahm Charaktere und Pläne des Feldherrn von den Autoren, die ihrerseits aus der habsburgischen Publizistik geschöpft hatten, oder aus dieser selbst. Wallenstein ist der von Ehrgeiz und Rachsucht beherrschte, finstere, niemals lachende, das Wenige, was er spricht, in widrigem Ton herausstoßende, hartherzige Machtmensch aus einem Guß; sein Plan, sich zum König von Böhmen zu machen und den Kaiser zum Teufel zu jagen. Aber wie kann ein so Beschaffener sich bei der Ausführung seines Projektes so unglaublich ungeschickt benehmen, wie kann er so jammervoll scheitern? Und wenn er wirklich den Kaiser verderben wollte, warum gibt er ihm, wie Schiller eingesteht, noch zuletzt hochvernünftige Ratschläge, die, wenn der Wiener Hof sie befolgte, einen allen streitenden Parteien gleich günstigen Frieden sichern würden? Diese Widersprüche löst Schiller nicht. Daß manches ungeklärt sei, meint er am Schluß; er bemerkt, daß alle wirklich beglaubigten Taten Wallensteins auch aus einer unschuldigen Quelle, nämlich seinem Willen zum Frieden geflossen sein könnten; daß seine Rebellion am Ende nicht so sehr Ursache wie Folge seines Falles war; daß es «nicht ganz treue Federn sind, die uns die Geschichte dieses außerordentlichen Mannes überliefert haben». Dabei blieb es, im Text des historischen Werkes. Aber dabei blieb es nicht in Schillers Geist. Schon während er an seiner Geschichte arbeitete, kam ihm die Idee einer Wallenstein-Tragödie. Sie reifte während der Jahre seiner philosophischen, ästhetischen Studien. Fünf, sechs Jahre später an ihre Ausführung gehend, drang er in schwerem Ringen zur Wahrheit vor. Das Wunder ist, daß die beiden Positionen: «So brauche ich es für meine Tragödie», und: «So muß es gewesen sein» – sich deckten. Es war, in der historischen Wirklichkeit, so, wie Schiller es für seine Tragödie brauchte.

Noch einmal las er viel, um sich des Kolorites der Zeit zu vergewissern. Aber neue Tatsachen gab es damals gar nicht. Es waren dieselben Autoren, dieselben Erzählungen, Traditionen, Legenden, die er schon kannte. Die archivalische Wallenstein-Forschung, die einen Katarakt neuer Perspektiven und Tatsachen bringen sollte, begann erst zwei Jahrzehnte nach Schillers Tod. Wenn der Wallenstein des Dramas sich von dem des Geschichtswerkes wesentlich unterschied, wenn es der wahre ist, so können wir es neuen Studien an sich nicht zuschreiben. Es war die Intuition des Dichters, die aus dürftigen Fragmenten ein Ganzes schuf: ein Ganzes der Kunst und der Wahrheit.

Es tut hier nichts zur Sache, daß das Drama seine eigenen technischen Gesetze hat, daß Schiller den Hergang eines guten Monats in vier oder fünf Tage zusammenpreßte; daß er Namen vertauschte, Figuren erfand; daß er, zumal was den Griff nach der böhmischen Krone betrifft, sich noch immer an verfälschte oder grob vereinfachte Traditionen hielt. Zur Sache tun die wesentlichen Übereinstimmungen zwischen Kunst und Wahrheit. Ich nenne einige von ihnen.

Der Schillersche Wallenstein betrachtet die Armee als die Basis seiner Macht, als sein persönliches Eigentum – «Das Heer ist meine Sicherheit, das Heer verläßt mich nicht» –, und heiß mühte sich der Dichter, das Unmögliche möglich, die Armee selber anschaulich zu machen. Der historische Wallenstein hat, zumal während des zweiten Generalats, das Heer in der Tat für sein Eigentum gehalten. Es gibt ein Gespräch zwischen ihm und dem böhmischen Emigranten Bubna, Mai 1633 geführt, eines der erleuchtendsten Dokumente, die wir überhaupt haben. Wallenstein beginnt die Unterhaltung, indem er fragt, ob sie nicht Erzlappen seien, einander die Köpfe zu zerschmeißen, da sie doch, die sie die Armee in Händen hätten, sich einen vernünftigen Frieden machen könnten. Und als, einen Tag vor dem Ende, Illo ein Manifest entwirft, in dem es heißt, der Herzog beabsichtige nichts, was der Treue gegen den Kaiser zuwider sei, da sei, so berichtete später ein Augenzeuge, der Friedländer «abermals omnibus omnino agitatus furiis mit dem allerschrecklichsten Fluchen und Fulminieren herausgefahren»; die Truppen seien ihm und nicht dem Kaiser die Treue schuldig. – Es war ein Mißverständnis; die eigentliche Quelle der Katastrophe. – Das Heer, das er für sein Eigentum hält, will er einsetzen, um einen allen Parteien leidlichen Frieden in Deutschland zu erzwingen. Das will er im Drama; das wollte er in der Wirklichkeit. Seine Sehnsucht nach Frieden, in unzähligen Briefen und Berichten belegt, hatte gegen Ende einen fast verzweifelten Charakter. «Auf die letzt», schrieb er, «wenn alle Länder werden in Asche liegen, wird man doch Fried machen müssen.» Gelegentlich der dem Morde nachfolgenden Untersuchungen erzählte der Oberst Mohr von Wald, wie er von dem Herzog Abschied nahm, sei dieser lange dagelegen «wie eine tote Leich», jählings aber aufgefahren und habe gellend geschrien: Fried, Fried, o Fried, weiters aber nichts vermeldet. – Um den Frieden gegen die Partei der unversöhnlichen Gegenreformation, die Wiener Kriegspartei zu erzwingen, mußte er sich über die Befehle der legitimen Autorität hinwegsetzen.

Aber – Ricarda Huch hat dies in ihrer wunderbaren, reich aus den Quellen genährten Charakterstudie gezeigt – Wallenstein besaß einen überscharfen Sinn für Legitimität; er bedurfte der Anlehnung an sie, er wollte mit ihr brechen und wagte es nicht. Und wo fänden wir Macht und Geheimnis der Legitimität klarer, tiefer auseinandergesetzt als im «Tod», im großen Monolog des ersten Aktes?

> Du willst die Macht,
> Die ruhig, sicher thronende erschüttern,
> Die in verjährt geheiligtem Besitz,
> In der Gewohnheit fest gegründet ruht,
> Die an der Väter frommem Kinderglauben
> Mit tausend zähen Wurzeln sich befestigt.

Das trifft den Nerv des Problems. Wie beschränkt, gehässig, schädlich auch, nach den Begriffen der freien Intelligenz, die Macht handelte, geheiligt war sie doch, erschüttern ließ sie sich von dem fremden, wurzellosen oder entwurzelten Emporkömmling nicht, und die Armee, die er zu besitzen glaubte, verließ ihn, sobald er sich gegen seinen Auftraggeber kehrte. – Die Ziele Wallensteins? Wie die moderne Geschichtsforschung unterscheidet Schiller zwei Epochen: die des ersten Generalats, da er Großes mit dem Reich vorhatte, Pläne, die sich wesentlich gegen die Teilmächte, die Fürsten richteten; und die des zweiten, da er, nun selber ein Reichsfürst, auf einen Vernunft- und Kompromißfrieden, ungefähr den status quo ante, hinauswollte. Aber in der historischen Wirklichkeit, wie im Drama, wurde der gute Vorsatz getrübt und verwirrt dadurch, daß der Planende selber seit seinem ersten Sturz verwirrt war. Einem allumfassenden Vernunft-Programm standen seine eigenen Vergrößerungswünsche im Wege, ob sie sich nun auf den Thron Böhmens bezogen oder nicht –

wahrscheinlich bezogen sie sich nicht auf ihn. Mit den Schweden «trieb er es nur zum Schein», wie es in dem Gespräch mit den Pappenheimern heißt, oder wußte nicht, ob er es nur zum Schein oder im Ernst mit ihnen triebe, wie er auch bis wenige Tage vor dem Ende nicht wußte, ob und inwieweit sein Unternehmen einer Rebellion gleichkam; seine stärkste Abneigung galt Bayern und Schweden, eine Gefühlsbasis, auf der sich eine folgerichtige Politik nicht gründen ließ; die protestantischen deutschen Stände, Sachsen und Brandenburg, waren nicht stark und zuverlässig genug, um mit ihm gemeinsam die dritte, vermittelnde Partei zu bilden, um deren Schaffung er sich unsicher tastend bemühte. Bei aller Gescheitheit, allem guten Willen beherrschte er den unsagbar verwirrten Knäuel der deutschen und europäischen Politik nicht, er vermehrte eher noch die Verwirrung. Das Unbestimmte, Widerspruchsvolle seines Wesens und Waltens erscheint im Drama als Spiel, als Freude am Möglichen – «Die Freiheit reizte mich und das Vermögen»; und Spiel war es auch in der Wirklichkeit, wiewohl ein pathologischeres, letzthin unfreieres, als für Schillers dichterische Zwecke taugte. Schillers Wallenstein ist geistig gesund, der historische war es in seinen letzten Lebensjahren offenbar nicht. Aber beide sind sie introvertiert, durch Nachdenken unschlüssig in einem Maße, daß man kaum begreift, wie sie eine so große persönliche Macht überhaupt je haben aufbauen können, beide verschlossen, ihr Inneres verbergend, unfähig, sich hinzugeben, zugleich aber vertrauensselig aus Menschenunkenntnis, schwankend und unbestimmt hinter der Maske des Herrschers. Beide werden sie schließlich bestimmt von außen, von Umständen und von Menschen niedrigeren, aber eindeutigeren Wesens. Eben hierin, in dem Bestimmtwerden einer erhabenen und freien, aber unbestimmten Seele durch plumpe gewöhnliche Menschen, hat Hegel den Kern von Schillers Drama gesehen; und ungefähr so war es in Wirklichkeit. «Denn er muß einen haben, der ihm hilft, merke ich wohl», schrieb Franz Albrecht von Lauenburg kurz vor der Katastrophe; alleine könne er sich zu gar nichts entscheiden. Und wieder hat Schiller die Umgebung Wallensteins, die Vertrauten, Scheinvertrauten und Gegner, die Intriganten und Glücksritter in ihrem innersten Wesen erraten. Die Typen sind alle da. Illo war so, Wallenstein nannte ihn einmal einen stolzen aufgeblasenen Kerl, der nichts als Wäschereien unter den Obersten mache. Die Kriegsräte aus Wien waren so, und so stand Wallenstein zu ihnen, den «Herren Gelehrten», den «kahlen Kerlen», die auf dem Papier die großartigsten, nur leider unausführbaren Manöver vollzögen. Die höhnische Frage in den Piccolomini: «Was denkt die Majestät von ihren Truppen», stellte er wirklich, unzählige Male. Wie Isolani auf den Absetzungsbefehl, den Octavio ihm vorlegt, so reagierten in der Wirklichkeit alle, die noch so reagieren konnten; und die es nicht mehr recht konnten, die nach dem Untergang des großen Schiffes hilflos auf dem Wasser schwammen, bestritten doch energisch, je auf ihm gefahren zu sein. Er habe sich, protestierte des Herzogs verhafteter Kanzler, Herr von Elz, zur Ermordung seines Herrn nur gratulieren können, «wegen seiner rauhen Prozeduren gegen uns», und wie hätte er, ein bloßer Kanzleichef, von Wallensteins geheimen Anschlägen wohl das Mindeste wissen können? Sie strebten alle zurück zur legitimen Macht, trotz des Pilsener Schlusses, sie wollten alle dort sein, wo es Belohnungen geben, ein Stück aus der riesigen Masse des Wallensteinschen Vermögens zu erhaschen sein würde. – Diesem menschlich-allzumenschlichen Gewühl gegenüber nun die Einsamkeit des Verratenen, sein Rechnen auf Dankbarkeit und Enttäuschtwerden, sein Mißtrauen und wieder seine Vertrauensseligkeit am falschen

Ort, sein die Menschen durch materielle Vorteile an sich Binden und sie doch nicht Gewinnen, weil er selber fremd und herrisch bleibt – woher hatte Schiller alles dies, da er doch die Dokumente, die Briefe, Erzählungen, Zeugenaussagen nicht kannte, aus denen wir es haben? Woher hatte er selbst solche Details von Wallensteins Psychologie wie seine Verachtung der Tafelfreuden!

> Dies Geschlecht
> kann sich nicht anders freuen als bei Tisch

sagt er im letzten Akt des «Todes». Der wirkliche Wallenstein höhnte über den König von Dänemark, der sich täglich betrinke, und meinte von dem Kurfürsten von Sachsen: «Was ist er für ein Vieh und was führt er für ein Leben.» Noch einmal, Schiller hat nie einen der charakteristischen Briefe Wallensteins gesehen. Zum Beispiel gibt es den Befehl, den er am Abend vor der Schlacht von Lützen an Pappenheim sandte, und der, mit dem Blute Pappenheims getränkt, im Wiener Archiv gefunden wurde. Nie ist ein dringenderer Brief geschrieben worden. «Der Feind marchirt hereinwarts der Herr lasse alles stehn und liegen und incaminiere sich herzu mit allem volk und stücken auf das er morgen fru bey uns sich befündet Ich aber verbleibe hiermitt des Herrn dienstwilliger A. H. zu. M. Lützen d. 15. Nov. 1632.»

Im «Dreißigjährigen Krieg» ist von Eilboten an Pappenheim die Rede; aber diesen Brief selbst, so ungemein bezeichnend für Wallensteins Stil, hat Schiller nicht gekannt. Aus dem geringen Echten, das er kannte, aus den Legenden, den Verleumdungen, den schielenden Parteischriften, den linkischen, bombastischen Nacherzählungen hat er historische Wirklichkeit erschaut; die Stimmungen der Zeit; die Interessen der Mächte, zwischen denen das große, abnormale Individuum zerrieben wird, so wie später Ranke es darstellte; die Menschen um Wallenstein herum; ihn selber, den Machtmenschen und den Träumer, den Friedenssucher und den Egoisten. Die geschichtliche Wirklichkeit, in der zum Schluß niemand recht behält: jene gewinnen, die nicht hätten gewinnen sollen, weil sie es mit den Menschen eigentlich nicht gut meinen, und jener unterliegt, der, trotz aller Größe, verdient zu unterliegen. Eben diese Sicht, nach der zum Schluß alles in einer traurigen Ordnung ist und niemand recht hat, macht die Trilogie zu einer «geschichtswissenschaftlichen Tat», wie Heinrich von Srbik sie nennt, zu erlebter innerer Geschichte, wie Dilthey meinte.

Daß es andere Zugänge zu ihr gibt als den geschichtlichen, daß dies Wunderwerk nicht von den Historikern allein in Beschlag genommen werden darf, weiß ich wohl. Es ist ja schön; was gibt es Schöneres im europäischen Drama als den letzten Akt des «Todes»? Die Wirklichkeit aber, die hier zum Schönen verklärt wurde, war gar nicht schön; sie war gemein und schmutzig und grauenvoll. Dieser Unterschied allein würde genügen, um uns daran zu erinnern, daß Schillers Wallenstein viel mehr ist als nur geschichtswissenschaftliche Tat.

Auf der anderen Seite: gelte er, der Unterschied zwischen dem Häßlichen des Gegenstandes und dem Schönen des Kunstwerkes, nicht auch für die historischen Prosaschriften? Sind nicht auch sie schön, sollten sie es nicht sein, da doch, was sie beschreiben, oft gar nicht schön war?

Schiller war immer Künstler, hielt es für keinen Raub, Künstler zu sein, auch wenn er durch eine wissenschaftliche Arbeit sich eine Professur zu gewinnen suchte. Den Dingen einen Stil geben, Spannung, Drama bieten – anders konnte er es nicht. Immer war er homme de lettres, selbst als Philosoph; die Schriftsteller-Laufbahn des großen schwäbischen Enthusiasten ist, formal gesehen, der eines älteren französischen Dichter-Historikers vergleichbarer, als der Unterschied zwischen den Seelen erwarten lassen könnte. Ich meine Voltaire. Auch der war schon ein berühmter Dramatiker, als er Geschichte zu schreiben begann; auch er studierte gründlich, was immer an Quellen ihm zugänglich war; auch er wollte schön und knapp und spannend schreiben und empfand geringe Achtung für die Folianten, die er benutzte. «Diese riesigen Sammlungen sind die Magazine, aus denen das Genie schöpft; aus ihnen muß man einige Farben auswählen, um ein Bild zu malen, welches die Zeiten überdauert.» Auch Voltaire hielt sich an die dramatischen Ereignisse, an die großen sonderbaren Männer; er wählte Karl XII., weil er «überaus groß, unglücklich und verrückt» gewesen sei. Er wählte freilich fast ausschließlich Epochen, an deren Ausläufer seine eigene Kindheit noch streifte: das Zeitalter Ludwigs XIV., Karls XII., Rußland unter Peter dem Großen. Diese Konzentrierung auf das zeitlich Nahe gab ihm eine Möglichkeit, von der er erstaunlichen Gebrauch machte: die Überlebenden, die Witwen der Staatsmänner, die Exkönige, die greisen Feldmarschälle, die vor vierzig Jahren eine Schlacht geschlagen, persönlich zu befragen. Schiller besaß diese Möglichkeit nicht; die Epochen, die er wählte, lagen weiter zurück; auch hätte er den Zugang zu den Höhen der Macht ja kaum gehabt, den Voltaires usurpiertes Großherrentum ihm gestattete. Wie es zugehe unter den Herrschern der Welt, der Deutsche konnte es nur ahnen, nicht mit äußerem Auge schauen. Aber wie wunderbar hat er es erahnt.

Die Tradition, die Voltaire begründete, ist in Frankreich und England fortgesetzt worden von Schriftstellern wie Thiers, Mignet, Macaulay und ist in diesen Ländern wohl auch heute noch lebendig. Friedrich Schiller, der Historiker, hat keine Tradition begründet. Kann sein, er hätte es, wenn er bei dem Handwerk geblieben wäre; da er aber nach bloßen vier Jahren sich wieder von ihm abwandte und dem sich zuwandte, was seine höchste Berufung war, so blieb seine Geschichtsschreibung eine Episode in unserer Literatur. Die deutsche Historie des 19. Jahrhunderts ging auf anderen Wegen anderen Zielen nach. Wohl schrieben auch die Meister der deutschen Geschichtswissenschaft schön, oder doch einige von ihnen, Ranke, Mommsen, und wir rechnen es ihnen hoch an. Aber wir sind doch gewohnt, zu unterscheiden zwischen der eigentlichen wissenschaftlichen Leistung des Forschers und Kombinators und, nebenher, des Darstellers, der *auch* gut zu schreiben verstand. Für den homme de lettre war keine solche Trennung zwischen beiden Sphären, der der Wahrheit und Sachgemäßheit und der des Stils. Beides in einem war das Gute.

Vielleicht sind wir heute besser imstande, die Geschichtswerke des hohen Mannes zu würdigen, als wir ehedem waren. Der deutsche sogenannte Historismus ist nicht der Weisheit letzter Schluß; mehr als ihm bewußt, war er mit dem Heraufkommen des Nationalstaates verbunden, der heraufzukommen nun ja wohl aufgehört hat; er löste das Problem von Moral und Politik, von Individualität und Gesetz, Wiederholung, Vergleichbarkeit, von Schönheit der Darstellung und Unreinheit des Dargestellten nicht so, wie er sich's wohl einbildete; seine Denkmittel wurden in schwachen Händen mißbraucht zur bloßen Erfolgsverherrlichung. Die Geschichtsschreibung des 18. Jahrhunderts nur als eine Vorstufe des im 19. oder 20. endlich Erreichten zu verstehen, wie dies ein deutscher Historiker berühmten Namens getan hat, heißt, die Schule, der man selber angehörte, arg überschätzen. Von «Volksgeistern», von der Überwindung des Naturrechts durch die höhere Notwendigkeit des Individuellen, von Staatsraison, angesichts derer es weder Gut noch Böse gibt, von der «sonnigen

Auffassung der Macht» – von alledem hat Schiller freilich nichts gewußt. Aber von der Gemeinsamkeit europäischen Schicksals wußte er etwas, von der Menschheit und vom Menschen, vom ewig Wiederkehrenden, von Schuld und Nemesis, vom Edlen und vom Gemeinen. Und von der Zauberkraft des Wortes: daß Erzählen selbst dessen, was sich wirklich begeben, immer auch Dichtung ist, weil es so, wie es wirklich gewesen, in seiner formlosen Unendlichkeit, sich ja doch nicht ergreifen läßt; daß, wer etwas erzählen will, es schön erzählen muß, und sein eigenes Ich mit einsetzen, und Worte zu Rhythmen fügen und so den Chaosdrachen bannen für eine Zeit.

Anhang

Editorische Notiz

Der Text dieser Ausgabe folgt der Erstfassung der «Geschichte des Dreißigjährigen Kriegs», die Friedrich Schiller ursprünglich für die Jahrgänge 1791 bis 1793 des «Historischen Calenders für Damen» des Verlegers Göschen in Leipzig geschrieben hatte. Die Untergliederung unseres Textes entspricht den drei Kalenderjahrgängen des Originals, unterbricht also ebenfalls an jener Stelle des Dritten Buches im Jahrgang 1792, als Schiller infolge einer schweren Erkrankung seine Arbeit vorübergehend niederlegen mußte.

Schiller hat daraus später für eine Buchausgabe eine zweite Fassung erstellt, die sich durch einige, den Umfang nicht wesentlich verändernde Kürzungen im Text und Änderungen in der Wortwahl von der ersten unterscheidet. Im Gegensatz zur zweiten mutet die hier wiedergegebene erste Fassung allerdings lebendiger in der Sprache und spontaner im Urteil an; die Neigung, Partei für die protestantische Sache der Freiheit zu ergreifen, tritt bisweilen unverhohlener hervor. Diese Erstfassung ist im Gegensatz zu der zweiten seit ihrem damaligen Erscheinen nicht wieder veröffentlicht worden, mit Ausnahme der Schiller-Nationalausgabe (Band 18, herausgegeben von Karl-Heinz Hahn, Weimar 1976), in der jedoch die alte Schreibweise beibehalten und naturgemäß auf die Illustrationen und Bildlegenden verzichtet wurde.

Eingriffe in den Textbestand sind nicht vorgenommen worden. Dagegen wurden Orthographie und Zeichensetzung durchgängig modernisiert. Ebenfalls heutigem Sprachgebrauch wurde der Lautstand angeglichen *(Hilfe* statt *Hülfe, Ahnung* statt *Ahndung, Forderung* statt *Foderung, fünf* statt *funf* usw.), nicht aber die Grammatik und Syntax. Außerdem wurde die Schreibweise von

Orts- und Personennamen dort geändert und richtig gestellt, wo die alte Schreibweise zu Mißdeutungen hätte Anlaß geben können (*Donauwörth* statt *Donauwerth*, *Köln* statt *Cölln*, *Tuttlingen* statt *Duttlingen*; *Ferdinand von Graz* statt *Ferdinand von Grätz*, *Stålhandke* statt *Stalhantsch*, *Slange* statt *Schlangen*, *Liljehoek* statt *Lilienhoek* usw.). Bezüglich der Schreibweise von Regentennamen wurde die von Schiller selbst ab dem Dritten Buch geübte Praxis übernommen, *Friedrich der Fünfte* statt *Friedrich V.*, *Christian der Zweite* statt *Christian II.* usw. zu schreiben, eine Praxis, die er danach auch durchgängig in seiner Zweitfassung beibehalten hat.

Zum erstenmal überhaupt seit ihrem Erscheinen 1791–93 wurden die zum Teil mehrseitigen Erläuterungen zu den Kupfern wieder in eine illustrierte Ausgabe der «Geschichte des Dreißigjährigen Kriegs» aufgenommen. Sie stammen im wesentlichen aus der Feder des Verlegers Göschen; einige dürften aber auch, ohne daß dies hier jedoch im einzelnen belegt werden könnte, von Schiller selbst verfaßt worden sein. Die Reihenfolge der Erläuterungen im Anhang entspricht der Anordnung der Illustrationen im Text. Ursprünglich enthielt jeder Jahrgang innerhalb eines dem eigentlichen Textteil vorangestellten Kalendariums zwölf Illustrationen, sogenannte «Monatskupfer», die sich jeweils auf den gesamten Ereigniskomplex des Dreißigjährigen Krieges bezogen. So erklärt sich, warum sich an manchen Stellen des Werkes die Bilder häufen, die an anderen Stellen fehlen – die Zeichner fanden offenbar Gefallen an denselben Sujets. Die Schwierigkeiten, die sich daraus für den Verleger und den Zeichner, bzw. Kupferstecher ergaben, beklagt Göschen selbst in einer der ersten Folge von Bilderläuterungen angehängten Nachschrift im Kalenderjahrgang 1791:

«Zu einem Kalender müssen, wenn man ihn zur rechten Zeit und gute Abdrücke liefern will, die Zeichnungen beinahe zwei Jahre voraus gemacht werden. Schon mit Anfang des Jahres 1790 wurde mit dem Abdruck der Kupfer zu diesem Kalender angefangen. Daher kommen denn in diesem Jahre schon Kupfer vor, welche eigentlich erst zu der Fortsetzung der Geschichte gehören. Der Herr Verfasser und noch weniger der Verleger konnten zwei

Jahre voraus bestimmen, wie weit die Geschichte in diesem Jahrgang gebracht werden würde. Durch eine etwas weitläufige Erklärung der Kupfer hat man das Unangenehme, wozu dieser Umstand Anlaß geben könnte, zu heben gesucht. Die Geschichte des Dreißigjährigen Kriegs ist so reich, daß für die Fortsetzung desselben interessante Sujets genug übrigbleiben. Viele vortreffliche Gegenstände zu Zeichnungen können noch aufgenommen werden, welche man wegen Mangel des Raums dieses Jahr zurücklassen mußte.»

Wir danken an dieser Stelle dem Schiller-Nationalmuseum/ Deutsches Literaturarchiv in Marbach sowie der Württembergischen Landesbibliothek Stuttgart für die freundliche Bereitstellung und Genehmigung zum Abdruck der Illustrationen. Desgleichen danken wir dem S. Fischer Verlag, Frankfurt am Main, für die Abdruckerlaubnis des Nachwortes von Golo Mann «Schiller als Historiker», das wir mit ausdrücklicher Zustimmung des Verfassers dem Band «Geschichte und Geschichten», Frankfurt am Main 1962 entnommen haben.

Porträts

Herzog Christian von Braunschweig

Herzog Bernhardt von Weimar

Herzog Bernhard von Weimar

Dieser große Prinz war der jüngste von neun Söhnen des Herzogs Johann von Weimar und der Dorothea Maria, einer Prinzessin von Anhalt. Als ein Nachkomme des Kurfürsten von Sachsen, welcher in der Schlacht bei Mühlberg gefangen, seiner Kurwürde und des größten Teils seiner Länder beraubt wurde, erbte er gleichsam seinen Haß gegen das österreichische Haus. Er vereinigte sich mit Gustav Adolf. Die zärtlichste Freundschaft verband ihre großen Seelen bald. Wer wird nicht gerührt, wenn man diese beiden Helden in der Nacht vor der Schlacht vertraut beisammen sieht, Gustav mit Bernhard seinen Plan überlegt und seine volle Seele in den Busen seines Freundes ausgießt? Es war die letzte Nacht von Gustavs Leben. Er schien darin seinen Geist, seine Tapferkeit, seine Tugend und seine Frömmigkeit als ein Vermächtnis auf Bernhard übertragen zu haben. Nach dem Tode des Königs übernahm derselbe die verwaiste schwedische Armee, vollendete mit ihr den Sieg bei Lützen und blieb ihr Feldherr bis an seinen Tod. Er starb plötzlich 1639, im 36. Jahre seines Alters, nachdem er 18 Jahre wider den Kaiser gefochten hatte und im Begriff stand, sich mit der liebenswürdigen Prinzessin Amalia von Hessen-Kassel zu vermählen. Merkwürdig ist es, daß er bald nach seiner Zurückkunft aus Frankreich, welches über seine Eroberungen eifersüchtig geworden war, starb. In seinem Leben war Bernhard einer der größten Feldherren, voll Gegenwart des Geistes bei großer Tapferkeit und immer gleichem Mut. Seine Ruhe der Seele, seine Großmut, seine Liebe zu Gott und seinen Soldaten verließen ihn auch im Tode nicht. Seinem geliebten Rosen vermachte er seinen Raben, ein Pferd, das er immer ritt; seinen Degen einem andern treuen Gefährten seines Lebens; große Summen Gelder seinen Offizieren und seinen Soldaten. Er starb in ihren Armen. Nach seinem Tode fand man seinen Körper mit bläulichen Flecken bedeckt; einige Ärzte nannten sie Pestblattern, einige andere behaupteten, sie wären Folgen einer Fischbrühe, welche er genossen hatte.

Christina, Königin von Schweden

Sie war die Tochter und Kronerbin Gustav Adolfs, 6 Jahre alt, als ihr Vater in der Schlacht bei Lützen umkam. Die Staatsverwaltung übernahm der Graf Oxenstierna, der es allein vermögend war, die großen Entwürfe Gustavs auszuführen. Unterdessen die schwedischen Soldaten fortfuhren, durch Tapferkeit und Kriegszucht den kaiserlichen Hof zitternd zu machen, bildeten die gelehrtesten Männer den Verstand der Königin. Anno 1645, im 18. Jahre ihres Alters, übernahm sie die Regierungsgeschäfte selbst, betrieb sie anfänglich mit vielem Fleiß, aber ihre Lieblingsneigungen zogen sie wieder davon ab. Die Wissenschaften und die schönen Künste hatten in ihren Augen zu unwiderstehliche Reize. Davon war die Folge, daß der Westfälische Friede für den Vorteil Schwedens zu früh zustande kam. Um der Ruhe zu genießen, den Wissenschaften obzuliegen und sich in dem Umfang der Gelehrten zu vergnügen, beschleunigte sie das Friedensgeschäft, unterdessen der Großkanzler Oxenstierna und sein Sohn die Fortsetzung des Kriegs zur Bewirkung besserer Friedensbedingungen für nötig hielten. Die Schweden waren mißvergnügt über eine Königin, welche zwar die griechischen Autoren und die Philosophie studierte, die Münzen untersuchte, in Statuen und Gemälden große Summen verschwendete und die zum Glück des Staats nötigen Dinge versäumte. Sie verlangten eifrig, die Königin sollte sich vermählen, aber sie entschloß sich, im ehelosen Stande zu bleiben. Im Jahre 1651 erklärte sie, daß sie die Krone niederlegen wolle. Die Senatoren baten sie, diesem Entschluß zu entsagen. Sie willigte darein unter der Bedingung, daß von einer Vermählung nicht weiter sollte geredet werden. Demungeachtet war sie endlich 1654 der Geschäfte gänzlich müde. Voll Verlangen, mit Gelehrten in Freiheit leben zu können, genagt von Schwermut und voll Ekel an den

CHRISTINA
Königin von Schweden.

Staatsgeschäften, legte sie die Regierung wirklich nieder, verließ Schweden, nahm in Brüssel die katholische Religion an, schwor die lutherische zu Innsbruck feierlich ab und reiste nach Rom. Hier fand sie die Achtung nicht, welche ihre ehrgeizige Seele so sehr bedurfte, deshalb reiste sie zweimal nach Paris, um die Gelehrten zu besuchen. Zweimal reiste sie nach Schweden zurück, um den dortigen Thron wieder zu besteigen: als ihr dieses nicht glückte, ging sie wieder nach Rom, wo sie 1689 starb.

Amalia Elisabeth, Landgräfin von Hessen-Kassel

Nach Betrachtung der vielen furchtbaren Gemälde des Dreißigjährigen Krieges weilt der Forscher mit stillem Vergnügen bei dem schönen Bilde Amaliens Elisabeth, der großen Tochter Philipp Ludwigs des Zweiten, Grafen von Hanau. Durch eine liebenswürdige Bildung und durch die Grazie ihrer Sitten ist sie die Zierde ihres Geschlechts, durch häusliche Tugenden das Muster eines guten Weibes, durch Weisheit und Standhaftigkeit, durch Verstand und Mut eine große Fürstin.

Mit den Reizen der Jugend geschmückt, wurde sie, im siebzehnten Jahre ihres Alters, 1619 mit dem Landgrafen von Hessen-Kassel, Wilhelm dem Fünften, vermählt, mit einem Fürsten, den die Geschichte einen Vater und Beschützer der Wissenschaften, einen Verteidiger der Freiheit und einen Freund Gustav Adolfs nennt. Acht Prinzen und sechs Prinzessinnen waren die Pfänder ihrer Zärtlichkeit und Treue. Unterdessen der Landgraf, in den allgemeinen Krieg verwickelt, an der Spitze seines Heeres fechten mußte, sorgte sie unermüdet für die Erziehung ihrer Kinder, um noch nach ihrem Tode durch ihre Nachkommen den Untertanen einen Segen zu hinterlassen. Sie hatte ihren Sohn, Wilhelm den Sechsten, zu einem vortrefflichen Regenten gebildet, nicht bloß durch Grundsätze, sondern auch durch ihr eigenes Beispiel. Im Jahr 1637, während der Belagerung des Schlosses Stückhausen in Ostfriesland, starb ihr Gemahl in Leer, nicht durch Wunden, sondern nach den Mutmaßungen des Arztes Laurelius durch Gift.

Amalia Elisabeth
Landgräfin von Hessencassel.

In seinem Testamente legte er den Beweis nieder, wie sehr er den Wert Amaliens kannte: sie wurde darin zur Regentin des Landes und zur Vormünderin seiner Kinder bestimmt. Das Land war am Rande des Unterganges; Amalia und ihre Kinder standen auf dem Punkte, desselben beraubet zu werden. Der Kaiser hatte den verstorbenen Landgrafen in die Acht erklärt; sein Freund, Landgraf Georg der Zweite von Hessen-Darmstadt, von einem kaiserlichen Heer unterstützt, sollte diese Achtserklärung in Ausübung bringen und Regent und Vormund werden. Aber Amaliens Klugheit war stärker als die Gewalt des Kaisers. Sie übernahm die Regierung des Landes, erklärte sich zur Vormünderin ihrer Kinder, verteidigte ihr Land, setzte den Krieg fort, rettete den Staat vom Untergang durch unerschütterliche Standhaftigkeit und regierte ihn dreizehn Jahre mit bewundernswürdiger Weisheit und mit unsterblichem Ruhm. Im Jahr 1650 übergab sie ihrem Sohn die Regierung des Landes, welches sie nicht nur in eine bessere Verfassung gesetzt, sondern auch durch ihre Staatsklugheit vermehrt und dessen Besitz im Westfälischen Frieden für ihre Nachkommen befestigt hatte. Dann widmete sie ihr Leben der Stille und der Ausübung ihrer Relgion. Sie starb 1651.

Wenn man alle Züge dieser großen und schönen Seele einzeln betrachtet hat und sich dann dem Eindruck des Ganzen überläßt, so fühlt man sich von Liebe und Bewunderung durchdrungen. So einnehmende und feine Sitten, deren Zauber selbst dem Corps diplomatique beim Westfälischen Friedenskongreß unwiderstehlich war, sind selten mit so hohem Mut und so heldenmütigem Geiste vereiniget; die bescheidene häusliche Tugend kommt selten neben hohen Heldentugenden empor; das Band der Freundschaft löset die Staatspolitik auf, durch die Sorge der Regierung wird die Aufmerksamkeit der Regenten auf die Veredelung und das Glück ihres Herzens gewöhnlich erstickt. Amalia Elisabeth, an die Grazie des Lebens gewöhnt, übernimmt die Verteidigung ihres Landes gegen mächtige Feinde, vermittelst des Schwerts und der Politik. Sie ist Mutter ihrer Untertanen und Mutter ihrer Kinder. In den größten Bedrängnissen bleibt sie ihren Bundesgenossen, den Schweden, treu. Sie rettet ihre Länder von dem Untergange, wird, ungeachtet eines verwüstenden Krieges, Schöpferin des Hessen-

Kasselischen Staats, wie er noch in unserm Zeitalter bestehet, und beschützt, aus Überzeugung ihres Wertes, eine aufgeklärte Religion, der ihr ganzes Herz gewidmet war. Von ihren Untertanen angebetet, von ganz Europa bewundert, steigt sie, ohne von diesem Glanz geblendet, ohne von Eitelkeit und Ehrgeiz gefesselt zu sein, sobald es die Umstände erlauben, von ihrem Fürstensitz hernieder, um, mit gesammeltem Gemüt und mit ruhigem Geiste, der Stille des Grabes entgegenzugehen.

So war Amalia Elisabeth die größte Fürstin ihrer Zeit, von keiner Fürstin der Nachwelt übertroffen, vielleicht von wenigen erreicht.

Armand Jean du Plessis, Kardinal Herzog von Richelieu

«Richelieus Geburt war glänzend; aus seiner Jugend schon blitzten Funken seines Verdienstes hervor. Er zeichnete sich in der Sorbonne aus, und man ward die Kraft und die Lebhaftigkeit seines Geistes sehr früh gewahr. Er wußte sich gewöhnlich sehr gut zu entschließen. Er hielt auf sein Wort, wo ein großes Interesse ihn nicht zum Gegenteil zwang; und auch dann vergaß er nichts, um den Schein der Treue zu retten. Ohne freigebig zu sein, gab er mehr, als er versprach, und würzte seine Wohltaten mit bewundernswürdiger Kunst. Den Ruhm liebte er mehr, als die Moral es erlaubt; aber gestehen muß man es, die Rechtmäßigkeit seiner innern Ansprüche ging bei diesem Manne gleichen Schritt mit der sündlichen Übertreibung, die er sich in dem Ziel seines Ehrgeizes erlaubte. Herz und Geist waren an ihm der Gefahr nicht überlegen, hinter ihr zurück blieben aber beide auch nicht; und man kann sagen, daß er sie durch seine Klugheit öfter abwehrte, als durch seine Standhaftigkeit überwand. Freunde konnten auf ihn rechnen, und selbst beim Publikum wünschte er, beliebt zu sein; auch fehlte es ihm dazu weder an Höflichkeit, noch am Äußerlichen, noch an andern Eigenschaften, die geschickt sind, diesen Zweck zu erreichen; nur ein gewisses unbestimmbares Etwas ging ihm ab, das hierin ganz vorzüglich erfordert wird. Durch seine Gewalt und seine fürstliche Pracht verdunkelte er die persönliche Majestät des

Königs; aber er versah das königliche Amt mit so vieler Würde, daß ein mehr als gemeiner Sinn nötig war, um das Gute und das Schlimme in diesem Punkt nicht zu verwechseln. Niemand hat so richtig als er zwischen dem Guten und dem Bessern, dem Bösen und dem Schlimmeren zu unterscheiden gewußt; und dies ist eine große Eigenschaft an einem Minister. Er verlor bei den Kleinigkeiten, welche die Einleitung zu großen Dingen machen, zu leicht die Geduld; mit diesem Fehler aber, der von der Erhabenheit des Geistes herrührt, sind immer Kräfte verbunden, die demselben abhelfen. An Religion fehlte es ihm für diese Welt nicht; seine Neigung oder sein Verstand trieben ihn zum Guten, sooft ihn sein Vorteil nicht aufforderte, das Böse zu tun, das er vollkommen *kannte,* wenn er es tat. Er betrachtete den Staat nur für seine Lebenszeit; doch hat nie ein Minister sich so eifrig bemüht, die Menschen glauben zu machen, daß er auf die Zukunft des Staats Bedacht nähme. Kurz, wir müssen bekennen, daß seine Laster durch seine erhabene Stelle leicht ein glänzendes Gepräge erhalten konnten, weil sie so beschaffen waren, daß sie großer Tugenden zu Werkzeugen bedurften.

Ein Mann, der solche Eigenschaften und von denen selbst, die er nicht besaß, den Schein so täuschend hatte, mußte sich bei der Welt leicht in jener Art von Ehrfurcht erhalten, welche die Verachtung von dem Haß absondert und in einem Staat, der keine Gesetze mehr hat, auf einige Zeit wenigstens, ihren Mangel ersetzt.» –

Diese kraftvolle und warme Schilderung des Kardinals Richelieu, die wir aus den Mémoires de Retz gezogen haben, überhebt uns um so mehr, von dem öffentlichen Leben dieses außerordentlichen Mannes und von dem Charakter seiner Staatsverwaltung zu sprechen, als unsre weiteren Betrachtungen über diesen Stoff, aus dem Zusammenhang der Weltgeschichte gerissen und in den engen Raum, der uns hier vorgezeichnet ist, gedrängt, unzulänglich oder dunkel bleiben würden. Auch seine persönlichen Eigenschaften hat der Kardinal Retz hier nur in Verbindung mit seiner glänzenden Regierung aufgestellt; die Immoralität des Despotismus, der Anmaßung, der Selbstsucht verschwindet bei diesem Gesichtspunkt in der Energie und der Würde, mit welcher der unumschränkte Minister den Zepter seines Herrn geführt hat. Frau

Cardinal Herzog von Richelieu.

von Motteville (Hofdame der Königin Anna von Österreich) vergleicht sehr christlich in ihren Memoiren den französischen Staat unter Richelieus Ministerium mit jenen glücklichen Kindern, die auf Erden eines Wohlstands genießen, den ihre Väter mit ewiger Verdammnis bezahlen müssen. Dieser Vergleich ist schön, das Fromme darin auch beiseite gesetzt. Der Edle kennt eine Hölle, die von dem Dogma der Religionen unabhängig ist. In den Zügen von Richelieus Leben – denn sein Ministerium war nicht sein Leben –, die wir hier sammeln werden, wird man den unedlen Mann, den tückischen, grausamen, heuchlerischen Priester, den kriechenden, furchtsamen Höfling, den übermütigen Parvenu und den unglücklichen Menschen erkennen; man wird sich erinnern, daß er ein großer Staatsmann war, daß mit diesen Künsten Nationen und Könige in Fesseln geschlagen werden, und – einem jeden sei es dann überlassen, seine Begriffe und Gefühle von Menschenliebe, von Größe und von Tugend, seine sittlichen und politischen Grundsätze zu vermählen und zu ordnen, wie er kann. Wenn es wahr ist, daß die Seele des Malers im treuesten Gemälde sich zugleich mit dem abgebildeten Gegenstand offenbart, so dürfen wir hoffen, daß kein Zweifel übrigbleiben wird, ob Richelieu nicht mehr gewesen sein würde, wenn er *besser* gewesen wäre.

Ludwig der Dreizehnte war einer von den Fürsten, die durch Unfähigkeit, selbst zu herrschen, und durch die stete Furcht, beherrscht zu werden, welche die Folge dieser Unfähigkeit ist, zu einer beständigen und schimpflichen Knechtschaft bestimmt sind. Das große Mittel, über ihn und durch ihn alles zu vermögen, war das einfache Hausmittel, das bei allen schwachen und eigenwilligen Menschen anschlägt; ihre Eifersucht auf ihre Gewalt und ihr Ansehen ohne Unterlaß zu reizen. Die nächsten Eingriffe hatte er von seinen nächsten Verwandten zu besorgen; um die Anmaßungen derselben abzuwenden, warf er sich in die Arme jedes Ehrgeizigen, der zu der gefährlichen Stelle seines Günstlings Lust hatte. Um nichts zu verlieren, gab er dann alles weg und behielt nur die Notwendigkeit, das Geschöpf seiner eignen Schwäche auch zu hassen.

Sein erster Herr war Concini, den er durch fünf bis sechs vornehme Meuchelmörder aus dem Wege räumen ließ. *Jetzt bin ich König!* rief er aus, nachdem die kühne Tat glücklich ausgeführt war.

Aber selbst zu dieser Grausamkeit war er schon durch einen neuen Günstling verleitet, der bei der Beschäftigung, Vögel für ihn zur Jagd abzurichten, zu den Geheimnissen seiner Schwäche und der französischen Monarchie gekommen war. Concini hatte geglaubt, ihn durch Wohltaten zu binden; aber Luynes war des königlichen Vertrauens zu würdig, um auf halbem Wege stehenzubleiben. Die florentinische Partei, an deren Spitze die Königinmutter, Maria von Medici, stand, war nun durch Concinis Ermordnung am französischen Hofe gestürzt, und es lag weder an Luynes Gewissenhaftigkeit, noch an des Königs Tugend, daß Ludwig, *der Gerechte* genannt, nicht in Neros Fußstapfen trat.

Richelieu gehörte damals zu dem Anhang Concinis und der Königin: er war noch unwichtig genug, um sich bloß in der allgemeinen Ungnade, welche diese Partei traf, mit begriffen zu finden, und erhielt die Erlaubnis, der verwitweten Königin nach Blois zu folgen. Man fing aber bald an, seinen Einfluß und seine Ratschläge zu fürchten; er mußte daher auf Befehl des Hofs die Königin verlassen und eine Art von Exilium in Avignon aushalten, währenddessen er sich damit beschäftigte, theologische Bücher zu schreiben, die nach dem Urteil der Kenner und der Liebhaber ziemlich schlecht sind.

Er war indessen nicht dazu gemacht, das Opfer der Partei zu werden, in welche sein Vorteil ihn zuerst gezogen hatte. Als die Uneinigkeit zwischen Mutter und Sohn zum bürgerlichen Krieg erwuchs, bot er dem Hofe seine Dienste zu Wiederherstellung des Friedens an. Das unbegrenzte Vertrauen, welches die Königin auf ihn setzte, machte ihn dem König und dem Günstling zum willkommensten Werkzeug, um sich mit so wenig Nachteil als möglich aus einem Handel zu ziehen, bei welchem nichts zu gewinnen war als der Unwille aller gesitteten Nationen. Er begab sich, gleichsam aus eignem Antriebe, wieder zur Königin und wußte sein Verhältnis mit dem Hofe vor ihr so geheimzuhalten, als es zum besten seines Auftrags nötig war. Auf diese Art stiftete er eine Versöhnung, die freilich nicht von langer Dauer sein konnte, bei welcher er aber *seine* Absicht, einige Stufen höher zu steigen und festen Fuß am Hofe zu fassen, vollkommen erreichte. Die Königin glaubte ihm die größten Verbindlichkeiten zu haben, und, was noch mehr war, ihre eigene Sucht nach Einfluß trieb sie an, sich mit dem lebhaftesten Eifer für die Vergrößerung eines Menschen, der ihr besonders angehörte, zu verwenden. Soviel Verräterei bei den verborgenen Diensten, die der Hof selbst an Richelieu zu belohnen hatte, mit untergelaufen war, soviel Falschheit und böser Wille mischte sich eine Zeitlang zu den Schritten, die man äußerlich tat, um ihm den versprochenen Kardinalshut in Rom auszuwirken. Der Papst fand sich zwischen den öffentlichen Bewerbungen des französischen Ambassadeurs und den heimlichen Winken, die er vom Hof erhielt, daß es dem König kein Ernst damit wäre, endlich in einem so seltsamen Gedränge, daß er mit der Verzögerung von Richelieus Promotion die wahre Absicht des Königs noch immer zu erfüllen glaubte, als, nach einer Heirat zwischen einer Nichte von Richelieu und einem Neffen von Luynes, letzterer schon die vorige Verstellung ganz aufgegeben hatte.

Man sieht, daß Richelieu am Hofe Ludwigs XIII. und seiner Mutter in einer trefflichen Schule war, und er übertraf bald alle seine Meister. Der Priesterstand hüllt den unbändigsten Ehrgeiz in eine gewisse Sicherheit ein, die ihm einen großen Vorteil über jeden *weltlichen* Ehrgeiz verschafft. Es gibt eine Linie von den verworrenen und traurigen Verhältnissen der Höfe, über welche Furcht und Gewissensfeigheit sich nicht hinaus wagen, sowenig moralischen Wert eine solche Abstinenz von Verbrechen auch hat. Die Kühnheit und die hohe Menschenverachtung eines stärkeren Geistes scheut diese Grenze nicht, und wenn er im Kampfe mit gemeineren Menschen bis dahin getrieben ist, dann hat er meistens gewonnen und lacht der ohnmächtigen Flüche. Diese besondre Art von Größe zeigt uns die Geschichte vorzüglich an Priestern; ein Priester mit der Seele eines Cäsars stellt die Schranken der *sittlichen* Welt zurück, um seine Eroberungssucht zu sättigen. Wir werden Richelieus Leben reich finden an diesen furchtbaren Triumphen, und der *reine* Vorwurf des Undanks, der Verräterei, des Verbrechens wird selten an den Großen verdient.

Die Königin erhielt nach Luynes Tod (1621) den Zutritt im Staatsrat, aber Richelieu hatte noch lange gegen die persönliche Abneigung des Königs zu kämpfen. Seine Galanterien machten ihn dem König verhaßt, der aus natürlicher Kälte und Kränklichkeit sehr keusch lebte. Außerdem gehört es mit zu dem ganzen Bilde, das man sich von Richelieu zu machen hat, daß die Kunst, in den Bedürfnissen der Sinne dem Lächerlichen und der Verachtung zu entgehen, seinem Geist überlegen war. Der König sah ihn für einen Verräter an; und ob er es gleich für ihn gewesen war, so hatte er dadurch doch sein Vertrauen verwirkt.

Aber der König war des Hasses zu gewöhnt, und seine Anhänglichkeit sogar war immer zu sehr mit bittern und feindseligen Empfindungen vermischt gewesen, als daß dieser Grund den Kardinal in seiner Laufbahn hätte aufhalten können. Von 1624, da er die lang gesuchte Stelle im Staatsrat einnahm und dabei keine der kleinen Heucheleien oder Ziererein unterließ, mit welchen ehrgeizige Priester nicht sowohl die Welt zu täuschen hoffen, als ihrem Stande den gebührenden Zoll abzutragen suchen, bis 1629, da ihn der König zum Prinzipalminister seines Staats erklärte, wußte er seine Macht so zu gründen, daß der Haß des Königs, der Großen und des ganzen Reichs sie nicht mehr zu erschüttern vermochte. Dem Mitleiden, der Schonung, der Furcht vor Menschenrechten unzugänglich, fand er sogar in der Feindschaft *aller* seine größte Sicherheit, da *ein* Gegner vielleicht ihn hätte stürzen können. Er trieb ganze Rotten von mächtigen Mißvergnügten durch seine Henker auseinander und brauchte die kleinlichen Ränke der Feigheit, um das Verderben abzuwenden, das ein Beichtvater, eine Hofdame, der unterste Hofbediente ihm im stillen bereiten mochten. Hierbei muß man zugleich dem König die Gerechtigkeit widerfahren lassen, daß er Einsichten genug hatte, um an Richelieu die hohen Talente des Staatsmanns zu erkennen und von dieser Seite sich an ihn gebunden zu fühlen. Im Kabinett, im Felde sogar machte Richelieu den Namen des Königs siegen, und unter allen, die sich in die Gewalt eines schwachen Fürsten einzudrängen strebten, war er doch der einzige, der ihm wesentliche Vorteile für den Thron dafür zu bieten hatte, Vorteile, gegen welche Ludwigs *Verstand* doch nicht unempfindlich war.

Dankbarkeit gegen seine Wohltäterin fand in seinen großen Entwürfen keinen Platz, und die Vergangenheit bewies, daß es ihm nicht schwer werden konnte, dem Vorteil sowohl als der Notwendigkeit, Ludwigs *einziger* Herr zu sein, alle Rücksichten gegen die

Königin nachzusetzen. Auch war Maria zu stolz und zu unruhig, um den Mann, der seinen eignen erhabnen Gang ging, ungeneckt zu lassen, und sie war viel zu sehr unter ihm, um seinen Weg aufzuhalten, der nun über sie hin mußte. Sie hatte alle Ansprüche einer Königin, aber um sie geltend zu machen, die Seele des gemeinsten Weibes. Sie durfte den gewaltigen Beherrscher der französischen Monarchie, der einst zu ihren Hausbedienten gehört hatte, in dem Unmut ihres Herzens mißhandeln, sie hatte die bittere Freude, ihn vor sich kriechen zu sehen: aber als ihr Hochmut sich vor allen Friedensvorschlägen sträubte, als sie es wagte, ihn an den Rand des Verderbens zu bringen, da mußte seine Rache sie erdrücken.

Wir finden in einem Tagebuch des Kardinals über die Uneinigkeiten zwischen ihm und der Königinmutter manche Umstände, die uns belehren, daß in den inneren Verhältnissen der Großen viele Dinge wieder vorkommen, von denen wir uns im gemeinen Leben mit Ekel und Verachtung wegwenden. Die Königin ließ einen Wahrsager nach dem andern kommen, um sich das Ende des Kardinals prophezeien zu lassen, und das Gewicht, das er selbst auf diesen Umstand legt, macht es nicht unwahrscheinlich, was einige Geschichtsschreiber von ihm erzählen, daß er sich über das Schicksal seiner Feinde bei Sterndeutern und Wahrsagern auch Rats erholte. Es fällt in das Niedrigkomische, daß die Königin sich zu wiederholten Malen gegen den ganzen Hof und mit der größten Heftigkeit beklagte, der Kardinal suche ihr ihren Leibapotheker zu nehmen, um ihr nach dem Leben zu trachten; aber man wird uns verzeihen, daß wir diese Beschwerde einer Königin gegen einen großen Mann nicht mit Stillschweigen übergangen haben.

Der ganze Hof trat in ein Bündnis gegen den harten und grausamen Despoten, der im Namen des Königs regierte; zwei Königinnen, Maria von Medici und Ludwigs Gemahlin Anna von Österreich, führten das Komplott an; Gaston, des Königs Bruder, unterstützte es, der kranke König war von den Tränen und dem Geschrei seiner Mutter unablässig bestürmt; der Kardinal selbst glaubte sich verloren. An dem Tage, wo sein Verderben für entschieden angesehen wurde, wagt er einen kühnen Schritt, drängt sich zu der Königin und ihrem Sohn, bittet, fleht, kniet vor ihr nieder, der König kniet mit ihm; entrüstet durch diese Erniedrigung, nichts ausgerichtet zu haben, entfernt er sich, der Kardinal folgt ihm, und in zwei Stunden ist er Herr über das Leben seiner Feinde und über die Freiheit der Königin. Dieser Tag, der 11. November 1630, ist in der französischen Geschichte unter dem Namen «la journée des dupes» berühmt.

Wer es einmal mit dem Kardinal aufzunehmen wagte, der hätte es müssen auf das Äußerste treiben; denn kaum dem Untergang entronnen, warf sich dieser rachsüchtige Mann mit gedoppelter Gewalt auf seine gestürzten Feinde. Aber die Gewißheit, verloren zu sein, wenn er sich rettete, scheint den Geist seiner Gegner in den entscheidenden Augenblicken mehr verwirrt als zum äußersten Widerstand aufgemuntert zu haben. Entfernte Beziehungen auf das Komplott, den Minister zu verjagen, wurden, wie bei einer Verschwörung gegen den Staat, als Verbrechen der beleidigten Majestät ausgespäht und blutig geahndet. Wenn die Absicht der Verbündeten gelungen wäre, würde man es freilich auch an der Regierung wahrgenommen haben, daß die Majestät des Throns mehr auf dem Kardinal als auf dem König und seinem ganzen Hause beruhte.

Maria von Medici, die Mutter des Königs, die Witwe Heinrichs des Großen, mußte nach einer kurzen Gefangenschaft in das Ausland wandern. Sie wandte sich als Supplikantin an das Parlament, sie unterhielt am Hofe Verständnisse gegen den Kardinal, und mehrere Werkzeuge ihrer ohnmächtigen Rache endeten am Galgen und auf dem Schafott ihr Leben. Sie starb endlich 1641 zu Köln, wenige Monate vor dem Kardinal, in der äußersten Dürftigkeit, denn ihre Einkünfte waren kurz nach ihrer Flucht konfisziert worden.

Anna von Österreich blieb als Sklavin des Ministers am Hof ihres Gemahls, da es vielleicht nur an ihr gelegen hätte, den Kardinal zu ihrem Sklaven zu machen. Die Kühnheit, seine Wünsche bis zu einer jungen und schönen Königin erhoben zu haben, würde an Richelieu allenfalls noch zu verzeihen sein, wenn sein Äußerliches, mit seinem Stande verbunden, ihn bei einer solchen Unternehmung nicht dem schimpflichen Hohngelächter eines stolzen Weibes bloßgestellt hätte. Er hatte Liebesbriefe gewagt, die in die Hände der Königinmutter geliefert worden waren; seine mündlichen Erklärungen hatte Anna mit dem ganzen Gewicht ihres Standes zurückgewiesen: hier schützte ihn nichts vor der entehrenden Rolle eines abgewiesenen alten Wollüstlings, eines nach Verdienst behandelten frechen Untertan; und seine Macht, seine Würde, der Druck, in welchem er die Königin hielt, das Elend, das Blut sogar vieler Menschen, die sich bloß gegen diese Schwachheit versündigt hatten, machten den Schandfleck heller und unvergänglicher.

Der erste Prinz vom Geblüte, Gaston, irrte lange flüchtig im Reiche umher. Seine Sache war gerecht und glänzend, sein Ehrgeiz so natürlich, daß das Gegenteil an ihm verächtlich gewesen wäre. Auch fehlte es ihm nie an dem Anhange, den diese Umstände und der allgemeine Abscheu gegen Richelieu ihm verschaffen mußten. Aber eine unüberwindliche Feigheit des *Geistes* – (er hatte persönliche Tapferkeit) – vernichtete alle diese Vorteile. Es war sein beständiges Los, von seinen Dienern verkauft zu werden und seine Freunde aufzuopfern. Auf keinen seiner Gegner konnte der Kardinal mehr Schmach häufen als auf diesen, denn er kam aus jedem Kampf mit dem Leben und einem neuen Verlust an seiner Ehre davon. Nach jeder Versöhnung floß das Blut seiner Anhänger in Strömen auf dem Schafott. Gaston schloß einst nach einem kurzen bürgerlichen Krieg einen Frieden mit seinem Bruder, worin er durch einen besondern Artikel wörtlich versprach, *den Kardinal Richelieu zu lieben*.

Maria warf dem Kardinal oft vor, daß er weinen könnte, wenn er wollte. Aber er begnügte sich nicht, wie es der natürliche Zusammenhang scheinen möchte, durch äußerliche Erniedrigung sich das innere Wesen der Gewalt zu versichern. So tief er auch durch Heuchelei unterzutauchen wußte, so unmäßig war doch seine Sucht, mit den äußern Zeichen der Gewalt zu prahlen. Man zweifelt hierbei, ob man seine kindische Eitelkeit verachten oder seine kühne Geringschätzung der Menschen, gegen welche er alles wagte, bewundern soll; aber der *große Mann* unterläßt um seinetwillen, was er um andrer willen wagen zu können wüßte. Richelieu beraubte den König sogar seines Hofstaats. Verlassen und allein fing Ludwig XIII. in Saint-Germain Vögel, während daß Richelieu mit seinem Geist, seinem Arm und seiner Feder Schlachten gewann und Städte eroberte, und Ludwig hatte Verstand und Tapferkeit.

Sehr natürlich war es, daß ein so unglücklicher Fürst, und der es durch Schwachheit war, einen Trost darin suchte, Vertraute seines Unmuts und seiner Galle zu haben. Aber soviel Süßigkeit darf man einem König nicht zuteil werden lassen. Mademoiselle Hautefort, eine Hofdame der Königin, war lange Zeit seine Vertraute, und die Lästerung selbst sah nie etwas anders in ihr. Sie war so tugendhaft, daß sie mit der Königin des siechen Mannes spottete, der nach dem einfachen Mitleiden eines menschlichen Wesens rang. Der König wußte es und spann sein düstres Dasein fort. Ein heller Augenblick erschien endlich für ihn, er fand an Mademoiselle de la Fayette, ebenfalls einer Hofdame der Königin, ein Geschöpf, das ihn anhörte, das ihn bedauerte, das rechtschaffen genug war, um ihn nicht zu verraten, und eingeschränkt genug, um ihn am Ende vielleicht gar zu lieben. Er fing an, menschlich zu empfinden, seine Kälte zerrann mit seiner Bitterkeit vor der stillen Güte, die, von einem Weib an einem König ausgeübt, leicht zur Zärtlichkeit werden konnte. Sie widerstand dem ersten Schritt, den er je gegen ihr Geschlecht getan hatte; sie glaubte, recht zu tun, sie glaubte, zwei Seelen zu retten, und Ludwig versank wieder in sein königliches Elend. Mademoiselle de la Fayette war keine Heldin, aber Richelieus Sicherheit beruhte so sehr auf der moralischen Gebrechlichkeit aller, die ihn umgaben, daß ein *braves Mädchen* und Ludwigs Rückkehr zur Menschheit, die dieses Mädchen bewirkte, ihn mit Recht zittern machte. Ihr Umgang mit dem König, so unschuldig er auch war, so unschuldig, selbst nach ihren Begriffen, er bei Ludwigs scheuer Herzlosigkeit und bei ihrer schlichten Frömmigkeit wahrscheinlich geblieben wäre, wurde auf Anstiften des Kardinals ihrem eignen Gewissen zum Verbrechen gemacht: sie entschloß sich, die Welt zu verlassen, sie ging in ein Kloster; der König weinte heftig, als sie von ihm Abschied nahm. Er besuchte sie nur einmal in ihrem Kloster; er blieb lange am Gitter geheftet und weinte. Richelieu erfuhr es und bebte von neuem; der König durfte sie nicht wiedersehen.

Ein neues Ungewitter bereitete er sich selbst, als er dieses abgewendet hatte; aber Gefahr für Gefahr, konnte er freilich diejenige vorziehen, wo kein Schatten von *Tugend* auf der Seite seiner Gegner war. Um den König über den Verlust der la Fayette zu trösten und ihn zugleich von der gefährlichen Sehnsucht nach Empfindung zu entwöhnen, wies ihm der Kardinal einen jungen Menschen, Cinqmars, zum täglichen Umgang an, der die nötigen Talente hatte, um Ludwig dem Dreizehnten in seinen Kinderspielen Gesellschaft zu leisten. Cinqmars war im ganzen zum Günstling eines Königs verdorben; er beklagte sich oft gegen seine Freunde, daß ihm der Geruch von Ludwigs Atem so unerträglich wäre, daß er darum oft gegen ihn unartig würde; und, das Herz abgerechnet, gehören für den Hofmann auch stumpfere Organe als für andre Menschen. Indessen war er dem steten Bedürfnis des Königs, seine Galle auszuschütten, so notwendig, daß dieser sich alles von ihm gefallen ließ. Der vornehmste Gegenstand seiner Klagen war Richelieus Übermut, und Cinqmars mußte sich dem König durch einen Eid verbinden, daß er dem Kardinal nie etwas wiedersagen würde. Aber bei den Ansprüchen, die Richelieu an Cinqmars zu machen hatte, war diese Rolle für ihn gefährlich, und niemand fand sich weniger imstande, ihn zu sichern, als Ludwig. Diese kritische Lage wurde bald entschiedner, als der Kardinal sich dem Wunsch des Königs widersetzte, seinen Oberstallmeister – Cinqmars war zu dieser Stelle gelangt – im geheimen Conseil zuhören zu lassen. Cinqmars warf sich nun zum Feind des Kardinals auf; die Seele der Verschwörung war sozusagen der König selbst, ohngeachtet seine bekannte Schwäche einige andre Triebfedern notwendig zu machen schien. Aber dies eben war der Grund, warum sie mißlang. Die meisten Verschwornen glaubten sich bei dem Anteil, den der Monarch an ihren Planen nahm, der Verschwiegenheit überhoben; der Kardinal entdeckte alles, unterschied sehr gut, was ihn retten konnte, und legte dem König die einzelnen Teile der Verschwörung vor, von denen er nicht unterrichtet war und bei welchen seines Bruders Mitwirkung gegen *seine* kleine Masse von Regierungskunst anstieß. Richelieu kannte den König zu gut, um ihm auch nur die Beschämung zu ersparen, in einem Entwurf verwickelt gewesen zu sein, dem geheime Traktaten mit den Feinden des Reichs, den Spaniern, vorhergegangen waren. Ludwig bot, zum Unterpfand seiner Treue, dem

Minister seine Kinder als Geißel an und erhielt seine Verzeihung. Das Schicksal seiner Mitverschwornen ward Richelieus Henkern überlassen.

Cinqmars wurde enthauptet. Der König pflegte ihn cher ami zu nennen; als die Stunde seiner Hinrichtung schlug, zog Ludwig seine Uhr heraus und sagte: cher ami *mag jetzt wohl eine trübselige Miene machen.* Der Liebhaber der guten la Fayette hatte seine Natur früh wieder angenommen.

Der Kardinal lag in diesem Zeitpunkt an einer tödlichen Krankheit nieder. Er reiste die Rhône hinauf von Tarascon nach Lyon, weil er die Bewegung des Wagens nicht mehr vertragen konnte, und nahm den Oberstallmeister nach Lyon, wo er hingerichtet wurde, in einem Fahrzeuge mit, das er an das seinige binden ließ. Auch den König hatte er, zur Buße, gezwungen, nach Tarascon zu ihm zu kommen; und an dem obigen Bonmot Ludwigs des Dreizehnten mochte vielleicht die Furcht und der Wunsch, sich dem Kardinal gefällig zu machen, einigen Anteil haben.

De Thou, ein Freund des Oberstallmeisters, dessen einziges Verbrechen war, ihn nicht verraten zu haben, wurde mit ihm hingerichtet. Sein Leben und sein Tod machen den größten Schandfleck des Kardinals. Seine Rechtschaffenheit war allgemein geschätzt, und seine Unschuld war so sonnenklar, daß sie die Rachsucht des Kardinals bis zur *Dummheit* herabsetzt.

Wir finden in einer Geschichte des Kardinals Richelieu ein Kapitel, welches überschrieben ist: *Milde des Herrn Kardinals gegen seine Feinde,* und zum Beweis dient, daß die Niederträchtigkeit der Sklaverei auch den letzten Grad des Unverstandes nicht scheut.

Richelieu und der König fühlten beide den Tod herannahen; aber jeder weidete sich unterdessen an den Planen, die er auf das frühere Ende des andern entwarf. Ludwig der Dreizehnte wollte – wie er es in seinem siebzehnten Jahre nach Concinis Ermordung schon gewollt hatte – endlich einmal regieren. Der Kardinal brütete darüber, nach dem Tod des Königs Regent des Reichs zu werden. Aber er starb (den 4. Dezember 1642) einige Monate vor dem König.

Sein Tod war im ganzen sehr erbaulich. Aber als sein Beichtvater ihm die Pflicht vorstellte, seinen Feinden zu verzeihen, antwortete er, daß er keine andern gehabt hätte als die Feinde des Staats. Diese riesenmäßige Verwechselung war von einer Seite nicht unwahr, und außerdem war die Rede davon, Feinden zu verzeihen, an denen er sich schon gerächt hatte. Zu diesen frommen Versöhnungen auf dem Todbette versteht man sich leichter gegen glückliche Feinde.

Der Papst Urban der Achte sagte bei Richelieus Tode: *Wenn ein Gott ist, so wird er's entgelten; ist aber keiner, so war es wahrlich ein tüchtiger Mann!* Für einen niedrigern Geistlichen wäre der Einfall freilich etwas stark gewesen.

Der Kardinal Richelieu war auch nebenher ein schlechter Dichter, und er wurde Minister, wenn man seine Verse schlecht fand. Er beschützte daher seine Brüder in Apollo und verfolgte das Genie.

Als der Zar Peter der Große in Paris war, umarmte er die Bildsäule des Kardinals Richelieu und sagte diese Worte: *Lebtest du noch, ich würde dir eine Hälfte meines Reichs geben, damit du mir die andre regieren hälfest!* Es würde dann wahrscheinlich sehr darauf angekommen sein, welcher von beiden sein Leben und das *ganze* Reich behalten hätte.

Maximilian,
Herzog von Bayern und Kurfürst

Maximilian war einer von den wenigen Fürsten, die den Anfang und das Ende des Dreißigjährigen Krieges erlebten. Drei Jahre vor seinem Tode ward das Friedensgeschäft vollendet, und es hat etwas Rührendes, daß von allen kriegführenden Teilen er der erste war, der die Waffen niederlegte. Er hinterließ den glänzendsten Namen unter den deutschen Fürsten dieses verworrenen Zeitpunkts; er bereicherte sein Haus mit Ländern und Würden; sein Einfluß blieb die ganze Zeit des Krieges durch überwiegend; er wußte sein Ansehen gegen Freunde wie gegen Feinde zu behaupten und, wenn es darauf ankam, zu rächen; er war ein treuer und hilfreicher Bundesgenosse, seine Anhänglichkeit an die Partei, die er ergriffen hatte, war fest und gleich, ohne jemals zur Schwäche zu werden; er ließ keine Sünde auf Rechnung seiner Freundschaft hingehen. Fest wie diese Grundsätze seines Lebens kann das Urteil der Geschichte über ihn sein, denn in einer Regierung von sechsundfünfzig Jahren drückt der Geist eines Fürsten sich endlich ab.

Maximilian
Herzog v. Baiern.

Sein bis zur Erschöpfung tätiges Leben war ein ewiger Wechsel von wahrem und falschem Ruhm, von Vergrößerung, von beneidetem Glück und von tiefem, erbitterndem Elend. Seine Länder waren oft der Schauplatz des Kriegs; teils setzte sie Rachsucht gegen Maximilian besondern und vorsätzlichen Mißhandlungen aus, teils vereitelten Neider und Nebenbuhler unter seiner eigenen Partei mehr als einmal seine Vorkehrungen zur Schonung seines Volks: wohltätige Vorkehrungen, wenn seine und seiner Räte Absicht auch nur gewesen wäre, sein *Eigentum* zu schonen. Zwischen blutiger Gewalt und der steifen scheuen Förmlichkeit im Rate des Höheren, dem er diente, wurde sein Vorteil, ohngeachtet alles seines Aufwandes an Politik und Kriegskunst, oft unwürdig geopfert.

Er diente dem Fanatismus und der Eigenmacht in mancher Ungerechtigkeit zum Werkzeug. Er bewies bei mancher Gelegenheit mehr Eigennutz als Sorge für seine Ehre, die freilich oft durch die Geringfügigkeit der Gegenstände seiner Habsucht mehr ausgesetzt wurde als durch diese Leidenschaft selbst, welche so leicht ihren Namen verändern und Ehrgeiz heißen kann. Sein Gewinn in dem fürchterlichen Spiele war ein Gegenstand des Neids, der Mißgunst, der Vorwürfe, und er hatte am Ende soviel verloren als jeder Fürst in Deutschland. Die müßige, ruhige Spekulation kann nicht leicht eine Möglichkeit erdenken, wie ein weiser Fürst in der Epoche eines allgemeinen Kriegs zu handeln hat, die damals nicht von einem oder dem andern in der Menge von schwachen und unwilligen Streitern erschöpft worden wäre. Aber das Elend war so allgemein und so unvermeidlich, daß ein abgewehrtes Unheil den Fürsten in jener Zeit so hoch anzurechnen war als in ruhigeren ein beglücktes Land. Wer kann also den Herzog von Bayern tadeln für das, was er tat? Wer kann sagen, was er Besseres zu tun hatte?

Mäßigung und Standhaftigkeit, Liebe zum Frieden und Talent zum Krieg zeichneten im Ganzen Maximilians öffentliche Handlungen aus. Freilich hatten die deutschen Fürsten zu wenig selbständige Macht, als daß ihre überlegtesten Pläne nicht in steter Gefahr gewesen wären, von den Wechseln des Glücks zerstört zu werden. Wer mehr durch den Zufall als durch eigne Torheit litt, wessen Ratschläge am wenigsten verdarben, wer die Kabinette der größern Mächte gewöhnt hatte, ihn bei ihren Rechnungen nicht auszulassen, wenn auch ein gelungener Zug des einen oder des andern Heeres seinen Wohlstand auf eine unübersehliche Zeit zerrüttete: der war der Größte und Weiseste unter ihnen. Dieser Ruhm kann dem Herzoge von Bayern vielleicht nicht streitig gemacht werden; aber an dem Elende jener Zeiten liegt es, daß der Anblick des Weisesten und Größten noch immer mehr traurig als erhebend bleibt. In dem allgemeinen Brand ward es dem, dessen Haus in Flammen aufging, selten vergönnt, bei sich zu löschen und mit Muße wieder aufzubauen; eine unvermeidliche Notwendigkeit stieß ihn fort, seines Nachbars Haus anzuzünden. Die Rolle, die Maximilian erwählt hatte, warf dieses Los auf ihn besonders. Betrachtet man aber dagegen die Verwüstung andrer deutschen Länder, deren Fürsten durch Unentschiedenheit sich zu schützen suchten, so neigt sich die Waage auf die Seite dessen, der wenigstens einen Willen behielt und Kraft zum Widerstand oder zur Rache rettete.

Überhaupt war die Epoche des Dreißigjährigen Kriegs arm an eigentlicher Menschengröße. Fälschlich hat man hier die Stimme der Empfindung von der Sache der Vernunft ausschließen wollen; Menschengröße und Menschenglück wandeln nicht so abgesondert, als es die Bewunderer jener Generationen zu glauben scheinen. Gustav Adolf allein fühlte den Krieg als Mensch, schloß ihn als König und führte ihn als Held. Aber der Krieg zehrte seine kurze Laufbahn auf, und das Schicksal vergönnte der Menschheit den ganzen Anblick seiner Größe nicht. Einen desto unbegrenzteren Wirkungskreis ließ es dafür einem Religionseifer, der, hinter bürgerliche Rechte und politische Konstitutionen, hinter wechselseitige Klagen über Eigentumsverletzungen versteckt, nicht weniger gefährlich, nicht weniger wütend war; einer Politik, die durch ihre Mittel selbst, Verwirrung und Zerstörung ihrer Absichten nie sicher blieb; einer Sucht nach Vergrößerung und Unterjochung, die, seitdem sie mehr in den Kabinetten der Fürsten sich fortpflanzte, als in ihrem Geiste aufstieg, die Kennzeichen der Schwäche und der Hartnäckigkeit angenommen hatte. Durch diese unnatürlichen Triebfedern wurden freilich übermenschliche Kräfte in Bewegung gesetzt, um der tiefen Erschöpfung, dem allgemeinen Lechzen nach Ruhe und Frieden zu trotzen. Große Talente traten auf, um jenem bis zur Konvenienz herabgesunkenen Ehrgeiz zu frönen oder zu widerstehen, und in der langwierigen Übung nahmen sie an Umfang und Stärke beträchtlich zu. Aber so gewiß der Vertrag zwischen den Fürsten und den Völkern nicht Selbstzerstörung zum Zweck hat, so gewiß gebührt der höchsten Anstrengung der Sklaverei mehr Mitleid als Bewunderung, und durch die Verkettung von entarteten Trieben und Leidenschaften, die diesen Krieg so unnatürlich verlängerten, ging in der Anstrengung selbst überhaupt und meistens in dem Zweck derselben die Größe verloren.

Die Geschichte gewinnt bei diesem Gesichtspunkt, was ihre Helden einbüßen; daher wird eine gedrängte Übersicht von Maximilians Leben unser Nachdenken und unsere Teilnehmung noch erwecken, wenn er selbst auch unserer Bewunderung weniger wert befunden worden ist.

Ein wichtiger Zug in diesem Fürsten ist, daß er den Gefahren einer so zweckwidrigen als sorgfältigen Erziehung entging. Pedanterie und Frömmelei bezeichnete alle Anstalten seines Vaters zur Bildung dieses Sohnes, den er sehr früh zur Regierung bestimmte; sein Panegyrist Adlzreiter führt mit der besten Meinung von der Welt lauter Details von seinen Kinderjahren an, die eine kleinliche, abergläubische und folglich tyrannische Regierung erwarten lassen. In ihm selbst mußte also eine andere Bildung vorgehen, welche ihn die Gewohnheiten der Frömmigkeit von seinen politischen Handlungen sehr wohl absondern lehrte, wo sie nicht gerade damit verbunden bleiben konnten. Der Erzherzog Ferdinand, nachmals Kaiser Ferdinand der Zweite, teilte zu Ingolstadt die väterliche Pflege Herzog Wilhelms von Bayern mit Maximilian: glücklich, wenn er seinen Gesit von dem Fanatismus nicht mehr hätte unterjochen lassen als sein Mitschüler. Indessen mögen diese zusammen verlebten Jugendjahre mit als Grund zu Maximilians tätiger Anhänglichkeit für das österreichische Haus anzusehen sein, zumal da unter Ferdinands Nachfolger die Einigkeit zwischen dem Kaiser und seinem ersten Aliierten, Maximilian, zuerst zu wanken anfing.

Wilhelm hatte nun alle Mühe angewandt, seinen Sohn zu dem

frömmsten, gelehrtesten und – weisesten Fürsten zu bilden; er hatte ihn verschiedene Reisen tun lassen, unter andern eine nach Rom, deren Absicht war, die Schwellen der Apostel zu begrüßen, auf welcher aber des Jünglings glücklicher Verstand vielleicht ebensoviel zur Vermehrung seiner Staatsklugheit als zur Gründung seines Seelenheils geerntet haben mochte. Entschlossen, den Überrest seines Lebens einer frommen Abgeschiedenheit von allen weltlichen Geschäften zu weihen, trat Wilhelm 1596 dem 23jährigen Maximilian die Regierung seiner Länder ab.

Die Uneinigkeiten und Neckereien zwischen den Religionsparteien, die natürliche Rivalität zwischen den bayerischen und pfälzischen Häusern und die aus dem Vorwand der Glaubensverschiedenheit hinzukommende wechselseitige Erbitterung beschäftigten, wenigstens mittelbar, den jungen Herzog von Bayern schon in den ersten Jahren seiner Regierung. Aber die Exekution des einseitigen und parteiischen Urteilsspruchs gegen die Reichsstadt Donauwörth, die ihm 1607 von dem Kaiser übertragen wurde, war der erste Auftritt, durch welchen Maximilian seine wichtige Rolle bei dem katholischen Religionsteil übernahm. Die Stadt blieb ihm für die Exekutionskosten verpfändet; zum großen Verdruß der Protestanten, aber in einer sehr natürlichen Folge der deutschen Reichsjustiz, welche die Mächtigeren als Schergen gegen die Schwachen aufruft und die Besoldung für dieses ehrenvolle Amt zu den Prozeßkosten des verlierenden und geschlagenen Teils rechnet; einer Justiz, welche das Faustrecht der *Handlanger* der exekutiven Gewalt mit den Mitteln und dem Wesen einer *souveränen* Macht vereinigt.

Man würde vergebens hier einen hellen Punkt aufsuchen, wo Maximilians Entschlüsse und Taten reiften und aufgingen, wo seine Motive sich entwickelten. Die protestantische Partei, hier unterdrückt, dort widerrechtlich an sich reißend, war in der Tat und im Herkommen die schwächere; auch war bei den Angriffen der Reformation mehr Verschiedenheit und Uneinigkeit als bei dem Widerstand des althergebrachten Glaubens, ihre Anhänger hielten weniger zusammen als die Katholiken, denn der Gemeingeist stellt sich nur über verjährte Vorurteile zur Wache. Formen und Verträge mußten also ersetzen, was dem Wesen der Sache abging: die Union der Protestanten ging der katholischen Liga voran. Friedrich der Fünfte, Kurfürst von der Pfalz, war an ihrer Spitze; die erste Stelle bei der katholischen Liga wurde Maximilians natürlicher Platz.

Das Menschengeschlecht war nun doch so weit erwachsen, daß die politische, mäßigere Anhänglichkeit eines Fürsten wie Maximilian der Sache Roms weit wesentlichere Vorteile bringen konnte als unbedingter Fanatismus. Wäre Ferdinand als Kaiser geblieben, was Maximilian als mächtiger Reichsstand war, so hätte das Reich schwerlich dreißig Jahre geblutet, und schwerlich wäre die Religionengleichheit aufgekommen.

Die Geschichte und das Leben geben uns häufig Beispiele von dem Schicksal, das Friedrichs und Maximilians wechselseitiges Verhältnis bestimmte. Jener erlag zeitlebens einer gewissen negativen Superiorität des Herzogs von Bayern und verlor Glück und Ehre an einen Gegner, dessen Stärke hauptsächlich nur in Kälte und Eigennutz bestand. Maximilian hingegen wußte sich unverrückt in dem Vorteil zu erhalten, in welchen Friedrichs Unstern und Ungeschicklichkeit, bei friedlichen Unterhandlungen wie bei offenbarem Krieg, ihn setzte. So geschah es, daß Gewalt und Unbilden immer auf Friedrichs Seite blieben und daß Maximilian, der seine Größe auf dem Verderben dieses unglücklichen Fürsten gründete, jeden Schein von Mäßigung, von Schonung, von redlicher Meinung mit den zweideutigen und darum sichreren Fortschritten seines Ehrgeizes verband.

1617 hatte Friedrich den Herzog von Bayern zu bereden gesucht, dem Erzherzog Ferdinand die Nachfolge im Reiche streitig zu machen; aber Maximilian ließ sich von dem unreifen Vorschlag nicht blenden, er kannte den Kreis besser, in welchem er sich wirklich vergrößern und seine Macht erweitern konnte, und das Verdienst, nach einer Kaiserkrone nicht lüstern gewesen zu sein, behielt er obendrein. Friedrich übernahm mit der böhmischen Krone ein Los, dem er nicht gewachsen war; die meisten seiner Bundes- und Glaubensgenossen selbst waren wohl in dem Fall, einen glücklichen Ausgang seiner kühnen Unternehmung zu benutzen, aber nicht durch ihre Unterstützung ihn zu sichern oder auch nur das Strafgericht des bevorteilten rechtmäßigen Eigentü-

mers abzuwehren, der die bayerische Hilfe mit den Ländern und
Würden des treulosen Vasallen bezahlte. Auf diese Art wurde
Friedrich der Fünfte von Maximilian erst wohlmeinend gewarnt,
dann ohne Mühe geschlagen und endlich durch Urteil und Recht
geplündert.

Die Kaiserlichen und die Bayern gewannen vereinigt die
Schlacht am weißen Berg (1620); aber zur Ehre des Feindes gereicht
es nicht, daß die beiden siegenden Teile sich nach der Schlacht
einander Fehler vorwarfen, durch welche sie hätte verlorengehen
sollen. Von dem kindischen Wagstück, sich zum Feind einer so
entschieden überlegenen Macht aufgeworfen zu haben, trug Friedrich
nichts als den entehrenden Namen des *Winterkönigs* davon.
Aber Maximilian, dem Ferdinand nunmehr den Besitz seiner
empörten ober- und unterösterreichischen und böhmischen Länder
verdankte, hatte durch die Bedingungen, unter welchen er die
Truppen der katholischen Liga dem Dienst des Kaisers widmete,
den Ruhm und den Vorteil erlangt, ein gefährlicher Freund eben
dieser Macht zu werden.

Friedrich war so tief gesunken und die kaiserliche Macht durch
seinen Fall selbst so überwiegend geworden, daß die Fürsten, die es
am besten mit ihm meinten, sich begnügen mußten, von dem
Reichstag zu Regensburg wegzubleiben, wo (1623) seine Kurwürde
auf den Herzog von Bayern übertragen wurde. Einigen
seiner Verwandten und Mitstände lag es ohnehin näher, mit dem
Herzog von Bayern um die schöne Beute zu wetteifern, als dem
eigenmächtigen Verfahren des Kaisers zu widerstehen; und der
Neid auf Maximilians Glück verschlang die Furcht vor den
Gefahren, mit welchen Ferdinands feierlicher Despotismus dem
Reiche drohte. Den Herzog von Bayern selbst trifft der Vorwurf
dieser Blindheit nicht, denn seine Vergrößerung, die hier mit den
Eingriffen der kaiserlichen Gewalt Hand in Hand ging, bildete
zugleich ein Gegengewicht für diese Gewalt. Dieser Sinn lag bei
seinem Verhältnis mit dem Kaiser stets sehr deutlich in der immer
wachen Vorsicht auf seiner und der immer regen Eifersucht auf der
österreichischen Seite.

Es war für Maximilian genug, daß er im Reiche selbst und von
seinen Mitkurfürsten anerkannt wurde; die Drohungen fremder

Mächte und ihre Bündnisse gegen den Unterdrücker Friedrichs konnten seinen Einfluß nur vergrößern und seine Person als Anführer der katholischen Liga dem österreichischen Hause notwendiger machen. Durch diese Verwendungen konnte der Krieg allgemeiner und langwieriger werden, aber Friedrichs Lage erleichterten sie nicht, da seine Feinde in Deutschland freies Feld behielten; und während daß sein Interesse zu dem Spiel auswärtiger Kabinette den Namen mit hergab, bot er vergebens zu den nachteiligsten Friedensvorschlägen die Hände, die ein Kapuziner namens Franz de Rota im Namen Ferdinands und Maximilians im Haag ihm getan hatte und die jetzt bei einer so günstigen Wendung der Dinge zugleich mit dem zweideutigen Agenten von beiden Fürsten verleugnet wurden.

Maximilians Rechnung für die Kriegskosten bei der Unterwerfung von Ober- und Unterösterreich betrug dreizehn Millionen Gulden, für welche der Kaiser ihm Oberösterreich verpfändet hatte; aber Friedrich hatte dem Kaiser nach der böhmischen Krone getrachtet, nichts war also natürlicher, als daß seine verfallenen Güter für kaiserliches Eigentum gelten und die Hypothek einlösen mußten. Die Sache der kaiserlichen Machtvollkommenheit gewann für den Augenblick durch Maximilians Beistand, vorzüglich in einzelnen konstitutionsmäßigen Exekutionen, immer mehr; die Sache der Religion tat ebenfalls in den pfälzischen Ländern, die Maximilian statt Oberösterreichs überkam, wunderbare Fortschritte; und Maximilian schlug in der allgemeinen Verwirrung das sicherste Mittel ein, um von einer Macht nicht verschlungen zu werden, die nur durch den von ihr selbst aufgerufenen Beistand aufgewogen werden konnte.

Maximilians Ehrgeiz hielt mit den Umständen immer so gleichen Schritt, daß es schwer sein würde zu bestimmen, wie weit sich jener ausgedehnt hätte, wenn diese noch mehrere und größerere Versuchungen ihm dargeboten hätten. Er, ein geborner Fürst, spielte bloß die Rolle, welche die Politik ihm anwies; aber seinen gemessenen Gang störte ein Mann, bei welchem der Trieb des Ehrgeizes viel leidenschaftlicher und unbändiger war, ein Mann, der mit allen seinen Kräften aus seinem Kreise hinausstrebte und auf den Greueln seines Zeitalters seine ungeheuern Entwürfe gründete. *Wallenstein* war Maximilians böser Genius. Auf dem Kurfürstentage zu Regensburg (1630) wurde dieser gefährliche Nebenbuhler zwar entfernt, aber die Gewalt, die er durch Gewalt erworben hatte, konnten keine Hof- und Reichskabalen ihm entreißen; seinen Ruhm vertilgte man nicht, der ihn laut zurückforderte, als Maximilians Feldherr *Tilly* in dem schwedischen Kriege des Sieges entwöhnt wurde und Gustav Adolf auftrat, dem man nicht Helden genug entgegensetzen konnte. Maximilians Bemühungen, mit der Entlassung Wallensteins und seines Heeres zugleich den Frieden in Deutschland zu bewirken, mochten bei dem Ungewitter, das schon aus Norden herandrohte, die Besorgnis, daß der wachsende Krieg Wallensteins Dienste unentbehrlich machen würde, mit zum Grunde haben. So gelang ihm freilich der erste seiner Entwürfe nur auf eine kurze Zeit, da der andre an der hartnäckigen Rechtgläubigkeit, an dem ungeschickten Übermut des kaiserlichen Rats scheiterte; und Wallenstein erschien wieder, stolzer durch diesen Triumph und furchtbarer, weil bestimmte Rachsucht ihn entflammte.

Die Entlassung der Wallensteinischen Truppen und ihres Anführers war freilich durch ihre Art, zu substizieren, zum Teil eine Sache der Nation geworden; dann hätte aber Deutschland an Tillys erweiterter Macht mehr gewinnen müssen, und bei Maximilians eifrigem Anteil an den Klagen des Reichs über die Verwüstungen der Wallensteinischen Armee hätte Magdeburg und die sächsische Allianz mit Schweden nicht auf die Rechnung der seinigen und seines Feldherrn kommen müssen.

Wallensteins Art zu dienen war für die österreichischen Finanzen sehr einträglich, da seine Truppen im Namen des Kaisers fochten, ohne in seinem Sold zu stehen, sondern von dem Glück ihres Anführers lebten. Tillys Unfälle und die Fortschritte der Schweden entkräfteten alle Mittel, die Maximilian anwandte, um Wallensteins Wiedereinsetzung (1632) zu verhindern; und bis der Kaiser die Erfahrung machte, was ein so wohlfeiler Heerführer seinem Herrn doch kosten kann, trugen die bayerischen Erbländer die volle Strafe für den Haß und die Eifersucht ihres Fürsten.

Gustav Adolf selbst war in Deutschland oft als Feind willkommen, wo die deutschen Truppen und Feldherren als Freunde verflucht wurden; seine Menschlichkeit und sein Edelmut verleugneten sich auch bei seiner persönlichen Erscheinung in Bayern nicht. Aber nachdem Tilly an seinen Wunden gestorben war, mußte Maximilian mit Wallenstein gemeinschaftlich handeln; und wenn auch jener alte Groll die kriegerischen Operationen des letztern nicht immer zu Maximilians persönlichem Nachteil geleitet hätte, so fielen doch jetzt in dem Gange des Kriegs die Rücksichten weg, welche Tilly, selbst mit Hintansetzung der gemeinen oder österreichischen Sache, auf den Vorteil des Fürsten, dem er unmittelbarer angehörte, vielleicht behalten hätte.

In dem System des kaiserlichen Hofes war es natürlicherweise nicht, sich Maximilians gegen den übermütigen Generalissimus anzunehmen; und Wallenstein, dessen glücklichem Stern man entweder folgen oder sich von demselben erdrücken lassen mußte, gefiel sich darin, ihn durch seine Anschläge offenbar aufzuopfern und durch sein Betragen ausgesucht zu demütigen. Treuherzig genug sind eigne Worte des Kurfürsten, die Adlzreiter aus seinem Munde selbst gehört zu haben erzählt, als er von Nürnberg zurückkam, wo er mit Wallenstein den Schweden gegenübergestanden hatte: «Ego vero», erwiderte er auf die Glückwünsche zu seiner Rückkehr, «ego vero a Fridlando bene mortificatus redeo!»

Der völlige Untergang des Kurfürsten von Bayern und der katholischen Liga, auf welcher seine Macht und sein Einfluß gegründet waren, diente dem Herzog von Friedland zugleich als Mittel zu weit größeren Entwürfen. Noch zur rechten Zeit für Ferdinand wurden ihm die Augen geöffnet. Wallenstein fiel 1634, ein Opfer seiner Rache: aber seine Rache überlebte ihn; denn Maximilian bekam es nicht wieder in seine Gewalt, den Krieg von seinen Erbländern abzuleiten, und die Kräfte, mit welchen er sonst nach dem entschiednen Übergewicht in der Politik des Deutschen Reichs gestrebt hatte, mußten nun großenteils zu seiner Verteidigung und oft zu seiner Rettung verwandt werden.

Eine Seuche, die 1634 in Bayern so wütete, daß sie in München allein fünfzehntausend Menschen hingerafft haben soll, nimmt freilich in der Geschichte dieses Fürsten wenig Raum ein; aber sie vollendet ein gewisses Bild von Zerrüttung, das mitten unter der

Verwirrung von Kriegsgetümmel und unendlichen Negoziationen in der letzten Hälfte seiner Regierung den Geist beschäftigt.

Friedrich lebte nicht mehr; Ferdinand der Dritte war seinem Vater nachgefolgt; achtzehn mühvolle Jahre waren seit dem berühmten Regensburger Reichstag verflossen, als 1641 für das pfälzische Haus die Unterhandlungen wieder lebhafter angeknüpft wurden und ebenso fruchtlos an eben den Hindernissen als vorher sich zerschlugen. Je mehr Aufwand aller Art jedem Teile sein besondres Interesse gekostet hatte, desto hartnäckiger bestand er darauf, und das Blut, das darum geflossen war, bezahlte sich immer mit neuem Blut.

Die zwei letzten Jahre des Kriegs waren für Maximilian reich an Begebenheiten und unvermeidlichen Unglücksfällen. Zur Betreibung des Friedensgeschäfts schien ein vorläufiger Waffenstillstand notwendig zu sein; aber von seiten des Kaisers erhoben sich dabei immer neue Schwierigkeiten, auf deren Beendigung der kaiserliche Hof um so weniger ernstlich bedacht war, als es nur Maximilians Länder waren, die zunächst unter den Folgen der fruchtlos zerschlagenen Unterhandlung leiden mußten. Die fortwährenden Rücksichten der französischen Politik auf den bayerischen Hof boten in diesem Verhältnis dem Kurfürsten eine Stütze dar, die er dem Kaiser zum Trotz ergreifen konnte. Er tat, was er sich und seinem Lande schuldig war, und schloß (1647), hauptsächlich durch französische Vermittelung, einen abgesonderten Waffenstillstand. Der Kaiser empfand es sehr übel, daß hierdurch der Krieg von Bayern ab in seine Lande geleitet wurde, und schlug alle Mittel ein, seinen Alliierten in ein solches Gedräng zu bringen, daß er wieder zu ihm zurückkehrte. Die kaiserliche Politik spann Verschwörungen unter Maximilians Offizieren an, reizte den Feind zum Mißtrauen und zu neuen Drohungen, ließ es selbst an oberherrlichen Verfügungen gegen den einseitigen Schritt des Kurfürsten nicht fehlen und untermischte dieses ganze Gewebe mit freundschaftlichen Unterhandlungen. Den Vorwürfen des Kaisers, seinen scheinbar rechtlichen Schritten, den Verbrechen seiner eigenen Offiziere, den argwöhnischen Schwierigkeiten der Feinde setzte Maximilian Mut und Würde entgegen; aber mit seinem mächtigen Bundsgenossen entzweit und durch die Notwendigkeit dem Feinde so verdächtig, daß er seines Angriffs immer gewärtig sein mußte, blieb ihm nichts als die Wahl zwischen Übeln, deren kleinstes doch war, was von dem Glück der Waffen abhing. Er kündigte den Stillstand auf und vereinigte seine Truppen wieder mit den kaiserlichen.

Die durch Wallenstein in der vereinigten kaiserlich-bayerischen Armee ausgestreuten Keime von Parteisucht, von Uneinigkeit, von Verräterei gehörten unter die schlimmsten Folgen, die aus dem ehemaligen Verhältnis zwischen diesem Feldherrn und dem Kurfürsten von Bayern fortdauerten. So wenig Maximilian sich jetzt abgesondert erhalten konnte, so gut wußte er, daß seine Truppen, mit den kaiserlichen verbunden, selten glücklich waren; und er hatte selbst diesen Grund mit angeführt, um den Schweden seine Aufrichtigkeit in der Trennung von dem Kaiser zu belegen.

Eine Versöhnung nach dem offenbaren Bruch war nicht dazu gemacht, mehr Harmonie in die Maßregeln der vereinigten Armee zu bringen. Aber es war der Druck der Notwendigkeit, unter welchem Maximilian erlag: Bayern mußte dem Feinde preisgegeben werden, und der ausgehende Krieg (1648) schüttete noch vollends alle seine Schrecken auf das unglückliche Land und den alten Fürsten aus, der vor dem Brand und der Verwüstung mit seinem ganzen Hofe von Stadt zu Stadt flüchtete.

Die berühmten Äquivalente und Satisfaktionen des Westfälischen Friedens trösteten nunmehr alle Fürsten und Völker für die dreißig Jahre allgemeinen Elends. Dem siebenundsiebzigjährigen Maximilian ließ der Tod noch ein paar Jahre Frist, in der ungewohnten Ruhe des Friedens die öde Erschöpfung seines Landes zu betrachten.

Axel Graf von Oxenstierna

Es ist ein seltener Genuß für den Liebhaber der Geschichte, einen Mann, der eine vorzügliche Rolle in seinem Zeitalter spielte, um desto ehrwürdiger zu finden, je genauer man sich mit seinem Persönlichen bekannt macht. Und von dieser Seite betrachtet, verdient Oxenstierna beinahe noch mehr Aufmerksamkeit als wegen seines Anteils an den wichtigsten Begebenheiten einer

Oxenstiern

Periode, in der das Schicksal von Deutschland und ganz Europa bestimmt werden sollte. Vielleicht gibt es kein Beispiel, daß ein Privatmann, der sich zu einer solchen Höhe über seine Zeitgenossen emporschwang und ein mehr als königliches Ansehen während einer solchen Reihe von Jahren behauptete, den äußern Verhältnissen so wenig und sich selbst so viel zu verdanken hatte als er. Was das Glück für ihn tat, war nicht Begünstigung, sondern Prüfung. Es stellte ihn in den entscheidensten Zeitpunkten auf die gefährlichsten Posten, spannte die Erwartung des Publikums aufs höchste und erschwerte ihm alsdann oft jeden Schritt durch die furchtbarsten Hindernisse. Aber er bestand diese Probe, und selbst da, wo er dem stärkern Schicksale weichen mußte, erwarb ihm die Würde des Charakters, die er mit den Talenten des Staatsmanns vereinigte, die gerechtesten Ansprüche auf die Verehrung der Nachwelt.

Er stammte aus einem alten und angesehenen adligen Geschlecht in Schweden und wurde im Jahr 1583 zu Fanö in Upland geboren. In einem Alter von fünfzehn Jahren verließ er sein Vaterland, um die deutschen Universitäten Rostock und Wittenberg zu besuchen. Hier studierte er außer Sprachen und Staatswissenschaften auch Theologie, und es existieren sogar vier theologische Dissertationen, die er in Wittenberg schrieb und verteidigte; ein Umstand, der bei dem Religionseifer der damaligen Zeit und bei dem allgemeinen Interesse an den Streitigkeiten der Kirche weniger auffallend ist. Auf seine akademischen Studien folgte im Jahr 1603 eine Reise an die vornehmsten Höfe in Deutschland, die aber bald wegen einer Staatsveränderung in Schweden abgekürzt werden mußte. Karl der Neunte hatte den Thron bestiegen, und wer zum Adel des Reichs gehörte, wurde in sein Vaterland zurückberufen, um dem neuen Könige zu huldigen. Der zwanzigjährige Jüngling erschien vor einem Fürsten, dem es nicht an Beobachtungsgeist fehlte, die frühzeitige Entwicklung vorzüglicher Fähigkeiten zu erkennen, und der sich damals besonders in der Notwendigkeit befand, außerordentliche Talente zum Dienste des Staats aufzusuchen. Überall von Feinden umringt und selbst innerhalb seines Reichs gegen die heimlichen Bewegungen der Mißvergnügten nicht gesichert, durfte er es nicht wagen, seine Geschäfte mittelmäßigen Köpfen preiszugeben, die bloß die Empfehlung des Alters für sich anzuführen hatten. Was dagegen für Oxenstierna sprach, war unter diesen Umständen von entscheidendem Gewicht. Auch wurde er schon im Jahr 1605 als Gesandter an die Herzoge von Mecklenburg geschickt, bald darauf (1609) zum Reichsrat ernannt, sodann zu verschiedenen wichtigen Unterhandlungen, besonders in Estland, gebraucht, und bei jeder Gelegenheit erwarb er sich immer mehr das Vertrauen des Königs.

Karl der Neunte starb (1611) und hatte das Verdienst, Schweden auf Oxenstierna aufmerksam gemacht zu haben; aber ihn bei der Nachwelt aufzuführen war einem Gustav Adolf vorbehalten. Nie fanden sich vielleicht ein König und ein Minister zusammen, die mehr füreinander geschaffen waren. Beide sind uns ein merkwürdiges Beispiel, daß auch in diesem Verhältnisse zwei große Männer nebeneinander bestehen können, ohne daß einer den andern verdunkelt.

Ein achtzehnjähriger Prinz wird Beherrscher eines Reichs, das durch innerliche Unruhen geschwächt, an allen Hilfsquellen erschöpft und dabei in drei Kriege, mit Dänemark, Rußland und Polen auf einmal verwickelt ist. Daß er zum Feldherrn geboren sei, hat er schon Proben gegeben; aber für die innere Staatsverwaltung und für die Verhandlungen mit auswärtigen Mächten bedarf er nicht bloß eines brauchbaren Werkzeugs, sondern eines Gehilfen. Unter den Männern, die auf sein Vertrauen Anspruch machen können, wählt er einen der jüngsten, überzeugt, daß das Maß der Erfahrung nicht mit der Länge, sondern der Art des Lebens im Verhältnisse steht. Oxenstierna wird Reichskanzler und erster Minister (1612), und ein allgemeiner Beifall der Nation ehrt diese Wahl. Held und Staatsmann arbeiten nun mit vereinten Kräften, ihr Vaterland nicht nur vom Untergange zu retten, sondern es auf einen Gipfel zu erheben, den es vorher noch niemals erreicht hatte. Gustav siegt an der Spitze des Heers und Oxenstierna durch Unterhandlungen. Ein vorteilhafter Friede mit Dänemark (1613) befreite den König von einem seiner gefährlichsten Feinde. Durch einen zweijährigen Stillstand mit Polen gewann er Zeit, Rußland zu demütigen, und im Jahr 1617 waren schon zwei Kriege glücklich geendigt. Der dritte und hartnäckigste Feind, Sigismund, König von Polen, war nun allein noch zu bekämpfen übrig.

Während dieses langwierigen Kriegs bildet Gustav sein Heer zum ersten in Europa und sich selbst zum Überwinder Tillys und Wallensteins. Unterdessen ist Oxenstierna teils im Innern des Reichs beschäftigt, um Ruhe, Ordnung und Wohlstand wiederherzustellen, teils leitet er den Gang der Negoziationen mit den benachbarten Mächten, indem er jedes günstige Moment benutzt, um das, was der König auf dem Schlachtfelde leistet, im Kabinette so geltend als möglich zu machen. Die Ausführung seiner Plane vertraut er selten einer Mittelsperson; er selbst ist überall gegenwärtig, wo irgendein beträchtlicher Vorteil für den Staat gewonnen oder versäumt werden kann. Auch begleitet er oft den König auf seinen Feldzügen und spielt selbst bei der Armee keine unbedeutende Rolle. Bei dem Einfalle in Livland (1621) und der Belagerung von Riga war er einer von den schwedischen Generalen, die unter dem Könige dienten, und im Jahr 1626 erhielt er nebst der Statthalterschaft von Preußen das Kommando über den Teil des Heeres, dem diese neue Eroberung zu verteidigen bestimmt war. Endlich wurde auch Polen nach einem langen, aber fruchtlosen Widerstande zum Nachgeben genötigt, Schweden hatte keinen Feind mehr zu fürchten, und bei Gustav Adolf erweckte das Gefühl seiner Kraft die schöne heroische Idee, als Retter der Unterdrückten in Deutschland aufzutreten. Zu Ausführung dieses Plans war Stralsund für ihn ein sehr wichtiger Ort. Der Besitz dieser Festung sollte ihm die Landung seiner Truppen auf deutschem Boden erleichtern und die Verbindung mit Schweden durch die Ostee sichern. Daß Wallenstein die Stadt belagerte und eine dänische Besatzung sie nicht mit Nachdruck verteidigen konnte, waren günstige Umstände. Oxenstierna ging (1628) selbst nach Stralsund, gewann die Vornehmsten der Stadt für das schwedische Interesse, machte sodann eine Reise nach Dänemark, und der Erfolg war, daß die dänische Besatzung Stralsund verließ, um einer schwedischen Platz zu machen. Mit Polen war unterdessen (1629) ein sechsjähriger Stillstand geschlossen worden; aber noch wurde auf dem Kongreß zu Danzig der letzte Versuch gemacht, den völligen Ausbruch des Kriegs zwischen dem Kaiser und Gustav Adolf zu verhüten. Oxenstierna war es, der diese Unterhandlungen abbrach. Er bemerkte hinterlistige Absichten in dem Betragen sowohl der andern Gesandten als der Stadt Danzig selbst und drang in den König, den Übergang nach Deutschland zu beschleunigen, ohne den Erfolg des Kongresses abzuwarten. Gustav Adolf ließ ihn als Statthalter in Preußen zurück, und erst nach der Schlacht bei Leipzig (1631) rief er ihn zu sich nach Deutschland, um teils ihm die Regierungsgeschäfte in den neu eroberten Provinzen zu übertragen, teils ihn zu den wichtigsten Verhandlungen zu gebrauchen. Im folgenden Jahre wurden einige schwedische Truppen am Rhein zusammengezogen, um Deutschland von dieser Seite gegen die Einfälle der Spanier zu decken, und Oxenstierna war ihr Befehlshaber. Es war ihm gelungen, ein spanisches Korps zurückzutreiben, er hatte sein kleines Heer dem Könige wieder zugeführt, und nun sollte er als Staatsmann ein Geschäft von großer Schwierigkeit übernehmen, dem nur er gewachsen zu sein schien. Die protestantischen Reichsstände in Oberdeutschland wünschten sich Glück, an Gustav Adolf einen Beschützer gegen ihre mächtigen Feinde gefunden zu haben; aber die Lasten des Kriegs nach Verhältnis tragen zu helfen, waren sie nicht zu bewegen. Auf einem Kongresse zu Ulm sollten deshalb gewisse Punkte festgesetzt werden, Oxenstierna hatte hierzu unumschränkte Vollmacht erhalten und war in Ansehung der vier obern Kreise zum Stellvertreter des Königs in allen Staats- und Kriegsangelegenheiten ernannt worden. Aber ehe er noch den Ort seiner Bestimmung erreichte, traf ihn die erschütternde Nachricht, um welchen teuern Preis Schweden und seine Bundesgenossen den Sieg bei Lützen erkauft hatten.

Zu diesem Zeitpunkte begann die glänzendste Periode von Oxenstiernas Leben, aber die glücklichste ging zu Ende. Er hatte in Gustav Adolf den Helden verehrt und den Menschen mit Wärme geliebt. In ihrem Verhältnisse gegeneinander war nichts, was des höhern Verdienstes unwürdig ist. Gustav war über die kleinliche Eitelkeit erhaben, niemanden als sich selbst seine Fortschritte verdanken zu wollen, und Oxenstierna weidete sich an der Größe seines königlichen Freundes. Was uns von ihrem gegenseitigen Betragen bekannt ist, hat das Gepräge einer gewissen patriarchalischen Biederkeit, die dem unverdorbenen Gefühle wohltut und wobei weder der Ruhm des Königs noch der Vorteil des Staats etwas verlor. Wohlgemeinte Warnungen, wenn Gustavs Jugendfeuer ihn zu weit verleitete, wurden mit Gutmütigkeit aufgenommen. Ein freundlicher Gegenvorwurf über zu große Kälte war alles, was Oxenstierna dabei wagte. Selbst in Beurteilung bereits getroffener Maßregeln brauchte er nicht schüchtern zu sein. Es war immer sein Wunsch, daß die Erblande des Kaisers zum Schauplatz des Kriegs gemacht würden: bei der ersten Zusammenkunft mit dem Könige nach der Schlacht bei Leipzig konnte er sich nicht enthalten zu äußern, daß er ihm lieber in Wien zu diesem Siege Glück gewünscht hätte; und Gustav hielt es nicht unter seiner Würde, sich über die Gründe, die ihn für einen andern Plan bestimmt hatten, gegen seinen Minister zu rechtfertigen. Ein Zeitraum von zwanzig Jahren änderte nichts in den Gesinnungen des Königs. Er schien auf den Besitz des Mannes stolz zu sein, dessen Beistand allein, wie er öffentlich in den stärksten Ausdrükken bekannte, ihm die Sorgen der Regierung erleichtern konnte. Das unumschränkte Zutrauen, wovon er ihm noch in den letzten Tagen seines Lebens Beweise gab, wird niemand bei einem Gustav Adolf zu einer Wirkung der Schwäche oder des Leichtsinns herabwürdigen. Daß er an Treue, Patriotismus und Freundschaft glaubte, war für ihn ebenso rühmlich, als es für Oxenstierna verdienstlich war, ihn in diesem Glauben bestärkt zu haben.

Für Schweden gab es nach Gustav Adolfs Tode kein dringenderes Bedürfnis als die Einrichtung der Regentschaft während der Minderjährigkeit seiner Nachfolgerin. Oxenstierna war es, den man darüber um Rat fragte, und seine Vorschläge wurden durchgängig angenommen. Die fünf obersten Staatsbedienten, zu denen er selbst gehörte, überkamen die Verwaltung des Reichs; aber ihm allein überließ man die Besorgung der deutschen Angelegenheiten. Seine Vollmacht war von dem weitesten Umfange. Gustavs Entwürfe, die Verhältnisse der europäischen Mächte und die Lokalumstände Deutschlands konnten niemanden besser bekannt sein, und niemand hatte ein größeres Recht auf das Vertrauen der Nation. Erholung nach vieljährigen, obgleich mit glänzendem Erfolge geführten Kriegen war ein Bedürfnis des Staats; aber Schweden hatte sich für die Unternehmung seines Königs begeistert, und dieser Enthusiasmus äußerte sich nirgends lebhafter als bei Oxenstierna. Das angefangene Werk seines Helden war ihm heilig, und es auf eine würdige Art zu vollenden, sein höchstes Bestreben. Aber dieses Ziel durfte nicht bloß auf Kosten seines Vaterlandes erreicht werden, das schon soviel dafür aufgeopfert hatte. Gleichwohl war von den mächtigsten Fürsten Deutschlands nach Gustavs Tode noch weniger zu erwarten als vorher. Zu andern Schwierigkeiten gesellten sich nunmehr noch die Verhältnisse des Ranges. Der schwedische Reichskanzler durfte nicht auf alles Anspruch machen, was man einem Gustav Adolf eingeräumt hatte. Aber eben in dieser Lage zeigt sich an Oxenstierna eine seltne Gewandtheit und Festigkeit. Ohne sich etwas zu vergeben, fing er damit an, die schwächern Reichsstände unter den Protestanten zu gewinnen, die in den vier obern Kreisen zerstreut sind, vermied dadurch alle Kollisionen mit den Kurfürsten von Sachsen und Brandenburg und überließ diesen, einen besondern Bund in Ansehung Niederdeutschlands zu errichten. Auf einem Kongresse zu Frankfurt am Main sollten gemeinschaftliche Beratschlagungen über die Angelegenheiten der Protestanten gepflogen werden. Von seiten des Kaisers war man nachgiebiger gegen die deutschen Reichsstände geworden, aber desto größer war die Erbitterung gegen Schweden, ein Umstand, der leicht von einigen protestantischen Fürsten benutzt werden konnte, denen die ausländische Hilfe teils entbehrlich, teils äußerst beschwerlich zu werden anfing. Oxenstierna konnte den Beistand Schwedens nicht aufdringen, und Entschädigung für die geleisteten Dienste war alles, was er fordern durfte. Und hierzu wußte er ein Mittel auszufinden, das für keine der streitenden Parteien zu drückend sein konnte. Sein Plan war, Besitzungen an der Ostsee für Schweden zu gewinnen und ihren Eigentümern durch Säkularisierung einiger Bistümer einen Ersatz zu verschaffen. Aber diese Idee, welche vierzehn Jahr später im Westfälischen Frieden ausgeführt wurde, fand damals noch wenig Eingang. Oxenstierna war nicht in der Lage, Gesetze vorschreiben zu können. Das schwedische Heer hatte gesiegt; aber alles vereinigte sich, die Früchte dieses Sieges zu vereiteln. Uneinigkeit der Feldherrn, Mißvergnügen und Unordnungen bei den Soldaten, Mangel an Zufuhr bei dem erkalteten Eifer der Bundesgenossen, Unmöglichkeit, unter diesen Umständen die strenge schwedische Disziplin bei der Armee aufrechtzuhalten, waren

Ursachen genug, auch die tapfersten Truppen den Feinden weniger fürchterlich und den Freunden verhaßt zu machen. Angesehene deutsche Fürsten hatten als Generale unter Gustav Adolf gedient; mit Unwillen ertrugen sie jetzt die Abhängigkeit von einem ausländischen Staatsminister. Im Vertrauen auf die Zuneigung eines Heeres, welches selbst großenteils aus Deutschen bestand, hoffte mancher unter ihnen, jetzt den gemeinschaftlichen Zweck mit seinen persönlichen Nebenabsichten vereinigen zu können, und von diesen Werkzeugen sollte Oxenstierna die Ausführung seiner Entwürfe erwarten. Außerhalb Deutschlands war Frankreich die einzige Macht, von der er sich Unterstützung versprechen durfte; aber gegen einen Richelieu konnte er nicht sorgfältig genug auf seiner Hut sein. Wer stand ihm dafür, daß Schweden nicht bei der ersten Gelegenheit aufgeopfert wurde, wenn Frankreichs Zweck, das Haus Österreich zu schwächen, entweder erreicht war oder durch andre Mittel erreicht werden konnte? Auch fing Richelieu schon jetzt an, einen höhern Preis auf seinen Beistand zu setzen. Die Eroberungen Schwedens an den Ufern des Rheins sollten an Frankreich fallen, ein französischer Prinz sich mit der Königin Christina vermählen und der Reichskanzler zur Beförderung dieser Absichten durch persönliche Vorteile gewonnen werden. Aber Versuche dieser Art hatten hier ganz entgegengesetzte Wirkung. Daß Schweden sich nur für Frankreichs Größe erschöpfen und nach allem, was es für Deutschland getan hatte, nur eine untergeordnete Rolle in diesem Reiche spielen sollte, war für Oxenstierna ein empörender Gedanke; und seit dieser Zeit bemerkt man in seinem ganzen Betragen eine fortdauernde Bitterkeit gegen die französische Politik. Bei aller Gewalt über sich selbst, die er in andern Fällen bewies, konnte er doch diesen Zug selbst da nicht in der Folge verleugnen, als er bei den entgegengesetzten Gesinnungen der Königin seinen ganzen Einfluß dadurch aufs Spiel setzte. Indessen verwandelte damals sein Mangel an Willfährigkeit gerade in dem bedenklichsten Zeitpunkte einen unzuverlässigen Bundesgenossen in einen heimlichen Gegner.

Aber soviel Umstände sich auch gegen Schweden bei dem deutschen Kriege vereinigten, so verlor die Nation doch den Mut nicht, und daß sie nicht zuviel von Oxenstierna erwartet hatte, bewies der Erfolg des ersten Jahres. Die wichtigsten Schwierigkeiten waren schon überwunden, die Unordnungen bei der Armee großenteils abgestellt, die dringendsten Bedürfnisse des Heers befriedigt, die protestantischen Reichsstände der vier obern Kreise zu einem gemeinschaftlichen Zwecke vereinigt, die Friedensunterhandlungen auf eine Art eingeleitet, die weder Hartnäckigkeit oder Vergrößerungssucht, noch Schwäche verriet, und zu gleicher Zeit die nötigen Anstalten getroffen, den Krieg auf allen Seiten mit Nachdruck fortzusetzen. Oxenstierna hatte das Ansehen seines Vaterlandes und seine persönliche Würde zu behaupten gewußt. Die schwedischen Feldherrn wagten es nicht, sich gegen ihn aufzulehnen, und die ausgezeichnete Achtung, mit der ihn die vornehmsten deutschen Fürsten und fast alle europäischen Mächte behandelten, war vollkommen der Wichtigkeit seines Postens angemessen. Vorzüglich aber gelang es ihm, sich die Zuneigung der verbündeten Reichsstände zu erwerben, von denen er sogar den Antrag erhielt, das Erzbistum Mainz, welches sich damals in den Händen der Protestanten befand, nebst der Kurwürde für sich selbst in Besitz zu nehmen. Ein solches Anerbieten konnte er weder ablehnen noch annehmen, ohne bei dem schwedischen Reichsrate anzufragen, und dieser gab seine völlige Einwilligung unter der einzigen Bedingung, daß Oxenstierna die Dienste seines Vaterlandes nicht eher, als bis es durch einen annehmlichen Frieden entschädigt sein würde, verlassen sollte. Einige nicht unbeträchtliche Vorteile, die die schwedischen Truppen über den Feind gewonnen hatten, eröffneten schon die günstigsten Aussichten; aber alle diese glänzenden Hoffnungen zertrümmerte ein einziger Schlag – die unglückliche Schlacht bei Nördlingen. Jetzt sahe sich Oxenstierna ohne sein Verschulden auf einmal doppelt so weit zurückgeworfen, als er bereits von dem Punkte, wo er ausging, vorgerückt war. Aber desto größer war sein Verdienst, in solchen Augenblicken ebenso entfernt von Kleinmut als von blinder Verwegenheit zu bleiben. Er übersah gleichsam von einem höhern Standpunkte, wo Leidenschaft seinen Blick nicht umnebelte, nicht nur die ganze Größe der Gefahr und das Maß seiner Kräfte, sondern auch jeden günstigen Umstand, der ihm teils neue Hilfsquellen eröffnete, teils die drohendsten Übel wenigstens eine

Zeitlang entfernte. Er mäßigte den Eifer seiner Nation, die ihm neue Unterstützung an Geld und Truppen anbot. Aufopferungen dieser Art schienen ihm in der jetzigen Lage fruchtlos. Sein Vaterland bedurfte Schonung, um dann mit erneuerten Kräften wieder hervorzutreten, wenn alles vorbereitet sein würde, um ihm einen glücklichen Erfolg zu versprechen. Jetzt dachte er bloß darauf, Zeit zu gewinnen, Frankreich in den deutschen Krieg zu verwickeln, den Kaiser dadurch an den Ufern des Rheins zu beschäftigen, die Küsten der Ostsee zu decken, den niedergeschlagenen Mut der protestantischen Reichsstände aufzurichten und ihre vereinigten Kräfte gegen den gemeinschaftlichen Feind aufzubieten. Aber dieser Feind hatte Klugheit genug gehabt, den schlimmsten Gebrauch von seinem Siege zu machen, den Schweden nur befürchten konnte. Der Prager Frieden (1635) verstärkte die Partei des Kaisers, und Oxenstierna sah sich bald von dem größten Teile seiner Bundesgenossen in Deutschland verlassen. Glücklicher war er in Frankreich, wohin er selbst reisete und bei einer mündlichen Unterhandlung mit Richelieu seine Absicht erreichte. Und nun gelang es ihm auch in Deutschland, durch unermüdete Tätigkeit und durch eine seltne Mischung von Nachgiebigkeit und Strenge, die zerrütteten Angelegenheiten Schwedens zum Teil wiederherzustellen, sich mit den wenigen treu gebliebenen Bundesgenossen fester zu verbinden, die Schwankenden von offenbaren Feindseligkeiten zurückzuhalten und auf Kosten derjenigen, die sich bereits für den Kaiser erklärt hatten, den Krieg fortzusetzen.

Seine Gegenwart schien nunmehr in Schweden notwendiger zu werden, und im Jahr 1636 ging er zurück. Er wurde mit den größten Ehrenbezeigungen empfangen, die Reichsstände, denen er Rechenschaft von der Vollziehung des erhaltenen Auftrags ablegte, erkannten seine Verdienste, und durch dieses Ansehen, das ihm die Dankbarkeit der Nation erwarb, herrschte er einige Jahre in Schweden mit einer beinahe unumschränkten Gewalt. Aber kaum hatte die Königin Christina Besitz von der Regierung genommen, so änderte sich die Szene. Sie schätzte den Reichskanzler, hatte persönliche Verbindlichkeiten gegen ihn und wußte ihm keinen gegründeten Vorwurf zu machen; aber sein Übergewicht bei den

Beratschlagungen war ihr drückend. In einigen ihrer damaligen Briefe bemerkt man den heimlichen Widerwillen gegen eine Art von fortdauernder Vormundschaft und gegen den Beistand eines Ratgebers, dessen Anschein von Unentbehrlichkeit ihren eignen Ruhm verdunkelte. Hierzu kam eine gewisse Vorliebe für die französische Nation, die einer jungen geistvollen Königin teils durch Erziehung, teils durch nachherigen Umgang wert geworden war, aber mit der sich Oxenstierna noch immer nicht aussöhnen konnte. Und auf diese Art entstand nunmehr eine Gegenpartei wider den Reichskanzler, an deren Spitze die Königin selbst sich befand. Sie erhob ihren Günstling, Graf Magnus de la Gardie, zu den höchsten Ehrenstellen, und in Ansehung der mühsamen Staatsgeschäfte glaubte sie in Adler Salvius, dem zweiten Gesandten bei den deutschen Friedensunterhandlungen, einen Ersatz für Oxenstierna zu finden. Frankreich wußte diese Umstände bei dem Kongresse trefflich zu benutzen. Während daß Oxenstiernas ältester Sohn als erster schwedischer Gesandter die siegreichen Fortschritte eines Torstensson geltend zu machen suchte, hatte der Graf d'Avaux die Königin selbst so sehr zu seinem Vorteil gewonnen, daß sie von Zeit zu Zeit in den stärksten Ausdrücken ihren Unwillen über den Aufschub des Friedens bezeigte. Der Reichskanzler wurde beschuldigt, daß er den Krieg als ein Mittel, sein Ansehen zu erhalten, verlängere. Zu gleicher Zeit entstand das Gerücht, daß er den Plan habe, seinem zweiten Sohne Erich die Hand der Königin, die schwedische Krone und selbst die deutsche Kaiserwürde zu verschaffen. In dieser Absicht, hieß es, hätte die völlige Gleichheit der Religionen in Deutschland in Ansehung des Kaisertums und aller Bistümer und die Verbindung der Kurwürde mit den schwedischen Besitzungen zu einer Hauptbedingung des Friedens gemacht werden sollen. Allein bei dem damaligen Glücke der schwedischen Waffen, bei der Besorgnis des Kaisers für seine Erblande und bei seiner Bereitwilligkeit zu einem besondern Frieden mit Ausschluß Frankreichs war es wohl für den schwedischen Patrioten und für den eifrigen Verteidiger der Protestanten ein sehr erlaubter Gedanke, von den günstigen Zeitumständen den größten möglichen Vorteil zu ziehen. Was aber sonst damals von Oxenstiernas romanhaften Entwürfen zum Besten seines Sohnes ausgestreut wurde, paßt zu wenig in seinen bekannten Charakter, um es bloß auf das Anführen der Gegenpartei für wahr anzunehmen. Es gibt einen Brief des Reichskanzlers an den Grafen Erich, in dem dieser Umstand erwähnt wird, ohne daß sich dabei die mindeste Spur von einem angelegten Plane bemerken läßt. Der junge Graf wird ermahnt, die Verleumdungen der Feinde seines Vaters durch eine anständige Heirat zu widerlegen; und aus andern Nachrichten weiß man, daß er sich kurz darauf wirklich vermählte.

Durch diesen Kampf mit einer mächtigen Hofkabale wurde der Abend eines tatenvollen Lebens dem Reichskanzler verbittert. Aber, gestützt auf sein anerkanntes Verdienst und auf die Verehrung seiner unbefangenen Mitbürger, sollte er auch hier nicht unterliegen. Bei aller Abneigung gegen ihn wagte es die Königin nicht, ihn ganz zu entfernen, und nur durch Umwege suchte sie nach und nach seinen Einfluß zu schwächen. Sie hatte Mittel gefunden, die königliche Gewalt über die Grenzen der damaligen Regierungsform zu erweitern, hatte einen Teil der Reichsstände auf ihre Seite gebracht und dadurch die Macht des Senats vermindert; aber in diesem einzigen Punkte fürchtete sie die Meinung des Volks. Dies ging so weit, daß sie mit dem französischen Hofe sich in eine Art von heimlicher Verbindung gegen ihren eignen Staatsminister einließ. Durch eine öffentliche Beschwerdeschrift gegen den Reichskanzler, worin Frankreich ihn allein als den Verzögerer des Friedens anklagen sollte, hoffte sie, ihn bei der Nation verhaßt zu machen. Oxenstierna erfuhr dies Vorhaben, ehe es ausgeführt wurde, durch den spanischen Gesandten in Münster; und da man nachher diese Idee wieder aufgab, machte er keinen Gebrauch von der erhaltenen Nachricht zum Nachteil der Königin, sondern erklärte die ganze Sache für eine Erdichtung. Einige Zeit darauf bat er um seine Entlassung; aber seine Unentbehrlichkeit während der Friedensverhandlungen in Deutschland war zu einleuchtend und die Vorstellungen des Reichsrats gegen die Bewilligung seines Gesuchs zu dringend, als daß die Königin diese Gelegenheit hätte benutzen können. Auch nach dem Schlusse des Westfälischen Friedens blieb Oxenstierna noch immer eine der ersten Personen in Schweden. Selbst der französische Hof, so sehr ihm die Königin ergeben war, glaubte demungeachtet den Reichskanzler nicht vernachlässigen zu dürfen, und Mazarin schärfte jedem Gesandten ein, die Gunst eines Ministers zu gewinnen, der seinem Urteile nach ein zu vollendeter Staatsmann sei, um jemals in Schweden eine unbedeutende Rolle spielen zu können.

Aber nicht genug, daß Oxenstiernas Feinde ihre Absicht nie gänzlich erreichten; es war ihnen noch eine größere Demütigung vorbehalten. In dem letzten Jahre vor seinem Tode erlebte er noch eine vollkommene Genugtuung, und seine Fürstin schenkte ihm mehr als jemals ihr ganzes Vertrauen wieder. Sein mächtigster Gegner, Graf Magnus de la Gardie, war so tief gefallen, daß er eben den Mann, den er immer zu verdrängen gehofft hatte, jetzt um sein Vorwort bei der beleidigten Königin bitten mußte. Nunmehr war Oxenstierna auf einmal gegen alle Beschuldigungen gerechtfertigt, und seine Neider verstummten. Er widersetzte sich dem Lieblingswunsche der Königin, die Regierung niederzulegen, mit äußerster Hartnäckigkeit; aber er ward doch deswegen weder von ihr noch von ihrem Nachfolger verkannt. Carl Gustav, dem er die Gelangung zur Krone aus allen Kräften erschwert hatte, überhäufte ihn mit Ehrenbezeigungen und nannte ihn oft seinen Vater. Aber kaum hatte der neue König die Regierung angetreten, so wurde Oxenstierna von einer Krankheit befallen, die am 28. August 1654 sein Leben endigte. Noch kurz vor seinem Tode beschäftigte ihn die Sorge für die künftigen Schicksale der Königin, und auf alles, was man dabei über ihre Sonderbarkeiten bemerkte, erwiderte er bloß: «Aber sie ist doch des großen Gustavs Tochter.» Und dies waren seine letzten Worte.

An diesem einzigen Zuge erkennt man schon einen Mann, bei dem das Herz seine Rechte bis zu dem letzten Atemzuge behauptete, ungeachtet er eine lange Reihe von Jahren in einer Beschäftigung verlebt hatte, die man gemeiniglich für die Schule des verfeinerten Eigennutzes zu halten pflegt. Aber ebensowenig erlag auch sein Geist unter dem Drucke der Geschäfte. In seinen Unterhandlungen herrschte ein gewisser echt römischer Ernst, der aber nie in Steifheit oder Schwerfälligkeit ausartete. In Beobachtung des Zeremoniells wußte er sehr gut die Grenze zu finden, wo die strenge Behauptung seiner Rechte in Pedanterie übergeht. Bei der Konferenz mit einigen stolzen polnischen Magnaten, wo jede

Nachgiebigkeit für Schwäche gegolten hätte, wich er nicht einen Fuß breit; aber dagegen fehlte es ihm nie an Auswegen, bei den Unterhandlungen mit Richelieu oder den deutschen Reichsständen alle Rangstreitigkeiten zu vermeiden. Selbst über gewisse anerkannte Regeln der Politik hielt er nicht mit einer solchen Ängstlichkeit, daß er sich nie eine Ausnahme erlaubt hätte, wenn er einen besondern Trieb dazu fühlte. Richelieu war ihm eine sehr wichtige Person; aber gleichwohl konnte er sich nicht versagen, einen verdienstvollen Mann an ihm zu rächen, für dessen Schicksal er sich interessierte. Einer der berühmtesten Gelehrten der damaligen Zeit, Hugo Grotius, hatte den eitlen Kardinal beleidigt, indem er ihn in einer Dedikation an den König von Frankreich nicht erwähnte. Die Folge davon war, daß ihm ein Jahrgehalt entzogen ward, den er zeither von dem französischen Hofe empfangen hatte. Grotius ging nach Deutschland, und Gustav Adolf, der seine Lage erfuhr, nahm ihn in seine Dienste. Einige Zeit darauf wurde die französische Gesandtschaft erledigt, und Oxenstierna glaubte, einen Richelieu nicht ausgesuchter kränken zu können, als wenn er ihn nötigte, eben den Mann, den er so unwürdig behandelt hatte, jetzt als schwedischen Gesandten mit den gewöhnlichen Ehrenbezeigungen zu empfangen. Der Kardinal bot alles auf, um einer solchen Demütigung überhoben zu sein, aber Oxenstierna blieb unbeweglich. Grotius behauptete sich einige Jahre als Gesandter in Frankreich, keine einzige Auszeichnung, auf die er Anspruch machen konnte, durfte ihm versagt werden, und Richelieu selbst bequemte sich endlich, das Vergangene durch Mißverstand und andere Ausflüchte zu entschuldigen.

Oxenstierna liebte die Wissenschaften, er beschäftigte sich selbst mit Aufzeichnung der merkwürdigsten Begebenheiten, an denen er teilgenommen hatte, und nach zuverlässigen Nachrichten ist der zweite Teil der Geschichte des schwedisch-deutschen Kriegs, wovon Bogislaus Philipp von Chemnitz für den Verfasser angegeben wird, ganz von seiner Hand. Auch wußte er die Schriftstellerei sehr gut zu Staatsabsichten zu benutzen.

Zu einer Zeit, da die meisten deutschen Reichsstände sich auf die Seite des Kaisers neigten, erschien die berühmte Streitschrift des sogenannten Hippolitus a lapide gegen das Haus Österreich, welche damals nicht wenig zur Vereitlung der kaiserlichen Entwürfe beitrug. Und dieses Werk entstand auf Veranstaltung des Reichskanzlers, größtenteils aus den von ihm gelieferten Materialien.

Das Wesentliche seines Charakters ist von der Königin Christina selbst in einer kurzen Schilderung zusammengefaßt worden, die sich unter ihren nachgelassenen Papieren erhalten hat, und ihre eignen Worte mögen diesen Aufsatz beschließen:

«Dieser große Mann» schreibt sie, «besaß einen sehr ausgebildeten Verstand, die Frucht einer nützlich angewendeten Jugend. Auch mitten unter seinen überhäuften Arbeiten las er noch viel. Sein Geschäftsblick war schnell, und seine Staatskenntnisse ebenso ausgebreitet als gründlich. Er war von der Stärke und Schwäche aller europäischen Staaten unterrichtet. In ihm vereinigte sich eine reife Erfahrung, ein vielumfassender Geist und eine große Seele. Seine Tätigkeit war unermüdet. Geschäfte waren seine Vergnügen, und selbst in Stunden der Erholung wußte er von keiner andern Zerstreuung. In seiner Lebensart liebte er die Mäßigkeit so sehr, als es in einem Zeitalter und bei einer Nation möglich war, wo diese Tugend noch unter die unbekannten gehörte. Für einen Mann auf seinem Posten hatte er ein eignes Talent, ruhig zu schlafen. Nur zweimal in seinem Leben, versicherte er, hätte er wegen einer Staatsangelegenheit eine Nacht schlaflos zugebracht, einmal nach dem Tode Gustav Adolfs und das zweitemal nach der Schlacht bei Nördlingen. Außerdem wäre er immer gewohnt, beim Schlafengehn mit seinen Kleidern zugleich alle seine Sorgen abzulegen und sie bis zum andern Morgen ruhen zu lassen. Übrigens war er ehrgeizig, aber treu und unbestechlich. Nur zuviel Langsamkeit und Phlegma war zuweilen sein Fehler.»

Erläuterungen zu den Kupferstichen

Zu Seite 103
Die Kirche zu Braunau, von protestantischen Untertanen eigenmächtig erbauet, soll auf Befehl des Kaisers gesperrt werden. Der Abt zu Braunau, in Gesellschaft von Mönchen, an der Spitze kaiserlicher Soldaten, lieset den Einwohnern den kaiserlichen Befehl vor. Diese haben ihren Geistlichen in der Mitte und sind bereit, denselben und ihre Kirche bis auf den letzten Blutstropfen mit ihren nachdrücklichen Waffen zu verteidigen.

Zu Seite 106
Heinrich Matthias Graf von Thurn, Generallieutenant des Reichs, einer der reichsten böhmischen Herrn, war Anführer der wider Ferdinand, neu erwählten König von Böhmen, Verbündeten. Den 23. Mai 1618 ging der Graf in Begleitung verschiedener protestantischer Edelleute und anderer bewaffneter Personen auf das Prager Schloß in die Kanzlei. Hier trug er dem versammelten Staatsrat die Beschwerden der Nation vor, verlangte die Wiederherstellung ihrer Freiheiten und sagte diese kühnen Worte hinzu: «Wir hatten zwar Ferdinand als unsern König anerkannt; aber wir sind nicht gesonnen, seine Sklaven zu werden. Er muß sein Regierungssystem ändern, sonst werden wir uns einen andern Herrn erwählen.» Einige Glieder des Staatsrats begegneten dem Grafen und seinem Gefolge als Rebellen und bedrohten sie mit dem Zorn des Kaisers. Statt zu antworten, sagte der Graf zu seinen Leuten: «Werft sie zum Fenster hinaus!» Dies geschah. Sie kamen einer über den andern auf einen Misthaufen zu liegen, und keiner wurde beschädigt. Fabricius, ihr Sekretär, richtete sich zuerst auf und deprezierte den beiden Herren, daß er auf sie gefallen sei.

Zu Seite 125
Friedrich V., Kurfürsten von der Pfalz, wurde die böhmische Krone von den aufrührerischen Ständen angetragen. Der Antrag schmeichelte seinem Ehrgeiz, aber das Mißtrauen in seine Kräfte und die Furcht vor der Macht seines Gegners erhielten ihn lange unentschlossen. Seine Gemahlin Elisabeth, Tochter König Jakobs I. von England, sagte zu ihm: «Du hast eine Königstochter geheiratet und besinnest dich, eine Krone anzunehmen.» Der Hofprediger Scultetus wurde gebraucht, die ehrgeizigen Absichten der jungen Kurfürstin mit seinen geistlichen Gründen zu unterstützen, und die Krone wurde angenommen. Dieses geschah im Monat August 1619.

Zu Seite 133
Das vorhergehende Kupfer* ist eine Schilderung des leichtsinnigen Ehrgeizes und der Eitelkeit; dieses ist dazu ein moralisches Gegenstück. Den 20. November 1720 machte die unglückliche Schlacht auf dem weißen Berge bei Prag aller Herrlichkeit des neuen Königs von Böhmen ein Ende. Friedrich V. verlor mit der Schlacht seine Krone, sein Kurfürstentum und alle seine Würden. Als er mit seiner Gemahlin aus dem Palast trat, um sich durch die Flucht zu retten, wollte ihn einer seiner Offiziere trösten. Der Prinz antwortete ihm: «Ich weiß nun, wer ich bin!»

Zu Seite 137
Nach der Schlacht bei Prag und der Flucht des unglücklichen Königs Friedrich wurden siebenundzwanzig Personen aus dem Herren-, Ritter- und Bürgerstande als Beförderer des Aufstandes hingerichtet. Einem derselben wird sein Todesurteil vorgelesen. Sein Enkel und seine Tochter jammern um ihn, er selbst hört gelassen als Märtyrer der Religion und Freiheit sein Urteil an. Nachher übergab er dem ihm beistehenden Prediger die am Hals getragene goldene Krönungsmünze und beschwor ihn, sie Friedrichen einzuhändigen, mit der Versicherung, daß er sie, ihm zuliebe, bis auf den letzten Augenblick getragen habe.

---

* S. 125

ERLÄUTERUNGEN ZU DEN KUPFERSTICHEN 651

Zu Seite 163
Christian von Braunschweig hatte die Pfalzgräfin und Königin von Böhmen in Holland kennengelernt und schwärmerisch geliebt. Als ein Pfand der Freundschaft empfing er dort ihren Handschuh, den er hernach beständig auf seinem Hute trug. Dagegen gab er ihr das Versprechen: *für Gott und sie alles zu wagen*, und ließ diese Worte als Devise auf seine Fahnen setzen.

Zu Seite 176
Peter Ernst von Mansfeld war ein Kind der Liebe und von Kaiser Rudolf legitimiert. Seine Frühlingsjahre verlebte er am Hofe des Erzherzogs Ernst, Statthalters in den Niederlanden. Unter seinem Bruder Karl lernte er den Krieg in Ungarn. Er nahm spanische Dienste an und ging in savoyische über, hernach ergriff er die Partei Friedrichs von der Pfalz. Dreimal traf ihn die Acht. Oft ward er geschlagen, aber nie besiegt. Aus seinen Niederlagen kam er immer schrecklicher hervor, als er vorher gewesen war. Er liebte unruhige Zeiten und Neuerungen. Hunger, Frost, Hitze trug er mit Geduld. Er zeigte großen Verstand in seinen Unterhandlungen, seine Beredsamkeit und List überredeten die Menschen von der Güte seiner Pläne. Er war immer arm, sein Degen war sein einziges Kapital. Er führte Krieg fast überall und war auch überall das Schrecken seiner Feinde.

Als nach der Anzeige des Arztes der Tod ihm näher kam, warf er sich in seine Uniform, gürtete seinen Degen um und erwartete denselben stehend, gestützt auf zween Offiziere. In dieser Stellung starb er im sechsundvierzigsten Jahre seines Lebens. In Spalato ward sein Leichnam begraben.

Aus Herchenhahns Leben Wallensteins.

Zu Seite 185
Graf Wallenstein, Herzog von Friedland, wollte, nachdem er sich des Herzogtums Mecklenburg bemächtigt hatte, auch Stralsund der kaiserlichen Macht unterwerfen. Er versuchte anfangs die List und trug der Stadt an, kaiserliche Besatzung einzunehmen. Solches wurde verworfen. Er drohete mit den schrecklichsten Züchtigungen, er tat die schmeichelhaftesten Versprechungen, beides war vergeblich. «Ich will diese Stadt einnehmen», sagte er, «und wenn

sie mit Ketten an den Himmel gebunden wäre.» Er ließ sie im Frühjahr 1628 durch den General Arnheim belagern. Demungeachtet wurde er genötigt, den 24. Julius die Belagerung aufzuheben, weil die Stadt durch schwedische Hilfe verteidigt wurde. Wallenstein sitzt hier mit königlicher Pracht in seinem Zelt, umgeben von seinen Kammerherrn und Hofleuten. Vor ihm steht der Bürgermeister aus Stralsund, ein ehrwürdiger und mutiger Mann. «Ihr müßt kaiserliche Besatzung einnehmen», sagte Wallenstein mit fürchterlicher Stimme zu ihm. Unerschrocken und ruhig antwortete der Bürgermeister: «Das tun wir nicht!» W.: «Dann müßt ihr Geld schaffen!» B.: «Das haben wir nicht!» W.: «Dann will ich euch züchtigen, ihr Ochsen!» B.: «Das sind wir nicht.»

Wallenstein schildert die Geschichte als einen unerträglich stolzen und äußerst harten Mann, abergläubisch, unermüdet tätig und unergründlich. In seinen Gesichtszügen lag viel Ernsthaftes und Furchtbares; seine Miene war verdrießlich, er lachte nie. Die Pracht liebte er über alles, seine Belohnungen und sein Aufwand waren königlich; deswegen beteten ihn auch ungeachtet seiner Strenge alle seine Soldaten an. Sein Körper war lang und mager, seine Farbe gelblich und seine Augen klein, aber von Feuer.

Zu Seite 192
Dieses Kupfer stellt eine Begebenheit dar, wodurch alle europäische Mächte in Bewegung gesetzt, die deutsche Reichsverfassung erschüttert und der Religionsfreiheit der Untergang gedrohet wurde. Ferdinand II., in jesuitischen Grundsätzen erzogen und von Jesuiten umgeben, haßte die Protestanten nicht allein, um sich den Himmel dadurch zu erwerben, sondern auch, weil er glaubte, daß vornehmlich sie seinen ehrgeizigen Absichten, ganz Deutschland zu unterjochen und in eine erbliche Provinz zu verwandeln, entgegen wären. Er hatte bereits durch ein Edikt alle Protestanten aus seinen Staaten vertrieben; jetzt wollte er ihnen den letzten Schlag beibringen. Zu dem Ende wurde 1629 von ihm und seinen beiden Beichtvätern ein anderes Edikt geschmiedet, wodurch den deutschen Ständen befohlen wurde, alle Kirchengüter, welche sie seit dem Religionsfrieden in Besitz genommen hatten, wieder herzugeben, alle Stifter und Klöster wiederherzustellen und alle in

protestantische Hände gekommene unmittelbare Stifter wieder mit katholischen Bischöfen zu besetzen. Dieses Edikt heißt das Restitutionsedikt. Dadurch wurden die heiligsten Reichsgesetze mit Füßen getreten. Alles Widerspruchs ungeachtet, wurde es ausgefertigt, mit den größten Grausamkeiten in Ausübung gebracht und der Krieg über alle Provinzen verbreitet. Der Kaiser hat eben das Edikt unterschrieben; die tückische Freude der Beichtväter, beide Jesuiten, äußert sich nicht bloß in dem Gesicht, sondern auch in der zum Kampfe schon bereiten Faust.

Zu Seite 213
Gustav Adolf, König von Schweden, war von Ferdinand II. empfindlich beleidigt, von dem französischen Hofe zum Kriege aufgefordert, von dem bedrohten Deutschland flehentlich um Hilfe gebeten worden. Er beschloß, die protestantische Religion und die Freiheit seiner Krone zu retten. Nachdem alles zu seiner Abreise bereit war, ging der König den 20. Mai 1630 in die Versammlung der Reichsstände. Er ließ die Prinzessin Christine, damals nur vier Jahre alt, zu sich bringen und bat die Stände, diese als seine Erbin anzuerkennen und ihr als ihrer künftigen Königin den Eid der Treue zu erneuern. Dann nahm er seine Tochter auf den Arm und hielt eine vortreffliche Rede, welche alle Anwesenden in Tränen setzte. Er selbst wurde so gerührt, daß er sich erholen mußte, ehe er seine Rede schließen und den Ständen das letzte Lebewohl sagen konnte. «Gott ist mein Zeuge», sagte der König, «ich fange diesen Krieg nicht aus Leichtsinn an. Der Kaiser hat meine Gesandten beleidigt, meinen Feinden Beistand geleistet, unsere Brüder und Bundesgenossen, die Protestanten, aufs grausamste verfolgt. Diese haben mich um ihre Befreiung flehentlich bitten lassen. Ich will sie retten mit Gott. – Was mich anbetrifft, so bin ich zwar aus vielen gefährlichen Umständen errettet worden, aber ich werde endlich doch in der Verteidigung der Freiheit und der Ehre meines Volks sterben. Deswegen empfehle ich mich jetzt dem Schutze des Allmächtigen, damit wir uns dereinst im Himmel wiedersehen.» Dem Reichsrate wünschte er Weisheit, dem Adel empfahl er Tapferkeit und Mut, der Geistlichkeit Verträglichkeit, Demut, reine Lehre und einen tugendhaften Wandel. Dem Bürger- und

Bauerstande wünschte er Fruchtbarkeit der Felder und Gedeihen ihrer Arbeit. «Ich rufe euch allen, abwesende und anwesende geliebte Untertanen dieses Reichs, mein zärtlichstes Lebewohl zu, vielleicht auf immer. Vielleicht sehen wir uns jetzt zum letzten Mal.» Er schwig, die Tränen flossen aus seinen Augen. Die ganze Versammlung war äußerst gerührt, man hörte nichts als Seufzen und Schluchzen. Dann faltete er mit unaussprechlicher Würde die Hände, richtete seinen Blick gen Himmel, und so verließ er den Saal.

Zu Seite 241

Johann Tzerklas Graf von Tilly, General der kaiserlichen Armee, hält hier vor dem unglücklichen Magdeburg. Schon steht alles in Flammen; die Häuser sind ausgeplündert, die Straßen mit Leichnamen bedeckt. Einige ligistische Offiziere bitten ihn, den Greueln Einhalt zu tun. Ganz kaltblütig gibt er zur Antwort: «Es hat noch Zeit. Kommt in einer Stunde wieder. Ich werde sehen, was ich dann tun werde.» Dieser Tilly war von Person mehr klein als groß und sehr mager. Der Unterteil seines Gesichts war spitzig, sein Knebelbart stark, seine grauen Haare kurz, seine Nase lang, seine Backen eingefallen, seine Stirn breit und voll Runzeln, seine Augen finster, seine ganze Gesichtsbildung abschreckend. Er ritt immer auf einem kleinen Grauschimmel, sein Kleid war von grünem Atlas mit aufgeschlitzten Ärmeln nach spanischer Art und weite Beinkleider aus dem nämlichen Zeuge. Von seinem Hut hing eine Straußenfeder über den Rücken herab. Über sein Kleid war ein Degengehenk geschnallt, und in seinen Halftern litt er nur eine Pistole. Er hatte mehr als 100 Wunden bekommen und in allen bisherigen Schlachten gesiegt. Er hatte vom 10. bis 12. Mai 1631 Magdeburg, damals eine der schönsten und reichsten Städte, erst in einen Schauplatz des gräßlichsten Jammers und dann in einen Aschenhaufen verwandelt. Tilly pflegte dieses Blutbad nur die Magdeburgische Hochzeit zu nennen.

Zu Seite 262

Die Schlacht bei Leipzig ist eine der wichtigsten, welche je gehalten ward. Ganz Europa hatte seine Augen auf dieselbe gerichtet. Siegte Tilly, so war es um Deutschlands Freiheit geschehen, und der

Kaiser herrschte unumschränkt. Die Vorsehung hatte es anders beschlossen. Den 4. September 1631 vereinigte sich Gustav Adolf mit den sächsischen Truppen. Den 2. war Tilly über Skeuditz gekommen und hatte sich bei Enteritsch auf den Anhöhen, welche sich daselbst längst der Straße nach Lindental ziehen, gelagert. Leipzig wurde den 4. September beschossen, weil es sich geweigert hatte, kaiserliche Besatzung einzunehmen, und ergab sich den Tag nachher. Die hallische Vorstadt hatte der Kommendant zur Gegenwehr abbrennen lassen. Nur ein einziges Haus war stehengeblieben, das Haus eines Totengräbers. Hierin hatte Tilly sein Quartier genommen, als er die Kapitulation unterschrieb. Auch wurde in demselben Kriegsrat gehalten und beschlossen, den Schweden und Sachsen entgegenzugehen. Tilly sah beim Herausgehen an der Mauer die gemalten Totenköpfe, seufzte und hielt dies für eine böse Vorbedeutung. Er verließ nach gehaltenem Kriegsrat die Anhöhen bei Enteritsch und zog weiter bis Breitenfeld hin. Hier stellte er seine Armee in Schlachtordnung. Sie formierte eine einzige Linie unter den Anhöhen hin, welche sich bei Lindental, Wahren und Möckern befinden; alle diese Dörfer hatte die Armee im Rücken. Die schwedische und sächsische Armee gingen bei Düben über die Mulde und kamen den 7. September früh ungefähr zwei Kanonenschüsse weit von der kaiserlichen Armee an. Bei Podelwitz und Seehausen stellten sie sich in Schlachtordnung. Die sächsische Armee wurde von der schwedischen abgesondert, weil Gustav Adolf verhindern wollte, daß, wenn die Sachsen etwa fliehen würden, seine Soldaten nicht dadurch in Unordnung kommen sollten. Um zwölf Uhr mittags fing die Schlacht an; die Sachsen waren bald über den Haufen geworfen, und der Kurfürst entfloh nach Eilenburg; die Schweden erfochten den Sieg. Am Abend lagen 7000 Kaiserliche auf dem Platze; 5000 waren teils verwundet, teils gefangen. Die ganze kaiserliche Armee von 35 000 Mann, welche so viele Provinzen verwüstet, so viele reiche Städte ausgeplündert hatte, wurde zerstreut und vernichtet. Selbst Tilly konnte kaum sein Leben retten; ein Rittmeister schlug ihn mit umgekehrter Pistole unablässig auf den Kopf und würde ihn unfehlbar getötet haben, wenn er nicht selbst darüber von dem Herzog von Lauenburg wäre erschossen worden. Standhaft und tapfer hatten die Kaiserlichen gefochten. Fünf Regimenter Fußvolk stellten sich, bloß kraft ihrer kriegerischen Fertigkeiten, ohne Beistand eines hohen Offiziers wieder, und zogen sich voller Unwillen an den Rand eines Busches. Da schlugen sie unermüdet die Anfälle der Schweden ab und wollten die Ehre der kaiserlichen Waffen retten; da fuhren sie fort, sich zu wehren, als sie schon halb zerstümmelt auf der Erde lagen, und verließen ihren Posten nicht eher als mit ihrem Leben. Tilly, der bisher unerschrocken gewesen war, brach bei diesem Anblick in Tränen aus. Ihn und 600 Mann, den ganzen Rest von diesen fünf Regimentern unbezwinglicher Wallonen, führte endlich unter dem Schutz der Finsternis der tapfere Cronberg vom Schlachtfelde weg. 2000 Mann war der ganze Rest der Truppen, womit Tilly und Pappenheim sich nach Halberstadt geflüchtet hatten. Die Schweden hatten 700 Mann und die Sachsen 2000 Mann verloren. Die Armee der erstern war 20000 und der letztern 15000 Mann stark. Unermeßliche Beute, die sämtliche Bagage, die ganze Artillerie, unzählige Fahnen und Standarten hatten die tapfern Schweden erfochten. Sobald Gustav Adolf die Feinde allenthalben fliehen sah und des Sieges gewiß war, warf er sich mitten auf dem Schlachtfelde nieder. «Danke Gott», rief er, «danke Gott für deinen Sieg. Deutschland ist gerettet, Tilly gedemütiget und Magdeburg gerächt.»

Zu Seite 314
Der siegreiche König hielt seinen Einzug in diese über seinen Anblick entzückte Stadt. Freudentränen rollten den unterm Gewehr stehenden Bürgern die Backen herab. Die Ratsherren brachten ihm Geschenke entgegen, unter welchen sich zwei kostbare goldene Gefäße in Gestalt zweier sehr künstlich gearbeiteter Globen befanden. Jeder Bürger war ein dem König mit Herz und Seele ergebener Mann. Gustav Adolf, darüber äußerst gerührt, versicherte, daß er eine so schöne Stadt noch nie gesehen und soviel Ehre an keinem Orte genossen habe.

Zu Seite 319
Eine von den Ursachen, welche den kühnen Übergang des Königs über den Lech und seinen Weg nach Bayern erleichterte, war die

Verwundung Tillys. Eine Kugel hatte diesen tapfern General am rechten Knie tödlich verwundet. Die Soldaten, als sie ihren alten Anführer mit Blut bedeckt und mit den gräßlichsten Schmerzen ringen sahen, wurden mutlos und flohen. Einige Tage hernach gab Tilly in Ingolstadt seinen Geist auf.

Zu Seite 324
Der gekrönte Menschenfreund hielt in der Hauptstadt Bayerns die strengste Mannszucht. Kein Haus durfte zerstört, in dem Pallast des Kurfürsten durfte nichts beschädigt, keinem Einwohner durfte irgendein Leid getan werden. Er wohnte dem Gottesdienst in der Kirche bei, unterhielt sich freundlich mit den Jesuiten, die ihn aus der Kirche begleiteten, und ließ dann, als er Abschied von ihnen genommen hatte, Geld unter das Volk ausstreuen.

Zu Seite 389
Nach der Schlacht bei Leipzig hatte das Glück der Waffen Gustav Adolf von Erfurt nach Frankfurt und von da durch Bayern und Schwaben begleitet. Beinahe das ganze Reich hatte er sich unterworfen, über alle seine Feinde gesiegt. Der Kaiser zitterte für seine österreichischen Länder, er glaubte Gustaven schon in Wien zu sehen. Deswegen versuchte er, den Kurfürsten von Sachsen durch Wallenstein auf seine Seite zu bringen, aber der Kurfürst blieb den Schweden jetzt noch getreu. Dafür wollte Wallenstein Sachsen züchtigen und zog sich durch Franken und den Thüringer Wald dahin. In Bayreuth und Coburg wurden die größten Grausamkeiten verübt, ein Vorspiel dessen, was seine blutdürstige Seele in Sachsen ausführen wollte. Der Kurfürst rief nun Gustav Adolf zu Hilfe. Dieser verließ alle seine Eroberungen, um seinem Bundesgenossen beizustehen. Über Schweinfurt ging sein Marsch durch den Thüringer Wald nach Arnstadt, wo er sich mit dem Herzog Bernhard von Weimar vereinigte, von Arnstadt nach Erfurt. Hier ließ der König seine Gemahlin zurück. Sein Herz war bei dieser Trennung voll ungewöhnlicher Wehmut. Wallenstein war unterdessen bis Leipzig vorgedrungen, hatte 1632, den 18. Oktober, die Pleißenburg aufgefordert, welche den 22sten kapitulieren mußte. Von hier wollte er über Eilenburg und Torgau nach Dresden.

Schon wollte er bei Eilenburg über die Mulde, als er Nachricht von der Annäherung des Königs von Schweden erhielt. Er entschloß sich, diesem entgegenzugehen, zog durch Leipzig zurück, vereinigte sich zwischen dieser Stadt und Merseburg mit dem Grafen Pappenheim und lagerte sich in den Plänen nach Merseburg zu, zwischen dem Floßgraben und der Saale. Pappenheim trug er auf, nach Westfalen zu gehen, den Grafen Colloredo ließ er in Weißenfels zurück. Der König von Schweden wollte sich Pappenheims Abwesenheit zunutze machen, brach von Naumburg auf und näherte sich Weißenfels. Nun erhielt Pappenheim Befehl zurückzukehren. Den 5. November kam Wallenstein bei Lützen an.

Wallenstein besetzte das Terrain hinter der Landstraße. Der Graben wurde tiefer gemacht und in denselben Musketiers gelegt, hinter diesem und bei den Windmühlen an der Stadt ließ er Kanonen aufpflanzen. Die Armee selbst stand in gerader Linie mit der Landstraße, ungefähr dreihundert Schritt hinter derselben. Gustav Adolf rückte unterdessen von Naumburg immer näher, ließ Weißenfels eine halbe Stunde zur Linken liegen. Die in der Nähe liegenden kaiserlichen Regimenter zogen sich hierauf zusammen und besetzten die Dörfer Posern, Porsten, Göhren und Rippach. Der Weg des Königs führte ihn zuerst auf Posern: hier brachte er die Kaiserlichen zum Weichen. Dann ging er nach dem Dorfe Rippach, schlug die Feinde zurück, ging den 5ten abends über den Fluß gleiches Namens und rückte bei Röcken auf den Floßgraben los, der die Ebene zwischen Lützen und Markranstädt und die Landstraße mittendurch schneidet. Hier postierte er sich so, daß der linke Flügel seiner Armee bei Lützen in einer Entfernung von 200 Schritt gerade gegen die Windmühlen über stand, so daß die Armee die Landstraße vor sich und den Floßgraben hinter sich hatte. Da, wo der Floßgraben die Linie verändert, befand sich der linke Flügel, welcher sich an dieser Biegung des Grabens anschloß, und der König rief seinen Soldaten zu: «Wohlan mit Gott!» Die schwedische Infanterie bemächtigte sich der Gräben und der Kanonen, warf zwei Bataillons über den Haufen, mußte aber bei dem dritten weichen. Der König eilte mit Kavallerie zu Hilfe. Er setzte zuerst über den Graben. Nur einige wenige Reiter und der Herzog Franz Albert von Lauenburg nebst einem Bedienten konnten ihm nachkommen. In diesem Augenblick erhielt der König einen Schuß, der ihm den linken Arm zerschmetterte. Jetzt kam seine Reiterei nach. Man schrie: «Der König ist verwundet.» Er nahm seine Kräfte zusammen und rief: «Es ist nichts, folgt mir.» Kaum hatte er dieses ausgesprochen, so wurde er durch den Rücken geschossen und fiel vom Pferde. Das Gefecht um diesen Ort war unbeschreiblich heftig. Kaum konnte man den König erkennen, weil er unter andern Toten lag. Jedermann wollte mit seinem König an einem Tage und an einem Orte sterben. Erst da die Kaiserlichen zurückgetrieben waren, konnte er hervorgesucht werden. Dieses geschah unweit eines großen Steines nach Lützen zu, welcher noch jetzt vorhanden ist und schon hundert Jahr vor dieser Bataille in Urkunden als der Große Stein erwähnt wird. Die aufgebrachten Schweden rächten den Tod ihres geliebten Königs unter Anführung des Herzogs Bernhard von Weimar, auf dem der Geist des großen Gustavs ruhte. Sie griffen mit Wut an und brachten alles zum Weichen. Schon verfolgten sie den flüchtigen Feind, als Pappenheim mit neuen Truppen von Halle kam. Diese Hilfe belebte die kaiserlichen Truppen mit neuem Mut. Die Schlacht fing von neuem an. Pappenheim wurde tödlich verwundet und starb in der Pleißenburg zu Leipzig den andern Tag. Die Schweden siegten abermals, die ganze kaiserliche Armee ergriff die Flucht, und Wallenstein zog sich schnell, beinahe ohne Waffen, nach Böhmen zurück. Sobald der Körper Gustav Adolfs aufgefunden war, wurde er nach Weißenfels gebracht. Hier benetzte die Königin den Körper ihres geliebten Gemahls mit Tränen und verließ den Leichnam nicht eher, als bis er in Stockholm in der Begräbniskapelle beigesetzt war.

Zu Seite 399
Als der blutige Koller (das lederne Collet), welchen Gustav Adolf getragen hatte und der noch jetzt im Wiener Zeughause aufbewahrt wird, dem Kaiser überbracht wurde, konnte er den Anblick nicht ertragen. Er, seine Gemahlin und die Edlen, welche ihn umgaben, waren aufs äußerste gerührt. Von Mitleiden durchdrungen, wandte Ferdinand seine Augen gen Himmel: «Gern hätte ich dir, großer Held», so sprach er, «ein längeres Leben und eine

fröhliche Rückkehr in dein Königreich gewünscht, wenn nur Friede in Deutschland gewonnen wäre.» Dieser schöne Augenblick in Ferdinands Leben verdiente, von der Nachwelt bewundert zu werden.

Zu Seite 464
Einige Augenblicke vorher, ehe Wallenstein ermordet wurde, beschäftigten er und Seni sich noch mit der Astrologie. Sie war Wallensteins Steckenpferd, worauf ihn auch der Tod überraschte. Seni sagte ihm voll banger Ahnungen: «Die Gefahr ist noch nicht vorüber.» Wallenstein antwortete ganz ruhig: «Davon lese ich in den Gestirnen nichts, aber du wirst bald in den Kerker geworfen werden.» Ein wahrer prophetischer Geist sprach aus beiden.

Zu Seite 467
Seni kam eben aus Wallensteins Zimmer, als der Hauptmann Deveroux, ein Irländer, mit einigen Bewaffneten dahin eindrangen. Der Mörder, welcher unter Wallenstein gedient und durch ihn emporgehoben war, fand seinen großen Feldherrn in Nachtkleidern am Fenster stehen. Er stutzte einige Augenblicke, als wenn seine Entschlossenheit bei dem Anblick eines so außerordentlichen Mannes wankte. Dann schrie er: «Bist du der Schelm, der dem Kaiser die Krone entreißen will? Jetzt mußt du sterben!» Wallenstein würdigte ihn keiner Antwort, warf einen ernsten und kalten Blick auf ihn, stand unerschütterlich da, machte eine Bewegung mit der Hand, als wollte er seine Brust entblößen, und wurde in dem Augenblick von Deveroux mit der Partisane durchstoßen.

Zu den Seiten 472 und 475★
Die Schlacht bei Nördlingen ist eine der merkwürdigsten Begebenheiten des Dreißigjährigen Kriegs; wichtig in Rücksicht der Folgen; traurig in Rücksicht der Helden, welche hier überwunden, der Völker, welche hier geschlagen und bisher unüberwindlich

---

★ Die Erläuterungen zu den Kupfern des Kalenderjahrgangs 1792, die in dieser Ausgabe auf den Seiten 472, 475, 480, 491, 498, 506, 509, 517, 522, 526, 556 und 559 abgebildet sind, wurden mit dem nachfolgenden Hinweis des Verlegers Göschen eingeführt. Er begründet darin das durch die Erkrankung

genannt wurden; glorreich durch den großen Umfang des Siegs. Es sind ihr zwei Kupfer gewidmet, weil der Plan bei der Wahl der Kupfer die Absicht hat, nicht nur den entscheidendsten Begebenheiten, sondern auch den merkwürdigsten Menschen jenes Zeitalters ein Denkmal zu errichten. Einer der Sieger, ein liebenswürdiger spanischer Prinz, der Kardinal-Infant, und Gustav Horn, beide verdienten ein solches Denkmal. Aber Horn war gefangen. Er hatte diese Gefangenschaft nicht verdient; um das unvorteilhafte Licht, worein ihn dieselbe stellen kann, zu hemmen, hat man eine andere Situation vorhergehen lassen, welche über sein Schicksal einen hellen Glanz verbreitet.

Mit dem Leben Gustav Adolfs hatte die deutsche Freiheit noch nicht alles verloren. Sein Geist schwebte noch über ihr. Die Plane, welche er entworfen, waren in der Seele seines großen Kanzlers Oxenstiernas als ein Vermächtnis hinterlassen; Herzog Bernhard, Banér und Horn schienen seine Tapferkeit geerbt zu haben und waren unter ihm zu großen Feldherren gebildet worden. Die schwedische Regierung übertrug Oxenstierna eine uneingeschränkte Gewalt, das Direktorium über die Truppen, die Leitung der Politik, sie gab Krieg und Frieden in seine Hand. Würdig dieses Vertrauens, übersah der Kanzler mit durchdringendem Blicke die Lage der Dinge und wog die Treue und die Verstellung der verschiedenen Bundsgenossen gegeneinander und gegen Schwe-

---

Schillers notwendig gewordene ungewöhnliche Verfahren, den Illustrationen ausführlichere Erläuterungen beizugeben. Im Falle der Kupferstiche auf den Seiten 472 und 475 wurde den eigentlichen Erläuterungen sogar noch ein besonderer historischer Exkurs vorangestellt.

«Herr Penzel ist als Kupferstecher bekannt genug. Ich bat meinen Freund, daß er auch sein Talent als Zeichner dem Vaterlande in diesem Werke bekanntmachen möchte. Er gab meinen Bitten nach, und ich weiß, das Publikum wird ihm durch Beifall dafür danken. Ist die Wahl der Gegenstände nicht immer die vorteilhafteste für die Kunst, so ist die Einsicht des Künstlers nicht daran schuld; es ist Folge des historischen Plans. Eine achtmonatige Krankheit des Herrn Verfassers hinderte die Vollendung der Geschichte. Zeichnung und Stich durften nicht warten. Daher kommt es, daß alle zwölf Kupfer aus einem Zeitraume genommen sind, wohin der Text noch nicht führt. Man hat diese Unschicklichkeit durch eine ausführliche Erklärung, welche die Kupfer durch den Faden der Geschichte miteinander verbindet, wieder aufzuheben gesucht.»

den ab. Klug und unermündet suchte er die eigennützigen Absichten der verschiedenen Höfe Europens entweder zu vereiteln oder für sich zu benutzen. Vorsichtig und schlau wußte er den Schlingen der Feinde zu entgehen. Schnell sandte er die Feldherrn, welche ihm Gustav Adolf hinterlassen, in die Provinzen aus. Jeder derselben erhielt den Platz, worauf er sich am besten schickte und wo er am nützlichsten wirken konnte. Herzog Bernhard ging nach Franken, eroberte 1633 Bamberg und Höchst, nahm einen Ort nach dem andern weg und krönte seine Siege, noch gegen Ende des Jahres, mit der Einnahme Regensburgs, dieser wichtigen Stadt des Deutschen Reichs. Zu gleicher Zeit siegte Generalfeldmarschall Horn in Elsaß, Bayern und Schwaben überall. Benfeld im Elsaß, durch Natur und Kunst befestiget und durch den tapfern Kommandanten bis aufs äußerste verteidigt, Benfeld, welches er einnahm, hätte zu der damaligen Zeit allein einen General unsterblich gemacht. Bernhard und Horn, was konnte man nicht von zwei solchen Feldherren und von ihren Armeen, die, so wenig voneinander entfernt, sich so leicht unterstützen konnten, erwarten? Es fehlte eines, welches große Tugenden erst recht nützlich macht, das Band der Eintracht, und dadurch wurden alle Erwartungen vereitelt. Zwar hatten die beiden Feldherren einigemal versucht, vereinigt zu handeln; allein immer war jeder bald wieder seinen Weg für sich gegangen. Horns Tapferkeit wurde durch große Klugheit geleitet und durch Kriegswissenschaften unterstützt. Bernhard war feurig und rasch; Horns Überlegsamkeit sollte ihn in seiner Laufbahn nicht aufhalten. Überdieses war oft großer Mangel an Geld, darüber rissen die Soldaten aus, und die Offiziere führten Klagen. So ging im Jahr 1634 beinahe alles wieder zurück, was Herzog Bernhard 1633 gewonnen hatte, und, wie das Glück zu Ende des vorigen Jahres seine Tapferkeit mit den Schlüsseln von Regensburg belohnte, so vollendete das widrige Geschick zu Ende 1634 mit dem Verluste dieser Stadt das Unglück, womit es ihn verfolgt hatte. Ferdinand III., König von Ungarn und Böhmen, Erzherzog von Österreich, war von seinem Vater, dem Kaiser, zur Wiedereroberung der Stadt Regensburg gesandt. Als er diesen Auftrag glücklich ausgeführt hatte, eilte er, Nördlingen zu belagern. Hier wurde sein bayerisches und kaiserliches Heer durch den Herzog von Lothringen mit 6000 Mann und durch den Kardinal-Infant, Gouverneur der Niederlande, mit 15000 Mann spanischer Truppen verstärkt. Jetzt bewirkte die Not, was die Klugheit bisher nicht vermocht hatte. Bernhard und Horn vereinigten sich, Nördlingen zu retten. Gegen Ende des Augusts erschien die vereinigte schwedische Armee bei dem Städtchen Aalen. Schon hier schlug Herzog Bernhard 1000 Mann Kaiserliche aus dem Felde, daß keiner davonkam, und nahm 300 gefangen. Von Aalen zog das ganze Heer nach Bopfingen und stellte sich auf einer Höhe zwischen die Schlösser Flachberg und Wallerstein. Die verbundene kaiserliche Macht stand ihr gegenüber. Es dauerte nicht lange, so wurden die Kaiserlichen von einer Anhöhe heruntergeschlagen, dadurch gewannen die Schweden einen Wald und durch diesen nach Nördlingen einen freien Paß. Den Belagerten fehlte es an Volk und Brot; sie baten die schwedischen Feldherrn um Hilfe. Solche zu leisten, machte sich Bernhard auf. Er trieb den Feind bis über die Eger hinaus. Unterdessen warf Horn, im Angesicht des Feindes, 250 Mann Schweden in die Stadt, ritt selbst bis an das Tor und bat die Belagerten, sich noch 6 Tage zu halten; würde aber die Not aufs höchste steigen, so sollten sie von einem gewissen Turme ein Zeichen geben, dann wollten die Schweden helfen. Sehr verschieden ist die Wirkung dieser glücklichen Ereignisse in den Seelen der beiden großen Helden. Bernhard kann die Schlacht nicht erwarten. «Wir müssen schlagen!» ruft er aus – und seine Soldaten sehen ihn freudig an. «Das Glück zeigt uns den Weg. Wir haben sie schon einmal gejagt. Brüder, wir müssen schlagen!» Horn hingegen überdenkt die Schlacht. Er berechnet die Schwäche seines Heeres und der Feinde Macht. Danach entwirft er einen vortrefflichen Plan, worin auch der schlimmste Fall nicht vergessen war. Zweimal schon hatten die Belagerten durch Zeichen um Hilfe gebeten; aber Horns Plan war noch nicht reif. Er wußte, daß Rheingraf Otto Ludwig mit 5000 Mann versuchter Soldaten vom Rhein und Feldmarschall Kratze mit ebensoviel von Forchheim in einigen Stunden bei den Schweden ankommen müßten. Mit dieser Verstärkung konnte er den Feinden die Lebensmittel abschneiden und sie zugleich mit tapferer Faust zwingen auseinanderzugehen. Der Rheingraf wurde einige Stunden länger aufgehalten, und Kratze kam an.

Zu Seite 472

Nun wurde in dem eroberten Walde Kriegsrat gehalten. Horn bleibt fest bei seinem Plane. Er sagt alles, was Klugheit und Einsicht vermag, um Bernharden aufzuhalten. Kratze, ein schlauer und feiger alter Mann, will den Rheingrafen erwarten. Je später je lieber war dem die Schlacht. Bernhards Seele dringet der Mut und das gegebene Wort. Horn prophezeit das unglückliche Schicksal der Schlacht. Da hörte man aus der Stadt zum drittenmal das Zeichen der Angst. Nun konnte sich Bernhard nicht länger halten. Den Degen gezogen, ruft er aus: «Wir müssen den Bedrängten beistehen. Derowegen, ihr Herrn Feldmarschälle, habt gutes Herz. Wir wollen schlagen; Gott wird uns helfen.» Horn, dem es an Herz nicht gebrach, macht schnell eine andere Disposition, und nun eilen die Feldherrn zur Schlacht.

Nicht weit von dem Walde, worin eben Kriegsrat war gehalten worden, lag ein Berg. Von der Einnahme oder dem Verlust dieses Berges hing das Wohl und Wehe der streitenden Völker ab. Ohne Einnahme desselben konnten die Schweden den Kaiserlichen nicht beikommen und ohne Gefahr, von diesen niedergeschossen zu werden, die Stadt nicht erreichen. Horn marschierte fünfzehnmal diesen Berg hinan; jedesmal schlug er die Widerstrebenden zurück, aber auch jedesmal wurde der Platz durch neue Fluten von spanischen und kaiserlichen Völkern wieder angefüllt. Herzog Bernhards Feuer hatte ihn zu weit abgeführt, sein Beispiel verleitete die übrigen Offiziers. Horns Ordres waren mißverstanden oder überschritten worden, sein Plan wurde alle Augenblicke zerrissen; unter dem schrecklichsten Feuer wußte er ihn immer wieder zu ergänzen. Nach achtstündigen Angriffen waren seine Leute weggeschmolzen; diejenigen, die ihn unterstützen sollten, hatten sich zu weit von ihm entfernt; ein feindlicher Pulvervorrat ging in die Luft, der Dampf verhüllte ihm den Feind und brachte seine Leute in Unordnung. Er zog sich zurück. Schon hatte er seinen Flügel in Sicherheit gebracht und wollte Herzog Bernhards Rückzug decken, als dessen Reiter, ohne Ordnung, auf Horns Leute einstürzten und wie ein Strom alle mit in die Flucht rissen. Nun brach die ganze kaiserliche Macht auf die Schweden ein, und geendiget war die unglückliche Schlacht.

Die vereinigten kaiserlichen, bayerischen, spanischen und lothringischen Truppen betrugen 33000, die Schweden waren 25000 Mann stark. Nicht sowohl das Übergewicht in der Zahl als vielmehr der Fehler, oder, wenn man lieber will, die zu rasche Heldentugend Herzog Bernhards, welche alles allein tun wollte, hatte den Kaiserlichen den Sieg gebracht. Überdieses wurden die kaiserlichen Truppen durch die Gegenwart ihres Königs und durch das Beispiel der größten Generale zur Tapferkeit ermuntert. Der Herzog von Lothringen, Jean de Werth, General der Bayern, Gallas und Piccolomini, Feldherrn der Kaiserlichen, Serbelloni und eine Menge anderer spanischer Anführer, alle wetteiferten für die Ehre ihrer Truppen und für ihren Ruhm.

Achttausend Mann Schweden wurden niedergehauen, 4000 gefangen; 80 Stück grobes Geschütz, 300 Fahnen, alle Wagen und Pferde, alle Bagage, aller Vorrat an Kriegsbedürfnissen, an Geld und Lebensmitteln, alles, im eigentlichsten Verstande des Worts, alles war verloren. Kratz und Horn wurden beide gefangen. Aber sie hatten ein so ungleiches Schicksal, als ihre Verdienste sehr verschieden waren. Jener hatte nicht eine Pistole in der Schlacht abgedrückt, ein einziger Kroat nahm ihn weg und führte ihn fort. Er war ehemals von den Bayern zu den Schweden gelaufen; als ihn die Kaiserlichen jetzt wiederbekamen, schlugen sie ihm den Kopf ab. Horn hatte mit unermüdeter Tapferkeit gekämpft, mit beständiger Gegenwart des Geistes jeden Vorteil benutzt, mit Klugheit und Einsicht in den schrecklichsten Augenblicken gehandelt. Da alles verloren war, wollte er dem Tode entgegeneilen; aber dieser getrauete sich nicht, ein so großes Opfer anzunehmen. Erst dann, als er alle seine Waffen verbraucht hatte, gab er sich an Johann de Werth gefangen. Dafür lohnt ihn der Ruhm. Der herrlichste Sieg hätte ihm nicht mehr Ehre und Bewunderung erwerben können als diese verlorne Schlacht. Sonst entscheiden die Urteile der Menschen über das Verdienst gewöhnlich nach einem unsichern und groben Maßstab, dem Erfolg. Horns Verdienst glänzte durch sein Unglück hervor. Auch gegen den tapfern Bernhard war das Schicksal gerecht. Er erwartete schon den Tod, als ein edler Mann, der Hauptmann Tüpadel, sein Leben nicht achtete gegen das Leben seines Herrn. Dieser gab ihm sein eigen Pferd; das brachte ihn sicher nach Konstanz, ohne Leute, ohne Geld, ohne alles, bis auf das Kleid, worin er gefochten hatte. Von dort ging der Herzog über Heidelberg nach Frankfurt, wo er wieder ein Korps von 8000 Mann zusammenbrachte.

Zu Seite 475

Don Ferdinand, spanischer Infant, Sohn des Königs Philipp III., Kardinal und Erzbischof von Toledo, erhob sich durch Denkungsart und Sitten über seine Nation. Statt der spanischen Härte und statt des ernsten Stolzes besaß er Menschlichkeit und Freundlichkeit. Nach der Schlacht gab er das Schloß, worin er wohnte, den verwundeten Gefangenen, ließ sie darin verpflegen und verbinden und nahm unterdessen eine armselige Hütte ein.

Schönheit der Seele und des Körpers gewannen dem Kardinal die Herzen, welche er sich durch Verstand zu erhalten wußte. Er wünschte den Mann, den er so sehr bewunderte, den tapfern Horn, nicht etwa zu sehen, sondern ihn zu trösten. Ruhig und bescheiden sucht dieser, mit edlem Anstand, des Siegers Hand; aber der Infant kommt ihm mit Umarmung und liebenswürdiger Güte zuvor. «Das Glück», sagt er, «hat uns diesesmal zu Siegern über einen großen Helden gemacht. Lassen Sie mich von Ihnen lernen, wie ich künftig so lange Meister des Glücks bleiben und im Unglück so groß werden kann wie Sie.»

Zu Seite 480

Sachsen zu retten, hatte Gustav Adolf seine Eroberungen im Reiche und damit Vorteile verlassen, welche nur eine sehr große Seele der Freundschaft aufzuopfern vermag. Sachsen zu retten, verlor er sein Leben in der Schlacht bei Lützen. Eine Folge derselben war, daß ganz Sachsen von den feindlichen Truppen befreit und Wallenstein, dieser harte Zuchtmeister, nach Böhmen getrieben wurde. So wichtige Dienste konnten bei dem sächsischen Hofe das Mißvergnügen nicht auslöschen, welches Gustav Adolf erregt hatte, als er das Direktorium über die protestantischen Stände übernahm. Hatte man dieses einem siegenden Könige nicht vergeben können, wieviel weniger konnte man es Oxenstierna verzeihen, dem zu Heilbronn von den vier obern Kreisen, Franken,

Schwaben, Ober- und Niederrhein ebenfalls das Direktorium übertragen wurde? Der Kaiser hatte dieses Mißvergnügen klüglich zu unterhalten gewußt. Lange schon war Kurfürst Johann Georg in seiner Treue gegen Schweden wankend, wahrscheinlich nicht bloß aus Neid, sondern auch aus der Absicht, durch ein schlaues Hin- und Herwenden eine Vermehrung seines Landes zu erhalten. Lange schon hatte er mit dem Kaiser insgeheim Traktaten gepflogen. Zwar fielen noch oft Feindseligkeiten zwischen beiden Höfen vor; auch erfocht 1634 der sächsische General Arnheim bei Liegnitz über die Kaiserlichen einen herrlichen Sieg: das geschah aber nicht, um die Schweden zu unterstützen, sondern um den Kaiser zu bessern Friedensbedingungen zu bewegen. Schon im Mai 1634 kamen kaiserliche und sächsische Gesandten in Leutmeritz zusammen, um über den Frieden zu unterhandeln. Allein damals kam die Sache noch nicht zustande. Der Kurfürst wog seine Freundschaft genau nach dem Glücke seiner Bundesgenossen ab; die Schlacht bei Nördlingen gab den Ausschlag. Seine Treue hörte mit dem Glücke auf. Die Schweden waren unglücklich, er ging also von diesen ab: der Kaiser war Sieger, und den 22. November wurden die Friedenspräliminarien mit ihm in Pirna unterschrieben. 1635, den 30. Mai, kam der Friede in Prag zustande, ein Friede, worin für die Schweden nichts, für die deutsche Freiheit und das Glück der protestantischen Stände sehr wenig, für Sachsen viel, die Ober- und Niederlausitz erblich, doch als böhmisches Lehn gewonnen war.

Dänemark, ebenfalls eifersüchtig auf Schweden, hatte zu diesem Frieden viel beigetragen; auch Landgraf Georg von Hessen-Darmstadt. Dieser war eben bei dem Kurfürsten in Dresden gegenwärtig, als die Nachricht von dem Prager Frieden kam. Matthias Hoë, Hofprediger des Kurfürsten, hatte, sagt man, 1000 Taler von dem kaiserlichen Hofe erhalten, um die Gewissensskrupel Johann Georgs über die verletzte Treue und den Undank zu beruhigen. Dieser und Arnheim, die Seele der sächsischen Politik, wurden gleich gerufen, und nun feierten diese Viere das Friedensfest nach ihrer Art. Kurfürst Johann Georg hat die Lausitz, Landgraf Georg hat von dem Kaiser die Grafschaft Isenburg und die Herrschaft Büdingen zum Lohn seines Beistandes in dieser Sache, Hoë hat

1000 Taler erhalten, Arnheim, der dem Hoë zur rechten Hand sitzt, genießt die Frucht seiner Verschlagenheit in dem Bewußtsein des glücklichen Erfolgs. Da schmeckt der Trunk gut, zumal Männern wie Johann Georg, deren Gesundheit durch Strapazen nicht angegriffen ist, deren Nerven durch allzu starke Anstrengung des Kopfs nicht geschwächt sind und deren Durst von Natur immer lebhaft ist.

Zu Seite 491
Alle Ungewitter, welche die Standhaftigkeit einer großen Seele erschüttern und den Heldenmut beugen können, zogen sich nach der Schlacht von Nördlingen über Oxenstiernas Haupt zusammen. Nicht der Verlust alles dessen, was durch so viele Arbeit und Gefahr errungen war, nicht Sachsens Abfall allein waren die Folgen jenes schrecklichen Tages; sondern noch etwas weit Schmerzhafteres, Schimpf und Spott, womit man das Heer und die Krone Schwedens kränkte, welche man, solange das Glück auf ihrer Seite war, bis in den Himmel erhoben hatte. Sachsen hörte nicht bloß auf, mit Schweden zu sein, es handelte jetzt sogar wider dasselbe. Der listige Arnheim schimpfte auf den Prager Frieden, auf den Kurfürsten und auf seinen Beichtvater, daß er diesen Frieden als einen Segen Gottes von der Kanzel angepriesen hatte, und nahm zum Schein seinen Abschied, um sich, wie er zu den Schweden sagte, auf seine Güter in Brandenburg zu Ruhe zu begeben. Das geschah aber bloß aus der Absicht, zu täuschen und den Kurfürsten von Brandenburg vermittelst seines bestochenen Ministers Schwarzenbergs ebenfalls von den Schweden abwendig zu machen. Auch dieses glückte. Herzog Wilhelm von Weimar, der Herzog von Braunschweig-Lüneburg, die Herzoge von Mecklenburg und Pommern folgten dem Beispiele Brandenburgs und Sachsens nach; Oxenstierna und sein getreuer Feldherr Banér standen beinahe ganz allein. Aber Oxenstierna stand fest und unerschüttert. Als er in Deutschland verlassen war, reiste er nach Frankreich und Holland und suchte dort neue Quellen der Hilfe und der Unterstützung auf. Diesen Zeitpunkt wollte Sachsen benutzen. Kurfürst Johann Georg wiegelte, das Schlimmste, was Oxenstierna begegnen konnte, den kleinen Rest der getreuen schwedischen Soldaten auf. Die Schweden standen bei Magde-

burg; hier kamen täglich Verführer und Briefe aus Sachsen an, welche den Offizieren dringende Ermahnungen und große Versprechungen taten, Oxenstierna zu verlassen. Müde so großer Beschwerlichkeiten, angelockt durch einen bessern Sold, furchtsam durch die Nördlinger Niederlage, standen die Offiziere und Gemeinen auf dem Punkt davonzulaufen, als Oxenstierna plötzlich erschien. In Gesellschaft Banérs trat er vor die schwierige Armee; die Offiziere hielten die sächsischen Versprechungen in der Hand. «Seid ihr die Schweden», fing er an, «welche unter Gustav Adolf gefochten haben? Sein verklärter Geist schwebt jetzt über euch. Er läßt euch fragen durch mich, seinen treuen Diener und Freund, ob ihr das von ihm gelernet habet, auf Menschen mehr zu bauen als auf eure Tapferkeit und auf Gott? Wer um zeitlicher Güter oder um Bequemlichkeit willen unter uns ist, verdienet den Namen eines schwedischen Soldaten nicht: er gehe, wohin er will. Wer aber Gott, der Religion und seinem großen König auch noch nach dem Tode getreu sein will, der gebe mir die Hand. Will das keiner, so steh' ich hier allein und sterbe für Gustav Adolfs Sache.» Der Kanzler hatte noch nicht geendigt, so standen schon alle Offiziere um ihn herum, zerrissen die sächsischen Briefe, trockneten sich die Augen, versprachen, ihm zu gehorchen und Banérn zu folgen, wohin er wollte.

Zu Seite 498
Sachsens Bemühungen, die schwedische Armee zu gewinnen, waren vergeblich gewesen, ebenso alle übrige Mittel, welche man versucht hatte, Oxenstierna mürbe zu machen. Nichts war nun noch übrig, Schweden zu einem schimpflichen Frieden zu zwingen als eine öffentliche Kriegsdeklaration. 1635 im Oktober schrieb der Kurfürst gegen seinen ehemaligen Retter den ersten Blutsbefehl, wie er ihn selbst sehr naiv nannte, und gab ihn zur Ausführung dem General Baudissin, welcher ehemals von den Schweden in seine Dienste getreten war. Dieses war für die Schweden der härteste, aber auch der letzte Schlag. Es blieb ihnen fast nichts mehr übrig. Schnell rafften sie sich zusammen. Ihre Gemüter waren durch so viele Ränke, durch so vielen Undank empört. Erbittert schlugen sie unter ihrem Anführer Rudwen Baudissin und seine Sachsen bei

Dömnitz, daß 4000 Mann getötet und 2500 Mann gefangen wurden. Dieses glückliche Ereignis lehrte sie, daß sie noch streiten konnten. Damit war schon viel gewonnen. Sie schlugen die Sachsen überall und trieben unter Banér zwischen Kyritz und Havelberg, noch ehe das Jahr vollendet war, acht Regimenter in die Flucht. Johann Georg schrieb nun keine Blutsbefehle mehr, sondern studierte wieder über Friedenstraktaten. Aber das Blatt hatte sich plötzlich gewendet. Klugheit und Tapferkeit können wohl eine Zeitlang gehemmt, aber sie können nicht niedergetreten werden. Die Reihe zu siegen, war mit dem Jahre 1636 wieder an die Schweden gekommen; und obwohl sie noch immer mit tausend Schwierigkeiten zu kämpfen hatten, so gewannen sie doch nach und nach wieder ihren Ruhm und mit ihm ihre Kraft. Doch konnten sie von der Furcht eines unglücklichen Erfolgs, die sie seit Nördlingen wie eine Krankheit befallen hatte, noch immer nicht ganz frei werden. Ehe sie wieder das feste Vertrauen zu sich selbst – das sicherste Mittel zu gewinnen in der bürgerlichen und kriegerischen Welt – fassen konnten, mußten sie einen Sieg erfochten haben, vor dessen Glanz ihre ehemalige Niederlage nicht bemerkt werden konnte. Dazu führte sie ihr Feldherr Banér. Ohne diesen Mann wäre die schwedische Armee wahrscheinlich verloren gewesen. Schon Gustav Adolf sagte von ihm, er sei von Gott zu großen Dingen aufbehalten. Von Kindheit an war er Soldat. Seine Gedanken waren ebenso schnell als seine Taten, und sein Geist so klug als sein Körper stark und fest. Niemand verstand besser als er, ein Lager zu wählen, die Schlacht zu ordnen, den Ort zu benutzen, den Feind zu überlisten und den Zeitpunkt zu treffen, wenn er angreifen sollte. Eine Menge Schlachten und ebensosehr seine vorsichtigen Retraiten haben seinen Ruhm unsterblich gemacht. Dabei hatte er dem Glücke wenig, alles seiner großen Sorgfalt und der Gewandtheit seines Geistes zu danken. Nie hatte er in einem großen Scharmützel untergelegen. Bloß in solchen Handgemengen soll er 80000 Mann niedergemacht haben. Seine Treue gegen das Vaterland konnte durch nichts wankend, sein Beruf durch nichts gestört werden. Fest in seinem Vorsatz und unermüdet, ihn auszuführen, immer der erste in der Gefahr, wurde er von den Soldaten geachtet und geliebt. Ein solcher Mann war nötig, um mit wenigen und wankenden Völkern den verlornen Ruhm der Schweden wieder zu erkämpfen und ihre Sache wieder in guten Stand zu setzen. Das geschah in der Schlacht bei Wittstock 1636, den 24. September. Banér hatte sich bisher immer an die Elbe gehalten und von dort aus Sachsen ohne Unterlaß überfallen, geängstiget und ausgesogen. Der Kurfürst, in die Enge getrieben, bat einmal über das andere den Kaiser um Hilfe. Dieser sandte ihm unter seinem General Hatzfeld einige dreißig Regimenter. Als er sich mit diesen verbunden hatte, suchte er noch die Truppen des Herzogs Johann Georg von Lüneburg und des Generals Götz an sie zu ziehen. Das wußte aber Banér durch seine Stellungen zu verhindern. Die vereinigte kaiserliche und sächsische Armee nahm erst Magdeburg, dann Werben und andere Plätze an der Elbe weg. Banér zog sich bis Lüneburg zurück, um sich mit Leßley und Wrangels Armeen zu verstärken. Lange konnte er die Verbindung mit den Götzischen wohlversuchten und tapfern Truppen nicht verhindern. Er suchte also jetzt, da er seine Macht verstärkt hatte, eine entscheidende Schlacht. Je eifriger er diese suchte, desto mehr suchten die Kaiserlichen und Sachsen, solche zu vermeiden. Ihr Lager bei Perlberg deckten Berge, Gräben, Wälder und Moräste. Ohne sich vergeblich aufzuhalten, zog Banér um das feindliche Lager herum auf die Werber Schanze los. Als der Feind das sah, verließ er sein Lager. Das hatte Banér erwartet, und plötzlich kehrt er sich wieder gegen den Feind um. Aber dieser eilt zurück und nimmt eine andere vorteilhafte Stellung bei Wittstock auf einem hohen Berge ein. Der Berg war durch einen Fluß gedeckt, welcher auf beiden Seiten Moräste hatte. «Der Feind will mich mit dem Hunger streiten lassen», sagt Banér, «wir müssen über den Fluß.» Was er wollte, geschah. Reif ist bei ihm der Plan zur Schlacht. Um ihn stehen Bernhard, Torstensson, Leßley, King und Stålhandske, lauter Helden von unerschütterlichem Mut. Er selbst und Torstensson führen den rechten Flügel, King und Stålhandske den linken. Über das mittelste Treffen kommandierte Leßley, Vitzthum über das letzte. Der rechte Flügel zog unten an dem Berge hin, um den Feind herauszulocken. Die ganze Macht des Feindes fiel auf ihn ein; entsetzlich war hier der Kampf. Unteressen hatte der schwedische linke Flügel um den Berg und einen Wald herum marschieren müssen, um dem Feinde, sobald er aus seinem vorteilhaften Posten herausgelockt sein würde, in die Flanke zu fallen. Aber er hatte nicht schnell genug marschieren können. Darüber wäre Banér mit seinem ganzen Flügel beinahe zugrunde gegangen. Zum Glück kam der brave Leßley mit seinem Treffen und rettete ihn von dem Untergange. Vitzthum übereilte sich nicht, er merkte, daß die Schlacht hart war, und die Furcht von Nördlingen saß ihm in den Gliedern. Geschlagen war der Feind, gebändiget der Stolz, der Undank bestraft, abgewaschen in Strömen von Blut der Flecken der schwedischen Waffen von der Nördlinger Schlacht. 5000 Erschlagene deckten den Walplatz, ohne die Menge, welche auf der Flucht umkamen. Fast die ganze kaiserliche Infanterie lag auf dem Felde wie die Halme zur Zeit der Ernte. Eine große Beute, die ganze Bagage, alle Artillerie, unzählige Fahnen, der sämtliche Kriegsvorrat, die Kanzelei und, was dem Kurfürsten sehr wehe tat, sein silbernes Service war den Siegern in die Hände gefallen. Banér richtete alles dieses in seinem Lager als Trophäen auf. Dann rief er Torstensson. Die eroberten Fahnen flattern über die Helden; einer drückt dem andern die Hand, jeder will dem andern seine Rettung verdanken; schön war dieser Streit. «Torstensson», sagte Banér zu seinem Freunde, «Torstensson, Sie sind ein großer Mann. Wenn ich nicht mehr bin, werden Sie noch Schwedens Schutz und Rettung sein.» Indem kommt der alte Stålhandske von der Verfolgung des flüchtigen Feindes mit noch 2000 Gefangenen und einer Menge neuer Siegeszeichen zurück. «Ihr Herrn Generals», sagte der graue Krieger, «ich bin ein alter Kerl und werde wohl keinen solchen Ritt mehr tun. Wenn ihr mich zur Ruhe gebracht habt, so pflanzt eine von diesen Standarten auf mein Grab und preiset dabei Gott für das, was er heute an Schweden, an euch und an mir altem Graubart getan hat.» Nun wurden die sächsischen Pokale gebracht. «Daraus», sagten die Helden, «schmeckt der Wein gut.»

Zu Seite 501
Herzog Bernhard von Weimar, Anführer der schwedischen Truppen, schloß den 26. Oktober 1635 in Paris mit dem französischen Hofe einen Subsidienvertrag. Ohne die Hilfe Frankreichs wäre Deutschland, ungeachtet aller Bemühungen der Schweden, verlo-

ren gewesen. Der heldenmütige Bernhard wußte sich am französischen Hofe überall, selbst bei dem stolzen und staatsklugen Kardinal Richelieu, welcher damals Frankreich regierte, in Achtung zu setzen. Der Kapuzinerpater Joseph war Vertrauter des Kardinals, und dieser schlaue Alte mischte sich in alle politischen Angelegenheiten. Er unterstand sich, dem Herzog Bernhard auf einer Landkarte mit dem Finger zu zeigen, auf welcher Seite und auf was für eine Art er eine gewisse Festung angreifen sollte. Nachdem Herzog Bernhard ihm lange mit außerordentlicher Gelassenheit zugesehen hatte, sagte er endlich schalkhaft zu ihm: «Recht gut, mein Herr Joseph; aber Ihr Finger ist keine Brücke.» Richelieu konnte sich nicht enthalten, über die Torheit des Kapuziners zu lächeln. Ludwig XIII. ist bei dieser Unterredung gegenwärtig und weiß mit Anstand seine königliche Figur zu präsentieren.

Zu Seite 505
Die Jahre 1634 bis 1637 schienen von dem Schicksal bestimmt zu sein, durch eine Reihe von Widerwärtigkeiten den Heldenmut des Herzogs Bernhard zu läutern, in der Schule des Unglücks seine erhabene Seele und seinen großen Geist zu der Vollkommenheit zu bilden, welche ihn bei der Nachwelt zunächst neben seinen unsterblichen Freund Gustav Adolf stellen sollte. Nach der Nördlinger Schlacht wurde er von dem Gedanken gequält, durch seine Schuld Schweden und Deutschland ins Unglück gestürzt zu haben, und war dabei der Hoffnung beraubt, dieses Übel wiedergutzumachen. In diesem Zustande kam er allein, ohne Freunde, ohne Soldaten, ohne Geld in Heilbronn an. Zwar suchte er in Frankfurt die zerstreuten Truppen wieder zu sammeln, aber was sollte er mit dieser Handvoll Leute anfangen, welche ohne Disziplin sich eigentlich durchgeplündert hatten und welche mit Geld, das er aber nicht hatte und Oxenstierna nicht schaffen konnte, allein wiederzugewinnen waren? In der Gegend, worin er sich befand, herrschte Not und Hunger; dennoch wollte er ungerne Deutschland verlassen. Von seinen eigenen Soldaten gezwungen, mußte er wider Willen als ein Sklave derer, welche er beherrschen sollte, über den Rhein gehen. Frankreich konnte den Kaiser nicht zu mächtig

werden lassen, deswegen unterhielt es an der Grenze eine Armee und machte Miene, die Schweden zu unterstützen. Dieses benutzte Bernhard und kam mit einigen französischen Völkern im Jahr 1635 wieder den Rhein herüber; allein Hunger, Ruhr und Mangel an hinlänglicher Unterstützung, diese fürchterlichen Feinde, trieben ihn wieder zurück. In solchen Drangsalen reisete er 1636 nach Paris und schloß einen Vergleich mit dem König von Frankreich, worin ihm eine große Summe Geldes zur Errichtung einer Armee von 18000 Mann, ihm selbst zur Belohnung jährlich 400000 Mark, und nach dem Frieden, nebst einer Pension von 150000 Mark, die Landgrafschaft Elsaß und das Amt Hagenau versprochen wurden. Aber das alles wurde schlecht gehalten. Eine neue Kränkung für ein solches Herz. Kaum einen halben Monat wurden die Gelder ausgezahlt. Statt handeln zu können und seinen Durst nach Taten zu befriedigen, mußte er seine Truppen wegen Mangel an Sold ausreißen sehen und die Vorwürfe von ihnen hören: sie sollten ein bloßer Wall für Frankreich, die ersten in der Gefahr und die letzten bei der Auszahlung sein. Überdieses mußte er die Demütigung tragen, von den französischen Generalen geleitet zu werden. Dieses schmerzte ihn am allerempfindlichsten. «Ich will eine eigene Armee haben», ließ er den Franzosen berichten, «oder mich von euch lossagen.» Er reisete abermals nach Paris, erhielt volle Gewalt, den Krieg nach seinem Gutdünken zu führen, kam mit Geld und großen Geschenken zurück, und seinen Truppen wurden solche Gegenden angewiesen, worin sie sich schnell wieder erholen konnten. Bisher waren alle Züge Bernhards nichts als Versuche und Übungen gewesen, seinen Geist und seine Truppen in Tätigkeit zu erhalten. Jetzt, da Banér dem Feinde in einer andern Gegend zu tun machte, jetzt war die Gelegenheit zu größern Taten da. Er wollte solche ergreifen und über den Rhein nach Deutschland gehen. Aber Frankreich legte ihm Hindernisse in den Weg. Dieses wollte zwar den Kaiser nicht aufkommen lassen, allein es war weit entfernt, den Herzog mit Kraft zu unterstützen. Teils wurde es durch Verleumdungen der Feinde mißtrauisch gegen ihn gemacht; bald sollte er es insgeheim mit dem Kaiser, bald mit den Hugenotten halten – teils fürchtete es auch, die protestantische Religion möchte zu sehr aufkommen. Nach so vielen Prüfungen war das

Maß der Widerwärtigkeiten endlich voll. Der Herzog fiel, da er von Deutschland abgehalten wurde, mit dem Anfange des Jahrs in das reiche Burgund ein. In wenig Tagen erobert er 18 Städte und eine Menge Schlösser, schlägt den Herzog von Lothringen, bekommt Beute und Proviant genug, um größere Dinge ausführen zu können. Nun kann ihn nichts mehr abhalten, er geht mit einigen französischen Truppen über den Rhein. Seine Absicht war auf Bayern gerichtet. Um solche mit Sicherheit auszuführen, verlangte er von Frankreich abermals Hilfe. Allein der Ehrgeiz des Pater Josephs, Sekretärs des Herzogs von Richelieu, wollte seinen Mönchshabit mit dem Kardinalshut zieren. Deswegen begünstigte er den Papst, welcher auf seiten des Bayern war, lenkte das französische Kabinett und ließ Bernhard sitzen. Dieser muß nun abermals in den Elsaß zurück, nachdem er in die eingenommenen Plätze am Rhein die französischen Truppen gelegt hatte. Johann de Werth, bayerischer General, durfte sich nur zeigen, und diese Helden entflohen zitternd aus den eroberten Plätzen. Noch ein größerer Schrecken als Johann de Werth war der Winter im Anfang des Jahres 1638 für die Franzosen. Sie flohen vor Kälte ihrer Heimat zu. «Laß sie fliehen», dachte der Herzog bei sich. «Die Zeit ist gekommen, da ich allein handeln und streiten will.» Der französische Hof merkte diesen Entschluß, und jetzt, da Bernhard die Hilfe Ludwigs und der Pfaffen Lust verschmäht, sucht man das Geschehene wiedergutzumachen und verspricht, gegen den Frühling zu tun, was er haben will. Ohne solches abzuwarten und ehe sich's Frankreich versieht, mitten im Winter 1638, geht der Herzog gegen den Rhein. Sein Gang war lauter Sieg. Der Held war vollendet: ein großer Feldherr, ein trefflicher Mensch, trat Bernhard wieder auf deutschen Boden und errang während des ganzen Laufs des Jahres 1638 in jedem Monat, fast an jedem Tage einen neuen Lorbeerzweig. Der Paß am Rhein wurde genommen und, um solchen zu sichern, Rheinfeld belagert. Dadurch aufgeschreckt, eilten die bayerischen und kaiserlichen Völker Rheinfeld zu Hilfe. Da schlug er die merkwürdige Schlacht, welche in dem vorjährigen Kalender bei dem Kupfer Nr. 11* beschrieben ist. Die kaiserlichen und bayerischen Soldaten liefen ohne Offiziere, ohne Fahnen,

---

* S. 506

ohne Disziplin, so weit sie laufen konnten. Als ein Dokument dessen, was er vermochte, sandte der Herzog die gefangenen Generale und die eroberten Fahnen nach Paris. In einem ununterbrochenen Heldenlauf kommt er nach Freiburg im Breisgau. Sein großes Ziel war Breisach. Hugo Grotius, der schwedische Gesandte in Paris, stellt die Wichtigkeit dieser Unternehmung vor und bittet, den Herzog dabei zu unterstützen. Frankreichs Großmut sendet ein Heer von nicht weniger als kaum 3000 Mann. Die Belagerung von Breisach sollten den großen Bernhard unsterblich machen. Durch unzählige Siege und ausharrende Geduld mußte er die Einnahme erkaufen. Zweimal mußte er Götz zurückschlagen, welcher Ordre hatte, die Stadt zu entsetzen, und wenn seine ganze Armee draufging. Die Kaiserlichen stritten wirklich wie Löwen; als sie nicht mehr schießen konnten, kehrten sie die Gewehre um und schlugen mit den Kolben. Kaum waren diese 15000 Mann bei Witteweier besiegt und bis auf 2500 geschlagen und in den Rhein getrieben, so kam der Herzog von Lothringen. Er hatte das nämliche Schicksal wie jene. Endlich erschien Lamboy mit kaiserlichen Truppen aus den Niederlanden; zu ihm gesellte sich noch einmal Götz. Sie drangen wirklich in die Stadt; aber es war zu spät, der Hunger rieb schon alles auf. Sie konnten sich darin nicht halten und gaben alle Hoffnung der Rettung auf. Kein Kommendant kann seine Stadt mit mehr Hartnäckigkeit verteidigen, als Reinacher Breisach verteidigte. Das wußte Bernhard wohl, deswegen forderte er ihn auch nicht eher auf, als bis er aufs äußerste gebracht war. Das Proviantmagazin war im Brand aufgegangen; 1500 Menschen waren wegen Mangel an Brot aus der Stadt getrieben; die übrigen Einwohner konnten vor Hunger nicht mehr auf den Beinen stehen. Reinachers Soldaten aßen Brot aus Eichenrinden, die schwedischen Gefangenen aber ließ er verhungern. Dreimal ließ ihn Bernhard zur Übergabe auffordern. Es waren mehr Bitten als Aufforderungen, sich selbst und die unglücklichen Schlachtopfer zu schonen, da alle Rettung unmöglich sei. Dennoch wies Reinacher solche ab. Darüber aufgebracht, verlangten die Soldaten zu stürmen; aber Bernhards großmütige Seele, die im Unglück Menschlichkeit gelernt hatte, gab solches nicht zu, damit durch rachsüchtiges Morden und Rauben sein Sieg nicht geschändet würde. Endlich, den 3. Dezember, ergab sich Reinacher. Bernhard bewilligte ihm den anständigsten Akkord. Die Übergabe von Breisach gewährt eine Szene, die eine gefühlvolle Seele nicht ohne Rührung und Bewunderung ansehen kann. Bernhard, der Held und Menschenfreund, hält vor den Toren der Stadt. Er hatte Brot und warme Suppen bereithalten lassen, um die ausgehungerten feindlichen Soldaten und die Einwohner damit zu erquicken. Die Tore werden geöffnet. Reinacher und der Kanzler Volmar erscheinen zitternd, jener sich seiner Grausamkeit gegen die schwedischen Gefangenen, dieser seiner niedrigen Lästerungen bewußt. Er hatte Bernhard immer nur den Bärenhäuter genannt. Reinacher übergibt die Schlüssel, Volmar fällt auf die Knie. Beiden vergibt der Herzog nach einem leichten Verweis. Dann kommen die Soldaten und Einwohner der Stadt, matt und abgezehrt, bleich wie eine Reihe von Erscheinungen aus der Geisterwelt. Von dem Beispiel ihres Feldherrn gerührt, vergessen die schwedischen Soldaten ihren Groll, eilen zu den Elenden hin, führen die Schwachen und reichen die Speisen herum. Soldat und Bürger erstaunen, in ihrem Überwinder einen Erretter und Wohltäter zu finden. Sie hatten geglaubt, einem schrecklichen Helden entgegenzugehen, und werden mit Leutseligkeit und Güte empfangen. Er nannte die Unglücklichen seine Kinder, und sie versammelten sich um ihn wie um ihren Vater. Ein Soldat setzte sich gegen ihm über und wollte, wie er sagte, nicht eher seinen Hunger stillen, bis er sich an dem großen und frommen Helden satt gesehen hätte.

Zu Seite 506
Nachdem Herzog Bernhard in einem kurzen Zeitraume Schlag auf Schlag viele große Siege erfochten hatte, belagerte er Breisach. Diese Unternehmung ist eine der glorreichsten in der Geschichte. Bernhard gewann eigentlich vier Schlachten, indem er die Stadt einschloß. Sechs Pferde wurden unter ihm erschossen. Die Kaiserlichen fochten wie die Löwen; gegen Abend hatten sie des Herzogs Truppen zurückgetrieben. Mitten in der Nacht stand der Held einsam; seine große Seele machte einen neuen Entwurf. Dann ermunterte er seine Soldaten, und nun wurden die Kaiserlichen, welche schon von Siegen träumten, unvermutet wieder angegrif-

fen, gänzlich aus dem Felde geschlagen und alle kaiserliche Generale gefangengenommen. Johann de Werth, Herzog von Savelli, Enkevoert, Sperreuter, lauter große Feldherren, wurden gefangen nach Frankreich gesandt. Diese und die übrigen Generale halten hier zu Pferde vor dem Sieger, neben ihm ist sein geliebter Freund General Rose; er genießt bei ihrem Anblick die Frucht seiner großen Taten ohne Übermut. Als er sie freundlich von sich gelassen hatte, stieg er vom Pferde, beugte seine Knie, das ganze Heer folgte seinem Beispiel, und so dankten sie Gott für diesen Sieg.

Zu Seite 509
Herzog Bernhard ließ Breisach befestigen, Magazine darin anlegen und Kriegsvorrat herbeiführen. Er ließ Münzen schlagen mit seinem Namen und dem Namen der Stadt. Dadurch gab er zu erkennen, daß er Breisach mit dem Besitz des Elsasses, welches ihm von den Franzosen versprochen war, als sein Eigentum ansah. Dieses Versprechen zu halten, hatten die Franzosen nie gedacht. Mit allen Künsten der Politik suchten sie Bernhards Absichten zu vereiteln. Das Glück, welches dem Helden alle Lorbeerzweige, die es ihm ehemals genommen hatte, in einem weit herrlichern Kranze wiedergab, wollte nun auch die inneren Kränkungen des Herzens, womit es ihn belastet hatte, wiedergutmachen. Der König von Frankreich ließ den kleinen deutschen Fürsten, welcher ehemals an seinem Hofe sehr zurückgesetzt war, jetzt dringend nach Paris zu Tänzen, Schmäusen und Festen einladen, um bei ihm von seinen Siegen auszuruhen. Sogar der stolze Richelieu bot ihm eine Vermählung mit seiner Nichte, der Herzogin von Eguillon, an. Dieses alles war umsonst. Bernhard eilte, seinem Platze gemäß, nach Burgund, um dort seine Truppen durch den Segen des Landes zu erquicken und durch Eroberungen tätig zu erhalten. Dann wollte er gestärkt nach Deutschland zurück wieder auf Bayern los, um die kaiserliche Macht mit sich zu beschäftigen, Banérn Luft zu machen und so den Schweden zu helfen. Nach Bayern wollte ihn Frankreich und der Papst schlechterdings nicht lassen; Breisach sollte er nicht behalten. Man bat ihn, neben den deutschen Völkern Franzosen in seine Festung zu legen, und er schlug solches aus. Nun

sann man darauf, wie die Geschichte sagt, durch andere Mittel als durch die Waffen einen so furchtbaren Helden aus der Welt zu schaffen. Als dieses bereit war, suchte man das Versprechen von ihm zu erhalten: Breisach wenigstens nach seinem Tode Frankreich zu überlassen. Auch dieses schlug er ab. Um sich einigermaßen wegen aller dieser Ablehnungen zu entschuldigen, sandte er seinen General Erlach nach Paris. Dieser wurde von den Franzosen gewonnen. Wahrscheinlich machten sie ihn zum Verräter seines Herrn. Dem angelegten Plane gemäß mußte Erlach versprechen, nach dem Tode des Herzogs Breisach und den Elsaß an Frankreich wieder zu überliefern. Dafür sollte er dann Befehlshaber über des Herzogs Völker werden und diese, von Deutschland ab, in französische Provinzen führen. Wirklich erhielt Erlach das Kommando, sobald der Herzog tot war, über die weimarisch-schwedischen Völker, und wirklich führte er sie gleich in den Elsaß. Erlach kam zurück. Den 4. Jun. wollte Bernhard über den Rhein, wurde aber krank. Er erholte sich wieder, und mit seiner Genesung lebten auch alle seine Hoffnungen wieder auf. Fröhlich und mutig über die Zeitung eines Siegs, welchen Banér erfochten hatte, wollte er nun nach Bayern eilen und wurde plötzlich wieder krank. Diese Krankheit war heftig und schnell. Er fühlte gleich, daß er sterben würde. Schwarze Flecken drangen auf seinem ganzen Körper hervor; es kamen von weitem Briefe her, worin man sich erkundigte, ob der Herzog tot sei, zu einer Zeit, da man in der Nachbarschaft noch nicht einmal wissen konnte, daß er krank geworden war. Der Chirurgus, welcher sich mit ihm beschäftigte, verletzte sich die Hand, sie fing an zu schwellen, und in wenig Tagen war der Mann tot.

Den 3. Jul. 1639 verlangte der Herzog seinen Sekretär, seinen Beichtvater und seinen geliebten Rosen. Zuerst diktierte er ein Testament und vermachte seinen treuen Soldaten jedem ein Geschenk als einen Beweis seiner Liebe und seines Dankes. Sich selbst übergab er Gott. Als er ausgebetet hatte, nahm er Rosens Hand. «Fasse du, mein treuer Freund in Not und Gefahr, meinen letzten Pulsschlag auf. Du weißt, was er sagt. Dein Arm hat mir im Streit wider die Feinde redlich geholfen; leg ihn, daß ich zuguter Letzt darauf ruhe, unter mein Haupt.» Mit dem Blick der Liebe siehet er Rosen an, bis ihm die Augen brechen. Rosen bückt sich zum Abschiedskuß, und von seinen Lippen empfängt er den letzten Hauch. Dieser Hauch hat Rosen zu Taten beseelt, die seinen Ruhm der Nachwelt erhalten haben.

Zu Seite 517
Banérs Sieg war schrecklich für die bundbrüchigen Fürsten, deren Länder nun gestäupt werden sollten. In Sachsen, Thüringen und Weimar folgte den schwedischen Völkern überall die traurigste Verwüstung nach. Die Dörfer wurden zerstört oder ausgesogen, die Städte gebrandschatzt und geplündert, die Einwohner gequält. Wrangel ging nach Pommern, Leßley nach Hessen. Wie die Feldherrn in den Provinzen, so benutzte Oxenstierna den Sieg im Kabinett. «Der Krieg», sagte er, «wird um des Friedens willen gehalten. Man hat mir ihn angeboten, da ich ihn nicht mit Ehren annehmen konnte. Jetzt bin ich dazu bereit.» Er gab zweien Räten, Salvius und Bielke, ernstlichen Auftrag, mit ihm gemeinschaftlich daran zu arbeiten. Allein Frankreich wußte solches aus politischen Gründen zu hintertreiben. Darauf suchte er, die Gemüter wiederzugewinnen, welche das Unglück Schwedens abgewandt hatte, und die zu befestigen, welche zu wanken schienen. Zu den letztern gehörte Wilhelm Landgraf von Hessen-Kassel. Von allen deutschen Fürsten war er der einzige, welcher in seinem Herzen Schweden immer getreu geblieben war. Aber die Lage seiner Länder zwang ihn, wenn seine Freunde schwach wurden, die Neigung für sie und den Haß gegen den Kaiser ein wenig zu verdecken. Jetzt legte er seine Gesinnungen öffentlich an den Tag. Er stritt mit aller seiner Macht gegen den Kaiser, siegte in Westfalen und starb auf einem Zuge in Ostfriesland, vergiftet, wie man sagt, durch Melander, seinen eignen, von den Feinden dazu erkauften General. Das war eine schöne Gelegenheit für den Herzog von Darmstadt, dem löblichen Gebrauch großer Herren gemäß, seine Länder zu vermehren. Er verlangte Unterhessen. Es gelang ihm, einige Landesstände zu bestechen; der Kaiser übergab ihm eine Achtserklärung gegen Hessen und sandte ihm eine Armee unter dem General Götz, damit er solche in Ausübung bringen sollte. Des Landgrafen Testament wurde durch ein kaiserliches Edikt

umgestoßen, die Huldigung seines Sohnes für nichtig erklärt.

Solche Umstände hätten einen *Mann* schrecken können, über den großen Geist Amaliens Elisabeth, Gemahlin des verstorbenen Landgrafen, vermochten sie nichts. Trotz der Kabale des Herzogs, trotz des Kaisers Macht, ungeachtet des Widerstandes von ihren Räten und Dienern, ließ sie die Landesstände versammeln, stellte ihnen die unmündigen Kinder ihres ehemaligen Herrn vor und, nachdem sie sich das Testament hatte vorlesen lassen, kündigte sie ihnen an, sie selbst wolle für ihre Länder und für ihre Kinder sorgen. «Das hab' ich fest beschlossen», setzte sie hinzu, «und niemand soll mich daran hindern.» Die Landesstände gehorchten und legten den Eid ab. Amalia Elisabeth war eine der ersten Weiber ihres Jahrhunderts. Eine verständige und zärtliche Mutter in der Bildung ihrer Kinder, eine kluge Regentin ihrer Länder, eine treue Bundesgenossin, standhaft in jedem Unglück, unerschrocken in der Gefahr, beherzt und tapfer in der Verteidigung ihrer Rechte, ist sie von ihren Zeitgenossen bewundert und bei der Nachwelt unsterblich geworden.

Zu Seite 522
Durch Banérs Eroberungen und Schlachten stieg das Ansehen Schwedens von einem Jahre zum andern immer höher bis 1640. Thüringen, Sachsen, Pommern, Schlesien und Böhmen mußten wechselweise der Schauplatz seiner Siege sein. Wenn er eines dieser Länder verließ, so schien dabei bloß seine Absicht zu sein, daß es sich eine Zeitlang wieder erholen sollte, damit er, wenn er die übrigen heimgesucht hatte, bei einem neuen Besuche wieder Lebensmittel fand. Wollte man ihn vertreiben, so wußte er durch kluge Märsche die Feinde irrezuführen oder sich mit Gewalt zu erhalten.

Durch soviel Glück bekamen die protestantischen Fürsten Mut, sich wieder an Schweden anzuschließen; sogar Frankreich machte mit ihm einen Bund. Das hatten Banérs Taten bewirkt. Ein solcher Mann war den Katholiken gefährlich, sie fingen an, für ihre Religion oder vielmehr für ihre Länder zu zittern. Der Papst hatte in Deutschland keine Helden und keine kriegerischen Waffen, aber er hatte Mönche. Banditen, die man in Banérs Lager entdeckt hatte, gaben Anlaß zu einem heimlichen Verdachte. Banérs Tod gab diesem Argwohn die Sprache, man sagte laut: Banér sei in Hildesheim durch einen französischen Mönch vergiftet worden. Im Oktober des Jahres 1640 kamen der französische Feldherr Guébrian, die alliierten deutschen Fürsten und Banér in Hildesheim zusammen, um sich über die Kriegsadministration zu beratschlagen. Nach der Beratschlagung folgte ein großes Gastmahl. Der Wein war vergiftet. Wenigstens starben Landgraf Christian von Hessen und Graf Schaumburg, welche am meisten davon tranken, einige Tage hernach. Herzog Georg von Lüneburg und Banér hatten weniger getrunken, wurden krank und starben erst im Frühling des Jahres 1641.

Der Künstler hat den Mönch in der Situation dargestellt, wie er sein Mittelchen in der Hand hält. Du wirst, sagte er bei sich selbst – was so viele Heere, Kaiser und Reich nicht vermocht haben – du wirst diesen Löwen sicher bändigen. Das vor ihm stehende Kruzifix wird ihn nicht stören. Er mischet ja sein Gift zum Besten der rechtgläubigen Kirche, und – für eine Religion, deren Stifter, wie wir wissen, am Kreuz starb, nicht mordete und durch Wahrheit allein die Herzen der Menschen überwand.

Zu Seite 526
Banérs Schwert nahm Torstensson von seinem Sarge. Wohin er es schwang, da flohen die Feinde, wohin er kam, da waren die Städte erobert, wohin er seine Feldherrn, Königsmark, Slange, Wrangel und Stålhandske sandte, da war Sieg. An der Elbe, in Schlesien, Mähren und Böhmen, in der Lausitz und durch ganz Sachsen fühlte man 1641–43 das Glück seiner Waffen, zugleich aber auch die kluge Schonung, womit er solches benutzte. Seine Taten überzeugten die streitenden Völker, daß die Hoffnung vergeblich sei, Schweden und die deutsche Freiheit zu unterdrücken. Diese Überzeugung drang den 23. Oktober 1642 von dem blutigen Schlachtfelde bei Leipzig schrecklich an das Herz der Fürsten. Eine gänzliche Niederlage brachte die feindlichen Mächte auf Gedanken des Friedens; sie schickten Gesandte und Traktaten herum.

Torstensson wollte Leipzig belagern. Beim Pauliner Collegio war der Anfang schon gemacht, als Erzherzog Leopold Wilhelm von Österreich mit Piccolomini und einigen Regimentern, Sachsen die Stadt zu retten, über Wurzen und Grimma eilig heranzog. Torstensson lockt sie nach Seehausen, auf die Stelle, welche ehemals Gustav Adolf der Freiheit und dem Siege geheiliget hatte. Hier standen seine Truppen, ein zahlreiches Heer, von einem und dem nämlichen Gedanken durchdrungen: Hier hat Gustav Adolf gesiegt! Diesem folgte ein anderer: Tod oder Sieg! Wie die Soldaten, so hatten die Feldherrn sich alle ohne Verabredung jeder dem Tode und der Gefahr bestimmt. Deswegen baten sie Torstensson, ihnen Chargen für die Überlebenden zu ordnen, damit keine Lücke würde. Wenn er selbst bliebe, so wurde Johann Liljehoek zum Generalfeldmarschall bestimmt, dem sollte Stålhandske folgen, und so fort.

Die Schlacht begann. Liljehoek, eine treue Kopie von Gustav Adolf an Tapferkeit und Verstand, an Redlichkeit und Mut, kommandierte die Infanterie. Gleich dem großen Könige fiel sein Blick immer dahin, wo der Sieg auf das sicherste zu erringen, aber auch die Gefahr am größten war. Er sah, daß, wenn er den einen Flügel des Feindes über den Haufen werfen könnte, die Schlacht leicht gewonnen und viel Blut erspart wäre. Sein Lauf dahin wurde durch einen Graben gehemmt. Hinter demselben lag der Feind zum Empfange bereit. Liljehoek war der erste hinüber. Er zeigte den Seinigen den Weg und sank, von Kugeln durchbohrt. Als er sah, daß der Feind floh, rief er den letzten von seinen treuen Soldaten zu: «Kinder, ihr habt den Weg gefunden! Tragt mich nun in jenes Gebüsch.» Hier lag er unter einem Baume auf weichem Moos und mit dem süßen Bewußtsein der gelungenen Tat. Es war ein schöner Abend. Der helle Mond lockte seine Gedanken hinauf. Seine schon halb verklärte Phantasie hörte in dem Rauschen der Blätter das Nahen der Helden, welche vor ihm zur Unsterblichkeit hinübergegangen und deren Beispiele seinem Geist immer gegenwärtig gewesen waren. So fand ihn Pfalzgraf Carl Gustav, künftiger König von Schweden. «Liljehoek, wir haben gesiegt», rief dieser ihm zu, «wir haben gesiegt durch dich!» – «Gesiegt? Nun sterb' ich gern. Gott segne Sie, mein Prinz, und durch Sie mein Vaterland!» Mit diesem Wunsche gab er seinen Geist auf.

Zu Seite 533

Mitten im Winter 1643 hatten die kaiserlichen und bayerischen Völker bei Tuttlingen unter Anführung ihrer größten Generale, Prinz Karl von Lothringen, Hatzfeld, Mercy und Jean de Werth, einen entschiedenen Sieg über die vereinigte französische und weimarische Armee, über den großen Condé und den tapfern Rosa erfochten, die ganze Artillerie gewonnen, 7000 Gefangene und eine unbeschreibliche Beute gemacht. Kaiser Ferdinand III. stellte dafür in Wien ein großes Dankfest an. Er selbst ging in die Stephanskirche und dankte Gott für das Glück, womit er seine Waffen zu Aufrechthaltung der kaiserlichen Macht und der katholischen Kirche begleitet hatte.

Zu Seite 539

Über den Namen Leonhard Torstensson hat die Geschichte einen großen Glanz geworfen. Gustav Adolf, Herzog Bernhard, Torstensson, sagen die Annalen der damaligen Zeit, waren die einzigen Helden ihres Zeitalters, welche vor dem zwanzigsten Jahre ihres Alters die Klugheit und Einsicht eines erfahrenen Offiziers bewiesen. Im Anfange seines militärischen Lebens wurde er bei einer Bataille gegen die Polen von Gustav Adolf mit Befehlen an ein gewisses Regiment gesandt. Unterdessen er zum König zurückkam, hatte die Bewegung des Feindes andere Maßregeln erfordert. Der König wollte ihn gleich mit einer andern Ordre zurückschicken. «Ew. Majestät», sagte Torstensson, «ich habe es vorausgesehen und auf diesen Fall in Ihrem Namen den Befehl schon gegeben.» «Torstensson», sagte der König mit sanftem Verweise, «dieses hätte dir den Kopf kosten können; doch sehe ich», setzte er hinzu, «in dir steckt für die Zukunft ein guter General.» Im Anfange und Verfolg des Dreißigjährigen Krieges erwarb Torstensson, vorzüglich bei der Artillerie, einen großen Ruhm. Das schwedische Heer verlor 1641 seinen Anführer, den großen Feldherrn Banér. Torstensson übernahm seine Stelle. Er gewann nunmehr einen Sieg nach dem andern, wußte mit Klugheit den Krieg in die kaiserlichen Erblande zu spielen, ging nach Schlesien, eroberte Olmütz und genoß bei Leipzig das süße Glück, auf dem nämlichen Schlachtfelde bei Breitenfeld, wo sein großer König und Lehrer seine fürchterlichen Feinde schlug, die kaiserliche Hauptarmee unter dem Erzherzog Leopold und Piccolomini zu überwinden. Dies geschah den 23. Oktober 1642. Noch war des Blutvergießens in Deutschland nicht genug. Zwar wollte man den 25. Dezember 1641 über die Präliminarartikel eines Friedens übereingekommen sein; allein der neue Kaiser Ferdinand III. hatte mehr die Absicht, unterdessen neue Geldhilfe zur Fortsetzung des Krieges zu gewinnen, als den Frieden im Ernst zu befördern. Endlich im Jahr 1645 erfocht Torstensson über den Kern der kaiserlichen Völker bei Jankowitz in Böhmen einen entscheidenden Sieg. Der Kaiser setzte sein ganzes Vertrauen auf seine beiden Feldherren Hatzfeld und Götz, allein der erste wurde gefangen und der andere getötet, das ganze kaiserliche Heer teils niedergehauen, teils gefangen, teils in die Flucht geschlagen. Unterdessen seine Armee über den Haufen geworfen wurde, fuhr der Kaiser in Prag von einer Kirche in die andere, um für sie den Sieg durch Messen und Beten zu gewinnen. Da die gewissen Erwartungen Ferdinands durch diese Niederlage getäuscht waren, so gab er endlich nach, und die Beratschlagungen über den Frieden nahmen nun ernstlich ihren Anfang.

Torstensson war am Tage der Bataille von Gicht und Podagra äußerst krank. Noch mehr, es war mitten im Winter, den 24. Februar. Er mußte sich bald zu Pferde, bald in einer Sänfte durch Schnee und Eis den Weg bahnen. Die Kaiserlichen fochten tapfer, mehr als einmal hatten sie den Sieg zweifelhaft gemacht und Torstenssons Gemahlin gefangengenommen. Erst spät in der Dunkelheit der Nacht waren die Feinde überwunden, und nun fand er seine Gemahlin wieder. Mit dieser glorreichen Schlacht, worin er Deutschland die Hoffnung des Friedens erfocht, beschloß er seine Heldenlaufbahn. Er legte die Feldherrnstelle wegen seiner Krankheiten nieder und empfing aus den Händen seiner Königin diejenige Belohnung, welche ihm sein Vaterland und ganz Deutschland, vielleicht ganz Europa, schuldig waren.

Zu Seite 545
Der Herzog von Enguien, welcher nachher der Große Condé genannt wurde, und Turenne wollten mit der französischen Armee in Bayern eindringen. Mutig eilte ihnen der tapfere General Mercy

bei dem Dorfe Allersheim entgegen. Es kam zu einem fürchterlichen Treffen. Die Bayern wollten nicht weichen. Als die Franzosen endlich das Dorf in Brand steckten, wehrten sich die Bayern noch aus der Kirche. Mercy, welcher auf dem Kirchhofe, in der größten Gefahr, seine Anordnung machte, wurde durch einen unglücklichen Schuß vom Kirchturme getötet. Er war einer der größten Generale des ganzen Dreißigjährigen Krieges. Die Franzosen gestanden selbst, er habe alle ihre Operationen so genau berechnet und ihnen so geschickt entgegengearbeitet, als wenn er bei ihren Kriegsberatschlagungen gegenwärtig gewesen wäre. Sein Heldenmut hatte den Franzosen diesen Sieg sehr teuer verkauft. Der Herzog von Enguien selbst war am Arme verwundet, und nur Mercys Tod zwang die Bayern zum Weichen. Sie flohen ehrenvoll mit siebzig eroberten Fahnen. Nach geendigtem Gefecht ließen der Herzog und Turenne sich von dem katholischen Geistlichen die Stelle zeigen, wo Mercy um den blutigen Lorbeerkranz gerungen hatte und zur Unsterblichkeit übergegangen war. Sie weilten hier einige Augenblicke, der fromme und tapfere Turenne in erhobenen Empfindungen und Enguien mit Bewunderung des hier an seinen Wunden niedergesunkenen Helden.

Zu Seite 556

Als die Schlacht bei Leipzig gewonnen und die Stadt nach Eroberung der Pleißenburg eingenommen war, zogen die schwedischen Feldherrn wie die Wolken nach einem Gewitter wieder in alle Gegenden hin. Die verwüsteten Länder und ihre erschöpften Beherrscher seufzten nach dem Frieden. Schon im Jahr 1643 kamen einige Gesandte zu Friedenstraktaten nach Osnabrück; diesen folgten nachher immer mehrere; endlich waren fast von allen Höfen Europas Bevollmächtigte an diesem Orte. Man erstaunt, wie bei dem dringenden Bedürfnis des Friedens und nach vierundzwanzig Jahren voll Elend und Drangsal die Unterhandlungen noch sechs lange Jahre haben dauern können. Aber es war ein Krieg beinahe der ganzen Welt. Fast alle Höfe waren bei dem Frieden interessiert. In Deutschland war keine Provinz, keine nur einigermaßen beträchtliche Stadt, welche nicht Ansprüche zu machen oder die Ansprüche anderer zu befriedigen hatte. Jeder wollte gewinnen, keiner aufopfern. Es war ein Labyrinth ohne Ausgang. Überdieses hatte eine gemißbrauchte Politik alles Vertrauen der streitenden Mächte gegeneinander gänzlich verdrängt. Das allgemeine Mißtrauen ließ keinen Waffenstillstand zu. Wie nun eine Partei im Felde siegte oder unterlag, so wurden ihre Bevollmächtigten in Osnabrück härter oder biegsamer. Sollte hier das verwirrte Gewebe nur ein wenig weiter in Ordnung gebracht werden, so mußten die Feldherrn immer erst die Knoten zerhauen. Der Kaiser hatte zuletzt auch Dänemark noch zum Krieg gegen Schweden bewogen; und ehe Torstensson diese mit dem kaiserlichen General Gallas vereinigte Macht in Holstein nicht geschlagen hatte, konnten die schwedischen Gesandten in der Friedensversammlung keinen Schritt weiterkommen. Kaum gaben die Kaiserlichen etwas nach, so siegten ihre Bundesgenossen, die Bayern, über die Franzosen bei Tuttlingen, und nun nahmen sie alles wieder zurück. Dadurch wieder aufgerichtet, verstärkte der Kaiser sein Heer in Böhmen mit seiner ganzen Macht. Auf diese Weise war in Rücksicht des Krieges oder Friedens ein beständiger Wechsel der Gesinnungen, eine unaufhörliche Ebbe und Flut der Neigung oder Abneigung. Diesem ein Ende zu machen, schlug Torstensson bei Jankowitz in Böhmen die schreckliche Schlacht, welche bei dem 12. Kupfer des vorjährigen Kalenders* beschrieben ist. Dieser Sieg war eine zu schöne Vollendung seines Ruhms, als daß Torstensson, bei der Hinfälligkeit seines Körpers, ihn noch einmal hätte wieder aufs Spiel setzen können. Er übergab daher sein Schwert und das Generalat an Carl Gustav Wrangeln und sandte diesen durch Niedersachsen, Westfalen und Hessen zu den Franzosen, um in Verbindung mit Turenne die Bayern zu schlagen. Wrangeln vereinigte sich zuerst mit den tapfern Hessen und sicherte durch Eroberungen die Ansprüche der heldenmütigen Landgräfin Amalia Elisabeth bei dem Westfälischen Frieden. Dann demütigte er und Turenne die Bayern. Das brachte den Frieden näher; aber die schwedischen Waffen durften noch nicht ruhen. Zwar hatten die Franzosen, welche die Bayern immer so gern schonten, wider den Willen der Schweden einen Waffenstillstand geschlossen; aber

---

* S. 539

Königsmark war an keinen Waffenstillstand gewöhnt. Er brannte vor Begierde, noch ehe der Friede gänzlich zustande käme, in einer kühnen Unternehmung seinen Namen zu verewigen und dem Friedensschluß das Siegel aufzudrücken. Er hatte nur wenig Soldaten, aber diesen Mangel wußte er durch Tapferkeit, Schnelligkeit, Klugheit und List zu ersetzen. Zuerst zog er aus Bayern von Wrangeln weg, durch die Oberpfalz nach Eger. Hier fand er einen alten Krieger, welcher in kaiserlichen Diensten zerschossen war. Odowalsky, so hieß der Mann, hatte seine Offizierstelle wegen seiner Blessuren niederlegen müssen und war auf seine Güter gegangen. Der Krieg verwüstete diese Güter; er wurde arm und bat den Kaiser um eine neue Stelle bei der Armee oder um eine Pension. Der Hof wies ihn schnöde ab. Aus Rache und aus Not suchte er nun Dienste bei den Schweden. Königsmark nahm ihn mit Freuden auf und zog ihn in seinen geheimen Plan. Niemand konnte diesen Plan ergründen. Bald zog Königsmark vorwärts, bald rückwärts; er fiel in Böhmen ein und verließ es wieder, kehrte abermals um und drang immer etwas weiter vor. Es waren Streifereien, die bloß eine Brandschatzung zur Absicht zu haben schienen. Von so wenig Leuten war keine beträchtliche Unternehmung zu befürchten. Auf einmal schloß Königsmark Radowitz so sorgfältig ein, daß niemand herauskommen konnte. Er verteilte einige Kompagnien auf die Straßen, welche alle, die solche passierten, auffingen, so daß an keinen Ort eine Botschaft von seiner Stellung gelangen konnte. Plötzlich kam er, den 15. Jul. 1648, bei anbrechender Nacht, mit seinen Truppen in ein Gehölz, dicht vor dem Orte, wo er hinwollte. Hier erst erfuhren seine Offiziere und seine Soldaten, daß sie noch in dieser Nacht reich werden sollten. Odowalsky mit 100 Soldaten und 30 Mann mit Hämmern und Äxten marschierten voraus, Königsmark folgte ihm mit der Kavallerie auf dem Fuße nach. Noch ehe der Tag anbrach, standen Odowalsky und Königsmark, alle Offiziere und alle Soldaten, bis auf einen einzigen Mann, den sie verloren hatten, mitten in Prag in der kleinen Seite der Stadt. Als die Bürger erwachten, waren sie verloren; ihr Hab und Gut gehörte den Schweden. Drei Tage lang wurde geplündert, die kaiserliche Schatzkammer erbrochen und 12 Millionen Taler Beute gemacht. Da galt ein Edelstein von 6000

Taler Wert nicht mehr als 5 Taler. Der ganze Adel, geistlichen und weltlichen Standes, 800 Soldaten und 100000 bewaffnete Bürger, Kardinäle, Bischöfe, Dechanten, Mönche und Nonnen waren gefangen. Königsmark ließ seine Gemahlin kommen. Um ihr ein Vergnügen zu machen, mußten die Mönche und Nonnen in Prozession vorüberziehen. Herr Penzel hat dieses Schauspiel auch für uns durch den mannigfaltigen Ausdruck in den Gesichtern interessant gemacht. Der Mann, welcher neben Königsmark und seiner Gemahlin steht, ist Odowalsky; wahrscheinlich von keinem Mönche gesegnet, von keiner Nonne angelächelt, aber von Königsmark reichlich belohnt.

Zu Seite 559
Dreißig schreckliche Jahre hatten Deutschland verwüstet und in Barbarei gestürzt. Das Schwert und die Flamme des Kriegs hatte die Frucht der Erde verzehrt, die Menschen erwürgt, die Hütte des Landmanns, die Werkstatt des Bürgers und die Wohnung der Fürsten, die Throne der Gerechtigkeit, selbst die Tempel Gottes zerstört. Endlich erschien das Jahr 1648 wie ein heller Morgen nach einer finstern und fürchterlichen Nacht. Den 24. Oktober kam der Westfälische Friedensschluß zustande und mit ihm diejenige Verfassung des Deutschen Reichs, der wir uns noch jetzt, nach beinahe anderthalb hundert Jahren zu erfreuen haben, über die unsere Fürsten mit zahlreichen Armeen wachen und deren Sicherung auch in den neuern Zeiten viel Blut gekostet hat. Der Friede war zwar geschlossen, aber doch mußte Deutschland noch zittern. Die Soldaten waren noch nicht abgedankt, die Ratifikationen noch nicht ausgewechselt, das Vertrauen war noch nicht wieder in die Herzen der Menschen zurückgekehrt. Schweden wollte sein Heer nicht eher aus Deutschland ziehen, bis die deutschen Fürsten die Artikel des Friedens erfüllt hatten, und diese wollten solche nicht eher erfüllen, bis die Waffen niedergelegt waren. So schwebte Deutschland noch immer zwischen Furcht und Hoffen bis 1650. Da wurden endlich in Nürnberg die Unterschriften des Friedens ausgewechselt und damit das große Werk vollbracht. Nürnberg war sonst die Königin unter den Städten unsers Vaterlandes. Von ihr waren ehemals die nützlichsten Künste, der Segen eines großen

Handels, Reichtümer und Wissenschaften über die übrigen Städte Deutschlands ausgegangen. Von ihr drang jetzt auch Ruhe, Freiheit und Jubel in alle Länder aus. Man stelle sich die Freude der Einwohner vor, als der Donner des Geschützes das Glück des Friedens verkündigte und Pauken und Trompeten von den aufgerichteten Bühnen vor dem Rathause erschollen. Da lebten die Greise wieder auf, Männer umarmten ihre Weiber, Mütter ihre Kinder; alle dankten Gott. Es war ein rührendes Schauspiel, als die Freude selbst die kleinen Knaben in Nürnberg auf ihre Steckenpferde setzte und sie in Reih und Gliedern zum Rathause führte. Ein reizendes Mädchen, im Kleide der Unschuld, ging vor ihnen her. Sie trug in der einen Hand einen Palmzweig, in der andern einen Lorbeerkranz. Vor dem Rathause werden sie von den Feldherren Carl Gustav Wrangel, Pfalzgraf Carl Gustav und dem kaiserlichen General Piccolomini empfangen, beschenkt und geliebkoset. Dann führten die Eltern sie zum allgemeinen Fest; alles eilte zur Feier des unvergeßlichen, beglückenden Tages.

Der Künstler hat einen kleinen Sprung bei der Kleidung der beiden Ratsherrn wider das Kostüm getan, und man wird seine Laune nicht übel deuten.

Inhalt

Vorrede von Christoph Martin Wieland von 1791 7

Geschichte des Dreißigjährigen Kriegs

1791
Erstes Buch 29
Zweites Buch 139

1792
Drittes Buch 271

1793
Fortsetzung des Dritten Buches 307
Viertes Buch 407
Fünftes Buch 471

Nachwort von Golo Mann: Schiller als Historiker 563

Anhang

Editorische Notiz 591

Porträts
  Albrecht von Wallenstein 596
  Gustav Adolf, König von Schweden 597
  Herzog Christian von Braunschweig 598
  Fürst Bethlen Gabor 599
  Herzog Bernhard von Weimar 600
  Christina, Königin von Schweden 602
  Amalia Elisabeth, Landgräfin von Hessen-Kassel 604
  Armand Jean du Plessis, Kardinal Herzog von
    Richelieu 607
  Maximilian, Herzog von Bayern und Kurfürst 620
  Axel Graf von Oxenstierna 632

INHALT

Erläuterungen zu den Kupferstichen
- Zu Kupferstich Seite 103 649
- Zu Kupferstich Seite 106 649
- Zu Kupferstich Seite 125 650
- Zu Kupferstich Seite 133 650
- Zu Kupferstich Seite 137 650
- Zu Kupferstich Seite 163 651
- Zu Kupferstich Seite 176 651
- Zu Kupferstich Seite 185 651
- Zu Kupferstich Seite 192 652
- Zu Kupferstich Seite 213 653
- Zu Kupferstich Seite 241 654
- Zu Kupferstich Seite 262 654
- Zu Kupferstich Seite 314 656
- Zu Kupferstich Seite 319 656
- Zu Kupferstich Seite 324 657
- Zu Kupferstich Seite 389 657
- Zu Kupferstich Seite 399 659
- Zu Kupferstich Seite 464 660
- Zu Kupferstich Seite 467 660
- Zu Kupferstich Seite 472 .... 660/664
- Zu Kupferstich Seite 475 666
- Zu Kupferstich Seite 480 666
- Zu Kupferstich Seite 491 668
- Zu Kupferstich Seite 498 669
- Zu Kupferstich Seite 501 672
- Zu Kupferstich Seite 505 673
- Zu Kupferstich Seite 506 674
- Zu Kupferstich Seite 509 678
- Zu Kupferstich Seite 517 680
- Zu Kupferstich Seite 522 681
- Zu Kupferstich Seite 526 682
- Zu Kupferstich Seite 533 684
- Zu Kupferstich Seite 539 684
- Zu Kupferstich Seite 545 685
- Zu Kupferstich Seite 556 686
- Zu Kupferstich Seite 559 689

CIP-Kurztitelaufnahme der Deutschen Bibliothek

Schiller, Friedrich:
Geschichte des Dreißigjährigen Kriegs / Friedrich Schiller
Vollst. Nachdr. d. Erstfassung aus d.
«Historischen Calender für Damen für d. Jahre 1791–1793»
mit d. Vorrede von Christoph Martin Wieland von 1791
u. d. Ill. von D. Chodowiecki...
Mit e. Nachw. von Golo Mann
Zürich: Manesse Verlag, 1985
(Manesse Bibliothek der Weltgeschichte)
ISBN 3-7175-8048-5

Umschlag und typographisches Konzept:
Hans Peter Willberg, Eppstein

Copyrigth © 1985 by Manesse Verlag, Zürich
Alle Rechte vorbehalten

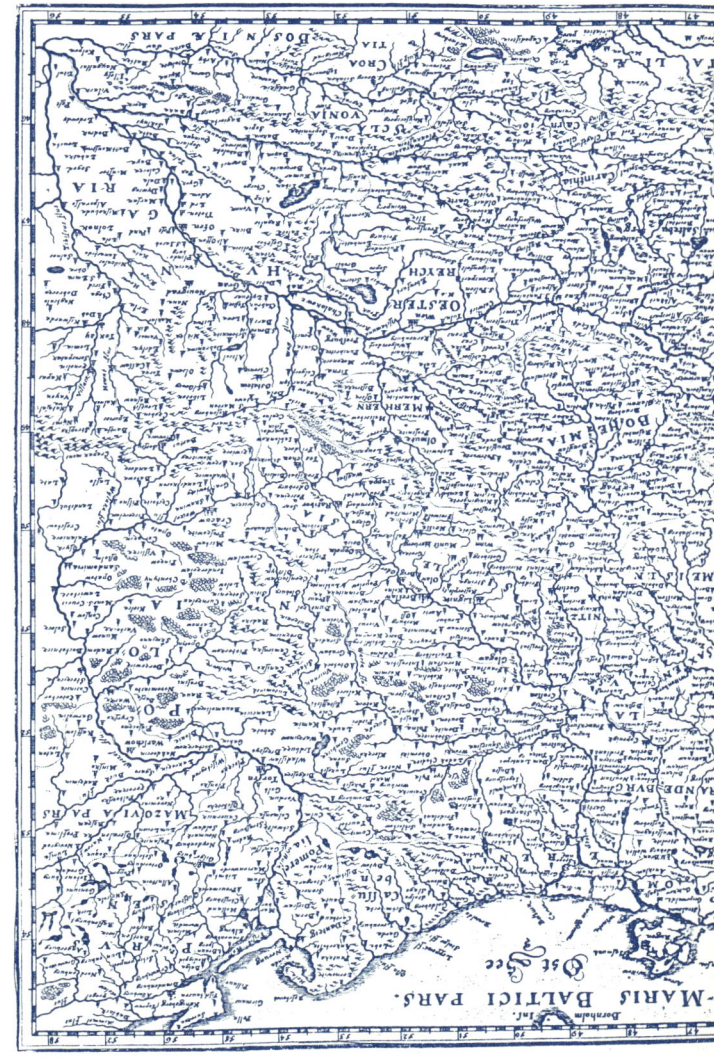